# 宣威年鉴

XUAN WEI NIAN JIAN

## 2011

中共宣威市委
宣威市人民政府 主办

宣威市地方志办公室 编辑
德宏民族出版社 出版

**图书在版编目（CIP）数据**

宣威年鉴. 2011 / 宣威市地方志办 编. -- 潞西 :德宏民族出版社, 2011.10

ISBN 978-7-80750-559-4

Ⅰ.①宣··· Ⅱ.①宣··· Ⅲ.①宣威市 - 2011 - 年鉴 Ⅳ.①Z527.43

中国版本图书馆CIP数据核字（2011）第202766号

书　名：宣威年鉴（2011）
　　　　总第15期
作　者：宣威市地方志办公室　编

出版发行：德宏民族出版社
社　　址：潞西市勇罕街1号
邮　　编：678400
电　　话：0692-2124877 2112886
网　　址：www.dmpress.cn
开　　本：889mm×1194mm　1/16
印　　张：26
字　　数：800千
书　　号：ISBN 978-7-80750-559-4/Z·167

责任编辑：方　萍
责任校对：毕　兰
封面设计：朱树雄
版式设计：昆明朗月印务设计有限公司
印　　刷：昆明美林彩印包装有限公司
版　　次：2011年09月第1版
印　　次：2011年09月第1次印刷
印　　数：1-1000册
定　　价：200.00元

# 《宣威年鉴》（2011年）
# 编辑委员会

# 《宣威年鉴》编辑部

# 《宣威年鉴》（2011年）撰稿人员

（按篇目顺序排列）

**特约撰稿**

许玉才　高连恒　保明顺　肖坤全　刘建刚　徐正良　王德勇

**撰　稿**

朱树雄　余俊柏　符德雷　冷天芳　李玉明　王晓东　刘秋香　张德相
浦冬梅　吕俊芬　何　华　朱勋献　朱贞卫　刘[illegible]丽　王　锴　李嘉逵
杨素琼　李继群　张达卫　李　锐　李家凯　丁亚琼　聂正强　屈　良
陈美荣　彭　霖　赵淑萍　晏　洪　朱　敏　孟凤鸣　龙达勇　陈　雷
晏祥荣　范文智　张庆培　王买德　陈建红　陈顺款　樊　蕊　张　敏
邱成利　赵艳绘　宁　颖　贾学选　魏彩琼　吕　洪　戴荣举　樊永军
杨春芳　孙　婷　陶　红　胡　玉　陆家栋　杨其忠　秦　杰　朱波勋
叶尤飞　浦绍伟　李友祥　侯亚林　郭明通　夏　琳　殷　林　姚丽萍
雷泽生　沙　飞　顾玉梅　黄绍莉　周兴荣　付　静　代　鹏　刘文帅
李继彬　王天旭　顾培民　管和平　何家书　邵廷吉　邱臣云　赵英俄
徐安田　速金学　黄琼茜　宁琼华　柴正茂　邱光伟　黄兆军　余仕飞
尹富鸿　杨世春　刘　波　李继伟　范　礼　陶　岗　保兴聪　洪　萍
张天稳　符开萍　肖玉文　耿春荣　徐　坤　张兴贵　吕庆照　陈　静
孙福德　赵　龙　海宇坚　赵英辉　宁德泰　朱贞阳　黄初良　李　芃
李学坤　晏崇勇　秦云飞　夏丽华　杨　文　陈元彪　赵寒雪　陈道灿
宋昌富　崔美华　刘廷敏　张　华　李红春　苟云川　王晓东　吕　静
周广多　孙琼英　杨金卫　张崇刚　叶美仙　陈友旭　包春英　胡昌才
李祥春　陶承黎　陈思宇　周　伟　耿家宏　钱正能　王怀朗　朱坤耀
范优仙　马敏庆　沈　华　赵莎娜　何瑞雪　王志远　李　恒　何如德
孙丽辉　符宗俊　夏成涛　杨祖进　吴丽芳　田姜丽　饶永耀　陶　哲
杨万雄　田淑静　张思敏　杨家云　周均虎　崔娅玲

# 编 辑 说 明

一、《宣威年鉴》是中共宣威市委员会、宣威市人民政府主办的大型资料性工具书，是党委、政府权威性年度“公报”，由宣威市人民政府地方志办公室编纂，公开出版发行。

二、本年鉴旨在全面、系统、准确、及时反映宣威市政治、经济、文化和社会发展的基本情况，为各级领导、科研部门和社会各界人士提供年度综合资料，为宣威两个文明建设服务。

三、本年鉴为地方性综合年鉴，设特载、专文、大事记、概况、政治、人民团体、法治、经济管理与监督、经济贸易、宣威火腿、烟草、农林水利、交通邮电、城建环保、财税金融、教育科技、文化卫生体育、社会、乡（镇、街道）概况、人物和先进集体20个部类，各部类下设类目、条目等层次，有彩版44页、黑白插图34幅，共80余万字。

四、本年鉴记述2010年情况，条目中有使用“年内”、“一年来”、“全年”等语言，均为2010年。为保持事物的完整性和连续性，少数资料适当追溯或跨年度记述。

五、本年鉴使用的数据主要来源于市、乡统计资料，统计资料没有的则使用业务主管部门提供的数据。

六、年鉴各部类均署名责任编辑，撰稿人员在书前和文后署名，以示负责。

七、本年鉴卷首列中文目录和英文目录，卷末列目录索引，以利读者查阅。

八、本年鉴的编辑出版工作，市委、政府高度重视，各级各部门和社会各界人士大力支持，在此一并致谢！由于年鉴编纂涉及多种学科，资料细密交叉，加之时间紧，任务重，编辑力量不足，编辑水平有限，错漏在所难免，敬请读者批评指正。

# 城市剪影

（陶承宪　摄）

（赵　璠　摄）

（赵　璠　摄）

（赵　璠　摄）

（赵　璠　摄）

（市委宣传部　供稿）

# ※ 领导调研 ※

2010年3月29日，中共云南省委副书记、省长秦光荣（前左三）到宣威调研“三农”工作。
（市委宣传部　供稿）

2010年6月28日，全国供销合作总社理事会主任李成玉（左二）在中共云南省委副书记李纪恒（左一）、副省长孔垂柱（右二）陪同下到宣威调研供销合作社工作。

（赵　璠　摄）

# ※ 领导调研 ※

2010年3月11日，中共云南省纪委书记李汉柏（左三）到宣威得禄、龙潭等地调研。

（赵　播　摄）

2010年4月14日，中共云南省委常委、副省长李江（右三）到宣威来宾等地调研。

（赵　播　摄）

# ※领导调研※

2010年1月5日，中共云南省委常委、省委统战部部长黄毅（左三）和省工商联副会长邱光雄（右三）在中共曲靖市委常委、市委统战部部长朱兴友（左一）等领导陪同下到宣威落水、倘塘等地调研。

（赵　璠　摄）

2010年3月8日，云南省副省长孔垂柱（左二）到宣威热水柏木调研。

（热水镇党政办　供稿）

# ※ 领导调研 ※

2010年3月1~3日，中共曲靖市委书记赵立雄（中）到宣威调研。

（赵　璠　摄）

2010年7月28日，中共曲靖市委副书记、市长岳跃生（左三）和曲靖市人大常委会主任刘海芳（左四）到宣威调研。

（赵　璠　摄）

# ※领导调研※

2010年10月13日，曲靖市人大常委会主任刘海芳（左三）到宣威龙场调研“整乡推进”工作。
（人大办　供稿）

2010年4月21日，中共曲靖市委副书记范华平（右一）到宣威调研。
（赵　璠　摄）

# ※ 领导调研 ※

2010年2月24日，中共曲靖市委常委、市委组织部部长李云忠（前左二）到宣威指导抗旱工作。
（赵　璠　摄）

2010年9月3日，中共曲靖市委常委、市委宣传部部长何华（左一）到宣威调研宣传工作。
（赵　璠　摄）

# ※领导调研※

2010年6月22日，中共曲靖市委常委、宣威市委书记许玉才（右二）到热水调研。

（市委办　供稿）

2010年8月18日，中共宣威市委副书记、市长夏新建（中）到凤凰山工业园区调研。

（沈良斌　摄）

# ※ 领导调研 ※

2010年9月25日，中共宣威市委副书记、副市长、代理市长保明顺（右二）到热水调研。
（沈良斌　摄）

2010年4月21日，宣威市人大常委会主任高连恒（左二）到落水指导农业生产。
（市人大办　供稿）

# ※ 领导调研 ※

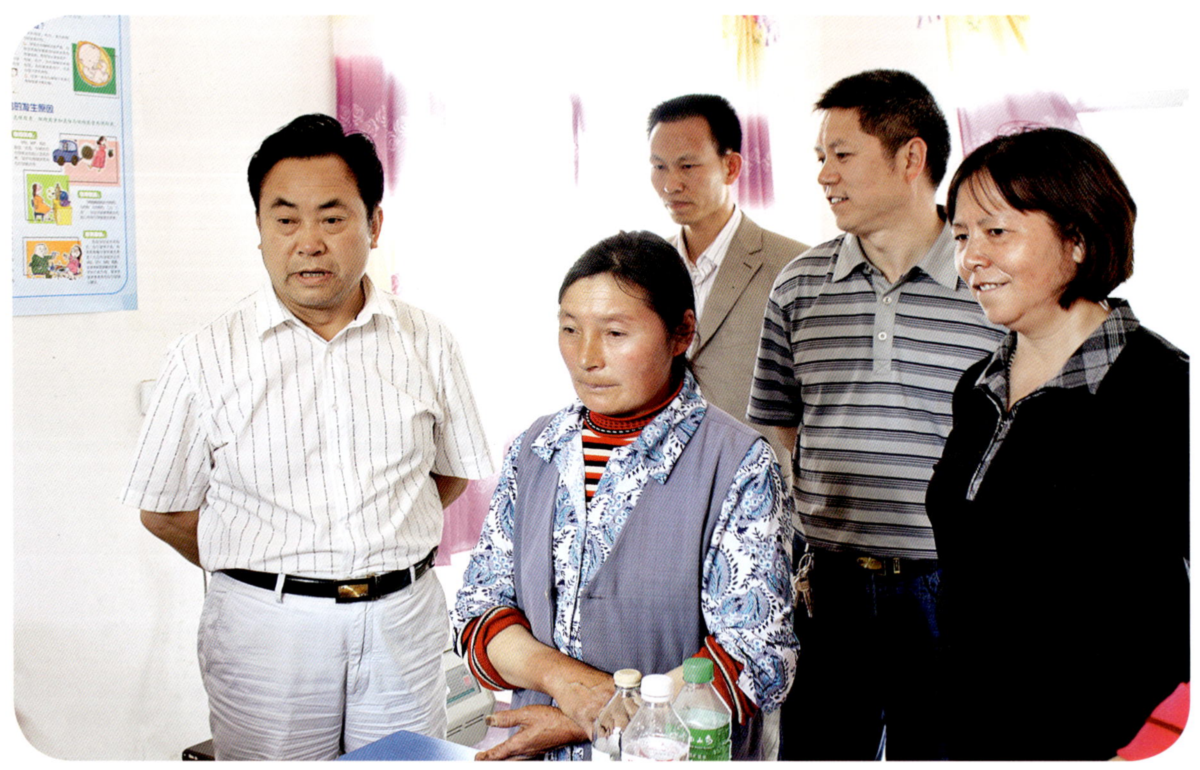

2010年5月7日，宣威市政协主席肖坤全（左一）到东山调研计划生育工作。

（余仕勇　摄）

2010年7月28日，中共宣威市委副书记申忠林（左）到宣威市体育健身中心指导工作。

（赵　璠　摄）

2010年12月，中共宣威市委副书记杨家俊（右二）到阿都调研。

（市委办　供稿）

# ※领导调研※

2010年6月4日，中共宣威市委常委、常务副市长阳开府（左三）到宛水调研加工企业。
（沈良斌　摄）

2010年3月13日，中共宣威市委常委、市委办公室主任杨焜荣（前右二）到宝山、格宜检查指导抗旱工作。
（市委办　供稿）

2010年8月19日，中共宣威市委常委、副市长缪丽芳（左一）到得禄调研。
（沈良斌　摄）

# ※ 领导调研 ※

2010年9月15日，中共宣威市委常委、市委宣传部部长朱莉娥（右二）到宝山调研。

（董娅娟　摄）

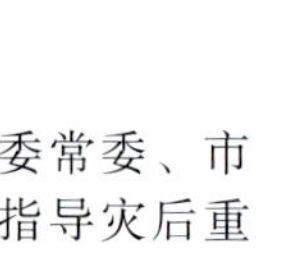

2010年6月2日，中共宣威市委常委、市政法委书记王斌（左二）到务德指导灾后重建工作。

（市政法委　供稿）

2010年6月30日，中共宣威市委常委、市委组织部部长窦华平（左二）到宛水慰问老龄党员。

（市委组织部　供稿）

# ※领导调研※

2010年7月，中共宣威市委常委、市纪委书记胡选坤（右）到热水调研。

（刘和碧　摄）

2010年2月25日，中共宣威市委常委、市人武部政委刘建贤（中）参加抗旱救灾。

（市人武部　供稿）

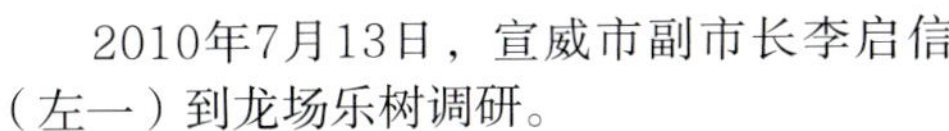

2010年7月13日，宣威市副市长李启信（左一）到龙场乐树调研。

（张庆培　摄）

# ※ 领导调研 ※

2010年6月24日，宣威市副市长程培仁（中）到海岱慰问贫困党员。

（蔡　前　摄）

2010年2月23日，宣威市副市长尹大宝（左二）到东山指导抗旱救灾工作。

（市公安局　供稿）

2010年5月6日，宣威市副市长吴远长（左三）调研城市规划工作。

（吴兴选　摄）

2010年6月，宣威市政府调研员段开荣（左二）到宝山调研煤矿安全生产。

（市政府办　供稿）

# ※重要活动※

2010年1月1日，市委、人大、政府、政协主要领导到双龙街道慰问环卫工人。

（赵　璠　摄）

2010年1月24日，市委、市政府在来宾河东新村举行宣威市2010年文化科技卫生法律四下乡集中示范活动启动仪式。

（赵德云　摄）

# ※ 重要活动 ※

2010年1月27日、28日，中共宣威市委、市政府在昆明召开2010年迎新春座谈会和新闻工作者座谈会。

（赵　璠　摄）

2010年1月31日，中共宣威市委、市政府在宣威市体育健身中心举行市体育健身中心开馆仪式暨2010年迎新春文体联谊活动。

（沈良斌　摄）

2010年3月30日，云南省春耕生产工作现场会议在宣威召开。

（沈良斌　摄）

2010年3月31日，云南省水利建设工作会议在宣威召开。

（沈良斌　摄）

# ※重要活动※

2010年4月27日，中德财政合作云南农村贫困地区可持续发展项目开工典礼在宣威格宜举行。（刘云峰　摄）

2010年5月，市政府组织开展道路交通安全宣传月活动。（赵德云　摄）

2010年4月22日，曲靖市烤烟移栽现场会在宣威热水、落水、板桥召开。（赵　璠　摄）

2010年5月11日，云南远东亚鑫水泥有限责任公司投资5亿元在羊场工业基地开工建设20亿千克水泥生产项目。（沈良斌　摄）

# ※重要活动※

2010年5月12日，市委书记许玉才（右二）到务德卜嘎地震灾区慰问受灾群众，并指导灾后重建工作。

（赵　播　摄）

2010年5月14日，市长夏新建（前左三）到务德卜嘎地震灾区看望受灾群众。

（赵　播　摄）

2010年5月17日，宣威供电公司改制上划云南电网公司。

（沈良斌　摄）

2010年6月4日，广西桂林兴民生鹅产业有限公司在宣威宛水新文投资实施鹅产业深加工经营项目。　（沈良斌　摄）

2010年6月16日，宣威市污水处理厂二期工程开工建设。

（沈良斌　摄）

# ※重要活动※

2010年6月17日，市委、人大、政府、政协领导到高坡顶为宣威市委政府接待站“和顺园”揭牌。
（赵　璠　摄）

2010年6月28日，全国县级供销合作社工作现场会与会人员到宣威参观。
（市供销社　供稿）

# ※ 重要活动 ※

2010年6月30日，中共宣威市委、市政府在宣威收费站举行宣倘二级公路通车典礼。

（赵　璠　摄）

凤凰山工业园区建设

（赵　璠　摄）

建设中的万家口子电站

（沈良斌　摄）

2010年7月30日至8月6日，宣威市政府在城区举办宣威市第三届“和谐杯”篮球赛。

（刘云峰　摄）

# ※重要活动※

2010年8月20日，中共宣威市委、市政府、共青团宣威市委在美奂广场举行宣威市希望工程“爱心圆梦大学”行动捐赠仪式。（赵 璠 摄）

2010年8月25~26日，宣威市关工委组织帮教团（32人）到云南省未成年犯管教所帮助教育92名宣威籍少年犯。（刘云峰 摄）

2010年9月9~10日，市委、人大、政府、政协领导走访慰问教育工作者。（赵 璠 摄）

# ※重要活动※

2010年9月18日，宣威市新世纪建材城开业。

（丁宪魁 摄）

2010年9月19日，宣威开展科普活动。

（沈良斌　摄）

2010年10月4～6日，宣威市体育运动服务中心在美奂山公园主办2010年宣威云南跆拳道邀请赛。（赵德云　摄）

# ※重要活动※

2010年10月15日，市委、政府领导到倘塘屋基看望山体滑坡受灾群众。

（沈良斌　摄）

2010年10月20日，市委、市政府在美奂山公园举行宣威市第六次全国人口普查宣传活动暨宣传月启动仪式。

（赵　璠　摄）

2010年11月25日至12月2日，市委、市政府在城区举办宣威市第五届体育运动会。（丁宪魁　摄）

2010年11月17日，招商引资项目——云南云河专用汽车有限公司建设项目在宣威虹桥举行开工典礼。

（市经济局　供稿）

# ※重要活动※

2010年12月1日，市政府在玉泉山（小庙山，又名西山）举行宣威西山双塔项目建设工程开工仪式。（毛永飞　摄）

2010年12月10日，市委、市政府在城北举行普（立）宣（威）高速公路开工仪式。（沈良斌　摄）

2010年12月20日，宣威市第一人民医院整体搬迁项目工程开工建设。（沈良斌　摄）

2010年12月29日，曲靖市泰和房地产开发公司在原宣威市体育运动中心与沃尔玛（云南）商业零售有限公司、百胜餐饮集团昆明肯德基有限公司、浙江横店影视娱乐有限公司举行签约仪式。（沈良斌　摄）

# ※重要活动※

## 齐心协力 抗旱救灾

## 一方有难 八方支援

期 盼

（朱法先 摄）

水引来了

（沈良斌 摄）

打井抗旱

（沈良斌 摄）

2010年3月，双河乡白所行政村家俄村200余村民在悬崖峭壁上开挖5.7千米引水管道，再现“红旗渠”精神。

（丁宪魁 摄）

# ※重要活动※

大爱无疆
情系宣威

人工降雨

（王　飞　摄）

热水营沟村民自制简易水袋蓄水抗旱

（沈良斌　摄）

（赵　璠　摄）

（丁宪魁　摄）

滴滴皆辛苦

（徐兴映　摄）

2010年3月17日，宣威市外来投资企业抗旱救灾捐款。

（董娅娟　摄）

# ※重要活动※

## 传媒

2010年2月26日，中央电视台记者到宣威专题采访抗旱救灾工作。（董娅娟　摄）

2010年4月1日，中央电视台记者到宣威务德采访抗旱救灾工作。（务德镇党政办　供稿）

2010年2月6日，人民日报、中央人民广播电台、新华社、云南日报等11家媒体记者到宣威采访抗旱救灾工作。（董娅娟　摄）

2010年3月20日，中央电视台记者谢宝军到宣威采访抗旱救灾工作。（沈良斌　摄）

中央电视台记者在双河完成采访任务（沈良斌　摄）

# ※重要活动※

## 激情广场

宣威公安方队

著名节目主持人刘璐（左）邀请宣威市委书记许玉才讲话

2010年6月16日，中央电视台《激情广场》“爱国歌曲大家唱·云南宣威公安篇”演出活动在宣威美奂广场举行。演出由中央电视台《激情广场·大家唱》节目主持人刘璐主持，殷秀梅、宗庸卓玛、火风、魏金栋、扎西顿珠、刘玮、杨光、刘和刚、郭峰、仝阿梅等明星与宣威公安方队、民族方队、群众方队、英模方队和宣威歌手等同台演唱。

（市委宣传部　供稿／摄影　赵　璠）

## 慰问演出

2010年6月29日，云南省“云之南”艺术团到宣威进行慰问演出。文艺演出在宣威美奂广场举行，主题为“大爱化甘霖、希望满人间”。

（赵　璠　摄）

2011年5月21日，国家农业部部长韩长赋（右二）在云南省副省长孔垂柱（左三）、曲靖市委书记赵立雄（右一）等领导陪同下到宣威调研农业工作。左一为宣威市副市长李启信，左二为宣威市农业局局长张绍波。（张 俊 摄）

领导团队。前排左起：副局长包广东、付汝君（畜牧兽医局局长），局长张绍波，党委书记李继友，副书记赵德席，火腿产业办主任范美刚，副局长严春荣；后排左起：副局长胡千荣、张明党、徐兴卫、魏木聪、浦绍兴，纪委书记孔祥伟，副局长朱永华。（副书记徐安炳、副局长李学爱因公出差未参加合影）（朱树雄 摄）

# ※ 宣威农业 ※

2011年3月24日，中共云南省委书记、省人大常委会主任白恩培（左二）到宣威市农业局马铃薯种薯研发中心调研。（张　俊　摄）

2010年3月30日，中共云南省委副书记、省长秦光荣（右四）在省委副书记李纪恒（右二）、副省长孔垂柱（右五）等领导陪同下到宣威考察马铃薯种植。（张　俊　摄）

2010年9月13日，云南省副省长孔垂柱（右四）在省农业厅厅长张玉明（右一）、曲靖市副市长宁德刚（右五）陪同下到宣威玉米良种繁育基地调研。右三为宣威市市长保明顺，右二为宣威市农业局局长张绍波。（张　俊　摄）

2010年3月30日，国家农业部种植业司司长叶贞琴（中）在云南省农业厅厅长张玉明（右）陪同下到宣威考察农业工作。左为宣威市农业局局长张绍波。（张　俊　摄）

# ※宣威农业※

2010年7月8日，中科院院士、原中南大学校长官春云（中）和云南农业大学校长朱有勇（左）到宣威调研农业生物多样性栽培。右为宣威市副市长李启信。（赵 播 摄）

2010年6月28日，中国工程院院士、玉米育种专家荣廷昭（右二）在云南农业大学校长朱有勇（右一）、曲靖市农业局局长高阳（左二）陪同下到宣威考察旱粮高产创建样板。（张 俊 摄）

2010年3月17日，云南省抗旱救灾督查组领导到宣威得禄等地专项督查抗旱救灾工作。（饶永耀 摄）

2011年7月7～10日，云南省农业厅副厅长詹惠龙（左二）到宣威考察马铃薯产业。（张 俊 摄）

2010年6月24日，中共宣威市委书记许玉才（左四）到杨柳调研农业生产。 （赵 播 摄）

2011年7月19日，中共宣威市委副书记、市长保明顺（右四）到落水、热水等地调研农业生产。 （张 俊 摄）

# ※ 宣威农业 ※

（丁宪魁 摄）

（孔垂熙 摄）

万亩设施农业基地建设

玉米基地 （马红梅 摄）

# ※ 宣威农业 ※

外国专家到宣威考察生猪养殖业

2011年5月14日，省项目办领导和德国专家到宣威考察中德财政合作项目。

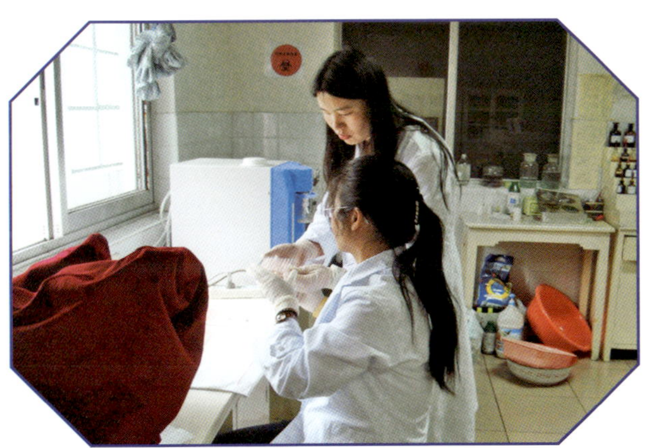

动物疫病监测

标准化生猪养殖

机耕现场会

（宣威市农业局　供稿）

# 宣威广电成果丰硕

局长　余红梅

书记　胡云道

宣威市广播电视局局机关设人事秘书科、宣传科、事业科，核定人员编制数13人。局属广播电视台下设宣威人民广播电台、宣威电视台、宣威网站、总编室和总工办，电视台设新闻部、专题部和广电传媒中心，总工办设播出部和东山电视转播台。广播电视台核定人员编制数44人，实有在职人员95人。围绕市委政府中心工作和各阶段重点工作进行深层次、全方位、多视角地宣传报道，深入全面地开展抗旱救灾宣传报道，加大对外宣传力度，广播电视外宣工作取得了较大突破，自办节目内容上推陈出新，广播电视基础设施和公共服务体系建设进一步加强。年内有7件作品获得曲靖市广播电视政府奖一等奖，11件作品获得二等奖，14件作品获得三等奖。2010年3月，被中共云南省委、云南省人民政府表彰为第十二批文明单位。

（图/文　宣威市广播电视局）

播音员队伍

2010年1月，在落水镇马图村进行广播电视“村村通”工作试点。工作人员为农户分发直播卫星接收机。

局领导班子成员

2011年5月，市委书记许玉才（左三）到东山电视转播台视察。

2010年5月，召开宣威市广播电视“村村通”工程动员培训会议。

现场录制节目

2010年3月，宣威广播电视发起“抗旱救灾，我们在一起”爱心募捐活动。

2011年5月，市长保明顺（左二）到东山电视转播台视察。

文明单位

中共云南省委
云南省人民政府
二〇〇九年十二月

授予：曲靖市抗旱救灾工作

先进集体

中共曲靖市委
曲靖市人民政府
二〇一〇年八月十六日

2008－2009 年度
全国广告行业
文明单位

中国广告协会
CHINA ADVERTISING ASSOCIATION

全市宣传思想文化工作

先进集体

中共曲靖市委
曲靖市人民政府
二〇〇八年六月

# 曲靖市宣威宇恒

董事长　宁国昌

曲靖市宣威宇恒水泥有限公司创建于2003年4月19日，属曲靖市重点骨干企业，注册资本5100万元。现有资产5.7亿元，员工600余人，其中大专以上学历112人，中高级技术人员140人。公司采用国内最先进的新型干法预分解窑水泥生产工艺，生产过程全部由DCS西门子计算机集散控制系统监控，全自动工业分析，生产规模为年产水泥200万吨。公司注册商标为“共创”牌，现已成为“云南省著名商标” 和“曲靖市知名商标”，“共创”牌水泥荣获“云南名牌产品”称号。2010年，公司顺利通过了上海质量体系审核中心的“三标一体”（即质量管理体系、环境管理体系和职业健康安全管理体系）认证。全年实现工业总产值58921万元，工业增加值20972万元，上缴税金6844万元。

公司依托过硬的产品质量和良好的信誉，被评为“云南省中小企业暨非公制经济优强企业”，“曲靖市产品质量管理工作先进单位”，曲靖市、宣威市“劳动关系和谐企业”，“宣威市抗旱救灾先进企业”，“云南水泥十佳品牌企业”等。公司董事长宁国昌荣获第八届全国“创业之星”，“云南省非公有制企业创业之

2010年7月16日，省政协160号重点提案调研组到公司进行余热发电项目现场调研。

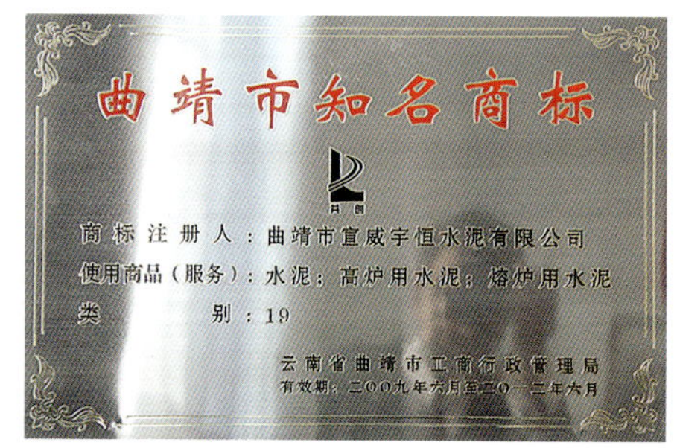


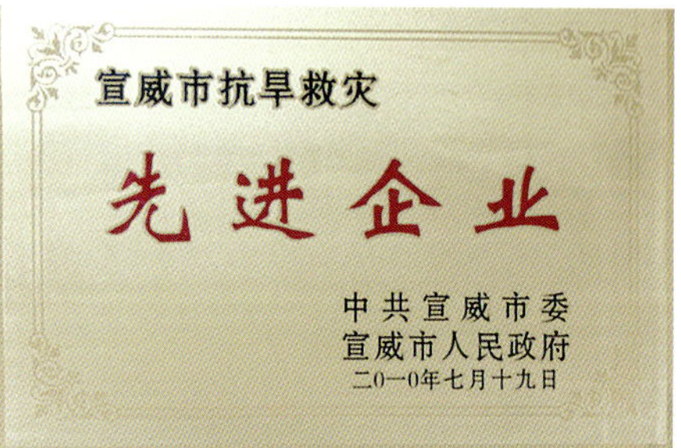

# 水泥有限公司

星”，“云南省优秀工业企业家”和“云南省优秀中国特色社会主义事业建设者”，被宣威市和曲靖市授予“诚实守信”道德模范荣誉称号。

电话：0874-7250292
网址：www.ynyhsn.com

（宇恒公司　供稿）

董事长宁国昌代表公司向宣威“双塔”建设捐款100万元

熟料库及水泥库

公司监事会主席宁宪昌代表公司向宣威市抗旱救灾捐款60万元

# 宣威市医药有限

**公司简介**

宣威市医药有限责任公司为专业药品批发销售企业，其前身为宣威市医药公司。2004年7月，经宣威市人民政府批准，宣威市医药公司进行改制，由国有企业改制为有限责任公司。2004年9月首批通过国家GSP认证，成为一家以经营策划和科学管理为依托的医药商业企业。

公司专注于药品批发业务，同时还辅以医疗器械等业务。服务对象包括商业批发客户、零售药店终端及其他各种类型的终端客户。

公司注册资金为102.6万元，营业办公场所总建筑面积达到3000余平方米，下设销售部、储运部、财务部、采购部、办公室、人力资源部等多个职能部门和分布市区的14个药品零售门市。

公司与全国200多家主导性医药商业建立了良好的长期合作关系。公司充分利用资金充足、各种办公设备齐全、药品品种和信息齐全、配送设施完备、经营管理体系和营销管理模式先进等优势，为企业持续快速健康发展奠定了坚实基础。目前业务范围已覆盖曲靖市一区一市、七县的各大医院和乡镇卫生院、卫生所，药品销售配送网络覆盖宣威市辖区，并辐射到周边会泽、沾益、威宁一带。

**公司理念**

公司在经营活动中始终坚持以市场为导向的营销方针和“质量第一、客户第一、信誉第一”的经营理念。公司把企业文化凝结在产品之中，让优秀的质量、优良的服务、为客户着想的经营作风都体现在产品之中，让客户在使用产品的时候，也能深深感受到公司为“宣威医药”所作出的努力。

企业是员工的另一个家，是员工实现价值的主阵地。企业在遇到重大事项时，都会将员工召集起来进行集体讨论决定，真正使员工认识到“为他们自己工作”的思想，充分体现员工的主人公地位。

公司领导班子。左起：储运部经理丁发伍，财务总监李云珊，质管部经理王光林，总经理邓尼勋，董事长陈琳，副总经理秦本俊、代鹏，采购部经理张贤芳，储运部副经理耿明。

# 责任公司

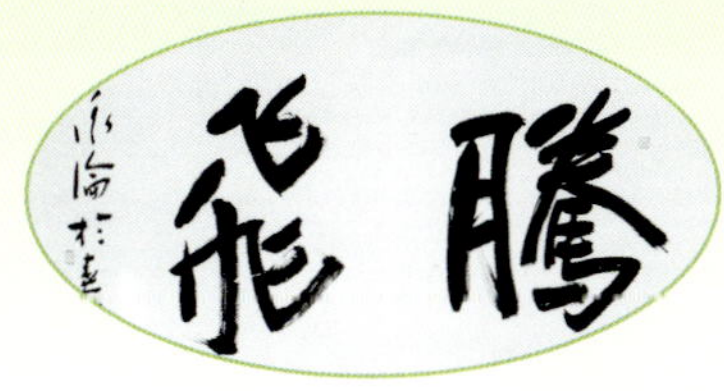

公司董事长陈琳（前左一）到药房检查指导工作

**公司承诺**

为客户提供优质的服务一直是我们追求的目标。对上游的各供应厂商，我们坦诚相待，主动、密切地与他们保持密切联系，全力配合工作，努力创造双赢局面；对下游客户，我们信守服务承诺，尽最大努力为客户提供快捷、方便、优质的服务，虚心聆听客户意见，不断改进工作质量，让顾客满意。

**经营业务**

公司主要经营：中药材、中成药、中药饮片、化学药制剂、抗生素、生化药品、生物制品、医疗器械等。

地址：宣威市向阳街590号（原宣威市医药公司仓库）
电话：0874-7176686 7176638 7177986（销售开票部）
0874-7177171（采购部）
0874-7177162（办公室、质管部）

（医药公司　供稿）

努力工作的公司员工

二〇一〇年度

宣威市守合同重信用企业

宣威市工商行政管理局
宣威市企业信用协会
二〇一一年三月一日

**宣威市医药有限责任公司**
**文明服务公约**

一、胸怀祖国，心系企业，立足岗位，争创一流；
二、爱岗敬业，展示形象，奉献社会，共建和谐；
三、以人为本，宾客至上，诚实守信，信誉第一；
四、讲究礼仪，举止文明，尊老爱幼，扶残助残；
五、以诚待人，微笑服务，便客利民，周到热情；
六、卫生整洁，环境优美，设施完善，秩序井然；
七、钻研技术，苦练内功，精通技能，提高本领；
八、落实制度，规范管理，遵章守纪，确保安全；

# 龙 潭 镇

2010年3月30日，省长秦光荣（前右二）、副省长孔垂柱（前右一）到龙潭检查指导春耕生产工作。

2010年3月1日，曲靖市委书记赵立雄（左四）在宣威市委书记许玉才（左二）、市长夏新建（右三）、市委副书记申忠林（右二）、市委办主任杨焜荣（右一）陪同下到龙潭指导集镇建设。

2010年3月3日，曲靖市委副书记范华平（右四）、副市长胡祖俊（左三）到龙潭调研。

近年来，龙潭镇紧紧围绕 镇党委政府确定的总体工作思路，即“12345”的发展思路：把握“一个中心”（党的建设：围绕经济抓党建，抓好党建促发展”），实现“两个集中”（农民向中心村集中、居民向中心集镇集中），建好“三大基地”（以龙潭村及三新一线为主的烤烟生产基地、以放马坪及茨德一线为主的煤炭生产基地、以“326”国道一线为主的特色农产品基地），突出“四个重点”（基础设施、社会事业、扶贫社保、社会稳定），巩固发展好“五大产业”（ 稳粮、精烟、兴蓄、活煤、壮劳务），以中心集镇建设为着眼点，以全面建设新农村为着力点，以调整产业结构、增加农民收入为突破口，开拓进取、求真务求，围绕党建抓经济，一心一意谋发展，千方百计搞建设、保稳定，以新思路、新举措、新作风全力打造生态、文明、健康、快乐新龙潭。

（李正尤　图\文）

市长保明顺（前右四）陪同曲靖市委组织部长李云忠（前右三）到龙潭检查指导工作

党委书记许尚敏（中）到烟地检查烤烟生产

特色黑山羊养殖

核桃种植

烤　烟

土蜂蜜

烟叶种植

白术种植

# 宣威市

董事长　李配德

宣威市云峰医院始建于1970年，是一所集医疗、预防、保健、康复、教学为一体，面向社会服务的综合性国家二级乙等医院，是城镇职工医疗保险、农村新型医疗合作、工伤生育保险和云南省职业健康监护体检定点单位。

医院专业门类齐全，设有内、外、儿、妇、五官、口腔、ICU、肿瘤等临床科室和检验、CT室、血液透析室、体外震波碎石室、乳腺红外线扫描室、放射、B超、心电图、病理、内窥镜室等医技科室和职业健康体检中心。医院现有在职职工220人，其中副高职10人，中级职称医务人员32人，现有床位350张。

云峰医院在各级政府的关心和扶持下，在全院职工的努力下，将以精湛的技术、优质的服务、一流的设备竭诚为广大群众提供健康保障。

医院一角

2009年新建的功能齐全、设备一流的住院大楼

4月30日，云峰医院召开国内知名肿瘤治疗专家的肺癌防治学术会。

# 云峰医院

肿瘤科主任　蔡海波

## 肿　瘤　科

云峰医院肿瘤科成立于2009年，现有专业医生6名、护士10名，陀螺刀治疗机房人员3名，是云峰医院全力打造的、以肿瘤精确放疗为特色的高科技特色专科。

云峰医院肿瘤科引进国内最先进、云南省第一台肿瘤精确放疗设备“陀螺刀”，填补了宣威市肿瘤放射治疗的空白。将放疗与化疗、生物疗法、中医中药相结合，对患者进行个体化综合治疗。并聘请临床经验丰富的省内外著名专家坐诊，与国内著名肿瘤医院—上海复旦肿瘤医院，全国最著名伽玛刀肿瘤放疗中心—上海解放军455医院开通了网络远程会诊，建立了长期技术合作和技术交流平台，使肿瘤患者花较少的钱获得和北京、上海等大城市同样的治疗效果。

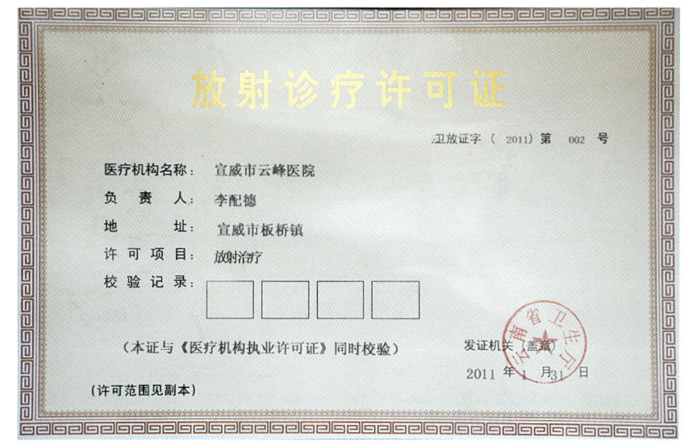

放射诊疗许可证

卫放证字（2011）第 002 号

医疗机构名称：宣威市云峰医院

负　责　人：李配德

地　　　址：宣威市板桥镇

许 可 项 目：放射治疗

校 验 记 录：

（本证与《医疗机构执业许可证》同时校验）

发证机关（盖章）

2011 年 1 月 31 日

（许可范围见副本）

肿瘤科放疗许可证

讲奉献、重服务的医护人员

# 宣威市云峰医院

肿瘤治疗中心

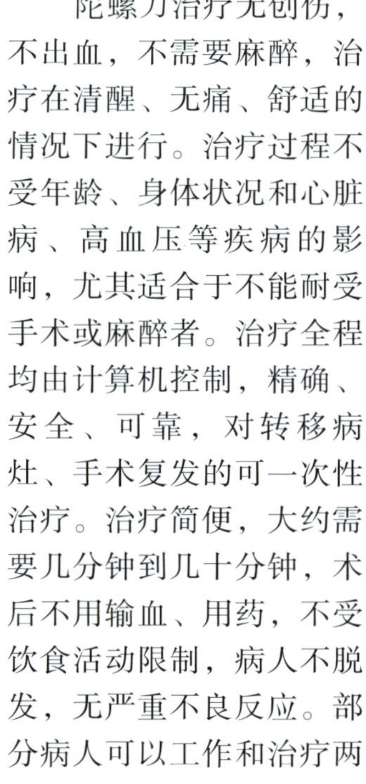

陀螺刀治疗无创伤，不出血，不需要麻醉，治疗在清醒、无痛、舒适的情况下进行。治疗过程不受年龄、身体状况和心脏病、高血压等疾病的影响，尤其适合于不能耐受手术或麻醉者。治疗全程均由计算机控制，精确、安全、可靠，对转移病灶、手术复发的可一次性治疗。治疗简便，大约需要几分钟到几十分钟，术后不用输血、用药，不受饮食活动限制，病人不脱发，无严重不良反应。部分病人可以工作和治疗两不误。

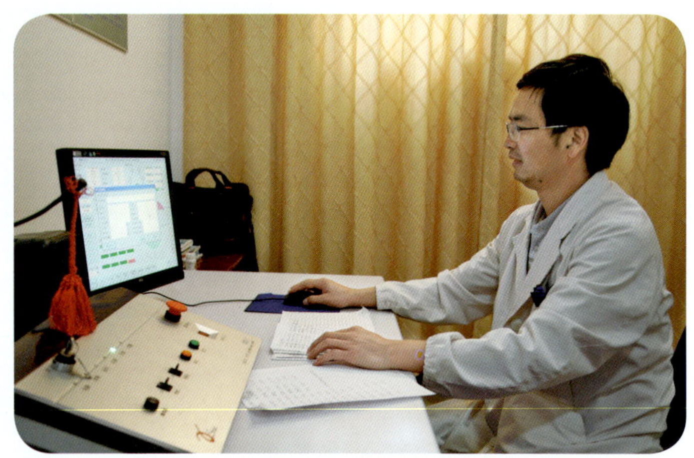

陀螺刀机房操作人员严密监控治疗过程

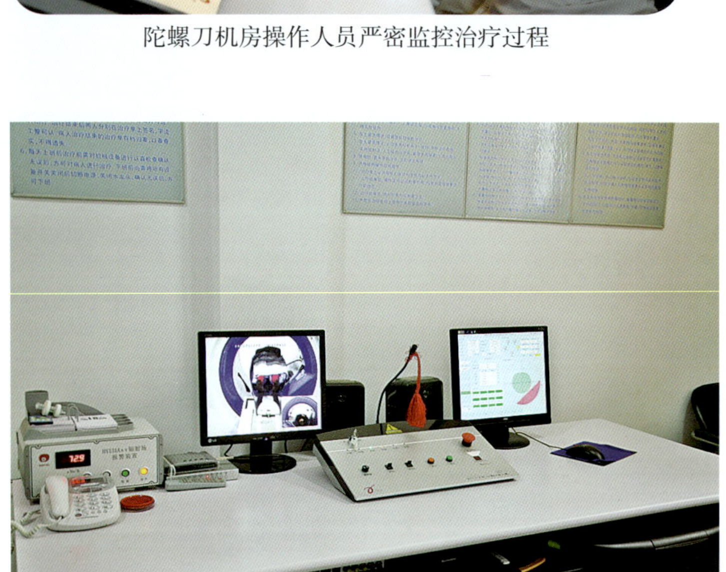

计算机控制陀螺刀治疗全程

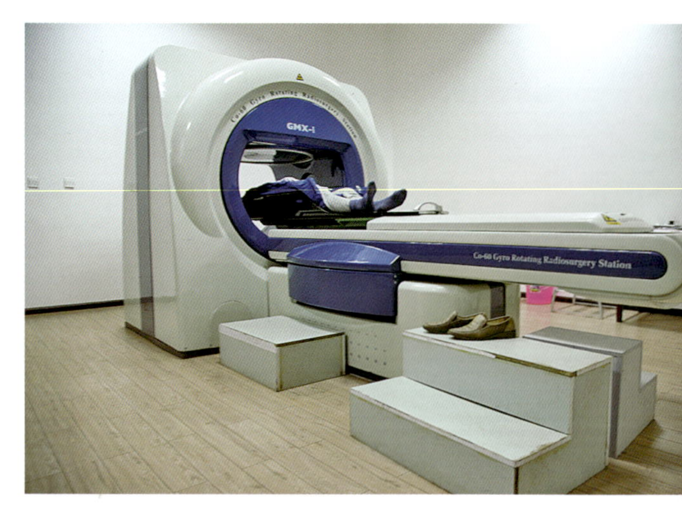


肿瘤患者接受陀螺刀治疗

# 目　录

## 特　载



## 专　文



## 大事记



## 概　况



## 政　治

**宣威市人大常委会**



**宣威市人民政府**

中国人民武装警察部队宣威市中队



# 人民团体

宣威市总工会



共青团宣威市委员会



宣威市妇女联合会



宣威市工商业联合会



宣威市文学艺术界联合会



宣威市关心下一代工作



宣威市科学技术协会

## 经济贸易

## 宣威火腿

## 烟　　草



## 农林水务

## 乡（镇、街道）概况

## 人物和先进集体

# Contents

## Special Contribution



## Special Articles



## Chief Events



## Summary



## Politics

## People's Organizations



## Legal System



## Economic Administration and Control



## Economic and Trade



## Xuanwei Ham



## Tobacco



## Agriculture, Forestry and Water Conservancy

## Transport Posts and Telecommunications



## Urban Construction and Environmental Protection



## Finance and Tax



## Education and technology



## Culture and health and sports



## Social



## Township (town, street) Overview

## Superior Persons and Advanced Group

# 特　　载

责任编辑　何道勋

2010年3月30日，中共云南省委副书记、省长秦光荣（前左二）和副书记李纪恒（左一）、副省长孔垂柱（前左三）等领导到宣威调研。（赵　播　摄）

# 承前启后　开拓创新
# 全力开创宣威科学发展新局面
## ——在中共宣威市委第四届第七次全体（扩大）会议上的报告

中共宣威市委书记　许玉才

（2011年2月23日）

**一、凝心聚力，奋发有为，“十一五”取得巨大成就**

（一）经济持续快速发展，城乡居民收入大幅提高

“十一五”时期，市内生产总值从66.34亿元增加到148.2亿元，年均增长13.66%，实现翻番。财政总收入从9.8亿元增加到20.3亿元，年均增长15.61%；其中地方财政一般预算收入从4.2亿元增加到9亿元，年均增长16.47%。银行存款余额从56.84亿元增加到138.1亿元，贷款余额从44.73亿元增加到74亿元，年均分别增19.4%和10.6%。城镇居民人均可支配收入从8367元增加到14671元，农民人均纯收入从2004元增加到3735元，年均分别增11.89%和13.33%。

（二）固定资产投资增势强劲，基础设施建设成效显著

“十一五”时期，全社会固定资产投资378.1亿元，是“十五”时期的3.5倍。生态基础进一步夯实，森林覆盖率达到45.02%，土地、矿产资源保护和开发利用进一步规范，生态环境治理、农村新型能源建设、依法取缔高能耗、高污染“五小”企业和节能减排工作扎实有效。交通基础取得重大突破，全力支持沾—六铁路复线建设，积极争取并启动普—宣高速公路建设，宣—曲高速公路前期工作进展顺利；建成宣倘二级公路，市乡公路改扩建和乡村公路建设快速推进，公路网络和交通运输体系不断完善。以水源工程建设为重点的水利基础设施建设长足发展，库容新增蓄水4250万立方米；农田水利和山区“五小水利”工程建设持续推进，解决了35.6万人饮水安全，农田有效灌溉面积达到38%。电力基础设施进一步完善，市域内发电装机容量达到220.8万千瓦。骨干电网建设和电网改造工程持续推进，网改率从“十五”末的64%提高到74.15%。教育基础设施实现质的飞跃，五年来累计投入资金6.1亿元，改造中小学D级危房36.2万平方米，新建校舍41万平方米。与此同时，城乡水、电、路、房等基本建设投入大幅增加，广大城乡居民的生产生活条件显著改善，城乡面貌正在发生积极而深刻的变化。

（三）经济结构调整不断取得新进展，产业发展的协调性明显改善

持续推进经济结构调整，三次产业结构比重由“十五”末的24:45:31调整为22:45:33，呈现农业稳步发展、工业提质壮大、服务业较快增长、平稳演进的格局。农业的基础地位进一步夯实，粮食实现五年连续增产，总产量迈上6.25亿公斤新台阶。以生猪为主的畜牧产业快速发展，产值从15.64亿元增加到28.8亿元。5年间，农业总产值从28.21亿元增加到57.88亿元。工业经济的主导作用进一步增强，工业总产值从64.54亿元增加到142.8亿元。商品物流、金融保险、餐饮服务、房地产等社会性服务业健康发展，第三产业增加值从20.45亿元增加到49亿元，消费对经济增长的拉动作用逐步增强。

（四）改革开放深入推进，发展动力不断增强

持续开展解放思想大讨论活动，全面推进干部人事、行政管理、便民服务、财税金融、投融资体制以及集体林权制度、教育卫生、科技文化等各项改革。坚定不移地贯彻对内对外开放方针，5年累计引进500万元以上的项目26个、引进资金198.6亿元。

（五）保障和改善民生的力度不断加大，促进社会和谐的积极因素不断增长

积极促进就业和再就业，新增城镇就业岗位3.3万个，转移农村劳动力20.5万人。社会保障体系进一步健全，残疾人事业、老龄事业、慈善事业、社会救助和优抚安置工作同步发展。深入推进以“866”工程、小康示范村、整乡推进和省级重点扶持村为重点的新农村建设，不断加大扶贫开发力度，累计减少贫困人口13.7万人，巩固温饱25.2万人。教育事业均衡发展，免费义务教育全面实施，高中规模不断扩大，职业教育健康发展，教育教学质量逐步提高，高考上线人数突破万人大关。医疗基础设施不断完善，基本医疗保障制度全面落实，公共卫生服务体系进一步健全，群众“看病难”、“看病贵”

的问题进一步缓解。人口和计划生育工作健康发展，人口自然增长率得到有效控制。文化体育、广播电视等各项事业长足发展。“五五”普法顺利通过省级验收，安全生产监管扎实有效，安全事故得到有效控制，食品药品监督检查工作深入开展，社会风险评估和公共应急机制全面建立，灾害救助体系进一步完善。

（六）党的建设和民主法制建设深入推进，各级党组织领导发展的能力不断提高

以“三级联创”、“云岭先锋”工程、党的先进性教育、创先争优等教育活动为载体，各级党组织的思想、组织、作风、制度和反腐倡廉建设全面加强。深入开展学习型党组织建设，党员干部的思想政治水平、思维创新能力、科学文化素质和带领群众谋发展的能力不断提高。深入开展效能型、富民型、和谐型、效益型、质量型、创新型“六型”党建，基层党建工作不断加强，党建工作连续两年受到中组部领导的肯定。以“三问三保三促进、千人千策解千难”为主题的学习实践活动相继被新华社、中央电视台等20多家全国性主流媒体集中报道。党风廉政建设责任制深入落实，领导班子和领导干部带头执行《廉政准则》和各项党内法规、遵守国家法律法令的自觉性不断增强。案件查办工作深入开展，违纪违法的人和事受到及时惩处。干部人事制度改革深入推进，公开招考、竞争上岗试点工作成效明显，2010年全市竞争性选拔干部占新提拔干部的49%。《党政领导干部选拔任用工作条例》和干部选拔任用四项监督制度全面落实，群众对新提拔干部的公认度不断提高。

党的民主集中制全面贯彻落实，市委对人大、政府、政协工作的领导进一步加强，党委和人大、政府、政协的关系进一步规范，人大、政协依法依章履行职能的水平进一步提高，政府依法行政和社会管理创新能力进一步增强，法院、检察院依法行使审判权、检察权，维护司法公正和社会公平正义的能力进一步提高。依法治市和普法工作持续推进，政法队伍建设进一步加强，基层基础工作深入扎实，社会治安综合治理、严打整治工作扎实有效，依法严厉打击各种违法犯罪不断取得新进展，社会治安总体平稳。爱国统一战线和民族宗教工作不断加强，宣传思想工作和精神文明建设取得新成效，工会、共青团、妇联、人民武装和“双拥”工作健康发展。矛盾纠纷排查化解机制进一步健全，一大批信访热、难点问题有效化解，社会和谐度不断提高。

“十一五”时期，是改革开放以来我市经济实力、综合竞争力增长最快的时期，是基础设施投入力度最大、城乡面貌发展变化最快的时期，是优势特色产业快速发展、产业结构不断优化的时期，是各项社会事业全面进步、人民群众得实惠最多的时期，是党的建设和干部队伍建设全面加强、执政能力和领导水平较大提高的时期。这些成绩的取得，是全面贯彻落实党中央各项方针政策和省委、曲靖市委决策部署的结果，是全市各级党组织和各族干部群众团结奋斗、顽强拼博的结果。在此，我代表市委向全市党员干部、在宣企业、驻宣部队和各族各界人士表示诚挚的敬意和衷心的感谢！

在充分肯定成绩的同时，我们也要清醒地认识到在经济社会发展中存在的困难和问题：一是发展不充分。经济总量偏小、质量偏低，经济增长受资源环境的约束加剧，产业处于分工低端、产业链短、附加值低、企业自主创新能力不强、高技术人才缺乏、内生动力不足、经济发展的质量和效益与加快转变经济发展方式的要求不相适应。二是发展不平衡。贫困人口多，贫困程度深，城乡区域发展不平衡，基础设施薄弱，公共服务能力偏低，经济社会发展水平与人民日益增长的物质文化需求不相适应。三是发展不协调。产业结构不合理，投资和消费关系失衡，收入分配差距较大，社会矛盾增多；部分行业（产业）受国家产业政策调控影响，发展困难，节能减排和环境保护压力加大；安全发展、协调发展、可持续发展的基础还不牢固，制约科学发展的体制机制性障碍与科学发展的要求不相适应。四是领导发展的能力不足。少数党员领导干部思想不够解放，作风不够深入，工作落实不够有力，领导发展的能力与形势发展的要求和人民群众的期盼不相适应。这些问题，务必引起高度重视，下决心认真加以解决。

## 二、团结奋进，开拓创新，全力开创“十二五”科学发展新局面

（一）转变发展方式，着力提高经济增长的质量和效益

进一步调整优化产业结构。调强一产业、调优二产业、调快三产业，培育现代产业体系。坚持现代农业发展方向，牢牢把握我市被列为国家农业示范区建设这一重大历史机遇，扎实推进农业“十大”工程建设，巩固提升玉米、马铃薯、烤烟和以生猪为主的畜牧产业，培育壮大蔬菜和以核桃为主的林果产业，大力发展“一乡一业、一村一品”优势产业，提高农业比较效益。在依法、有偿、自愿的前提下，鼓励农村土地适度流转，大力发展规模种植、养殖业，逐步提高农业经营组织化程度。扶持发展农业龙头企业，推动农产品研发和深加工，打造农产品知名品牌，提高附加值和市场占有率。全面落实各项惠农政策，创新增强农业发展活力的体制机制，加快农业现代化步伐。坚持推进新型工业化，着力调整优化工业结构，改造提升煤炭、电力、化工、农产品加工等优势产业，加快发展水力和风力发电、机械制造、新型建材等新兴产业。进一步加快羊场磷化工基地、凤凰山乙炔化工基地、虹桥食品和轻工业基地建设，妥善解决项目建设用地、供电、供水、道路等相关问题，完善功能、改善环境、优化服务，积极引进大项目、好项目入园发展。支持各类企业推动科技进步

和管理创新，推动工业规模发展、集中发展、循环发展。加快发展现代服务业，以商贸物流业为重点，改造提升一批，规划建设一批，建成商贸中心30万平方米，物流中心20万平方米，交易额上亿元的商品市场10个。持续推进“万村千乡”市场工程和“乡村流通”工程，引导流通企业向农村延伸，积极开展农超对接，活跃城乡市场。巩固提升商贸、餐饮等传统服务业，积极发展饮食文化。大力发展金融保险、人力资源和中介服务、社区服务等服务业，促进服务业发展提速、比重提高、质量提升。

进一步加大固定资产投资力度。围绕“十二五”时期固定资产投资900亿元的目标，扎实做好项目规划、论证、储备、申报、推介工作，不断加大农、林、水、电、路、教育、医疗等基础产业和民生领域基础设施建设力度。继续推行市级领导及相关部门负责人挂钩重点项目责任制，进一步完善考核机制，扎扎实实推进项目建设。进一步改善投资结构，加大金融信贷对基础设施和民生方面的支持力度，确保固定资产投资有效增长。

（二）统筹城乡发展，着力保障和改善民生

持续推进城市和小城镇建设。围绕“城镇建成区面积90平方公里、城镇人口71万人，中心城区建成区面积39平方公里、人口30万人，综合城镇化率47%”的目标，进一步加快城市和小城镇建设，着力构建中心城区与卫星城镇、中心集镇、一般集镇相衔接、布局合理、区域协调、功能完善、体系完整的城镇体系。抓紧西河、东河治理规划评审完善，适时启动建设。积极推进金月湖等城市精品工程建设，创建省级园林城市，提高城市品位。尽快启动326国道西过境联络线、双龙路、城双路、榕峰路北延线、东安街等城市骨干路网建设，有效缓解城市交通压力。加快推进城市污水处理二期工程、城市供水管网和城市照明设备改造工程建设，完善城市功能。坚持“自主建设为主、奖励扶持为辅”的方针，调动乡镇发展小城镇的积极性，每年集中力量扶持3个特色小城镇加快发展。加大城乡环境综合整治力度，强化城市和小城镇治安、交通、卫生、市容、市场管理，建立长效机制，推动城市和小城镇协调发展。

持续推进新农村建设。进一步总结、完善、推广以城带村型、以工哺农型、集镇带动型、矿村结合型、产业支撑型等建设模式，强化产业培育、扶持和引导，帮助农民发展增收产业，整合资金项目，发动群众自主建设，加快推进新村庄、新社区建设。认真组织实施一事一议财政奖补项目、省级重点扶持村、整乡推进、易地扶贫搬迁、小额信贷扶贫、老少边穷地区扶贫、社会面上扶贫等各项工作，完成400个特殊贫困自然村“整村推进”连片扶贫开发，解决25万贫困人口温饱问题。强化农村劳动力培训和输出转移工作，增加农民工资性收入。持续推进农村水、电、路、医、教等基础设施建设，不断提高农村社会保障水平，逐步实现公共服务均等化。

加强居民收入分配调节。全面落实国家调整收入分配政策，综合运用财政、税收等手段，有效调节过高收入，提高低收入群体收入，打击非法收入，千方百计增加城乡居民的政策性收入、经营性收入、工资性收入、财产性收入，构建公平、合理的收入分配格局。实施更加积极的就业政策，以大中专毕业生、退伍军人、城镇新增劳动力为重点，积极促进就业。进一步加大农民工转移培训力度，推动农村劳动力有序输出。支持小微型服务企业加快发展，鼓励城乡居民自主创业和带动就业。维护劳动者合法权益，构建和谐的劳动关系。

完善社会保障体系。扩大城乡居民社会保险覆盖面，推进农村养老保险，健全城乡社会救济、灾害救助、失地农民生活保障、城乡低保、抚恤安置、社区服务等六大体系，构建城乡一体化社会保障网络。完善城乡医疗保障体系和卫生服务体系，稳步推进公立医院改革试点，加强对医疗机构的监督管理，强化医德医风建设，不断提高基本医疗保障水平。

发展各项社会事业。进一步推进文化、广播电视和信息网络建设，积极发展公益性文化事业，完善文化产业发展规划，加强对非物质文化遗产的研究、保护和传承工作。实施全民健身工程，注重体育基础设施建设，不断满足人民群众日益增长的体育健身需求。坚持不懈地抓好人口与计划生育工作，健全和完善人口管理机制，确保人口自然增长率控制在考核目标范围之内。积极应对人口老龄化，以家庭养老为基础、社区服务为依托、社会养老为辅助，培育发展老龄事业。加强对未成年人保护，发展妇女儿童事业，健全残疾人服务体系，发展残疾人事业。加强慈善事业建设，引导慈善事业健康发展。

（三）强化基础设施建设，着力增强发展承载力

进一步夯实生态基础。大力发展生态、低碳经济，推广普及太阳能、风能、沼气、节能灶等清洁能源，落实各项扶持政策措施，引导新型能源加快发展。全面落实节能减排任务，强化监管、健全激励约束机制，严格目标责任考核，确保单位生产总值能耗和污染物排放总量控制在上级考核指标范围内。全面推进生态环境建设，强化资源节约和管理，完善土地、矿产、水资源等重要资源管理制度，大力推广节能、节水、节地、节材措施，提高资源利用率。加强生态环境和防灾减灾体系建设，持续推进天然林保护、退耕还林和石漠化综合治理，大力开展植树造林活动，引导扶持发展以核桃为主的经济林果和用材林。培育生态文化，深入开展“生态乡镇”、“生态村”、“绿色学校”、“绿色社区”、“绿色机关”、“绿色企业”、“绿色庭院”等生态文明创建活动，推进机关拆墙透绿工程，深入开展生态科普知识宣传、生态文

明教育和绿色消费行动，弘扬生态伦理道德，构建生态文明。

进一步夯实水利基础。牢牢把握国家投资方向和战略重点，加快推进水利基础建设，续建新建小（一）型水库7座，全面完成病险水库除险加固工程，新建小（二）型水库10座，新增库容1亿立方米。治理主要河流11条，治理水土流失面积300平方公里。加快节水改造工程和田间配套工程建设，认真实施农村“五小”水利和人饮安全项目，解决60.5万人饮水安全问题。积极推动小型水利产权制度改革，强化水资源管理，努力构建区域综合防洪抗旱减灾、城乡水资源合理配置、水环境保护和水资源保障体系。

进一步夯实交通基础。着力推动普一宣、宣一曲高速公路建设，支持沾一六铁路复线全面完成建设任务。积极争取宣威至会泽、宣威至威宁经济干道启动建设。加快推进汽车北站和农村客货运站点建设，大力推进市乡油路、乡村公路硬化建设，构建布局合理、覆盖城乡、区域互通、干支相连的公路交通网络。

进一步夯实电力基础。加快骨干电源项目建设，支持国电宣威发电公司增加产值，提高效益。加快推进水电站建设，积极争取风力发电项目启动建设，着力构建以大型骨干电源为主、多种电源并存、相互补充、互为依托的电源建设格局。调整优化城乡电网布局和结构，推进城乡电网改造升级，一户一表网改率达到95%，全面提高电力供应保障能力。

进一步夯实教育基础。继续深化教育改革，着力推进素质教育，全面提高教育质量和办学效益。进一步改善办学条件，继续推进D级危房排除和B、C级危房维修加固工程。巩固发展“两基”成果，确保义务阶段教育和青壮年非文盲率达到规定要求。加快城区三所小学建设，有效缓解大班额问题。加快推进学前教育，政策扶持与社会参与相结合，支持乡镇、村发展幼儿学前教育。进一步提高高中阶段普及率和教育教学质量，在稳步提高高考上线率的同时，提高重点大学录取比重。大力发展职业教育，加快推进职教中心建设。切实加强师资队伍建设，突出师德师风和职业道德建设，营造良好的教书育人环境。进一步规范学校管理和安保工作，维护学校安全和正常的教学秩序，办好人民满意的教育。

（四）深化改革开放，着力增强发展活力

进一步深化改革。积极稳妥地推进政府机构改革，妥善处理干部人事问题，理顺工作关系，确保各项工作平稳顺畅推进。积极配合抓好财政省直管改革试点，努力推动财税体制等重要领域和关键环节改革取得新突破。进一步强化政府公共服务职能，推动政府管理创新职能转变，逐步实现责权一致。深化投融资体制改革，构建融资平台，增强自我发展能力。充分发挥市场配置资源的基础性作用，推行政企分开、政事公开，推进科技、教育、文化、卫生、体育等领域的分类改革，促进各项社会事业全面进步。推动企业科技创新和管理创新，引导企业健全完善现代企业制度，不断提高经营管理水平。

进一步扩大开放。实行更加积极主动的开放战略，坚持引进来与走出去相结合，采取更加灵活的方式不断加大招商引资力度，主动承接东部产业梯度转移，引进资金、技术、人才，提高外资水平。鼓励企业走出去，参与更大范围的合作与竞争，进一步提高对外开放水平。

进一步强化科技支撑。建立政府引导、企业主体、社会参与的多元化科技创新投入机制，不断加大科技创新投入力度。引导科技创新要素向企业集聚，实施现代种业等重大科技专项工程，支持煤炭、化工、电力等重点企业开展科技攻关，不断提高企业集成创新和引进吸收创新能力，促进科技成果向生产力转化。

进一步加强人才队伍建设。坚持党管人才的方针，坚定不移地实施人才兴市战略，切实加强人才队伍建设。以领导干部为重点，着力培养造就高素质党政人才队伍；以提高经营管理水平和企业竞争力为核心，注重培养企业管理和经营人才；以提高专业水平和创新能力为关键，加快培养高素质专业技术和科技创新人才；以加快农村发展为根本，大力培养新农村建设和农业产业化实用人才。

（五）推进民主法治，着力维护社会稳定

维护社会稳定、促进社会和谐是实现科学发展的基础和前提。要进一步创新思路、落实措施、突出重点、攻克难点，有力有效地维护社会和谐稳定。深入开展社会矛盾化解、社会管理创新、公正廉洁执法三项重点工作，着力营造和谐稳定的社会环境，公平正义的法治环境，增强人民群众的安全感和满意度。

加强民主政治建设。进一步加强和改进党对人大、政府、政协和政法工作的领导，支持人大、政协依照法律和章程行使职能，支持政府依法行使和管理社会事务，支持法院、检察院依法行使审判权、检察权，进一步规范市委与人大、政府、政协班子之间的关系，调动市级领导班子和领导干部推动科学发展的积极性、创造性。深入推进基层民主政治建设，不断探索政务、村务、厂务公开的形式和内容，努力扩大人民群众的参与权、监督权。支持工会、共青团、妇联等群团组织依照章程自主开展工作，参与社会管理和服务。坚持党管武装，切实加强国防后备力量建设。加强爱国统一战线和民族宗教工作，积极促进社会各阶层、各民族关系和谐，形成推动科学发展的强大合力。

推进社会管理创新。健全和完善对安全事故、自然灾害、公共卫生事件、食品安全事件、社会安全事件的预防预警和处置机制，全面落实安全生产主体责任，加大安全保障投入，强化安全监管，严格责任追究，确保安全生产形势持续好转。深入开展“六五”普法教育，不断增强公民法律意识。进一步加大矛盾纠纷化解力度，努力探索和正确把握新时期人民内部矛盾的特点和规律，不断完善人民群众诉求表达机制和社会矛盾调处机制，妥善协调各方面利益关系，提高从源头上化解矛盾和应对突发事件的能力，最大限度增加和谐因素，最大限度减少不和谐因素。深入开展平安创建活动，加强基层基础工作，强化城乡社区建设，完善基层管理网络，健全社会舆情汇集分析机制和社会风险评估机制，着力解决影响稳定的根本性、基础性问题。进一步加强综治维稳工作，完善社会治安防控体系，深入开展“严打”和专项整治行动，深入持久地开展禁毒防艾、扫黄打非和反邪教斗争，依法严厉打击各种违法犯罪行为，增强人民群众的安全感，切实维护人民群众的生命财产安全。

**三、全面加强和改进党的建设，为推动科学发展提供强有力的政治和组织保障**

（一）加强思想建设，增强推动科学发展的自觉性

坚持以思想政治建设为根本，深入推进学习型组织建设。坚持不懈地用党的创新理论武装全体党员干部头脑，深入开展理想信念教育和形势政策教育，把广大党员干部的思想认识统一到党中央的方针政策上来，统一到上级党委和市委的决策部署上来。切实加强意识形态工作，不断创新宣传思想工作方式，努力推进社会主义核心价值体系建设，扎实推进思想道德建设，深入开展精神文明创建活动。深入开展以“三围绕三争创”为主题的创先争优活动，把思想政治建设成果转化为理论联系实际的能力，转化为谋划科学发展、落实政策措施、解决实际问题的能力。

（二）加强组织建设，增强领导发展的能力

以党员领导干部建设为重点，切实加强领导班子和干部队伍建设。坚持正确的政绩导向和用人导向，进一步健全完善选人用人机制，提高干部选拔任用公信度。完善公开选拔、竞争上岗选拔干部方式，提高干部选拔任用透明度。坚持以“六型”党建为载体，进一步创新党组织设置方式，注重在非公有制经济组织、新社会组织中建立党组织和发展党员工作，加大农村党员发展力度，逐步实现党组织和党的工作全覆盖。认真组织市乡党委换届工作，选好配强各级党委班子，进一步增强领导班子的创新力、凝聚力、执行力。全面落实党委抓基层党组织建设责任制，健全经费保障、绩效考核、激励约束等各项机制，不断增强基层党组织的活力。

（三）加强作风建设，增强解决实际问题的能力

坚持把作风建设作为一项长期任务，不断推进工作作风、领导作风、生活作风建设，切实解决党员干部作风方面存在的突出问题。进一步完善群众工作制度、民情调研制度，真正做到思想上尊重群众、感情上贴近群众、工作上依靠群众，顺应人民群众的期盼，反映人民群众的呼声，在解决实际问题上下功夫。广大党员干部务必强化责任意识，围绕全市经济社会发展目标，一心一意谋发展，不折不扣抓落实，要深入研究和正确把握新形势下群众工作的新特点、新要求，正确处理各方面利益问题，真正实现好、维护好、发展好广大人民群众的根本利益。

（四）加强制度建设，提高科学决策、民主决策水平

坚持把制度建设贯穿党的建设始终，不断加强领导制度、组织制度、工作制度、学习制度、监督制度和民主生活会制度，坚持用制度管人、管事，不断提高党的各项工作科学化、制度化、规范化水平。认真贯彻落实党的民主集中制，进一步完善议事规则和决策程序，实行集体领导与个人分工负责相结合，重大决策、重大项目、大额资金使用和干部任免必须党委集体研究决定，不搞个人说了算。发扬党内民主，畅通民主渠道，自觉接受党内监督、社会监督、舆论监督，健全决策失误纠错改正机制和责任追究制度，不断提高科学决策、民主决策、依法决策水平。

（五）加强反腐倡廉建设，营造风清气正的发展环境

坚持把党风廉政建设作为一项重大的政治任务来抓，全面推进教育、制度、监督并重的惩治和预防腐败体系建设，认真落实“一岗双责”党风廉政建设责任制。进一步深化行政审批、财税管理、干部人事制度等各项改革，切实加强领导干部任期经济责任审计，进一步强化用人、用钱和重大项目、重点工程的监督，从源头上预防和解决腐败问题。从严管理干部，加强廉洁从政教育，筑牢预防和抵制腐败的思想道德防线。加大案件查办工作力度，严肃查处滥用职权、贪污贿赂、失职渎职、腐化堕落等违纪违法案件，严肃查处侵害群众利益、重大责任事故背后的腐败案件，以反腐倡廉的实际行动取信于民。

# 宣威市人民代表大会常务委员会工作报告

宣威市人大常委会主任　高连恒

（2011年2月27日）

## 2010年的主要工作

### 一、围绕中心，主动作为，全力推进经济社会科学发展

（一）坚持围绕中心保增长，加强对国民经济和社会发展计划执行情况的监督

积极贯彻保增长促发展的要求，听取和审议了市人民政府《关于2010年上半年国民经济和社会发展计划执行情况报告》。围绕加强农业基础设施建设、加快工业发展、推进重大项目建设、促进非公经济发展等重点，提出了五个方面的意见建议。组织代表对"十二五"规划情况进行了视察和调查，深入分析我市"十二五"时期经济社会发展所面临的形势和任务，对规划编制的指导思想、主要目标、重点战略和主要工作任务等方面提出了明确的意见建议，对进一步完善编制工作和本次代表大会审议好规划纲要发挥了积极的推动和促进作用。

（二）坚持突出重点促增收，加强对财政工作的监督

一是听取和审议了市人民政府关于《宣威市2009年地方财政决算和2010年1至6月地方财政预算执行情况报告》和2009年度财政预算执行和其他财政收支的审计工作情况报告，批准了宣威市2009年市级财政决算。要求市人民政府进一步加强财源建设、优化支出结构、强化预算管理和审计监督，充分发挥财政在支持经济社会发展中的职能作用；二是听取和审议了市人民政府《关于提请审议2010年地方财政收支预算调整方案的议案》，对财政收支预算调整的可行性、合理性进行了认真审议，批准了年度财政收支预算调整议案。

（三）坚持统筹发展强基础，加强对专项工作的监督

扎实推进城乡经济社会发展一体化进程，努力化解发展中的制约因素，增强区域发展后劲。大力推进城市化进程。一是根据市委的安排，组织对城市南片区开发建设情况进行了调查，全面分析了城市南片区开发建设的基本情况、基础条件、重大意义，指出了影响和制约南片区开发建设推进五个方面的困难和问题，提出了七个方面的意见建议，为推进城市南片区的开发建设发挥了积极作用。二是以常委会领导牵头，各街道人大工委组织人大代表对推进城市化进程中人民群众关心、关注的城区社区建设与管理、"城中村"开发建设、城区征地和基础设施建设拆迁安置小区建设工作情况进行了调查，研究分析了存在的困难和问题，提出了20条改进工作的意见建议，为推动解决城市建设和发展中的热难点问题提供了强有力的支持，促进了城市建设和管理水平的提升。大力推进农业产业化进程。一是高度关注畜牧业支柱产业建设。开展了对畜牧疫病防治工作的调查，听取和审议了市人民政府关于动物疫病防治的专项工作报告，指出了五个方面的困难和问题，推动了相关工作的开展。二是积极推进农业基础设施建设。对全市实施中低产田(地)改造的情况进行了调查，听取和审议了市人民政府关于中低产田(地)改造工作的情况报告，指出了四个方面的困难和问题，提出了四点意见建议。大力促进优势产业建设。根据市委的安排，组织调查组对全市煤炭税费征管及使用情况进行了专题调查，并考察学习了富源等周边县（区）的做法和经验，提出了《宣威市人大常委会关于煤炭税费征管及使用情况的调查报告》。报告对我市煤炭工业的发展现状、煤炭税费征缴依据及标准进行了全面分析，指出了存在的五个方面的困难和问题，围绕打击偷逃税费行为，建立科学化、精细化长效管理机制，实现"变资源为税源，变税源为财源，变财源为财力"的总体目标，提出了五点意见建议，为市委决策提供了翔实的依据。

（四）坚持维护民生保稳定，加强对抗旱重点工作的监督

面对百年不遇的干旱对全市经济社会发展和人民群众的生产生活造成的严峻形势，常委会一方面认真落实各级党委、政府的抗旱工作措施，全力投入抗旱救灾保民生、保春耕工作。另一方面，开展了对全市抗旱救灾和春耕备耕工作情况的调查，听取和审议了市人民政府关于抗旱救灾和春耕备耕、抗旱救灾资金的筹集和管理使用情况报告，指出了四个方面的存在问题，提出了四点意见建议，促进了农村的稳定和谐与经济社会发展。

（五）坚持协调发展促和谐，推动社会事业不断进步

积极回应人民群众对社会发展和社会管理提出的新要求、新愿望、新期待。一是加强对人口与计划生育工作的监督。

开展了对全市人口与计划生育工作的调查，听取和审议了市人民政府关于人口与计划生育工作的情况报告，从加大宣传教育力度、建设高素质管理队伍、加大经费投入、抓好人口与计划生育综合治理工作等方面提出意见和建议，推动了人口与计划生育工作的健康发展。二是加强对扶贫开发工作的监督。对全市2009年以来的扶贫开发工作情况进行了调查，听取和审议了市人民政府的专项工作情况报告，围绕进一步解决贫困群众的生产生活困难，缩小群体之间、城乡之间、地区之间的贫富差距，缓解社会冲突、化解社会矛盾、构建和谐社会提出了四个方面的意见建议，努力推进扶贫开发工作的深入持久进行。三是对促进城乡教育均衡发展、解决农村留守儿童问题进行了调查和审议，提出了五个方面的意见建议，转市人民政府办理落实，并将调查报告印发相关部门和基层参考，引导各级领导干部对这一社会问题的重视和思考，促进城乡教育均衡发展，推动人的全面发展。四是组织人大代表对城市建设精品工程的文化中心、体育运动中心的建设进展情况进行了视察，提出了意见建议，推动了建设进程。

（六）积极参与全市重大项目推进，为经济发展献计出力

一年来，常委会各位领导按照市委的安排，认真落实重大项目推进责任，承担和参与了普宣高速公路、小干河水库、红石岩水库等重大项目的协调建设工作，取得了重大进展和成效，为全市经济社会的协调发展作出了积极的贡献，较好地体现了在参与中监督、在监督中支持的原则。

**二、突出重点，完善措施，大力推进法治宣威建设进程**

（一）积极推进依法行政

按照监督法和《宣威市人大常委会评议工作办法》的规定，围绕贯彻落实党和国家的方针政策和法律法规、履行职能职责、班子队伍建设、党风廉政建设四个重点，先后组织部分省、曲靖市、宣威市人大代表对市文化局、安全生产监督管理局、交通局的工作进行了调查和评议。同时，依据相关法律的规定，对评议中基层和群众认可度高、代表满意率高的市安全生产监督管理局授予了“人民满意单位”荣誉称号，扩大了评议影响，提高了评议效果。

（二）扎实推进依法治理

依法治理是实现人民当家作主最有效、最广泛的途径。一是坚持工作调查和执法检查并重，在组织开展工作调查的同时，对相关法律法规的执行情况进行了检查，促进了法律法规的宣传普及和贯彻实施。二是听取和审议了市人民法院关于民事审判工作的情况报告，充分肯定了市人民法院2008年以来民事审判工作取得的成绩和经验，提出了切实加强调解和执行工作，建立和完善社会整体联动的执行威慑机制；加强民事审判队伍建设，提高审判人员素质；强化对民事审判活动的规范和管理，进一步提高办案质量和审判工作水平等五个方面的意见建议，推动了民事审判工作的创新和发展，促进了社会和谐稳定。三是加强人大信访工作，为经济社会发展排忧解难。全年共受理人民群众来信来访112件146人（次），其中司法案件42件，占信访总量的38%，上级人大转办案件24件，要求回复办理结果的8件，常委会领导交办的15件，登记、交办、督办和到期办理反馈率达100%，做到件件有回音、事事有答复，维护了群众的合法权益。四是配合省、曲靖市人大常委会对律师法、云南省盐业管理条例等法律法规的执行情况进行了检查，对市人民检察院民事行政检察工作、市人民法院执行及涉诉特困人员救助制度落实工作等情况进行了调查，推介了宣威经验，树立了宣威形象。

**三、加强联系，强化服务，着力改进人大代表工作**

坚持把代表工作作为人大工作的基础来抓，创新代表工作机制，尊重代表权益，进一步发挥代表参与管理地方国家事务的作用。一是制定和实施了年度代表工作意见，指导规范全市的代表工作深入开展；二是召开了全市人大代表工作经验交流会，促进了代表工作的创新和发展；三是开展了代表“创先争优”评选表彰活动，激励了基层人大和人大代表的工作热情、履职热情。制定出台了《宣威市人民代表大会常务委员会人大代表工作创先争优评选表彰办法》，开展了人大代表工作“创先争优”活动。为了确保评选工作公平、公正，先进代表小组、优秀人大代表由乡（镇、街道）人大考核推荐产生，先进人大主席团（人大工委）由市人大常委会主任会议依据申报材料和业绩考核情况评选产生，使评选出的先进典型确实具有先进性、代表性，得到了人大代表的广泛认同。在此基础上，常委会对来宾镇人大主席团等8个先进人大主席团、宛水街道第一代表小组等46个先进代表小组和李晏斌等57名优秀人大代表进行了表彰和奖励，调动了基层人大、人大代表履职的积极性，推动了代表工作的创新和发展。四是组织开展了6月6日“代表统一活动日”活动，丰富了代表工作内容，树立了代表形象；五是坚持联系走访代表制度，广泛征求代表对人大常委会及机关工作的意见和建议，增进了代表对常委会工作的了解，密切了代表与常委会的工作联系。六是组织开展了代表会前视察活动，提出意见建议12件，指定领衔代表分别向省、曲靖市和本次人代会提出，为代表出席各级人代会，发挥代表作用，反应宣威困难，争取更多支持提供了帮助。七是认真督办代表议案、建议，充分发挥代表主体作用。市四届人大三次会议期间，代表共提出议案2件、建议89

件。督办工作中，坚持以解决问题为重点，认真做好交办、督办、反馈、落实四个环节的各项工作，办理质量和效率大幅提升。坚持以议案和重点意见的办理为突破口，加大经常性督促和调查督办工作力度，先后听取和审议了市人民政府及相关责任部门关于办理代表议案的实施方案和年度办理落实的情况报告，并将议案的办理落实情况列入本次代表大会议程，向大会报告，接受各位代表的监督。同时，鉴于两件议案所提问题涉及的范围广、情况复杂、资金投入量大、需要的周期长，我们将认真落实本次大会作出的相关决议，坚持跟踪督办不松懈、接力督办不放手，督促市人民政府及相关职能部门认真落实办理工作方案和年度办理工作任务，确保用5年左右的时间解决相关问题。也希望各位代表采取各种方式，加强跟踪督促，支持办理工作，共同推进办理工作进程，努力促成相关问题的解决。

**四、多措并举，精心指导，着力推进全市人大工作统筹发展**

常委会积极探索新形势下联系指导乡(镇、街道)人大工作的有效途径和方法，形成市、乡(镇、街道)人大工作联动机制，促进基层人大工作依法有序开展。一是完善联系指导制度，将乡（镇、街道）人大分为8个片区，由8位常委会领导负责挂钩联系指导，及时帮助研究解决工作中遇到的实际问题，确保了乡镇人大工作的顺利开展和基层民主法制建设的有序推进。二是指导乡（镇、街道）人大建立健全规章制度，促进乡（镇、街道）人大工作走上规范化、制度化轨道，提升了乡（镇、街道）人大工作水平。三是通过邀请乡镇人大主席列席常委会会议，参加常委会组织的执法检查、工作监督、代表视察等活动，让乡镇人大主席熟悉、了解人大业务知识，进一步规范乡镇人大工作开展；四是召开乡（镇、街道）人大工作经验交流会议，交流人大工作经验，有效提升了全市乡（镇、街道）人大的整体工作水平。

**五、适应形势，自加压力，着力提高自身建设水平**

（一）深入开展“创先争优”活动

根据市委的统一部署，结合机关实际，坚持以突出实践特色、突出人大工作的特点优势、突出活动效果为重点，以“依法履职，主动作为，服务发展，争创佳绩”为主题，以“筑堡垒、做先锋、树形象、促发展”为主线，以“推动科学发展、促进社会和谐、服务人民群众、加强基层组织”为总体目标，注重把创先争优与强化党性修养相结合、与推进基层党建相结合、与推动机关效能建设相结合、与改善民生相结合，努力营造岗位争先进、业务争一流、个人争优秀的浓厚氛围，推动人大各项工作上新台阶，确保活动按时序要求进行，取得了阶段性成效，推进了机关的各项建设。

（二）加强制度建设，完善工作机制

常委会从提高工作效率、解决实际问题、服务科学发展入手，对历届人大及常委会制定的各项工作制度、管理制度、监督制度进行了修改和完善，进一步规范了常委会的学习和工作行为，保证了常委会工作的正常、高效运转。

（三）强化机关效能建设，不断提高常委会工作水平。坚持以思想教育为先导

注重加强素质建设，努力做到政治学习与业务学习相结合，理论学习与深入实践相结合，努力建设学习型机关、学习型组织。坚持以作风建设为重点。注重加强作风建设，通过坚定不移地落实党风廉政建设责任制、坚持深入基层走访代表和群众，改进工作作风，内聚合力，外树形象，增强了常委会工作人员勤政廉政意识、宗旨意识和法律意识，努力建设廉洁型、服务型机关。坚持以效能建设为目标。对全年工作计划要点按月分解，实行月安排、旬调度，做到任务明确、责任到人、限时完成，确保了全年工作任务的顺利完成。实行岗位目标责任制年度考评机制，鼓励先进，鞭策后进，形成了心往一处想，劲往一处使的工作合力，努力建设效能型机关。

各位代表，常委会一年来各项工作所取得的成绩，是市委正确领导的结果，是全市人民特别是全体人大代表大力支持的结果，也是“一府两院”及有关单位密切配合、全体人大工作者共同努力的结果。在此，我谨代表市人大常委会，向所有关心、支持人大及其常委会工作的同志们和社会各界人士，表示崇高的敬意和衷心的感谢！

回顾一年来的工作，我们也深深地感到，我们的工作与党和人民的要求，与宪法和法律的要求，与各位代表的要求还有很大的差距。主要表现在：一是监督工作的深度和硬度还不够，方式方法还需要进一步改进；二是常委会决议决定和审议意见督办落实的力度不够，效果不够理想；三是代表工作规范性、经常性、创新性不够，没有形成持续有效的推动模式；四是自身建设的高度不够，围绕中心，服务发展的能力和水平还需要进一步增强。我们将自觉接受各位人大代表和人民群众的监督，认真研究和切实解决这些问题。

## 2011年的工作建议

**一、深入贯彻落实市委人大工作会议精神，牢牢把握人大工作的正确方向**

要坚持以贯彻落实市委人大工作会议及相关文件精神为重点，进一步增强党的观念和政治意识，坚定不移地走中国特色社会主义政治发展道路，保证人大工作的正确方向。要更加坚定地坚持和依靠党委的领导，认真贯彻党委的主张，努力做到工作部署与党委的中心工作相一致，确保市委的决策部署得到贯彻实施。要更加坚定地推进社会主义民主政治建设，坚持和完善人民代表大会制度，切实加强对公共权力运行的监督，着力维护司法公正，促进社会公平正义。要进一步加强基层民主政治建设，完善民主管理制度，保障人民群众享有充分的民主权利，尽力推进宣威经济社会的科学发展、快速发展。

**二、突出重点，增强实效，在推动科学发展上实现新作为**

紧紧围绕科学发展、转变经济发展方式要求，强化对国民经济和社会发展“十二五”规划和年度计划执行情况的监督，加快经济社会发展速度；强化对环境治理和节能减排目标任务落实情况的监督，推进环境友好型和资源节约型社会建设，促进经济发展方式的转变，提升经济社会发展质量；强化对重大项目、重点产业建设情况的监督，进一步夯实经济社会发展基础，增强可持续发展能力；强化对财政预算编制和执行情况的监督，不断提高公共财政资金的使用效率，为经济社会发展提供财力保障；强化对城市化推进工作情况的监督，增强城市引领带动经济社会发展的能力。

**三、创新机制，完善措施，在推动决策落实上有新举措**

深入贯彻落实中央十七届五中全会、中央经济工作会议和市委工作会议、四届七次全会精神，努力在推动市委各项决策部署落实上有新举措。一是创新选题机制。坚持抓大事、议大事、求实效的原则，认真落实市委的决策部署，深入研判经济社会发展形势，广泛征求各方意见，主动接受社会监督，积极应对群众诉求，精心选择审议议题，努力做到各项工作体现科学发展的要求，符合区域经济发展的实际，有利于推进经济发展方式的转变，努力促进民生的改善和社会的和谐稳定；二是创新调研机制。坚持认真策划、上下联动、广泛参与的调研工作思路，进一步创新调研工作机制，努力提高调研工作质量，为科学决策提供全面准确的依据；三是创新审议决策机制。改进常委会审议方式，充分发挥全体组成人员的智慧和力量，提高常委会民主决策、科学决策的能力和水平，确保各项决议决定的科学性、可行性、合理性；四是创新督促落实机制。加大监督力度、增强监督硬度、提高监督实效，进一步创新监督方式，综合应用各种监督手段，确保市委的决策部署和常委会的决议决定得到全面的贯彻和执行，努力在解决问题上下功夫、求实效。

**四、发挥优势，积极作为，在促进社会和谐稳定上有新成效**

充分发挥人大在加快经济社会发展、推进民主法治建设中的促进和保障作用，充分发挥人大代表联系人民群众的桥梁纽带作用，努力在促进社会和谐稳定上取得新成效。一是 加强法制宣传教育，增强广大人民群众的法制意识、法律意识，引导社会舆论，促进社会发育，规范社会行为；二是加强法律监督、工作监督，督促“一府两院”依法行政、公正司法，积极化解社会矛盾，维护社会公平、正义；三是加强对民生问题的监督，努力解决人民群众最盼、最急、最怨的问题，促进社会和谐稳定；四是进一步创新代表活动方式、丰富代表活动内容，组织代表开展社会调查、专题调查、执法检查等活动，深入研究社情民意、积极反映意见建议，尽力促进相关问题的解决，努力排除社会不稳定因素；五是加大信访案件办理工作力度，保障群众合法权益；六是加强人事任免工作，完善任免程序，探索任后监督有效形式，确保权力正确行使。

**五、求真务实，锐意进取，在自身建设上有新进展**

以深入推进“创先争优”活动为主线，以巩固“三个一”主题实践活动成果为重点，以推进学习型组织建设为引领，以建设“学习型、干事型、服务型、创新型、廉洁型”机关为目标，坚持抓学习，提高本领，增强做好工作的主动性和积极性；抓制度，规范管理，增强工作的规范性、严谨性，全面推进机关效能建设，提高机关的总体参谋水平和服务保障能力；抓廉政，管好队伍，增强纪律约束的严肃性和遵守纪律的自觉性，落实党风廉政建设各项要求；抓作风，亲民爱民，提高做好群众工作的水平和服务群众的能力，努力维护社会和谐稳定；继续搞好对外宣传，加强同兄弟县（市、区）人大常委会的交流，借鉴外地的好经验、好做法，拓宽工作思路,创新工作方法，不断提高人大工作的整体水平。

# 政 府 工 作 报 告

宣威市人民政府代理市长　保明顺

（2011年2月26日）

## 一、克难奋进，全市经济社会平稳较快发展

刚刚过去的2010年，是我市经济社会发展经受严峻考验的一年。一年来，在上级党委、政府和市委的正确领导下，市人民政府全面贯彻落实科学发展观，团结和带领全市各族人民，积极应对复杂多变的经济社会发展形势，努力克服各种困难，全面完成了市四届人大三次会议确定的各项目标任务，为"十一五"发展划上了圆满句号。实现市内生产总值148.2亿元，比上年增长13.2%，其中一产业实现32.5亿元，增长7.1%，二产业实现66.6亿元，增长14.5%，三产业实现49.1亿元，增长14.7%；三次产业结构由上年的22.5:45.7:31.8调整为22:45:33。财政总收入20.3亿元，比上年增长17.7%，其中地方一般预算收入9亿元，增长13.4%；财政总支出33.8亿元，增长30.6%。固定资产投资完成 117.37亿元，比上年增长26.1%。社会消费品零售总额61亿元，比上年增长22.2%。城镇居民人均可支配收入14671元，比上年增长10.8%；农民人均纯收入3735元，比上年增长9.7%。经济普查、物价成本调查管理、中医药发展、商标培育等工作获国家部委表彰，水利建设、集体林权制度改革、中低产田地改造、文化建设等工作受省委、省政府表彰。

一年来，我们积极主动抗大旱，夺取了抗旱救灾的全面胜利。2009年夏季至2010年上半年，我市遭遇了百年不遇的特大旱灾，造成直接经济损失9.6亿元。市委、市政府及早谋划、主动应对，全市上下齐心协力、科学抗旱，累计筹集抗旱救灾资金2.01亿元，解决了36.5万人、112万头牲畜的饮水困难，保障了21.6万需救济人口的基本生活，最大限度降低了灾害损失。这场艰苦卓绝的抗旱救灾，展现了一幅幅干部群众攻坚克难、战天斗地的生动画面，检验了我们的执政能力，锤炼了我们的干部队伍，昭示了党和人民群众的鱼水深情。

一年来，我们夯实基础提效益，"三化"进程开创新局面。农业产业化持续推进。全面落实强农惠农政策，加快推进农业基地建设，持之以恒抓好农业生产，促进优势农业和特色产业继续向规模化、区域化、特色化方向发展。实现农业现价总产值57.88亿元、农业增加值32.5亿元，比上年分别增长16.8%、7.1%；粮食总产量6.25亿公斤，比上年增长4.14%；蔬菜、中药材、花卉等特色产业产值12.05亿元，比上年增长8%；收购烟叶76.18万担，产值5.8亿元；粮经比由上年的56:44调整为54:46；畜牧产值28.8亿元，比上年增长14.3%；劳务产值26.44亿元，比上年增长13%。我市被农业部列为全国50个现代农业示范区创建县之一。新型工业化加快推进。面对经济运行中的诸多困难和不确定因素，我们积极应对、综合施策，开展"五访五帮"专项行动，一企一策解决企业生产中的突出问题；加强工业经济运行的分析监测，积极协调解决煤、电、油、运、地、资等要素制约问题，工业经济保持平稳较快发展。实现工业总产值142.8亿元、增加值58.2亿元，比上年分别增长15.7%、14.9%，其中规模以上工业产值88.97亿元、增加值30.3亿元，分别增长5.1%、12.2%。严格控制高耗能高污染项目，坚决淘汰落后产能，节能减排成效明显，实施减排项目37个，万元GDP能耗下降4.1%，淘汰落后产能275.5万吨，削减化学需氧量1525吨、二氧化硫排放量2.1万吨。城镇化建设高效推进。城市规划不断完善，中心城区控规覆盖率达85%。振兴南路延长线改扩建、西宁路精品商业街、城区路灯及智能化集中控制系统改造基本完成，金月湖环湖路、污水处理厂二期、城市供排水管网改造工程扎实推进，西山"双塔"开工建设。全面开展市容环境卫生综合整治，市容市貌大为改观。引入市场化、社会化竞争机制，盘活存量，搞活增量，城市经营成效明显。海岱、田坝、龙潭、东山、双河等小城镇建设各具特色，示范作用明显增强。城镇建成区面积达62平方公里、比上年增加9.2平方公里，城镇人口53.2万人、比上年增加3.6万人，城镇化率达36%。

一年来，我们狠抓项目促发展，固定资产投资持续增长。紧紧抓住国家加大投入、拉动内需的有利时机，千方百计争项目、上项目、引项目。实施投资500万元以上的项目172个，完成固定资产投资117.37亿元，比上年增长26.1%。羊过水水库工程竣工验收，东屯、三联、马房、冲门口水库除险加固主体工程基本完成，小干河、红石岩水库和中德财政合作、农业综合开发等项目加快建设；响水电站扩容、阿都等电站建设快速推进，110千伏、220千伏、500千伏等骨干电网项目加快实施；宣倘二级公路建成通车，普宣高速公路开工建设，贵昆铁路沾六复线宣威段建设加快推进；磷电公司年产2.5万吨磷酸、6500吨泥磷制酸、3.2万吨三聚磷酸纳项目建成试运行，革香河公司年产3.6万吨镍铬合金一期工程、凤凰山钢铁厂技改项目建成投产，云维年产60万吨电石及年产300万吨石灰石矿山、云地电投60万千瓦煤矸石综合利用热电厂、恒邦年产10万

吨低品位磷矿粉综合利用等项目开工建设；成功引进并启动建设云南云河集团年产1万辆专用汽车项目，填补了云南省专用汽车生产的空白。

一年来，我们治税理财强保障，财税金融平稳运行。始终把培植财源作为壮大财政实力的关键环节，巩固现有财源、发展新兴财源、培育后续财源。加强银政银企合作，努力为经济社会发展提供财力保证。农业基础财源稳定增长，一产业创税1.3亿元，对财政收入的贡献率为6.4%。工业支柱财源不断壮大，二产业创税7.8亿元，对财政收入贡献率达37.9%。新兴财源建设效果明显，三产业创税7.9亿元，对财政收入贡献率达38.4%。加大财政预算执行力度，合理调度资金，突出保障重点，完成地方财政一般预算支出31.3亿元，比上年增长27.4%，其中完成“三农”支出14亿元，增长40%；社会保障支出3.6亿元，增长9.9%；教育支出9.1亿元，增长18.2%；卫生支出3.4亿元，增长41.7%。积极引导金融信贷和各类社会资本支持经济社会发展，形成了多元化投资格局。金融机构存款余额138.1亿元、贷款余额74亿元，比上年分别增长25.3%、27.6%，存贷比为53.6%，比上年提高0.9个百分点。

一年来，我们创新机制增活力，改革开放步伐加快。全面完成集体林权制度主体改革，启动实施配套改革。严格清理规范投融资平台，指导成立小额贷款公司2个。农村综合改革、医药卫生体制改革、政府机构改革、行政事业单位经营性国有资产管理改革稳步推进。省直管县财政改革试点工作、事业单位设岗定员工作进展顺利。招商引资成效明显，昆交会签约项目6个，协议引资71.95亿元，到位资金24.2亿元，沃尔玛、肯德基、横店院线等一批国内外知名企业入驻宣威。对外贸易取得新进展，实现进出口总额1241万美元，比上年增长20%。

一年来，我们以人为本重民生，人民生活水平进一步提高。深入推进新农村建设，整合投入新农村建设项目资金8.97亿元，比上年增长29%。龙场镇“整乡推进”、来宾镇河东小康示范村通过验收，省级90个重点扶持村和42个重点建设村项目顺利完成，阿都乡“整乡推进”和农村保障性安居工程加快推进，水电、水库移民安置后期扶持和务德卜嘎地震恢复重建工作扎实开展，“矿村共建”试点工作启动实施。着力改善人民群众生产生活条件。建成各类水利工程9292件，改造中低产田地11万亩，解决了12.32万人的人饮安全问题，农业灌溉保证率达38%，城镇自来水普及率达87.7%；实施通畅通达工程10个，改造提升农村公路210公里；新建农村客运站5个，城北客运站启动建设；新世纪建材城一期工程、农资配送中心建成投入使用，新建农家店30个、累计建成363个，滇黔之窗物流城、新天地商贸中心等一批大型专业市场建设进展顺利；“家电下乡”兑付财政补贴5500万元；建成廉租房11.2万平方米；城镇、农村居民人均住房面积分别达37.6平方米和26.2平方米，比上年分别增长1.3%、6.3%；广播电视覆盖率达99.8%；城乡居民人均消费支出分别为10120元、2931元，比上年分别增长8.5%、13.2%。深入开展“七彩云南保护行动”，实施封山育林3万亩、植树造林6.3万亩、改造中低产林4万亩，建成余家河口至板桥收费站等绿色通道；扎实抓好石漠化治理、水土保持等生态工程，治理水土流失65平方公里；城市饮用水水源地保护、采煤区生态环境治理工作取得阶段性成果；完成农村环境综合整治项目3个，创建省级生态乡镇5个、省级绿色社区2个。

一年来，我们统筹兼顾创和谐，社会建设全面加强。就业工作扎实开展，开发就业岗位7150个，城镇新增就业5501人、再就业1500人；发放创业贷款4705万元，扶持创业941人、带动就业4000余人；劳动力技能培训4.7万人，新增转移农村劳动力3.08万人、劳务输出1.78万人；“零就业家庭”实现动态清零；城镇登记失业率控制在4%以内。社会保险扩面力度不断加大，征缴各项社会保险费2.8亿元，社会化发放率、按时足额发放率均达100%。社会救助体系进一步完善，1.4万城镇贫困人口、6.4万农村贫困人口领取最低生活保障金，“五保户”供养率达100%，城市低保实现应保尽保。加强救灾救济工作，有效救助特殊困难群众50.8万人次。社会福利事业长足发展，双拥优抚工作全面推进，抚恤优待政策全面落实，城镇退役士兵、军转干部得到妥善安置。教育事业均衡发展，“两基”成果巩固提高，高中教育质量稳步提升，高考上线12544人，比上年增加1144人。医药卫生服务体系建设持续加强，市第一人民医院整体搬迁新建工程开工建设。人口与计划生育工作稳步发展，计划生育率达98.8%，人口自然增长率控制在6.04‰以内。公共文化体育基础设施建设力度加大，18个乡镇文化站、216个村级文化活动室、163个农家书屋建成投用，市文化艺术中心主体工程基本完工，宣威火腿制作工艺列入国家非物质文化遗产保护名录。市体育中心一期工程进展顺利。全民健身运动广泛开展，人民体质不断增强。精神文明建设成效显著。安全生产保持总体平稳态势，全年发生各类安全生产事故25起，直接经济损失168.8万元，比上年分别下降35%、81%，全市没有发生较大以上安全生产事故。平安宣威创建活动深入开展，“三项建设”巩固提升，“三项重点工作”稳步推进，防控体系进一步完善，社会治安明显好转。全面落实市级领导包案责任制，有效化解了一批信访突出问题。“五五”普法顺利通过检查验收。民族宗教工作全面加强，民族团结进一步巩固。粮食安全得到保障。统计、保密、旅游、邮政、通信、档案、地方志、国防、气象、地震、人防、农机、质监等各项工作得到加强。外事、侨务、妇女儿童、青少年、老龄、残疾人等事业取得新进步。

回顾过去的五年，我们走过了极不平凡的历程，战胜了重重困难，开创了经济社会发展的新局面，创造了宣威历史上又一个精彩的五年。

过去五年，是综合实力稳步提升的五年。深入贯彻落实科学发展观，有效应对国际金融危机冲击，坚定信心、难中求进，千方百计推动经济平稳较快发展，主要经济指标实现了翻番。与2005年相比，市内生产总值由66.34亿元增加到148.2亿元，年均增长13.66%，人均GDP由5158元增加到10800元，年均增长15.9%；财政总收入由9.8亿元增加到20.3亿元，年均增长15.61%，地方财政一般预算收入由4.2亿元增加到9亿元，年均增长16.47%；财政总支出由9.2亿元增加到33.8亿元，年均增长29.8%；固定资产投资由33.8亿元增加到117.37亿元，年均增长28.3%；金融机构存款余额由56.84亿元增加到138.1亿元，年均增长19.4%，贷款余额由44.73亿元增加到74亿元，年均增长10.6%；社会消费品零售总额由22.5亿元增加到61亿元，年均增长22.07%；三次产业比重由24:45:31调整为22:45:33，初步形成“二、三、一”产业发展格局。

过去五年，是基础设施全面加强的五年。把基础设施建设作为打破瓶颈制约的有效途径，抢抓中央扩大内需的机遇，多渠道争取项目，多元化筹措资金，水利、交通等基础设施进一步夯实。五年累计完成固定资产投资378.1亿元。累计建成各类水利工程5.7万件，其中骨干水源工程6件，新增蓄水库容4250万立方米，有效灌溉面积达8.08万亩，农业灌溉保证率由33%提高到38%。公路通车里程由6985公里增加到7387公里，高等级公路通车里程由97.2公里增加到161.2公里，改造和建设农村公路376公里，建成农村客运站16个。电力装机容量由165万千瓦增加到220.8万千瓦，网改率由64%提高到74.15%。累计造林135.5万亩、治理水土流失260平方公里，森林覆盖率由39.2%提高到45.02%。实施土地整理项目30个，新增耕地1.96万亩，基本实现耕地占补平衡。城市污水处理率达91.83%、生活垃圾无害化处理率达98%。城镇建设步伐加快，城镇化率由26.5%提高到36%。

过去五年，是人民生活明显改善的五年。坚持发展为了人民，发展依靠人民，发展成果由人民共享，千方百计保障和改善民生。财政支农资金累计达24亿元，比“十五”增加18.9亿元。各级财政对农民的直接补贴资金达6亿元。扶贫开发累计投入20.8亿元，解决、巩固温饱25.2万人，减少贫困人口13.7万人。累计解决人饮安全35.6万人。建成廉租房22.2万平方米。城镇居民人均可支配收入由8367元增加到14671元，农民人均纯收入由2004元增加到3735元，年均分别增长11.89%、13.33%。

过去五年，是改革开放不断深入的五年。国有企业、行政管理体制、收入分配制度等重点领域和关键环节改革深入推进，发展活力不断增强。招商引资成效明显，五年共签约500万元以上项目26个，协议引资198.6亿元，实际到位资金101.9亿元。累计外贸进出口总额1.26亿美元。非公经济增加值由23.3亿元增加到60.6亿元，占GDP比重达40.9%，累计上缴税金8亿元。

过去五年，是社会事业全面进步的五年。排除中小学D级危房36.2万平方米，新建中小学校舍41万平方米，高考上线人数由8293人增加到12544人、上线率由81.1%提高到96%。科技对经济增长的贡献率由52%提高到58%。公共卫生服务体系逐步完善，累计投入1.2亿元改善卫生基础设施，病床数由2155张增加到3136张，药品竞价采购、统一配送模式在全省推广。人口自然增长率控制在6.5‰以内。累计投资3.8亿元，建成公益性文化基础设施74.5万平方米。城镇登记失业率控制在4%以内。五项社会保险参保由19.6万人增加到23.4万人。累计有效救助困难群众179.2万人次，涉诉特困群体执行救助“宣威模式”在全省推广。

过去五年，是政府自身建设成效显著的五年。依法行政全面推进，自觉接受人大的法律监督、工作监督和政协的民主监督，认真办理人大代表建议、议案和政协委员提案，广泛听取工商联、无党派人士和各人民团体的意见、建议，科学决策、民主决策水平进一步提高。行政效能明显提升，全面建成以法治政府、责任政府、阳光政府、效能政府四项制度建设为核心的市乡村三级政务服务体系，购车、接待、因公出国出境等费用连续五年实现零增长，行政审批事项精简率达51.8%。全面落实党风廉政建设责任制，建设公共资源交易平台，规范土地使用权出让、建设工程招投标、产权交易、政府采购等要素市场，审计、监察等部门的监督职能进一步发挥，政府投资项目和专项资金管理不断加强。

各位代表，回顾“十一五”的工作，我们深感成绩来之不易，经验弥足珍贵，这是上级党委、政府和市委正确领导的结果，是市人大、市政协积极帮助和大力支持的结果，是全市广大干部群众团结拼搏、锐意进取的结果。在此，我代表市人民政府，向全市各族人民，向人大代表、政协委员，向各民主党派、工商联、人民团体、社会各界人士，向驻宣解放军指战员、武警官兵和公安干警，向关心支持帮助宣威发展的同志们、朋友们，表示崇高的敬意和衷心的感谢！

在总结成绩的同时，我们也清醒地看到，我市经济社会发展还存在不少困难和问题：一是发展内生动力不足。产业处于低端水平，企业自主创新能力弱；经济结构调整任务艰巨，资源环境约束加剧，推进发展方式转变、加快经济转型任重而道远。二是农业发展基础不稳固。农田水利等基础设施依然脆弱，农业抗灾能力不强。三是经济社会发展不平衡。贫困人口多、贫困程度深的状况仍未根本改变，城乡之间、地区之间发展差距较大，部分群众生活还很困难，统筹城乡发展任务艰巨。四是社会不稳定因素增多。因历史遗留问题、征地拆迁、利益分配不均等引发的矛盾还比较突出，经济社会发展中的一些长期性问题和深层次矛盾依然存在。我们将高度重视这些问题，不断化解困难和矛盾，脚踏实地做好各项工作，不辜负党和人民的希望和重托。

**二、锐意进取，努力开创宣威科学发展新局面**

今后五年，是宣威全面建设小康社会的关键期、经济发展方式的转型期、产业结构调整的优化期、保障和改善民生的攻坚期，我们要切实增强发展意识、责任意识、忧患意识，以人为本，统筹兼顾，关注民生，推动我市经济社会全面协调可持续发展。

"十二五"时期的指导思想是：坚持以邓小平理论和"三个代表"重要思想为指导，深入贯彻落实科学发展观，围绕"富民强市"目标，以科学发展为主题，以转变经济发展方式为主线，以改革开放为动力，积极推进科技创新，继续夯实生态、水利、交通、电力、教育五大基础，强力推进工业化、农业产业化、城镇化三化进程，全面发展社会事业，着力推进"生态宣威"、"文明宣威"、"健康宣威"、"快乐宣威"建设迈上新台阶。

奋斗目标是：市内生产总值年均增长10%以上，比2010年翻一番；固定资产投资年均增长15%以上；地方财政一般预算收入年均增长10%以上；社会消费品零售总额年均增长18%以上。三次产业结构调整为18:47:35。城镇居民人均可支配收入力争突破2万元，农民人均纯收入突破7000元。城镇登记失业率控制在4.3%以内。

**主要任务是：**

——*加快推进农业产业化*。坚持现代农业发展方向，大力发展科技农业、循环农业、设施农业、加工农业、休闲观光农业，拓展农业发展空间，提升农业产出效益，推动农业大市向农业强市转变。实施"现代种业、粮食增收、菜篮子、新型农产品加工、农村能源建设、农机装备、科技推广体系、农产品质量安全、中低产田地改造、劳务产业建设"10大工程，把宣威建成全国现代农业示范区。"十二五"末实现粮食总产7.25亿公斤，肉类总产49万吨，农业增加值65亿元。

——*大力推进新型工业化*。树立经济社会发展重点在工业、突破点在工业、可持续发展在工业的理念，坚持新型工业化发展方向，扩大增量与提高质量并重。改造提升传统优势产业，发展壮大工业支柱产业，着力培育新能源、新材料、先进装备制造、节能环保等新兴产业，努力把宣威发展成为全省重要的能源、化工、特色农产品加工、建筑建材基地和循环经济示范市。力争"十二五"末工业总产值达到290亿元，年均增长15%以上，工业增加值123亿元，年均增长16%以上。

——*快速推进城乡一体化*。优化城乡结构，做优中心城市、做特小城镇、做美乡村，初步形成布局合理、区域协调、体系完善、功能衔接的"一级中心城市、二级中心镇、三级一般镇"的三级城镇体系。按照"一城四星、两轴五片区"的中心城市构架和"重点向南、积极向北、适度向东、稳步向西"的中心城市发展方向，依托金月湖打造新兴产业和旅游休闲板块，依托经济物流干线，打造仓储商贸物流板块，依托国道326宣威市西过境联络线，打造宜居宜业的城市新区板块。全面建成"123456"城市精品工程，使城市核心区功能完善、品质提升、综合承载能力增强。扶持二级中心镇和一般镇加快发展。力争城镇建成区面积达90平方公里，人口71万人，其中中心城区建成区面积39平方公里，人口30万人，城镇化率达47%。

——*积极培育现代服务业*。把加快发展服务业作为产业优化升级和扩大消费需求的战略重点，推动服务业发展提速、比重提高、质量提升，力争"十二五"末第三产业增加值达105亿元，年均增长16.4%。坚持传统服务业与现代服务业、生产性服务业与生活性服务业"四业并举"。着力培育一批有特色的商业圈、商业街、商业点，发展一批有档次的家政服务、物业管理、信息传媒中心，壮大一批有实力的连锁店、特许经营店、批发配送企业，提升一批有品位的休闲旅游、体育健身、文化娱乐实体，增强城乡居民消费预期，大力促进消费增长。扩建东山旅游景区，综合开发虹桥万亩湿地，规划建设西山森林公园，打造"云腿之乡、美食名城"旅游品牌，推动发展红色旅游、休闲旅游、乡村旅游。积极发展现代物流，建设区域性农产品配送中心、商品交易中心、生产要素交易中心，加快发展科技和信息服务，壮大金融保险服务，逐步构筑"高增幅、强辐射、广就业"的现代服务业体系。

——*着力加强基础设施建设*。牢牢把握中央、省投资的战略方向和重点领域，加快完善水利、交通等骨干基础设施网络体系。坚持把水利作为基础设施建设的优先领域，推进红石岩水库、石城河水库、窑上海子引蓄3件中型工程和小干河、秤杆河等7件小（1）型水库建设，全面完成小（1）型和38件小（2）型水库除险加固工程，新建10座以上小（2）型水库，水库总库容达1.8亿立方米，工程蓄水量突破1亿立方米。治理河流11条，解决人饮安全60.5万人。着力构建大交通、大物流网络体系，努力推动"三纵三横、九大通道"建设，全面建成普宣、宣曲高速公路，力争启动建设宣威至会泽、宣威至威宁经济干道。

——*扎实推进基本公共服务均等化*。坚持以人为本，巩固提升教育质量，健全公共卫生服务体系，发展文化体育事业，完善社会保障体系，努力提高人民群众幸福指数。

——不断提高内引外联水平。抓住新一轮西部大开发、云南“桥头堡”建设、东部沿海地区产业转移、滇中城市经济圈建设等机遇，构建区域城市中心，拓展区域合作范围，加大招商引资力度，积极承接产业转移，促进产业结构优化，培育新的经济增长点。

——继续深化“两型”社会建设。坚持资源开发、利用与保护并举，实行最严格的耕地保护和水资源管理制度，继续加大采煤区生态治理和城乡水源点保护工作，大力发展绿色循环经济，加快构建以低碳排放为特征的产业体系和消费模式，努力把宣威建成云南低碳发展的先行区和实验区。力争“十二五”末万元GDP能耗下降15%，工业废弃物综合利用率达60%以上，森林覆盖率达47%以上，五年累计完成水土流失综合治理300平方公里。

——努力建设平安和谐宣威。扎实抓好安全生产，确保安全生产形势持续好转。加强社会治安防控体系建设，创建一批平安乡镇、平安村社、平安单位，深入推进社会矛盾化解、社会管理创新、公正廉洁执法“三项重点工作”，着力解决好新形势下的人民内部矛盾。准确把握社会管理的重点领域和关键环节，创新社会服务与管理模式，充分调动社会各界力量参与社会管理的积极性，着力营造人民安居乐业的社会环境。

**三、求真务实，确保“十二五”实现良好开局**

2011年，是实施“十二五”规划的第一年，开好头、起好步，具有极其重要的意义。

经济社会发展主要预期目标建议为：市内生产总值比上年增长13%以上，地方财政一般预算收入增长12%以上，固定资产投资增长20%以上，社会消费品零售总额增长20%，城镇居民人均可支配收入增长10%，农民人均纯收入增长10%，城镇登记失业率控制在4.3%以内，人口自然增长率控制在6‰以内，万元GDP能耗下降3.2%。

**要实现上述目标，必须扎实抓好以下八个方面的工作：**

（一）发展现代农业，壮大农村经济

加快转变农业发展方式，大兴水利基础设施建设，统筹城乡协调发展，力争实现农业现价总产值64.2亿元，比上年增长11%，粮食产量6.5亿公斤，比上年增长4%。

夯实兴农基础，提升综合保障能力。扎实开展石城河等25件中小型水库前期工作。加快骨干水源工程建设，启动秤杆河、山林果等3件小型水库新建和尤家箐等3座小（1）型水库除险加固工程，加快推进红石岩水库等在建项目，抓紧做好东屯、马房等水库除险加固扫尾工作，确保小干河水库工程竣工验收。加强中德财政合作、山区“五小水利”、人饮安全等项目建设，组织实施好中央财政小型农田水利设施重点县项目建设。加强中小河流治理规划，争取纳入国家投资计划。完善水利基础设施建管长效机制，确保长期发挥效益。抓好16万亩中低产田地和6万亩中低产林改造。力争年内投资3.2亿元以上，建成各类水利工程9000件，新增安全供水受益人口16万人。

实施强农工程，推动现代农业发展。扎实推进国家现代农业示范区建设，启动实施粮食增收、现代种业、菜篮子三大工程，抓好100万亩优质玉米基地、100万亩优质马铃薯基地、100万亩以烤烟和蔬菜为主的高效经济作物基地、400万头生猪养殖基地、100万亩以核桃为主的高效经济林果基地建设，促进优势主导产业加快发展。确保粮食播种面积不低于257.8万亩；收购烟叶73万担，收购总值6亿元以上；实现肉类总产38.3万吨，畜牧业产值30.4亿元。改造提升玉米良种研发中心、马铃薯种薯研发中心。加快宣威火腿原料猪种育种步伐，扎实做好猪种申报认定工作。实施好6个农产品深加工项目，发展农业专业合作组织40个，不断提高农业生产经营组织化程度和产业化水平。

创新哺农模式，推进新农村建设。巩固扶贫开发和新农村建设成果。采取城镇带动、城郊互动、产业驱动、扶贫拉动、矿村共建等新农村建设模式，加大项目资金整合力度，着力抓好阿都乡“整乡推进”扶贫开发工程、农村保障性安居工程和省级重点村、扶持村建设，实施好“一事一议”财政奖补、易地扶贫搬迁、产业化扶贫等项目，统筹推进新村庄、新社区建设。

（二）实施板块带动，增强工业实力

强化抓工业就是抓民生、就是抓财政、就是抓发展的意识，坚定不移走新型工业化道路，切实壮大工业规模，提升发展层次，增强发展活力，确保实现工业产值164 亿元、增加值67亿元，均比上年增长15%。

兴基地促集聚，着力打造板块经济。坚持用地集中、开发集约、产业集聚、能量集合的原则，加强水电路、标准厂房等基础设施建设，健全完善配套服务机制，增强“一区三基地”集聚辐射功能和承接中东部优势产业转移的能力，推动工业主导产业集群发展、延伸发展、配套发展，着力打造能源、化工、建筑建材、农产品加工、冶金及装备制造六大产业集群，加快发展羊场、来宾、虹桥三大工业经济板块。

抓转型促升级，做强工业主导产业。加快转变资源利用方式，推动工业经济创新转型，提升产业发展层次，努力变资源优势为发展优势。提升传统产业：加大煤矿技改建设力度，提高煤炭安全开采水平，着力构建选块煤、洗精煤、焦煤、煤化工等多品种结构格局，力争实现市内原煤产量1200万吨；加快火腿产业园建设步伐，逐步规范火腿加工生产，不断提高标准化、规模化、品牌化生产水平。做强优势产业：加快推进泥猪河、万家口子、毛家河电站和云地电投60万千瓦煤矸石综合利用热电厂等项目建设，力争发电量达110亿度、实现电力产值30亿元；加快推进云维集团年产60万吨电石、300万吨石灰石矿山和恒邦钙镁磷肥二期等项目建设，发展高浓度磷复肥、精细磷化工、磷酸盐、乙炔化工等系列产品；开工建设革香河公司年产3.6万吨镍铬合金二期1.65万千伏安项目。培育新兴产业：支持宇恒集团、远东亚鑫公司综合利用矿渣资源发展新型墙材、新型水泥等项目；加快推进生物质能源综合利用项目建设；力争年内开工建设中广核风电项目。发展装备制造业：加快汽车产业园建设，确保云南云河年产1万辆专用汽车项目一期工程年内投产；积极发展汽车交易、维修、检测等配套产业。全力推进节能减排，认真落实结构减排、工程减排、管理减排三大措施，大力发展循环经济、绿色经济、低碳经济，确保节能减排各项指标圆满完成，加快推进资源节约型、环境友好型社会建设。

建机制促发展，抓好经济运行要素保障。全面落实中小企业和非公有制经济发展的政策措施，进一步改善小型、微型企业发展环境，加快培育民营重点大企业，力争非公有制经济增加值增长13%以上，占全市GDP 的比重提高到42%以上。抓好重要原材料组织协调和供需衔接，保障重点企业电力、运力等生产要素需求。积极争取支持，尽量满足项目用地需求。进一步完善投资机制，争取金融机构加大对重点领域和薄弱环节的信贷支持，重视对民间资金的引导工作，鼓励社会资金多渠道投入经济建设。

（三）拓展城镇功能，发挥辐射效应

树立以业兴城理念，加快推进城镇化建设，努力争创省级园林城市。

坚持规划先行。突出规划的龙头作用，强化“富规划、穷建设”的理念，尽快建立完善规划专家评审机制，严格规划管理，切实维护规划的严肃性和权威性。加强城市形象设计，深入挖掘地域文化内涵和民族文化元素，打造城市精品工程。启动城市现代服务业暨城市产业经济规划，修改完善南片区控制性详规和西河治理规划、东河综合治理修建性详规，启动编制城市西片区、龙文片区、浦山片区控制性详规和乡镇集镇控制性详规以及村庄规划。

坚持管理下沉。合理划分城市管理权限，着力构建属地管理、分级负责、条块结合、部门联动、社会参与的大城管运行格局。组建城市管理综合行政执法局，加大城管执法力度。积极推行网格化管理，不断提升城市的科学化、精细化管理水平。建立完善市容环境管理长效机制，深入开展环境卫生大整治行动，着力营造管理规范、秩序优良、干净整洁、文明和谐的城乡环境。开展省级园林城市创建活动，继续加大东山面山治理和西山森林管护，引林入城、引林驻城、引林围城，促进人与自然和谐共处。

鼓励投资主体多元化。建立城镇建设投资主体多元化、项目建设市场化新机制，进一步盘活公共资源存量，采用BT、BOT、TOT等合作模式，吸引外资或民间资本参与城镇建设，力争城镇建设投资突破36.6亿元。加快城市公共交通、绿化、供排水、防洪体系等基础设施建设，重点推进金月湖环湖路、西山“双塔”等城市精品工程和城市污水处理厂二期、城市供水管网改造、垃圾中转站等市政工程建设，力争开工建设国道326宣威市西过境联络线、双龙路、城双路北段、振兴街北延线4个路网项目，加快推进板桥收费站至花椒经济物流干线两侧服务设施建设，建成美奂新城精品步行街、振兴街南段示范街、月牙路精品街。按照“市场化运作、组团式开发、造城式发展”的思路，力争启动西宁老堡片区商住休闲板块、金月湖片区旅游休闲板块、文化路北延线片区商贸物流板块以及西河防洪设施及沿岸景观带建设。

引导城市经营多样化。盘活城市闲置土地、闲置国有资产等资源，稳定居住地产，积极发展商业地产、工业地产、旅游地产。努力探索道路、桥梁冠名权和户外广告经营权市场运行机制，拓展城市经营领域。加快建设一批档次高、规模大的汽车、机电、家具、服装、建材等专业市场，提升城市集聚人口、资金、信息、技术等要素的能力，推动中心城市发展街区经济、商务经济、服务经济，形成良性循环、滚动发展的城市经济格局。

推动集镇建设特色化。坚持“谁主动、鼓励谁，谁启动、支持谁，谁建成、补助谁”的原则，大力支持小城镇建设。注重把发展小城镇与推动产业发展、促进市场繁荣、提升社会化服务水平有机结合起来，立足现有资源优势和产业基础，突出地域化与个性化，因地制宜发展特色产业和特色经济。促进要素资源向中心镇配置、人口向中心镇集聚，推动城镇商贸、旅游、餐饮、交通运输等第三产业快速发展，着力把小城镇打造成人流、物流、资金流集聚的中心，成为承接市区、辐射农村、带动农村发展的战略节点。

（四）坚持投资拉动，强化项目支撑

把项目建设作为发展增量型经济的主抓手，优化投资结构，提高投资效益，保持投资合理增长。

积极谋划争取项目。加大项目前期经费投入，瞄准国家投资导向和产业结构调整方向，紧紧围绕“三农”、科技创新、社会事业、民生工程和重大基础设施建设，科学论证、包装、储备、编报一批对接性好、牵动性强、发展潜力大的项目。做好宣曲高速公路等49个项目的前期工作。不断扩大项目储备规模，力争项目储备214个，争取更多项目进入中央、省的规划“本子”、项目“笼子”、资金“盘子”。

加快推进项目建设。以实施大项目带动大投资，力争实施3000万元以上的项目144个，其中亿元以上重大项目68个，确保全年完成固定资产投资140.6亿元。加快推进沾六铁路复线、普宣高速公路、羊过水至凤凰山工业基地供水管道等79个在建项目，力争引水济榕、新民电站、粮油储备库等86个项目开工建设。年内启动建设小箐火车站普通站、争取尽快启动危化物品运输站建设。加快乡村公路建设，力争年内建成乡村公路390公里。

增强项目服务保障。继续落实重大项目市级领导挂钩、协调推进、目标管理、督查考核、现场办公、电视通报等制度，加强协调调度，及时解决项目实施中的矛盾和问题，确保项目建设高效推进。

（五）狠抓治税理财，优化财金环境

充分发挥财政资金在稳定增长、改善结构、调节分配、促进和谐等方面的作用，加大信贷资金投入，为全市经济社会发展提供资金保障。

强化税源培植，壮大财政实力。认真落实扶持激励政策，尽快上马一批税源型项目，扶持一批效益好、贡献大的骨干企业，着力巩固支柱财源。加快发展现代服务业，改善中心城区商业业态，扩大消费需求，培植新兴财源。积极争取上级专项资金、转移支付补助，着力拓宽可用财源。加大盘活闲置资产、矿产资源、土地资源力度，加强国有资产管理，把资源优势转化为财源优势，增强财政保障能力。坚持依法治税，加强税源分析、税收预测和税收征管，规范非税收入管理，确保财政收入稳定增长。

强化财政管理，提高资金效益。完善政府采购、国库集中支付、公务卡结算制度，稳步推进全市财税库银横向联网工作，实现财政科学化、精细化管理。调整优化财政支出结构，整合资金，集中财力办大事。继续推进财政绩效管理和民生资金绩效评价，加强财政性资金的审计监督，提高财政资金使用效益。充分发挥财政资金“四两拨千斤”的作用，积极引导社会资金投入生产性和公益性事业项目，着力缓解资金压力。坚持有保有压、有保有控的原则，严控行政性开支，压缩一般性开支，扎实做好保增长、保民生、保稳定工作。

强化金融服务，支持经济发展。加强诚信社会建设，营造良好的金融生态环境。加强银政银企合作。支持商业银行、国家政策性银行在宣威设立分支机构。积极发展小额贷款公司，促进证券、保险等行业健康发展。鼓励有条件的金融机构积极创新产品、优化服务，着力解决中小企业贷款难问题。积极争取国家政策性贷款和中长期贷款，支持地方经济社会发展，促进金融与经济良性互动。

（六）深化改革开放，增强发展活力

进一步建立健全推动科学发展的体制机制，大力实施外向突破战略，不断增强经济社会发展活力。

深化重点领域改革。加强投融资体制改革。扎实抓好行政事业单位经营性国有资产管理改革、集体林权制度配套改革和省直管县财政试点改革工作。加快推进医药卫生体制改革。深入推进农村综合改革和教育、文化等社会事业改革。

加大开放合作力度。抢抓国家把云南建成面向西南开放重要“桥头堡”的战略机遇，加快融入滇中城市经济群、贵昆经济带，积极承接长三角、珠三角产业转移。着力营造公开透明的政策环境、公平公正的法制环境、优质高效的服务环境。强化服务意识，完善激励机制，围绕工业、农业、城建等重点领域开展招商引资活动，努力争取一批符合国家产业政策、带动能力强、市场前景好的大项目、好项目落地宣威。加强招商联络，加大与市外央企、大型民营企业的对接力度，支持市内现有企业不断发展壮大，鼓励宣威在市外的成功企业家回乡创业，努力实现招商引资大突破，确保市外到位资金增长20%以上。积极发展对外贸易，力争实现进出口总额比上年增长10%以上。

（七）高度关注民生，加强社会建设

坚持经济发展与民生改善同步推进，全面发展社会事业，不断加强社会建设，提高人民群众的幸福指数。

统筹发展社会事业。落实创新型宣威行动计划，启动实施重点产业创新工程等8大科技工程。坚持教育优先发展战略，推动学前教育积极发展、义务教育均衡发展、高中教育优质发展、职业教育加快发展、特殊教育健康发展，切实办好人民满意教育。进一步改善办学条件，着力实施好校舍安全工程和高中改扩建工程，启动市职业教育中心建设。认真做好农村义务教育经费保障机制改革工作，深入实施素质教育，进一步巩固提高“两基”成果。实施“名师名校长”工程，鼓励支持学校办出特色、办出水平。加强医疗保障制度和医疗卫生服务体系建设，深入实施基本公共卫生服务项目和降消项目，加快推进市第一人民医院整体搬迁新建工程。强化医疗卫生和食品药品监督管理工作，健全农村卫生防疫保健网络，提高人民群众健康水平。加强人口计生工作，加快推进计生服务体系建设，严格控制计划外生育，促进优生优育，提高人口质量。力争市文化中心6月底建成投用，市体育中心一期工程年内建成。强化文化市场监管，鼓励创作文艺精品，积极开展群众性文体活动。深入实施广播电视“村村通”工程，不断丰富人民群众的精神生活。

着力提高保障水平。认真落实就业扶持政策，建立完善劳动就业体系，推动城乡统筹就业，鼓励大中专毕业生、复转军人、城镇新成长劳动力创业带动就业，确保城镇新增就业岗位7000个、失业人员再就业1500人、年末城镇登记失业率控制在4.3%以内。推进社会保险扩面，强化劳动保障执法监察，构建和谐稳定的劳动关系。完善救灾救济管理体系，提高灾害紧急救助能力和减灾救灾综合协调能力；健全城乡救助体系，加大对困难群体救助力度。积极发展社会福利和残疾人事业，认真做好双拥优抚安置工作，全面落实军人抚恤、补助、优待政策。

全面加强社会管理。落实安全生产主体责任，加强重点行业、重点领域安全监管，深入开展安全专项整治，最大限度减少一般事故，全力遏制较大事故，坚决杜绝重特大事故。深入开展平安乡镇、平安村社、平安单位创建活动，推进科技强警，健全社会治安防控体系，强化防范、打击、管理工作，重点开展“打黑除恶”专项斗争，启动新一轮禁毒防艾人民战争。强化信访督查督办，有效处理信访问题，预防和处置群体性事件和突发公共事件。认真组织开展“六五”普法教育，不断提高法律服务、法律援助水平。做好流动人口一站式服务和管理。继续抓好第六次人口普查工作。深入开展精神文明创建活动，进一步加强文化市场监管，努力净化社会文化环境。认真落实党的民族政策，依法管理宗教事务。加强与工商联、无党派人士的联系与协商，支持工会、共青团、妇联等人民团体依照法律和章程开展工作。

认真做好统计、邮政、通信、地方志、国防、气象、地震、人防、农机、质监、移民开发、外事、侨务、妇女儿童、青少年、老龄等工作。

（八）立足科学发展，提高行政效能

坚持依法行政，提高公信力。深入推进法治政府、责任政府、阳光政府、效能政府建设，自觉接受人大的法律监督、工作监督和政协的民主监督以及社会监督，完善和加强政府内部监督，确保行政权力依法公正行使。完善政府信息公开机制，深入推进行政权力公开透明运行。健全社情民意反映制度和重大事项专家咨询、社会公示、听证和质询制度，切实做到科学决策、民主决策。继续清理规范行政审批和行政收费事项，强化行政执法跟踪、责任追究等制度，认真查处群众反映强烈的突出问题。

坚持真抓实干，提高执行力。积极推进政府职能转变，不断提高行政效能。深入开展社会评价政府部门工作，创新评价工作机制，进一步提高政府部门工作效率。积极推进政务服务中心、电子政务、公共资源交易平台建设，切实提高行政效率。大力弘扬求真务实的作风，反对形式主义、官僚主义，真正做到干部在一线工作、决策在一线落实、问题在一线解决、创新在一线体现、成效在一线检验。

坚持廉洁从政，提高感召力。加强反腐倡廉教育，筑牢拒腐防变的思想道德防线。认真落实党风廉政建设责任制和“一岗双责”制度，强化对行政权力运行的监督和制约。控制各类会议和庆典等活动，认真执行会议审批制度，最大限度减少办公经费支出，严格控制行政成本。坚决纠正损害群众利益的不正之风，坚持从严治政、廉洁从政，着力打造人民满意政府。

# 中国人民政治协商会议宣威市第四届委员会常务委员会工作报告

## ——在政协宣威市第四届委员会第四次会议上

宣威市政协主席　肖坤全

（2011年2月25日）

## 2010年工作回顾

**一、协商议政促发展**

政治协商、参政议政是人民政协的重要职能。政协常委会紧紧围绕中心，服务大局，始终把工作的重点放在对经济社会发展趋势的把握上，放在对改革发展稳定深层次矛盾的分析上，放在对人民群众普遍关心问题的对策研究上，找准履行职能的结合点和切入点，抓大事、议大事、谋长远、献良策、促发展。一是精心组织协商议政。坚持重大问题、重要工作思路、重要工作部署、重要工作报告、重大项目规划建设，采取全委会、常委会、主席会进行协商，提出意见建议60多条，为服务党政科学民主决策发挥了积极作用。二是充分发挥提案作用。坚持把提案工作作为人民政协行使参政议政职能的重要环节，引导委员面向社会、深入基层、贴近群众、访贫问苦、问政于民、问计于民，提出立意高、客观全面、反映问题准、建议可行的提案。四届三次会议以来，委员共提出提案134件，立案129件，交由政府领导和相关单位承办，建立联系办结制度，适时跟踪办理，确保提案办理质量和实效，做到了事事有落实、件件有答复。三是认真履职，全面落实工作任务。市政协领导在挂钩11个重点工程、重点工业企业建设推进过程中，切实履行职责，深入实际，指导工作，帮助协调解决项目建设、企业生产经营的困难和问题，较好地完成了年度工作目标任务。四是认真落实“四个一”工作机制。各委员活动组以每位委员至少撰写一件有质量的提案、反映一条有价值的社情民意信息、参加一次有影响的调研视察活动、为群众办一件好事实事为主要活动内容，按“界别＋区域”的委员活动模式，认真组织委员开展活动，选择相关领域、乡（镇、街道）工作重点和群众关心的问题，深入调研视察，扶贫济困，做好事、办实事，充分展示委员风采。全年共组织委员活动144次，提出建议524条，做好事办实事1043件，上报信息346条。

**二、调研视察献良策**

调查研究是谋事之基、成事之道，是人民政协建言献策的重要手段。一年来，我们紧扣市委政府的重要工作部署、重点工作、中心工作，精心选题，先后就中央和省市委关于加强人民政协工作意见的贯彻落实情况、畜力铁轮车改胶轮、学前教育、小城镇建设、西山生态环境保护与建设进行了专题调研，对文明城市创建、中低产田地改造、虹桥食品工业基地建设、城市饮用水水源保护与治理进行了专题视察，组织召开调研视察讨论会，集思广益，深入论证，提出了具有针对性、前瞻性、科学性、可操作性的对策建议，许多意见建议被市委政府采纳，见诸于部门工作实际。如畜力铁轮车改胶轮的调研，市委许书记对报告作了重要批示，市政府及时研究，出台了实施方案，纳入2010年千分制考核，市财政投入250多万元资金补助改换。针对城市饮用水安全问题，多次深入水源点视察，与曲靖市政协一道进行调研，提出了水源保护与治理的建议，引起了相关部门的高度重视。同时，还配合省、曲靖市政协完成了在我市开展的11次调研视察活动，各委员活动组结合实际，认真组织，精心选题，扎实开展调研视察，为党委政府掌握实情、研究工作、制定政策提供了基础保障。

**三、民主监督求实效**

人民政协的民主监督是我国监督体系的重要组成部分。一年来，我们积极探索民主监督的有效实现形式，畅通民主监督渠道，寓民主监督于委员提案、视察、反映社情民意、参与工作检查等活动之中。一是扎实开展民主评议提案办理工作。10月19日，召开民主评议提案办理工作会议，从领导重视、工作程序、方法措施、办理结果、总体评价等5个方面，对市环保局、教育局、林业局提案办理工作进行民主评议，满意和基本满意率达95%，并将评议结果向社会进行了公布。二是加大重点提案督办力度。经主席会议研究，将《关于治理马家山松树严重病虫害的提案》、《关于加大节能减排及企业夜间偷排行为监管力度的提案》等5件提案确定为重点提案，明确政协领导和委(室)重点督办，采取面商、视察、回访等形式，推动提案办理工作。如对4户企业治理环境污染问题的督办，经多次组织委员和相关人员深入实际调研和督办，督促企业投资960万元进行了技术改造，治污减排取得明显成效。三是加大特约监督和行风评议力度。选派了41名政协委员担任司法机关和政府部门特约监督员，派出26名委员参加市级部门社会评价，各委员活动组切实加大民主监督力度，认真组织开展民主评议。

**四、团结联谊促和谐**

团结和民主是人民政协的两大主题。常委会始终坚持把发扬民主、增进团结、协调关系、化解矛盾作为履行职能的重要工作，努力使政协履行职能的过程成为促进各族各界团结和谐的过程，成为各种利益、各种关系协调一致的过程。一是坚持以发扬民主、广泛协商来凝聚人心、促进团结。切实发挥人民政协在扩大群众有序政治参与中的重要渠道和平台作用，坚持民主协商、求同存异、体谅包容的原则，广泛凝聚力量，引导各族各界正确认识各种利益关系，扩大共识、理顺情绪，促进各方面的团结合作。二是坚持以协调关系、化解矛盾来凝聚人心、促进团结。充分发挥人民政协联系面广、包容性强，在协调关系、化解矛盾、增进团结、凝聚力量等方面的独特优势。有针对性地做好各族各界群众的宣传引导、释疑解惑工作，积极关注不同阶层利益诉求，先后走访和接待各界群众300余人次，协助党委和政府化解了矛盾，凝聚了力量，促进了和谐。三是积极开展联谊交流。成功承办了曲靖市第八次提案工作会议，参加了第十四、十五次曲靖市政协主席联系会，云南省十六城市政协工作研讨会第二十四、二十五次年会和北盘江流域治理协作会第六次年会，交流了8篇理论研讨论文，宣传和推介了宣威。

**五、委员活动展风采**

民生连着民心。只有始终关注民生、不断改善民生，才能凝聚民心、汇聚民力。市政协大力倡导委员在承担社会责任中奉献爱心，在开展扶贫济困、兴办公益事业中传承美德，在关注民生、促进和谐中展示形象。全市广大政协委员牢记使命，履职为民，以“四个一”活动为载体，立足岗位作贡献、创业致富献爱心，在不同领域，以不同方式，关注民生，倾情为民，躬于善行。一年来，共捐款3243.64万元，积极为民办实事做好事，留下了委员们尽心履职保民生、情系民生谋发展的闪光足迹，唱响了一曲大爱奉献的时代赞歌。一是齐心协力抗大旱。面对百年不遇的特大旱灾，政协常委会把抗旱救灾保民生作为政协工作阶段性的首要任务，多次专题研究部署抗旱救灾工作，发出《抗旱救灾捐款倡议书》400余份，号召全体政协委员和干部职工深入灾区，关注旱情，用实际行动积极支援抗旱救灾。市政协领导多次深入一线，了解灾情，指导抗旱，鼓励群众，树立信心，克服困难，积极开展抗旱减灾和生产自救，为有关乡（镇、街道）协调解决抗旱救灾资金150余万元。广大政协委员以身作则，有钱出钱，有力出力，投入抗旱，捐款420多万元，以实际行动为灾区群众献爱心、为抗旱救灾给力。二是积极兴办公益事业。广大政协委员富以施为德，乐于奉献回报社会，在兴办公益事业上不遗余力，在尽心履职上满怀激情。如张荣志委员出资1000万元，在杨柳修扩建8.1公里乡村公路、新修5.6公里村组公路，徐发跃委员捐资394万元，刘顺平委员捐资300万元，朱树达委员捐资250万元，宁国昌委员捐资248万元，王天祥委员捐资97万元，夏跃周委员捐资88万元，陈文章委员捐资76万元，速金南委员捐资75万元，撒兰仕委员捐资53万元，杨应宝委员捐资52万元，等等，他们以不同形式支持抗旱救灾、开展扶贫济困、参与新农村建设、城市人文景观建设等，不胜枚举。三是捐资助学献爱心。在政协开展的结对帮扶贫困学生活动中，41名委员捐资51.8万元，帮助一中、五中等294名品学兼优的高中贫困生，直至完成学业。在政协的一次常委会上，当了解到羊场镇女大学生张春云，因病意外咬断舌头，家庭贫困，无钱医治，正一筹莫展的情况后，随即向与会的政协常委倡议，现场为张春云捐款2.18万元。一枝一叶总关情，心忧百姓品自高。所有这些，都体现了政协委员崇高的思想境界，他们热爱家乡、热爱人民的善义之举，赢得了社会的高度认可和群众的广泛赞誉。

**六、宣传工作上水平**

一年来，政协不仅工作 “有为”，而且宣传“有声”，政协新闻宣传工作呈现出可喜的局面。我们坚持以拓宽宣传领域、突出宣传重点、丰富宣传内容、创新宣传形式为途径，通过充分利用各种宣传媒体，大力宣传人民政协的性质、地位和作用，及时宣传报道政协的重要会议、重要活动、工作成效、委员事迹及履行职能的新实践、新成就、新进展,扩大了政协的社会影响，使社会各界进一步认识政协、支持政协，形成了有利于政协事业发展的良好氛围。全年共在《人民政协报》、《云南日报》、《云南政协报》、云南《政协工作动态》、《曲靖日报》和《曲靖政协》等报刊杂志、网站电台电视台，刊播宣传宣威政协的新闻作品80多篇。

**七、自身建设得加强**

我们始终把改革创新作为增强人民政协工作活力的不竭动力，积极探索把握人民政协服务科学发展的新规律，提高把政协工作放在市委工作大局中去谋划的能力，切实加强自身建设。一是加强学习，以科学理论指导政协工作。坚持用中国特色社会主义理论体系武装头脑，深入贯彻落实科学发展观；认真学习中央、省市委关于加强人民政协工作的文件要求和会议精神，切实增强做好政协工作的主动性、自觉性、针对性、实效性，不断提高履行职能的科学化水平。二是落实政策措施保障政协工作全面开展。坚持以上级党委对政协工作的要求为总纲，以健全完善政协工作机制为细目，在建立健全经常性工作制度和工作机制上下功夫，以确保人民政协履行职能、发挥作用。三是不断提升整体素质推进政协工作。加大政协干部培训、联谊活动、工作研讨力度，在学习型机关、学习型领导班子、学习型委员建设上下功夫，引导广大委员切实发挥在本职工作中的带头作用、政协工作中的主体作用、界别群众中的代表作用，不辱使命，认真履职，扎实工作。四是积极开展创先争优激发政协工作活力。广大政协委员和政协工作者始终紧紧围绕推动宣威科学发展，开展创先争优，在各领域、各岗位大显身手，涌现出了一大批先进政协委员活动组、优秀政协委员、先进政协工作者、先进联络员、优秀提案和提案承办先进单位，会议期间将大张旗鼓地对他们进行表彰，以进一步激发广大政协委员推动宣威科学发展的积极性、主动性和创造性。

各位委员！成绩的取得，是中共宣威市委坚强领导、亲切关怀的结果，是宣威市人民政府全力支持的结果，是社会各界热情关心、鼎力支持的结果，凝聚着广大政协委员及政协工作者的智慧、心血和汗水。在这里，我代表市政协，向大家表示衷心的感谢和崇高的敬意！

同时，也应清醒地看到，我们的工作与新形势下党和人民的要求、广大政协委员的热切期盼还有差距。在新形势下，如何进一步提高政协工作科学化水平；如何进一步发挥界别优势，实现界别资源优化配置；如何进一步创新工作机制，为全体政协委员充分发挥作用创造条件等方面，还需在今后的工作中认真思考，积极探索，不断创新，再上水平。

## 2011年工作意见

**一、要在学习型组织建设上有新举措**

要切实推进学习型政协组织建设，坚持用中国特色社会主义理论体系武装头脑，用科学发展观统领政协工作，在认真学习贯彻中央和省市委关于加强人民政协工作意见的落实上下功夫，真正把中央和省市委对政协工作的新要求转化为谋划政协事业发展的新思路；在理论联系实际、提高建言献策水平的过硬本领上下功夫，真正把运用科学理论分析解决问题的能力转化为围绕中心、服务大局的具体实践；在着力提高实践创新能力、舆情分析能力上下功夫，努力把握新形势下政协工作的特点和规律，使政协工作体现时代性、把握规律性、富于创造性，让人民政协事业始终与时俱进，始终保持旺盛生机与活力。

**二、要在努力推动科学发展上有新作为**

要深刻认识和准确把握宣威“十二五”发展的主题、主线、目标任务和重大举措，切实把思想和行动统一到服务科学发展上来，把各族各界的积极性、主动性、创造性引导到推动科学发展上来。坚持围绕中心不动摇，服务大局不懈怠，扭住发展不松劲，充分发挥政协人才荟萃、智力密集的优势，紧扣市委政府的经济社会发展目标及“四个宣威”建设等重大战略部署，紧扣党政所需、群众所盼、政协所能的关键性问题，注重选择经济社会发展中带有战略性、全局性、前瞻性的课题，开展调研视察、协商议政和建言献策，多想科学发展大事，多谋科学发展大计，真正体现政协的优势和水平，在推动宣威科学发展、服务全市经济社会发展的各项工作中更加富有成效，使政协全面工作有新意、重点工作有特色、经常工作有创新、难点工作有突破。

**三、要在关注民生促进和谐上有新成效**

要始终把关注民生、履职为民作为人民政协工作的出发点和落脚点，始终把增进团结、促进和谐作为人民政协的重要使命，引导各族各界正确认识各种利益关系，理顺情绪，扩大共识，促进各方面的团结合作。要紧紧围绕群众思想认识上的困惑点、利益关系的交织点、矛盾问题的易发点，协助党委政府做好教育引导、协商疏通、化解矛盾的工作。要注重把群众反映强烈的问题作为民主监督的重要内容，积极促进改善民生、造福于民的决策部署落到实处；注重把群众迫切需要解决的问题作为参政议政的重要工作，悉心体察民情，深入了解民意，真实反映群众愿望；注重把议大事与办实事结合起来，尽力帮助解决群众遇到的实际困难，广泛动员社会各方力量为改善民生办实事作贡献，推动人民群众最关心、最直接、最现实利益问题的有效解决，实实在在地为群众排忧解难，努力促进民生改善和社会和谐稳定。

**四、要在增强科学履职能力上有新提高**

要坚持把加强自身建设作为人民政协强基固本，科学履行职能，充分发挥作用，提高政协工作科学化水平的关键环节。在丰富协商内容，规范协商程序，严格协商程序上，完善协商机制，使政治协商纳入决策程序有新进展。在知情环节、沟通环节、反馈环节上，完善民主监督机制，使民主监督有新发展。在拓展参政议政平台，创新参政议政形式，丰富参政议政内容上，推动参政议政成果转化，使参政议政有新成效。在创新活动载体，优化委员构成，改进委员管理，强化委员培训上，用活动凝聚委员，用机制激励委员，用实践锻炼委员，用感情联系委员，使委员科学履职能力有新提高。

广大政协委员和政协工作者，要进一步解放思想、求真务实，认清形势、明确任务，加强学习、提高能力，树立正确的世界观、人生观、价值观、政绩观，始终保持高昂的精神状态和干事创业的壮志豪情，朝气蓬勃、奋发有为，把干好本职工作作为一种追求、一种境界、一种动力，始终保持源源不断的工作激情和对工作的新鲜感，不断树立新的目标，以饱满的热情、最佳的精神状态全身心投入工作，以积极乐观的态度面对问题和困难，以不辱使命的事业心和责任感解决问题，用榜样的力量影响人、教育人、感染人、激励人、启发人，在认真履职和社会实践活动中发现意义和乐趣，在发展经济、改善民生、促进和谐中争创一流，努力为全市改革发展稳定作出应有的、积极的、更大的贡献。

# 专　　文

责任编辑　王　鹏

2010年8月24日，中共宣威市纪律检查委员会、宣威市监察局举办宣威市“风清气正促勤廉”演讲比赛。

（市纪委办　供稿）

# 宣威市人民法院工作报告

宣威市人民法院院长　刘建刚

（2011年2月27日）

2010年，市人民法院在宣威市委、中院党组的坚强领导下，在宣威市人大及常委会的法律监督和工作监督、政协的民主监督下，在宣威市人民政府的支持帮助及全市147万各族人民的关心厚爱下，坚持“为大局服务，为人民司法”新时期人民法院工作主题，忠实地履行宪法和法律赋予的职责，为“生态宣威、文明宣威、健康宣威、快乐宣威”建设提供有力的司法保障。

**一、全面履行审判职能，各项工作任务圆满完成**

市人民法院结合工作实际，超前谋划，科学决策，全院干警立足本职，顽强拼搏，通过“七个抓手”，各项工作任务圆满完成。

（一）找准重心抓审判，化解社会矛盾有新突破

牢固树立审判工作为市委和政府工作大局服务的指导思想，以促进发展、维护稳定、构建和谐为己任，认真履行审判职责，全力化解矛盾纠纷。全年，新收各类案件4 107件，审执结4 026件，结案率为98.03%，同比上升0.06个百分点，审执结标的达2.2亿元。

1. 以实现案结事了人和，保障经济平稳较快发展为重心开展民事审判工作。坚持“调解优先，调判结合”的民事审判工作原则，将调解贯穿于立案、审判、执行、申诉、信访等各个环节。加大巡回审判力度，不断扩大巡回审判覆盖范围，将矛盾化解在基层。完善速裁工作机制，提高诉讼效率，节约司法资源。全年受理民事案件2 478件，审结2 444件，结案率为98.63%，同比上升0.11个百分点，已结案件标的金额达16 094.88万元。其中，调解结案1 256件，撤诉479件，调撤率为70.99%，同比上升10.98个百分点。

2.以惩治犯罪，维护国家安全和稳定为重心开展刑事审判工作。坚持贯彻宽严相济刑事政策，对故意杀人、抢劫、爆炸等严重危害社会治安的暴力犯罪继续保持严打高压态势，确保人民群众生命财产安全。加大对盗窃、抢夺、诈骗等多发性侵财案件的惩处力度，确保人民群众安居乐业。对于未成年人犯罪、过失犯罪、轻微犯罪，依法从轻、减轻处罚。大力开展量刑纳入庭审改革，积极稳妥推进量刑规范化工作。全年受理刑事案件551件，结案536件，结案率为97.28%，同比上升0.04个百分点；共判处罪犯793人，其中，免于刑事处罚11人，占全部判处罪犯的1.38 %；判处非监禁刑311人，占全部判处罪犯的39.22 %；判处五年以上有期徒刑108人，重刑率达13.62%。

3.以维护公民合法权益，促进行政主体依法行政为重心开展行政审判工作。坚持维护、监督与支持并举，畅通行政诉讼救济渠道，维护和支持行政机关依法行使行政职权，纠正违法行政行为，协调公共权力与公民权利的关系，引导群众以理性合法的方式表达利益诉求，妥善化解行政争议。全年受理行政案件22件，结案22件，结案率为100.00%，同比上升10个百分点。

4.以缓解“执行难”，解决申请执行人生存难为重心开展执行工作。创新执行举措，巩固清积成果，最大限度兑现申请执行人的合法权益；完善“宣威模式”，规范救助程序，加大对涉诉特困人员的救助力度，帮助解决涉诉特困人员的生产生活实际困难。全年受理执行案件1 056件，执结1 024件，执结率为96.97%，同比下降0.31个百分点。执行到位标的金额4 957万元。

5.以高度重视涉诉信访案件办理，切实保障信访人合法权益为重心开展涉诉信访工作。实行院领导轮留值班接访和立案信访窗口接访“双轨”接访制度，做好初信初访的回复、接待，尽力防止重信重访形成；认真开展“集中清理涉诉信访积案”活动，对涉诉信访案件及时妥善办理。全年，共接待来信来访102人（次），同比下降17.07%；办理涉诉信访案件3件，同比下降66.67%。

（二）持之以恒抓队伍，提升司法能力有新举措

始终把队伍建设放在重中之重，作为审判工作和党建工作的首要问题来抓。

1. 抓党建带队建，以队建促审判。加强党组织建设，配齐配强党总支委员会班子，把支部建在庭上，增设格宜、落水2个中心法庭党支部。加强制度建设，将“三会一课”制度化，严格党员管理，加强党员教育，实施队伍建设、质量效率、

司法为民、案结事了、和谐稳定、执行工作、阳光审判、涉诉信访“党建八大工程”，实现了党建与审判工作相互带动、相互促进、相得益彰。

2. 中层干部竞争上岗，激发队伍整体活力。宣威市委、市委组织部和法院党组针对宣威法院中层干部现状，按照党政干部选拔任用条例规定，遵循公开、平等、竞争、择优原则，通过笔试、演讲答辩、民主测评、组织考察、公示、提请任免等程序，选拔23名政治素质高、业务能力强、工作作风实的优秀干警到领导岗位上。这次中层干部竞争上岗，扩大了广大干警的知情权、参与权、民主权，变“领导用人”为“群众选人”，变“伯乐相马”为“赛场选马”，让想干事的有机会、能干事的有舞台，推进了干部任用工作的科学化、民主化、制度化。

3. 开展创先争优活动，提升法院形象。市人民法院作为宣威市开展创先争优活动20家示范单位之一，紧密结合审判工作实际，以创建“学习型、创新型、廉洁型、效能型、和谐型”法院和省级文明单位为目标，开展“五抓五促”活动，创建“五个好”党支部；开展“五查五比”活动，争当“五带头”党员；开展“五比五看”活动，评选“党员办案能手”，全面推进创先争优活动。年中，我院被中共云南省委、省人民政府命名为“文明单位”；倘塘中心法庭作为全省唯一一家基层法庭被共青团中央和最高人民法院授予“青年文明号”荣誉称号，格宜中心法庭成功创评优秀人民法庭。

4. 加强制度建设，规范法院管理。以审判管理严格、司法政务管理规范为目标，制定18项、修订17项队伍管理、行政管理、审判管理的规章制度，编撰成《市人民法院制度汇编》，印发干警学习执行，实现了用制度管人、管事、管案，保证各方面工作规范有序运转。以案件质量为核心，出台《审判流程管理机制》、《案件质量检查规定》、《审务管理规定》等制度，追踪案件审执流程，防止案件久拖不决、久执不结，实现对案件质量的立体、动态管理。建立以政治处、纪检监察室为主体的队伍管理机制和以办公室为主体的政务管理体系。

5. 加强法院文化建设，提升文化软实力。完善法院文化建设机制，培养法官树立公正、廉洁、高效、务实的意识和品质。我院干警以“宣威模式”为素材自编自演的方言小品《情系民生》在宣威市美奂广场文艺汇演中，赢得了群众的阵阵喝彩；重阳节，为离退休老干部精心准备了丰富多彩的文艺节目，给老同志过一个祥和、幸福的节日。开通宣威法院网，为全院干警提供了一块学习运用知识的阵地，搭建了一个展示文化水平的平台，打开了一扇法治报道的窗口，架起了一座沟通群众、服务大众的桥梁。

6.加大教育培训力度，提升干警综合素质。多层次多渠道加大对法官的教育培训，全院137名干警到西南政法大学培训学习一周，组织法官续职培训47人，副院长及庭长培训18人，参加法律知识视频讲座741人次，建立执法业绩档案137份，通过培训学习，提升了干警综合素质。

（三）积极稳妥抓改革，促进公正高效有新局面

坚持“以改革促发展、以改革促创新”，围绕《人民法院第三个五年改革纲要（2009—2013）》各项目标和任务要求，深化司法改革。

1. 加大执行工作力度，巩固完善“宣威模式”。制订和完善宣威市涉诉特困人员救助制度12项，使救助工作逐步走向制度化、规范化。建立健全长效机制，执行款项回流注入救助金再利用，确保资金来源；开展救助回访和“一对一”帮扶工作，为部分生活上亟待救助的涉诉特困人员解决了燃眉之急。宣威市人民法院6批对267件350名涉诉特困人员进行了救助，共发放救助金116.89万元。建立执行流程机制和“立、审、执”衔接机制，实现“审判向后延伸关注执行和执行向前延伸关注审判”的有效衔接。不断探索完善财产申报机制、执行回告机制、执行案件催办、督办机制和威慑机制等，促使执行工作走上良性循环轨道。

2. 深化司法改革，做好量刑规范化试点工作。紧紧围绕“进一步规范刑事审判中的量刑活动，促进量刑的公开、公正、均衡，确保人民法院对犯罪分子刑罚裁量的轻重与犯罪分子所犯罪行应承担的刑事责任相适应”这一目标和宗旨的实现，对量刑规范化试点工作进行了积极的探索和有益的尝试。2010年，量刑纳入庭审程序刑事案件87件，采纳检察院量刑意见78件，采纳率为89.66 %。通过开展量刑规范化试点工作，强化了法院量刑的合理性和科学性，达到了控、辩、审三方平衡，刑事案件质量和效率有了新的突破。

（四）坚持不懈抓廉政，保持优良作风有新成效

坚持从严治警，常抓廉政建设不动摇，增强干警廉洁自律意识和防腐拒变能力，实现公正廉洁司法。

1. 建立“三严一通报”制度，确保公正廉洁执法。随案发放廉洁执法监督卡15644份，让当事人监督法院，信任法院；完善党风廉政责任制，层层签订《党风廉政建设与监督责任书》，与干警及干警家属分别签订《拒绝赌博承诺书》和《家庭助廉承诺书》；健全监督机制，实行严格依法办案不走样、严明司法纪律不含糊、严抓司法管理不放松及督察通报的“三严一通报”制度。

2. 深入开展纪律作风教育整顿活动。加强政治思想教育，解决干警执法思想不端正的问题；加强责任意识教育，解决

工作作风飘浮的问题；加强纪律作风整顿，解决工作纪律散漫，责任心不强的问题；加强廉政建设，解决少数干警司法廉洁公正意识不强的问题；加强执法规范化建设，解决少数干警执法不规范的问题；加强监督管理力度，解决执行力不强的问题。通过深入落实“六加强、六解决”措施，全院干警的纪律观念明显增强，工作作风明显改进，精神面貌明显改观，执法水平和执法公信力明显提高。

（五）司法为民抓落实，推进能动司法有新渠道

为满足人民群众日益增长的司法需求，市人民法院积极拓宽便民利民领域，落实司法为民各项措施。

1. 加大“三下沉”巡回审判力度，化解基层社会矛盾。加强能动司法，创建“三明四进六个一”便民服务工程，即“明确巡回审判办案地点、适用程序、案件范围，实行法进农家、法进校园、法进社区、法进工厂，在全市26个乡（镇、街道）356个村（居）委会实现一个乡镇有一个巡回审判工作站、一个村委会每年有一次巡回审判、一次执行活动、一次法制宣传活动、一次人民调解员培训活动”。加大“院领导沉下去、院机关部门沉下去、法官沉下去”的“三下沉”巡回审判力度，缩短法官与群众的距离，把诉讼困难留给法官、方便实惠让给群众。同时，起到了“审理一案、解决一串、教育一片”的良好社会效果。全年，院长带头到格宜、倘塘审判调解案件5件，其他院领导巡回办案21件；全院共巡回办案823件，案结事了769件，到巡回办案点办理诉讼事宜1 000余人（次）。

2. 建立诉讼信息联络员制度。构建诉讼信息联络员联系网络，由全市356个村（居）委会的人民调解员担任诉讼信息联络员。加强对诉讼信息联络员的培训教育，指导他们独立主持民间调解，参与诉前调解、联系立案、协助执行等工作。全年，共指导诉讼信息联络员1 534人（次），诉讼信息联络员调解矛盾纠纷6 638件，既缓解了法院工作压力，使案件下降，又从源头定纷止争，最大限度的减少不和谐因素，全力确保社会稳定。

3. 树立窗口形象，满足群众司法需求。按照“功能完善、制度健全、设施齐备、服务到位”标准建设“立案信访大厅”，建立导诉员制度，引导当事人有序诉讼；实行柜台式立案，简化诉讼立案手续；彰显司法人文关怀，为残疾人建成无障碍绿色通道、无障碍卫生设施。全年，为经济困难的当事人缓减免诉讼费10万余元，接待来信来访86人（次），解答咨询3 000余人（次）。2010年6月，我院在全省“立案信访窗口”工作会议上作经验交流，得到了充分肯定。“立案信访窗口”促进了立案、信访工作规范化、制度化，解决了人民群众“诉讼难、申诉难”的问题。

（六）司法保障抓硬件，夯实科学发展有新途径

1.加快办公信息化进程。紧缩其他开支，为全院干警人手配备一台电脑，完成法院系统三级专网视频会议系统建设，中心法庭实现光纤专网接入，提高了法院审判管理和司法政务管理信息化水平。

2.改善安全保卫设施。建设机关安检系统和门禁系统、公务车辆车库道闸及楼宇监控系统，为法院机关安全、科学管理提供了物质保障。

3.加快中心法庭建设。以“审判工作规范化、庭务管理制度化、党建工作日常化、建设规模标准化、物质装备现代化、司法便民经常化”建设为载体，全面推进中心法庭各项建设。格宜、倘塘、乐丰中心法庭竣工并搬迁使用，田坝中心法庭开工。政策向中心法庭倾斜，充分保障中心法庭办案经费。

（七）接受监督抓主动，保证公正高效有新进展

坚持党的领导，确保人民法院在党的领导下正确行使审判权。自觉接受人大及其常委会的法律监督和工作监督、政协的民主监督，邀请人大代表、政协委员观摩庭审、参加“百万案件质量评查”活动。虚心接受人大代表提出的批评、意见和建议，认真做好人大代表、政协委员意见、建议、提案和大会重点信访件、交办件的办理工作；积极汇报法院工作，把真实再现我院工作的《年报》呈送各位人大代表、政协委员。向市四届人大常委会第二十三次会议作了《关于民事审判工作情况的报告》，常委会组成人员对我院民事审判工作取得的成绩给予了充分的肯定，并提出了很好的意见和建议。精心组织、认真筹办省人大常委会在我院召开的《涉诉特困人员救助办法立法调研座谈会》，省人大常委会调研组对我院积极探索创新执行救助机制作出的有益贡献给予了高度赞扬。认真筹办省委政法委在我院召开的关于涉法涉诉信访案件工作专项执法检查调研会。加大对人民陪审员的培训力度，2010年9月，我院对全市80名人民陪审员进行第二次集中培训。全年，人民陪审员参加调查、庭审、调解、执行案件3 634人（次），对弘扬司法民主、促进司法公正、提升司法权威起到了积极地监督作用。自觉接受人民群众、社会各界和新闻舆论的监督，主动向社会公开发布裁判文书、典型案例、司法动态等信息，开展“走进法院”活动和法院“开放日”活动，畅通新闻媒体和网络民意沟通渠道，倾听民意，了解民生诉求。

2010年，市人民法院贴近群众，脚踏实地，求真务实，各项工作呈现出整体推进、重点突破、蓬勃发展的良好态势，为维护宣威改革发展稳定大局作出了贡献。在此，我谨代表市人民法院对长期以来关心支持市人民法院工作的各级各部门、各位人大代表、政协委员及社会各界人士表示衷心的感谢并致以崇高的敬意！在肯定成绩的同时，我们也清醒地认识到，工作中还存在一些困难和问题：一是价值观念和利益格局的重大变化，导致了案件难办、涉法舆情不断涌现，安全保

卫形势严峻，社会对法院工作的要求越来越高，原有的办案方式和法官素质与新形势新任务还有不相适应的地方。二是个别干警大局观念不强，纪律作风有待进一步改进，办案质量和效率有待进一步提高。三是审判力量与审判任务之间的矛盾日益突出，法官长期超负荷工作，身体处于亚健康状况。四是中心法庭建设资金短缺，已建的格宜、倘塘、乐丰中心法庭欠债，在建的田坝中心法庭和待建的羊场、落水中心法庭资金缺口较大，还请市人民政府及各乡（镇）党委、政府继续关心支持。这些问题和不足，市人民法院将在今后的工作中，切实采取有效措施，加以解决。

**二、真抓实干，与时俱进，实现法院工作可持续发展**

2011年是“十二五”规划的开局之年，也是全面落实十七大和十七届五中全会精神的重要一年，市人民法院的各项工作任务将更加繁重。2011年的总体工作思路是：以党的十七大、十七届五中全会精神为指引，准确把握科学发展这个主题和加快转变经济发展方式这条主线，坚持“三个至上”指导思想，坚持“为大局服务，为人民司法”工作主题，深入推进三项重点工作，突出“执法办案”第一要务，增强“能动司法、阳光司法、和谐司法”三种意识，加强“法官队伍、法院文化、司法能力、司法公信度、中心法庭”五项建设，实现法院工作可持续发展。

（一）突出执法办案第一要务，公正高效履行审判职能

紧紧围绕宣威市委和政府的中心工作，全面履行审判职能，突出“执法办案”第一要务，为建设“四个宣威”提供有力司法保障。民事审判坚持“调解优先，调判结合”方针，加大调解力度，加大巡回审判力度，依法妥善审理好群众关心、社会关注的人身损害、征地拆迁、教育医疗、劳动争议、社会保障、住房信贷、涉农等涉及民生的各类案件。刑事审判落实宽严相济刑事政策，依法严厉打击严重危害人民群众生命财产安全、严重影响群众安全感的犯罪，从宽处理一些社会危害性不大、情节轻微的犯罪；全面开展量刑规范化建设，统一量刑尺度，提高司法公信力。行政审判处理好公正司法与发展稳定的关系，积极稳妥审理“民告官”案件，推动行政机关法定代表人行政诉讼出庭应诉工作。执行工作进一步巩固涉诉特困人员救助机制，加大执行工作力度，完善“立、审、执”衔接机制。设立审判管理办公室，不断创新和加强审判管理，提高办案质量和效率。

（二）增强“能动司法、阳光司法、和谐司法”三种意识，着力实现案结事了人和

一是增强能动司法意识。强化主动回应社会司法需求，主动延伸审判职能，主动参与社会管理的主动型司法意识；强化未雨绸缪，超前谋划，努力把矛盾纠纷解决在萌芽状态的高效型司法意识。二是增强“阳光司法”意识。坚持将司法活动最大限度地置于诉讼当事人和社会各界的监督之下，不断提高司法透明度，提升司法公信力。拓宽渠道，充分利用各种审判资源，加强民意沟通。三是增强和谐司法意识。妥善处理人民内部矛盾，大力拓展调解渠道，在“案结事了人和”上下功夫，最大限度地实现当事人之间及当事人与法院之间的和谐。

（三）加强“法官队伍、法院文化、司法能力、司法公信度、中心法庭”五项建设，推进法院工作新发展

一是加强法官队伍建设。以深入开展“创先争优活动”、“发扬传统、坚定信念、执法为民”主题教育活动和“争创学习型法院、争当学习型干警”活动为契机，不断组织开展以为民司法、文明司法、严格司法、优质司法、廉洁司法五个方面为重点的队伍专项教育活动，进一步加大执行力建设，加大治庸治懒力度。二是加强法院文化建设。大力实施文化强院工程，建设一条文化走廊、一个文体活动中心和一个廉政文化室，营造崇德奉法、致公为民的法院文化氛围，发挥法院文化鲜明的导向、约束、凝聚、激励功能和精神食粮作用。三是加强司法能力建设。打造一支精审判、重调解、强执行的一流队伍。加强领导干部执法能力建设，强化法官职业意识，提高法官职业技能。四是加强司法公信度建设。坚持“以当事人为本”，以公开求公正，以正义求正气，扎实解决好每一起纠纷，树立司法权威和法院威信。五是加强中心法庭建设。进一步加强中心法庭物质装备建设，加大中心法庭安全设施投入，完成田坝法庭建设工程，启动羊场法庭、落水法庭建设工程。不断提升中心法庭化解社会矛盾、做好群众工作的能力。

# 宣威市人民检察院工作报告

宣威市人民检察院代理检察长　徐正良

（2011年2月27日）

## 2010年检察工作主要情况

2010年，宣威市人民检察院在宣威市委和上级检察院的领导下，在人大、政府、政协和社会各界的监督支持下，认真落实市人大四届三次会议决议，深入学习贯彻党的十七大、十七届四中、五中全会精神，围绕“强化法律监督、维护公平正义”的检察工作主题和全市经济社会发展大局，深入推进三项重点工作，不断强化自身监督，提升队伍素质，各项检察工作取得新进展。

### 一、牢固树立大局意识，促进经济平稳较快发展

围绕市委建设“生态、文明、健康、快乐宣威”的总体部署，检察机关坚持在服务大局中谋划和推进检察工作，自觉将检察工作置于市委领导之下，充分发挥打击、保护、监督、预防等职能，为全市经济社会发展提供强有力的法治保障。

（一）严厉打击严重刑事犯罪

继续保持对严重刑事犯罪严厉打击的高压态势，全年共批准逮捕各类刑事犯罪案件456件743人，提起公诉460件696人。坚决打击危害公共安全的犯罪活动，批准逮捕此类案件46件51人，提起公诉86件94人；严厉打击“两抢一盗”案件，批准逮捕此类案件77件294人，提起公诉71件259人；重点打击危及人民群众生命财产安全的故意杀人、故意伤害等严重暴力犯罪，批准逮捕此类案件150件242人，提起公诉126件193人；深入开展“打黑除恶”专项斗争，批准逮捕恶势力犯罪2件18人；全力打击涉毒、涉烟犯罪，批准逮捕此类案件27件35人，提起公诉11件12人。

（二）着力维护市场经济秩序

通过配合加强对政府重大投资项目资金使用的监督，积极参与国土资源部门土地整理、水务部门对病险水库加固、人畜饮水等重大工程项目的招投标监督工作。通过支持、督促起诉手段，协助收回国有资产34万余元。依法批捕非法吸收公众存款、合同诈骗、组织领导传销活动等破坏市场经济秩序犯罪嫌疑人20人，全力维护市场经济秩序。

（三）注重服务保障民生

依法打击非法生产、销售有毒有害食品等危害群众身体健康、生命安全以及拐卖妇女儿童等弱势群体合法权益的犯罪。坚决惩治损害民生民利的犯罪，严肃查处乡镇站、所、办人员贪污、挪用国家支农惠农资金、民政优抚资金等职务犯罪案件，为人民群众追回并发还款项36万余元。探索开展刑事被害人救助工作机制，办理刑事被害人救助案件3件，协调有关部门向生活确有困难而又无法通过诉讼程序获得赔偿的刑事案件被害人提供救助资金3.4万余元。全力投入2010年的抗旱救灾工作，发动干警捐款2.6万元，通过多种途径筹集抗旱救灾资金、物资共计12万余元，先后组织110人次参与抗旱救灾工作。

### 二、充分发挥检察职能作用，着力推进三项重点工作

立足检察职能，紧密结合办案，着力推进三项重点工作，努力消除社会对抗因素，切实维护社会和谐稳定。

（一）结合执法办案，推进社会矛盾化解

认真贯彻宽严相济刑事政策。在对严重刑事犯罪予以坚决打击的同时，依法慎用逮捕措施，以促进违法犯罪人员回归社会。全年受理提请批准逮捕涉嫌犯罪未成年人202人，审查后贯彻宽严相济刑事政策不予批准逮捕21人。不断完善信访工作机制，畅通控告申诉渠道。全年共处理来信52件、来访62件，院领导参与走访调研和接待来访12次，办理上级检察院和人大等批转、交办案件4件，全力化解涉检信访案件。全面加强检调对接工作，促成刑事和解案件6件7人。在办案过程中全力做好释法说理、心理疏导工作，及时消除被害人及其家属对不批捕、不起诉、不抗诉等决定的疑虑，增加社会和谐因素。结合办案，到社区、企业、学校、乡镇宣传党的政策和国家法律法规，增强人民群众对法律、政策的认同感。

（二）立足检察职能，探索创新社会管理方式

加强对违法犯罪青少年的教育挽救，结合校园安保工作，与学校、基层组织密切配合，先后到倘塘镇、来宾镇、杨柳乡多所学校开展法制讲座。预防青少年犯罪的同时，加强对未成年犯罪人的回访帮教工作，根据所办案件情况，回访帮教16人。依法监督社区矫正工作，协助公安机关和司法行政机关开展对监外服刑人员的帮教管理。2010年3月，组织双龙街道监外服刑人员抗旱救灾，参加社区公益劳动，创新社区矫正举措。抽调业务骨干到化解信访积案联合工作组，参与社会治安重点人群、重点区域的排查整治，强化社会治安防控体系建设。

（三）加强交流配合，促进公正廉洁执法

与公安机关建立互派办案人员交流学习制度。选派检察干警到市公安局局机关和城区派出所执法办案部门，引导并参与刑事侦查，对执法活动及时预警。同时与公安机关选派到我院业务部门交流的干警相互学习，进一步规范执法行为，提高案件质量。开展对行政执法机关移送涉嫌犯罪案件的专项监督活动，建章立制，探索对行政执法活动的监督途径。按照全国司法体制改革的要求，开展量刑建议试点工作，探索促进法官自由裁量权规范行使的新途径，全年适用量刑建议案件15件19人，法院采纳率100%。稳步实施检察长列席人民法院审判委员会制度，进一步健全和完善审判监督制约机制。

**三、坚持查办和预防职务犯罪并举，促进反腐倡廉建设**

把查办和预防职务犯罪置于党委统一领导的反腐败工作格局中，坚持“标本兼治、综合治理、惩防并举、注重预防”的方针，不断加大工作力度。

（一）严肃查处贪污贿赂、渎职侵权犯罪案件

全年共受理国家工作人员职务犯罪案件线索15件，立案侦查14件15人，其中：贪污案3件4人、挪用公款案3件3人、贿赂案6件6人、渎职侵权案2件2人。侦查终结14件15人，移送审查起诉后，法院已作出有罪判决10件11人，通过办案为国家挽回经济损失709万余元。在办案中，一是通过查处国有公司企业、农村基层组织、相关热点领域的职务犯罪案件，有效促进勤政廉政建设；二是积极追逃追赃，通过不懈努力，先后从重庆、广西成功抓获携款潜逃的戴某、贪污农民补偿款的龚某，有力震慑和打击职务犯罪；三是有效开展渎职侵权检察工作，先后参与5件发生在能源部门的生产安全事故调查和分析，查清事故原因，加强安全教育，规范安全生产监管。

（二）更加注重职务犯罪预防

一是积极提出检察建议。结合所办案件，加强相关职务犯罪的调研，查找薄弱环节，提出建议对策，督促整改落实。全年向有关单位和部门发出检察建议11份，促进规范管理。二是扎实开展个案预防和行业预防。通过深入行政执法机关、国有企业、农村基层组织开展法制教育讲座、组织参观警示教育基地、廉政展览等活动，深刻剖析典型案例、以案释法，促进广大党员干部廉洁从政。三是启动行贿犯罪档案查询系统，开展查询工作120人次，促进行业诚信体系建设。

**四、认真履职，全力维护司法公正**

认真履行对立案、侦查、审判和刑罚执行活动的法律监督职责，突出监督重点、增强监督实效，努力维护公平正义。

（一）加强立案监督和侦查监督

依法开展刑事立案监督，确保不遗不漏、不枉不纵。全年共受理立案监督案件线索19件，依法监督侦查机关立案3件。对不符合逮捕条件的，依法决定不批准逮捕205人，提前审阅2件8人，送达侦查机关《补充侦查意见书》64份，《不予批准逮捕理由说明》54份，向侦查机关发出书面检察建议4份。

（二）强化审判监督和执行监督

公诉部门依法加强刑事审判监督，不断规范庭审程序中的量刑建议工作，在审查刑事判决时实行“四书会审”制度。依法对刑事审判中定性不当、量刑畸轻畸重案件提出抗诉3件，法院依法改判2件。民事行政检察部门依法受理、审查不服人民法院生效判决、裁定的申诉，加强公益诉讼案件办理。全年提请抗诉4件、建议提请抗诉8件、执行监督12件、提出检察建议法院启动再审5件、刑事附带民事诉讼8件、督促支持起诉12件。对不具备抗诉条件终止审查的案件，全力做好息诉服判工作。

在刑罚执行活动监督中，把超期羁押、减刑、假释、保外就医等作为监督重点，依法纠正5人刑期计算错误。在监管场所监督中，我院驻所检察室与看守所监控、监管信息联网，动态监督监管活动，在全省检察机关率先实现“双网双联”。同时配合看守所对在押人员有针对性地进行集体教育233人次、个别教育945人次，有效地改善监管场所羁押秩序。

**五、主动接受监督，确保依法正确行使检察权**

牢固树立监督者更应该接受监督的观念，不断完善内外部监督制约机制，保障检察机关执法办案活动严格依法进行。

（一）自觉接受外部监督

主动报告工作，接受人大、政协监督。认真研究办理人大常委会的各项决定、决议、审议意见和政协提案，及时报告办理结果和落实情况。通过多种途径与方式，坚持和完善工作情况通报制度，保障人大代表、政协委员依法履职。进一步完善人民监督员工作机制，积极为人民监督员提供履职保障，全面规范检察权的行使。

（二）切实强化内部监督制约

强化检察机关侦查权的监督机制建设，坚持讯问犯罪嫌疑人全程同步录音录像，完善备案通报制度。查办案件中认真执行“一案三卡”制度，坚持职务犯罪案件逮捕、撤案、不起诉报上一级检察院批准决定。扎实开展检务督察，加强公务用车、冻结扣押款物管理。全面建立干警的执法业绩档案，完善案件质量管理体系。

**六、狠抓队伍建设，队伍整体素质有提高**

始终把队伍建设作为检察工作的基础环节来抓，全面加强自身建设。

（一）坚持抓好思想政治建设

全面贯彻中央、省、市委领导同志对检察工作的重要指示，引导广大检察干警坚定理想信念，把握正确的政治方向。紧密结合检察工作实际，通过“恪守检察职业道德、促进公正廉洁执法”主题实践活动和“反特权思想、反霸道作风”专项教育，大力开展创先争优活动。

（二）切实加强领导班子建设

继续抓好学习型班子建设，不断提高班子成员的政治理论水平和业务水平。突出抓好廉政建设，认真落实任前廉政谈话、领导干部重大事项报告制度和述职述廉制度。重点抓好民主集中制建设，进一步健全党内民主生活制度和领导班子工作制度。

（三）坚持实施文化育检战略

采取积极措施鼓励干警提升学历，全院干警本科学历以上人员达98%，取得法律硕士学位5人，在读硕士3人，在读博士1人。着力抓好司法考试培训，2010年有8人参加司法考试7人通过。加大专项业务培训力度，通过不同方式培训检察人员50余人次。切实开展检察文化建设，依托宣威检察干警组织成立的青松文学艺术社，开展书法、绘画、摄影、文学创作等活动，用优秀的文艺作品引导检察干警把团队意识和奉献精神等主流价值理念转化为“立检为公、执法为民”的自觉行动。

各位代表，一年来，检察工作取得了一定成绩，这是市委领导、人大监督和政府、政协及社会各界关心、支持的结果。在此，我代表检察院和全体检察干警表示忠心的感谢和崇高的敬意！

看到成绩的同时，我们也清醒地认识到，检察工作还存在一些与新形势、新任务不相适应的地方：一是深入推进三项重点工作的机制不够完善，特别是在社会管理创新方面思路不够开阔、成效不够明显；二是执法水平、执法理念与科学发展和人民群众对检察工作的要求还有差距，法律监督职能发挥不够充分；三是极少数干警的大局意识、服务意识不强；四是正确运用法律和刑事政策化解社会矛盾、促进社会和谐方面的能力有待提高。五是机构人员编制不足，“人才难进”的局面导致干警长期处于超负荷工作状态。这些问题和困难我们将进一步采取措施，争取各方支持加以解决。

## 2011年检察工作主要任务

2011年，检察机关将认真贯彻党的十七届五中全会、宣威市委全会精神，结合全省检察长会议和曲靖市检察工作会议要求，坚持围绕中心、服务大局，全面履行法律监督职能。坚持突出科学发展主题和加快转变经济发展方式主线，全力关注人民群众最关心的公共安全、权益保障、社会公平正义问题，统筹推进各项检察工作，服务好“十二五”开局之年的经济社会发展。

**一、进一步明确检察工作的发展思路**

不断深化对科学发展观的理解和把握，增强贯彻落实科学发展观的自觉性和坚定性。以深化三项重点工作为着力点，深入查找检察工作与科学发展不适应、不平衡、不协调的突出问题，正确把握打击、监督、教育、预防和保护的关系、强化法律监督和强化自身监督的关系。以深化检察工作机制改革为动力，正确把握办案力度、质量、效率、效果、安全的关系，科学制定各项工作目标、任务和措施，全面改进和加强检察工作。

## 二、切实提高服务大局的能力和水平

紧紧围绕党委政府的重大决策和部署，找准服务大局的切入点和结合点，进一步增强大局意识和服务意识，把保障和改善民生作为检察工作的出发点和落脚点。努力在推进城镇化建设、整顿规范市场秩序、保障政府投资安全、推进生态建设、加强知识产权保护和环境资源保护等方面取得新的成绩，为促进我市社会稳定、社会事业的全面进步提供有力的法治保障。一是严格依法打击刑事犯罪，切实维护社会和谐稳定。针对我市的社会治安状况和社会矛盾特点，紧紧抓住影响人民群众生命财产安全的突出治安问题，依法履行批捕、公诉职能，严厉打击侵害农民利益、危害农业发展、影响农村稳定的犯罪，加大对黑恶势力、涉枪涉爆、“两抢一盗”、拐卖妇女儿童、非法集资等犯罪的惩治力度，着力消除社会对抗因素，努力实现办案的法律效果、政治效果和社会效果有机统一。二是加大惩治和预防职务犯罪力度，深化反腐倡廉建设。坚持贯彻党中央关于推进新形势下反腐倡廉建设的决策部署，紧紧围绕人民群众反映强烈的问题，依法查办和预防职务犯罪，重点查处破坏国土资源、破坏环境保护等职务犯罪案件、突出查办妨碍和破坏人民群众民主权利行使的案件和严重侵害民生民利案件，严肃查办群体性事件和重大责任事故背后的腐败案件，积极参与重点工程建设、房地产开发、国有资产管理和司法等领域专项治理。通过加强法制宣传、专题调研、建立“职务犯罪案件信息库”等措施，多管齐下，深化职务犯罪预防工作，扩展预防覆盖面，增强预防效果。同时积极开展个案预防、重点行业职务犯罪预防，促进党风廉政建设。

## 三、深化三项重点工作，维护社会和谐稳定

充分认识重要战略机遇期社会和谐稳定的极端重要性，坚持立足检察职能，把检察业务与三项重点工作紧密结合起来，建立健全社会矛盾化解、群众诉求表达、执法办案风险评估预警、检调对接工作机制。在总结试点工作经验基础上，推行公诉案件量刑建议纳入庭审程序，促进法官自由裁量权的规范行使。深入贯彻宽严相济刑事政策，推行未成年人犯罪案件品行调查、回访帮教制度，完善、规范轻微刑事案件快速办理机制和刑事和解机制，促进解决影响社会和谐的源头性、根本性、基础性问题。加强网络舆情监控，谨慎处理好社会关注的热点、敏感问题。强化刑罚执行监督，加强对服刑人员特别是监外执行罪犯的帮教管理，通过在挂钩乡镇进一步探索创新社区矫正举措，结合执法办案及时提出检察建议，协同推进社会管理创新。

## 四、更加自觉主动接受监督

更加自觉主动接受人大及其常委会的法律监督和政协的民主监督，在坚持各项接受监督的措施和机制的基础上，进一步完善重大事项请示报告制度和工作情况通报制度。从2011年起，为全市每位人大代表和政协委员订阅一份《检察日报》，为人大聘请的人民监督员增订《方圆》杂志，从而让代表委员更好了解、监督和支持检察工作。

## 五、全面强化检察机关对诉讼活动的法律监督

认真贯彻落实省人大常委会《关于进一步加强全省各级人民检察院对诉讼活动法律监督的决议》，积极争取政府和政法部门的支持，推行量刑规范化改革和民事行政案件监督的检法对接机制，加大公益诉讼，强化民事行政诉讼案件的执行监督，促进公正廉洁执法。把人民群众的关注点作为诉讼监督的着力点，依法运用抗诉、纠正违法通知、检察建议等多种方式，对各个诉讼环节开展监督。坚持把查办司法不公背后的职务犯罪作为强化诉讼监督的重要手段，提升监督实效。按照省、市政法主管部门的意见要求，在法、检、公、司之间建立长效协作机制，定期召开联席会议，共同营造良好、健康、有序的职业和执法环境，为维护宪法和法律的尊严和权威、确保国家法律的统一正确实施、更好的服从和服务于党委政府工作大局夯实基础。

## 六、全面加强队伍建设

紧密结合“创先争优”活动的深入开展，系统深入地学习中国特色社会主义理论体系，恪守“忠诚、公正、清廉、文明”的检察职业道德。以提高法律监督能力和执法水平为核心，进一步加大对检察干警业务技能培训的力度，培养一批实践经验丰富、专业技能精湛的专业人才和业务骨干。以提高执法公信力为目标，继续加强检务督察，加大对执法办案和检察干警监督与约束的力度，切实保障人民群众的知情权、参与权、监督权。认真开展“发扬传统、坚定信念、执法文明”主题教育实践活动，确保队伍忠诚可靠。坚持以社会主义核心价值体系为指导，加强检察文化建设。进一步推进基层党组织党务公开和检察机关检务公开，加强检察机关党风廉政建设，努力建设一支政治坚定、业务精通、作风优良、执法公正的检察队伍。

# 宣威市2010年国民经济和社会发展计划执行情况及2011年计划（草案）报告

## ——在宣威市四届人大四次会议上

宣威市发展和改革局

### 一、“十一五”圆满收官，主要经济社会发展指标全面完成

市内生产总值由66.34亿元增加到148.2亿元，年均增长13.66%；财政总收入由9.8亿元增加到20.3亿元，年均增长15.61%；其中地方财政一般预算收入由4.2亿元增加到9亿元，年均增长16.47%；财政总支出由9.2亿元增加到33.8亿元，年均增长29.8%。固定资产投资由33.8亿元增加到117.37亿元，年均增长28.3%；五年累计完成固定资产投资378.1亿元，年均增长28.3%。城市建成区面积由17.85平方千米扩展到28.5平方千米，综合城镇化率由26.5%提高到36%。城镇居民人均可支配收入由8 367元增加到14 671元，农民人均纯收入由2004元增加到3 735元，年均分别增长11.89%和13.33%。三次产业比重由24:45:31调整为22:45:33。金融机构存款余额由56.84亿元增加到138.1亿元、年均增长19.4%，贷款余额由44.73亿元增加到74亿元、年均增长10.6%。社会消费品零售总额由22.5亿元增加到61亿元，年均增长22.07%。人口自然增长率控制在6.5‰以内，城镇登记失业率控制在4%以内，居民消费价格指数控制在104%以内。

### 二、2010年国民经济和社会发展计划执行情况

2010年是“十一五”计划收官之年，是面对世界金融危机、特大旱灾影响而克难攻坚之年，同时也是取得全面胜利的一年，全市经济稳步发展，社会民生持续改善。

（一）主要经济社会发展指标超额完成

实现市内生产总值148.2亿元，同比增13.2%，超计划3.2个百分点。三次产业结构由上年的22.5:45.7:31.8调整为22:45:33。财政总收入20.3亿元，同比增17.73%，其中地方一般预算收入9亿元，同比增13.4%，超计划5.35个百分点。固定资产投资完成117.37亿元，同比增26.1%，超计划6.1个百分点。社会消费品零售总额61亿元，同比增22.2%，超计划2.2个百分点。非公经济占GDP比重达41.7%，同比上升2个百分点。城镇居民人均可支配收入14 671元，同比增10.8%，超计划2.8个百分点。农民人均纯收入3 735元，同比增9.7%，超计划1.7个百分点。金融机构存款余额138.1亿元、贷款余额74 亿元，同比分别增长25.3%、27.6%。综合城镇化率达36%，提高2.5个百分点。人口自然增长率6.15‰，城镇登记失业率控制在3.5%以内，居民消费价格指数103.86%。

（二）农业实现平稳发展

实现农业现价总产值57.88亿元、农业增加值32.5亿元，同比分别增长16.8%、7.1%。粮食产量6.25亿公斤，同比增4.14%。畜牧业产值28.8亿元、增加值18.1亿元，同比分别增14.3%、13.2%。收购烟叶76.18万担、产值5.8亿元。实现特色产业产值12.05亿元、同比增8%，劳务产值26.44亿元、同比增13%。累计筹集抗旱资金2.01亿元，解决了36.5万人、112万头牲畜的饮水困难。投入各级、各类扶贫开发及新农村建设资金8.97亿元，全面实施龙场镇“整乡推进”“866”工程，高质量、高标准完成来宾河东小康示范村建设，启动阿都乡“整乡脱贫”等扶贫工程及新农村建设项目，惠及26个乡（镇、街道）3.7万户18万人。

（三）工业保持较快增长

全年完成工业、能源项目投资33.16亿元，实现工业总产值142.8亿元、增加值58.2亿元，同比分别增15.7%、14.9%。其中，规模以上工业实现产值88.97亿元、增加值30.3亿元，同比分别增5.1%、12.2%；规模以下工业实现产值55亿元，同比增31.3%。工业主要产品产量：原煤产量119.4亿千克，同比增3.61%；发电量84亿度，同比降27.13%；化肥折纯产量4.48亿千克，同比增16.35%；水泥产量26.6亿千克，同比增10.1%；黄磷产量5 000千克，同比降33.95%。

（四）第三产业快速发展

全年完成房地产开发项目投资17.71亿元，完成市场类建设开发投资28.89亿元。第三产业完成49亿元，同比增14.7%。

社会消费品零售总额完成61亿元，同比增22.2%。金融机构存款余额138.1亿元、贷款余额74亿元，同比分别增长25.33%、27.62%。

（五）城镇化取得新突破

城区控制性详规覆盖面积达24.3平方千米，一环路以内控制性详规覆盖率达100%，中心城区控规覆盖率达85%。实现房地产业产值15亿元。城镇建成区面积达62平方千米，比上年增9.2平方千米，人口53.2万人、比上年增3.6万人。其中，中心城区建成区面积28.5平方千米、比上年增2平方千米，人口23.8万人、比上年增9 000人，综合城镇化率比上年提高2.5个百分点达36%。

（六）基础设施明显夯实

一是固定资产投资快速增长。全年审批、核准、备案、转报项目236个，储备并组织实施500万元以上重点项目172个，争取项目补助资金4.23亿元。全年完成固定资产投资117.37亿元，同比增26.1%，超曲靖市考核目标1.1个百分点，超宣威本级计划目标6.1个百分点。

二是交通建设快速推进。全年完成交通项目投资10.21亿元。实施通畅通达工程10个，改造提升农村公路210千米。宣——倘二级公路建成通车，普——宣高速公路开工建设。

三是农业基础不断加强。全市农林水扶贫及生态建设项目完成投资13.61亿元，其中，仅水利建设就完成投资3.81亿元。在建骨干水源工程11件，建成各类水利工程9 292件，改造中低产田地0.73万公顷，解决了12.32万人的人饮安全问题。治理水土流失面积65平方千米，农业灌溉保证率达38%，城镇自来水普及率达87.7%。

四是电力建设全面推进。新建或改造10KV线路100.91千米、400V/220V线路240.87千米，新增配电变压器149台，一户一表改造10 154户。磷电公司黄磷尾气低温余热电站建成，响水电站扩容及泥猪河、毛家河电站建设进展较快，万家口子电站等进展顺利，风能、太阳能、生物质能发电项目前期工作有序进行。

（七）生态建设成效显著

节能降耗成效明显。依法淘汰拆除落后企业33户，实施减排项目37个。万元GDP能耗下降4.1%、淘汰落后产能27.56亿千克，100%完成曲靖市考核目标。

空气质量稳步提高。全年共消减二氧化硫0.21亿千克，化学需氧量消减15.25万千克。空气中二氧化硫、二氧化氮含量达国家一级标准，可吸入颗粒物达国家二级标准。

生态建设全面实施。全年完成生态及林业建设项目投资3.61亿元。完成人工造林0.42万公顷，封山育林0.2万公顷，森林管护26.67万公顷，改造中低产林0.67万公顷，全面完成余家河口至板桥收费站绿色通道建设17千米。治理水土流失面积65平方千米，实施农村环境综合整治项目3个，创建省级生态乡镇5个、省级绿色社区2个。

（八）社会民生持续改善

全年完成社会事业投资4.61亿元。开工建设校舍安全工程二期15.7平方千米，东升幼儿园主体工程完工，西宁二小、双龙二小、宛水三小和市职教中心建设抓紧进行。市人民医院整体搬迁建设取得突破性进展，市计生服务中心主体工程竣工，2个乡镇卫生院及羊场等8个乡镇计生服务所建设竣工投用。市文化艺术中心建设进展顺利，体育运动中心建设稳步推进，18个乡（镇、街道）综合文化站建设完工，建成村级文化活动室216个、农家书屋163个。

2010年全市高考报名人数13 003人，上线率达96.47%，比上年提高5.27个百分点；高中阶段毛入学率达78.8%，初中三年保留率达98.8%。新型农村合作医疗参合人数1 105 744人，参合率达95%。开发就业岗位7 150个，城镇新增就业5 501人、再就业1 500人，城镇登记失业率控制在3.5%以内。劳动力技能培训19万人，新增转移农村劳动力3.08万人，劳务输出1.78万人，农村剩余劳动力转移总量达26.2万人。征缴各项社会保险费2.8亿元，社会化发放率、按时足额发放率均达100%。1.4万城镇贫困人口、6.4万农村特困人口领取最低生活保障金，“五保户”供养率达100%，有效救助特殊困难群众50.8万人次。计划生育率达98.8%，人口自然增长率控制在6.04‰以内。

## 三、2011年全市经济社会发展形势、发展目标和主要任务

（一）环境形势分析

从政策形势看，近两年实行的一系列宏观调控政策目前已收到较为明显成效，由于稳步增长的基础仍不牢固，今年国家实行“积极稳健、审慎灵活”的宏观调控政策，加快推进经济结构战略性调整，把稳定价格总水平放在更加突出的位置，持续加大对新农村建设和基础设施、社会事业设施建设的支持力度。但由于通货膨胀的趋势已经显现，在实际执行的过程中，货币政策将偏紧。同时还会继续严格控制建设用地指标和规模。从市场发展趋势看，全球金融危机的影响尚未消除，世界经济二次探底的可能性明显存在，煤、电、油、运力、原材料市场需求紧张的情况短期内不会出现，这虽然会使

近年来因动力、原料供应不足而受到压缩的部分工业产能得到释放，但同时也给占全市工业绝对主体地位的煤、电、化工的持续、快速发展蒙上阴影，加之在建的大型工业项目难以在短期内建成投产，因此2011年的工业增长仍将面临严峻的形势。农业在近几年相继完成一大批农田水利工程之后，抗御自然灾害的能力明显增强，加之“三百”工程的深入实施和良种良法的广泛推广运用，我市的生猪将会有较大增长，粮食将会稳步增长。铁路复线、电化一体化和磷电一体化二期工程等一批重点项目继续处于施工高峰期，普宣高速、市人民医院整体搬迁、云河汽车组装等重大项目开工建设，明年我市的固定资产投资将继续保持合理较快增长的势头。随着经济的发展和城乡居民收入的提高，以及社会保障体系的逐步完善，社会消费将继续快速发展，商贸零售业、旅游业、金融保险业、中介服务业、餐饮业等服务性行业将继续快速增长。

（二）主要发展目标

根据市委全会和四届人大四次会议的部署和要求，在全面分析和客观审视我市经济社会发展面临的各种利弊因素的基础上，本着量力而行、尽力而为的原则，2011年全市经济社会发展的主要目标建议为：

实现市内生产总值167亿元，增13%以上；全社会固定资产投资计划目标增20%、达140亿元，工作目标增25%、达146亿元；城镇居民人均可支配收入计划目标增10%、达16 200元，工作目标增13%、达16 580元；农民人均纯收入计划目标增10%、达4 100元，工作目标增12%、达4 180元；社会消费品零售总额73亿元，增20%；地方财政一般预算收入10亿元，增12%以上；人口自然增长率控制在6‰以内；城镇登记失业率控制在4.3%以内；居民消费价格指数控制在104%左右；万元生产总值能耗下降3.2%。

（三）主要发展任务

今年是市委政府提出建设“生态宣威、文明宣威、健康宣威、快乐宣威”战略目标任务的第一年，全市必须围绕“四个宣威”建设，着力做好以下工作：

**一、把握机遇抓调控，推动经济社会全面发展**

认真领会，准确把握，认真贯彻落实国家“积极稳健、审慎灵活”的宏观调控政策，把保持经济又好又快发展放在突出位置。科学研判形势，强化经济工作的系统性、预见性、主动性。灵活调整工作思路，明确工作重点，用好、用活、用足政策，积极争取各方支持，着力解决制约全市经济社会发展的突出问题，确保全市经济社会持续健康发展。

**二、强化项目支撑，增强发展后劲**

围绕实现固定资产投资增长20%、达140亿元，力争增25%、达146亿元目标任务，千方百计抓投资，在建项目抢进度、前期项目争开工、招商项目促落地。要突出四抓：一抓责任落实。要继续落实目标责任制，进一步完善市级领导挂钩重点项目制度，深化实行投资总量和重点项目目标考核责任制、重点项目现场办公会议制度和投资运行月分析、季报告制度。把目标责任落实到各乡（镇、街道），落实到主管部门，落实到有关企业，落实到具体项目，落实到责任领导、责任人，切实为项目业主排忧解难，确保固定资产投资持续稳定增长。二抓项目争取。要进一步加大项目前期经费投入与研究力度，建立健全项目储备与谋划机制，瞄准国家、省资金安排的方向和重点领域，科学规划、超前谋划、精心策划，精选一批符合国家产业政策，切合宣威经济社会发展实际的大项目、好项目，加强与中央、省级部门汇报衔接，抓好宣曲高速公路等49个重大项目的前期工作，储备项目214个，争取各级更多更大支持。三抓项目推进。采取有力措施，落实项目条件，合理安排工期，精心组织施工，加快项目建设进度。力争实施3 000万元以上的项目144个，加快推进普宣高速公路等79个在建项目，力争引水济榕等86个项目尽早开工。四抓资金筹措。积极搭建融资平台，提高融资平台信用等级，大力发挥融资平台承贷作用。支持具备条件的骨干企业通过发行企业债券、股票上市等方式直接融资。强化招商引资，推动民间资本加快进入投资领域。

**三、加快发展现代农业，推进国家现代农业示范区建设**

始终把解决好农业、农村、农民问题作为全市工作的重中之重，促进农业增效、农民增收、农村繁荣。力争实现农业现价总产值64.2亿元、同比增11%，粮食产量6.5亿公斤、同比增4%。一要全面贯彻落实各项强农惠农政策。认真组织落实好粮食直补、良种补贴和农业保险等政策，多渠道筹措农业建设发展资金，调动农民生产积极性。二要加强农业基础设施建设。抓住国家加大水利基础设施投入力度等机遇，开展石城河等25件中小型水库建设前期工作，做好东屯、马房等水库收尾工作，加快骨干水源工程建设，启动秤杆河、尤家箐等6件小型水库新建和除险加固工程，加快推进红石岩水库等在建工程。完成1.07万公顷中低产田地、0.4万公顷中低产林改造任务。力争完成水利投资3.2亿元以上，建成各类水利工程9 000件，新增供水受益人口16万人。三要大力培育农业龙头企业。加快培育壮大一批起点高、规模大、带动力强、成长性好的农业重点龙头企业，积极引进大企业大集团推进优势农产品加工和产业化经营，增加农产品附加值，重点扶持建设一批对优势农产品发展带动性强的原料生产基地，促进全市农业产业化发展。四要积极推广农业科技。着力抓好农作物高产示范、标准化种养和农产品精深加工等重大科技成果的推广应用。深入实施农业科技入户工程，加强以种植、养殖和市场经营为主的实用技术培训，提高农民科技水平。五要拓宽农民增收渠道。力争实现玉米产量3.46亿公斤、产值8.7亿元，马铃薯产量2.2亿公斤、产值10.5亿元，出栏生猪350万头、肉类总产量3.83亿千克、畜牧业产值30.4亿元，收购烟叶73万担、产值6亿元以上。大力发展农业特色产业，力争实现产值12.5亿元。积极发展农村劳务产业，实现劳务产值29亿元。六要推动现代农业发展。启动实施粮食增收、现代种业、菜篮子三大工程，抓好6.67万公顷优质玉米基地、6.67万公顷优质马铃薯基地、6.67万公顷以烤烟和蔬菜为主的高效经济作物基地、400万头生猪养殖基地、6.67万公顷以核桃为主的高效经济林果基地建设，促进优势主导产业加快发展，扎实推进国家现代农业示范区建设。七要推进扶贫及新农村建设。加大项目资金整合力度，着力抓好“整乡推进”及“整村推进”扶贫开发工程、安居工程和省级重点村、扶持村建设，实施好财政奖补、易地搬迁、产业化扶贫等项目，全力推进新农村、新社区建设。

**四、突出优势产业，着力推进新型工业化进程**

要围绕实现工业产值164亿元、工业增加值67亿元，均比上年增长15%目标任务，坚持“工业强市”不动摇，壮大“能源、化工、矿冶、建筑建材、农产品加工”五大传统产业，以云河汽车装配为依托，大力培育装备制造等新兴产业。要突出“四抓”：一抓园区建设。加强水、电、路、标准厂房等基础设施建设，不断增强“一区三基地”集聚辐射功能和承接中、东部产业转移的能力，推动工业主导产业集群发展、延伸发展、错位发展、配套发展，着力打造能源、化工、建筑建材、特色农产品加工、矿冶、装备制造六大产业集群，增强羊场、来宾、虹桥三大工业基地经济板块。二抓工业推进。一要提升传统产业。加快火腿产业园建设步伐，规范火腿加工生产，提高标准化、规模化、品牌化生产水平和经济效益。加大煤矿技改建设力度，力争生产原煤120亿千克。二要做强优势产业。推进泥猪河、万家口子、毛家河电站和云地电投60万千瓦煤矸石综合利用热电项目建设，抓好电煤供应，力争发电量达110亿度、实现电力产值30亿元。促进云维集团年产6亿千克电石、30亿千克石灰石矿山和恒邦钙镁磷肥二期等项目建设，发展高浓度磷复肥、精细磷化工、磷酸盐、乙炔化工等系列产品。三要培育新兴产业。尽早开工新建革香河公司年产3 600万千克镍铁合金第二台12 500千伏安项目，促成天浩公司多种金属项目年内开工建成投产，争取远东亚鑫日产300万千克矿渣水泥项目7月前建成投产，早日开工建设中广核风电项目。发展装备制造业，加快汽车产业园建设，力争云河年产1万辆专用汽车项目年内投产。三抓非公经济。全面落实中小企业和非公经济发展的政策措施，大力发展非公经济，力争非公经济增加值增长13%以上，占全市国民生产总值的比重提高到42%以上。四抓节能环保。全力推进节能减排，认真落实结构减排、工程减排、管理减排措施，大力发展循环经济、绿色经济、低碳经济，加大环境保护工作力度，推进农村环境综合治理，加快实施环保项目，确保环境综合整治取得明显成效，推进资源节约型、环境友好型社会建设。

**五、加快城镇化进程，积极拓展城镇功能**

一是科学规划。尽快建立完善规划专家评审机制，严格规划管理，切实维护规划的严肃性和权威性。尽快修改完善南片区控制性详规和西河治理规划、东河综合治理修建性详规，启动编制西片区、龙文新区、浦山片区控制性详规和乡镇集镇控制性详规以及村庄规划。二是加强城镇基础设施建设。加快城镇公共交通、城市供排水、城市燃气、城市消防、城市防洪体系、城市电力等基础设施建设。重点推进城市精品工程，增强城市综合承载力。继续实施绿化、净化、美化、亮化工程，不断优化城镇生态环境、生产环境和生活环境，建设人民满意城镇，提升城镇宜居水平。三是提高城市管理水平和质量。合理划分城市管理权限，着力构建属地管理、分级负责运行机制，明确市、街道、社区在城市管理中的职责及事权，构建反应快捷、分工明确、责任到位、处理及时、运转高效的城市管理队伍及长效机制，统筹解决好交通拥堵、环境污染、市容市貌差等问题。建立和实施以城市道路为载体的道路养护、绿化养护和环卫保洁综合承包制度，深入开展环境卫生大整治行动，着力营造管理规范、秩序优良、环境整洁、文明和谐的城乡环境。四是经营发展城市。引导城市经营多样化，鼓励投资主体多元化。盘活城市闲置资源，采用BT、BOT或TOT等合作开发模式，吸引各种资本参与城市建设。稳定居住地产，发展商业地产、工业地产、旅游地产。推进商贸中心、物流中心建设，发展街区经济、商务经济、服务经济，形成良性循环、滚动发展的城市发展新格局，综合城镇化率提高2个百分点、达38%。

**六、加快社会事业发展，着力保障和改善民生**

一是加快教育改革发展，巩固提升教育质量。加快职教中心建设，启动B、C级危房维修加固工程，推进城区新建三所完小进程。全面实施素质教育，巩固提高“两基”成果，深化教育改革，优化教育资源和结构，提高学前教育普及程度，均衡发展义务教育，加快普及高中教育，积极发展职业教育，大力发展民办教育，促进教育事业全面发展。2011年高中阶段毛入学率达80%，普通高中计划招生11 900人，职高计划招生3 300人，初中计划招生22 500人。二是健全公共卫生体系，实施全民健康工程。进一步抓好医疗卫生基础设施建设，加快市人民医院整体搬迁建设，完善乡镇卫生院、村卫生所基本设施，有效缓解人民群众“看病难”问题。深化医药卫生体制改革，完善公共卫生、医疗服务、医疗保障、药品供应体系建设。全市新农合参合率稳定在95%以上，适龄儿童建卡率保持在95%以上。三是完善社会保障体系，积极扩大劳动就业。扩大养老保险覆盖面和新型农村社会养老保险试点范围，建立健全企业退休人员基本养老金、城乡居民低保标准正常调整机制。进一步加大城乡救助工作力度，积极争取省级部门支持，确保农村低保指标落到实处，保障困难群众基本生活。全力落实促进就业各项扶持政策，多渠道开发就业岗位，完善城乡公共就业服务体系，重点做好高校毕业生、农村转移劳动力、城镇就业困难人员、退役军人就业工作，城镇新增就业岗位 7 000个，失业人员再就业1 500人，新增转移农村劳动力3.5万人，确保城镇登记失业率控制在4.3%以内。

**四、抢抓新机遇，实施新蓝图，开创宣威科学发展新局面**

“十二五”时期是我市全面建设小康社会的关键时期，是经济社会发展的转型期、产业结构调整的优化期、保障和改善民生的攻坚期、大有作为的战略机遇期。未来五年，要按照市委政府确定的指导思想，立足科学发展观，结合宣威市情，围绕“富民强市”总目标，牢牢把握国家第二轮西部大开发、乌蒙山扶贫开发和云南“两强一堡”建设等重大机遇，紧扣科学发展这一主题，抓住转变经济发展方式、调整经济结构两个关键，强势推进农业产业化、工业新型化、城乡一体化“三化”进程，全力实施生态宣威、文明宣威、健康宣威、快乐宣威四大战略，继续夯实生态、水利、交通、电力、教育五大基础，培育壮大能源、化工、矿冶、建筑建材、装备制造、农产品加工六大工业主导产业，统筹经济、社会与环境相协调，全力实现宣威更好更快跨越发展。

全市上下必须凝心聚力、承前启后、开拓创新，努力开创宣威科学发展新局面。力争到2015年末：一是经济发展更加迅速。生产总值在“十一五”末基础上翻一番，达300亿元，年均增长10%以上；财政总收入达33亿元，年均增长10%以上，地方财政一般预算收入达16亿元，年均增长10%以上；社会消费品零售总额达140亿元，年均增长18%以上；全社会固定资产投资突破900亿元（累计），年均增长15%以上。二是经济结构更加优化。三次产业结构由2010年的22:45:33调整为18:47:35；非公有制经济占生产总值的比重达50%以上；投资对经济增长的贡献率达60%左右，消费对经济增长的贡献率达30%以上；综合城镇化率由36%提高到47%。三是生态文明更加提升。森林覆盖率提高到47%以上，城市建成区绿化率达36.8%；城镇污水集中处理率达93%，生活垃圾无害化处理率达100%；矿产资源平均采选回收率提高到80%以上。四是人民生活更加富裕。城镇居民人均可支配收入力争突破2万元，年均增长10%左右；农民人均纯收入力争达7 000元，年均增长10%以上；粮油储备1亿千克；解决35.6万贫困人口的温饱问题；居民消费价格指数控制在104%左右。五是社会民生更加改善。总人口控制在150.5万人以内，人口自然增长率控制在6.5‰以内；实现城乡就业18万人，其中城镇新增就业2.9万人，农村劳动力转移15.1万人；基本医疗保险覆盖率和农村新型合作医疗覆盖率均达到95%以上，广播、电视人口覆盖率达99%，全市人均受教育年限达8年；城镇登记失业率控制在4.3%以内。

# 关于宣威市2010年地方财政预算执行情况和2011年地方财政预算草案的报告

## ——在宣威市第四届人民代表大会第四次会议上

宣威市财政局局长 王德勇

（2011年2月26日）

### 一、2010年全市财政预算执行情况

2010年，是“十一五”规划的最后一年，也是我市实施省直管县财政改革试点的第一年。一年来，在市委的正确领导下，在市人大、市政协的监督指导下，经过全市上下的共同努力，顺利完成了年度各项目标任务，实现了“十一五”财政工作圆满收官。

（一）一般预算收入完成情况

2010年，实现辖区内各级财政总收入203 306万元。地方财政一般预算收入实现90 016万元，为年初预算的106.91%，比上年增收10 639万元，增长13.40%。税收收入完成77 418万元，占86%，为年初预算的107.03%，比上年增收10 036万元，增长14.89%；非税收入完成12 598万元，占14%，为年初预算的106.13%，比上年增收603万元，增长5.03%。

（二）一般预算支出完成情况

2010年，完成地方一般预算支出313 187万元，比上年增支67 375万元，增长27.41%。其中：地方财力安排的支出为188 073万元，为年初预算数159 947万元的117.58%，比上年增支18 299万元，增长10.78%；上级专款形成的支出125 114万元，比上年增支49 075万元，增长64.54%。在地方一般预算支出中，市本级支出214 904万元，占68.62%；乡镇级支出93 778万元，占29.34%；开发区支出4 505万元，占1.44%。预算执行中，争取到中央和省级一般性转移支付资金77 603万元，其中均衡性转移支付10 549万元，调整工资转移支付18 643万元，教育转移支付21 321万元，公共安全转移支付4 787万元。

（三）均衡性转移支付资金安排使用情况

2010年，省财政安排我市均衡性转移支付补助10 549万元，主要用于教师绩效工资3 569万元，基层医疗卫生和公共卫生单位绩效工资900万元，农村低保762万元，村级组织场所建设515万元，水利基础设施建设1 200万元，交通建设补助1 808万元，农村铁轮车改胶轮车补助245万元，新农村建设经费1 350万元，小集镇建设补助200万元。

另外，上级财政通过专款直拨的形式，下达我市国债基本建设、水利、农业、扶贫、教育、卫生、社保、扩大内需等专项资金19 378万元，有力地支持了全市各项事业发展，促进了农民增收。

（四）一般预算收支平衡情况

一般预算收入90 016万元，上级补助收入227 830万元，政府债券转贷收入3 453万元，调入资金1 096万元，上年结余77万元，收入总计322 472万元；一般预算支出313 187万元，上解支出11 975万元，支出总计325 162万元。收支相抵，全年地方财政赤字2 690万元。

（五）基金预算收支及平衡情况

基金收入完成11 469万元，同比增收283万元，增长2.52%；基金支出24 511万元，同比增支11 711万元，增长91.49%。基金收入11 469万元，上级基金补助11 178万元，上年基金结余4 551万元，基金收入总计27 198万元；基金支出24 511万元，调出基金10万元，基金支出总计24 521万元。收支相抵，基金结余2 677万元。

以上数据均为初步决算数，待与省决算后，部分数据还会有所变化，届时再向市人大常委会报告。

### 二、2010年主要财政工作情况

（一）加强收入管理，千方百计完成目标任务

面对严峻的财政形势，财政部门按照“挖潜堵漏、应收尽收”的方针，创新工作思路，完善规章制度，全面加强收

入管理。一是将财税分析例会制度化。每月17日定期召开收入分析会，加强收入分析与预测，动态掌握税源情况，及时研究解决税收征管中出现的各种问题。二是全面落实目标管理责任制。将收入任务分解到国税、地税、非税收入执收单位和各乡镇（街道），并签订收入目标责任书，形成全市上下合力抓收入的格局。三是加强非税收入征管。成立非税收入管理局，明确职能职责，进一步加大非税收入征管力度。同时，完善非税收入办案补助办法，加大征管力度，着重抓好煤炭、国土、教育等部门的非税收入征管工作。四是积极争取上级支持。以实行省直管为契机，加大向省财政厅反映汇报力度，争取省级财政的关心支持。

（二）积极筹措资金，确保刚性支出

财政部门按照保工资、保运转、保民生、保稳定、保重点的要求，科学安排预算，合理调度资金，在确保工资及时发放，机构正常运转的前提下，加大对事关经济社会发展大局的保障力度。在预算执行中优先安排全市干部职工工资和机构运转经费。全年完成人员经费支出154 398万元，公用经费支出15 456万元，确保了全市干部职工工资及时足额发放和机构正常运转。按照《云南省道路交通警察经费管理体制改革方案》的要求，将道路交通警察工资纳入工资统发。积极推进基层医疗卫生机构和公共卫生机构绩效工资改革，按照"预算内调剂解决一块，非税收入筹集一块，基层医疗卫生与公共卫生事业单位经营收入解决一块"的方式，筹集资金1 801万元，保障公共卫生与基层医疗单位1 089人的绩效工资按时足额兑付。

（三）坚持服务三农，推动农业农村经济持续发展

全年完成农业支出54 110万元，同比增58%。一是认真落实好强农惠农补贴政策。通过"一折通"向农民发放补贴资金14 840万元，其中对种粮农民补贴928万元，农资综合补贴9 985万元，马铃薯原种补贴150万元，2009年度退耕还林补贴2 205万元， 水稻等农作物良种补贴1 220万元，森林生态效益补偿基金349万元， 2009年度油菜良种补贴3万元。各项惠农补贴资金的发放，使全市31万农户121万农民人均获补122.6元，户均获补478.7元。二是继续支持改善农村基础条件。完成2009年度"一事一议"财政奖补项目建设任务，并通过检查验收；启动实施2010年"一事一议"财政奖补项目506个，投入财政奖补资金3 538万元，拉动总投资9 712万元，改变了项目区村间道路、人畜饮水、文体活动场所面貌，使75 928户农户276 617人从中受益。投入资金29 800万元，继续支持扶贫、小型农田水利、退耕还林、整乡推进"等农业农村基础设施建设。三是落实好家电、汽车、摩托车下乡产品财政补贴政策。全年共发放家电、汽车、摩托车下乡补贴资金4 131.49万元，补贴产品69 599台（件），拉动消费11 706万元。四是积极支持农村民居地震安全工程建设和农村危房改造工程建设。完成农村民居地震安全工程建设补助资金支出600万元，实施农村民居地震安全工程建设2 200户，其中加固维修2 000户，拆除重建200户。投入资金2 500万元，按照每户1万元的标准，支持2 500户危房户重建住房。五是实施中央财政支持现代农业发展项目建设，大力推进农业产业结构调整。蔬菜产业项目完成投资1 322万元，建成120公顷连片外销型蔬菜种植基地，带动项目区1 700户农户户均增收3 000余元；马铃薯脱毒种薯雾培法生产技术运用项目投资137万元，建成了国内规模最大的雾培法脱毒马铃薯生产基地。六是认真组织实施农业综合开发项目。圆满完成2009年度项目，并顺利通过省级验收，认真组织实施2010年度总投资达3 017万元的建设项目，积极做好2011年的项目申报工作。

（四）加大社会事业发展投入力度，促进民生改善

一是加大教育投入。全年完成教育支出90 996万元，同比增17.56%。义务教育公用经费支出10 260万元，全市23万中小学生受益；拨付义务教育阶段家庭经济困难寄宿生生活补助7 889万元，减轻86 762名贫困家庭学生负担；拨付国家助学金345万元，资助3 355名中等职业学校困难学生；拨付专项资金92万元，免除920人中等职业学校涉农专业贫困学生学杂费；免费为义务教育阶段公办学校和特殊教育学校学生提供教科书。二是提高社会保障水平。完成社会保障和就业支出42 214万元，同比增长26.31%。不断加大社会保障投入，全力推进城乡居民医疗保险和养老保险改革，完成养老保险支出4 828万元，基本医疗保险支出12 982万元，工伤生育保险支出2 547万元，失业保险支出3 297万元，新型农村合作医疗支出15 125万元，为实现全市人民"老有所养、老有所医"提供了财力支撑。三是加大公共卫生投入，积极支持医药卫生体制改革。全年完成医疗卫生支出33 613万元，同比增长42.13%。配合卫生等部门，出台了基本公共卫生服务项目实施方案和绩效考核办法，加大基层医疗卫生机构财政补偿经费投入，下拨卫生院财政补偿资金3 316万元，投入基层医疗卫生机构运行补助1 878万元，比上年增加859万元；将村医补助由每月100元提高到500元，投入村医补助649万元，比上年增加470万元；市本级配套城镇职工医疗保障资金3 858万元、城镇居民医疗保障资金493万元、医疗救助资金60万元，保障了医疗保障制度的顺利实施。四是认真落实"奖优免补"惠民政策。兑付农业人口独生子女保健费101万元，农业人口独生子女家庭一次性奖励资金11万元，独生子女奖学金121万元，使"奖优免补"惠民政策落到实处；拨付补助资金197万元，免除符合条件的65 769人农业人口每人30元的新农合参合费；筹集24万元专项资金，分别给予19 876户农村独生子女家庭和8 925户双女结扎家庭10元和5元的保险费补助。五是积极促进就业。认真贯彻落实"贷免扶补"政策，支付财政贴息资金

233万元，办理“贷免扶补”创业小额贷款1 302笔，获得贷款6 510万元，帮助51位大学毕业生，1 023位农民工，7位复转军人，221位登记失业人员自主创业；支付财政贴息资金40万元，帮助288户下岗失业人员获得小额担保贷款576万元。六是积极支持保障性住房建设。投入各级资金1.68亿元，建设保障性住房11.2万平方米，解决了2240户低收入家庭的住房问题。七是认真做好油价补贴兑付工作。兑付2009年油价补贴资金483万元，59辆城市公交车，495辆出租车和795辆农村客运车从中受益。

（五）推进政法经费保障体制改革，支持和谐社会建设

完成政法保障经费支出5 582万元，确保公检法司办案需求，为维护社会和谐稳定提供了资金保障。认真落实县级纪检监察机关及政法委公用经费保障标准，投入市纪检监察经费148万元，投入市政法委经费168万元，为维护社会稳定，化解社会矛盾提供了有力保障。

（六）采取多元化投入机制，积极推进重大项目建设

加强与金融机构合作，积极向金融机构上报融资项目，更加注重运用财政贴息、财政担保、置换贷款等间接投资手段，引导、吸引金融信贷和各类社会资本支持我市建设，形成多元化投入格局。通过开发投资公司，向农发行宣威支行贷款2 000万元，用于宣威市文化艺术中心建设。积极筹措资金，保证项目前期工作经费投入，确保了普宣高速公路、20万平方米标准厂房等重点工程顺利开工建设。

（七）深化财政改革，提高理财水平

一是积极稳妥推进省直管县财政改革试点工作。自1月1日启动省直管县财政体制改革以来，3月份完成了与曲靖市的基数划转，通过努力，实现了省财政厅直接对宣威调度、拨付财政资金，省对下各项转移支付补助直接分配到我市，财政结算项目由省财政直接办理。二是全面启动公务卡改革。在成功试点的基础上，6月份在市直预算单位全面推开此项改革。7月1日起，市本级95家行政事业单位全部实现公务卡结算。截至年末，全市发行公务卡2 894张。三是进一步深化国库集中支付制度改革。在去年全面启动国库集中支付改革的基础上，进一步完善措施，推进改革，财政集中支付金额占本级预算安排支出的62.03%，比上年提高了5.95个百分点。四是积极做好村级会计委托代理改革后续工作。结合村级财务人员业务水平不高的实际，举办了村级财会人员业务培训班，对全市村级会计委托代理机构的78名会计进行了业务辅导，对全市1 098名村集体经济组织报账员进行了培训，并办理合格证书。五是积极推进行政事业单位经营性国有资产管理改革。积极履行国有资产监管职能，在各单位自清自查的基础上，进行了重点核查。完成了自清自查和核查两个阶段的工作，摸清了全市55家存在经营性国有资产的行政事业单位的家底，掌握了经营性国有资产管理改革的第一手资料，为下步制定方案和改革实施奠定了基础。六是认真做好“十二五”财政规划。认真分析“十二五”财政改革发展面临的新形势，制定了《宣威市财政改革与发展“十二五”规划》初稿。

（八）加强财政监管，提高财政资金使用效益

一是加强收支预算管理。按照“重预算，严追加，强绩效”的思路，加强预算科学化、精细化管理，全面规范预算编制、审核和执行行为。二是加强专项资金管理。积极发挥财政监管职能，运用财政检查手段，通过联审互查、联合检查、重点抽查、跟踪监控等方式，配合有关部门，对扶贫专项资金、抗旱救灾专项资金、支农专项资金、强农惠农资金、退耕还林专项资金等资金进行了专项检查。检查中，对违规违纪问题进行了严肃处理，提高了财政资金的使用效益。三是开展内部控制制度检查，进一步突出了内部控制的建立和完善，从源头上预防腐败。四是抓好会计管理工作。以开展会计信息质量检查为手段，以会计宣传周及云南会计节活动为平台，在全社会大力弘扬“诚信为本、操守为重、坚持准则、不做假账”的会计职业道德。进一步规范了会计基础工作，保证了会计信息质量的真实性、完整性。五是继续完善政府采购制度。进一步扩大政府采购范围和规模，启动全国政府采购管理系统，加强政府采购监督管理，提高政府采购效益，建立完善行为规范、公正透明、高效廉洁、服务优良的政府采购制度体系。全年完成政府采购金额10 118万元，与采购预算金额11 057万元相比，节约资金1 115万元，综合节约率9.27%。“十一五”期间，累计完成采购金额35 304万元，节约资金2 903万元，综合节约率7.6%。六是加强政府性债务管理，防范财政风险。制定出台《宣威市政府性债务管理办法》和《宣威市化解农村义务教育债务工作方案》，加强政府性债务清理统计核查工作，弄清政府性债务情况，积极防范和规避财政风险，合理控制债务规模，截至12月底，我市地方性政府债务余额为155 269万元。争取上级化债补助资金5 644万元，加快推进农村义务教育债务化解工作。对其他公益性乡村债务进行了清理锁定。七是加强票据管理。严格执行“收支两条线”管理，坚持以票管收，开展财政票据清理工作，在单位自查的基础上，对部分单位进行重点抽查，对到期票据，组织集中销毁。八是认真组织实施效能政府四项制度，切实做好行政成本控制制度牵头工作。围绕“节支也是增收”的理念，从严控制财政供养人员，实现因公出国（境）经费和公务车购置经费零增长，会议、庆典、论坛和出省考察经费压缩20%，楼堂馆所一律不新建的目标任务，仅推行电子政务，采用视频会议一项，就节约会议经费52万元。九是推行银行代收代发制

度。为满足政务中心收费需要，新增一户代收费银行，保证了资金及时缴入财政专户。改进优抚对象待遇发放方式，实现优抚对象优抚待遇银行发放。

"十一五"期间，全市财政总收入从9.84亿元增长到20.33亿元，年均增长15.61%，超额完成15%的增长目标；地方一般预算收入从4.27亿元增长到9亿元，年均增长16.1%，超过15%的增长目标；一般预算支出从8.67亿元增长到31.32亿元，年均增长29.28%，远远超过了10%的增长目标。

各位代表，2010年的财政工作，在各方面的关心支持下，取得了一定的成绩。但是，我们也清醒的看到，我市财政实力还比较薄弱，财政面临着吃饭与发展的双重压力，供需矛盾十分尖锐，财政困难的局面仍未从根本上改变。面对困难和压力，财政部门将进一步增强紧迫感和使命感，积极主动培植财源，以科学发展的思想来保增长，以落实第一责任的措施来保稳定，以实践根本宗旨的要求来保民生，不断推进财政各项改革，逐步解决发展中的矛盾和困难。

**三、2011年财政预算草案**

2011年财政预算编制的指导思想是：全面贯彻党的十七届五中全会和中央经济工作会议精神，以邓小平理论和"三个代表"重要思想为指导，以科学发展观为主题，以加快转变经济发展方式为主线，贯彻落实好积极的财政政策，紧紧围绕市委中心工作，牢固树立过紧日子的思想，坚持保工资、保运转、保民生的原则，进一步调整优化支出结构，着力加强财政科学化、精细化管理，提高财政资金使用效益，加快推进"四个宣威"建设，促进全市经济社会又好又快发展。

按照上述指导思想，结合我市经济发展及财政收支增减变化情况，针对面临的困难和问题，建议2011年地方财政收支预算安排如下：

（一）全市地方财政收支预算安排

1. 地方一般预算收入。地方一般预算收入安排100 820万元，增收10 804万元，增长12%，地方一般预算收入中，税收收入安排87 080万元，非税收入安排13 740万元。

2. 地方一般预算支出。地方一般预算支出安排188 283万元，其中人员经费安排136 485万元、公用经费安排17 712万元，列收列支的专项支出安排9 210万元，一事一议财政奖补资金安排1 990万元，预备费安排600万元，其他各项专项经费支出安排22 286万元。

3. 地方一般预算收支平衡情况。一般预算收入100 820万元，上级财政财力性补助97 641万元，上年赤字2 690万元，收入总计195 771万元；一般预算支出188 283万元，上解支出12 978万元，支出总计201 261万元，预计缺口5 490万元。对于缺口部分，将在预算执行中，通过增收节支和争取上级补助予以弥补。

4. 地方基金预算收支及平衡情况。地方基金预算收入8 065万元，上年结余2 677万元，收入总计10 752万元；基金支出安排8 065万元，收支相抵结余2 677万元。

（二）全市财政主要收支构成

1. 收入安排情况。税收收入87 080万元，比上年执行数增长12.48%；其中：增值税26 540万元，比上年执行数增长14.13%；营业税26 015万元，比上年执行数增长17.51%；所得税1 223万元，比上年执行数增长0.33%；资源税2 700万元，比上年执行数增长7.78%；城镇土地使用税2 857万元；烟叶税12 789万元；其他税种14 956万元。非税收入13 740万元，比上年执行数增长9.06%。

2. 本级可用财力安排支出分类情况。一般公共服务18 527万元，国防支出165万元，公共安全支出安排13 941万元，教育安排80 291万元，科学技术支出安排277万元，文化体育与传媒安排2 036万元，社会保障和就业安排25 928万元，医疗卫生支出9 848万元；环境保护安排1 023万元，城乡社区事务安排8 588万元，农林水事务安排18 912万元，交通运输安排1 895万元，资源勘探电力信息等事务164万元，商业服务等事务安排590万元，金融监管等部门事务5万元，国土资源气象等事务783万元，粮油物资管理事务178万元，住房保障支出4 532万元，预备费600万元。

（三）均衡性转移支付资金安排使用情况

2011年，预计省级均衡性转移支付补助10 800万元，与2010年基本持平，主要用于安排发放教师绩效工资4 000万元，其他事业单位绩效工资2 945万元，农村低保844万元，图书馆购书经费15万元，广电设备购置及电视栏目经费50万元，水利建设经费1 100万元，国家现代农业示范及产业化经费200万元，林业建设经费200万元，畜牧产业发展经费100万元，公共卫生及防疫46万元，交通建设及农村公路养护1 100万元，街道社区及小城镇建设200万元。

**四、认清形势，迎难而上，确保2011年预算目标圆满完成**

2011年是"十二五"规划开局之年。我们将按照市委四届七次全会的部署，牢牢抓住中央继续实施积极财政政策的机遇，振奋精神、坚定信心，积极应对困难和挑战，完善各项工作措施，突出重点，狠抓落实，努力完成全年财政工作目标任务。

（一）抓增收节支，确保财政收支稳定增长

增收方面：一是拓宽增收渠道，落实好国家扩内需、保增长的各项政策，综合运用好财税政策手段，增强经济发展后劲。二是协调配合税务部门加强税源分析、税收预测和税收征管，确保税收收入稳定增长。三是不断提高非税收入征管水平和质量，规范非税收入。四是继续盘活闲置资产、矿产资源、土地资源，把资源优势转化为财源优势，增强财政保障能力。

节支方面：一是正确处理好扩大内需与过“紧日子”的关系，坚持有保有压、有保有控的原则，压缩一般性支出。二是要勤俭办一切事业，把每一分钱用在刀刃上，少花钱、多办事，巧花钱、办好事。三是积极推行行政成本控制制度，压缩会议、庆典、论坛、出省考察经费，从严控制机构编制和财政供养人员。严控因公出国（境）经费、公务用车购置经费增长，严控新建楼堂管所。

（二）抓政策落实，确保重大项目顺利推进

一是认真贯彻落实中央经济工作会议和市委四届七次全会的决策部署，积极配合相关部门落实好招商引资政策，支持招商引资工作，争取国家资金支持，争取更多的项目落户宣威，发挥投资对经济增长的拉动作用。二是加大资金整合力度，将预算内资金、预算外资金和政府性基金整合起来，整合性质相近、目标相同、用途相似的各块资金，集中财力办好人民关注的大事、急事、难事。三是充分发挥财政资金“四两拨千金”的作用，积极引导社会资金投入生产领域和社会公益事业项目。四是做好项目融资工作，协调好财政与银行的融资关系，发挥财政融资贷款担保作用，积极向金融部门推荐优势项目，争取银行政策性贷款支持项目建设。

（三）抓支出结构调整，着力保障和改善民生

保障和改善民生是财政工作的重点，2011年，我们将集中财力保障民生。一要努力做到“五个确保”，即：确保工资发放，确保机构正常运转，确保民生领域资金投入，确保社会稳定，确保重点支出需要。二要不断加大民生投入，继续支持教育优先发展，不断完善社会保障和社会救助体系，落实小额贷款与“贷免扶补”政策，促进就业再就业，推进基本医疗卫生保障制度建设，积极筹措资金支持保障性安居工程建设，支持科学文化体育等社会事业发展。

（四）抓“三农”工作，支持农业生产稳定发展

加大对农业基础设施的投入，推进社会主义新农村建设；认真落实各项强农惠农政策，确保各项惠农补贴、家电、摩托车下乡补贴等资金不折不扣兑付到农民手中；加大农业综合开发投入力度，提高农业综合开发水平；加大扶贫开发力度，推进整村推进、易地搬迁扶贫项目建设；深入推进农村综合改革，加大村级公益事业“一事一议”财政奖补工作力度；努力争取上级资金，逐步化解乡村债务。

（五）抓财政改革，构建科学发展机制

一是推进省直管市财政改革。对改革中业务关系不顺，文件传递过慢等衍生问题，加大请示汇报力度，积极探索解决办法；二是深化预算管理改革，进一步完善部门预算、国库集中支付、公务卡结算、政府采购制度改革；三是积极推进财政绩效管理和民生资金绩效评价，提高财政科学化、精细化管理水平；四是稳步推进国有资产管理改革；五是加快推进财政信息化建设，提升信息化对财政科学理财的保障能力。

（六）抓乡镇财政资金监管，提高财政资金使用绩效

按照财政部《关于切实加强乡镇财政资金监管工作的指导意见》和省财政厅《云南省加强乡镇财政资金监管实施办法（试行）》的要求，组建乡镇财政资金监管工作领导小组，切实抓好乡镇财政资金监管。将所有财政资金纳入监管范围，提高财政资金使用绩效。对补助性资金，要及时公开、公示补助政策和补助对象，认真核实补助信息，切实将补助资金落实到户，扎实做好补助信息的基础管理工作。对项目资金，要严把项目申报关，做好项目公示，跟踪项目实施，及时评估验收。细化纳入乡镇财政预算管理的项目资金监管，协作监管项目建设资金，夯实项目建设资金基础管理工作，规范乡镇本级、村级资金和财务监管，建立信息通报和反馈机制，加强对乡镇财政所的工作指导，注重乡镇财政监管能力建设。

（七）抓“两基”建设，全面提升财政部门形象

围绕“建一流队伍”目标，切实加强各项管理基础工作和基层财政建设，全面提升财政部门形象。按照健全公共财政体系的要求，合理界定和充实乡镇财政职能，加强对全系统干部职工的培训，加大乡镇财政能力建设投入，逐步改善乡镇财政用房、设备、交通等基本办公条件。加强干部能力建设，建设学习型机关；加强党风廉政建设，筑牢拒腐防变的思想道德防线；加强机关作风建设，提高服务发展能力；加强效能政府四项制度建设，着力打造效能财政。

# 大 事 记

责任编辑　朱树雄

2010年12月27日，市委书记许玉才（右一）、副市长阳开府（左一）等领导视察西山双塔工程建设。

（毛永飞　摄）

## 1月

1日，中共宣威市委、市政府组织机关干部职工、学生进行环城赛跑。

1日，中共宣威市委书记许玉才率市委、市人大、市政府、市政协主要领导看望慰问坚守工作岗位的环卫工人。

3日，得禄乡得禄村村民孔祥德从责任地里挖出种了6年的葛根。葛根长229厘米，直径最粗46厘米、最细22厘米，重达76千克。他种植葛根10余年，这么粗大的葛根还是首次见到。

5日，中共宣威市委、市政府召开宣威市林业工作会议。

5日，宣威市公安局禁毒大队协同田坝镇派出所在田坝捣毁一零星贩毒窝点。抓获犯罪嫌疑人3名、吸毒人员3名，缴获毒品海洛因零包13个。

5～6日，中共云南省委常委、省委统战部部长黄毅和省工商联副会长邱光雄在曲靖市委常委、市委统战部部长朱兴友等领导陪同下到宣威落水、倘塘等地调研。

6日，中共宣威市委、市政府召开宣威市中低产田地改造和农田水利建设工作会议。

6日，云南省交通运输厅在宣威召开加快普（立）宣（威）高速公路项目推进会，计划9月开工建设。

7日，中共宣威市委、市政府召开宣威市2010年烤烟工作会议。

7日凌晨，宣威市公安局在警务站查获一起运输毒品案，缴获冰毒81.2克、海洛因598.2克，并抓获一名犯罪嫌疑人。

8日，宣威市人民政府转发《云南省人民政府关于开展省直管县财政改革试点文件的通知》。

8日，宣威市人民政府投资120万元改造城双路、向阳街东段路面，2月8日竣工。

9日，宣威市人大常委会召开第二十一次会议。会员听取和审议关于召开市四届人大三次会议相关议题和市人大常委会工作报告；接受赵荣春、王定阳辞去宣威市第四届人民代表大会代表职务。

11～12日，中共宣威市委第四届第六次全体（扩大）会议在宣威大礼堂召开。市委书记许玉才作题为《巩固发展基础，增强发展活力，推进经济社会又好又快发展》的报告。

12日，中共宣威市委、市政府表彰奖励2009年度先进乡（镇、街道）13个、先进单位16个、先进村（居）委会26个、先进企业18个、先进个人116名。

12日，中共宣威市委、市政府召开春节前后安全生产暨社会稳定工作会议。

13日，宣威市人民政府召开宣威市市乡村三级政务服务体系建设工作会议。

14日，宣威市公安局刑侦大队侦破张某故意杀人案。2009年12月31日晚，犯罪嫌疑人张某到网吧上网后与冯某某（女）聊天，并约冯某某出来吃烧烤，之后又邀其到家里，欲强奸冯某某，冯不从并大声呼救，张某心虚，便用绳子勒住冯某某脖子使其窒息死亡，并对尸体进行猥亵。凌晨一时许，张某将冯某某尸体从家中扛至门外小花台抛尸。

14～15日，中共宣威市委在宣威大礼堂召开中共宣威市委工作会议。会议要求要“锁定年度经济社会发展目标，全力推进‘四个（生态、文明、健康、快乐）宣威建设’”。

15日，中共宣威市委、市政府组织8个督查组在全市范围内开展春节前后维护社会稳定及安全生产工作专项督查活动，2月25日结束。

15～17日，政协宣威市第四届委员会第三次会议在宣威大礼堂召开。

16～19日，宣威市第四届人民代表大会第三次会议在宣威大礼堂召开。371名人大代表出席会议，158名相关人员列席会议。会议听取和审议宣威市人民政府工作报告；审查和批准宣威市2009年国民经济和社会发展计划执行情况与2010年国民经济和社会发展计划草案的报告，批准宣威市2010年国民经济和社会发展计划；审查和批准宣威市2009年地方财政预算执行情况和2010年地方财政预算草案的报告，批准宣威市2010年市本级财政预算；听取和审议宣威市人大常委会工作报告；听取和审议宣威市人民法院、宣威市人民检察院工作报告。

18日，宣威市公安局刑侦大队侦破“1·09”雇凶杀人案。

19～20日，中共曲靖市委深入学习实践科学发展观活动第二巡回检查组到宣威检查指导第三批学习实践活动。

24日，宣威市文化、科技、卫生、法律四下乡集中示范活动在来宾镇河东新村举行。

25日，中共曲靖市委常委、常务副市长周宗到宣威慰问困难群众。

26日，宣威市人民政府召开宣威市森林防火紧急现场会议。

28日，中共宣威市委、市政府召开电煤供应工作紧急会议。

28日，东山镇党委、政府在东山镇世博鑫源希望小学（原名马场完小）举行竣工典礼。马场完小被列为东山镇2009年度危房改造项目，总投资152.2万元（其中上级补助危改资金102.2万元、云南世博汽车市场有限公司捐助50万元）。2009年3月开工建设，同年12月竣工使用，新建1 120平方米教学楼一幢（12个教室）、220平方米卫生厕1个。

28日，中共宣威市委、市政府在昆明雄业酒店召开2010年迎新春座谈会议。云南省人民政府副省长孔垂柱、云南省军区副司令员刘廷贵、云南省科技厅厅长龙江及宣威籍在昆工作的处级以上领导干部和宣威籍在昆工作人员代表300余人受邀参加座谈。

29日，中共宣威市委书记许玉才带领财政局、扶贫办、民政局、环保局等部门领导深入宝山镇调研小城镇建设并召开现场办公会议，专题研究宝山小城镇建设问题。会议要求小城镇必须高起点规划、高标准建设、高强度管理、高水平经营，规划面积2平方千米，集镇容量2万人，年内安排建设资金100万元。

29日，宣威市人民政府发出《关于认真做好能繁母猪和奶牛保险工作的通知》。

31日，中共宣威市委、市政府在宣威市体育健身中心举行市体育健身中心开馆仪式暨2010年迎新春文体联谊活动。

1月，宣威市人民法院倘塘法庭被最高法院、共青团中央表彰为2008年度全国青年文明号。

## 2月

1日，宣威市人民政府办公室印发《宣威年鉴》（2010年）编撰方案，由市地方志办公室组织编修。为突出时代特点、行业特点和地方特点，坚持横排纵叙原则，针对2009年年鉴篇目设置存在的问题，进行局部调整，并增设部分条目。

2日，中共云南省委学习实践科学发展观活动第一巡回检查组到宣威检查学习实践活动。

2日，宣威市人民政府成立宣威市抗旱救灾工作领导小组。

3日，宣威市人民政府确定2010年全市固定资产投资暨重点建设项目目标任务。重点建设项目160个，总投资459.69亿元，年内计划投资96.58亿元。其中：续建项目75个，总投资237.98亿元，年内计划投资64.69亿元；新开工项目53个，总投资141.05亿元，年内计划投资31.89亿元；前期工作项目32个，总投资80.66亿元。

4日，中共宣威市委、市政府召开宣威市抗旱救灾和森林防火工作紧急会议。会议通报：宣威遭受自1958年有气象记录以来最为严重的干旱。2009年7月至2010年2月，全市降雨量282毫米，仅为历年同期平均值的47%；平均气温14° C，比历年同期高1.4° C；蓄水量比上年同期减少30%。

4日，宣威市人民政府发出《关于2010年固定资产投资暨重点建设项目目标任务的通知》、转发《关于曲靖市安全隐患挂牌督办制度等八项制度文件的通知》、转发《云南省人民政府关于加快工业园区标准厂房建设文件的通知》。

5日，双龙街道龙华村东山面山发生森林火灾，受灾面积10余公顷。6日，东山顶发生森林火灾，过火面积6.67公顷。

21日，政协宣威市第四届委员会召开第八次常委会议，传达中央、省、曲靖市政协会议精神，通报市委批转的《政协2010年工作要点》。

21日晚，宣威市文化局、市广电局和市文联在美奂广场联合举办宣威市抗旱救灾文艺晚会，并举行现场募捐，共募集救灾资金6.98万余元。

22日，宣威市人民政府转发《曲靖市人民政府关于进一步做好农户小额信用贷款和信用村镇建设工作意见文件的通知》。

22日，宣威市人民政府成立用水调度和用水纠纷化解领导小组。

23日，中共宣威市委宣传部在市广电局会议室召开宣威市抗旱救灾保民生、保春耕工作宣传报道专题会议。

23日，宣威市人民政府向全市各级各部门和社会各界发出抗旱救灾捐款倡议书。

24日，中共宣威市委、市政府在倘塘镇秦家地煤矿召开宣威市煤炭暨安全生产工作会议。会议主题是研究煤炭安全生产工作措施、实地学习矿村结合建设新农村的经验、安排抗旱救灾工作。

25日，政协宣威市委员会召开抗旱救灾动员会，向全体政协委员发出《抗旱救灾捐款倡议书》，市政协领导及干部职工现场捐款2.16万元。

25日， 宣威市人民政府召开中德财政合作项目实施动员会议。

## 3月

1～3日，中共曲靖市委书记赵立雄、市委副书记范华平、市委组织部部长李云忠、市委秘书长朱德光和市政协副主席夏传瑄等领导到宣威海岱、田坝、东山、得禄等8个乡（镇）检查指导抗旱救灾保民生保春耕保稳定工作。

2日，宣威市人大常委会召开第二十二次会议。会员听取和审议了宣威市人大常委会2010年度工作要点（草案）、代表工作意见（草案）、人大代表工作创先争优评选办法（草案），市民政局局长作民政局关于办理落实市人大常委会评议工作意见的整改情况报告；因挂职期满，免去吴涛市人民政府副市长职务。

2日，中共宣威市委印发《关于全市村党组织和第四届村民委员会换届选举工作的实施意见》。4日，中共宣威市委、市政府在政府招待所会议室召开宣威市村级党组织和第四届村民委员会换届选举工作会议，安排部署村“两委”换届选举工作。

3日，云南省工业和信息化委员会副主任宋嘉林一行在曲靖市经委主任王松平陪同下到宣威调研中小企业工作。

先后深入宣威市新型建材厂、浦记食品有限责任公司、顺达火腿有限公司、升达火腿集团公司、鑫宇工贸有限公司等企业实地查看，并提出相关要求。

4日，中共宣威市纪律检查委员会在市政府招待所会议室召开第四届第五次全体会议。

4日，共青团宣威市委和西宁街道党工委为西宁街道辖区内的怡茗阁茶楼、小芳村酒店、小城故事冰果屋三家非公团支部举行揭牌仪式。

5日，中国商业规划设计院院长助理等4名专家在曲靖市商务局市场流通处处长钱石明陪同下到宣威调研商品市场规划。

5日，中共宣威市委、市政府在政府招待所会议室召开宣威市第四批新农村建设指导员工作动员培训会。

5日，中共宣威市委、市政府在政府招待所会议室召开宣威市村级党组织和第四届村民委员会换届选举工作会议。

6日，宣威市人民政府召开宣威市烤烟生产抗旱救灾工作会议。

8日，宣威市人民政府发出《关于下达2010年农业抗旱救灾及地膜玉米补贴资金和计划的通知》、《关于做好2009年马铃薯原种生产补贴试点项目实施方案的通知》、《关于做好2010年农资综合补贴工作的通知》和《关于做好“十二五”规划编制工作的通知》。

8日，宣威市人民政府成立宣威市“十二五”规划编制工作领导小组，制订工作方案，组织开展规划编制工作。要求5月10日前完成初稿，之后修改完善，10月形成送审稿，计划2011年提交宣威市人民代表大会审议通过并公布实施。

9～11日，云南省副省长孔垂柱率云南省水利厅、农业厅、扶贫办主要领导在中共曲靖市委副书记范华平、副市长饶卫等领导陪同下到宣威热水、普立、宝山、龙场、海岱、羊场等乡（镇）调研和指导抗旱救灾工作。

10日，宣威市人民政府发出《关于编制城市商业网点规划的通知》。

11日，中共云南省委常委、省纪委书记李汉柏在曲靖市委书记赵立雄、市纪委书记孔荣华、市委秘书长朱德光和宣威市委书记许玉才等领导陪同下到宣威得禄、龙潭、来宾视察指导截流蓄水抗旱、田间保苗抗旱、玉米育苗备耕等工作。

15日，宣威市工商局联合市公安局在大丰商业城端掉1个传销窝点，查获传销人员53人。传销人员均来自省外，多为广西、贵州、河北、河南籍人员。

16日，宣威市人民政府投资387万元开工建设宣威市特殊教育学校（宛水一小）教学楼，建筑面积3 450平方米，有教室20个。投资46万元新建学校大门，硬化校园2 350平方米。同年9月竣工使用。

16～18日，中共云南省委、云南省人民政府督查组到宣威龙潭、得禄、宝山等乡（镇）检查指导抗旱救灾保民生保春耕工作。

17日，CCTV-1《新闻联播》（19：00和21：00）第12条以《云南宣威抗击干旱：翻山越岭凿出引水路》为题报道宣威双河乡家俄村干部群众不等不靠，不畏山高水远，发扬“红旗渠”精神，翻山越岭，在陡峭的半山腰上艰难开凿出引水路的典型事迹。

18日，宣威市人民政府转发《曲靖市人民政府关于节能减排综合性实施方案文件的通知》。

19日，宣威市人民政府作出《关于向曲靖开发投资公司申请抗旱应急转借款有关事项的决定》，发出《关于使用抗旱应急转借款有关事项的通知》。

19日，中共宣威市委、市政府在龙场镇召开宣威市春耕生产现场会议。

19日，CCTV-1《新闻联播》（19：00和21：00）第4条以《群策群力抗大旱保民生》为题报道宣威抗旱救灾工作情况。

20日，CCTV-1《新闻联播》（19：00和21：00）头条以《科学调度、全力抗旱》为题报道宣威抗旱救灾工作情况。

20日，宣威市总工会组织全市职工开展抗旱献爱心活动，至5月9日，共动员职工捐款333.89万元，救助灾民49.09万人。

22日，宣威市双河乡梨坪村60余名外出农民工心系家乡，联合向家乡捐赠价值2.25万元的大米、水壶等抗旱救灾物资，还捐6 400元帮助家乡维修村组道路3千米。

23日，云南金精新金属材料有限公司、宣威市龙潭镇下竹箐煤矿、云南省宣威药业有限公司、宣威市宣泰火腿有限公司、宣威市倘塘镇秦家地煤矿被曲靖市总工会命名为“劳动关系和谐企业”。

24日，中共宣威市委、市政府召开宣威市森林防火暨烤烟抗旱移栽工作紧急会议。

25日，中共宣威市委、市政府在宣威大礼堂召开宣威市2010年工作会议。

25日，宣威市人民政府作出《关于表彰奖励2009年度见义勇为公民的决定》。

28～30日，政协宣威市委员会组织交通、农机和经济等部门负责人到来宾、龙场、热水、落水、东山、乐丰等乡（镇）及通用机械厂、胶轮车批发市场调研胶轮车推广工作。

30日，云南省春耕生产工作现场会议在宣威召开。中共云南省委副书记李纪恒主持会议，中共云南省委副书记、省长秦光荣作重要讲话。

30日12时，中共云南省委副书记、省长秦光荣率云南省春耕生产工作现场会参会人员到宣威美奂广场为即将出发到浙江省务工的182名农民工送行。

30日，云南省住房和城乡建设厅厅长罗应光到宣威杨柳调研村镇建设情况。

31日，云南省水利建设工作会议在宣威召开。中共云南省委副书记李纪恒主持会议，中共云南省委副书记、省长秦光荣作重要讲话。特邀中国水文专家文东光作抗旱减灾地下水资源开发利用讲座。

31日，云南省财政厅厅长陈秋生、云南省农业综合开发办公室副主任李勇民等领导到宣威热水调研农业综合开发高标准农田建设示范工程项目建设情况。

31日，云南省农业厅在宣威召开云南省州市农业局局长座谈会。

31日，云南省农业厅厅长张玉明带领曲靖市农业局等部门领导到宣威热水调研农业产业结构调整情况。

31日，宣威市劳动和社会保障局、市总工会、市妇联联合在就业中心举办2010年“春风行动在宣威”现场招聘会。

## 4月

1日，宣威市人民政府开展人工增雨防雹作业，在热水述迤、柏木、格依、得德、响宗、关营，落水马图、多乐，板桥东屯、歌乐、耿屯、龙津和得绿冒水井开展定点作业，并根据天气情况适时开展流动作业。9月30日结束。

1日，宣威市2009年度92个省级重点扶持村通过验收，其中21个村被定为优良工程。

2日，曲靖市煤炭局捐赠抗旱救灾资金20万元帮助宣威市落水镇火石村解决人畜饮水困难。

2日，中国红十字基金会在宣威市龙场镇龙场村开展“春雨行动”，捐赠价值60万元的“春雨礼包”2 000个。每个礼包含50千克大米、3箱矿泉水。

6日，中共宣威市委、市人大、市政府、市政协组团到嵩明、寻甸考察学习。

8日，云南省人民政府统一配发的5辆容积为10立方米的抗旱救灾运水车抵达宣威。

12日，中共宣威市委成立宣威市革命遗址普查工作领导小组，下设办公室在市委党史研究室。普查标准时点为2009年10月31日，即以此时间为止宣威辖区内存在的革命遗址和纪念设施。普查工作从2010年4月开始，12月结束。

12日，中共宣威市委组织部组织开展“组工干部下基层”活动，年末结束。活动采取6种方式进行，即深入一线抗旱救灾，开展“共产党员抗旱先锋”行动；深入一线调研问计，开展“蹲点调研”行动；深入一线谈心谈话，开展“交心谈心”行动；深入一线结对帮扶，开展“排忧解难”行动；深入一线信访接待，开展“下访接待”行动；深入一线建立联系点，开展“示范点创建”行动。

12日，中共宣威市委在凯程酒店会议室召开《宣威》月刊创刊一周年座谈会。

12日，云南省财政基本情况及“十二五”财政体制调研组到宣威调研。

13日，宣威市人民政府发布“名师工程”实施方案，方案规定每3年评选名教师100名、名校长10名，分别授予“宣威市名教师”、“宣威市名校长”荣誉称号及证书。名教师每人一次性奖励0.5万元，名校长每人一次性奖励1万元。

13日，曲靖市银监分局、曲靖市农村信用合作社联合社在宣威市热水镇柏木村举行文明信用村授牌仪式，向柏木村授予“文明信用村”匾牌。

13日，宣威市公安局刑侦大队侦破王某某故意杀人案。

14日，中共云南省委常委、省政府副省长李江到宣威板桥、落水、宛水、来宾等地调研春耕生产和工业发展情况。

14日，腾讯公益慈善基金会和腾讯网友爱心基金伸出援助之手，帮助宣威人民抗旱救灾，分别捐赠价值31.5万元的饮水工程物资和价值25万元的纯净水20万千克。

15日，四川东方锅炉工业有限公司情系宣威，向旱情严重的宣威乐丰建文村捐赠价值6万余元的1万千克大米和1万千克矿泉水。

15日，中共宣威市委印发《宣威市贯彻落实科学发展观2010年度乡（镇、街道）综合考核奖惩办法》。

15日，宣威市人民政府印发《关于做好宣威市双龙街道失地农民拆迁安置工作的实施方案》。

16日，中共宣威市委召开宣威市领导干部会议。

16日，郑州市经济贸易学校向宣威热水半坡苗族小学捐赠1万元爱心捐款。

18日，共青团宣威市委“绿丝带”志愿者向东山镇镇雄村捐赠价值1万元的矿泉水100件、大米100袋，并为80名贫困学生捐赠4万元助学金。

19日，宣威市人民政府发出《关于确定宣威火腿加工工艺非物质文化遗产项目代表性传承人的通知》。

19日，宣威市人民政府在西泽乡政府大院举行宣威市抗旱救灾救济粮发放启动仪式。现场为284户贫困户每户发放玉米60千克。

20～21日，曲靖市政协主席赵建华、副主席王宝德等领导到宣威调研《宗教事务条例》贯彻落实情况及城市饮水安全工作。

21日，中共宣威市委召开宣威市深入学习实践科学发展观活动总结暨创先争优活动动员部署会议

21日，广州注册会计师协会向宣威东山捐赠价值15万元的大米3.4万千克。

21日，曲靖市副市长胡祖俊到宣威检查指导抗旱救灾工作和派出所工作。

21日，至此，宣威市财政共筹集抗旱救灾资金9 177万元。

22日，曲靖市烤烟抗旱移栽现场会在宣威热水、落水、板桥召开。

22日，中共宣威市委印发《关于成立解决信访问题联合工作组的决定》和《关于对贯彻落实市委四届六次全会各项目标任务进行分解立项督查的通知》。

24日，宣威市人民政府在市财政局召开宣威市财政工作会议。

24日，阿都乡党委、政府组织开展阿都乡“整乡推进”扶贫开发工程摸底调查工作。9月实施“整乡推进”扶贫开发工程。

25日，宣威市公安局刑侦大队侦破“4·21”特大抢劫案。

26日，宣威市人民政府成立宣威市纠正行业不正之风（简称纠风）专项治理工作领导小组，在市纪委设纠正行业不正之风办公室，组织开展纠风专项治理工作，着力解决损害群众切身利益的突出问题。突出问题细化为11项，并确定牵头单位和责任单位，分宣传动员（4～5月）、自查自纠（6～8月）、督导检查（9月）、总结（10月）、完善制度（11～12月）5个阶段开展工作。

26日，共青团宣威市委到阿都乡为200名中小学贫困学生发放10万元抗旱救灾“润苗行动”助学款。助学款是共青团湖南省委、湖南省青少年发展基金会为贫困地区捐赠的。

27日，中德财政合作云南农村贫困地区可持续发展项目开工典礼在宣威格宜镇举行。项目区涉及云南迪庆州香格里拉县和曲靖市会泽县、宣威市，总投资9 000万元（人民币）。其中投资3 047.8万元在宣威5个乡（镇）14个行政村实施水库灌溉和田间灌溉工程650公顷、建管道引水工程3件、引水地窖800个、修建拦沙坝363座、栽植水保林22公顷，受益人口32 061人。

27日，宣威市进发工贸有限责任公司总投资3.53亿元、日产300万千克新型干法水泥熟料生产线技改项目环评获云南省环境保护厅批准。

28日，中共宣威市委组织部组织开展人事干部党性教育活动。以“讲党性、树正气”为主题，以开展一次党课教育、一次读书学习、一次向先进典型学习、一次警示教育、一次党性分析讨论活动和观看一部优秀影片（“六个一”活动）为载体，加强组织人事干部的党性教育。

28日，宣威市公安局民警在警务站查获一起运输毒品案，缴获海洛因181克、冰毒0.7克，抓获犯罪嫌疑人刘某某。

29日，宣威市人民政府作出《关于表彰奖励2009年度农村移动信息富民工程先进集体和先进个人的决定》。30日，市政府召开2009年度农村移动信息富民工程总结表彰会议。

29日至5月2日，市政府召开宣威市基本公共卫生项目启动暨业务培训会议。

29日，中共曲靖市委书记赵立雄到宣威虹桥食品工业园区调研时强调：加快标准厂房建设，推进新型工业化进程。

4月，宣威市地方志办公室被云南省地方志办公室表彰为云南省第二轮修志工作先进集体。

## 5月

3日，民进中央云南省委、曲靖市交通医院捐资12万元支持宣威普立乡抗旱救灾。

5日，宣威市公安局民警在警务站查获一起运输毒品案，缴获海洛因100克，抓获犯罪嫌疑人张某（女）。

6日，宣威市公安局民警在警务站查获一起运输毒品案，缴获海洛因210克，抓获犯罪嫌疑人赵某某。

7日，宣威市人口和计划生育局在东山镇芙蓉民族村启动“春风行动”。5～10月，在全市26个民族村开展计划生育优质服务“春风行动”，为村民免费咨询、看病、发放计生用品。

7～12日，政协宣威市委员会组织教育、妇联等部门有关人员到海岱、板桥、来宾、龙场、务德和宣威市幼儿园、中一幼儿园、阳光贝贝幼儿园、启蒙幼儿园、育红幼儿园专题调研学前教育情况。

8日，宣威市公安局民警在警务站查获一起运输毒品案，缴获冰毒90克，抓获犯罪嫌疑人何某某。

8日，宣威市教育局选派26名中小学校长赴上海市静安区华模中学和爱国学校参观考察。

8日，“世界红十字日”，宣威市红十字会组织开展纪念活动，并举行现场爱心捐赠。其中云南福泽药业有限公司捐赠价值22.9万元的药品、上海居梦来针织有限公司捐赠抗旱救灾资金2万元、宣威医药有限公司捐赠1.6万元、苏大姐火锅店捐赠1.26万元、宣威鹏程中医院捐赠0.5万元、宣威五洲医院捐赠0.5万元、宣威妇幼保健院捐赠0.2万元、宣威妇女儿童医院捐赠0.1万元。

10日，中共宣威市委、市政府成立宣威市解决信访问题联合工作组。

10日6时6分左右，务德镇发生3.7级地震，震源深度6千米，卜嘎、茨嘎、上坪有强烈震感。11日1：40～4：30，务德再次发生地震，最高震级达4.1级，震源深度13千米，波及17个村，其中有3个村的房屋及其他设施不同程度受损。12日，中共宣威市委、市政府领导到务德地震灾区查看灾情、看望灾民，并指导灾后重建工作。

11日，中共曲靖市委常委、常务副市长周宗到宣威听取“十二五”规划编制和重点项目建设工作情况汇报，同时召开固定资产投资及重点项目建设工作现场会，并对宣威“十二五”规划和固定资产投资及重点项目建设情况作出重要指示。

11日，温州在外企业家联谊会和温州市丰源农贸市场有限公司向宣威市羊场镇清水行政村水西自然村捐赠价值24万元的大米6万千克。

11日，南都·爱心点对点公益基金和慕思·南都爱心基金捐赠30万元援助宣威市宝山镇抗旱救灾。

11日，磷电一体化二期20亿千克水泥生产项目在羊场工业基地开工建设。项目由云南远东亚鑫水泥有限责任公司和宣威亚鑫工贸公司合作建设，总投资5亿元。

12日，宣威火腿制作工艺被国家文化部公布为全国第三批非物质文化遗产保护项目，管升阔为云南省级代表性传承人，邵廷吉等7人为宣威市级代表性传承人。

12～14日，云南省人民政府“百日抗旱救灾”督查组到宣威督查抗旱保春耕工作。

17日，宣威市人民政府与曲靖供电局在宣威市委宾馆举行宣威市供电有限责任公司改制上划云南电网公司签字仪式。

18日，宣威市公安局民警在警务站查获两起运输毒品案，缴获海洛因450克、冰毒1.2克，抓获犯罪嫌疑人赵某某、熊某某（女）和王某某（女）。

18日，中共宣威市委统战部牵头召开宣威市非公经济代表人士座谈会。市工商联、市经济局、市工商局、市煤炭局等相关市直部门负责人和30家非公企业代表人士参加座谈会。

18～28日，宣威市妇女儿童工作委员会办公室、宣威市教育局与昆明眼科医院合作在宣威宛水二小、西宁一小、一职中、民族中学、七中、榕城中学、虹桥中学、靖外中学开展“万名儿童爱眼行动”活动。并对23 292名学生进行视力检查，为3 000名贫困学生免费配送质量合格眼镜。

19日，宣威市公安局民警在警务站查获一起运输毒品案，缴获海洛因250克，抓获犯罪嫌疑人熊某（女）。

20日，宣威市人大常委会召开第二十四次会议。会员听取和审议市人民政府关于人口和计划生育、畜牧疫病防治工作的情况报告，市人民政府办理市四届人大三次会议代表提出《关于加强采煤区生态环境治理议案》、《关于加强城市生活用水水源点偏桥水库污染治理和生态保护议案》的实施方案，市人大常委会双龙街道人大工委关于“城中村”开发建设的情况报告。因工作变动，免去李正光市建设局局长职务，任命苏元光为市建设局局长；因达到任职年限，免去许建昆市人大常委会农业工作委员会副主任职务，任命母春玲为市人大常委会办公室副主任、朱勋献为市人大常委会民族工作委员会副主任；免去赵开阔市人民法院民事审判第三庭庭长职务。

20日，中共宣威市委、市政府在全市开展农民服务站建设工作。

21日，中共宣威市委、市政府在政府招待所会议室召开宣威市深入学习实践科学发展观活动总结暨创先争优活动动员部署会议。

21日，宣威市人民政府在政府招待所会议室召开宣威市财税审计工作会议。

22日，宣威市公安局民警在警务站查获一起运输毒品案，缴获海洛因92克，抓获犯罪嫌疑人高某。

25日，中华慈善总会善聚源爱心饮水志愿队和中共云南省委宣传部在宣威来宾镇一中举行捐赠仪式，捐赠10台价值50万元的净水设备给宣威10所中学。

25～27日，政协宣威市委员会组织中低产田地改造办、农开办、农业局、国土局、发改局及部分政协委员先后到落水镇多乐村、热水镇陡沟村、来宾镇大屯村、格宜镇龙山村和启文村对2009年实施的中低产田地改造项目进行视察。

26日，宣威市人民政府在东山镇火石盆村举行板桥镇龙津生态园至东山镇海那丫口公路建设开工典礼。

28日，宣威市人民政府召开宣威市全面推进公务卡结算制度工作会议。

30日，宣威市总工会召开四届二次全委（扩大）会议暨乡（镇、街道）工会规范化建设工作会议。

31日，中共宣威市委印发《关于在全市党的基层组织和党员中深入开展创先争优活动的实施意见》。

31日，共青团宣威市委组织20名青年志愿者到源泉学校开展关爱农民工子女志愿服务活动，看望慰问农民工子女。

5月，中共宣威市委组织开展宣威市革命遗址普查工作，7月结束。革命遗址分布在市区和9个乡（镇）24处，其中重要历史事件及机构旧址5处、重要历史事件及人物活动纪念地7处、革命领导人故居4处、烈士墓1个、纪念设施7个。革命遗址中有省级爱国主义教育基地1个、曲靖市级爱国主义教育基地5个，有5处列为市级重点保护文物单位，未定利用级别的19个。

## 6月

1日，宣威市人民政府召开宣威市2010年防汛工作会议。

1日，曲靖市宣威交通运政管理所开展一年一次的道路运输业质量信誉（诚信）考核及营运车辆审验工作。至9月30日，宣威市应审道路运输经营业户9 896户，实审9 433户，审验率为95%；应审营运车辆11 964辆，实审10 950辆，审验率为92 %。

2日，宣威火腿经国家非物质文化遗产保护工作专家委员会评审，中华人民共和国文化部公示第三批国家级非物质文化遗产名录推荐项目，宣威火腿等26项传统工艺入选中华人民共和国国家级非物质文化遗产名录，宣威火腿制作工艺公示编号为：24Ⅷ-166。

3日，中共宣威市委印发《关于进一步加强以村党组织书记为主的村干部队伍建设的意见》。

3～8日，政协宣威市委员会组织建设、国土、发改、水务、环保等部门人员先后到海岱、田坝、双河、龙潭、务德、西泽等乡（镇）就全市小城镇建设进行专题调研。

4日，宣威首届城郊片区老年文体活动展演比赛在双龙街道文化活动中心举行。活动由市老体协主办、双龙街道办事处承办，西宁、双龙、宛水、板桥、来宾、落水6支代表队分别就气排球、太极拳、柔力球、歌舞4个项目进行展演比赛。宛水代表队获气排球、太极拳冠军，双龙代表队获柔力球、歌舞、团体奖冠军。

4日，广西桂林兴民生鹅产业有限公司投资7 000万元在宣威宛水街道新文社区实施鹅产业深加工经营项目。

5日，宣威市环保局、建设局、地震局、移民局联合在美奂广场举行世界环境日系列宣传活动。

7 日，曲靖市副市长饶卫带领高考巡视组到宣威视察高考工作。

8日，热水镇农民服务站为民服务代办点成立。

8～9日，曲靖市副市长早明光到宣威调研公安工作。

10日，中共宣威市委印发《宣威市市级部门2010年度综合考核评价办法（试行）》。

16日，宣威市人民政府举行宣威市污水处理厂二期工程开工仪式。二期工程日处理污水3 000万千克，截污管网59.5千米，总投资1.5亿元。

16日，中央电视台《激情广场》“爱国歌曲大家唱·云南宣威公安篇” 演出活动在宣威美奂广场举行。活动由中共中央宣传部、中央文明办、教育部、文化部、广电总局、解放军总政治部、全国总工会、共青团中央、全国妇联、中国文联主办，中共宣威市委、宣威市人民政府承办。中央电视台《激情广场·大家唱》节目主持人刘璐主持，殷秀梅、宗庸卓玛、火风、魏金栋、扎西顿珠、刘玮、杨光、刘和刚、郭峰、仝阿梅等明星与宣威公安方队、民族方队、群众方队、英模方队和宣威歌手等同台演唱。

23日，曲靖市副市长宁德刚带领曲靖市发展和改革局、财政局、农业局、水务局、林业局、扶贫办等部门领导到宣威阿都调研并召开阿都乡“整乡推进”现场办公会。

23日，中共宣威市委、市政府在凯程大酒店会议室召开宣威市第二批“866”工程总结暨挂职扶贫干部座谈会。

23日，宣威市人民政府发出《关于2010年大中专毕业生就业工作的意见》。

28日，宣威市人民政府召开宣威市计划生育家庭意外伤害保险工作会议。

28日，宣威市人民政府发出《关于宣威市筑牢社会消防安全防火墙工程的实施意见的通知》、《关于公路城市主次干道开发建设红线控制的通告》，转发《关于曲靖市加强支农资金治理文件的通知》。

28～29日，中华全国供销合作总社在曲靖市召开全国县级供销合作社工作现场会。与会人员到宣威参观市农资配送中心、农特产品交易中心和板桥永安村综合服务社。

29日15～18时，云南省“云之南”艺术团在宣威美奂广场举行“大爱化甘霖、希望满人间”慰问旱区专场文艺演出。

30日，中共云南省委宣传部常务副部长尹欣在中共宣威市委书记许玉才、市长夏新建、市委组织部部长窦华平陪同下到来宾、倘塘等地走访慰问困难党员。

30日，中共宣威市委、市政府在宣（威）天（生桥）路和宣（威）倘（塘）路交汇处——宣天路宣威收费站举行宣倘二级公路通车典礼。云南省公路局党委书记黄玉峰主持通车典礼，宣威市人民政府市长夏新建致辞，云南省交通运输厅厅长杨光成宣布公路正式通车。宣倘公路于2008年11月开工建设，全长64.1千米，总投资6.1亿元。

30日，共青团宣威市第三届委员会第四次全委会议召开，团市委委员和各单位团组织负责人共93人参加会议。

6月，宣威市人民政府组织开展西泽乡大竹箐民房粉蠹虫灾害救助工作。

6月，宣威市有13 003人报名参加高考，12 544人上高考录取线，上线率96.47%。其中上一本线1 763人、二本3 666人，600分以上的有59人。

6月，宣威市畜牧局实施的宣威火腿加工工艺技术推广项目荣获云南省农业厅农业科技推广三等奖。

6月，宣威市完成7个乡（镇）9个安置点311户1 300人的易地扶贫搬迁项目。工程项目于2009年9月启动，总投资4 550万元。

6月，市政府在市直预算单位推行公务卡改革，7月1日起95家行政事业单位全部实现公务卡结算。至年末，全市发行公务卡2 894张。

6月，宣威市被中共云南省委、省政府、省军区表彰为云南省第八届双拥模范城。

## 7月

1日，中共宣威市委、市人大、市政府、市政协领导走访慰问全市困难党员。

1日，宣威市“抗旱救灾”摄影展在市体育健身中心开展，共展出61幅摄影作品。

2日，宣威市三星越野俱乐部参加2010年中国东川泥石流汽车摩托车越野拉力赛。车手缪泽亚、领航员包广荣驾

22号车，车手邓伟喻、领航员张国玺驾23号车，车手缪应龙、领航员杨军驾25号车参加比赛，车队获汽车越野拉力赛第六名。

3～7日，宣威市篮球协会在西宁街道第一小学举办首届“和谐杯”少儿篮球赛。

6日，国家财政部影视中心主任魏树宁一行四人到宣威板桥、落水采访摄制“一事一议”财政奖补项目专题片。

8日，中共宣威市委、市政府在板桥镇耿屯村下海子召开宣威市2010年烤烟中耕管理现场会议。

8日，中国科学院院士、原中南大学校长官春云在云南农业大学校长朱有勇、宣威市政府副市长李启信陪同下到宣威热水、板桥、落水等乡（镇）调研农业生物多样性栽培。

9日，宣威市人民政府召开宣威市“两基”迎国检工作会议。

13日，中共宣威市委召开宣威市选拔优秀村（社区）党组织书记担任乡（镇、街道）领导干部部署会。决定在20个乡（镇、街道）选拔推荐20名符合条件的村党组织书记参加考试，最终选拔5名担任乡（镇、街道）副职。

13日，云南省革命老区建设促进会常务副会长黄仁跃在宣威市革命老区建设促进会会长李龙苍（原市人大常委会主任）、市政府副市长李启信陪同下到龙场乐树希望小学调研。

14～15日，中共宣威市委、市政府召开宣威市关心下一代工作会议。

15日，宣威市人民政府召开宣威城区污水处理价格调整听证会，将城区污水处理价格从0.5元/立方调整为0.8元/立方。

19日，中共宣威市委、市政府在宣威大礼堂召开宣威市抗旱救灾工作总结表彰会。会议表彰了10个先进乡（镇、街道）、28个先进单位、50个先进村（社区）、63个先进企业和199名先进个人。

19日，中共宣威市委、市政府召开市委理论学习中心组2010年第二季度学习暨上半年经济运行分析会议。

21日，中国红十字基金会、中国铁建股份有限公司等单位在文兴乡马龙村举行向宣威市捐赠抗旱救灾物资发放仪式。

21日，云南宣威火腿集团有限责任公司生产的“宣字牌”宣威火腿荣登国家商务部公示的第二批中华老字号名录（零售、食品类）。

23日，云南省扶贫办副主任欧志明、省扶贫办外资中心副主任吴建忠等领导到宣威阿都调研“整乡推进”扶贫开发工程。

23日，宣威市人民政府召开宣威市集中打击非法采矿专项行动“回头看”活动部署会议。

24日，宣威市人民政府召开宣威市土地利用总体规划编制成果审查暨听证会议。

27日，宣威市人大常委会召开第二十五次会议。会议听取和审议市人民政府关于扶贫、2010年1～6月国民经济和社会发展计划执行、2009年地方财政决算和2010年1～6月财政预算执行情况的报告；书面审查《宣威市人民政府办公室关于办理市人大常委会评议市卫生局工作整改意见的报告》、《宣威市人民政府关于抗旱救灾资金接收及使用、管理的情况报告》。因工作变动，同意范光志辞去市人大常委会副主任职务；因达到任职年限，免去胡云道市广播电视局局长、蒋琳市劳动和社会保障局局长职务；根据市人民检察院的报告，浦梅琼因涉嫌贪污，决定从即日起暂停其执行代表职务。

28日，中共曲靖市委副书记、市长岳跃生和曲靖市人大常委会主任刘海芳在中共宣威市委副书记、市长夏新建陪同下到凤凰山工业园区调研新型工业化发展情况。

28日，政协宣威市第四届委员会召开第九次常委会议。市人民政府副市长阳开府向政协常委通报今年上半年全市经济运行情况，会议同意周红芬辞去政协副主席、常委职务。

29日，曲靖市矿村共享资源开发新机制现场推进会在宣威召开。

29日，宣威市宝山镇德积村松坡脚自然村村民陶恂被云南省文山县人民政府授予“见义勇为公民”荣誉称号。陶恂外出文山务工，于2010年5月29日18时左右在文山县开化镇迷洒村下井救人时不幸死亡，年仅17岁。

29～30日，中共宣威市委、市政府举办2010年度全市基层综治维稳干部培训班，提高综治维稳干部素质。

30日，中共宣威市委、市人大、市政府、市政协领导分组慰问驻宣部队官兵。

30日，宣威市第三届“和谐杯”篮球赛开幕。有19支男队、5支女队共300余名运动员参加比赛，8月6日结束。

7月，宣威市热水镇营沟村党支部书记杨承普被中共云南省委表彰为云南省共产党员抗旱救灾“优秀共产党员”。板桥镇党委被中共云南省委表彰为“共产党员抗旱先锋行动”先进基层党组织。

7月，宣威市公安局来宾派出所被云南省公安厅列为社会矛盾化解示范单位。

7月，中共宣威市委被中共云南省委、省政府表彰为云南省抗旱救灾先进集体。

7月，中共宣威市委副书记申忠林被中共云南省委、省政府表彰为云南省集体林权制度主体改革先进个人。

7月，雄业金龙花园竣工。金龙花园位于西河路南段，由宣威市雄业房地产开发公司开发。2009年4月开工建设，总投资6 000万元，占地面积3 886平方米，建筑面积1.88万平方米，商住设计，住房127套，商铺99间，地下车位42个，绿地率5.32%，容积率4.33。

## 8月

3日，中共宣威市委、市政府召开2010年全市烤烟收购工作会议。

4日(农历六月二十四日)，东山镇人民政府在民族村芙蓉寨举办东山镇芙蓉村彝族火把节，弘扬民族民间文化。

5日，宣威市被国家农业部确定为第一批国家现代农业示范区。全国共确定50个县（市、区）。宣威是云南省唯一进入首批国家现代农业示范区建设项目的县（市、区）。按照创建要求，宣威市人民政府编制出《宣威市国家现代农业示范区创建规划》。同年12月13日，云南省人民政府召开研讨会专题研讨《宣威市国家现代农业示范区创建规划》，并提出修改完善意见或建议。

5日，宣威市公安局禁毒大队在景洪民用航空机场查获一起运输毒品案，缴获冰毒7 899克，抓获犯罪嫌疑人刘某某。

8～10日，中共宣威市委、市政府在美奂广场举行宣威市2010年“全民健身日”活动启动仪式暨宣威市第六届老年人体育运动会开幕式。26个乡（镇、街道）400余名老年人分别参加门球、地掷球、气排球、乒乓球四个项目的比赛。

8～11日，宣威体育代表团（86人）参加曲靖市第三届少数民族传统体育运动会。在射弩、陀螺、秋千、板鞋竞速、高脚竞速、蹴球、摔跤七个项目和表演项目的比赛中获9块金牌7块银牌8块铜牌，金牌总数位居第三。

9日，宣威市人民政府召开宣威市新型农村合作医疗暨创建全国农村中医药先进市工作推进会议。

13日，宣威市老促会邀请果树专家张学云到西泽睦乐传授核桃高枝换接技术，有24人参加培训。

16日，宣威市公安局刑侦大队侦破云南省公安厅督办的“4·01”抢劫杀人案。

16日，宣威市公安局乐丰派出所破获“3·06”抢劫杀人案。

17日，宣威市人民政府召开解决煤电联营公司园田等五对煤矿有关问题会议和全市农村公益事业建设“一事一议”财政奖补项目工作会议。

17日，曲靖市“创先争优”检查组到宣威检查指导“创先争优”工作。

17日，中共宣威市委、市政府在政府招待所会议室召开宣威市2009年度新增农资综合补贴动态调整资金及项目管理、其他公益性乡村债务清理和审计锁定、婚姻登记和城乡低保工作会议。

19日，中共宣威市委印发《关于以“三围绕三争创”为主题深入推进创先争优活动的意见》。

20日15～17时，中共宣威市委、市政府、共青团宣威市委在美奂广场举行宣威市“希望工程爱心圆梦大学”行动捐赠仪式。共募集助学款39.2万元，资助98名困难大学新生喜圆大学梦。

21日，宛水街道党工委、办事处在美奂广场举行“美奂大家乐” 文化活动。

23日，宣威市人民政府在落水镇启动宣威市“关爱功臣”活动。计划在2个月内为全市4 400余名优抚对象进行免费健康检查。

24日，中共宣威市委召开宣威市第二届道德模范评选活动会议。会议通过道德模范评选标准、评选办法及宣威市第二届道德模范评选组委会初评委、终评委名单。

25日，中共宣威市委、市政府召开宣威市信访工作推进会议。

25～26日，宣威市关工委组织帮教团（32人）到云南省未成年犯管教所帮助教育92名宣威籍少年犯，并为他们送去教育读本和生活用品。

26日，中共宣威市委召开宣威市“创先争优”活动现场会。

26日，宣威市烟草专卖局、曲靖市烟草公司宣威分公司在公司礼堂举办2010年“质量是企业生命线”演讲比赛。

27日，宣威市人事局举办宣威市2010年人才交流会。有46家用人单位进场招聘，提供就业岗位1 660个，有2 100多人参加应聘，签订意向性就业协议420份。

27日至9月4日，宣威市科技局先后在来宾、海岱、落水、热水集镇组织开展“七彩云南、科技环保、低碳生活”知识暨中建太阳能“家电下乡”科技宣传服务活动。

30日，宣威市人民政府召开宣威市农家书屋工程建设培训会议。

31日，国家发展和改革委员会批复建设普（立）宣（威）高速公路，项目主线计划于翌年3月开工建设。

8月，《宣威史志》“忆卓琳”专刊（含光碟）出版发行。专刊共刊载31篇追忆文章和30张图片。

8月，宣威市公安局交警大队车管所被国家公安部评定为2009年度全国优秀县级车管所。

8月，宣威市公安局禁毒大队、宣威市食品药品监督管理局联合对全市药品经营企业所经营的含麻黄碱类复方制剂进行全面管制，明确了批量和疑点报批制度。

## 9月

3日，中共曲靖市委常委、市委宣传部部长何华到宣威调研宣传思想工作。

3日，曲靖市妇女联合会在宣威召开曲靖市妇联鼓励创业“贷免扶补”工作推进会。

3～19日，云南省人民政府强农惠农资金专项检查组、财政部驻云南专员办相继对宣威市2007～2009年各级财政投入的农民补贴、农业农村基础设施、农村社会事业发展、重点项目等4类31.25亿元强农惠农资金进行专项检查。

5日，西宁街道廉租房明德小学点建设工程开工建设，总投资430万元，建筑面积3 000平方米。

5～26日，中共宣威市委老干部局组织担任过副县（处）级以上实职的离（退）休老干部25人到上海世博园、江阴华西村参观学习。

6日，宣威市人民政府召开宣威市扩大内需中央投资工作会议。

7日，中共宣威市委召开宣威市领导干部会议。中共曲靖市委组织部部长李云忠到会宣读中共曲靖市委决定：保明顺任中共宣威市委委员、常委、副书记，并提名为宣威市人民政府市长人选；夏新建不再担任中共宣威市委委员、常委、副书记及宣威市人民政府市长职务，另有任用。

8日，宣威市人民政府印发《关于宣威市万家口子水电站移民安置实施方案的通知》。

8日，宣威市人事局举办“忠诚教育”演讲比赛。

8日，宣威市人民政府召开宣威市食品药品监督管理机构移交工作会议。

9日，宣威市鑫宇工贸有限公司生产的“高原金珠”宣威火腿在第六届昆明泛亚国际农业博览会上荣获金奖。

9日，宣威市人民政府与云河控股集团在宣威凯程酒店举行年装配1万辆专用汽车合作项目签字仪式。

9～10日，宣威市级领导走访慰问教育工作者。

9～18日，中共云南省委第五巡视组到宣威巡视工作。

10日，宣威市第二次全国土地调查新增耕地核定工作通过验收。新增耕地分布在全市26个乡（镇、街道），新增耕地图斑共26 341个，新增耕地面积49.55万公顷。

11日，宣威市人民政府在宣威市委党校会议室召开宣威市第六次全国人口普查工作会议暨业务培训会议。

13日，宣威市人民政府转发《云南省关于修改云南省著名商标认定和保护办法决定的通知》和《云南省地方志工作规定的通知》。

13～15日，云南省第九次城市卫生检查组第一检查组到宣威检查城市卫生评比工作，肯定了宣威创建“云南省甲级卫生城市”工作。

14日，曲靖市“两基”迎国检工作督导组到宣威进行督导。

15～16日，云南省副省长孔垂柱率省农业厅、林业厅、扶贫办、中低产田（地）改造办等部门负责人到宣威调研农业农村工作。

16日，曲靖市地税系统第三届竞乐运动会在宣威美奂广场举行。运动会设篮球、乒乓球、羽毛球、登山、竞乐五个项目，有12支代表队参赛。

17日，“宣威火腿专区”和“宣威马铃薯专区”云南电子商务网络平台正式启动，这是全省第2个启动建设的特色农产品电子商务专区。

17～21日，曲靖市医学会放射专业委员会第十二次学术年会在宣威召开。

18日，中共宣威市委、市政府在新世纪建材城召开宣威市专业市场建设推进会议。

18日，宣威市重点建设项目（中国第16届昆交会签约项目）——宣威市新世纪建材城开业庆典。新世纪建材城位于宣威市环城路与电厂路交汇处，占地面积5.33公顷，经营面积3.2万平方米。2009年5月由福建商会和宣威市新世纪有限责任公司投资6 000万元开工建设。2010年6月竣工试运行，9月18日正式开业。有158户商家入驻经营陶瓷、石材、水电器材、卫生洁具、灯具、装饰材料等100余个系列1 000余个品种。是滇东北规模最大的专业建材批发（零售）市场。

18日，宣威市民间文艺家协会召开第四次代表大会，选举产生宣威市民间文艺家协会第四届理事会理事21人，管仕斌当选主席，张绍祥、张尤发、孙贵才、周福建、耿成懂当选副主席。

18日，宣威市人民政府召开宣威市2010年大春良种鉴评暨玉米灰斑病防治工作现场会议。

20日，宣威市作家协会召开第四次代表大会，选举产生宣威市作家协会第四届理事会理事15人，徐国洲当选主席，何汝龙、管仕斌、孙贵才、杨光勇当选副主席。

20日，宣威市人大常委会召开第二十六次会议进行人事任免。因工作变动，同意夏新建辞去市人民政府市长职务，任命保明顺为市人民政府副市长、代理市长。

25日，宣威市人民政府召开全市公共卫生和基层医疗卫生事业单位实施绩效工资工作动员会议。

26日，宣威市人民政府召开宣威市农村危房改造暨地震安居工程工作会议。

28日，宣威市人民政府召开宣威市“两基”（基本普及九年义务教育、基本扫除青壮年文盲）迎国检工作推进会。

28日，中共宣威市委、市政府在武星大酒店会议室召开宣威市第二批社会主义新农村省级重点建设村工作会议。会议要求各级政府要抓好44个省级重点建设村的建设工作。

28日，宣威市人民政府召开宣威市安全生产工作会议。

30日，曲靖市水务局主持召开宣威市小干河水库工程下闸蓄水验收会议，验收委员会一致同意通过蓄水阶段验收，同意下闸蓄水。

9月，宣威市人民政府实施“中国百万贫困白内障患者复明工程——云南亮睛行动”项目，组织残联工作人员和眼科专家组到各乡（镇、街道）进行为期14天的病员筛查、确诊工作。从10月4日开始，宣威市第一人民医院分批次对全市1 000余名贫困白内障患者实施复明手术。

9月，宣威市被中国住房和城乡建设部列为农村地区可再生能源建筑应用示范县（市）。获得国家补助资金1 200万元，成为云南省首个获得该项目的示范县（市）。

9月，宣威市人民法院被中共云南省委政法委、云南省高级人民法院表彰为云南省集中清理执行积案活动先进集体。

## 10月

4～6日，宣威市体育运动服务中心在美奂山公园主办2010年宣威云南跆拳道邀请赛。比赛设跆拳道竞技、品势、特技、跆拳舞、双节棍五个大项，有18支代表队218名运动员参赛。

5日，“宣字牌”宣威火腿列入第二批“中华老字号”名录。

5日，宣威市流浪未成年人救助保护中心开工建设，中心位于宣威市西宁街道花椒青茨沟。工程规模为1 500平方米，总投资240万元。计划翌年4月竣工使用。

9日，宣威市人民政府召开宣威市人畜饮水安全项目暨山区水利重点县建设工作会议。

10日22时左右，宣威市倘塘镇倘塘村屋基自然村发生山体滑坡地质灾害，未造成人员伤亡。

11日，中共宣威市委、市政府召开宣威市西山双塔建设捐资动员大会。

11日，宣威市首家小额贷款公司——兴隆小额贷款公司开业。兴隆小额贷款公司注册资金5 000万元，是曲靖市第20家小额贷款公司。

13 日，曲靖市副市长饶卫到宣威检查指导2010年中央投资社会事业建设项目进展情况，实地查看乐丰乡卫生院改扩建项目、乐丰乡第一中学和第二中学以及宣威特殊教育学校（宛水一小）。

14日，宣威市人民政府发出《关于农村住房火灾保险的通知》。

14日，西宁街道老龄事业发展促进会成立。

14日，马房水库下闸蓄水。

17日，三联水库下闸蓄水。

19日，政协宣威市第四届委员会召开第十次常委会议暨民主评议提案办理工作会议。对市环保局、市教育局、市林业局2010年提案办理工作进行民主评议，满意和基本满意率95%。测评结果现场反馈，向社会公告，并报中共宣威市委。

19日，宣威市人民政府启动宣威市第一人民医院搬迁工程建设项目，新院址位于宛水街道望城社区与虹桥街道交界处。

20日，曲靖市副市长张向明到宣威检查指导普（立）宣（威）高速公路前期准备工作和土地复垦工作。

20日，宣威市人民政府在美奂山公园举行宣威市第六次全国人口普查宣传月启动仪式。

20日，宣威市宣拓牧业科技有限公司生产的“宣拓牌”鲜猪肉被云南省农业厅批准为云南名牌农产品。

20～21日，云南省人民政府“两基”迎国检工作督导组到宣威对宣威“两基”迎国检工作进行督导检查。

23日，宣威汽车客运北站项目新区（交通·金城）开工建设。交通·金城位于振兴北路延长线与二环路交汇处，占地面积31.33公顷。曲靖交通集团有限公司宣威公司投资规划建设宣威汽车客运北站、云南省交通高级技工学校宣威分校、宣威西宁幼儿园、宣威金洲小学、宣威交通医院城北医院、滇东北中通物流中心（含鑫亚批发市场）等项目。

26日，宣威市人民政府召开宣威市融资平台贷款清理规范工作会议。

29～30日，政协曲靖市委员会第八次提案工作会议在宣威召开。

30日，宣威市人民政府召开宣威市第六次全国人口普查工作会议。

10月，《宣威年鉴（2010年）》出版发行。

## 11月

1日零时，第六次全国人口普查工作正式开始。宣威市人民政府组织5 086名人口普查员和人口普查指导员在全市开展人口普查工作。

1～4日，中共曲靖市委创先争优活动第一检查指导组深入宣威市交警大队、车管所、龙潭新河、得禄永乐、西宁一小、宣威五中等单位实地检查指导创先争优活动。

3～4日，中共宣威市委老干部局组织担任过副县（处）级实职的离（退）休干部22人视察宣（威）倘（塘）二级公路、振兴南路延长线和美奂广场工程建设。

4日，西宁路（南至建设西街，北至向阳西街）改建工程开工建设，总投资980万元，工期3个月。规划建设为一条商业街。

5日，中共宣威市委在政府招待所会议室召开宣威市2011年度党报党刊征订发行工作会议。

5日，宣威市人大常委会在来宾镇政府会议室召开宣威市人大代表工作座谈会暨“创先争优”表彰会。表彰了来宾镇等8个先进人大主席团、海岱镇文阁村等46个先进代表小组、何晏斌等57名优秀人大代表。

5日，宣威市土壤肥料测试中心通过省计量认证复查评审。

6日，宣威市2010年中央财政支持现代农业蔬菜产业项目106.67公顷连片外销型蔬菜标准化种植基地正式启动。

8日，中共宣威市委在凯程大酒店会议室召开宣威市庆祝第十一个记者节座谈会。

10日，宣威市人民政府印发《普宣高速公路建设征地拆迁补偿标准的通知》。

11日，中共宣威市委、市政府在政府招待所会议室召开宣威市普（立）宣（威）高速公路建设征地拆迁工作动员会议。

11日，中共宣威市委、市政府在市委宾馆会议室召开宣威市体育运动中心项目建设推进会。会议要求建设方必须保证质量、加快进度、确保工程于2011年6月31日前完工验收。

11日，中共宣威市委宣传部、市文明办召开宣威市文明诚信座谈表彰会。

11日，宣威市宇恒水泥有限公司、荣升火腿有限责任公司、中博塑料有限公司、恒邦磷化工业有限公司、宣泰火腿有限公司等11户企业被云南省人民政府列为第一批省级成长型中小企业。

15日，宣威市人民政府发出《关于印发宣威市医药卫生体制改革（2010～2011）五项重点工作实施意见的通知》。

16日，宣威市人民政府召开宣威市食品及医药安全专项整治工作会议。

17日10～11时，中共宣威市委、市政府和云南云河专用汽车有限公司在宣威虹桥举行云南云河专用汽车建设项目开工仪式。建设项目占地80公顷，总投资5亿元，年产专用汽车1万辆。

17日，中共宣威市委在龙场镇召开宣威市新农村建设工作队联席会议。

17日，曲靖市副市长陈军到宣威调研工业发展情况，先后到凤凰山工业园区施工现场、云南宣威磷电有限责任公司实地查看磷电一体化项目建设情况。

18日，宣威市人民政府在政府招待所会议室召开宣威市道路交通及消防工作“保平安、保畅通”专项整治行动动员部署会议。

18日，宣威市公安局国保大队被公安部确定为全国性国保战略支撑点建设示范单位。全国共有33家，宣威是云南省唯一的一家。同月22日，宣威市公安局国保大队被云南省公安厅确定为全省6家国保战略支撑点建设优秀单位之一。

18日19时，中央电视台《农广天地》栏目（2010年第528期）播放宣威火腿产业办公室、宣威市荣升火腿有限公司协助拍摄的《宣威火腿制作工艺介绍》。

20～21日，云南省老促会会长保永康、常务副会长黄仁跃等领导到宣威双龙、龙场、格宜等地调研。

22日，市委书记许玉才、代理市长保明顺、市委办公室主任杨焜荣等领导到文兴乡调研小集镇建设，并就集镇总体规划提出意见和建议。

23日，中共曲靖市委组织部部长李云忠到宣威龙场、宝山、普立调研时强调“贯彻落实五中全会精神、扎实推进创先争优活动”。

23日，中共宣威市委召开市委理论学习中心组2010年度第三次集中学习暨学习党的十七届五中全会精神专题会议。

25日，宣威市人大常委会召开第二十八次会议。会员听取和审议市人民政府关于审计工作的情况报告，市人民政府关于办理市四届人大三次会议代表提出的《关于加强采煤区生态环境治理议案》、《关于加强城市生活用水水源点偏桥水库污染治理和生态保护议案》的实施方案，市人大常委会西宁街道人大工委关于促进城乡教育均衡发展解决农村留守儿童教育问题的调查情况报告；书面审查市安全生产监督管理局整改工作的情况报告，市人民政府关于办理扶贫工作情况转办意见的情况报告。因工作变动，接受刘建华辞去市人民检察院检察长职务，任命徐正良为市人民检察院检察员、检察委员会委员、副检察长、代理检察长；任命余红梅为市广播电视局局长。

25～27日，张庆培、张学云、张庆优、陈世留从玉龙县引进雪桃种苗2 000株，引进穗条嫁接苗木3 000余株，分别在龙场乐树、热水响宗、落水黄路、宛水丰华、西宁小顾家村等地试种，共种植雪桃5.33公顷。市政府拨款5万元给予扶持。

25日至12月3日，中共宣威市委、市政府在城区举办宣威市第五届体育运动会。运动会设篮球、门球、乒乓球、气排球、网球、羽毛球、中国象棋等竞赛项目，有58支代表队1 511人参加。

28日，宣威市政府在羊场镇陈湾村举行云南省滇东北宣威片区万亩核桃示范林开工仪式。

28日，中国老区建设促进会成立20周年暨先进集体先进个人表彰大会在北京召开。宣威市革命老区建设促进会会长李龙苍出席大会，受到全国政协主席贾庆林、国务院副总理回良玉、姜春云等领导接见。被表彰为“全国优秀老区工作者”。

29日，中共宣威市委、市政府成立宣威市开展社会管理创新试点工作领导小组，下设办公室在宣威市社会治安综合治理办公室。

29日，中共宣威市委、市政府成立宣威市国家安全工作领导小组，下设办公室在中共宣威市委政法委员会。

30日至12月1日，宣威市科学技术协会第四次代表大会在宣威市委党校会议室召开，参加会议代表152名。大会选举产生宣威市科学技术协会第四届委员会委员27人、常务委员会委员13人；选举产生主席、副主席和秘书长。大会还表彰了15个科普工作先进乡（镇、街道）、12个科普工

作先进单位、26个科普工作先进村（社区）、15个优秀农技协会和99名科普工作先进个人。

11月，中共宣威市委党史研究室完成《中共宣威历史》（第一卷）初稿编写工作，并组织编辑修改文稿，12月形成送审稿。计划翌年6月30日出版发行。

11月，曲靖市公安消防支队宣威大队代理排长董永山被评为云南省第二届“百姓最喜爱的十大人民警察”。

11月，宣威市重点招商引资项目西亚广场建成使用。西亚广场位于建设东街，由宣威美仑建设开发有限责任公司开发，重庆厦坤建设集团有限公司承建。2009年4月开工建设，总投资1.4亿元，占地面积9 620.26平方米，建筑面积6.98万平方米，绿地面积2 400平方米，容积率6.78%。商住设计，楼体为26层，住宅378户，商铺239个，车库173个。

## 12月

1日，中共云南省纪委检查组到宣威检查反腐倡廉建设工作和100万元补助经费专项资金管理使用情况。

1日，中共宣威市委、市政府召开宣威市重大事项社会稳定风险评估工作推进会议。

1日，宣威市人民政府在玉泉山（小庙山，又名西山）举行宣威西山双塔（文笔塔、海砚塔）项目建设工程开工仪式。西山双塔为宣威重要地标性建筑，仿宋楼阁式风格设计，塔基三层，塔身七层，双塔平面均为六角形。文笔塔高47.98米，建于玉泉山（黑石头山）；海砚塔高47.962米，建于锦苑山（马家山）。工程概算投资2 782.36万元，资金来源于民间筹集，计划2011年年末竣工。

1日，宣威市被国家中医药管理局表彰为全国农村中医药工作先进单位。

1日，宣威市人民政府举行宣威市2010年国家农业综合开发高标准农田建设示范工程开工仪式。

4日，云南省人民政府督查组到宣威督查法制政府、责任政府、阳光政府、效能政府四项制度实施情况。

4～5日，云南省畜牧专家检查组到宣威检查动物卫生监督执法工作开展情况。

7日21时31分，中央电视台《致富经》栏目播放宣威火腿产业办公室、宣威市宣泰火腿有限公司协助拍摄的《从一条火腿开始的千万财富》。

8日，世界卫生组织结核病防治专家组到宣威督导2010年《结核病防治规划》。

10日10：00～11：30，中共宣威市委、市政府在振兴北路延长线新客运北站举行普（立）宣（威）高速公路建设开工仪式。普宣高速公路主线全长83.9千米，双向四车道，路基宽26米，设计时速100千米/小时，概算总投资82亿元。

10日，宣威市人民政府在雄业大酒店召开纪念中共中央《关于控制我国人口增长问题致全体共产党员、共青团员的公开信》发表30周年座谈会。

11日19～21时，宣威市政协、市烟草公司、市科协、市科技局、市气象局、中国人寿保险股份有限公司宣威市支公司、中国人民财产保险股份有限公司宣威支公司在美奂山公园举行“美奂山·大家乐”文艺演出。

13～15日，宣威市林业局在市委党校举办宣威市资源林政管理暨森林防火培训班。聘请有关专家对各乡（镇、街道）林业站长、森林防火信息调度员、骨干护林员、专业扑火队员、瞭望台监测员等240人进行专业培训。

14日，中国人民银行宣威市支行在宣威市烟草公司礼堂举行宣威市金融系统健康知识竞赛。有12支代表队参赛。

14日，格（宜）阿（都）公路(文兴阿都段)改造工程开工建设。弹石路改建柏油路长19.3千米，宽7米，计划总投资1 200万元，工期10个月。

14日，云南省粮食局和曲靖市粮食局检查组到宣威热水检查“科学储粮小粮仓”建设项目。

14～15日，云南省发展和改革委员会、云南省水利厅组织专家对羊过水水库工程进行竣工验收。

15日，《宣威快讯》编辑部在宣威市邮政局召开通讯员座谈会。

16日，宣威市人民政府请求曲靖市工商行政管理局在曲靖市范围内组织开展宣威火腿证明商标、中国驰名商标维权活动；21日，市政府制定《2010年第四季度宣威火腿食品质量安全检查工作方案》。

20日，中共宣威市委、市人大、市政协在宣威大礼堂召开市委人大政协工作会议。

20日，中共宣威市委召开宣威市领导干部会议。

21日，宣威市人大常委会召开第二十九次会议。会议听取和审议宣威市2010年地方财政收支预算调整方案和补选早明光为曲靖市第三届人民代表大会代表、朱树信辞去宣威市第四届人民代表大会代表的议案；关于补选保明顺、徐正良、苏文芳、孔英、和建平、何魁、张正龙为宣威市第四届人民代表大会代表；市人大常委会办公室、民工委、法工委、农工委、财工委、教工委、选联委关于2010年度工作总结暨2011年工作计划的报告；书面审查《宣威市人民政府办公室关于办理市人大常委会评议市卫生局工作整改意见的报告》；书面审查《宣威市人民政府关于抗旱救灾资金接收及使用、管理情况的报告》。因工作变动，免去龙维尧市人民法院审判监督庭庭长职务，任命为市人民法院格宜中心法庭庭长；免去王飞市人民法院民事审判第一庭庭长职务，任命为市人民法院羊场中心法庭庭长；免去吕斌市人民法院民事审判第二庭庭长职务，任命为市人民法院落水中心法庭庭长；任命刘天稳为市人民法院倘塘中心法庭庭长、李玲为市人民法院立案庭庭长；免去夏晓鹏市人民法院立案庭副庭长职务，任命为市人民法院少年案件审判庭庭长；免去孔维滇市人民法院格宜中心法庭副庭长职务，任命为市人民法院审判监督庭庭长；免去何福浩市人民法院倘塘中心法庭庭长职务，任命为市人民法院民事审判第一庭庭长、审判委员会委员；免去冯智巍市人民法院格宜中心法庭庭长职务，任命为市人民法院民事审判第二庭庭长、审判委员会委员；免去郭明利市人民法院民事审判第二庭副庭长职务，任命为市人民法院民事审判第三庭庭长；任命朱泽为市人民法院行政审判庭庭长；任命樊璐芳、李荣雷、张会平、阚世彦、吕苏梅、安敏、王朝发、凡瑞为市人民法院审判员，免去徐天富市人民法院行政审判庭庭长、陈学清市人民法院羊场中心法庭庭长、张世斌市人民法院落水中心法庭庭长、范开虎市人民法院立案庭庭长、范文君市人民法院少年案件审判庭副庭长职务。

21日，政协宣威市第四届委员会在凯程大酒店召开第十一次常委会议暨2010年政协工作会议。33个委员活动组向政协常委汇报三年来的履职情况，会上评出12个先进政协委员活动组。

22日，宣威市人民政府发出《限期兑付宣倘路征地费的通知》。

23日，中共宣威市委印发《关于深化医药卫生体制改革的实施意见》。

27日，中共宣威市委、市政府召开宣威市2011年烤烟工作会议。

27日，中共宣威市委、市政府召开宣威市今冬明春农业工作会议。

28日，中共宣威市委、市政府召开宣威市2011年烤烟工作会议。

29日，中共宣威市委召开宣威市学习型党组织建设推进会。

29日，宣威市人民政府召开宣威市治理非法超限超载车辆工作会议。

29日，中共宣威市委宣传部召开宣威市新闻发言人培训会议。

29日，曲靖市泰和房地产开发有限公司在原宣威市体育运动中心与沃尔玛（云南）商业零售有限公司、百胜餐饮集团昆明肯德基有限公司、浙江横店影视娱乐有限公司举行签约仪式。沃尔玛、肯德基、横店影视等驰名企业将入住宣威泰和·商业广场共谋发展。泰和·商业广场占地3.2万平方米，建筑面积17万平方米，总投资2.48亿元，建设周期2年。

30日，中共宣威市委、市政府召开宣威市市容环境卫生整治工作动员会议。

31日，中共宣威市委在政府招待所会议室召开宣威市社会管理创新试点工作会。

12月，宣威市荣获云南省人民政府“2010年烟叶生产抗大灾保增收突出贡献奖”。

12月，宣威市第一职业中学在云南省教育厅、云南中华职教社开展的第二届“黄炎培职业教育奖”评选活动中荣获优秀学校奖。

12月，宣威市人民政府组织工作组对全市畜力铁轮车改胶轮车工作进行检查考核。全市共有畜力铁轮车5.01万辆，完成改装4.9万辆，市财政兑现补助245万元（农户每改装一辆铁轮车补助50元）。

12月，向阳东街道路主体工程建设项目竣工，正组织实施绿化、亮化工程和工程竣工结算审计。向阳东街道路工程建设项目于2006年12月4日开工建设，为东西走向，西起城双路，东至环城东路，长1 874.84米，概算投资3 500万元。

12月，榕峰路（东路、西路）工程建设项目竣工。榕峰路工程建设项目于2005年10月19日开工建设，为东西走向，连接环城北路，长2 182.4米，宽48米，投资5 555.8万元。

12月，振兴南路延长线扩建工程建设项目竣工。扩建工程建设项目于2008年12月5日开工建设，南起宣（威）天（生桥）公路收费站，北接振兴南路，长1 818米，宽50米，概算投资4 696.42万元，设计为Ⅰ级城市主干道，限速每小时70千米。

12月，曲靖市重点招商引资项目昌兴时代主体工程完工。昌兴时代位于宣威市西河路与建设西街交叉口，由宣威市昌兴房地产开发有限公司开发。2009年4月开工建设，总投资1.2亿元，占地面积4 709平方米，建筑面积7.9万平方米，绿地率25%，商住设计，楼体26层，住宅502户，商场1.94万平方米。计划2011年8月竣工。

12月，房地产开发项目时代天骄（又称东方丽城）主体工程完工，时代天骄位于振兴北路，美奂广场对面，由宣威市伟业房地产开发有限公司开发。2007年9月开工建设，总投资2.5亿元，占地面积2.23万平方米，建筑面积15.2万平方米。有住宅959户、商铺1.42万平方米、车位470个。计划2011年3月竣工。

12月，房地产开发项目雄业金玉花园主体工程完工。雄业金玉花园位于振兴中路（原五交化市场），由宣威市雄业房地产开发有限公司开发。2009年11月开工建设，投资约1亿元，占地面积7 436平方米，建筑面积3.26万平方米，绿地率28%，容积率3.5。有住宅162套、商铺138套、地下车位95个。计划2011年6月竣工。

12月，房地产开发项目天豪国际主体工程完工。天豪国际位于振兴北路与龙堡中路交汇处，由云南万超房地产开发有限公司开发。2009年6月30日开工建设，总投资2.36亿元，建筑面积10.6万平方米。楼体28层，建筑高度87.7米。有住房5.26万平方米、商铺3.21万平方米、写字楼0.69

万平方米、车库1.44万平方米。计划2011年6月竣工。

12月，宣威市人事局在全市机关事业单位组织开展年度考核工作。应参加考核人员21 867人，实际参加考核21 840人，确定优秀4 156人、称职17 355人、基本称职4人、不称职45人、未定等次280人，未参加考核27人。

12月，宣威市有8家企业经宣威火腿证明商标审核领导小组审批获准使用“宣威火腿”中国驰名商标。

年内，市政府按照“公开、公平、竞争、择优”原则，公开招考录用35名公务员。

年内，市政府在板桥、落水、田坝、龙场、普立、文兴、阿都、双河、乐丰、倘塘、得禄11个乡（镇）实施第四批中央扩大内需文化站建设项目，总投资957万元，建筑面积1.09万平方米，年末通过验收。

年内，全市完成政府采购金额10 118万元，与采购预算金额11 057万元相比，节约资金1 115万元，综合节约率为9.27%。

年内，市政府共办理“贷免扶补”小额贷款1 302笔，发放贷款6 510万元。其中大学毕业生51户，贷款255万元；农民工1 023户，贷款5 115万元；复转军人7户，贷款35万元；登记失业人员221户，贷款1 105万元。财政共支付贴息资金233万元。

年内，市政府通过“一折通”向农民发放补贴资金14 840.5万元。其中种粮补贴928万元、农资补贴9 985万元、马铃薯原原种补贴150万元、2009年度退耕还林补贴2 205万元、2009年度油菜补贴3万元、水稻等良种补贴1 220.2万元、森林生态效率补贴349.3万元。

年内，宣威市共投入各级各类扶贫开发资金7.53亿元，比上年增45.66%。其中财政专项扶贫资金6 010万元、项目整合资金4 313.04万元、帮扶资金1 501万元、社会捐资2 573万元、小额信贷扶贫资金1亿元、群众投工投劳投资5.09亿元。扶贫项目覆盖26个乡（镇、街道）322个村953个自然村3.73万户18万人。

年内，宣威市实施省级重点扶持村“整村推进”项目，分三批在90个村实施，总投资5 963.82万元。

年内，宣威有道路客运班线320条，日发班次932.5个。其中跨省营运班线9条，日发班次15.5个；跨地（州、市）营运班线17条，日发班次60个；跨县营运班线11条，日发班次73个；市内营运班线283条，日发班次784个。

年末，全市生猪存栏183.78万头，年内出栏肉猪318.45万头，猪肉产量3.5亿千克，生猪产值25.48亿元，收入16.05亿元。宣威市肉猪出栏和猪肉产量分别占曲靖市的四分之一和云南省的十二分之一以上，成为云南省最大的生猪生产基地和全国生猪调出大县之一，被国家农业部规划为全国生猪优势生产区，列为国家现代农业示范区。

年末，全市共有银行类金融机构80个，从业人员804人。银行业金融机构人民币各项存款余额138.1亿元，比上年增25.33%，其中储蓄存款余额85.75亿元，比上年增19.15%；各项贷款余额74亿元，比上年增27.62%。全年累计现金收入270.26亿元，累计现金支出285.31亿元，净投放现金15.05亿元。外币储蓄存款余额28万美元，比上年降3.45%。全市12家财产类保险公司完成保费收入1.95亿元，比上年增45.71%；各项赔款支出8 295万元，比上年增17.61%。全市7家人寿类保险公司完成保费收入1.52亿元，比上年增17.59%；给付（赔款）支出7 465万元，比上年增66.41%。股票证券资金累计开户5 791户，比上年增29.87%；全年资金交易额56.87亿元，比上年降14.02%。

年末，宣威城市建成区面积达28.5平方千米，比上年增2平方千米；集镇建成区面积33.36平方千米，比上年增4.91平方千米。全市总人口147.68万人，其中城镇总人口53.16万人、城区人口23.8万人。城镇化水平达36%，比上年增2%。

年末，宣威公路通车里程7 386.9千米，其中国道106.6千米、省道161.1千米、县道515.2千米、乡道2 409.6千米、村道4 112.4千米、专用道62千米。按技术等级分，有一级公路36.16千米、二级公路122.53千米、三级公路44.46千米、四级公路2 906千米、等外公路4 277.75千米。

年末，宣威有营运车辆11 873辆，其中营运客车1 002辆、载货汽车10 831辆、危险货物运输车58辆。有在用汽车客运站4个、汽车综合性能检测站1个、货配中心（站）2个、驾驶培训学校4家。有汽车摩托车维修业户173户，其中一类维修业3户、二类30户、三类139户，摩托车1户。有道路运输经营业户8 270户。全年完成客运量989.7万人，客运周转量9 331.1万人千米；货运量99.99亿千克，货物周转量8 630.8亿千克千米。

年末，宣威有离休干部181人，其中行政单位70人、事业单位77人、企业单位34人；解放战争时期参加革命工作的181人；享受县（处）级以上待遇的31人，乡科级及以下待遇的150人；外地安置到宣威代管的3人；宣威安置到外地代管的7人。

年末，宣威市党政机关、事业单位干部职工中有党外代表人士11 844名，占干部职工总数的65.4%。有副科级以上党外领导干部55名，其中副处级党外领导干部3名、正科级9名、副科级46名。

（朱树雄　搜集整理）

# 概　　况

责任编辑　余俊柏

龙场镇小红帽技术服务队帮助农户抗旱保春耕。

（侯跃邦　摄）

## 位置面积

宣威市位于云南省东北部，东经103° 35′ 30″ 至104° 40′ 50″ 、北纬25° 53′ 30″ 至26° 44′ 50″ 之间，东接贵州盘县，南连富源县、沾益县，西与会泽县隔牛栏江相望，北与贵州威宁、水城山水相依，总面积6 069.88平方千米，市区距曲靖市政府驻地102千米，距省会昆明240千米。

## 建置沿革

宣威历史悠久，早在新石器时代，就有人类在这块土地上生息繁衍，辛勤耕耘。秦以前属古夜郎辖地。秦朝统一后，开通五尺道。西汉武帝建元六年（公元135年），设县（今宣威）。东汉，并县入汉阳县（今贵州威宁、水城）。蜀汉时复置县，改属建宁郡（今曲靖）。唐代，大理国置磨弥殿部，其地域含今宣威、沾益、富源之境。元世祖至元十三年（1276），立云南中书行省，建立路、府、州、县，沾益州隶曲靖路，领交水（今沾益）、罗山（今富源）、石梁（今宣威东北部）三县，州治石堡山西（后迁今宣威河东营）。明洪武十五年（1382），改曲靖路为曲靖府，沾益州隶曲靖府，沿用彝族安姓土司世袭土知州，州治今宣威河东营，同时废除州领三县。同年，于土府腹地（今宣威城）设乌撒卫后三所，隶贵州都司。洪武十六年，筑后三所土城，增设流官知州，侨居后三所内，开始土、流官合治。同时，设沾益（今宣威城）、倘塘、可渡三站，并交水、罗山、石梁三县及越州归沾益州管辖。后所军屯铺堡地面由乌撒卫管辖，隶四川布政使司，沾益州仍隶云南曲靖府。明天启二年（1622），乌撒土官安效良攻占沾益城，后三所守将弃城投交水。翌年，参将尹启易报云南抚按批准暂移州治于交水，土知州仍居河东营。清顺治十六年（1659），经略洪承畴至滇，定移沾益州治于交水，本境称旧州。清雍正四年（1726），云贵总督鄂尔泰以土官叛服无常为由，参革沾益州土知州安于蕃，将安擒赴省城，请旨定罪。十月派人丈量土司所辖田亩。五年七月，取原宣威关之名设宣威州，裁原土司安于蕃所辖各营火地面自高坡顶以上属沾益，以下属宣威。宣威州之名沿至民国元年（1912）。民国2年裁州设县，改宣威州为宣威县，隶属云南省第二区督察专员公署。

中华人民共和国建立后，仍为宣威县，隶曲靖地区行政督察专员公署。1954年6月30日，经中央人民政府内务部批准，改宣威县为榕峰县。1959年11月30日，经国务院批准，恢复宣威县名。1994年2月18日，经国务院批准，撤销宣威县，改设宣威市（县级市）。

## 行政区划

2010年，宣威市辖宛水、西宁、双龙、虹桥、来宾、倘塘、田坝、板桥、羊场、格宜、龙场、海岱、落水、务德、龙潭、宝山、东山、热水、得禄、普立、西泽、杨柳、双河、乐丰、文兴、阿都26个乡（镇、街道）331个村25个社区，总人口1 467 787人，其中非农业人口144 617人，占总人口9.85%。少数民族人口96 523人，占总人口6.5%。年内，全市出生14 825人，出生率10.48 ‰；死亡6 258人，死亡率4.42 ‰；人口自然增长率6.05‰。

## 自然概貌

宣威地处云南高原东北部，为云南高原向贵州高原过渡的斜坡地带。地势西北高，东南低。境内最高点为东山主峰滑石板，海拔2 868米，最低点清水河与木冬河交汇处的腊龙岔河，海拔920米，相对高差1 948米。横亘市境的山脉属乌蒙山系，分两支穿境而过。西部和中北部为乌蒙山的中列山系，呈东北——西南走向。岭脊海拔一般在2 300～2 400米。除黎山少数地段相对高差较大外，多数地段具有较齐的山峰线和较平缓的山顶面，属地形坡度小（15～25度）、相对高差不大（200～300米）的浅切割山地。这一岭脊构成了长江与珠江两大水系的分水岭。东部为乌蒙山东列山系，海拔一般在2 500米以上，最高峰2 868米，岭脊高程变化稍大，相对高差500～700米，多属中切割山地，山体大部分由碳酸盐岩构成，下部陡峭，坡度30～35度。两列山岭之间是一块略向东南倾斜的高原面，其上形成了较多的小盆地，如榕城、板桥、落水、述迤、迤谷、格宜、宝山等坝子。东山以东为云南高原向贵州高原过渡的斜坡地带，受北盘江上游支流的切割，西部高原面被牛栏江及支流分割下切，沿岸多高山峡谷，山体坡度大，而山顶较平缓，分布有一些断陷湖盆和溶蚀湖盆，较大的有关营、窑上、响宗、得德等海子。

境内河流以老官营梁子、分水岭、公鸡山岭脊为界，分属长江水系和珠江水系。主干流有西南的小江属长江水系，北、东北的可渡河及南、东南的革香河属珠江水系。天然河川径流量24亿立方米。

## 气候特点

宣威地处云南高原东北部，高山深谷纵横交错，海拔高差大，夏秋和冬春分别受海洋性和大陆性气团影响，形成北亚热带、南温带、中温带多种气候带并存的低纬高原季风气候。其主要特点：冬无严寒，夏无酷暑，年温差小，日温差大，四季不分明；冬春干旱，夏秋湿润，降水集中，干湿分明，年变率大；光照充足，积温偏低，区域差异大。

2010年宣威市的气候特点是：气温偏高，是1958年有记录以来的最高年，暖冬特征明显；年降水量偏少，上半年干旱严重。干旱是2010年最为严重的气象灾害，自2009年夏季到2010年5月，出现持续时间最长、影响程度最深、影响范围最广、受灾程度最重的旱情。2月出现严重霜冻灾害，5月雨量偏少，雨季开始期偏晚，全市雨季于5月28日开始。汛期仍多洪涝、冰雹、大风，11月中下旬有阴雨寡照天气。总体而言，综合气候条件对经济、社会、生态各方面影响，2010年属于中等偏下气候年景。

2010年平均气温14.8℃，比多年平均值偏高1.4℃，比2009年偏高0.4℃。年降水量854.7mm，比历年同期偏少120.5mm，与2009年持平；降水偏少时段主要出现在1～5月，由于大气环流异常，偏强西伸的西太平洋副热带高压长期控制宣威，阻断了孟加拉湾水汽向宣威的输送，加之冷空气活动弱导致1～5月降水异常偏少，气温持续偏高，出现了严重干旱天气。

## 土地资源

全市国土面积6 069.88平方千米。共有8个土类、19个亚类、36个土属、75个土种。土壤有效面积占土地总面积的79.27%；村镇、道路、水域和难利用地面积占土地总面积的20.73%。全市红壤面积最多，占土壤有效面积的80.58%，沼泽土类面积最少，占土壤有效面积的0.03%。

宣威境内海拔高差1 948米，土壤类型沿一定海拔高程呈垂直带谱分布。东部处于云南高原向贵州高原过渡的斜坡地带，接近贵州高原气候型，西部则属云南高原气候。东山西坡海拔2 100～2 400米间为山地红壤，2 400～2 600米间为红棕壤，2 600米以上为棕壤，此地带干湿季分明。见水海梁子东坡海拔1 300～1 500米间为红壤，1 500～2 250米间为黄红壤，2 250～2 450米间为黄棕壤，2 450米以上为棕壤，此地带阴湿多雾。

## 水 资 源

宣威水资源总量24亿立方米，其中地表径流量12.42亿立方米、地下径流量11.58亿立方米。水能蕴藏量105.97万千瓦，其中可渡河39.09万千瓦、革香河50.58万千瓦、小江8.3万千瓦、其他支流8万千瓦。

## 文物胜迹

宣威历史悠久，文物胜迹颇多，有文化遗址10处、古建筑15座、墓葬碑刻18处、馆藏文物7种、风景名胜7个，既有市（县）级文物保护单位，也有省级文物保护单位。

文化遗址。一、格宜尖角洞新石器时期遗址，经省、曲靖市、宣威市三级考古鉴定确定。二、颖川营遗址，位于宣威城东古城村，明征南大将军傅友德（颖川侯）筑。三、乌撒卫后三所城墙，位于宣威城东岳家巷东口，现存部分残墙，建于明洪武十六年（1383）。四、可渡关关址，位于杨柳乡可渡村，明洪武初年建。五、可渡古驿道，位于云贵两省交界的可渡河两岸，长约10千米，石板铺成，始建于秦。六、可渡古炮台，位于杨柳乡可渡村旁，明傅友德筑。七、宣威关遗址，在宣威城下堡街、西门街交叉口，明代筑，清道光后期毁于大火。八、上营古堡遗址，在宣威城西北上营村，清嘉庆年间由缪御斋倡建。九、诸葛营遗址，在宣威城东河东营村，三国蜀将李恢建。十、红九军团驻地旧址，在板桥一中（原板桥小学）校园内，1935年4月26日下午，红军长征过宣威，红九军团在此设指挥部。

古建筑。一、沾益州土知州家庙，位于宣威城东河东营村，明洪武十六年建。二、倘可巡检署，位于倘塘镇倘塘村，清雍正十一年在原倘塘驿丞署的基础上改建而成。三、松鹤寺（即东山寺），建于明初，系佛、道两教合一的建筑群。四、善庆寺，位于市印刷厂内，建于明代。五、三台洞，位于城西35千米的西泽河谷断岩上，建于清乾隆十六年（1751）。六、观音阁，位于城西南25千米多乐小学内，建于民国19年（1930）。七、来宾石塔，位于城北15千米的来宾村南，1912年建，属风水塔。八、侯氏宗祠，位于城西南灰硐村，建于民国初年。九、魏金阶庄园，位于城东南50千米的兔场村，民国19年建，是宣威较有特色的私人庄园。十、四里座大桥，位于田坝新民革香河上，清同治时建木桥，光绪时改建石桥，民国10年毁于兵灾，13年重建。十一、可渡石桥，位于杨柳乡可渡村北部的可渡河上，1916年建。十二、文庙大成殿，位于宣威一中，建于清雍正七年（1729），道光十七年（1837）重建。十三、榕城书院，位于宣威二中，前身为明伦堂，清乾隆四十三年（1778）改建为书院。十四、浦在廷故居，位于城内，建于民国初年。十五、朝阳洞，位于落水镇黄路村，寺庙建于清乾隆四十九年（1784）。

墓葬、碑刻。主要有螃蟹坡梁堆墓、顾家堆梁堆墓、耿兴祖孙合葬墓、缪良玉缪文龙父子墓、李将军夫妇墓、安于蕃墓、王世雄墓、耿让墓、清世祖教条生员卧碑、《重修玄武祖师殿序》碑、《耿屯合堡受长发害老少形魂之总墓》碑、免差碑、杨福祯《诰封碑叙》碑、《成章季子绍尧家言》碑、“飞虹伫鹤”石刻、“高山流水”石刻、“水流云在”石刻、水营山墓阙。

馆藏文物主要有南园砚、玉壶春瓷壶、李仰亭《风雨归舟图》、康熙铜钟、徐人龙字幅、照家鹤葡萄画、民国要人题词册等。

风景名胜主要有东山公园（省级旅游景点）、宛水公园、天生桥（双河）、来宾龙洞、庙山森林公园、大响水、榕峰日出等。

## 矿产资源

宣威矿产资源丰富，已探明有铁、锰、铜、铅锌、钴、锑等金属矿12种，煤、油页岩、伊利石、高岭土、石灰岩、建筑砂等非金属矿19种。煤炭储量最丰，达21 800亿千克，主要分布在来宾、倘塘、田坝、羊场、格宜、龙场、海岱、龙潭、宝山、东山、杨柳、双河、乐丰、文兴等14个乡（镇）。铁矿储量800亿千克，有赤铁矿、褐铁矿、菱铁矿3种，其分布不均，富矿少，贫矿多。锰矿储量44.19亿千克，其中富矿11亿千克、贫矿33.19亿千克，主要分布在普立、阿都、来宾等乡（镇），普立乡格学有中型锰矿床。油页岩储量576亿千克、焦油11.5亿千克，主要分布在阿都同兴。伊利石分布在宛水、双龙、板桥、龙潭、倘塘、来宾、乐丰等地。

## 经济综述

2010年，宣威市实现生产总值148.2亿元，按可比价格计算，比上年增13.2%，“十一五”期间年均增长13.66%。其中一产业实现32.5亿元，增7.1%，二产业实现66.6亿元，增14.5%，三产业实现49.1亿元，增14.7%；三次产业结构由上年的22.5：45.7：31.8调整为22：45：33。

财政总收入20.3亿元，比上年增17.7%；地方财政一般预算收入9亿元，比上年增13.4%；财政总支出33.8亿元，比上年增30.6%；固定资产投资完成117.37亿元，比上年增26.1%；金融机构存款余额138.1亿元，比上年增25.33%；贷款余额74亿元，比上年增27.62%；社会消费品零售总额61亿元，比上年增22.2%；城镇居民人均可支配收入14 671元，比上年增10.8%；农民人均纯收入3 735.1元，比上年增9.72%。

## 第一产业

2010年，宣威市实现农业生产总值57.88亿元，比上年增16.8%。农业增加值32.5亿元，比上年增7.1%。全年粮食播种面积17.36万公顷，其中夏收粮食2.8万公顷（大、小麦1.87万公顷，豆类0.4万公顷，马铃薯0.53万公顷），秋收粮食14.56万公顷（玉米6.34万公顷，水稻0.67万公顷，杂粮1.15万公顷，豆类0.56万公顷，马铃薯5.84万公顷）。实现粮食产量6.25亿千克，比上年增4.14%。收购烟叶3 859万千克，实现收购总值5.81亿元。销售烤烟4 715.5万千克，销售卷烟42 555箱，实现税收2.14亿元，比上年增0.36%。

全年共完成人工造林1.5万公顷，其中义务植树380万株，完成森林管护26.7万公顷，完成0.82万公顷退耕还林的查缺补漏工作，完成5 200口沼气池建设，推广节能改灶5 000户。实施森林病虫害防治监测26.7万公顷，完成病虫害防治0.45万公顷。

年内，改善灌溉面积2 800公顷，新增除涝面积1 667公顷，修复水毁工程150处，治理河道35千米，治理水土流失面积65.03平方千米，新增供水受益人口2.4万人。人饮安全项目涉及26个乡（镇、街道）88个村，工程总投资5 773.37万元，已完成工程建设总投资5 733万元，解决了32 895户、123 184人、13 658头牲畜的饮水安全问题。“长治”、“珠治”工程共完成治理面积4 148千米，完成总投资753.8万元。

年末，生猪存栏183.78万头、牛17.5万头、羊30.4万只、家禽201.3万只。全年出栏肥猪318.45万头、牛5.13万头、羊16.32万只、家禽325.2万只。实现畜牧业产值28.8亿元，畜牧业收入16.1亿元。

## 第二产业

2010年，宣威市工业总产值完成142.8亿元，比上年增15.71%。其中规模以上工业完成产值88.97亿元，比上年增5.07%；规模以下工业完成产值53.83亿元，比上年增30.2%。规模以上四大支柱产业继续保持增长，其中煤炭工业完成产值15.8亿元，比上年增23.53%；化工工业完成产值27.2亿元，比上年增8.24%；建材工业完成产值7.79亿元，比上年增23.45%；冶金工业完成产值3.11亿元，比上年增40.72%。四大产业产值累计53.9亿元，占规模以上工业产值的60.6% ，成为拉动经济的主要力量。主营业务收入完成79.37亿元，比上年增0.8%；利税总额完成3.62亿元，比上年增11.5%；利润总额亏损0.91亿元，比上年减亏56.05%；工业投资完成34.7亿元，比上年增4.8%。

全市主营业务收入2 000万元以上企业达44户，累计主营业务收入73.3亿元，累计工业产值83.4亿元，累计工业增加值28.4亿元，成为全市工业经济的主要支柱。大企业、非公企业、节能降耗、煤电运力运行呈现四好，园区工业经济聚集发展，云维乙炔化工项目、云电投600MW煤矸石热电项目等重点项目顺利开工建设。

## 第三产业

2010年，全市个体私营经济共完成社会消费品零售总额49.27亿元，比上年增37.26%，占全市社会消费品零售总额的80.66%，在社会消费品市场中处于主导地位。年内，全市经市工商局核准注册登记的从事商业贸易的个体工商户7 684户，比上年减少11户；有从业人员10 789人，比上年增加21人，注册资金总额1.38亿元，比上年减少0.01亿元。全市现有私营商业企业496户，比上年增加3户；从业人员5 829人，比上年增加203人，注册资金总额6.83亿元，比上年增加0.08亿元。许多个体工商户由于资本的不断扩张和经营范围的不断扩大正逐步向私营企业发展。

## 交通运输

2010年，宣威市完成客运量989.7万人次，完成客运周转量9 331.1万人千米，完成货运量99.99亿千克，货运周转量8 630.8亿千克千米。年末，全市公路通车里程达7 386.9千米，其中国道1条106.6千米、省道5条161.1千米、县道18条515.2千米、乡道328条2 409.6千米、村道1534条4 112.4千米、专用道22条62千米。按技术等级分，一级公路36.16千米、二级公路122.53千米、三级公路44.46千米、四级公路29.06千米，等外公路4 277.75千米。

## 邮电通信

2010年，完成邮政业务收入1 562.29万元，比上年增16.95%；完成电信业务收入5 180万元，完成移动业务收入798万元。全年共发展固定电话用户5 100户，宽带7 496户，致富通电话237户，移动用户9 035户，3G无线宽带1 721户。

## 商贸流通

2010年，宣威市社会消费品零售总额完成61.08亿元，比上年增22.2%。批发零售贸易业完成53.5亿元，比上年增22.4%。住宿餐饮业完成7.58亿元，比上年增21.0%。外贸进出口实现1250万美元，比上年增20%。重要商品成品油全市购进2.09亿千克，比上年增10.5%；成品油销售2.07亿千克，比上年增10.8%。全市定点屠宰场集中宰杀生猪98 670头，比上年增5.1%。酒类备案登记累计完成2 189户，并逐步推引溯源制管理。再生资源回收经营备案登记累计88户。“家电下乡”累计备案销售网点205个。总的是城乡市场繁荣活跃，社会消费继续增长，对外贸易形势严峻，市场秩序好转，行业行为进一步规范，商务发展环境明显改善。2010年全市居民消费价格总指数为103.53%，比上年增3.53%。

## 财政税务

2010年，宣威市财政总收入完成203 306万元，比上年增17.7%，其中一般预算收入完成90 016万元，比上年增13.4%。在地方财政收入中，增值税完成23 254万元，比上年增17.3%；营业税完成22 139万元，比上年增16.5%；企业所得税完成1 219万元，比上年增39.8%。财政一般预算支出完成313 187万元，比上年增27.4%，其中一般公共服务支出24 245万元，比上年增23.1%；教育支出90 996万元，比上年增17.6%。

2010年，宣威市国税局共组织各种国税收入10.52亿元，比上年增19.45%，完成全年任务的105.61%。宣威市地方税务局共组织入库税收收入69 993万元，比上年增14.10%。完成宣威市本级收入56 630万元，比上年增12.73%。

## 金融保险

2010年，宣威市共有各类金融机构80个，从业人员804人。年末人民币各项存款余额138.1亿元，比上年增25.33%。其中：储蓄存款余额85.75亿元，比上年增19.15%。各项贷款余额74亿元，比上年增27.62%。全年累计现金收入270.26亿元，累计现金支出285.31亿元，净投放现金15.05亿元，比上年增6.72%。

年内，全市12家财产类保险公司完成保费收入1.95亿元，比上年增45.71%；各项赔款支出8 295万元，比上年增17.61%。全市7家人寿类保险公司实现保费收入1.51亿元，比上年增17.59%；各项赔款支出7 465万元，比上年增66.41%。

## 城镇建设

2010年，以建设“50平方千米、50万人口的生态、文明、健康、快乐城市”为总目标，围绕实施“一湖、两河、三山、四园、五街、六中心”城市精品工程的具体要求，强化规划、建设、管理和经营工作，城镇化进程稳步推进，城乡人居环境质量有效改善。年底，城市建成区面积达28.5平方千米，比上年增2平方千米；集镇建成区面积33.36平方千米，比上年增4.91平方千米；全市总人口147.68万人，城镇总人口53.16万人，城区人口23.8万人，城镇化水平达36%，比上年增2%。

## 环境保护

2010年，全市主要工业排污企业建有废气污染物在线监测仪器12套，废气治理设施97套，废气处理能力达1 093.31万标立方米/时，二氧化硫年去除量2 617.34万千克，烟尘年去除量14.82亿千克，工业粉尘年去除量4 100.4万千克；工业废气排放总量456.28亿标立方米，与上年略有下降。建有废水在线监测仪器2套，废水处理设施24套，处理能力达1.22亿千克/日，年处理工业废水193.21亿千克，工业用水重复利用率85.06%，工业废水排放达标率100%，工业废水排放量从2005年的32.01亿千克降到10.81亿千克，工业废水中主要污染物年去除量分别为：化学需氧量7.56万千克、氨氮2.32万千克。工业固体废体物综合利用量达20.95亿千克，其中冶炼废渣0.31亿千克、粉煤灰4.72亿千克、炉渣4.23亿千克、煤矸石1.21亿千克、石膏渣0.67亿千克、其他废渣7.01亿千克。工业固体废物处置量29.63亿千克，综合利用率达41.5%，比上年增9%。

全年共办理建设项目环保审批手续94个，其中环境影响评价报告表39个，登记表55个。批准3个建设项目的试生产申请，完成19个建设项目的环境保护验收，严肃查处了2个未批先建违法建设项目。

## 教科文卫体

2010年，全市有中等职业学校5所、完全中学12所、初级中学39所、小学809所（含教学点451个）、幼儿园81所、特殊教育学校1所，共计947所。此外，办学前班的小学303所，农民文化技术培训学校363所。有中等职业技术学校学生9 611人，普高学生34 233人，初中学生80 131人，小学学生143 921人，幼儿学前班学生34 003人，特教班学生40人，共计有在校生301 939人。小学入学率和巩固率分别为99.79%、 99.69%，比上年均有所提高；初中毛入学率为104.38%、巩固率为99.44%；残疾儿童入学率为97.81%，比上年提高23.52个百分点。青壮年非文盲率为99.92%，比上年提高0.32个百分点。15 700平方米中小学校舍安全工程二期建设进入招投标阶段。宣威市职业教育中心已完成用地勘界工作，进入规划设计阶段。西宁街道拟建西宁二小进入前期准备工作。双龙街道建设双龙二小已完成选址、规划、地表破坏等工作，进入图审阶段。宛水街道建设宛水三小完成选址工作，进入施工图纸设计阶段。

2010年，组织申报科技项目5项，其中国家科技部项目1项、省科技厅项目4项，总投资5 864万元，其中科技资金扶持705万元。立项支持本级科技项目四类13项，总投资380万元，其中科技资金扶持70万元。组织验收宣威市荣升火腿有限责任公司的《宣威火腿产业化技术集成与示范推广》科技富民强县项目、宣威市海璇实业有限责任公司的《宣威市无公害生猪产业化开发》科技富民强县项目、宣威市畜牧科贸有限公司的《冷鲜肉及产品深加工》技术创新与产业发展项目，总投资2 813.24万元，其中申请获得科技扶持资金140万元。年内授权专利26件，其中发明专利8件，实用新型、外观设计专利18件。

2010年，宣威市开展广场群众文化活动32场，观众250万人次；送戏下乡60场；观众70万人次；送书下乡3 000册，农村电影“2131”工程完成4 560场，观众123万人次；各单位、行业新排上演各类文艺节目1 100多个，经营性演出35场，实现演出收入60万元。截止2010年底，全市共有文化专业户（文化联合体）125户，农村业余文艺宣传队225支，农村电影放映队24支，其中数字电影放映队14支。年内完成第四批中央扩大内需乡（镇）综合文化站建设11个，乡（镇、街道）综合文化站设施新增11个，年内完成73个村级文化活动场所建设，完成11个文化信息资源共享工程点建设，建成“农家书屋”163个，文化艺术中心主体工程于10月转入装饰装修。年内共创作各类艺术作品1 087件，其中省级以上发表或获奖8人10件，比上年增10%，全年排演新剧（节）目358个，新创作品245件。

2010年，宣威市参合人数117.08万人，参合率为95%，预计全年门诊减免300.72万人次，减免金额2 173.96万元，住院补偿8.62万人次，补偿金额13 179.69亿元。

2010年，先后举办了首届“和谐杯”少儿篮球运动会、第三届“和谐杯”篮球运动会、跆拳道邀请赛、第五届体育运动会、农村老年人体育运动会，弘扬了宣威精神，彰显了宣威人民健康向上的精神风貌。投资8 000万元建设的宣威市体育中心，工程基础夯实、一层布筋浇筑全部结束、钢结构已经完成大半，2011年年底可望完成主体工程。

## 固定资产投资

2010年，实施投资500万元以上的项目172个，完成固定资产投资117.37亿元，比上年增26.1%。羊过水水库工程竣工验收，东屯、三联、马房、冲门口水库除险加固主体工程基本完成，小干河、红石岩水库和中德财政合作、农业综合开发等项目加快建设；响水电站扩容、阿都等电站建设快速推进，110千伏、220千伏、500千伏等骨干电网项目加快实施；宣（威）倘（塘）二级公路建成通车，普（立）宣（威）高速公路开工建设，贵昆铁路沾（益）六（盘水）复线宣威段建设加快推进；磷电公司年产2500万千克磷酸、650万千克泥磷制酸、3200万千克三聚磷酸项目建设试运行，革香河公司年产3600万千克镍铬合金一期工程、凤凰山钢铁厂技改项目建成投产，云维年产6亿千克电石及年产30亿千克石灰石矿山、云地电投60万千瓦煤矸石综合利用热电厂、恒邦年产10亿千克低品位磷矿粉综合利用等项目开工建设；成功引进并启动建设云南云河集团年产1万辆专用汽车项目，填补了云南省专用汽车生产的空白。

## 扶　贫

2010年，宣威市扶贫开发共投入各级、各类资金7.53亿元，其中：财政专项扶贫资金6 010万元（中央、省级

4 060万元，曲靖市级650万元，宣威市级1 300万元）。项目整合资金4 313.04万元；帮扶资金1 501万元；社会捐资2 573万元；小额信贷扶贫资金1亿元；群众“三投”（投工投劳投资）5.09亿元。扶贫投资和上年同期相比增长45.66%。

扶贫项目覆盖26个乡（镇、街道）322个村953个自然村，受益3.72万户18.01万人。通过项目的实施，共解决2.98万人的“住房难”、2.23万人的“饮水难”、8.82万人的“行路难”、1.6万人的“燃料难”、0.59万人的“用电难”、1.49万人的“就医难”、1.89万人的“上学难”和6.28万人的“增收难”问题。

## 人民生活

2010年，宣威市农民人均纯收入3 735.1元，比上年3 404.26元增加330.84元，增9.72%；城镇居民人均可支配收入14 670.59元，比上年13 240.84元增加1 429.75元，增10.8%。城乡居民人均消费支出分别为10 120元、2 931.11元，分别增8.46%和13.24%。城乡居民人均住房面积分别达37.6平方米、26.2平方米，分别增1.3%和6.3%。

职工工资水平稳步提高。2010年全市单位从业人员60 818人，比上年增1.16%，从业人员劳动报酬185 670万元，比上年增20.6%。在岗职工年平均工资30 475元，比上年增15.5%。

社会保障工作进一步加强。2010年末全市职工参加基本养老保险达11 095人，保险金额1 497万元；参加农村社会养老保险71 563人，保险金额3 517万元；参加基本医疗保险132 686人，保险金额15 642万元；参加失业保险37 874人；企业事业机关单位参加工伤保险64 635人，保险金额1 697万元；参加生育保险人数29 018人，保险金额784万元。2010年全市城镇登记失业人数6 620人，登记失业率4%。

## 精神文明建设

2010年，宣威市精神文明建设工作重点以省级文明城市创建为抓手，不断创新内容、创新形式、创新管理体制和工作机制，着力抓了城乡清洁工程、居民素质工程、文明示范工程、群星文明工程，扎实推进公民思想道德建设，掀起群众性精神文明创建活动新高潮，为构建“生态宣威、文明宣威、健康宣威、快乐宣威”提供了强大的精神动力，营造了良好的社会环境。全市有17个单位、5个村、2个社区、1个小城镇被曲靖市委政府命名表彰为文明单位（小城镇、社区、村）；有24个单位（社区、村）被市委政府命名表彰为文明单位（社区、村）；有16个单位被市委政府表彰为“十星级文明和谐单位”先进集体。

（撰稿　余俊柏）

# 政　治

责任编辑　何　华

2010年8月1日，宣威市委书记许玉才（右二）到部队慰问。

（市委办　供稿）

# 中共宣威市委员会

**【重要会议】** 1月5日，市委、市政府召开全市林业工作会议。

1月6日，市委、市政府召开全市中低产田地改造暨冬春修农田水利建设工作现场会议。

1月7日，市委、市政府召开全市2010年烤烟工作会议。

1月11～12日，市委召开中共宣威市委第四届第六次全体（扩大）会议。

1月12日，市委、市政府召开春节前后安全生产暨社会稳定工作会议。

1月28日，市委、市政府召开电煤供应工作紧急会议。

2月4日，市委、市政府召开全市抗旱和森林防火工作会议。

2月24日，市委、市政府召开2010年全市煤炭暨安全生产工作会议。

3月4日，中国共产党宣威市第四届纪律检查委员会第五次全体会议在市政府招待所三楼会议室召开。

3月4日，市委、市政府召开宣威市村级党组织和第四届村民委员会换届选举工作会议。

3月19日，市委、市政府在龙场镇召开全市春耕生产现场会议。

3月24日，市委、市政府召开森林防火暨烤烟抗旱移栽工作紧急会议。

3月25日，市委、市政府在大礼堂召开2010年工作会议。

4月16日，市委召开领导干部会议。

5月21日，市委召开全市深入学习实践科学发展观活动总结暨创先争优活动动员部署会议。

6月23日，市委、市政府召开第二批“866”工程总结暨挂职扶贫干部座谈会议。

7月8日，市委、市政府在板桥镇耿屯村下海子召开全市2010年烤烟中耕管理现场会议。

7月14日，全市关心下一代工作会议召开。

7月19日，市委、市政府召开市委理论学习中心组2010年第二季度学习暨上半年经济运行分析会议。

7月19日，市委、市政府召开全市创先争优活动推进暨抗旱救灾工作总结表彰会议。

8月3日，市委、市政府召开2010年全市烤烟收购工作会议。

8月25日，市委、市政府召开全市信访工作推进会议。

9月7日，市委召开领导干部会议。

10月11日，市委、市政府召开宣威市西山双塔建设捐资动员大会。

11月5日，市委召开全市2011年度党报党刊征订发行工作会议。

11月11日，市委、市政府召开宣威市普宣高速公路建设征地拆迁工作动员会议。

11月18日，市委、市政府召开全市保安全保畅通专项整治行动动员部署会议。

11月23日，市委召开市委理论学习中心组2010年度第三次集中学习暨学习党的十七届五中全会精神专题会议。

12月1日，市委、市政府召开重大事项社会稳定风险评估工作推进会议。

12月20日，市委、人大、政协工作会议在大礼堂召开。

12月20日，市委召开领导干部会议。

12月27日，市委、市政府召开全市今冬明春农业工作会议。

12月28日，市委、市政府召开全市2011年烤烟工作会议。

12月29日，市委召开全市学习型党组织建设推进会。

12月30日，市委、市政府召开全市市容环境卫生整治工作动员会议。

12月31日，市委、市政府召开全市社会管理创新试点工作会议。

**【重要文件】** 1月12日，市委印发市委书记许玉才《在中共宣威市委第四届第六次全体（扩大）会议上的报告》。

3月2日，市委印发《关于全市村党组织和第四届村民委员会换届选举工作的实施意见》。

3月10日，市委印发《宣威市人大常委会2010年度工作要点》。

3月10日，市委印发《政协宣威市委员会2010年工作要点》。

4月15日，市委印发《宣威市贯彻落实科学发展观2010年度乡（镇、街道）综合考核奖惩办法》。

4月22日，市委印发《关于成立解决信访问题联合工作组的决定》。

4月22日，市委印发《关于对贯彻落实市委四届六次全会各项目标任务进行分解立项督查的通知》。

5月17日，市委印发《关于加强生态文明建设的实施意见》。

5月31日，市委印发《关于在全市党的基层组织和党员中深入开展创先争优活动的实施意见》。

6月3日，市委印发《关于进一步加强以村党组织书记为主的村干部队伍建设的意见》。

6月9日，市委印发《关于市委领导成员分工的通知》。

6月10日，市委印发《宣威市市级部门2010年度综合考核评价办法（试行）》。

6月17日，市委印发《关于进一步加强工会、共青团、妇联工作的意见》。

8月19日，市委印发《关于以“三围绕三争创”为主题深入推进创先争优活动的意见》。

10月18日，市委印发《关于加强纪检监察机关建设的实施意见》。

12月22日，市委印发《关于进一步加强和改进新形势下人大工作的意见》。

12月22日，市委印发《关于支持人民政协履行职能发挥作用的意见》。

12月23日，市委印发《关于深化医药卫生体制改革的实施意见》

**【重要活动】** 1月28日20:00，宣威市在宣威大礼堂举办2010年春节联欢晚会。

1月31日，宣威市在市体育健身中心举行开馆仪式暨2010年迎新春文体联谊活动。

2月4日，宣威市在雄业大酒店举行2010年迎新春团拜会。

6月16日，由中宣部、中央文明办、公安部、教育部、文化部、广电总局、解放军总政治部、全国总工会、共青团中央、全国妇联、中国文联主办，中共宣威市委、宣威市人民政府承办的CCTV《激情广场》“爱国歌曲大家唱·云南宣威公安篇”演出活动在美奂广场举行。

6月29日，由中共云南省委、云南省人民政府主办，中共云南省委宣传部、中共曲靖市委、曲靖市人民政府、云南省电视台承办，中共曲靖市委宣传部、中共宣威市委、宣威市人民政府协办的“云之南”艺术团《大爱化甘霖·希望满人间》慰问宣威旱区专场文艺演出活动在美奂广场举行。

7月1日，宣威市“抗旱救灾”摄影展开展仪式在美奂广场体育健身中心举行。

7月29～30日，宣威市举办2010年度全市基层综治维稳干部培训班，切实提高全市综治维稳干部的素质和能力。

11月25日至12月3日，宣威市举行第五届体育运动会。

12月30日，宣威市2011年元旦穿城赛跑活动在美奂广场举行。

**【表彰先进】** 2010年度，市委、市政府先后对各行业先进集体和先进个人进行了表彰。

**附：宣威市2009年度先进乡（镇、街道）、单位、村（居）委会、企业和先进个人名单**

**一、先进乡镇、街道（13个）**

田坝镇　板桥镇　东山镇　西泽乡　得禄乡
热水镇　龙潭镇　海岱镇　羊场镇　来宾镇
双河乡　虹桥街道　双龙街道

**二、先进单位（16个）**

发改局　煤炭局　教育局　交通局　财政局
国土局　水务局　开发区　扶贫办　国税局
地税局　文化局　计生局　妇联　科协　法院

**三、先进村（居）委会（26个）**

来宾镇河东村民委员会
宛水街道丰华社区居民委员会
西宁街道锦西社区居民委员会
双龙街道龙华社区居民委员会
虹桥街道马房村民委员会
板桥镇下村村民委员会
倘塘镇新堡村民委员会
田坝镇新发村民委员会
羊场镇多贝戛村民委员会
东山镇马场村民委员会
海岱镇箐头村民委员会
龙场镇龙场村民委员会
格宜镇龙山村民委员会
宝山镇乐红村民委员会
普立乡更底村民委员会
热水镇色卡村民委员会
落水镇灰硐村民委员会
西泽乡建设村民委员会
务德镇糯嘎村民委员会
龙潭镇磨石村民委员会
得禄乡色空村民委员会
杨柳乡蒋箐村民委员会
双河乡白所村民委员会
乐丰乡店子村民委员会
文兴乡塌土村民委员会
阿都乡谷兴村民委员会

**四、先进企业（18个）**

宣威供电有限责任公司
曲靖供电局宣威供电分局
曲靖市烟草公司宣威分公司
中国银行股份有限公司宣威支行
中国农业发展银行宣威市支行
中国人民财产保险股份有限公司宣威支公司
中国人寿保险股份有限公司宣威支公司
宣威市农村信用合作联社
曲靖市商业银行股份有限公司宣威支行
倘塘镇三岔煤矿
龙潭镇下竹箐煤矿
东山镇法着煤矿
宣威磷电有限责任公司
恒邦磷化工业有限公司
宣泰火腿有限公司
宇恒水泥有限公司
雄业集团公司

通豪农业综合开发有限公司

## 五、先进个人（116名）

### （一）市直单位（64名）

王所邦（市委办原主任）
朱家奎（市纪委纪检监察室主任）
徐国云（市委组织部组织科科长）
孙丹飞（市委宣传部外宣科科长）
周云权（市委统战部副部长）
李党柱（市委老干局副局长）
浦冬梅（市直机关党委纪委书记）
张远惠（市委政法委副书记）
朱树雄（市党史室副主任）
陈美荣（市总工会办公室主任）
沈艳芳（市关工委办公室主任）
母春玲（市人大办秘书科科长）
马庆健（市政府办督查科科长）
吴仕晗（市政协办工作组委副主任）
晏　波（市发改局办公室主任）
符　皓（市经济局纪委书记）
王宏志（市财政局预算科科长）
徐　玫（市招商局副局长）
王会荣（市扶贫办副主任）
张　文（市信访局干部）
龙达勇（市科协干部）
张彩茂（市教育局副局长）
王明考（市民宗局宗教科科长）
李文宏（市计生局副局长）
浦米花（市建设局副局长）
浦绍克（市环保局环境监察大队队长）
顾正碧（市法院副院长）
王邦绍（市检察院侦查监督科科长）
孙道江（市公安局警务保障室主任）
刘丽琼（市公安局国保大队民警）
罗绍波（市公安局双龙派出所民警）
陶乃静（市民政局秘书科科长）
何正稳（市人事局干部）
秦　杰（市劳保局办公室主任）
彭显华（市农业局种子站站长）
张国琨（市林业局产业站站长）
孙承欢（市水务局高级工程师）
余宗寿（市畜牧局改良站站长）
樊兴华（市煤矿安全监督管理局副局长）
沈长征（市交通局副局长）
李祥友（市卫生局副局长）
王向东（市国土局规划科科长）
蒋朝芳（市工商局副局长）
刘明署（市邮政局乐丰乡邮政所所长）
王玉杰（市审计局前置审计科科长）
赵德相（市地震局干部）
周　伟（市移民局办公室主任）
宁德泰（市地税局办公室副主任）
魏成飞（市国税局开发区税务分局局长）
李红春（市气象局副局长）
王玉江（市农机局农机化学校副校长）
张崇刚（市体育局干部）
杨玉先（市文化局副局长）
吕　建（市广电局办公室主任）
王　雄（市开发区办公室主任）
顾发晋（市供销社农资公司经理）
杨春鹏（市安监局干部）
李在所（市质监局副局长）
刘丕志（市药监局办公室主任）
顾怀锋（市烟草公司倘塘烟叶站站长）
王兴攀（市供电公司经理）
徐家虎（市寿险公司支部书记、副经理）
陈建彪（市农发行客户服务处副主管）
游建国（市信用联社主任）

### （二）乡（镇、街道）（52名）

张　舜（宛水街道党工委秘书、党政办主任）
王大猛（宛水街道祯祥村委会主任）
陶汝平（西宁街道党工委副书记）
范茂吉（西宁街道环卫所所长）
浦　波（双龙街道国土资源所所长）
崔庆会（双龙街道左所村委会主任）
单德凯（虹桥街道办事处副主任）
王美琼（虹桥街道干部）
朱　平（来宾镇普仓村党总支书记）
侯平邦（来宾镇新田村党总支书记）
简成敏（板桥镇纪委书记）
顾正开（板桥镇党政办主任）
杨承良（倘塘镇副镇长）
李俊波（倘塘镇司法所长）
浦同雷（田坝镇党委副书记）
包广涛（田坝镇经济办主任）
杨光伟（羊场镇党委副书记）
李启相（羊场镇副镇长）
李维武（东山镇党政办主任）
张彩平（东山镇干部）
赵永谋（海岱镇密德村党总支书记）
孔佑再（海岱镇文阁村党总支副书记）
朱勋艾（龙场镇人大主席）
赵永克（龙场镇党委副书记）

俞明跃（格宜镇华泽村党总支书记）
尹正严（格宜镇合管办主任）
张宗雄（宝山镇虎场村党总支书记）
管庆黄（宝山镇计生办主任）
朱恩虎（普立乡副乡长）
陈顺敏（普立乡党委组织委员）
李　应（热水镇司法所所长）
胡荣昌（热水镇建新村党总支书记）
王定治（落水镇武装部部长）
陶艳芳（落水镇党委组织委员）
陈建早（西泽乡扶贫办主任）
舒廷先（西泽乡糯着村党总支书记、主任）
李学友（务德镇交通站站长）
王如林（务德镇新店村党总支书记、主任）
卯昌平（龙潭镇人大主席）
代荣胜（龙潭镇党委组织委员）
江志梅（得禄乡党委组织委员）
王尔信（得禄乡武装部部长）
李俊才（杨柳乡扶贫办主任）
陈正周（杨柳乡和平村党总支书记、主任）
刘传能（双河乡水务所所长）
李荣江（双河乡葛菇村党总支书记、主任）
王先斌（乐丰乡水务所副所长）
毛明聪（乐丰乡色官村党总支副书记）
高　瑞（文兴乡党政办主任）
孙中阳（文兴乡副乡长）
蒋照发（阿都乡党委组织委员）
蔡兴飞（阿都乡林业站站长）

**附：2009年度社会治安综合治理和维护社会稳定工作先进单位名单**

**一、先进乡（镇、街道）（5个）**

羊场镇　东山镇　来宾镇　海岱镇　得禄乡

**二、先进单位（4个）**

法院　煤炭局　财政局　公安局

**三、驻宣企业（2个）**

田坝煤矿　曲交集团宣威分公司

**附：2009年度社会治安综合治理和维护社会稳定先进个人名单**

**一、市直单位、驻宣单位（企业）（27名）**

何永胜（市委办副主任）
唐乔良（市政府办秘书六科科长）
孔德荣（市人大法工委主任）
洪兴国（市政协主任科员）
缪志刚（市政法委610办干部）
范开虎（市法院立案庭庭长）
宁德云（市法院田坝中心法庭庭长）
王　飞（市法院民一庭庭长）
徐文浩（市检察院民行科科长）
代祥花（女，市检察院批捕科副科长）
刘代伟（市公安局宛水派出所民警）
赵荣富（市公安局双龙派出所民警）
陆　平（市公安局西宁派出所副所长）
黄　彦（市公安局禁毒大队副大队长）
朱真理（市公安局指挥中心副主任）
高连吉（市公安局治安管理大队民警）
张　猛（市司法局副局长）
浦同建（市司法局杨柳乡司法所所长）
孙承聪（市信访局副局长）
黄初满（市广电局副局长）
周　俊（市卫生局执法监督科科长）
张兴必（市经济局保卫科科长）
陈大灿（市煤炭局党委副书记）
袁玉聪（市教育局安全办主任）
黄吉献（人行综合管理科副科长）
陈道灿（产险公司副经理）
王怀林（田坝煤矿保卫科科长）

**二、乡（镇、街道）（26名）**

蒋孝泽（宛水街道综治中心副主任）
陆家波（西宁街道党工委副书记）
阳广云（西宁街道信访办干部）
冯灿辉（虹桥街道综治专干）
徐可珊（来宾镇矛盾调处中心主任）
胡云川（倘塘镇综治专干）
范茂慧（板桥镇综治专干）
周立均（东山镇党委副书记）
卯　飞（羊场镇副镇长、派出所所长）
张天好（海岱镇派出所副所长）
庄永林（田坝镇副镇长、派出所所长）
吴金惠（龙场镇信访办主任）
顾正勇（格宜镇综治中心副主任）
代兴贤（宝山镇司法所所长）
耿成朗（龙潭镇综治专干）
陶　挺（落水镇灰硐村调解员）
李建刚（热水镇综治专干）
浦周党（得禄乡综治中心主任）
周剑昌（西泽乡党委副书记）
王　剑（务德镇司法所所长）
赵思颖（杨柳乡综治专干）

邓廷昆（双河乡党委副书记）
高　峰（乐丰乡综治专干）
赵德彤（阿都乡党政办公室主任）
蒋学忠（文兴乡综治中心副主任）
吴兴义（普立乡司法所所长）

## 附：2008年度宣威市道德模范和道德模范提名奖名单

**一、宣威市道德模范人员名单：**

（一）宣威市助人为乐模范：饶庆光　宰发令　缪克广
（二）宣威市诚实守信模范：宁国昌　夏自稳　范　斌
（三）宣威市敬业奉献模范：夏　逵　孔令郁　罗加祥
（四）宣威市孝老爱亲模范：陈金芬　高竹花　藤春菊
（五）宣威市见义勇为模范：夏　俊　董江挺　李国章

**二、宣威市道德模范提名奖人员名单：**

（一）宣威市助人为乐模范提名奖：刘维党　包广波　晏　志
（二）宣威市诚实守信模范提名奖：刘　界　徐爱琼　张彩体
（三）宣威市敬业奉献模范提名奖：袁玉甫　陶　俊　何正稳
（四）宣威市孝老爱亲模范提名奖：祖莉侣　朱美玲　薛才根
（五）宣威市见义勇为模范提名奖：赵德荣　尹欣友　吕永斌

## 附：2009年度命名的文明单位（社区、村）和表彰的“十星级文明和谐单位”先进集体名单

**一、文明单位（社区、村）（24个）**

（一）文明社区（1个）
宛水街道丰华社区
（二）文明单位（6个）
市质量技术监督局
市工商行政管理局开发区分局
市史志办
市青少年宫
阿都乡卫生院
西宁街道靖外明德小学
（三）文明村（17个）
海岱镇鼠场村委会
龙场镇隆庄村委会
双河乡白所村委会
得禄乡务乐村委会新城村
热水镇阿浪村委会
文兴乡太平村委会
东山镇芙蓉村委会
宝山镇乐红村委会坪子村
普立乡迤新村委会大村子村
龙潭镇磨石村委会金家村
杨柳乡碗厂村委会李家梁子村
来宾镇普仓村委会水箐村
务德镇新华村委会第七村民小组
田坝镇土木村委会第七村民小组
格宜镇华泽村委会大寨村
倘塘镇东冲村委会竹园村
阿都乡谷兴村委会英歌咀村

**二、“十星级文明和谐单位”先进集体（16个）**

（一）党群系统：市委办公室　市妇联
（二）行政系统：市统计局　市扶贫办
（三）农林系统：市农业局　市气象局
（四）文卫系统：市卫生局　市中医院
（五）政法系统：市公安局
（六）工交系统：市交通局
（七）教育系统：市八中　市一职中
（八）经贸系统：市国税局　市地税局
（九）金融系统：人行　农发行

## 附：宣威市第三批新农村建设工作队优秀个人和先进集体名单

**一、优秀工作队队长（5名）**

沈宗文　市水务局（乐丰工作队）
赵　玲　市人事局（落水工作队）
严春荣　市农业局（板桥工作队）
王大春　市商务局（龙场工作队）
沈宗迪　市经济局（格宜工作队）

**二、优秀指导员（105名）**

王　松　曲靖公路管理处（驻海岱镇德来村）
吕宪昌　海岱镇人民政府（驻海岱镇箐头村）
李春云　市林业局（驻海岱镇羊场村）
贺川峰　曲靖市运政处（驻海岱镇大栗树村）
陶汝扩　倘塘镇人民政府（驻倘塘镇三岔村）
苟云川　市文化局（驻格宜镇翠华村）
王邦学　市委宣传部（驻格宜镇龙山村）
柴家好　格宜镇人民政府（驻格宜镇白泥村）
彭　程　市统计局（驻东山镇三乐村）
尹　华　曲靖市妇幼保健医院（驻东山镇安迪村）
任利响　东山镇人民政府（驻东山镇八大河村）
吕　东　曲靖市中医院（驻东山镇米乐村）
张凤仙　曲靖市中心血站（驻东山镇法着村）

陈煜斌　市开发区管（驻东山镇恰德村）
张必安　市开发区管（驻东山镇海那村）
吕乔明　曲靖市运政管理处（驻东山镇芙蓉村）
李　明　曲靖市计生局（驻东山镇火石盆村）
孔成友　市工商局（驻东山镇李家村）
孙应盛　市地震局（驻阿都乡谷兴村）
陈兴国　阿都乡人民政府（驻阿都乡大佐村）
周　俊　阿都乡人民政府（驻阿都乡增坪村）
陈运波　市审计局（驻阿都乡阿都村）
朱泽华　双龙街道办事处（驻双龙街道泰安社区）
张大辉　羊场镇人民政府（驻羊场镇大田坝村）
敖成培　羊场镇人民政府（驻羊场镇大松树村）
瞿广荣　羊场镇人民政府（驻羊场镇英角村）
周　俊　市卫生局（驻龙潭镇新坪村）
朱广华　市林业局（驻龙潭镇大坡村）
许新跃　市邮政局（驻龙潭镇茨德村）
王　健　龙潭镇人民政府（驻龙潭镇中岭子村）
浦同爱　宝山镇人民政府（驻宝山镇德积村）
代兴贤　宝山镇人民政府（驻宝山镇被古村）
夏存仁　市发改局（驻宝山镇太和村）
窦文萍　市文化局（驻宝山镇塘子村）
赵坤宏　市民政局（驻落水镇海子村）
何国彦　市供电公司（驻落水镇滴水村）
付德礼　杨柳乡人民政府（驻杨柳乡碗厂村）
辛家卫　杨柳乡人民政府（驻杨柳乡留田村）
张凡书　市民宗局（驻杨柳乡克基村）
周开平　龙场镇人民政府（驻龙场镇勺姑村）
刘招雄　曲靖市水文局（驻龙场镇黄村）
吴金惠　龙场镇人民政府（驻龙场镇龙林村）
陈海容　曲靖市卫生局（驻龙场镇得所村）
徐志平　市文化局文物管理所（驻双河乡尖山村）
何永健　市农业局农技推广中心（驻双河乡杨家村）
朱陆勋　市水务局（驻双河乡葛姑村）
彭　霖　团市委（驻文兴乡马龙村）
朱恩磊　文兴乡人民政府（驻文兴乡火木村）
韩必昌　文兴乡人民政府（驻文兴乡白药村）
李荣勤　得禄乡人民政府（驻得禄乡大营村）
李庆贤　得禄乡人民政府（驻得禄乡小营村）
杨　栋　得禄乡人民政府（驻得禄乡河艾村）
孔令江　市煤炭局（驻普立乡格学村）
孔维再　市检察院（驻普立乡戈特村）
张国榜　市中医院（驻普立乡老厂村）
宁丽娥　市妇联（驻宛水街道祯祥村）
高　燕　宛水街道办事处（驻宛水街道宛水社区）
严美菊　宛水街道办事处（驻宛水街道西河社区）
李应华　宛水街道办事处（驻宛水街道丰华社区）
母荣华　宛水街道办事处（驻宛水街道钟山社区）
符宗航　市委机要局（驻西宁街道洽坡村）
孔　飞　西宁街道办事处（驻西宁街道靖外村）
徐应俊　西宁街道办事处（驻西宁街道老堡村）
张　浩　市开发区管（驻热水镇色卡村）
张德相　市委统战部（驻热水镇述迤村）
崔　军　曲靖市林业局（驻热水镇陡沟村）
徐　健　市环保局（驻热水镇阿浪村）
温大富　曲靖市林业局（驻热水镇花鱼村）
李加伟　曲靖市银监分局（驻热水镇柏木村）
桂腾鹏　热水镇人民政府（驻热水镇海德村）
周兴祥　曲靖市水务局（驻热水镇乐迤村）
桂　军　曲靖市林业局（驻热水镇窑上村）
朱　敏　市文联（驻乐丰乡新德村）
李振东　曲靖市委史志委（驻乐丰乡邓村）
韩　瑞　市扶贫办（驻乐丰乡店子村）
李　江　乐丰乡人民政府（驻乐丰乡建文村）
毛德诚　曲靖市规划设计院（驻田坝镇红岩村）
周　懂　田坝镇人民政府（驻田坝镇米田村）
沈立松　市计生局（驻田坝镇风景村）
孙福德　市环保局（驻板桥镇鸭塘村）
黄彩竹　市委党校（驻田坝镇田坝村）
樊兴逵　板桥镇人民政府（驻板桥镇石缸村）
宁通显　市安监局（驻板桥镇东屯村）
王树红　市公安局（驻板桥镇西边村）
李家甫　市经济局（驻板桥镇庄子村）
张安华　市劳保局（驻板桥镇土城村)
朱丽萍　市广电局（驻务德镇发图村）
徐安培　市财政局（驻务德镇务德村）
王顺辉　市民政局（驻务德镇新店村）
高忠能　市第一人民医院（驻务德镇庶乐村）
崔庆亚　市民政局（驻务德镇卜嘎村）
王明东　市国土局（驻务德镇宏爱村）
孔令泽　来宾镇人民政府（驻来宾镇龙洞村）
朱吉宏　来宾镇人民政府（驻来宾镇后夸村）
马维先　来宾镇人民政府（驻来宾镇朱屯村）
欧文斌　曲靖市地方公路管理处（驻海岱镇腊谷村）
包崇周　虹桥街道办事处（驻虹桥街道月牙村）
宁蓉芳　西泽乡人民政府（驻西泽乡石城村）
鲍绍和　市信用联社（驻倘塘镇鲁乍村）
陈学川　曲靖市疾控中心（驻倘塘镇得宜村）
杨兴华　曲靖市邮政局（驻倘塘镇茂宗村）
李再宏　倘塘镇人民政府（驻倘塘镇铺子村）
王德树　曲靖市煤炭职业技术学校（驻倘塘镇东冲村）
袁明玮　倘塘镇人民政府（驻倘塘镇发宏村）
陶　锋　市新农村建设指导员办公室

三、先进集体（17个）

市妇联（指导员驻宛水街道）
市移民局（指导员驻田坝镇）
市交通局（指导员驻西宁街道、阿都乡）
市人事局（指导员驻落水镇）
市地震局（指导员驻阿都乡）
市财政局（指导员驻务德镇）
市农业局（指导员驻板桥镇、海岱镇、热水镇）
市人大办（指导员驻虹桥街道）
市水务局（指导员驻杨柳乡、乐丰乡）
市国税局（指导员驻普立乡）
市政协办（指导员驻羊场镇）
市委宣传部（指导员驻来宾镇）
市人防办（指导员驻宝山镇）
市煤炭局（指导员驻双河乡、田坝镇、普立乡）
市教育局（指导员驻务德镇、龙潭镇）
市残联（指导员驻倘塘镇）
市扶贫办（指导员驻乐丰乡）

**附：宣威市抗旱救灾先进乡（镇、街道）、单位村（社区）、企业和个人名单**

一、先进乡（镇、街道）（10个）

双龙街道　板桥镇　羊场镇　来宾镇　格宜镇
宝山镇　东山镇　热水镇　双河乡　得禄乡

二、先进单位（28个）

市委办 市人大办 市政府办 市政协办
市委组织部 市委宣传部 市委政法委 市人武部
市水务局 市农业局 市财政局 市畜牧局
市林业局 市民政局 市经济局 市煤炭局
市公安局 市开发区 市交通局 市卫生局
市招商局 市供销社 市扶贫办 市农机中心
市公安消防大队 市森林防火指挥部
板桥镇专业扑火队 曲靖烟草公司宣威分公司

三、先进村（社区）（50个）

西宁街道锦西社区　西宁街道赤水村
双龙街道左所村　宛水街道望城社区
虹桥街道虹桥社区　来宾镇普仓村
来宾镇徐屯村　格宜镇龙山村
格宜镇旱稻村　龙场镇龙场村
龙场镇勺姑村　落水镇火石村
落水镇三道村　宝山镇厂房村
宝山镇戛立村　东山镇朱家湾村
东山镇朝阳村　板桥镇木乃村
板桥镇土城村　热水镇干海村
热水镇营沟村　热水镇秧草村
龙潭镇中岭子村　龙潭镇业肥村
田坝镇中和村　田坝镇新发村
海岱镇鼠场村　海岱镇文阁村
倘塘镇得宜村　倘塘镇法宏村
羊场镇陈湾村　羊场镇小箐村
务德镇茨嘎村　务德镇卜嘎村
得禄乡志度村　得禄乡色空村
双河乡尖山村　双河乡豁嘎村
杨柳乡围仗村　杨柳乡碗厂村
西泽乡马戛村　西泽乡戈平村
文兴乡文兴村　文兴乡半山村
乐丰乡新月村　乐丰乡新村村
普立乡更底村　普立乡卡乌村
阿都乡荣胜村　阿都乡银厂村

四、先进企业（63个）

宣威宇恒水泥有限公司
国电宣威发电有限责任公司
云南云维乙炔化工有限公司
云南四方云电投能源有限公司
宣威磷电有限公司
宣威嘉钦工贸有限责任公司
宣威雄业集团公司
宣威供电有限责任公司
昆明泰吉美房地产开发有限公司
宣威革香河水电开发有限公司
曲靖供电局宣威分局
曲靖交通集团有限公司宣威分公司
羊场煤矿
大唐宣威水电开发有限公司
宣威美仑建设开发有限公司
宣威恒邦磷化工工业有限公司
龙潭红地沟煤矿
龙潭下竹箐煤矿
田坝煤矿
龙潭秧田冲煤矿
宣威三和鑫饮食文化有限公司
宣威嘉泰新材料公司
曲靖宣峰水泥发展有限公司
云南朋川天府投资有限公司
中国农业银行宣威支行
云南德华房地产开发有限公司宣威分公司
云南云天化国际化工股份有限公司云峰分公司
宣威天成实业有限公司
宣威物资有限责任公司
宣威东方建筑工程集团有限公司
宣威虹维有限责任公司

龙潭华平煤业有限公司
双龙长征煤矿
文兴杨梅树煤矿
乐丰明德煤矿
宝山麦地冲煤矿
宝山虎场煤矿三家村井
倘塘沙石坪煤矿
倘塘马鞍煤矿
宝山普立煤矿
宣威兄弟实业有限公司
倘塘旧堡煤矿
倘塘松山煤矿
倘塘茂宗煤矿
倘塘小麦地煤矿
田坝风景煤矿
宝山红星煤矿
乐丰横山煤矿
文兴小松山煤矿
宝山茶园煤矿
宝山保安煤矿
海岱成兴煤矿
田坝红星煤矿
田坝溪流煤矿
倘塘三岔煤矿
宝山虎场煤矿
宝山复兴煤矿
海岱兴鑫煤矿
倘塘小窑边煤矿
宝山包村煤矿
双河小营煤矿
宝山镇宝山煤矿
海岱小白岩煤矿

**五、先进个人（199名）**

刘建华（市检察院检察长）
浦绍锋（市交通局局长）
包继朝（市煤炭局局长）
金永德（市法院副院长）
刘永珺（市委办综合科科长）
高忠护（市委办信息科干部）
许建昆（市人大农工委副主任科员）
张龙柱（市政府办秘书三科科长）
田春飞（市政府办应急办干部）
吴仕晗（市政协办副主任）
张远惠（市委政法委副书记）
张宗彦（市纪委副书记）
何树柳（市第八纪工委监察分局局长）
丁宪魁（市委宣传部常务副部长）
沈良斌（《曲靖日报》宣威记者站站长）
段国堂（市统计局局长）
蒋　琳（市劳保局局长）
张彩雄（团市委书记）
贾学选（市发改局办公室副主任）
吴仕华（市建设局给排水公司经理）
张绍龙（市国税局副主任科员）
江欣昌（市地税局副局长）
浦绍波（市教育局干部）
徐丽萍（市保密局副局长）
董祥俊（市委机要局干部）
吴兴泰（市信访局主任科员）
符　皓（市经济局纪委书记）
陆　锦（市环保局副高级工程师）
杨建军（市委组织部组织一科副科长）
朱贵学（市总工会党组书记）
李继华（市妇联干部）
崔同灿（市招商局副主任科员）
周朝阳（市司法局副主任科员）
朱倡明（市公安局副局长）
王　立（市公安局干部）
文　锐（市国土资源局干部）
孙书松（市人武部军事参谋）
龙　斌（市人武部干部）
胡昌彦（市委党校办公室主任）
晏祥荣（市残联办公室主任）
吕　静（市委党史室秘书科科长）
何汝龙（市文联副主席）
肖光荣（市开发区党委书记）
范茂朝（市开发区办公室副主任）
黄　灿（市委统战部副部长）
田庭洪（市文化局副局长）
钱灿樟（市财政局农财科科长）
缪志军（市水务局副局长）
张庆良（市水务局防办副主任）
杨世春（市水务局办公室主任）
段连会（市水务局水政监察大队队长）
宋德燕（市气象局局长）
陈继宇（市气象局工程师）
李红春（市气象局副局长）
陆家栋（市调查队副队长）
安吉斌（市农机中心科教科科长）
叶尤飞（市供销社办公室干部）
孔德俊（市民政局干部）
叶美仙（市民政局干部）

徐　飞（市民政局干部）
缪祥虎（市畜牧局人事科科长）
王天旭（市畜牧局经济管理科科长）
黄兆军（市畜牧局人事科副科长）
沈立党（市扶贫办副主任）
张彦鹏（市质监局干部）
李云龙（市第一人民医院党总支书记）
赵德席（市外资办主任）
余红梅（市广电局副局长）
符开红（市广电局传媒中心主任）
耿成榕（市广电局电视台台长）
夏　骁（市广电局新闻部副主任）
朱丽萍（市广电局广播电台台长）
吴封益（市委农工办主任）
陶　红（市安监局干部）
张先朝（市编办常务副主任）
舒承勇（市林业局副局长）
董知勇（市林业局人事科副科长）
朱家护（市森林防火指挥部办公室主任）
高云昌（市公安消防大队大队长）
向　敏（市公安消防大队战士）
饶君然（市公安消防大队战士）
徐安炳（市农业局党委副书记）
邹连俄（市农业局生产科科长）
张　俊（市农业局干部）
应希宏（市农业局农艺师）
李学姝（市农业局助理农艺师）
叶毓海（市委老干局主任科员）
常吕明（市计生局干部）
孔德华（市粮食局副局长）
毛发庆（市民宗局副主任科员）
范文智（市工商局办公室主任）
刘廷敏（市科技局副主任科员）
柴大欢（市科协主席）
唐　波（市移民局干部）
樊永军（市审计局审计师）
保鸭红（市烟草公司财务科科长）
李玲美（市烟草公司生产科科长）
方国海（市烟草公司得禄烟站站长）
朱兴党（市烟草公司务德烟站站长）
秦本辉（西宁街道纪工委书记）
杨万友（西宁街道水务所所长）
孔德培（西宁街道赤水村党总支书记）
浦恩俊（双龙街道副主任）
缪志琼（双龙街道农技中心主任）
崔庆会（双龙街道左所村党总支书记）
邱荣梅（宛水街道妇工委主任）
曾淑静（宛水街道文化站站长）
杨光洪（宛水街道新南社区党总支书记）
黄初朝（虹桥街道副主任）
刘维党（虹桥街道北云社区党总支书记）
胡文志（来宾镇副镇长）
张崇庆（来宾镇水务所副所长）
朱　平（来宾镇普仓村党总支书记）
王正雄（龙场镇副镇长）
唐金春（龙场镇党委委员）
孙　恒（龙场镇水务所所长）
钱庆元（龙场镇得所村党总支书记）
李学稳（龙场镇罗营村党总支书记）
陶荣计（落水镇副镇长）
陆礼艾（落水镇林业站站长）
沈宗俄（落水镇农技中心主任）
宁德波（落水镇水务所所长）
李跃荣（热水镇副镇长）
吴冬菊（热水镇宣传委员）
陶兴坤（热水镇农技中心主任）
陶昌能（热水镇水务所所长）
胡荣昌（热水镇建新村党总支书记）
秦　韩（板桥镇镇长）
简成敏（板桥镇纪委书记）
高文早（板桥镇水务所所长）
王知涛（板桥镇永安村党总支书记）
杨承国（板桥镇庄子村党总支书记）
李启相（羊场镇党委副书记）
张大辉（羊场镇水务所所长）
张应超（羊场镇林业站站长）
瞿增虎（羊场镇农技中心主任）
丁文生（羊场镇清水村党总支书记）
何永用（宝山镇组织委员）
张开晶（宝山镇村管所干部）
周其寿（宝山镇水务所所长）
孔维军（宝山镇塘子村党总支书记）
陈世锡（田坝镇镇长）
王明汝（田坝镇党政办主任）
浦仕繁（田坝镇水务所所长）
陈道彦（务德镇人大主席）
龙明旺（务德镇党政办主任）
晏　雄（务德镇水务所所长）
符泽顺（务德镇拖克村党总支书记）
夏　钦（格宜镇党政办副主任）
赵天彪（格宜镇水务所所长）
何兴义（格宜镇大坪村党总支书记）

浦绍先（格宜镇白泥村委会主任）
卯昌平（龙潭镇人大主席）
王开雄（龙潭镇龙潭村党总支书记）
熊 飞（龙潭镇中岭子村党总支书记）
刘顺平（龙潭镇新河村党总支书记）
陶云成（龙潭镇茨德村党总支书记）
张宝忠（海岱镇磨戛村党总支书记）
龚顺恒（海岱镇顾湾村党总支书记）
孔垂衍（海岱镇鼠场村党总支书记）
黄初章（海岱镇箐头村党总支书记）
余瑞先（东山镇党政办副主任）
毛 飞（东山镇协法村党总支书记）
李春贤（东山镇老营村党总支书记）
夏选武（东山镇火石盆村党总支书记）
孔令桥（倘塘镇党委副书记）
朱发彩（倘塘镇水务所高级工）
徐学通（倘塘镇鲁乍村党总支书记）
孔德友（倘塘镇兴隆村党总支书记）
钱玉松（倘塘镇宜木戛村委会主任）
马留卫（西泽乡党委书记）
钱 刚（西泽乡副乡长）
沈卫祥（西泽乡新建村党总支书记）
李如华（西泽乡石城村党总支书记）
代 顺（得禄乡副乡长）
袁明奇（得禄乡林业站站长）
李庆扩（得禄乡水务所所长）
杨崇昌（得禄乡色空村党总支书记）
严胜肖（杨柳乡副乡长）
何 跃（杨柳乡副乡长）
严达功（杨柳乡围仗村党总支书记）
蹇光勇（杨柳乡兽医站干部）
刘传能（双河乡水务所所长）
刘大礼（双河乡林业站站长）
潘国能（双河乡皂卫村党总支书记）
苟方平（双河乡杨家村党总支书记）
赵德华（文兴乡水务所所长）
陈德毅（文兴乡半山村党总支书记）
朱培平（文兴乡支留村党总支书记）
罗云超（乐丰乡副主任科员）
浦绍德（乐丰乡水务所所长）
王明省（乐丰乡姑着村委会主任）
赵德彤（阿都乡党委委员、党政办主任）
赵德尧（阿都乡荣胜村党总支书记）
钱光平（阿都乡谷兴村党总支书记）
钱光锐（阿都乡银厂村党总支书记）
钱尚云（普立乡副乡长）
朱义勋（普立乡水务所所长）
李玉新（普立乡小额信贷站站长）

## 附：宣威市第二届道德模范和道德模范提名奖名单

### 一、宣威市道德模范人员名单：

（一）宣威市助人为乐模范：

袁友娣　海岱镇箐头村妇女主任
晏祥锦　龙场镇兄弟实业有限公司董事长
杨德敏　乐丰乡乐丰村完小教师

（二）宣威市诚实守信模范：

邱光会　东山镇法着煤矿矿长
李 璇　宣威海璇实业有限责任公司董事长兼总经理
陈兴俊　得禄乡扶贫办主任

（三）宣威市敬业奉献模范：

耿成榕　市广电局电视台台长
夏开富　市第一人民医院副主任医师
李会云　双龙街道环卫工人

（四）宣威市孝老爱亲模范：

范会珍　龙玉珍　得禄乡得禄村村民（妯娌）
罗翠香　西宁街道马街村村民
刘素梅　市人事局人事关系与仲裁科科长

（五）宣威市见义勇为模范：

陶 恂　宝山镇得积村村民
吕文劳　虹桥街道马房村村民
李继辉　市公安局宛水派出所协勤人员

### 二、宣威市道德模范提名奖人员名单：

（一）宣威市助人为乐模范提名奖：

张荣志　杨柳乡留田煤矿矿长
孙署光　田坝镇联盟村村民
周 伟　倘塘镇英阿村党总支副书记

（二）宣威市诚实守信模范提名奖：

陈道鹏　普立乡卫生院副院长
陈德丕　乐丰乡经济管理办公室干部
柴正所　市农业局土肥站干部

（三）宣威市敬业奉献模范提名奖：

黄崇峰　来宾镇河东村党总支书记
肖海和　得禄乡色空村村民
陈运锦　市人事局公务员管理科科长

（四）宣威市孝老爱亲模范提名奖：

罗 彩　双河乡豁嘎村村民
王娣和　东山镇马场村妇女主任
吴志红　市煤炭局供销公司职工

（五）宣威市见义勇为模范提名奖：

秦雄庆　倘塘镇旧堡村委会调解员

李朝林　龙场镇联防大队队长
孔维灿　海岱镇顾湾村村民

**附：科普工作先进乡（镇、街道）、先进单位、先进村（社区）、先进个人及优秀农技协会名单**

**一、先进乡（镇、街道）（15个）**

东山镇　海岱镇　板桥镇　热水镇　宛水街道
落水镇　龙潭镇　务德镇　倘塘镇　西宁街道
格宜镇　宝山镇　得禄乡　双河乡　双龙街道

**二、先进单位（12个）**

市委宣传部　市委组织部　市科协　市妇联
市老科协　市科技局　市教育局　市农业局
市卫生局　市畜牧局　市环保局
曲靖烟草公司宣威分公司

**三、先进村（社区）（26个）**

宛水街道祯祥村　西宁街道马街村
双龙街道浦山村　虹桥街道虹桥社区
板桥镇庄子村　落水镇滴水村
羊场镇清水村　海岱镇鼠场村
田坝镇新发村　东山镇恰德村
来宾镇普仓村　龙场镇勺姑村
热水镇营沟村　格宜镇大兴村
宝山镇安益村　普立乡迤兴村
文兴乡白药村　阿都乡同兴村
杨柳乡可渡村　双河乡新寨村
倘塘镇旧堡村　乐丰乡乐丰村
龙潭镇龙潭村　得禄乡色空村
西泽乡糯着村　务德镇拖克村

**四、科普工作先进个人99名（其中市直单位20名，乡镇、街道79名）**

樊同稳（市科协）
王兴云（市科技局）
杨绪庚（市老科协）
田子关（市妇联）
黄兆先（团市委）
赵德云（市委宣传部）
张国琨（市林业局）
徐美华（市教育局）
郭志明（市农业局）
黄河苍（市卫生局）
何家书（市畜牧局）
梁　昆（市环保局）
李红春（市气象局）
秦　杰（市劳保局）
滕仕万（市文化局）
高　峰（市广电局）
张　华（市地震局）
浦恩龙（市经济技术信息中心）
缪应卓（宛水街道农技中心）
范开锡（宛水街道望城社区）
王知娥（宛水街道科协）
张　萍（西宁街道办事处）
刘再军（西宁街道科协）
徐天林（西宁街道马街村）
林　蕊（双龙街道科协）
缪志琼（双龙街道农技中心）
浦绍朝（双龙街道浦山村）
黄初潮（虹桥街道办事处）
包崇周（虹桥街道经管办）
耿荣飞（虹桥街道农技中心）
高忠跃（板桥镇下村）
刘昆宏（板桥镇农技中心）
樊则超（板桥镇西边村）
付吉荣（热水镇科协）
陶理昌（热水镇农技中心）
赵斌锋（热水镇热水村）
张明昌（落水镇科协）
沈宗俄（落水镇农技中心）
彭劲松（落水镇烟协）
李启相（羊场镇党委）
瞿增虎（羊场镇农技中心）
高庆权（羊场镇小箐村）
孔德坤（海岱镇科协）
徐居敏（海岱镇农机站）
黄绍军（海岱镇烟办）
浦　好（田坝镇科协）
包林松（田坝镇畜牧兽医站）
张云江（田坝镇田坝村）
吴丽芳（东山镇科协）
张　彪（东山镇林业站）
李祥能（东山镇农技中心）
钱谷民（来宾镇科协）
钱光俄（来宾镇农技中心）
刘天雄（来宾镇畜牧兽医站）
杨光伟（龙场镇科协）
李庞林（龙场镇农技中心）
何永辉（龙场镇得所村）
蔡昌顺（格宜镇龙山村）
孟维荣（格宜镇农技中心）
李培彪（格宜镇发嘎村）
夏照琼（宝山镇科协）

严乃林（宝山镇德积村）
包梅芬（宝山镇生态园艺林场）
蔡　锐（普立乡党委）
舒亚琼（普立乡妇联）
沈　云（普立乡农技中心）
刘永在（文兴乡科协）
唐军国（文兴乡畜牧兽医站）
朱恩磊（文兴乡农技中心）
张天喜（阿都乡科协）
蔡兴飞（阿都乡同兴村）
李世柏（阿都乡同兴村蚕桑协会）
董开雄（杨柳乡科协）
胡雪梅（杨柳乡政府）
阳荣稳（杨柳乡农技中心）
陈庆顺（双河乡科协）
徐学成（双河乡科协）
邓绍和（双河乡畜牧兽医站）
高建波（倘塘镇科协）
袁明跃（倘塘镇农技中心）
陶汝扩（倘塘镇畜牧兽医站）
陆家远（乐丰乡团结村）
陆　水（乐丰乡农技中心）
毛明聪（乐丰乡色官村）
孙斌阳（龙潭镇科协）
胡道玉（龙潭镇磨石村）
徐万能（龙潭镇烟协）
李正鹏（得禄乡科协）
杨崇昌（得禄乡色空村）
代　顺（得禄乡政府）
苏　丹（西泽乡政府）
高福金（西泽乡科协）
范开广（西泽乡林业站）
张必超（务德镇农技中心）
黄丽琼（务德镇林业站）
工思光（务德镇庶乐村）
付开敏（务德镇嘎姑村）
殷商民（市水务局）
母茶花（曲靖市烟草公司宣威分公司）

**五、优秀农技协会（15个）**

龙场镇养猪业协会
西宁街道烤烟生产技术服务协会
落水镇烤烟生产技术服务协会
海岱镇烤烟生产技术服务协会
田坝镇烤烟生产技术服务协会
东山镇烤烟生产技术服务协会
倘塘镇烤烟生产技术服务协会
龙潭镇烤烟生产技术服务协会
务德镇烤烟生产技术服务协会
得禄乡烤烟生产技术服务协会
热水镇烤烟生产技术服务协会
双龙街道浦山村火腿加工协会
阿都乡同兴村蚕桑协会
格宜镇魔芋协会
双河乡青菜协会

## 附：2010年烤烟工作先进集体和先进个人

**一、先进乡（镇）（6个）**

热水镇　板桥镇　务德镇
落水镇　倘塘镇　得禄乡

**二、表扬乡（镇、街道）(16个)**

杨柳乡　西泽乡　羊场镇　龙潭镇　宝山镇
双河乡　海岱镇　格宜镇　东山镇　乐丰乡
田坝镇　阿都乡　普立乡　龙场镇　来宾镇
西宁街道

**三、先进单位（7个）**

公安局　水务局　气象局　农业局　财政局
农机局　市烟草公司

**四、先进村委会（23个）**

热水镇吉科村委会　热水镇得德村委会
板桥镇永安村委会　务德镇卜嘎村委会
落水镇马图村委会　倘塘镇新乐村委会
得禄乡色空村委会　杨柳乡和平村委会
西泽乡迤毕村委会　羊场镇小箐村委会
龙潭镇中岭子村委会　宝山镇摩嘎村委会
双河乡梨坪村委会　海岱镇鼠场村委会
格宜镇华泽村委会　东山镇安迪村委会
乐丰乡明德村委会　田坝镇中和村委会
阿都乡荣胜村委会　来宾镇后夸村委会
普立乡迤兴村委会　西宁街道赤水村委会
龙场镇联丰村委会

**五、烤烟生产技术服务能手（22人）**

西宁街道靖外村唐雄　来宾镇徐屯村徐其斌
龙场镇志嘎村文吉厅　格宜镇华泽村余俊位
宝山镇白嘎村刘兴伟　田坝镇联盟村尹德良
东山镇恰德村胡朝国　海岱镇鼠场村李启阶
羊场镇宗德村余宗发　板桥镇鸭塘村刘庆雄
落水镇多乐村宁德海　热水镇黎山村桂进富
西泽乡马嘎村缪稼祥　务德镇茨嘎村欧开富
龙潭镇新河村徐万能　得禄乡得禄村李继刚
倘塘镇得宜村何明统　杨柳乡和平村胡道伦
双河乡白所村严玖斤　阿都乡增坪村朱发训

乐丰乡新德村王传俊　　普立乡普立村缪祥军

六、种烟能手（3户）

热水镇营沟村李兵

务德镇拖克村刘志荣

来宾镇朱屯村缪应辉

【市委办工作概述】　2010年，在市委的直接领导和上级党委办公室的具体指导下，市委办公室坚持以邓小平理论和“三个代表”重要思想为指导，全面落实市委的工作部署，服从和服务于市委工作大局，以市委满意、基层满意和群众满意为目标，牢固树立全局意识、核心意识、服务意识和奉献意识，认真履行参与政务、办好事务和搞好服务三项职能，努力发挥参谋助手、综合协调、督促检查和后勤保障作用，不断提高“三服务”工作水平，各项工作取得了新的成绩。

【文秘工作】　全年制发市委文件26个、办公室文件61个，印发《市委工作通讯》24期，起草整理领导讲话、会议记录及各类总结、汇报材料、现场点材料87个，印发一般事务性和会议通知152个，主办和协助有关单位承办会议61个（次）。在具体工作中，始终把提高质量摆在突出位置，坚持行文工作原则，严格公文处理程序，确保了党的路线方针政策和市委决策部署准确及时地贯彻落实，较好地发挥了以文辅政的作用；加强文字把关和校对工作，公文格式进一步规范，办文失误明显减少，公文质量和工作效率有了新的提高；严格坚持办会程序，加强协调配合，精心组织，周密安排，确保了会议的顺利进行；完善文件管理制度，严格文件进出手续，公文运转有条不紊；加强向领导的请示汇报，注重与部门和基层的协调和沟通，服务工作有新进展，受到领导、基层和群众的广泛认可和普遍好评。

【信息工作】　市委办公室始终把服从和服务于党委中心工作、为领导决策提供优质信息服务作为发挥参谋助手作用的重要途径，强化网络建设，完善奖惩责任，加强信息调研，狠抓信息质量，全面及时准确地为市委和上级党委提供了大量有参考价值和借鉴作用的信息。全年共收集整理上报信息715条，被中央办公厅采用48条，省委办公厅采用120条，曲靖市委办公室采用56条，编发《宣威信息》（选编）19期，《灾情专报》3期，《基层文电摘报》5期。

【督查工作】　全年向市委、市政府领导反馈重要工作进展情况10次，配合省委督查调研4次、巡视1次，曲靖市委督查调研2次、督促检查1次，向乡（镇、街道）和市直部门围绕重点工作开展的决策督查活动10次，向市级领导或上级有关部门报送督查专报13篇，被省委办公厅以督促检查情况形式综合采用2篇，转办曲靖市委信访重点案件28件。信息督查工作网络进一步完善，督查工作渠道进一步畅通。督查工作获全省先进单位一等奖。

（撰稿　符德雷）

【组织工作概述】　中共宣威市委组织部是市委主管组织工作和干部工作的职能部门。承担着研究和指导全市基层党组织建设，探索各类“两新”组织中党组织设置和活动方式，规划党员教育管理，制定党员发展计划措施；加强领导班子思想作风建设，负责市委管理干部的考察、任免、工资、待遇、退（离）休审批手续办理；负责全市干部教育培训，干部审查监督工作，以及党内干部统计、来信来访、党员电化教育等各项工作。市委组织部下设秘书科、组织一科、组织二科、干部一科、干部二科、干部教育科、干部监督科、电教科，有在职干部24名。

【干部管理】　围绕全市中心工作，着力在抓班子、带队伍上下功夫，进一步调优了领导班子，配强了干部队伍，为全市经济社会持续健康协调发展提供了有力的组织保证。突出规范性，不断加强领导班子和干部队伍建设。始终按照《干部任用条例》及相关法规性文件规定的原则、标准、程序和纪律选拔任用干部，坚持“注重品行、科学发展、崇尚实干、重视基层、鼓励创新、群众公认”的用人导向，严格选拔任用条件，做到按标准选贤能，据德才定取舍，做到四个注重：一是注重干部的思想政治素质。把政治标准放在首位，重点考察干部的思想政治素质，坚决防止和纠正重才轻德的现象。二是注重干部的作风。考察中注重干部的思想作风、学风、工作作风、领导作风和生活作风等方面的情况。三是注重干部的政绩。把政绩作为使用干部的基本依据，进行全面、客观、真实、科学的考察，真正把 “不让综合素质好的人吃亏,不让老实人吃亏,不让干事的人吃亏”的用人观落到实处。四是注重干部的群众公认程度。把民主推荐作为干部选拔任用的必经程序，严格按照省委组织部《关于在民主推荐、干部考察中进一步贯彻群众公认原则的暂行规定》确定考察对象。全年共调整使用干部155人，其中，平职交流55人（正科级干部26人、副科级干部29人），提拔任用科级干部100人（正科级干部33人，副科级干部67人，女干部18人，少数民族干部9人，非党干部21人，35岁以下的年轻干部33人）。试用期满正式任职9人，到龄改非11人，因工作调动等原因不再任职17人。领导班子结构得到进一步优化，干部队伍建设不断加强。突出创新型，不断深化干部人事制度改革。一是精心组织，确实搞好从基层一线选拔领导干部试点工作。结合省委组织部深化干部人事制度改革综合试点项目实施的契机，积极探索从基层一线培养选拔领导干部，下大力气从基层选拔干部，先后提拔25名优秀的年轻基层干部进入乡镇（街道）党（工）委班子，7月，定向从村党总书记中公开选拔5名副乡镇长。二是扩大视野选人，推行公开选拔。对党外干部、专业性干部等紧缺性、结构性人才面向全市机关、事业单位干部公开选拔，针对我市非党干部少的实际，面向全市公开招考6名科级非党干部（2个正科、4个副科）。选拔过程中注重群众公认和人岗相适，让群众全程参与，把群众推荐作为报名的首要资格，把群众测评作为确定拟任人选必要条件；不断改进和完善考试测评的方式方法，增强了人岗匹配度，提高了选拔工作实效。三是实行竞争上岗，公开公平选人。为优化“法、检、公”内设机构领导干部队伍结构，激发干部队伍活力，对“法、检、公”内设机构38个科级岗位开展竞争上岗工作。在竞争上岗工作中，做到实施方案切实可行，竞争程序规范严格，干部使用竞争择优，实现了个人、群众、组织“三满意”。突出基础性，不断完善干部选拔任用基础性工作。一是围绕市管干部档案达一级标准的目标，积极开展市管干部档案整理工作。今年5月以来，在曲靖市委组织部的具体指导下，以争创干部人事档案管理一级标准单位为目标，以档案为整理审核重点，抽调了14人对现存科级以上在职领导干部和党群部门一般干部档案778卷，政法系统干部档案1 131卷对照《干部人事档案收集归档规定》，有计划、有部署、有重点、分阶段地开展档案达标工作，确保了干部档案材料的完整性。二是在全市开展了“干部选拔任用工作法规学习宣传月”活动和“贯彻四项监督制度，提高选人用人公信度”自我学习教育活动。专门召开市委理论学习中心组（扩大）会议，专题学习四项监督制度，四班子领导成员、乡镇党委书记和市直部门主要负责人，共245人参加中心组学习。在全市科级以上领导干部和纪检监察、组织人事干部中开展“贯彻四项监督制度，提高选人用人公信度”自我学习教育活动，共寄送四项监督制度学习材料1 200多份，发放知识测试题876份。组织全市上万名党员和群众观看“四项监督制度书记访谈”专题节目；发放干部选拔任用法规和四项监督制度竞赛试题6 145份，竞赛参与率达95%以上。三是开展“提高选人用人公信度示范市”创建活动。及时传达学习有关文件精神，把“示范市”创建活动作为宣威市深入整治用人上不正之风，提高选人用人公信度工作的“助推器”，加强领导，精心组织，制定方案，迅速启动。通过大量的调查研究，征求意见，认真拟定了“提高选人用人公信度示范市”创建活动的实施方案，突出工作重点，确定活动措施和办法，努力提高选人用人公信度。

**【干部监督】**　完善民主生活会、谈心谈话和谈话诫勉制。全市科级以上领导干部以班子为单位，在市纪委、组织部的指导下召开民主生活会，充分发扬民主，开展批评与自我批评，查找领导班子和干部队伍中存在的问题，不断增强凝聚力、创新力和战斗力；按照中组部《关于对党员领导干部进行诫勉谈话和函询的暂行办法》的规定，对达到任职年限、新提拔等情况的乡科级领导干部谈心谈话420余人次。落实经济责任审计制度和个人有关事项报告制度。按照市《关于进一步深化领导干部任期经济责任审计工作的意见》等要求，今年，共委托审计局对9名离任领导干部进行离任经济责任审计。强化对干部选拔任用工作全过程的监督。认真执行干部选拔任用工作全程记实制，对拟提拔任用的100名干部全部按照要求认真填写了全程记实表，并按要求报告了个人有关事项，提高干部选拔任用的透明度；严厉整治干部选拔任用工作中行贿受贿行为。采取多种形式宣传学习中央《关于严厉整治干部选拔任用工作中行贿受贿行为的通知》和《坚决刹住用人上不正之风——关于12起违规违纪用人典型案例的通报》等相关文件精神，把《通知》和《通报》作为教材，印发到38名处级领导干部和837名科级领导干部手中，进行原文学习和警示教育；纪检监察机关和组织部门联动，对2008年5月以来受理存查的信访举报件进行了一次全面的梳理排查，形成联合排查机制，切实形成齐抓共管、密切配合的整治工作氛围，进一步营造风清气正的选人用人环境。认真做好出国（境）人员的管理工作。按照出国（境）人员管理的有关规定，进一步加强党员干部出国（境）管理，严把出国（境）审查审批关，一年来，共审查审批因公出国（境）人员5人，干部因私出国（境）4人。

**【干部教育培训】**　从“大处”着眼，狠抓干部教育宏观指导管理。认真贯彻执行《干部教育培训工作条例(试行)》，把相关政策制度的制定和落实作为干部教育培训工作的突破口。依据《关于2009~2012年宣威市大规模培训干部工作的实施意见》精神，督促指导好各部门（单位）、乡镇(街道)认真履行干部教育培训职责，分级培训各类干部。积极落实《曲靖市干部教育培训积分制考核管理办法（试行）》，探索建立《宣威市科级干部教育培训积分制考核管理办法（试行）》。从“细处”着手，统筹制定落实各类培训班次。会同市直有关综合部门(单位)重点设置14个党政领导干部培训班次，11个专业技术人员培训班次，由相关部门组织实施，保证科学合理地配置使用全市干部培训资源，促进干部教育培训有计划、高效益地开展。扎实抓好119名科级干部参加云南省晋升副县处级领导职务资格基本知识考试的报名组织、资格审查及考试考务工作。从“实处”着力，认真完成干部学习调训任务。认真搞好干部调训的协调服务工作，先后组织了22批80余人次到省、曲靖进行调训轮训。积极落实干部在线学习，做好26名处级领导干部参加云南干部在线学习的服务管理工作，抓好800余名科级领导干部参加曲靖干部在线学习的学习启动和督促管理工作。制定下发《关于2010年党校系统研究生班招生的通知》，组织6名科级干部参加入学考试。坚持学籍学历同时提交制度、学历审验登记制度、学籍材料及时移交制度，对党校学历严格把关，认真审验。全年共审验各类党校本科学历70人次。

**【基层组织建设】**　健全“三项机制”，加强基层干部队伍建设。一是健全选拔任用机制，做到“选得优”。在村干部选任上，结合村党组织和第四届村民委员会换届选举，重点从民营企业家、复员退伍军人、大中专毕业生、外出创业能人等优秀人才中选拔，“双强”村干部比例达88.6%。二是健全教育管理机制，做到“管得严”。将村干部教育培训纳入干部培训规划，严格落实“四议两公开”、民主评议村干部、村级财务审计等制度，确保村干部能干事、干成事、不出事。三是健全激励保障机制，做到“用得好”。积极探索村干部经济待遇、考核激励、培养选拔、社会保障“四位一体”的保障激励关爱机制，激发村干部的工作热情和积极性。村干部报酬年人均提高到1.1万元以上，公开定向从村党总支书记中选拔5人担任副乡镇长，同时录用为公务员。新华社《国内动态清样》以《事业上有了奔头，退休后有了保障——云南宣威探索村干部激励机制调查》为题，刊发了宣威的经验，中组部部长李源潮、省委书记白恩培等领导先后作了批示。构建“三大体系”，推动基层党组织建设改革创新。一是构建全面覆盖的党组织网络体系。推行“一村一总支、一组一支部”的组织设置模式，全市355个行政村全部建立党总支，新建村民小组党支部2782个，提前消除党员空白村；在新经济、社会组织中建立党组织72个，非公有制企业实现党组织全覆盖。加强党建带团建、妇建、工建工作，机关、社区、非公有制经济组织、社会组织等领域党建工作统筹推进，党的组织和党的工作覆盖面不断扩大，基层组织得到明显加强。二是构建覆盖城乡的党员为民服务体系。投入资金850万元，高标准建成乡村为民服务站385个，构建了市、乡、村三级为民服务网络，变群众自己跑为干部全程办，深受群众欢迎。目前，全市共发放宣传资料8.3万余册，接受咨询9 000余人次，办理大小事务1.9万余件，成功调处纠纷1 380起，办理各类证照3 400余份。三是着力构建科学有效、完整配套的基层党建制度体系。按照“精简效能、简便易行、实在管用”的原则，认真做好党建相关制度的“废、改、立”工作，健全了党内选举、组织生活、民主议事、党务公开、教育管理等一系列制度，形成以制度管人、按制度办事、靠制度推进工作的良好氛围。全市90%以上的乡镇（街道）、85%以上的市直部门、80%以上的村（社区）党组织达到先进党组织标准。强化“三个保障”，夯实基层党建工作基础。一是强化组织保障。市委牢固树立“抓发展必须抓党建、抓党建就是抓发展”的理念，把基层党组织建设摆在重要位置来抓，成立了领导机构和工作机构，定期不定期召开常委会专题研究。与各级党组织层层签订党建工作目标责任书，做到党建工作与经济工作同部署、同考核、同奖惩。二是强化阵地保障。把村级组织活动场所建设作为党建工作的头等大事，整合资金7 000多万元建成103个村级组织活动场所，并顺利通过省、曲靖市的验收。围绕“三有一化”目标，投资3 500万元，建成社区活动场所12个，整体功能30年不过时，50年管用。认真开展村级组织活动场所“星级达标”活动，申报评定“三星级”村级组织活动场所251个，“四星级”15个，“五星级”2个。依托村级组织活动场所开展“新农村故事会”活动1 318场次，讲故事2 740个，丰富了广大群众的精神文化生活，真正做到“火了阵地聚了力”。三是强化经费保障。社区党组织工作经费每社区3万元，列入财政预算，缓解了经费不足问题。村级集体经济进一步发展壮大，2010年可支配收入1万元以上的村达306个，占86%。

**【党员队伍建设】** 严把入口关，优化队伍结构。严格执行发展党员七项制度，2010年底，全市有党员36 946名，新发展共发展党员640名，进一步巩固了无“党员空白村民小组”的目标。严把教育关，提高整体素质。以“两校进村”和远程教育为主阵地,加强农村党员的科技知识和实用技术培训，提出到2011年底使50岁以下的农村党员每人掌握1~2门致富实用技术,70%以上的党员户成为科技致富示范户的目标；在机关、事业单位党员中大力开展“讲党性、重品行、做表率”活动，提高党员服务基层、服务群众的能力；在“两新”组织党员中积极推行“三个推荐”、大力开展“双培双增”活动，使党员成为各行业领域的“排头兵”。以远程教育和村党校为主阵地,对党员进行科技知识和实用技术培训，全市“双带”型党员（带头致富、带领致富）16 036名，占74.3%。严把管理关，树立党员形象。建立城乡一体的党员动态管理机制，健全党员学习、教育、管理、监督等方面的制度，党员队伍充满生机活力。2010年，面对百年一遇的特大旱灾，认真组织开展“共产党员抗旱先锋行动”，动员非公经济党组织捐款356.36万元，动员党员捐款125.49万元。积极探索建立农村党员权利保障、困难帮扶、政治激励“三位一体”的关爱机制，筹资100万元建立党内救助基金，做到工作上贴心、生活上关心、政治上暖心，让每一名党员都感受到家的温暖。

**【党员电化教育】** 抓党员干部现代远程教育的基础性和常规性工作。上半年，为全市382个站点加挂了“云南省党员干部现代远程教育终端接收站（点）”牌子，做到了制度上墙，管理员持证上岗；抓好“四簿一册”的记录，建立“四簿一册”登记制度，使各站点播放收看工作有章可循；抓好各站点每月收看情况的统计通报工作；对全市党员电教设备状况作了全面、深入调查，特别对103个新建村级组织活动场所的村委会进行了调查，对其中34个电信模式站点设备进行了排查更换；对69个依托中小学“卫星模式”站点，通过与教育局联系，召开对69个“卫星模式”站点管理员的培训会议，并同教育局信息中心抽调技术人员下乡，对设备进行维修、调试和保养，现全部已能正常下载收看节目；为落水镇落水村、海岱镇鼠场村、西宁街道锦西社区、双龙街道开源社区、宛水街道丰华社区、来宾镇观云村、田坝镇阿迤村7个党员干部现代远程教育“电信模式“站点配备了电脑。完成了消除40个零登录站点的消除任务；与市广电局合作，新建27个自建卫星站点。积极摄制并向曲靖市远程办上报了《倘塘黄豆腐》、《文兴刺绣》、《西泽竹编》、《西泽白糖》等课件，为党员干部现代远程教育增添了教学资源，也宣传推介了宣威。抓党员电教工作典型宣传作用的发挥。为宣传党建工作的典型、总结党建工作经验、展示党建工作成果，认真办好《为党旗增辉》电视专栏。上半年摄制播出了《走进通南铺》、《大潮涌起》、《再现红旗渠》、《一个年青共产党员的风采》、《科学发展的河东新村》、《和谐丰华》等专题片6部，其中《再现红旗渠》、《大潮涌起》还在曲靖电视台进行了播放，《大潮涌起》在云南电视台进行了播放，党建专栏使基层党建典型得到有效的宣传，使广大党员受到了教育。

**【人才工作】** 抓安排部署，搞好工作指导。结合曲靖市人才工作领导小组办公室的要求，年初及时制定了《宣威市2010年人才工作要点》，并将年度人才工作分解为26项，明确到具体的成员单位。同时督促和指导有关牵头单位认真履行第一责任人的职责，明确工作目标，制定工作计划，把握时间进度，牵头组织落实相关任务，引导各部门单位逐步形成抓人才的工作合力。抓规划编制，明确发展目标。在市人才规划纲要编制工作办公室（设在市人事局）积极牵头承办和各责任单位的共同配合下，形成了《宣威市人才队伍建设中长期规划纲要》（讨论稿），并组织反复修改，认真做好政策对接和补充完善工作。待曲靖市中长期人才发展规划纲要出台后，及时报请市委、政府审定出台《宣威市2010～2020年人才发展规划》。抓经费投入，保障工作推进。2010年市政府预算投入人才培养专项基金90万元，用于促进和保障高层次人才、高新技术人才等各类人才的培养、引进和奖励。另外，市财政坚持每年安排30万元作为全市科技人员科研成果奖励经费。抓学习宣传，营造工作氛围。中央、省第二次人才工作会议结束后，认真抓好会议精神的学习领会，明确今后一个时期人才工作的总体要求、基本思路、重点任务和重大政策措施。对全市近五年来的人才工作进行全面认真总结，筛选上报12名各类专家参加省委掌握联系专家的推荐评选。

**【“创先争优”活动】** 高标准严要求，活动推进有力。2010年5月21日启动创先争优活动以来，全市39个党委、4 510个支部（总支）、36 347名党员按照省委、曲靖市委的要求，坚持高标准启动、严要求推进、高质量落实，整个活动推进有序、发展健康。一是组织领导抓得实。市委高度重视创先争优活动的开展，先后4次召开常委会专题研究，3次召开推进会总结活动开展情况、研究部署下步工作，分行业、分类型、分地域有针对性地召开现场会，多渠道投入经费30万元，给活动以强有力的保障和支持。全面落实党组织书记和分管领导职责，切实把创先争优活动牢牢放在心上、紧紧抓在手上。二是检查指导促得动。全市建立31个市级党员领导干部创先争优活动示范点，其中：省级2个（龙潭镇、板桥镇下村），曲靖市级1个（来宾镇河东村），宣威市级28个，涵盖了农村、街道社区、机关、非公经济组织、学校、医院、窗口单位等行业领域，每个市级领导干部到联系点上一次党课、搞一次调研、开一次民情恳谈会、参加一次专题民主生活会、解决1～2个创先争优活动难题，形成了抓点带面、点面结合、整体推进的良好格局。三是宣传工作推得开。制定并落实“四个一”的宣传措施，开设一个广播电视专栏、开辟一块宣传橱窗、创办一份工作简报、办好一个专题网站，全方位、多角度报道创先争优活动的进展情况。活动开展以来，共在省、市报刊、简报和网络媒体上发表信息70余篇，并通过设置宣传牌、悬挂宣传标语，在全市上下掀起了学习先进、崇尚先进、争当先进的热潮。形式多内容新，活动特点鲜明。把公开承诺、领导点评、群众评议、授旗评星和学习杨善洲精神作为创先争优活动的主要推进方式，营造了比、学、赶、超的良好氛围。一是广泛开展公开承诺活动。坚持把公开承诺作为推动活动深入开展的有效方式，按照“两承诺”（基层党组织和党员向上级组织承诺，向群众承诺）、“四公开”（承诺的岗位公开、事项公开、时限公开、结果公开）的办法，使公开承诺成为工作有目标、组织有活力、党员有干劲、群众受欢迎的活动平台。全市通过会议、公示栏、承诺书等形式，共向上级党组织和群众公开承诺事项5.4万余项，兑现承诺4.8万余项，办实事好事3.8万余件。二是广泛开展领导点评活动。坚持把抓好“领导点评”作为解决问题、推进工作的重要手段，立足建设“四个宣威”实际，把握党组织和党员岗位特点，与履行党员承诺结合起来，多形式开展创先争优“领导点评”工作，做到点出亮点，点查不足，点清思路。全市共点评了3 249个党组织、36 946名党员，实现了全覆盖。三是广泛开展群众评议活动。把群众评议结果作为检验创先争优活动成效的主要标准，紧紧围绕“五好五带头”要求，结合当前中心工作，从活动目标是否达到、发展思路是否清晰、公开承诺是否兑现、工作措施是否得力四个方面开展群众评议。四是广泛开展“授旗评星”活动。认真对照“五好”、“五带头”标准，每季度由党（工）委对各党支部（总支）集中考核一次，考核前两名或前三名的授予“创先争优流动红旗”；以党支部为单位，根据工作落实、纪律执行等方面情况，开展“星级党员”评选活动，使创先争优学有榜样，创有目标。五是广泛开展学习杨善洲精神活动。把学习杨善洲先进事迹作为创先争优活动的重要内容，在广大党员干部中开展主题为“我离杨善洲差距有多大”的专题讨论活动，通过民主生活会、党员论坛等形式，开展批评和自我批评，查找自身不足并做出改进承诺。载体实措施力，活动成效明显。围绕宣威经济社会发展和党建工作的实际，由市委常委会研究，提出了以“三围绕三争创”为主题开展创先争优活动。即：紧紧围绕建设县域经济强市，在加快经济发展上创先争优；紧紧围绕改善民生、服务群众，在促进社会和谐上创先争优；紧紧围绕创建基层组织建设先进市，在加强基层党建上创先争优。市委、市政府将“三围绕三争创”各项任务逐级分解到领导、分解到主管部门、分解到岗到人，与年度综合考核、奖惩挂钩，确保了工作落实。实践下来，这个活动主题既贴近宣威经济社会发展实际、也符合群众的根本利益，全市上下形成了你追我赶、创先争优的良好氛围，效果很好。如在农村产业化方面，大力实施“农业增收富民行动”，以创建国家级现代农业示范市为目标，以1 000公顷现代农业科技示范园，马铃薯研发中心、玉米加工中心、测土配肥研发中心、马铃薯批发配送中心为孵化器，着力打造6.67万公顷优质马铃薯、6.67万公顷优质玉米、400万头肥猪、2万公顷国际型优质烤烟、6.67万公顷林果“五大”基地，2010年粮食总产量迈上6.25亿千克新台阶。在新型工业化方面，大力实施“工业提质增效行动”，以经济技术开发区、凤凰山循环经济基地、羊场磷化工基地、虹桥食品工业基础为龙头，加快转型升级和结构调整，能源、化工、建材、冶金、特色农产品加工五大产业迅速崛起，2010年工业总产值增加到142.8亿元。在城乡一体化发展方面，大力实施“城乡互联共建行动”，健全城市帮扶农村、机关帮扶基层、党员服务群众机制，413个机关、企事业单位与331个行政村结对共建，千余名领导干部和万名党员纷纷走进基层，带头深入开展调查研究，帮助群众解决问题。以“866”工程、小康示范村、整乡推进和省级重点扶持村为重点的新农村建设快速推进，群众生产生活条件显著改善，2010年贫困人口减少了4.1万人。通过创先争优活动的开展，有力地促进了经济社会发展，全市科学发展迈上了台阶，人民群众得到了实惠。2010年，市内生产总值达148.2亿元，城镇居民人均可支配收入14 671元，农民人均纯收入达3 735元。

**【干部任前公示】** 坚持干部选拔任前公示制度，增强干部选拔任用工作的透明度，坚持中共曲靖市委《关于实行干部任用公示制的通知》、《关于实施干部任用公示制的补充通知》和省委组织部《关于进一步完善干部任前公示内容的通知》的规定，对公示的对象、范围、内容、要求以及公示期间对群众反映问题的调查处理进行了详细规定，重点公示拟提拔人选的工作实绩，真正落实了群众选择监督干部的权利，把干部监督的关口前移，使“任前公示”成为防止用人失误的有效“防护墙”。全年对拟提拔任用的100名干部分4期进行了任前公示，公示期间安排专人值守12380干部监督举报电话，收到关于拟提拔使用干部的举报5人次，经查证，均不属实，对公示人选全部给予了任用。

（撰稿　冷天芳）

**【老干部工作概述】** 2010年，中共宣威市委老干部局（以下简称老干局）有干部职工8人，负责全市离休干部的管理服务和退休干部的统计工作。全市有离休干部181人，其中行政单位70人、事业单位77人、企业单位34人；解放战争时期参加革命工作的181人；享受县（处）级以上待遇的31人，乡科级及以下待遇的150人；外地安置来宣威代管的3人；宣威安置到外地代管的7人；全年，本着自愿量力的原则，多渠道、多层次发挥老干部的作用，181名离休干部中有58人分别参与关心培养教育下一代、从事个体医疗、在党支部和各种协会任职等工作。全市21个老干部党支部的684名离退休干部党员（其中离休干部53人）都认真履行党员义务，参加党组织活动。各乡(镇、街道)、市直各单位，有条件的以老干部党员建立党支部，条件不具备的则组织老干部党员参与原单位党支部活动。

**【落实离休干部的政治、生活待遇】** 年内，老干部局为每位离休干部订阅《云南老年报》、《老同志之友》、《宣威史志》和《宣威》各1份。组织享受副县（处）级待遇的离休干部和担任过副处以上实职的退休干部每周星期四学习文件，全年参学人员524人次，共学习文件49个。春节期间，老干局协调有关单位，采取召开座谈会、深入家庭走访慰问等形式，对全市181名离休干部进行了慰问。对安置在外地的离休干部，老干局时常与他们保持联系，坚持省外安置的2～3年看望1次，省内安置的1年看望1次。10月，走访看望了曲靖、昆明、宜良等地安置的7名老干部，并协调有关单位帮助他们解决了一些困难和问题。9月5～26日组织担任过副县（处）级以上实职的离退休老干部25人到上海世博园、江阴华西村参观学习。11月3～4日又组织担任过副处级实职的离退休干部22人，参观视察了宣威至倘塘二级公路、振兴街南段和美奂广场工程建设。通过实地察看，听取介绍，使老干部们开扩了视野，看到了改革开放的伟大成就，更加充满了信心，对市委政府的工作给予了充分肯定，并提出了很好的意见和建议。年内，老干部局请市委、政府领导向老干部通报工作情况2次，各乡（镇、街道）、市直各单位召开老干部情况通报会共146次，参加人员3 700人次。组织老干部参加各种重要会议362人次。

老干部局认真落实离休干部的离休金和各项政策性补贴，全年发给每位离休干部特需费320元作为自我保健费。发给每位未外出参观考察或健康休养的副高以上专业职称的离休干部就地休养补助费300元、中级专业职称和县（处）级离休干部240元、一般离休干部180元。发文通知各单位按政策规定发给年满70周岁以上的离休干部护理费每月300元，年满80周岁以上的离休干部每月400元、已故离休干部遗属发给遗属补助费每月500元。

全市181名离休干部都能按时足额领取基本离休金和各项政策性补贴。离休干部的医药费全部参加医疗保险统筹，财政按每位离休干部每年12 000元的标准拨给市医疗保险中心作为统筹经费，由医疗保险中心按政策规定给予实报实销。

（撰稿　李玉明）

**【宣传思想工作概述】**　2010年，中共宣威市委宣传部（以下简称市委宣传部）有在职干部30人，下设文明办、文产办、《曲靖日报》宣威记者站，内设宣传科、外宣科、干部科、秘书科、理论科。年内，开展理论武装、舆论引导、对外宣传、精神文明建设、文化产业发展和文化体制改革工作、干部管理和培训工作。

**【理论武装】**　年内，市委理论中心组集中学习4次，乡（镇、街道）党委中心组集中学习137次；举办乡、村干部及党员理论培训班548期；组织市委宣讲团两次巡回宣讲56场次；市委党校培训12期，乡（镇）党校培训252期；在龙场镇黄村、双龙街道开源社区、宛水街道祯祥村委会等26个村开展中国特色社会主义理论体系大众化宣传普及试点工作，编印《宣威市理论进村通俗读本》1 000册，供全市村（居）委会学习参考；开展推进学习型党组织和学习型领导班子创建活动，组织党员干部参加云南省领导干部时代前沿知识讲座和曲靖市领导干部新视野知识讲座，印发《关于在全市党员干部中开展“读好书、强素质”活动的通知》和《关于开展领导干部述学评学考学的通知》；组织市委宣传部、市委党校干部深入基层调研，撰写《对当前农村宣传思想文化工作的调查与思考》等9篇调研报告；完成2011年度党报党刊征订任务。

**【舆论引导】**　召开全市抗旱救灾宣传工作会议，安排部署抗旱救灾宣传报道工作。市委宣传部以《宣传思想动态》为载体，编印《抗旱救灾宣传工作进展情况》11期；宣威电视台、宣威人民广播电台、宣威网站、政府门户网站等媒体共播出抗旱新闻1 078条（部）（其中，电视新闻460条、人民广播电台新闻421条、宣威网站新闻86条、宣威电视专题专栏25期、宣威市人民政府门户网86篇）；《曲靖日报》宣威记者站、史志委、市文联以《曲靖日报宣威新闻》专版、《宣威》月刊、《宣威史志》、《玉美人》为平台，开辟专栏专题报道全市抗旱救灾保民生保春耕工作的重大举措、工作成效；市文化局、市广电局、市文联组织创作编排抗旱救灾专场文艺节目在美奂广场专场演出；在美奂广场健身中心组织“抗旱救灾”摄影展，展出获奖作品61幅，其中：《体察旱情》等15幅入选中国摄影家协会举办的西南五省抗旱救灾摄影展并被国家档案馆永久收藏，《宣威双河重现红旗渠精神》、《一方有难 八方支援》等17副作品入选中共云南省委宣传部、云南摄影家协会联合主办的《大爱化甘霖 齐心抗旱灾——云南省抗旱救灾摄影画册》，在曲靖市抗旱救灾影展上《安装饮水管路》获二等奖、《重现红旗渠精神》等3副获三等奖；制作抗旱救灾纪录片《难忘2010——宣威市2010年抗旱救灾工作纪实》、《大爱化甘霖——宣威市2010年抗旱救灾企业捐助剪影》、《见证2010——宣威市2010年抗旱救灾宣传战线工作剪影》；编印《万众一心抗大旱 同舟共济渡难关》宣传画册1 000册。做好全省春耕生产现场会、全省水利工作会议、全国县级供销合作社改革和发展现场会等专题会议的宣传报道；做好2010年昆交会的宣传报道；组织编辑“忆卓琳”专刊和综合性书籍《永远的怀念》，制作悼念卓琳同志活动纪录片《卓琳——宣威人民永远怀念您》和卓琳生平事迹展室；编印庆祝新中国成立六十周年系列活动剪影《激情宣威》；《宣威》发行12期。在全市宣传文化系统认真开展学习郑垧靖先进事迹活动；在全市党员干部中认真开展村官普发兴先进事迹宣传活动；组织党员抗旱先锋典型宣传；举行首届道德模范颁奖仪式，组织全市第二届道德模范评选并开展先进事迹宣传活动。从各级各部门抽调人员组建了一支25人的解说员队伍，为曲靖市委三届九次全会宣威现场会、全省春耕生产现场会、全国县级供销合作社改革和发展工作现场会宣威现场点、曲靖市矿村结合工作推进会、普宣高速公路开工仪式等成功解说和服务，为宣威特色宣传创出一条新路子。CCTV激情广场“爱国歌曲大家唱·云南宣威公安篇”大型文艺演出、云南省“云之南”艺术团“大爱化甘霖·希望满人间”慰问旱区专场演出在宣威隆重举行；曲靖市地税系统第二届竞乐运动会和曲靖市交警系统第二届“珠源杯”篮球运动会在宣威成功举办；“美奂山·大家乐”广场文艺活动演出24场，演出各类文艺节目326个；在来宾镇组织开展“文化、科技、卫生、法律”四下乡集中示范活动；举办2010年春节联欢晚会、春节团拜会和春节大拜年活动；举办宣威市第五届体育运动会、宣威市2010年元旦环城赛跑、首届“和谐杯”少儿篮球运动会和第三届“和谐杯”篮球运动会；组织参加第三届曲靖市少数民族传统体育运动会，获金牌9枚、银牌7枚、铜牌8枚的好成绩；依托爱国主义教育基地，深化和拓展思想教育内容，深入开展革命历史和革命传统教育、爱国主义教育、社会主义理想信念教育和改革开放教育。

**【对外宣传】**　年内，围绕市委、政府中心工作做好重大选题规划，有计划地邀请市级以上主流媒体到宣威成功采访报道8次。抗旱期间共有新华社、中央电视台、中央人民广播电台、人民日报、香港大公报、人民网、光明日报、农民日报、解放军报、经济日报、中国日报、中国新闻社云南分社、南方都市报、南方日报、北方周末、腾讯网、云南信息报、云南日报、云南网、春城晚报、云南经济日报、曲靖日报、珠江源晚刊、曲靖电视台、曲靖人民广播电台等25家市外媒体记者200余人次到宣威进行旱情和抗大旱保民生抓春耕促发展所采取的各种有效措施和典型事迹进行宣传报道。特别是中央电视台记者深入双河乡家俄村抗旱一线，历时5天全程报道该村群众发扬红旗渠精神引水抗旱的感人事迹，反响强烈。3月17日，CCTV《新闻联播》播出时长为1分32秒的《云南抗旱：翻山越岭凿出引水路》的新闻报道；4月17日CCTV《新闻调查——云南水问》播出；8月23日，CCTV新闻频道《新西部新蓝图》栏目播出关于宣威火腿产业的新闻——《火腿火了，群众富了》；9月20日，CCTV《新闻联播》播出时长2分22秒的《云南宣威·大旱之年科技创新保丰收》新闻报道；12月7日在CCTV——7《致富经》栏目再次播出关于宣威火腿的专题片《从一个火腿开始的千万财富》。在昆召开了宣威籍在昆新闻工作者座谈会，加强了与各媒体的交流、沟通；引导各级各部门善待媒体，善用媒体、善管媒体，正确对待媒体的监督和舆论，积极配合各级媒体的采访活动。全年共接待媒体200批次560余人次。为及时主动发布权威信息，全年举办新闻发言人培训1次，参训人员200余人，召开新闻发布会1次。

年内，曲靖市级以上主流媒体共刊播宣传宣威的新闻稿件2 495篇（条、部），国家级媒体刊播638篇（条），省级媒体718篇（条），曲靖市级媒体1 139篇（条），平均每天8篇（条、部）。其中，CCTV-1《新闻联播》5条（头条1个），《新闻30分》头条1个，CCTV《新闻调查》节目1期，中央电视台直播4次（国际频道1次），云南电视台直播1次，云南电视台《封面栏目》（35分钟）专题一期。云南日报头版4条（头条3条），在抗旱救灾期间国家级媒体刊播588篇（条），省级媒体303篇（条），曲靖市级媒体412篇（条）。

**【文化产业发展和文化体制改革工作】** 文化事业单位三项制度改革不断深入，总结“十一五”文化产业成就，制定并完善《宣威市文化产业发展“十二五”规划》。计划投资2亿元占地50公顷的美奂山公园建设顺利推进，投资14 440万元新建文化艺术中心工程进入扫尾阶段，计划投资29 500万元新建的市体育中心，一期工程进展顺利，新建11个乡（镇）综合文体站、142个村（居）文化体育活动场所、163个“农家书屋”，建成文化信息资源共享工程点11个，基本完成了市、乡、村光缆建设，积极争取项目资金586万元，不断加快全市体育事业的全面发展。据不完全统计，2010年，全市共有文化产业户2 290户（其中农村文化户210户，文化联合体153户），从业人员达23 950人，固定资产投资4.9亿元。预计全年文化产业增加值达5.18亿元，占全市GDP（145亿元）的比重约为3.57%。“宣字牌”宣威火腿入围商务部公示的第二批“中华老字号”名录；完善《宣威市文学艺术作品奖励办法》，全年创作戏剧、舞蹈、音乐、书法、美术、根艺等各类文学艺术作品475件，发表（展演）地级及以上作品100余件。

**【队伍建设】** 围绕打造“政治强、业务精、纪律严、作风正”干部队伍的要求，全面加强干部队伍建设。面对百年未遇的特大旱灾，宣传文化系统干部发扬真抓实干作风，深入一线、深入基层、深入群众挖掘典型、采访报道，取得了明显成效，得到各级认可和群众好评。“一二三”素质工程（掌握一门理论——中国特色社会主义理论；搞好两项学习——政治学习和业务学习；提高三种能力——写作、宣传和协调能力）的有效实施，全面提高了宣传文化干部的工作能力和水平。张波等3人被曲靖市委宣传部表彰为2010年抗旱救灾先进个人；沈良斌等7人被宣威市委政府表彰为2010年抗旱救灾先进个人。整合各类宣传文化资源，健全激励考核机制，努力使全市宣传思想文化工作在深度、广度和精度上有新突破。市广电局被曲靖市委政府表彰为2010年抗旱救灾先进集体；市委宣传部被市委政府表彰为2010年抗旱救灾先进集体和科普工作先进集体。

**【宣传思想文化工作会议】** 2月23日，在市广电局会议室召开宣威市抗旱救灾保民生保春耕工作宣传报道专题会议。会议由市委宣传牵头组织，各乡（镇）党委、街道党工委宣传委员，市委宣传部、市广电局全体干部职工，市委党校、史志委，市教育局、文化局、文联分管宣传工作的领导，市委办、市政府办信息科科长和市政府门户网站负责人，市委农工办、市农业局、林业局、水务局、畜牧局、扶贫办、民政局、移民局、供销社、气象局、烟草公司、武装部、消防队秘书科科长（办公室主任或政工科科长）共100余人参加会议，安排部署抗旱救灾保民生保春耕的宣传报道工作。4月12日，在凯程大酒店10楼中会议室召开《宣威》创刊一周年座谈会。座谈会由市委、政府主办，市委宣传部牵头组织，市委办、市人大办、市政府办、市政协办、发改局、经济局、建设局、环保局、财政局、农业局、林业局、水务局、畜牧局、农机局、煤炭局、交通局、国土局、档案局、烟草公司分管宣传领导，市广电局、文化局、文联、市委党校、教育局、党史室、邮政局主要负责人，各乡（镇、街道）宣传委员等共80余人参加座谈会。会议肯定了《宣威》一年来取得的成就，同时对《宣威》提出新的要求。7月30日，宣威市召开全市抗旱救灾宣传报道工作总结暨表彰会。会议由市委、政府主办，市委宣传部牵头组织。市委办、市人大办、市政府办、市政协办、市委组织部、市工商联、市委农工办、团市委、市妇联、市信息产业办、市武装部、市教育局、市民政局、市水务局、市农业局、市林业局、市扶贫办、市招商局、市畜牧局、市气象局、市供销社、市烟草公司、市红会、市消防队分管领导，各乡（镇、街道）宣传委员，史志委、市委党校、市文化局、市文联班子成员，市委宣传部、市广电局全体干部职工，市直各部委办局、企事业单位、人民团体办公室主任（秘书科科长）以及受表彰人员共300余人参加会议。会议全面总结了全市抗旱救灾宣传报道工作并就下步全市思想文化工作做了安排部署，会议还表彰奖励了杨万波等73名抗旱救灾宣传报道工作先进个人和耿成榕等3名特别贡献奖。11月5日，在市政府招待所三楼会议室召开2011年度党报党刊征订发行工作会议，会议由市委、政府主办，市委宣传部牵头组织，各乡（镇）党委、政府，街道党工委、办事处，市直各部委办局、企事业单位，人民团体，中央、省、曲靖市驻宣单位相关领导参加会议，安排2011年度党报党刊订阅发行工作。11月8日，宣威市召开庆祝第十一个记者节座谈会，市直有关部门负责人、信息科科长，各乡镇信息员共150余余人参加了座谈会，市电视台、电台、政府门户网、《宣威》月刊记者代表作交流发言。座谈会向辛勤工作在新闻战线上的全体同志致以节日的祝贺和问候，在肯定成绩的同时勉励他们作出更大的贡献。

（撰稿　王晓东）

**【精神文明建设概述】** 2010年，宣威市精神文明建设指导委员会办公室内设综合科和未成年人思想道德建设科。全市精神文明建设工作以邓小平理论和“三个代表”重要思想为指导，全面落实科学发展观，坚持解放思想、实事求是、与时俱进，坚持贴近实际、贴近生活、贴近群众，以社会主义核心价值体系建设为根本，以省级文明城市创建为抓手，不断创新内容、创新形式、创新管理体制和工作机制，着力抓了城乡清洁工程、居民素质工程、文明示范工程、群星文明工程，扎实推进公民思想道德建设，掀起群众性精神文明创建活动新高潮，为构建“生态宣威、文明宣威、健康宣威、快乐宣威”提供了强大的精神动力，营造了良好的社会环境。全市有17个单位、5个村、2个社区、1个小城镇被曲靖市委、政府命名表彰为文明单位（小城镇、社区、村）；有24个单位（社区、村）被市委、政府命名表彰为文明单位（社区、村）；有16个单位被市委、政府表彰为“十星级文明和谐单位”先进集体。

**【公民思想道德建设】** 内内，组织开展宣威市第二届道德模范评选活动，共评出宣威市第二届道德模范15名，宣威市第二届道德模范提名奖15名，同时做好推荐参加曲靖道德模范评选推荐工作；参加“云省省美德少年”评选活动，市榕城二中学生钱源被评为云省省美德少年；组织青少年积极参加抗旱救灾“绿丝带”志愿者行动活动，同时配合团委做好筹划成立宣威市志愿者协会工作。

**【省级文明城市创建】** 年内，围绕营造廉洁高效的政务环境、公正公平的法治环境、规范守信的市场环境、健康向上的人文环境、舒适便利的生活环境、安全稳定的社会环境、可持续发展的生态环境和有利于青少年健康成长的社会文化环境，在全市范围内组织开展争创省级文明城市创建活动。一是充分运用广播、电视、电子显示屏、宣传车、横幅标语等宣传工具，开展了形式多样的“文明与我同行”主题宣传教育活动。市文明办、交警大队就全市文明交通行动计划联合发文；市文明办、公安局、建设局联合，在全市市民及驾驶员人群中发放《开文明车、行文明路、做文明人倡议书》，号召全市市民关心、支持、参与文明城市创建。二是围绕创建安全放心、优美舒心、方便称心、互助热心、欢乐开心的“五心”型社区，扎实开展文明社区创建活动，丰富了文明城市创建内涵，激发了创建活力。虹桥街道虹桥社区、西宁街道花椒社区被命名表彰为曲靖市级文明社区、宛水街道丰华社区被市委政府命名表彰为文明社区。三是市政协对文明城市创建工作作了专题视察。通过开展文明城市、文明社区创建工作，城市的综合实力、文明程度、市民素质和整体形象得到进一步提升。

**【文明村镇创建】** 年内，以实施城乡清洁工程为契机，以整治“脏、乱、差”为重点，以“十星级文明户”创评和“好村民”、示范户评选为载体，认真组织开展文明村镇创建，进一步强化村民的思想道德、家庭美德和个人品德教育，农村人居环境得到大幅提升，文明村镇创建质量有新的提高：东山镇的安迪、芙蓉，龙场镇的乐树、隆庄等20多个村实现了村内道路硬化、“四旁”绿化、村容美化、净化的目标；海岱、东山、宝山等乡镇的文明集镇示范作用明显增强；龙场镇黄村村委会等5个村被命名表彰为曲靖市级文明村，双河乡白所村委会等17个村被命名表彰为宣威市级文明村，文明村镇创建活动得到深化。

**【三项活动调研】** 10月12～15日，文明办深入双河、龙场、东山、宛水，通过座谈、走访等形式，对全市新农村精神文明建设“文明立村、文化活村、清洁亮村”三项活动开展情况进行调研，形成调研报告，在调研的基础上草拟《宣威市整体推进新农村精神文明建设实施意见》。全市共选定43个村作为“文明立村、文化活村、清洁亮村”示范点。各示范点均组织开展以“五争五创”（即争当好婆媳、好家长、好邻居、好夫妻、好妯娌，创学习家庭、文明家庭、富裕家庭、绿色家庭、平安家庭）为主要内容的“文明立村、文化活村、清洁亮村”三项活动，整体推进新农村精神文明建设，初步实现了“生产发展、生活宽裕、乡风文明、村容整洁、管理民主”的社会主义新农村建设目标。

**【“群星文明工程”建设】** 年内，10个牵头单位组织城区110个单位开展“十星级文明和谐单位”创建，26个乡（镇、街道）组织辖区内的机关、站所、学校、企业、个体工商户，村（居）委会、村（居）民小组、农户开展8个类别的“群星文明工程”创建活动，形成“横到边、纵到底”的“创星”体系，推动“群星文明工程”建设向纵深发展。

**【文明单位大复查】** 11月初至12月底，文明办按照《宣威市群众性精神文明创建活动管理办法》规定和《关于认真做好市级文明单位（行业、集镇、社区、村）申报复查工作和“十星级文明和谐单位”先进集体推荐工作的通知》要求，组织文明委成员单位对2005年以来命名表彰的639个市级文明单位（行业、集镇、社区、村）进行复评复查、对新申报的36个单位（社区、村）进行考评验收。复查和验收工作按照“完善一个精神文明建设规划、召开一个创建动员大会、建立一个文明创建宣传栏、制作一本文明创建学习手册、开展一次环境综合大整治”的要求来进行。通过复评复查杜绝了“牌子到手，创建到头”的不良现象，确保文明创建常抓常新，永不褪色。

**【创建宣威文明工作群】** 10月，创建宣威文明工作群，利用QQ进行精神文明工作交流，快捷、方便的把工作要求发送给各乡（镇、街道）文明专干。

（撰稿 刘秋香）

**【统战工作概述】** 2010年，市委统战部坚持以科学发展观统领全局，紧紧围绕市委政府中心工作，认真贯彻落实中央、省、曲靖市有关决策部署，认真落实工作措施，明确工作职责，完善工作机制，各项工作进展顺利。年内，选派1名干部参加来宾镇新农村建设，通过公开招考录用国家公务员1名担任市人民政府侨务办公室主任，现有干部职工9人。

**【统战工作纳入综合管理考核】** 按照市委的千分制考核方案，市委统战部专门制定了乡（镇、街道）统战工作任务目标考核细则共计5分，在综合管理考核中对83个市直单位的统战工作任务进行了量化，共计2分。

**【党外干部和党外知识分子工作】** 宣威市现有党外代表人士11 844名，占全市党政机关、事业单位干部（职工）的65.4%；全市有副科级以上党外领导干部55名，其中副处级党外领导干部3名（市级人大、政府各有1名，市政协有1名党外副主席），正科级9名，副科级46名。

**【新的社会阶层人士工作】** 5月18日，由统战部牵头，召开全市非公经济代表人士座谈会，市工商联、经济局、工商局、煤炭局等相关市直部门负责人和30家非公企业代表人士参加了座谈会，统战部部长王斌作了重要讲话。

做好非公经济代表人士的政治安排工作，全市非公经济代表人士中：市人大代表5人，市政协委员59人（其中常委8人），市工商联副主席4人、执委21人。积极推进光彩事业工作，在抗旱救灾中，全市100多个非公企业党组织的党员累计捐款356.36万元。深化“百企帮百村”活动，参与新农村建设，帮助农村贫困家庭脱贫致富。宁国昌、速金南、朱树达、孔令兵、晏祥锦5人被表彰为曲靖市第二届“优秀中国特色社会主义事业建设者”。认真开展非公经济组织创先争优活动，全市已建立党组织总数69个，“非公”组织共设党员责任区121个、先锋岗447个、安全示范岗392个。建立非公经济代表人士电子信息库。建立全市100万元以上非公企业信息库；认真开展非公有制经济代表人士综合评价工作，共为91人建立了综合评价档案。

**【民族宗教工作】** 宣威市共有彝、回、壮、水等25个少数民族10万余人，占全市总人口的7%，主要聚居在26个村委会466个村民小组，少数民族分布广，绝对数较大，呈大杂居、小聚居的特点。为切实推动民族地区经济发展，市委、政府召开专题会议，研究部署民族宗教工作，安排民族工作经费70万元，并列入财政预算。选择倘塘发宏、西宁列租民族团结示范建设等10个项目向省民委申报，争取资金120多万元。进一步完善免费、寄宿制等民族教育体系建设等。共安排民族地区项目资金9 351.7万元，5个民族村委会34个民族村民小组纳入“三村四化”建设，7个民族村委会99个自然村实施“866”工程，93%的农户完成户“八有”、89%的自然村实现“六有”，72%行政村实现“六有”。注重对少数民族干部的选拔培养工作。现全市826名副科及以上实职干部中，有少数民族干部70名，占副科及以上实职干部8.6%。协商推荐41名少数民族代表人士和4名宗教界人士担任政协宣威市第四届委员会委员，56名少数民族人士担任市人大代表。12月17日，在市人民法院二楼召开全市民族工作座谈会。市级四班子、市直单位、乡（镇、街道）相关领导，部分清真寺管委会主任及阿訇，统战部全体干部职工参加了座谈会。市委常委、统战部部长王斌作了重要讲话。在各寺观、教堂开展了以“爱国爱教好、规范管理好、场所建设好、服务社会好、安全稳定好、道风建设好”的“六个好”为主题的“和谐寺观教堂”创建活动，进一步加强了宗教爱国主义和法制宣传教育，化解宗教矛盾，协调宗教关系，维护宗教和睦与社会和谐。12月29～30日完成宣威市基督教协会换届工作，选举产生基督教协会第二届委员会委员25名、常委13名、会长1名、副会长4名。10月开始，认真筹备成立宣威市伊斯兰教协会工作，通过走访调查，广泛征求各方意见，实施方案已报市委审定，共协商产生代表67人。

**【对台和侨务工作】** 热情接待、积极引导台胞、侨胞在宣威投资公益事业，落实配套资金，做好“明德小学”和“侨心小学”跟踪管理工作。年内，已健全港澳台侨人员电子信息库，实行动态管理，看望港澳眷属1人、归侨1人、侨眷4人，调研了解云南云峰化学工业公司归侨侨眷1次。市侨办定时不定时与归侨、侨眷、台胞、港澳眷属联系，适时到宣威电厂指导侨务工作。宣威电厂侨联小组，每年6月开一次归侨、侨眷、港澳眷属会议。每年12月宣威市侨办都开展《归侨、侨眷权益保护法》宣传，及时跟踪明德小学等海外同胞援建项目，积极为三胞三眷排忧解难，年内接待台湾TVBS电视台采访1次，为台资企业解难5次，调研了解黄埔同学凡应贤信访事件2次。

**【黄埔同学工作】** 年内，走访、看望黄埔同学会人员4人，代表云南省黄埔军校同学会给生活困难的5名黄埔同学每人发给生活困难补助金2 500元。上报2010年生活困难黄埔同学救助对象5人。

**【做好增补宣威市第四届政协委员工作】** 因西宁、普立、板桥、来宾、龙潭、虹桥、得禄、乐丰等8个乡（镇、街道）政协工作组长职务或工作单位发生变动和工作需要，同时，有5名委员调离宣威，3名委员死亡。为便于政协组织开展扎实有效的活动，充分行使政协工作职责，促进全市三个文明建设，根据政协《章程》，5月19日市政协党组与统战部商议，建议报请市委同意增补陶汝平等15位同志为市政协第四届委员会委员。经请示市委领导同意后，统战部于7月10日召开部务会议研究，按政协委员增补要求及相关条件，征求相关部门（推荐单位、市纪委、市委政法委、市计生局）意见，7月16～26日组织两个考察组进行考察，分别与相关单位党组织共同协商，进行考察。于8月12日提交中共宣威市委第74次常委会议审定，原则同意陶汝平等15位同志增补为市政协委员，形成市委建议名单，并在市政协四届十次常委会讨论通过。

**【部门自身建设】** 建立了由统战部、组织部、工商联、民宗局、经济局等部门共同参与的联席会议制度、联合开展调研工作制度，初步形成了由统战部负责牵头协调的大统战格局。部领导班子团结，干部职工和谐，履行职责到位。围绕加强党外干部培养选拔工作、提高少数民族代表人士综合素质、引导非公经济代表人士健康成长和加强基层统一战线组织建设，撰写了4篇调研报告，并上报曲靖市委统战部。加强统战信息和宣传工作。年内编发简报10期，上报信息40篇，被上级统战部门采用15篇。完成调训任务。7月5日安排1名干部到省社会主义学院参加非公经济代表人士综合评价工作软件培训班学习；9月，安排2名干部到上海考察学习。11月8日，组织5名副科级以上党外干部参加曲靖市党外干部培训班；11月24日，组织26个乡（镇、街道）统战办主任参加曲靖市基层统战干部学习培训。

（撰稿　张德相）

**【机关党务工作概述】** 2010年，中共宣威市直属机关委员会（以下简称机关党委）有在职公务员9人，党委委员5人。辖科（局）级总支（支部）69个，党员3 013名。其中，保障总支（支部）45个，党员1 737名，职能总支（支部）24个，党员1 276名。

**【加强班子建设】** 年内，以党委理论中心学习组为龙头，以创建学习型班子为目标，完善学习长效机制，认真学习党的十七届四中、五中全会精神，深入贯彻落实科学发展观，全面开展“创先争优”活动，领导干部的执政水平和执政能力不断提高，党员干部的作风明显好转，各党总支（支部）的凝聚力、战斗力得到体现。对保障总支（支部）部分班子进行调整，新任命选举书记4名、副书记2名、支委委员14名。市委组织部对机关党委所属的部分职能总支（支部）的班子进行考察，调整书记3名、委员9名。调整后的班子年龄结构合理，妇女、少数民族比例得到改善。

**【队伍建设】** 年内，新成立党总支1个、党支部5个，新转入党员129名，转出75名，死亡20名。发展党员22名，审批转正党员19名，接转党组织关系182人。党员队伍中年龄60岁以上的799人，55～59岁258人，46～54岁596人，36～45岁699人，35岁及以下的661人；本科以上学历892人，专科847人，中专（高中）454人，初中以下的820人；妇女603人，少数名族182人。老龄化、文化程度偏低、妇女党员、少数名族党员少等情况逐步改善。3 013名党员全部参加年度民主评议，评出优秀党员302名，合格党员2 711名。

**【完善制度】** 认真贯彻落实中央四个长效机制及省十八项基层党建工作制度，巩固和完善了《机关党委班子十项工作制度》、《机关党建工作十八项制度》，使各项工作制度进一步适应新时期机关党建工作的需要。建立和完善党建工作目标考核责任制，机关党委与69个党总支（支部）签订责任书，总支（支部）与3 013名党员签订责任书；完善培训机制，建立入党积极分子培训档案，共培训党员和入党积极分子184名；认真贯彻民主集中制，定期召开民主生活会，班子做到廉洁、高效；建立流动党员管理档案，对271名流动党员做到教育管理不断线、组织活动不脱节，确保了各项制度的落实。

（撰稿　浦冬梅）

**【保密工作概述】** 2010年，宣威市国家保密局有在职干部4人，没有内设科室。年内，各级领导认真落实领导干部保密工作责任制，带头执行各项保密规定，保密工作被列为市委、政府对乡（镇、街道）的综合考核项目之一。

**【“五五”保密法制宣传教育检查验收】** 宣威市按照“统一部署、自下而上、分级实施”的原则，于5月中旬制发了《关于认真开展“五五”保密法制宣传教育总结验收工作的通知》，对检查验收工作作出安排部署，5月下旬至6月上旬采取“听、查、提”的方式对各单位进行检查验收。

**【宣传新修订《保密法》】** 紧紧围绕“学习保密法规、增强法制观念、积极推进保密法制建设、维护构建和谐稳定社会”这一主题，充分利用简报及现代通信手段等媒介，面向社会各层面对新修订《保密法》内容进行宣传，宣传渠道及方式方法有：利用中心组学习会议、利用广播电视、利用报刊杂志宣传，召开保密座谈会、专题报告会，举办保密法讲座、竞赛、宣传专栏，编发手机保密短信，印发保密提醒信、保密法宣传资料，张贴保密法宣传标语、图片，累计受教育人数12万人。积极组织征订《保密工作》、《保密法释义》、《保密宣传挂图》、《信息公开保密审查工作手册》等学习资料，共计700余份。

**【检查验收保密科学技术“十一五”发展规划】** 2010年是保密科学技术“十一五”发展规划总结验收年，“十一五”期间，宣威市研究制定了《宣威市保密科学技术“十一五”发展规划》、《宣威市党政机关保密要害部门、部位技术防范和装备配备要求》、《“十一五”主要保密技术装备配备规划表》、《“十一五”重点保密技术基础建设规划表》。6月，对照《宣威市保密科学技术“十一五”发展规划》要求，保密局对各单位检查验收。

**【开展涉密载体清理工作】** 年内，对各单位在岗（在职、借调、聘用）人员进行清理，对涉密载体持有者进行登记备案，对不应由个人留用的电子文档，统一组织了清除；对各单位纸介质、磁介质、光介质、半导体介质涉密载体的流转情况进行清理；对计算机使用情况进行清理；督促各单位清退销毁涉密文件、资料，协助清退2009年中央、省委涉密文件。

**【要害部门要害部位建立年审制度】** 10月中旬，保密局组织人员对宣威市原确定的保密要害部门和要害部位重新进行清理核定检查，按照“谁主管，谁负责”的原则，要求各要害部门、要害部位严格管理、责任到人、严密防范、确保安全，并确定了一年一审的年审制度。

**【保密队伍建设】** 年内，各级保密组织正常开展工作，全年保密委员会共召开2次会议研究全市保密工作方案，各单位保密领导小组召开会议研究保密工作均在2～3次；涉密信息载体维护销毁中心正常开展工作。

（撰稿　吕俊芬）

**附：中共宣威市委领导及市委机关各部门负责人名录**

**中共宣威市委**

书　记　许玉才
副书记　夏新建（9月离职）
保明顺（回族，9月任职）
申忠林　杨家俊（6月任职）
常　委　许玉才　夏新建（9月离职）
保明顺（回族，9月任职）
申忠林　杨家俊（6月任职）
阳开府　杨焜荣　缪丽芳（女）
朱莉娥（女）　王　斌　窦华平　胡选坤
刘建贤

**市委办公室**

主　任　杨焜荣
副主任　赵祥宝　陶桂芬（女）　何永胜　刘天坤
缪孔章（4月任职）

**市委组织部**

部　长　窦华平
副部长　吕世宏　赵明忠（8月离职）
潘晓勇　李正光（4月任职）
王天斌　浦恩宏
部务委员　王兴富（6月任职）
徐国云（4月任职）

**市委宣传部**

部　长　朱莉娥
副部长　丁宪魁
胡云道（8月离职）
赵远建　田兴惠　袁明辉

**市文化产业发展和文化体制改革领导小组办公室**

主　任　赵远建
副主任　李玉扩

**《曲靖日报》宣威记者站**

站　长　沈良斌
副站长　赵德云　赵　璠

**社会主义精神文明办公室**

主　任　田兴惠
副主任　王　进

**市委统战部**

部　长　王　斌
副部长　周云权　陶汝纯　黄　灿

**市委农村工作领导小组办公室**

主　任　吴封益
副主任　李祥林　袁明松（10月离职）

**市委党史研究室、市政府地方志办公室**

主　任　何道勋
副主任　王买德　朱树雄

**市委党校**

校　长　朱莉娥（女）
副校长　钟腾飞

**中共宣威市直属机关委员会**

党委书记　瞿增寿
副书记　赵德平　浦惠芳（女）
纪委书记　浦冬梅（女）

**市委老干部局**

局　长　李正光（4月任职）
副局长　何希平　李党柱（女）

**市委机要局**

局　长　段丽仙（女）
副局长　符宗航

**宣威市国家保密局**

局　长　范龙廷
副局长　徐丽萍（女）

**宣威市信访局**

局　长　赵菊香（女）

副局长　孙承聪

**市委政法委员会**

书　记　王　斌

副书记　尹大宝　张远惠　范会琴

缪祥显（1月任职）

政治处主任　徐永帅

维稳办主任　缪志刚

办公室主任　沈美祥（6月离职）

**防范和处理邪教问题办公室（610办）**

副主任　夏体坤

**市社会治安综合治理委员会**

第一主任　许玉才

主　任　保明顺（回族）

副主任　王　斌　李正聪　尹大宝　杨　华

**市社会治安综合治理委员会办公室**

主　任　张远惠

副主任　沈吉祥

（整理　何　华）

## 宣威市人大常委会

**【概述】** 2010年，是全面完成“十一五”规划，科学谋划“十二五”规划的关键之年，宣威市人大常委会在中共宣威市委的领导和上级人大的指导下，坚持以邓小平理论和“三个代表”重要思想为指导，深入贯彻落实科学发展观，按照构建社会主义和谐社会的要求，紧贴核心，围绕中心，服务大局，突出重点，主动作为，坚持监督与支持并重，服务与发展结合，规范与创新统一，着力加强和改进监督工作、代表工作、基层人大工作和自身建设，努力提高常委会工作成效，各项工作有力、有序全面推进，切实搞好了法律监督和工作监督。全年共召开常委会会议9次，主任会议20次；作出决议、决定5项，听取和审议“一府两院”专题报告16项，开展专题调查20项，依法任免人大及“一府两院”工作人员42名，对市文化局、安全生产监督管理局、交通局进行了工作评议。年内，有干部职工35名，其中：处级领导9人，正科级7人，副科级4人，其他干部职工15人，内设办公室、民工委、法工委、选联委、财工委、教工委、农工委。

**【人民代表大会】** 1月16日，召开市四届人大三次会议，371名市人大代表出席了会议，158名相关人员列席了会议。会议听取和审查了市人民政府工作报告，审查批准了2009年地方财政预算执行和2010年地方财政预算、2009年国民经济和社会发展计划执行情况和2010年国民经济和社会发展计划的报告，听取和审议了市人大常委会、市人民法院、市人民检察院工作报告，并作出了决议。

**【常委会议】** 全年共召开常委会议9次。1月9日，召开常委会第二十一次会议，听取和审议了关于召开市四届人大三次会议相关议题和市人大常委会工作报告。接受赵荣春、王定阳辞去宣威市第四届人民代表大会代表职务。

3月2日，召开常委会第二十二次会议，听取和审议了宣威市人大常委会2010年度工作要点（草案）、代表工作意见（草案）、人大代表工作创先争优评选办法（草案），市民政局局长作民政局关于办理落实市人大常委会评议工作意见的整改情况报告。因挂职期满，免去吴涛市人民政府副市长职务。

4月2日，召开常委会第二十三次会议，听取和审议了市人民法院关于民事审判工作的情况报告，市人民政府关于抗旱救灾和春耕备耕工作的情况报告，市人大常委会宛水街道人大工委关于社区建设与管理工作的调查情况报告。

5月20日，召开常委会第二十四次会议，听取和审议了市人民政府关于人口与计划生育、畜牧疫病防治工作的情况报告，市人民政府办理市四届人大三次会议代表提出《关于加强采煤区生态环境治理议案》、《关于加强城市生活用水水源点偏桥水库污染治理和生态保护议案》的实施方案，市人大常委会双龙街道人大工委关于“城中村”开发建设的情况报告。因工作变动，免去李正光市建设局局长职务，任命苏元光为市建设局局长；因达到任职年限，免去许建昆市人大常委会农业工作委员会副主任职务，任命母春玲为市人大常委会办公室副主任、朱勋献为市人大常委会民族工作委员会副主任；免去赵开阔市人民法院民事审判第三庭庭长职务。

7月27日，召开常委会第二十五次会议，听取和审议了市人民政府关于扶贫、2010年1～6月国民经济和社会发展计划执行、2009年地方财政决算和2010年1～6月财政预算执行情况的报告；书面审查《宣威市人民政府办公室关于办理市人大常委会评议市卫生局工作整改意见的报告》，书面审查《宣威市人民政府关于抗旱救灾资金接收及使用、管理的情况报告》。因工作变动，同意范光志辞去市人大常委会副主任职务；因达到任职年限，免去胡云道市广播电视局局长、蒋琳市劳动和社会保障局局长职务；根据市人民检察院的报告，浦梅琼因涉嫌贪污，决定从即日起暂停其执行代表职务。

9月20日，召开常委会第二十六次会议，议题是进行人事任免。因工作变动，同意夏新建辞去市人民政府市长职务，任命保明顺为市人民政府副市长、代理市长。

9月28日，召开常委会第二十七次会议，听取和审议了市人民政府关于办理市四届人大三次会议代表意见建议、中低产田（地）改造的情况报告，市人大常委会虹桥街道人大工委关于征地和基础设施建设拆迁安置小区建设的调查情况报告。

11月25日，召开常委会第二十八次会议，听取和审议了市人民政府关于审计工作的情况报告，市人民政府关于办理市四届人大三次会议代表提出的《关于加强采煤区生态环境治理议案》、《关于加强城市生活用水水源点偏桥水库污染治理和生态保护议案》的实施方案，市人大常委会西宁街道人大工委关于促进城乡教育均衡发展，解决农村留守儿童教育问题的调查情况报告，书面审查市安全生产监督管理局整改工作的情况报告，市人民政府关于办理扶贫工作情况转办意见的情况报告。因工作变动，接受刘建华辞去市人民检察院检察长职务，任命徐正良为市人民检察院检察员、检察委员会委员、副检察长、代理检察长；任命余红梅为市广播电视局局长。

12月21日，召开常委会第二十九次会议，会议听取和审议了宣威市2010年地方财政收支预算调整方案、补选旱明光为曲靖市第三届人民代表大会代表、朱树信辞去市四届人民代表大会代表的议案；关于补选保明顺、徐正良、苏文方、孔英、和建平、何魁、张正龙为市第四届人民代表大会代表；市人大常委会办公室、民工委、法工委、农工委、财工委、教工委、选联委关于2010年度工作总结暨2011年工作计划的报告；书面审查《宣威市人民政府办公室关于办理市人大常委会评议市卫生局工作整改意见的报告》；书面审查《宣威市人民政府关于抗旱救灾资金接收及使用、管理情况的报告》。因工作变动，免去龙维尧市人民法院审判监督庭庭长职务，任命为市人民法院格宜中心法庭庭长；免去王飞市人民法院民事审判第一庭庭长职务，任命为市人民法院羊场中心法庭庭长；免去吕斌市人民法院民事审判第二庭庭长职务，任命为市人民法院落水中心法庭庭长；任命刘天稳为市人民法院倘塘中心法庭庭长；任命李玲为市人民法院立案庭庭长；免去夏晓鹏市人民法院立案庭副庭长职务，任命为市人民法院少年案件审判庭庭长；免去孔维滇市人民法院格宜中心法庭副庭长职务，任命为市人民法院审判监督庭庭长；免去何福浩市人民法院倘塘中心法庭庭长职务，任命为市人民法院民事审判第一庭庭长、审判委员会委员；免去冯智巍市人民法院格宜中心法庭庭长职务，任命为市人民法院民事审判第二庭庭长、审判委员会委员；免去郭明利市人民法院民事审判第二庭副庭长职务，任命为市人民法院民事审判第三庭庭长；任命朱泽为市人民法院行政审判庭庭长；任命樊璐芳、李荣雷、张会平、阚世彦、吕苏梅、安敏、王朝发、凡瑞为市人民法院审判员，免去徐天富市人民法院行政审判庭庭长、陈学清市人民法院羊场中心法庭庭长、张世斌市人民法院落水中心法庭庭长、范开虎市人民法院立案庭庭长、范文君市人民法院少年案件审判庭副庭长职务。

**【主任会议】** 全年共召开主任会议20次，主要研究了人代会筹备、人大常委会年度工作要点、评议部门工作、召开代表工作座谈会暨创先争优表彰会、补选市四届人民代表大会代表等相关事宜。

**【专题调查】** 3月10～18日，按照市人大常委会2010年度工作要点安排，由农工委组成调查组在分管领导的带领下，分别深入到海岱、羊场、格宜、龙场、西泽、热水等乡镇，深入田间地块，采取听汇报、查、看等方式进行实地调查；同时，要求其余20个乡（镇、街道）及市农业局、水务局、民政局、财政局、林业局、烟草公司、农资公司等相关部门把有关情况书面报告调查组。针对存在的困难和问题，提出了5条建议：一是主动应对，积极做好抗大旱、抗久旱的准备。市人民政府及职能部门要密切关注旱情变化，进一步强化抗旱救灾预案的落实，统筹兼顾，全力做好下一阶段的抗旱救灾和春耕备耕工作，最大限度地调动群众的积极性、主动性，积极开展生产自救；充分利用各种媒体，大力宣传，引起全社会的关心关注，形成全民抗大旱、抗久旱的强大合力。二是多措并举，继续抓好抗旱救灾减灾工作。进一步加大水源查找和水源点建设力度，以大型骨干水利设施为重点，以“五小”水利工程为补充，继续做好蓄水保水工作，增加抗旱用水存量；继续做好人工增雨作业服务，充分发挥人工增雨在抗旱中的作用；进一步细化、优化配水调度方案，着力保障人畜饮水，统筹安排生产、生活用水；关注粮食供给市场动态，继续做好受灾群众救济救助工作，妥善安排好受灾群众生产生活；继续做好饮水安全预警监测工作，严防疫情和群体卫生事件发生；进一步加大火灾隐患排查、整治力度，防治并举，抓好常态化管理，严防重大火灾安全事故发生；继续做好农村劳务输出工作，增加农民收入，弥补因灾造成的损失。三是未雨绸缪，抓好水利基础设施建设。要在加快推进重点水利基础设施建设的同时，抓住机遇，搞好规划，积极争取上级支持，切实抓好农村“五小”水利工程建设，增加工程蓄水容量，夯实发展基础和抗灾能力。四是突出重点，切实抓好春耕生产。要谋划好大春生产，努力实现小春损失大春补。切实做好种子、肥料等缺口农用物资的储备，一旦旱情缓解，及时抢种大春作物。同时，要加强对农资市场的监管，严防坑农害农事件发生，维护农民利益；提早做实做细烤烟抗旱移栽准备工作，确保按节令顺利移栽；扎实做好抗旱栽种技术指导服务，引导群众调整种植结构，种植抗旱能力强、生长周期短、早熟的品种，提高科技抗旱能力；提早谋划秋冬农业科技开发，扩大秋季粮食作物种植，提高复种、套种指数，力争全年粮食生产目标任务的完成；加快推进农业发展方式转变，加大林、果、畜牧业发展力度，走粮、烟、林、果、畜综合开发的高效生态农业路子，促进可持续发展，弥补灾害损失。五是强化监督，切实加强抗旱资金使用的管理。要切实加强抗旱及支农资金分配、使用的监督和管理，确保抗旱资金发挥效益。同时，要积极争取上级支持，多方筹资，进一步加大抗旱经费投入。

3月22～24日，法工委在分管领导的带领下，对市人民法院2008年以来的民事审判工作情况，采取听、看、查、议的方法，围绕基础设施、工作机制、法官队伍建设和办案质量等重点。通过听取市人民法院民事审判工作情况汇报，分别召开座谈会，征求市人民检察院民事行政检察科、控告申诉科及律师事务所律师对市人民法院民事审判工作的意见、建议后，分别深入格宜、乐丰等基层法庭实地调查，通过调查，在客观公正、实事求是地指出存在困难和问题的基础上，提出了5条建议：一是切实加强调解和执行工作。市人民法院在构建社会主义和谐社会中的一个重要职能是诉讼调解。调解工作历来至关重要，"能调则调、当判则判、调判结合、案结事了"是最高人民法院对基层法院和法官在新形势下的基本要求。为适应市场经济发展和构建和谐社会的新要求，牢固树立服务大局、执法为民的法治理念，围绕"保增长、保民生、保稳定"，为经济社会发展提供良好的司法保障。进一步完善民事案件速裁机制。对民事案件进行繁简分流、急缓分类，从制度上推动当事人选择调解方式解决纠纷，不断拓宽诉讼调解的适用范围，完善调解机制，加强与人民调解、行政调解的联系与配合，加强与行政机关、工、青、妇组织及社区等社会各方面的协调，形成调解工作的合力。要更加重视信访工作，开门接访，带案下访，畅通信访渠道，切实解决少数疑难案件的屡诉屡访。要按照新修正的《民事诉讼法》规定，加强和改进执行工作，加大对不履行判决、裁定的处罚力度；进一步巩固完善"宣威模式"涉诉特困人员救助机制，关注民生，关爱弱势群体；同时，完善执行公开工作机制，加强与地方党委、政府和公安、工商、银行、税务等部门的联系，实现执行信息的网络运行和监控，建立和完善社会整体联动的执行威慑机制。二是加强民事审判队伍建设，提高审判人员素质。要紧紧把握队伍建设这个根本，按照建设一支"政治坚定、业务精通、纪律严明，作风过硬"法官队伍的要求，加大民事法官培训力度，健全业务培训制度，改进培训方式，增强教育培训的系统性、针对性和实效性，全面提升民事法官的理论素质和职业技能，特别是驾驭庭审的能力、准确适用法律裁判案件的能力，尤其是做当事人思想工作、解决实际问题和息诉息访的能力。要加强廉政教育和作风建设，以规范司法行为为重点，从立案、审判、执行的每一个环节和每一个细节抓起，健全监督制约措施，增强抵御各种干扰因素能力，促进廉洁公正办案。三是不断强化对民事审判活动的规范和管理，进一步提高办案质量和民事审判工作水平。审判质量和效率是法院工作的主题，也是人民群众对法院工作的期望和要求。市人民法院要把民事审判质量和效率放在突出位置，加强教育，增强法官的办案责任意识、质量和效率意识；加强办案监督，抓好审判工作的每一个环节，保证程序公正；坚持重大疑难案件集体定案，防止因个人的偏见而导致实体裁判的不公，有效地提高民事审判工作的水平。四是加大资金投入，加强基层人民法庭建设。基层法庭是化解矛盾纠纷的前沿阵地。市人民法院要认真研究基层法庭审判力量不足的问题，加强人才培养，支持鼓励年轻干警学习成才，创造条件、出台政策留住人才，保持民事审判业务骨干的相对稳定；要进一步采取措施，加强基层人民法庭基础设施建设和物质装备建设，尽快完成乐丰、田坝、羊场、落水中心法庭建设工程，巩固和扩大规范化人民法庭创建成果，积极解决法庭建设的实际困难，夯实基层基础，为服务农村改革发展稳定提供强有力的司法保障。要研究《人民法院诉讼费交纳办法》实施后出现的基层法院（庭）办案经费困难的问题，确保各项审判工作的正常开展。市人民政府要继续加大对市人民法院工作的支持力度，加大资金投入，切实帮助解决基层人民法庭建设资金缺口较大和办案经费困难的问题。五是加大宣传力度，营造良好的民事审判氛围。要进一步加强与市人民检察院的沟通协调，自觉接受检察机关的法律监督，共同保障国家法律统一的正确实施。要注意做好相关部门和人员的思想与协调工作，尤其是对在当地有一定影响，群众普遍关注的特殊案件，要慎重从事，及时向市委、人大常委会请示汇报，主动争取领导的支持，并努力借助社会力量和新闻媒体的作用，努力营造良好的舆论氛围。

**【视察】** 12月8～10日，市人大常委会组织省、曲靖市、宣威市三级人大代表共38名进行会前视察。视察采取听取汇报和实地参观现场的形式进行。主要围绕2010年全市经济发展、"十一五"规划执行及"十二五"规划编制、交通建设、城市管理、服务业发展、城乡最低生活保障、水利建设、农业特色优势产业、职业教育、医疗卫生体制改革进行。组织代表进行会前视察，是保障代表的知情、知政权，丰富代表在闭会期间活动，广泛听取人民群众意见和要求，为省、曲靖市、宣威市三级人代会提出高质量的议案、建议作准备。

**【执法检查】** 配合省人大常委会对《云南省盐业管理条例》的贯彻实施情况进行了执法检查。

**【决议决定】** 除市四届人大三次会议作出的6项决议外，人民代表大会闭会期间，市人大常委会认真履职，紧紧围绕市委、政府中心工作，共作出决议决定5项。其中，作出关于对宣威市人民政府采煤区生态环境保护和治理实施方案、城市生活用水水源点偏桥水库污染处理和生态环境保护议案办理实施方案和批准2009年度市级财政决算议案的3项决议；关于表彰奖励先进人大主席团、先进代表小组、优秀市人大代表，宣威市人民政府关于提请审议2010年地方财政收支预算调整安排意见议案的2项决定。

**【工作评议】** 全年采取召开动员会，深入乡（镇、街道）和市直有关部门，分别对市文化局、安全生产监督管理局、交通局进行工作评议，通过听取和审议被评议部门的自检自查情况报告、整改落实情况报告和常委会相关工委的调查报告，发放问卷调查、设立公开电话征求意见接受社会监督，采取省、曲靖市、宣威市三级部分人大代表无记名投票，市文化局、安全生产监督管理局、交通局分别定格为满意等次。其中，市安全生产监督管理局被授予“人民满意单位”荣誉称号。

**【代表工作】** 年内，市人大常委会为加强和改进代表工作，激励人大代表依法履行职责，提高代表整体素质和履职能力，充分发挥代表作用，同时调动各基层单位做好人大工作的积极性和创造性，深入开展视察、调查、检查“三查（察）”活动，为人民做好事、办实事，创先进代表小组和争当优秀人大代表；并制定实施了《宣威市人民代表大会常务委员会联系人民代表大会代表办法》和《宣威市人大常委会2010年代表工作意见》。年底，在来宾镇召开了全市人大代表工作座谈会暨创先争优表彰会，总结交流做好代表工作的成绩经验，找出存在的困难和问题，为进一步做好代表工作总结了经验；会上，还表彰了8个先进人大主席团、46个先进代表小组、57名优秀人大代表。

**【代表议案、建议】** 年内，市四届人大三次会议共提出了2件议案、89件建议，通过议案审查委员会审查，大会主席团会议通过，2件作为议案、89件作为建议办理。通过和代表面商，积极创造条件认真办理，代表们表示满意。如：西泽乡人大主席团结合在市四届人大三次会议期间提出《关于对西泽集镇面山绿化的建议》和大竹箐自然村99户100余间房屋因被蠹虫蛀食楼杆、楼板断裂，不少房屋出现倒塌，群众的生命财产安全受到严重威胁的实际，及时组织市、乡两级人大代表进行视察，提出的意见建议，引起市人民政府的高度重视，首先投入3万余元搭建临时帐篷，后又投资40余万元进行重建，市国土局也投资5万元专项资金用于该村的地基平整，市畜牧局按照集中连片、规模化养殖指导农户按50平方米标准进行畜舍规范建设规划，市扶贫办、发展和改革局力争2010年内把农村旧房改造项目纳入易地搬迁项目盘子，99户按每户争取1万元资金补助，得到了人民群众的赞誉。在集镇面山绿化方面，建议转交市林业局后，局领导对办理工作高度重视，列入石漠化重点治理工程项目，由市林业局提供所需苗木，西泽乡人民政府负责组织实施，并制定了管护措施，明确了管护责任人员，代表们表示满意。

**附：宣威市人大常委会领导及委室负责人名单**

**宣威市人大常委会**

主　任　高连恒

副主任　李正聪（彝）　范光志（7月离职）

丁文宽（回）　杨怀党

**办公室**

主　任　付庆华

副主任　杨培春（女）　母春玲（女、5月任职）

**民工委**

主　任　张尤法（彝）

副主任　朱勋献（5月任职）

**法工委**

主　任　孔德荣

**选联委**

主　任　缪淑华（女、彝）

**财工委**

主　任　刘　静

副主任　张彩琼（女）

**教工委**

主　任　杨丽芬（女）

**农工委**

主　任　丁文厚（回）

副主任　许建昆（5月离职）

（撰稿　朱勋献）

## 宣威市人民政府

**【领导视察】** 1月25日，中共曲靖市委常委、曲靖市常务副市长周宗到宣威看望慰问困难群众，并到宣威市双龙街道办事处参加春节慰问座谈会。

3月9～11日，云南省副省长孔垂柱一行深入宣威市调研春耕生产工作，先后深入到热水镇、普立乡、宝山镇、龙场镇、海岱镇等进行实地走访调研，对宣威的抗旱救灾工作给予充分肯定，并作出重要指示。

4月21日，曲靖市副市长胡祖俊到宣威检查指导抗旱救灾工作和派出所工作情况，深入到宣威市乐丰乡姑着村、乐丰乡派出所和龙场镇派出所，实地查看了抗旱救灾情况和派出所工作情况，听取相关工作情况汇报，并提出相关要求。

5月11日，曲靖市委常委、常务副市长周宗到宣威听取关于“十二五”规划编制和重点项目建设工作情况的汇报，同时召开固定资产投资及重点项目建设工作现场会，并对宣威“十二五”规划和固定资产投资及重点项目建设情况作出重要指示。

6月7日，曲靖市副市长饶卫带领高考巡视组到宣威市视察高考工作。

6月8日，曲靖市副市长早明光到宣威调研公安工作，深入到龙潭镇实地查看龙潭派出所，详细了解派出所建设、安全维稳、矛盾纠纷排查处理等各方面的情况，听取宣威市公安局领导、龙潭镇党委书记及派出所长的情况汇报，并对基层派出所工作提出要求。

6月9日，曲靖市副市长、公安局长早明光深入到宣威市调研基层基础建设工作，先后深入到龙潭派出所、公安科技大楼、双龙派出所、便民服务中心、虹桥派出所等进行走访调研，看望慰问工作在基层一线的公安民警，听取宣威市关于公安局三基工程建设、三项建设和三项重点工作等情况汇报，并对下步工作提出要求。

10月13 日，曲靖市副市长饶卫到宣威检查指导2010年中央投资社会事业建设项目进展情况，深入到乐丰乡卫生院改扩建设项目、乐丰乡第一中学、第二中学以及宛水一小特殊教育学校进行实地查看，听取相关工作情况汇报，并对下步工作提出要求。

10月20日，曲靖市副市长张向明到宣威检查指导宣普高速公路的前期准备工作和土地复垦工作，深入到宝山镇对宣普高速公路的前期准备工作和海西坝子的土地复垦工作进行实地查看，现场听取相关工作情况汇报，并提出相关要求。

11月17日，曲靖市委常委、副市长陈军到宣威市调研工业发展情况，先后深入到凤凰山工业园区施工现场、云南宣威磷电有限责任公司实地查看磷电一体化项目建设发展情况，听取相关情况汇报，对宣威磷电一体化项目取得的阶段性成果给予肯定，并对下步工作作出指示。

**【重要会议】** 1月5日，召开宣威市2010年度林业工作会议。

1月11日，召开中共宣威市委第四届第六次全体（扩大）会议。

1月13日，召开第四届人民政府第四次全体会议和市乡村三级政务服务体系建设工作会议。

1月26日，召开全市森林防火紧急现场会议。

1月28日，在昆明雄业酒店召开中共宣威市委，宣威市人民政府2010年迎新春座谈会议。

2月25日，召开中德财政合作项目实施动员会议。

3月4日，召开中国共产党宣威市第四届纪委检查委员会第五次全体会议。

3月5日，召开村党组织和第四届村民委员会换届选举工作会议。

3月6日，召开全市烤烟生产抗旱救灾工作会议。

3月30日，云南省春耕生产工作现场会议在宣威召开。

3月31日，全省水利建设工作会议在宣威召开。

4月22日，曲靖市2010年烤烟抗旱移栽现场会在宣威召开。

4月23日，召开全市2010年一季度经济运行分析会议。

4月24日，宣威市召开全市财政工作会议。

4月30日，召开2009年度农村移动信息富民工程总结表会议。

5月28日，召开宣威市全面推进公务卡结算制度工作会议。

6月1日，召开全市2010年防汛工作会议。

6月28日，召开全市计划生育家庭意外伤害保险工作会议。

7月8日，召开全市烤烟生产(中耕管理)现场会议。

7月9日，召开宣威市“两基”迎国检工作会议。

7月15日，召开全市2010年上半年经济运行分析会议。

7月23日，召开全市集中打击非法采矿专项行动“回头看”活动部署会议。

7月24日，召开全市土地利用总体规划编制成果审查暨听证会议。

7月29日，曲靖市矿村共建资源开发新机制现场会议在宣威召开。

8月9日，召开全市新型农村合作医疗暨创建全国农村中医药先进市工作推进会议。

8月16日，召开全市2009年度新增农资综合补贴动态调整资金及项目管理、其他公益性乡村债务清理和审计锁定、婚姻登记和城乡低保工作会议。

8月17日，召开宣威市2009年度新增农资综合补贴动态调整资金及项目管理、其他公益性乡村债务清理和审计锁定、婚姻登记和城乡低保工作会议。

8月30日，召开宣威市农家书屋工程建设培训会议。

9月6日，召开宣威市扩大内需中央投资工作会议。

9月8日，召开宣威市食品药品监督管理机构移交工作会议。

9月11日，召开宣威市第六次全国人口普查工作会议暨乡村两级普查指导员业务培训会议。

9月18日，召开2010年大春良种鉴评暨玉米灰斑病防治工作现场会议。

9月25日，召开全市公共卫生和基层医疗卫生事业单位实施绩效工资工作动员会议。

9月26日，召开宣威市农村危房改造暨地震安居工程工作会议。

9月28日，召开全市安全生产工作会议。

10月9日，召开全市人畜饮水安全项目暨山区水利重点县建设工作会议。

10月26日，召开宣威市政府融资平台贷款清理规范工作会议。

10月30日，召开宣威市第六次全国人口普查工作会议。

11月11日，召开宣威市普宣高速公路建设征地拆迁动员会议。

12月27日，召开全市2011年烤烟工作会议。

12月28日，召开全市今冬明春农业工作会议。

12月29日，召开全市治理非法超限超载车辆工作会议、宣威市新闻发言人培训会议和全市学习型党组织建设推进会议。

**【重要文件】** 1月8日，市政府转发《云南省人民政府关

于开展省直管县财政改革试点文件的通知》

1月13日，市政府发出《关于认真抓好2010年农业生产的通知》。

1月14日，市政府印发《安全文明示范矿井建设实施办法的通知》。

1月21日，市政府转发《省政府关于改善金融服务支持林业发展和集体林权制度改革实施意见文件的通知》。

1月29日，市政府发出《关于认真做好能繁母猪和奶牛保险工作的通知》。

2月4日，市政府发出《关于2010年固定资产投资暨重点建设项目目标任务的通知》、转发《关于曲靖市安全隐患挂牌督办制度等八项制度文件的通知》、转发《云南省人民政府关于加快工业园区标准厂房建设文件的通知》。

2月12日，市政府转发《云南省人民政府2010年森林防火命令》。

2月22日，市政府转发《曲靖市政府关于进一步做好农户小额信用贷款和信用村镇建设工作意见文件的通知》。

3月8日，市政府发出《关于下达2010年农业抗旱救灾及地膜玉米补贴资金和计划的通知》、《关于做好2009年马铃薯原种生产补贴试点项目实施方案的通知》、《关于做好2010年农资综合补贴工作的通知》和《关于做好“十二五”规划编制工作的通知》。

3月10日，市政府发出《关于编制城市商业网点规划的通知》。

3月15日，市政府发出《关于做好2010年畜牧业工作的通知》。

3月18日，市政府转发《曲靖市人民政府关于节能减排综合性实施方案文件的通知》。

3月19日，市政府作出《关于向曲靖开发投资公司申请抗旱应急转借款有关事项的决定》，发出《关于使用抗旱应急转借款有关事项的通知》。

3月25日，市政府作出《关于表彰奖励2009年度见义勇为公民的决定》。

3月28日，市政府印发《2010年烤烟生产工作意见》。

4月15日，市政府印发《关于做好宣威市双龙街道失地农民拆迁安置工作的实施方案》。

4月19日，市政府发出《关于确定宣威火腿加工工艺非物质文化遗产项目代表性传承人的通知》。

4月26日，市政府印发《土地划拨转让改变用途以及招标挂缴纳有关土地费的通知》。

4月28日，市政府发出《关于宣威市污水处理二期国有资本出资代表的通知》和《关于做好2010年民兵组织整顿工作的通知》。

4月29日，市政府作出《关于表彰奖励2009年度农村移动信息富民工程先进集体和先进个人的决定》。

5月5日，市政府印发《关于宣威市2010年退役士兵安置方案的通知》。

5月7日，市政府印发《关于进一步加强流动人口管理和服务工作的实施意见》。

5月8日，市政府转发《关于加强行政调解工作实施意见文件的通知》。

5月10日，市政府转发《曲靖市人民政府关于进一步加强新时期粮食工作意见文件的通知》。

5月18日，市政府发出《西一环道路建设协调领导小组的通知》、印发《宣威市推行效能政府四项制度实施方案的通知》。

5月27日，市政府发出《关于实施“3568”安保双基工程的意见》。

5月31日，市政府发出《关于认真做好2010年林业工作的通知》。

6月8日，市政府发出《关于做好2009年国家对省级公益性生态效益实经费兑现工作的通知》。

6月9日，市政府作出《关于解除Q1305072号集体土地承包权证部分土地块的决定》。

6月23日，市政府发出《关于2010年大中专毕业生就业工作的意见》。

6月28日，市政府印发《关于宣威市筑牢社会消防安全防火墙工程的实施意见的通知》，转发《关于曲靖市加强支农资治理文件的通知》，发出《关于公路城市主次干道开发建设红线控制的通告》。

8月10日，市政府发出《变更板桥歌乐村国有林权属的通知》。

8月18日，市政府发出《关于退还会伦恒业发展公司土地保证金的通知》。

8月23日，市政府发出《关于确保145亿元GDP目标任务的通知》。

9月8日，市政府印发《关于宣威市万家口子水电站移民安置实施方案的通知》。

9月13日，市政府转发《云南省关于修改云南省著名商标认定和保护办法决定的通知》和《云南省地方志工作规定的通知》。

9月27日，市政府转发《加强地方政府融资平台公司管理文件的通知》。

9月28日，市政府发出《关于调整安委会成员单位的通知》。

10月14日，市政府发出《关于农村住房火灾保险的通知》。

10月19日，市政府发出《关于调整宣威市征兵工作领导小组的通知》。

10月25日，市政府转发《关于进一步加强基层民政工作文件的通知》。

10月28日，市政府发出《关于切实抓好2011年小春粮食生产的通知》。

11月3日，市政府发出《关于进一步推进财政支农资金整合的意见》和《关于落实市直管水利工程管理单位体制改革的通知》。

11月10日，市政府印发《普宣高速公路建设征地拆迁补偿标准的通知》。

11月15日，市政府发出《关于印发宣威市医药卫生体制改革（2010～2011）五项重点工作实施意见的通知》。

12月8日，市政府发出《关于认真抓好今冬明春森林防火的通知》。

12月22日，市政府发出《限期兑付宣倘路征地费的通知》。

12月23日，市政府发出《关于进一步加强牲畜定点屠宰工作的意见》。

12月27日，市政府发出《关于切实做好农田水利建设的通知》，作出《关于第二次全国经济普查目标责任制考核兑现的决定》，转发《关于进一步加强企业安全生产工作文件的通知》。

12月29日，市政府印发《关于市容环境卫生整治工作实施方案的通知》。

12月30日，市政府发出《宣威市政府非税收入管理暂行办法的通知》，印发《关于宣威市市级财政偿债准备金管理办法的通知》和《宣威市市级政府债务管理办法的通知》。

**【重要活动】** 1月1日，中共曲靖市委常委、宣威市委书记许玉才率市委、市人大、市政府、市政协主要领导看望慰问正在坚守工作岗位的环卫工人。

1月28日，中共宣威市委、宣威市人民政府在昆明雄业酒店召开2010年迎新春座谈会，云南省政府副省长孔垂柱，云南省军区副司令员刘廷贵，省科技厅厅长龙江及宣威籍在昆工作的处级以上领导，宣威籍在昆工作人员代表300余人受邀参加座谈。副省长孔垂柱在座谈会上作重要指示，刘廷贵副司令员作重要讲话，中共曲靖市委常委、宣威市委书记许玉才通报了2009年宣威经济社会发展情况，市人民政府市长夏新建主持会议并作会议总结。

3月3日，省工业和信息化委员会副主任宋嘉林一行在曲靖市经委主任王松平的陪同下到宣威调研中小企业工作。先后深入到宣威市新型建材厂、浦记食品有限责任公司、顺达火腿有限公司、升达火腿集团公司、鑫宇工贸有限公司等企业进行实地查看，并提出相关要求。

3月5日，中国商业规划设计院院长助理等四位专家，在曲靖市商务局市场流通处处长钱石明的陪同下到宣威市调研商品市场规划。

3月9日～11日，副省长孔垂柱率省水利厅、省农业厅、省扶贫办等部门领导，在曲靖市委副书记范华平，曲靖市政府副市长饶卫，宣威市政府市长夏新建，副市长缪丽芳、李启信等领导的陪同下，深入我市田间地块调研指导抗旱救灾工作。先后到落水镇、热水镇、普立乡、宝山镇、龙场镇、海岱镇及羊场镇实地查看旱情灾情，详细了解人畜饮水解困、春耕备耕、农田水利设施建设进展和群众生活安排等情况。对宣威的抗旱救灾工作给予充分肯定，并作出重要指示。

3月11日，曲靖市政府办公室主任杨云光带领相关科室负责人一行，在宣威市政府市长助理张国忠、龙场镇党政领导的陪同下，深入到龙场村调研指导工作。

3月30日，云南省春耕生产工作现场会议在宣威召开。省委书记、省人大常委会主任白恩培作出重要批示。省委副书记、省长秦光荣参加会议并作重要讲话。与会代表参观了宣威市马铃薯高垄双行高产示范样板、间套种玉米抗旱育苗移栽现场、玉米高产栽培育苗移栽现场，并参加了宣威市农村劳动力转移输出欢送会。

3月31日，由劳动保障、总工会、妇联三部门联合在就业中心举办2010年“春风行动在宣威”现场招聘会。

3月31日，全省水利建设工作会议在宣威召开。省委书记、省人大常委会主任白恩培对全省水利建设工作作出批示。省委副书记、省长秦光荣出席会议并讲话。省委副书记李纪恒主持会议并对贯彻落实会议精神提出要求。

4月1日，省、曲靖市扶贫办组成的检查组对宣威市2009年度实施的92个省级重点扶持村进行验收。检查组一致同意所有项目合格验收，其中21个村被定为优良工程。

4月12日，云南省财政基本情况及十二五财政体制调研组一行到宣威市调研，专题召开调研访谈会，会上省财政厅预算处处长谭文介绍了此次调研的重要意义。宣威市政府副市长程培仁参加访谈会并讲了三点意见，曲靖市财政局副局长王树平主持访谈会。

4月16日，曲靖市扶贫办主任许云华、曲靖市扶贫办项目科科长何永平一行在宣威市政府副市长李启信、市扶贫办主任舒仕奉的陪同下到龙场镇检查指导“整乡推进”扶贫开发工程。

4月27日，中德财政合作——云南贫困地区可持续发展项目在宣威市格宜镇龙山村工程施工现场举行开工典礼仪式。

4月27日，宣威市进发工贸有限责任公司总投资3.53亿元，日产3 000吨新型干法水泥熟料生产线技改项目环评获省环境保护厅批准，项目建成投产后，可望年产普通硅酸盐水泥120万吨，每年实现余热发电2 451万千瓦时。

5月11日，宣威市磷电一体化日产3 000吨新型干法水泥熟料生产线技改项目开工建设。该项目由云南远东水泥有限责任公司和宣威亚鑫经贸有限公司共同投资建设，项目建成后，日产3 000吨水泥熟料，年产水泥达120万吨，可消耗各类废渣50万吨，实现年产值3.8亿元，上缴税金4 000多万元，可解决劳动力就业800余个。该项目可将原磷电生产线产生的废渣进行大量的消耗及循环利用，减少因磷渣堆存造成对环境的污染。

5月12～14日，省政府“百日抗旱救灾”督查组到宣威督查抗旱保春耕工作，先后深入到西泽乡、龙潭镇和龙场镇，实地查看抗旱救灾保春耕工作和水利基础设施建设及群众生产生活用水情况，听取相关工作情况汇报，对宣威抗旱保春耕工作取得的阶段性成绩给予充分肯定，并对下步抗旱保春耕工作作出重要指示。

5月17日，宣威市举行了宣威市供电有限责任公司改制上划云南电网公司签字仪式。宣威市市长夏新建代表宣威市人民政府同云南电网公司曲靖供电局局长李晓彤共同签署《宣威市供电责任有限公司国有产权无偿划转移交云南电网公司协议书》、《重组宣威市供电责任有限公司协议书》和《宣威市供电责任有限公司无偿上划资产评估及相关事宜协议书》。

5月18日，宣威市举行“万名儿童爱眼行动”启动仪式。启动仪式上，昆明眼科医院专家为学生详细讲述了“如何爱眼护眼”等各种知识。本次活动一直持续到5月27日，期间将为宣威一职中、第七中学、虹桥中学等7所学校的12 000多名学生进行免费眼科检查，为视力不良的3 000名经济困难学生免费配送质量合格的眼镜。

5月25日，中华慈善总会为支援云南省抗旱救灾工作，特向宣威市捐赠了一批价值50万元的净水设备，此批设备将全部用于宣威市的中小学校，可解决上万学生饮用水问题，并在来宾镇第一中学举行捐赠仪式。中华慈善总会荣誉会长徐镱轩，云南省委宣传部常务副部长尹欣，宣威市市长夏新建、常务副市长阳开府，宣传部、教育局，来宾镇党政主要领导以及来宾镇一中全体师生参加捐赠仪式。宣威市十所中学得到此项捐赠。

6月4日，全国第一家规模化生产鹅绒裘皮的企业——云南兴民生鹅产业专业合作社落户宣威，为宣威鹅产业发展腾飞打下了坚实基础。

6月6日，第18届中国昆明进出口商品交易会开幕，在此次交易会上，宣威市共签订合作项目6项，协议引进市外资金55.9亿元。其中，与江苏华尔润集团有限公司协议签订了投资15亿元建设年产120万吨浮法玻璃项目协议；与浙商云南宇龙焦化有限公司签订了投资10亿元建设年产190万吨焦化协议；与湖南商会会伦恒业发展有限公司签订投资8亿元在市区建设宣威市国际鸿源财富中心建设项目协议；与云南远东水泥有限责任公司签订了投资2.5亿元年产200万吨矿渣水泥项目协议；与中广核风力发电有限公司签订了投资30亿元的风力发电项目协议；与云南兴民生鹅产业专业合作社签订投资4 000万元制造鹅绒裘皮项目协议。

6月16日，宣威市污水处理厂二期工程正式开工建设，该项目是“十一五”期间节能减排的重点工程，是宣威市确定的重大项目之一，项目总投资1.5亿元，日处理污水3万吨，截污管网59.5千米。项目的建设标志着宣威市城市环境将迈上一个新台阶。

6月17日，由中央宣传部、中央文明办、教育部、文化部、广电总局、解放军总政治部、全国总工会、共青团中央、全国妇联、中国文联等多部门主办，曲靖市公安局协办、宣威市公安局承办的“爱国歌曲大家唱·云南宣威公安篇”专场演出在宣威美奂广场举行。专场演出紧扣“唱响爱国歌曲，构建和谐警民关系，共筑平安和谐”为主题。全国著名歌唱家刘和刚、殷秀梅，云南本土歌手扎西顿珠、宗庸卓玛和来自全省公安战线105名英模方队及宣威市公安民警方队、少数民族方阵、群众方队参加演出。

6月29日，“云之南”艺术团赴宣威慰问演出。省委宣传部常务副部长尹欣在演出前致词。代表省委、省政府向今年以来奋战在抗旱救灾第一线的全省各族各界群众，广大干部职工及解放军指战员、武警部队官兵、公安民警、民兵预备役人员致以问候和感谢。这台名为“大爱化甘霖·希望满人间”的专场文艺演出，以丰富多样的文艺表演形式，共同唱响团结一心、共克时艰的时代赞歌。艺术家们的精彩演出感动了现场数千名观众。台下的掌声和欢呼声与台上艺术家们的真情实感凝聚成一股催人奋进的强大精神力量。

6月30日，总投资6.1亿元的宣倘二级公路正式通车。

7月16日,省发改委党组成员、副主任杨锦昆，省政协常委、省提案委主任郭文龙，省住房与城乡建设厅巡视员康向萍，省人大常委、民建云南省委巡视员李啸云率省政协提案委、省发改委、省财政厅领导到宣威就省政协160号重点提案进行调研，曲靖市委常委、宣威市委书记许玉才，曲靖市政协副主席唐德荣，宣威市委副书记、市长夏新建，宣威市政协主席肖坤全及曲靖、宣威两级的发改、经委、环保、建设部门负责人陪同调研。调研组一行先后深入宣威污水处理厂、宣威宇恒水泥有限公司进行实地调研，并听取了相关工作汇报。

7月29日，曲靖市矿村共建资源开发新机制现场会在宣威召开，曲靖市市委副书记、曲靖市政府市长岳跃生参加会议并作了重要讲话，同时提出相关要求。

8月6日，宣威市在西宁一小举行第三届“和谐杯”篮球赛闭幕式。此次比赛历经8天，进行了70余场角逐。友联俱乐部赢得了男子组的冠军，团山俱乐部、奥鑫俱乐部分别荣获男子组的二、三名。俊和俱乐部夺得女子组冠军。消防、滇能、银狐、奥鑫四个俱乐部荣获道德风尚奖。五中俱乐部获得优秀组织奖。

8月8日，宣威市2010年“全民健身日”活动启动仪式暨第六届老年人体育运动会开幕式在美奂山文化广场举行。中共宣威市委常委、副市长缪丽芳，中共宣威市委常委、组织部长窦华平，市人大常委会主任高连恒，曲靖市老体协副主席孟秀华，以及市委、市政府和各相关单位领导出席了开幕式。开幕式由宣威市老体协主席缪多菊主持。此次运动会由中共宣威市委、宣威市人民政府主办，市老龄委、市体育局、市文化局、市老体协承办。全市各乡（镇、街道）共派出了26支代表团参加比赛。

9月3～19日，省政府强农惠农资金专项检查组、财政部驻云南专员办相继对宣威市2007~2009年各级财政投入的农民补贴、农业农村基础设施、农村社会事业发展、其它重点项目等4类312 541万元强农惠农资金进行了专项检查。

9月9日，中共云南省委第五巡视组组长、正厅级巡视员李建业一行到宣威开展巡视工作。

9月17日，“宣威火腿专区”和“宣威马铃薯专区”云南电子商务网络平台正式启动，该平台充分利用现代新的贸易方式，将特色农产品销到省外、国外，并争取进入东盟自由贸易区。这是全省第2个启动建设的特色农产品电子商务专区。

10月11日，宣威市首家小额贷款公司——兴隆小额贷款公司隆重开业，成为曲靖市第20家小额贷款公司。兴隆小额贷款公司注册资金5 000万元人民币，经云南省金融管理办公室批准成立。公司的成立，将对宣威市支持农村发展、农民创业，拓宽“三农”融资渠道，改善融资环境起到重要作用。

10月5日，“宣字牌”宣威火腿列入第二批“中华老字号”名录。

10月10日，宣威市启动建设首个流浪未成年人求助保护中心。

10月20日，宣威市宣拓牧业科技有限公司生产的“宣拓牌”鲜猪肉，被省农业厅批准为云南省名牌农产品。

11月5日，宣威市土壤肥料测试中心通过省计量认证复查评审。

11月6日，宣威市2010年中央财政支持现代农业蔬菜产业项目106.67公顷连片外销型蔬菜标准化种植基地正式启动。

11月11日，宣威市宇恒水泥有限公司、荣升火腿有限责任公司、中博塑料有限公司、恒邦磷化工业有限公司、宣泰火腿有限公司等11户企业被列为第一批省级成长型中小企业。

11月17日，重庆云河控股集团与宣威市合作，占地80公顷、总投资5亿元、年产专用汽车1万辆、产值40亿元的云南云河专用汽车建设项目在宣威市虹桥工业园区开工。

11月25日，宣威市第五届运动会在美奂广场开幕，中共曲靖市委常委、宣威市委书记许玉才，曲靖市文化体育局书记张吉德出席开幕式，市委书记许玉才宣布“宣威市第五届运动会开幕”，市委副书记申忠林致辞，曲靖市文化体育局书记张吉德讲话，云南德华企业集团董事长张德华代表赞助企业发言，裁判员代表和运动员代表作现场宣誓，市委常委、副市长缪丽芳主持开幕式。本次运行会共有58个代表团，1 511名运动员，历时 8 天参与共 7 个大项（篮球、门球、羽毛球、乒乓球、网球、气排球、中国象棋等）的角逐。

12月1日，宣威市被评为全国农村中医药工作先进单位。

12月1日，宣威市2010年国家农业综合开发高标准农田建设示范工程举行开工仪式。

12月1日，宣威市西山双塔项目建设工程在玉泉山举行开工仪式。

12月10日，普立（滇黔界）至宣威高速公路举行开工仪式，标志该项目正式开工建设。普宣高速公路段是国家杭瑞高速公路网云南境内第一段，是连接中国东部、西南及通向南亚、东南亚各国的重要通道。项目主线全长102.5千米，拟按双向四车道标准建设，路基宽26米，设计时速100千米/小时，概算总投资73.4亿元。项目主线计划于2011年3月正式启动建设。

12月29日，沃尔玛（云南）商业零售有限公司、百胜餐饮集团昆明肯德基有限公司、横店影视集团与泰和房地产开发有限公司在宣威市正式签约，将在宣威市建设集住房、大型超市、餐饮店和五星级影城为一体的泰和商业广场。

**【重要通知】** 1月14日，市政府办作出《关于2009年度市政府领导批示件办理情况通报》。

1月28日，市政府办发出《宣威市人民政府办公室关于下达全市乡镇煤矿2010年生产和规费指标的通知》。

2月1日，市政府办印发《宣威年鉴》（2010年）编撰方案的通知》。

2月2日，市政府办发出《加强城市燃气供应工程国债资金管理的通知》。

2月4日，市政府办发出《关于成立市普通高中新课程改革工作领导小组的通知》。

2月8日，市政府办发出《关于做好2010年春运工作的通知》。

2月9日，市政府办发出《关于组织开展春季农村劳动力有序转移输出集中统一活动的通知》。

2月22日，市政府办转发《关于城镇企业职工基本养老保险关系转移接续暂行办法文件的通知》，发出《关于进一步加强中德财政合作扶贫项目管理工作的通知》和《关于成立用水调度和用水纠纷化解领导小组的通知》。

2月24日，市政府办发出《关于调整充实抗旱救灾领导小组办公室成员的通知》。

2月26日，市政府办发出《关于划拨2010年抗旱救灾经费的通知》。

2月28日，市政府办发出《关于筹集2010年全市人工增雨防雹工作经费的通知》。

3月1日，市政府办发出《关于成立集中清理城市规划区内非法占地和违法建筑工作领导小组的通知》。

3月2日，市政府办发出《关于做好当前城区公共绿化浇水管养工作的通知》、《关于全市乡村政务服务体系建设的通知》、《关于成立宣威市打击非法彩票等赌博活动专项治理行动领导小组的通知》和《关于成立财税库银横向联网工作领导小组的通知》。

3月3日，市政府办发出《关于成立宣威市污水处理厂二期工程建设项目领导小组的通知》。

3月5日，市政府办印发《宣威市2010年新型农村合作医疗实施方案（试行）的通知》，发出《关于成立宣威市土地评估审查委员会的通知》和《关于成立推行效能政府四项制度领导小组的通知》。

3月8日，市政府办发出《关于成立锰矿资源整合工作领导小组的通知》，印发《〈宣威市“十二五”规划编制工作方案〉的通知》。

3月10日，市政府办发出《关于切实做好当前消防安全工作的紧急通知》、《关于调整宣威市消防安全重点单位的通知》和《关于调整充实市消防安全委员会成员的通知》。

3月15日，市政府办发出《关于抓好2010年重大动物疫病防控工作的通知》。

3月22日，市政府办发出《关于安排增配垃圾清运车资金的通知》。

3月23日，市政府办发出《关于表彰2009年度政务信息工作先进集体、先进个人的通知》。

3月26日，市政府办发出《关于认真做好2010年度人大代表建议和政协委员提案办理工作的通知》。

4月1日，市政府办转发《云南省人民政府办公厅关于全面实行公务卡结算制度文件的通知》，发出《关于进一步加强煤矿安全生产工作的通知》。

4月8日，市政府办发出《关于实施好2010年省和曲靖市“三个一百”重点建设项目计划的通知》。

4月9日，市政府办印发《宣威市2010年金融信贷目标考核办法的通知》，发出《关于宣威市2010年中等职业教育和技校招生实行目标任务考核的通知》、《关于财税部门实行收入目标责任制考核的通知》、《关于财税部门征管工作实行定额经费补助的通知》和《关于分解落实2010年乡（镇、街道）财政收入目标任务的通知》。

4月13日，市政府办印发《宣威市名师工程实施方案的通知》。

4月14日，市政府办发出《关于成立宣威市城乡建设用地增减挂钩试点工作领导小组的通知》。

4月19日，市政府办发出《关于成立市医药卫生体制改革领导小组的通知》。

4月21日，市政府办发出《关于调整公务用车编制的通知》。

4月26日，市政府办批转《宣威市土地估价结果集体审定方案的通知》。

4月28日，市政府办印发《宣威市2010年乡（镇、街道）固定资产投资考核细则的通知》。

4月29日，市政府办转发《关于开展农业损失工业补专项行动文件的通知》，印发《畜力铁轮车改胶轮的实施方案的通知》，发出《关于调整公务用车编制的通知》。

4月30日，市政府办印发《关于认真做好农村劳动力转移就业工作的通知》。

5月4日，市政府办印发《宣威市广播电视村村通工程建设实施方案的通知》，发出《关于分解下达2010年工业经济发展各项目标任务的通知》。

5月6日，市政府办发出《关于认真做好2010年减轻农民负担工作的通知》。

5月7日，市政府办转发《云南省2010－2011年政府集中采购目录及限额标准文件的通知》。

5月9日，市政府办转发《关于做好当前农产品市场供应和价格稳定工作的通知》和《关于曲靖市行政机关推行效能政府四项制度实施办法文件的通知》及《关于认真做好2010年淘汰落后产能工作文件的通知》。

5月12日，市政府办转发《曲靖市2010年防灾减灾宣传方案文件的通知》，发出《关于成立曲靖市第三届少数民族传统体育运动会宣威市代表团的通知》。

5月13日，市政府办印发《宣威市优抚对象医疗保障实施办法的通知》。

5月18日，市政府办发出《关于成立偏桥水库水污染防治和生态环境保护领导小组的通知》。

5月19日，市政府办发出《关于成立城镇土地定级与基准地价更新工作领导小组的通知》。

5月21日，市政府办发出《关于市人民政府办公室主任、副主任工作分工的通知》和《关于调整充实宣威市污水处理厂二期工程建设项目领导小组的通知》。

6月1日，市政府办发出《关于划拨2009年度奖励资金的通知》。

6月2日，市政府办发出《关于成立农民专业合作社示范社建设工作领导小组的通知》，印发《大中型水利水电工程建设征地补偿和移民安置资金使用管理实施细则的通知》和《宣威市贯彻落实云南省全面加强预防和处置地震灾害能力建设10项重大措施实施意见的通知》。

6月10日，市政府办发出《关于启用宣威市煤炭资源整合工作领导小组办公室印章的通知》和《关于成立基层农技推广体系改革与建设示范县项目领导小组的通知》。

6月22日，市政府办印发《宣威市第六次全国人口普查户口整顿工作方案的通知》。

6月25日，市政府办发出《关于成立基层农技推广服务体系条件建设项目领导小组的通知》。

6月28日，市政府办发出《关于成立宣威市第一次全国水利普查领导小组的通知》和《关于组建综合应急救援队伍的通知》，印发《宣威市防汛抗旱应急预案的通知》。

6月30日，市政府办印发《宣威市信用村镇创建实施方案的通知》和《宣威市2010年公共机构节能目标实施方案的通知》及《宣威市2010年度地质灾害防治方案的通知》。

7月1日，市政府办发出《关于进一步加强综合应急救援队伍建设的通知》。

7月14日，市政府办发出《关于做好2010年易地扶贫开发工作的通知》和《关于成立大沙坝商业城片区开发协调领导小组的通知》。

7月16日，市政府办发出《关于认真抓好2010年晚秋生产的通知》。

7月19日，市政府办转发《关于2010年深化经济体制改革工作文件的通知》和《关于严格控制和规范会议文件庆典论坛考察实施意见文件的通知》及《关于开展工作目标倒逼管理实施意见和关于推行“一线工作法”实施意见文件的通知》。

7月22日，市政府办转发《曲靖市人民政府办公室关于调整城镇职工基本医疗保险有关待遇文件的通知》。

7月23日，市政府办发出《关于成立宣威市人民政府中国烟草云南宣威大型引水济榕工程建设领导小组的通知》。

7月25日，市政府办发出《关于成立宣威市中低产林改造工作领导小组的通知》。

8月4日，市政府办发出《关于全市公职人员使用宣威文化彩铃的通知》和《关于下达2010年地膜玉米补贴资金和计划的通知》。

8月5日，市政府办作出《关于2010年上半年固定资产投资及财政收入完成情况通报》和《关于2010年上半年领导干部挂钩重点工业企业责任目标完成情况通报》及《关于2010年上半年市级领导挂钩重大建设项目投资完成情况的通报》。

8月6日，市政府办发出《将婚姻登记权限下放到乡（镇）办理的通知》。

8月11日，市政府办转发《曲靖市人民政府办公室关于富源县竹园镇兴发焦化厂违法用地案件查处情况通报的通知》。

8月16日，市政府办发出《关于成立市文东马铃薯批发配送中心移交和建设领导小组的通知》和《关于成立宣威市建立矿村共享资源开发成果新机制工作领导小组的通知》，印发《宣威市2009年新增农资综合补贴动态调整资金及项目管理实施方案的通知》和《宣威市其他公益性乡村债务清理核实和审计锁定工作实施方案的通知》。

8月17日，市政府办发出《关于做好第六次全国人口普查指导员和普查员选调工作的通知》。

8月19日，市政府办发出《关于下达2010年部分企业节能降耗控制指标的通知》。

8月24日，市政府办印发《〈宣威市“三电”设施安全保护专项行动工作方案〉的通知》和《关于妥善处理第六次全国人口普查户口整顿相关问题的通知》。

8月25日，市政府办发出《关于下达规模以下工业企业产值目标任务的通知》。

8月26日，市政府办发出《关于启用板桥镇等22个乡镇婚姻登记印章的通知》。

8月30日，市政府办印发《〈宣威市肇事肇祸精神病人排查行动方案〉的通知》，转发《关于贯彻执行曲靖市清真食品管理办法有关问题的通知》。

9月1日，市政府办转发《关于云南省重大投资项目审批和核准制度工作方案文件的通知》。

9月2日，市政府办发出《关于进一步加强新时期人民调解工作的通知》。

9月3日，市政府办发出《关于调整充实宣威市爱国卫生运动委员会的通知》。

9月10日，市政府办发出《关于成立云南云河专用汽车制造有限公司年产1万辆汽车项目推进领导小组的通知》。

9月13日，市政府办转发《曲靖市人民政府办公室关于进一步规范省直管部门非税收入文件的通知》。

9月25日，市政府办发出《关于成立宣威市尤家箐水库除险加固工程建设领导小组的通知》。

9月26日，市政府办发出《关于下达2010年度农村危房改造及地震安居工程建设计划的通知》，作出《关于婚姻登记下放至乡（镇）办理的情况通报》。

9月29日，市政府办印发《〈宣威市财政补贴高效照明产品推广实施方案〉的通知》。

10月11日，市政府办发出《关于启用宣威市打击涉烟违法犯罪工作领导小组及办公室印章的通知》。

10月16日，市政府办发出《关于调整宣威市城市规划管理委员会的通知》和《关于调整宣威市矿产资源管理委员会的通知》。

10月18日，市政府办发出《关于确保完成2010年工业投资目标任务的通知》。

10月20日，市政府办发出《关于成立宣威市秤杆河水库工程建设指挥部的通知》。

10月25日，市政府办转发《云南省鼓励创业促进就业小额担保贷款实施办法文件的通知》。

10月26日，市政府办发出《关于成立板桥镇永安等3个村土地整理项目领导小组的通知》。

10月27日，市政府办发出《关于建立全面加强预防和处置地震灾害能力建设10项重大措施工作联席会议制度的通知》。

11月1日，市政府办发出《关于启用宣威市医药卫生体制改革领导小组印章的通知》。

11月3日，市政府办发出《关于调整充实宣威市农村人饮安全项目领导小组的通知》、《关于成立宣威市中央财政小型农田水利重点县项目建设领导机构的通知》和《关于认真做好中央财政支持现代农业发展宣威市蔬菜产业建设项目的通知》，印发《进一步完善城乡医疗救助制度实施意见的通知》。

11月5日，市政府办印发《宣威市促进基本公共卫生服务逐步均等化实施意见的通知》。

11月10日，市政府办印发《普宣高速公路建设征地拆迁工作实施方案的通知》。

11月12日，市政府办发出《关于启用宣威市秤杆河水库工程建设管理局印章的通知》。

11月25日，市政府办印发《〈宣威市非煤矿山矿产资源开发整合实施方案〉的通知》。

11月26日，市政府办发出《关于启用宣威市小型农田水利重点县项目工程建设管理局印章的通知》。

12月1日，市政府办印发《宣威市矿村共建资源开发新机制实施方案的通知》，转发《关于进一步提高城镇居民基本医疗保险待遇文件的通知》和《关于做好当前成品油供应工作文件的通知》，发出《关于成立云南天浩集团有限公司多种金属项目建设推进领导小组的通知》。

12月6日，市政府办印发《宣威市森林火灾应急预案的通知》。

12月7日，市政府办印发《宣威市成品油市场供应应急预案的通知》，发出《关于调整充实云南云河专用汽车制造有限公司年产1万辆汽车项目推进领导小组的通知》。

12月9日，市政府办发出《关于成立2010年度机关工作人员考核领导小组的通知》。

12月12日，市政府办发出《关于加强采煤区生态环境保护和治理工作的通知》。

12月13日，市政府办发出《关于下达2010年度核桃产业发展及中低产林改造计划的通知》。

12月16日，市政府办印发《关于认真做好新一轮城市居民家庭调查工作的通知》。

12月20日，市政府办作出《关于确保2010年完成GDP 145亿工作情况的通报》和《关于2010年1~11月市级领导挂钩重大建设项目投资完成情况的通报》及《关于2010年1~11月领导干部挂钩重点工业企业责任目标完成情况通报》。

12月21日，市政府办发出《关于调整宣威市土地收储管理委员会的通知》和《关于切实做好冬春季节消防工作的通知》。

12月22日，市政府办印发《宣威市粮食临时供应应急保障预案的通知》。

12月24日，市政府办发出《关于表彰宣威市第二次全国经济普查先进集体和先进个人的通知》。

12月28日，市政府办印发《宣威市治理非法超限超载车辆工作实施方案的通知》，转发《关于加快推进出口农产品质量安全示范区建设及备案工作文件的通知》。

12月31日，市政府办发出《关于成立2011年现代烟草农业西边项目区工程建设领导小组的通知》。

**【表彰先进】** 年内，市政府先后表彰2009年度见义勇为公民，2009年度农村移动信息富民工程先进集体和先进个人，第二次全国经济普查先进集体和先进个人，2009年度政务信息工作先进集体和先进个人。

**附一：宣威市2009年度见义勇为公民名单（3人）**

吕文劳　崔向友　海宇标

**附二：2009年度移动信息富民工程先进集体和先进个人名单**

**一、移动信息化乡（镇）创建进步奖（7个）**

落水镇　东山镇　乐丰乡　龙潭镇
热水镇　倘塘镇　杨柳乡

**二、移动信息富民村（3个）**

多乐村委会　木乃村委会　文兴村委会

**三、移动信息富民村示范村（1个）**

响宗村委会

**四、移动信息富民村创建进步奖（156个）**

龙洞村委会　徐屯村委会　所乐村委会
盘龙村委会　来宾村委会　河东村委会
启文村委会　白泥村委会　旱稻村委会
大兴村委会　米茂村委会　大坪村委会
龙山村委会　米田村委会　红岩村委会
腊家村委会　风景村委会　龙家村委会
陈湾村委会　小箐村委会　多贝嘎村委会
茨营村委会　大田坝村委会　免场村委会
鸡场村委会　清水村委会　东屯村委会
永安村委会　歌乐村委会　鸭塘村委会
得宜村委会　铺子村委会　发赛村委会
启龙村委会　新堡村委会　鲁乍村委会
莺窝村委会　新乐村委会　宜木嘎村委会
倘塘村委会　东冲村委会　贝古村委会
松林村委会　落水村委会　灰洞村委会
滴水村委会　黄路村委会　海子村委会
火石村委会　庶乐村委会　宏爱村委会
发图村委会　茨嘎村委会　庆发村委会

小街村委会　德来村委会　岩上村委会
月亮田村委会　鲁河村委会　代坪村委会
水坪村委会　腊谷村委会　龙场村委会
龙林村委会　联丰村委会　阿直村委会
罗营村委会　黄村村委会　勺姑村委会
隆庄村委会　格依村委会　陡沟村委会
营沟村委会　热水村委会　窑上村委会
柏木村委会　干海村委会　中村村委会
建新村委会　海德村委会　阿浪村委会
岱海村委会　色卡村委会　乐迤村委会
吉科村委会　关营村委会　得德村委会
虎场村委会　得马田村委会　海西村委会
包村村委会　朝阳村委会　火石盆村委会
格木村委会　芙蓉村委会　海那村委会
歌可村委会　八大河村委会　法着村委会
协法村委会　坪子村委会　瓦路村委会
老营村委会　镇雄村委会　恰德村委会
马场村委会　卡乌村委会　阿基卡村委会
格学村委会　更底村委会　糯着村委会
睦乐村委会　迭那村委会　志度村委会
留田村委会　杨柳村委会　可渡村委会
碗厂村委会　和平村委会　皂卫村委会
豁戛村委会　尖山村委会　杨家村委会
葛菇村委会　新德村委会　邓家村委会
三联村委会　建文村委会　新月村委会
明德村委会　色官村委会　水炉村委会
银厂村委会　新启村委会　大坡村委会
龙潭村委会　新河村委会　新茂村委会
磨石村委会　陆泉村委会　放马坪村委会
茨得村委会　下格村委会　中岭子村委会
卜嘎村委会　茂宗村委会　三岔村委会
围仗村委会　阿迤村委会　河艾村委会
普瓦村委会　瑞硐村委会　三道村委会
梨山村委会　上坪村委会　太阳村委会

**五、移动信息富民工程先进工作者（3人）**

吴远长　唐乔良　吴兴选

**六、移动信息化乡（镇）创建先进工作者（22人）**

东山镇朱兴勇（副镇长）
板桥镇张政贤（人大主席）
落水镇李明（纪委书记）
热水镇赵友斌（办公室主任）
海岱镇张林（副镇长）
田坝镇陈世锡（镇长）
宝山镇吕庆泽（武装部长）
普立乡蔡锐（党委委员）
文兴乡何汝洲（副乡长）
龙潭镇宁伯波（副镇长）
得禄乡浦周党（办公室副主任）
务德镇龙民旺（宣传委员）
西泽乡陈娇（副乡长）
羊场镇张尤忠（人大主席）
双河乡李平（副乡长）
乐丰乡徐韩（武装部长）
龙场镇张和平（武装部长）
格宜镇周瑞（党委组织委员）
阿都乡王维军（武装部长）
杨柳乡胡雪梅（副乡长）
倘塘镇李章能（副镇长）
来宾镇欧明宏（办公室主任）

**七、移动信息富民村创建先进工作者（22人）**

宝山镇宝山村余绍荣（文书）
普立乡鹤谷村陶乃壮（文书）
文兴乡瑞庆村彭大华（文书）
龙场镇罗营村徐繁青（副书记）
格宜镇大坪村何兴利（副书记）
阿都乡荣胜村赵思合（副书记）
得禄乡河艾村缪应宏（书记兼主任）
龙潭镇茨德村李正国（副主任）
务德镇岔路村刘金德（文书）
西泽乡和睦村朱兴稳（书记）
乐丰乡新德村徐美菊（文书）
双河乡葛菇村李锦香（支书）
海岱镇德来村万再民（书记）
田坝镇米田村缪勤合（书记）
羊场镇大田坝村郑绍培（村主任）
东山镇朝阳村江远云（村主任）
杨柳乡克基村辛佳锦（副主任）
来宾乡观云村朱正兴（文书）
倘塘乡旧堡村付杰（副主任）
板桥镇板桥村周锡荣（文书）
落水镇多乐村宁德树（文书）
热水镇格依村邹连飞（文书）

**附三：2009年度宣威市政务信息工作先进集体、先进个人名单**

**一、先进集体（14个）**

一等奖：农业局　杨柳乡
二等奖：广电局　经济局　劳动和社会保障局
　　　　务德镇　海岱镇
三等奖：教育局　财政局　工商局　发展和改革局
　　　　双河乡　宝山镇　龙场镇

二、先进个人（32名）

一等奖：农业局　张　俊　阿都乡　徐兴映

二等奖：广电局　沈　渝　劳动和社会保障局　刘如意
　　格宜镇　陈　锋　务德镇　彭　英

三等奖：经济局　孙载攀　发展和改革局　沈波祥
　　旅游局　陈志娟　龙场镇　周开平
　　务德镇　代荣芬　得禄乡　饶永耀

优秀奖：农业局　邹连俄　工商局　范文智
　　农业局　马美聪　建设局　缪应啸
　　财政局　海宇坚　计生局　陈友旭
　　工商局　王俊波　水务局　白明松
　　扶贫办　刘　婕　供销社　缪　勇
　　杨柳乡　赵思颖　杨柳乡　赵丽芬
　　东山镇　尹红珍　双河乡　张思敏
　　西泽乡　丁秋力　海岱镇　陈道谷
　　羊场镇　何瑞雪　普立乡　陈顺敏
　　乐丰乡　伍光辉　龙潭镇　杨桂竹

**附四：宣威市第二次全国经济普查先进集体、先进个人名单**

一、先进集体（20个）

云南省田坝煤矿
曲靖市中村煤矿
曲靖市宇恒水泥有限公司
宣威市虹桥街道办事处
宣威市倘塘镇倘塘村委会
宣威市落水镇人民政府
宣威市务德镇人民政府
宣威市海岱镇顾湾村委会
宣威市龙场镇龙场村委会
宣威市龙潭镇人民政府
宣威市热水镇统计站
宣威市东山镇统计站
宣威市普立乡普立村委会
宣威市西泽乡西泽村委会
宣威市杨柳乡可渡村委会
宣威市双河乡统计站
宣威市乐丰乡店子村委会
宣威市文兴乡人民政府
宣威市阿都乡经济普查办公室
宣威市得禄乡得禄村委会

二、先进个人（68名）

（一）市直单位（26名）

浦仕文　沈正祥　徐琦兴　张洪涛　王　萍
徐　勇　吕　洪　符开凡　杨德璋　陈世荣
邱学礼　朱艳玲　孙彩凤　符泽文　陈惠荣
陶春荷　周惠荣　秦本旺　沈宗伦　江庆芝
刘　芳　吴仕舜　苏春梅　龚福兴　魏承莉
代偌姗

（二）乡（镇、街道）（42名）

宛水街道　王知娥　母荣华　宁　星　魏丽平　李正坤
西宁街道　陆　云　刘　烜　宁显位　耿春学　沈荣花
双龙街道　鲍常英　王莉松　唐明丽　符　敏　王锦娥
虹桥街道　浦绍茂
来宾镇　孔艳琼　何丽波
田坝镇　包广旭　王明宽
羊场镇　安永辉　王周立
板桥镇　邱光越　陆继富
倘塘镇　周广总
落水镇　殷建丽
务得镇　安正学
海岱镇　高乔乖
龙场镇　蔡铁琴
龙潭镇　杨情会
热水镇　刘云献
宝山镇　余绍荣　高东勤
东山镇　张丽萍
普立乡　孙熙耀
西泽乡　李韩科
得禄乡　李　泽
杨柳乡　严显庚
双河乡　张怀国
乐丰乡　夏金存
文兴乡　母其振
阿都乡　钱光锐

**【政府办工作概述】**　2010年，市政府办公室有干部职工66人（含市政府领导），内设10个科，即秘书一科、二科、三科、四科、五科、六科、人事文书科、新闻信息科、督查科、应急办公室。年内，全体干部职工坚持以科学发展观统领办公室各项工作，牢固树立“三服务”宗旨，围绕市委、市政府的中心工作，充分发挥办公室的综合职能和中心枢纽作用，切实做好参谋助手、管理事务、搞好服务、协调联系等工作。一是健全完善规章制度。按照“从严、从细、可行”的原则和工作规则，规范有序地办文、办事、办会等各项工作。二是督促检查、主动做好“主办”、“会办”、“转办”、“催办”等工作，抓好市委、市政府重大决策部署及领导批示、交办、交办事项的落实及时反馈信息，为领导决策提供服务。三是着力做好纵向协调、横向协调、内部协调，发挥办公室的“桥梁”、“中枢”作用，科室之间，相互支持、密切配合、和谐发展。四是认真做好信访、保密和档案的立卷归档等工作。五是加强后勤管理，加强建设“节约型”机关的管理，严格按规定接待，提高接待水平；进一步规范公务用车，充分发挥后勤服务的保障作用，确保整个机关工作政令畅通。

**【文秘工作】** 全年制发政府文件69个、办公室文件181个，各类请示、报告、批复323个，草拟各类汇报材料、领导讲话、会议材料500余个；拟办省、曲靖市级来文来电1 249份，市直部门、乡（镇、街道）请示、报告327份；承办、协办各类会议43场次。在具体工作中，严格公文处理程序，加大文字把关和校对力度，公文格式进一步规范，办文失误明显减少，公文质量工作效率有新提高，较好地发挥了以文辅政的作用；严格坚持办公程序，加强协调配合，精心组织，周密安排，公文运转有条不紊；加强向领导的请示汇报，注重与各部门和基层的协调沟通，服务工作有新进展，受到领导、基层和群众的广泛认可和好评。

**【信息工作】** 年内，市政府办公室始终把服从和服务于当前中心工作、为领导决策提供优质信息服务作为发挥参谋助手作用的重要途径。强化网络建设，完善目标责任，合理利用信息资源，拓宽信息服务领域，狠抓信息质量，为各级领导了解动态、分析形势、发现问题、科学决策和指导工作提供及时、准确的信息服务。

全年，共收到各乡（镇、街道）、市直各部门上报信息2 023条，其中：收到各乡（镇、街道）上报信息614条，市直各部门上报信息1 409条，共采用各乡（镇、街道）、市直各部门信息481条，其中：采用乡（镇、街道）信息152条，市直各部门信息329条。共收集整理上报信息1 205条，被省政府办公厅采用33条，曲靖政府办公室采用51条，编发《政务信息》12期、《信息专报》4期。

**【督办工作】** 年内，市政府办始终把督办工作作为加强社会经济事务管理，保证政令畅通的有效手段和落实领导决策，实现既定目标的重要推动力认真加以落实。不断修订完善督办工作规程，切实加大督办工作办度。全年，转办市长批示件256件，督办人大代表建议88件，政协委员提案117件；深入贯彻落实“效能政府”四项制度，依法依规举行重大决策听证27次，重要事项公示326次，重点工作通报439次，公开政府信息4 398条。

**【应急管理】** 年内，市政府办始终把应急管理作为落实科学发展观、保障公共安全、促进经济社会协调发展的一项重要工作来抓。不断加强应急管理体制和机制建设，着力提高预防和应对突发公共事件的能力，最大限度地减轻和消除突发公共事件造成的社会危害和影响，为我市经济社会发展创造了一个良好环境。一是认真做好日常值班工作和公休日、节假日值班工作，坚持24小时昼夜值班，在全年的职守应急工作中，未出现迟报、谎报、瞒报、漏报现象。二是切实做好协调处置工作，及时传达领导指示和收集汇总全市信息，统一协调、及时处置各类应急事项。

全年，共收接整理、汇总分析和报告特别重大、重大、较大突发公共事件和社会影响较大、敏感性强的一般突发公共事件信息共7条；协助市政府领导和有关部门处置突发公共事件9件；转达市政府领导重要批示和指示41件；办理各乡镇人民政府、街道办事处报送的紧急重要事项98项；向上级报告宣威市突发公共事件信息10条；编辑《值班快报》40期。

（撰稿　朱贞卫）

**【人事工作概述】** 2010年，宣威市人事局（编办）有干部职工35人，人事局内设秘书科、专业技术人员管理科、公务员管理科、军转办、流动调配科、规划信息培训科、人事争议仲裁科、工资科、人才中心9个科室，编办内设机关科、事业科2个科室。年内，紧紧围绕市委、政府的中心工作，大力实施人才强市战略，深入推进公务员法实施，不断深化人事制度改革，努力推进体制机制创新，切实加强部门自身建设，为推动宣威经济社会又好又快发展提供了有力的人事人才和机构编制保障。

**【公务员队伍建设】** 年内，积极做好公务员招考岗位的计划申报、网上报名人员的审核指导、笔试成绩公布等工作。按照“公开、公平、竞争、择优”的原则，认真组织资格复审和面试工作，面试中，本着为考生提供优质服务的原则，精心布置面试考场，严肃工作纪律，制作工作证件，首次实行考官和工作人员佩带工作证件进出考场，切实做到了阳光操作。严格考核程序，认真组织体检，共录用了35名公务员。年内，认真抓好机关事业单位年度考核工作，应参加考核21 867人，实际参加考核21 840人，确定优秀4 156人，称职17 355人，基本称职4人，不称职45人，未定等次280人，未参加考核27人。同时按照《公务员奖励规定（试行）》文件精神，认真完成了2010年度考核为优秀等次的公务员实行嘉奖的审核审批工作。年内，按姓名、性别、民族、年龄、职务、学历等12个方面的内容，完成了全市2 066名公务员的统计工作。认真做好公务员任免、奖惩等日常管理工作，并组织全市行政机关公务员开展了以忠诚教育为核心的“公共服务职业道德与技术方法”培训教育活动，征订培训教材3 128册，有效提升了公务员的职业道德水平和公共服务效能。

**【事业单位人事制度改革】** 年内，进一步深化事业单位人事制度改革，加快推进事业单位岗位设置管理工作，认真贯彻执行《宣威市事业单位岗位设置管理实施意见》，建立和完善适合各类事业单位特点的岗位管理制度，促进固定用人向合同聘用转变、身份管理向岗位管理转变，实现事业单位人事管理制度的科学化发展。全市事业单位岗位设置管理工作共涉及法人单位491个、工作人员18 719名，在时间紧、任务重、困难多的前提下，克服种种阻力，全面完成了所有事业单位岗位设置方案的审批工作，完成211家岗位设置实施办法的审批，完成14 654人事业单位工作人员的聘用认定工作。

积极做好人事关系与仲裁工作。一是做好事业单位聘用合同的鉴证和管理，指导督促全市相关事业单位办理了1 880人（其中：续聘1 515人、开除公职2人、死亡11人、退休77人、岗位变更14人、新招考录用243人、调入5人、调出13人）5 640份《聘用合同书》的鉴证手续，办理了542人1 084份《岗位聘任书》的聘期确认。二是按照人事争议仲裁处理受案和管理范围，认真处理好人事争议案件，及时调处纠纷。全年收到仲裁申请5件，其中：不予受理1件（申请事项超过法定时效期），案外调解达成调解协议4件。

【工资收入分配制度改革】 年内，按照《宣威市公共卫生与基层医疗卫生事业单位绩效工资实施办法》，顺利完成了宣威市公共卫生、基层医疗卫生和计划生育事业单位实施绩效工资工作，共为1 088人实施了绩效工资并核定了奖励性绩效工资总量。

完成机关事业单位工作人员工资的审批工作。一是对部分实行职级工资制工作人员中符合“滚动升级”条件的392人，审批晋升了级别，人均月增资18元。为机关连续（累计）两年年度考核结果称职（合格）以上人员审批晋升了工资档次，全市共有2 461人晋升工资档次，人均月增资35元。二是为事业单位工作人员17 750人正常增加了薪级工资，人均月增资25元。

全年，为机关事业单位试用期满考核合格的101人办理了转正定级手续，其中：公务员57人，事业单位新聘人员44人；为机关事业单位工作人员127人审批办理了退休手续。按照办理遗属困难补助手续，根据相关政策，调整遗属困难补助标准1 001户1 297人，其中城市居民708人，由原来的每人每月150元调整为254元；农村居民589人，由原来的每人每月80元调整为104元。

【人才开发与服务】 年内，认真做好专技人才的培养、选拔和服务工作。组织完成了曲靖市政府特殊津贴等“四项”选拔工作，共推荐4名同志参加“曲靖市政府特殊津贴”选拔，推荐1名同志参加“曲靖市中青年学术技术带头人”选拔，5名同志全部评审通过。组织慰问专家，为全市历年享受各级政府表彰的67位专家人均发放慰问金300元。

全面开展人才引进和服务工作。一是于8月27日成功举办了宣威市2010年人才交流会，共有46家用人单位进场招聘，提供就业岗位1 660个，2 100多名应聘者前来参加，签订意向性就业协议420份，分别是去年的148%、267%、169%和264%。与往年相比，2010年首次有2家外省企业进场招聘，并有4人签订了意向性就业协议。本科求职者进场应聘人数达250余名，分别是去年的219%、236%，其中有62人与宣威宇恒水泥有限公司、宣威云峰医院等单位签订了意向性就业协议。二是通过公开考试招聘吸纳人才。审核教育系统事业单位招聘方案，招聘教师171名；做好非教育系统事业单位招聘工作。拟定《宣威市2010年非教育系统事业单位公开考试招聘大中专毕业生工作实施方案》，共设计划招聘岗位64个，符合开考条件的岗位有42个，共招聘工作人员40名。协调指导曲靖市机动车安全技术第三检测站（宣威市公安局）单独招聘工作人员招考方案的制定、公示、报名、笔试、面试、体检等工作，共招聘工作人员10名。做好全省事业单位定向招聘到农村基层服务项目服务期满高校毕业生计划上报、面试实施方案的拟定和面试、体检工作，共招聘工作人员13名。2010年，通过积极组织公开考试吸纳各类人才共269名（其中：公务员35名、教师171名、事业单位工作人员63名），为宣威市党政机关和事业单位及时输送了新鲜血液，进一步充实和优化了宣威市人才队伍。三是积极做好人才服务工作。共为2 083名大中专毕业生办理了报到登记工作（其中：研究生11人、本科生886人、专科生937人、中专生249人），毕业生档案转入2 476份、转出685份，党组织关系转入13人、转出31人。为2010年选聘到村任职的58名高校毕业生办理养老保险新参保手续。

努力拓展大中专毕业生就业渠道。做好高校毕业生就业见习工作，联系云峰医院、中医院、第二人民医院等10家用人单位申报158个见习岗位，组织了69名高校毕业生参与就业见习。积极推介各类人才，选聘58名高校毕业生到村任职，实现21名大中专毕业生自主创业，推介132名大中专毕业生到各类企业就业，为云南省水利设计院曲靖分院、宣威东方建筑工程有限公司、云南垒仓生物科技有限公司（宣威）等单位推介人才共1 580余人次。

【军转安置和服务工作】 年内，按照上级下达的军转安置任务，认真拟定安置方案，充分征求用人单位和军转干部的意见，克服空编少等困难，圆满完成了分配到宣威市的3名军转安置任务。

积极做好企业军转干部解困、维稳和服务工作。向符合解困条件的102名企业军转干部一次性兑现发放了解困专项资金557 229元（其中：本市市属企业71人431 149元，原曲靖市属两个企业31人126 080元）。接待企业军转干部来访16人次，收到书面信访材料2份，严格按《答复口径》、《宣传提纲》对来访的企业军转干部进行宣传疏导，并进行了回复，杜绝了越级上访事件的发生。向包括曲靖市属2个企业在内的119名企业军转干部人均发放了200元慰问金，向家庭确有特殊困难的3名企业军转干部人均发放了1 000元的特困补助金。年内，按要求办理了历年安置的4名自主择业军转干部医疗保险和职工医疗互助的续保、续缴手续，并配合曲靖市人事局工资科为2名计划安置的军转干部核批了工资。对1名病故的自主择业军转干部遗属进行了走访慰问，并为其遗属办理了自主择业军转干部病故的抚恤费和丧葬费的申报手续。

【流动调配和档案管理】 年内，干部调配和档案管理工作规范有序。一是坚持围绕中心，服务大局，科学合理调配干部，为各项事业的发展提供人才保证和智力支持。全年共为145人办理了调动及档案转移手续，其中：市内调出76人，市外调入11人，因工作需要在市内调整了58人。二是根据中组部、省委组织部干部人事档案管理达到国家一级标准的要求，严格按照“对照标准、查找差距、明确目标、统一部署、全面达标”的工作思路，在任务重、人手少、工作严的情况下，抽调了5名业务精、素质强的工作人员，历时8个多月，对一年来形成的干部考察材料、非领导职务审批表、工资变动登记表、年度考核表、学籍材料等8 000多份零散材料进行了整理归档，全面完成了4 856本在职干部人事档案的重新审核、分类、整理和装订工作，并将档案目录全部录入微机管理，达到了干部人事档案信息化、规范化管理的要求。

【机构编制管理】 年内，对要求成立机构、机构升格、增加编制等专题报告，坚持深入调研，严格审批程序，合理调整部分机构设置和人员编制，既保证了经济社会发展对机构编制的需求，又有效遏制了机构编制膨胀的势头，有效降低行政成本。全年，市编办共受理审核市直机关专题报告27份，对全市乡镇中心学校及乡镇初级中学教师编制进行调整，增加事业单位编制98名。

认真开展法人年检和事业单位登记工作。通过采取“分时段、分系统”的年检方式，建立有效的年检跟踪制度，确保年检任务保质保量按时完成，全年共年检事业单位423个，结合年检工作，办理事业单位变更登记34个，设立登记10个。

稳步推进政府机构改革工作。按照省、曲靖的改革意见，坚持“精简、统一、规范、效能”的原则，调整优化组织结构，规范机构设置，使机构设置更加科学合理，结合我市实际，拟订了《宣威市人民政府机构改革实施方案》，报市委政府审定后上报审批并获批准，召开了机构改革动员大会，政府机构改革工作稳步进行。

（撰稿 刘勰丽）

【扶贫工作概述】 2010年，宣威市扶贫开发共投入各级、各类资金7.53亿元，其中：财政专项扶贫资金6 010万元（中央、省级4 060万元，曲靖市级650万元，宣威市级1 300万元）；项目整合资金4 313.04万元；帮扶资金1 501万元；社会捐资2 573万元；小额信贷扶贫资金1亿元；群众“三投”（投工投劳投资）5.09亿元。扶贫投资和上年同期相比增长45.66%，无论所实施的项目或是投资规模都是空前的。

扶贫项目覆盖26个乡（镇、街道）322个村委会，953个自然村，受益37 207户180 132人。通过项目的实施，共解决29 842人的“住房难”、22 289人的“饮水难”、88 213人的“行路难”、16 015人的“燃料难”、5 900人的“用电难”、149 00人的“就医难”、18 900人“上学难”和62 877人的“增收难”。

【重点扶持村“整村推进”】 2010年，实施三批共90个省级重点扶持村，总投资5 963.82万元，其中省级专项扶持资金1 350万元，曲靖市级财政补助资金128.5万元，宣威市级补助资金79.21万元，其他扶贫项目结合资金114.44万元，整合部门资金496.9万元，信贷资金101.14万元，群众三投3 153.89万元。涉及24个乡（镇、街道）80个村委会90个自然村10 283户38 917人。项目的实施将解决34 791人“行路难”，31 759人“增收难”，7 389人“饮水难”，3 942人“住房难”，2 115人“燃料难”以及3 988人“活动难”。第一批19个村于12月底实施结束，第二、三批71个村预计于2010年2月底前实施结束。

【易地搬迁】 完成了对7个乡镇9个安置点共计311户1 300人的易地扶贫项目。工程于2009年9月启动，2010年6月完成，总投资4 550万元，其中财政补助资金650万元，群众自筹资金3 900万元。建设安居房24 440平方米；建基本农田地86.67公顷；新修乡村公路9条5.14千米，改造3条2.49千米，硬化村间道路3 150平方米；架设10千伏输电线3.6千米，低压线路5.32千米，户表306块；建取水设施10座，蓄水池12个480立方米，引水管道40 819米，入户水表及龙头等311套；建设沼气池(配套三改)279口，建公厕1个；科技培训14期500人次。

【“整乡推进”】 2009年，曲靖市委创造性提出实施“整乡推进”、“8666”工程的大扶贫战略，把龙场镇列入曲靖市9个项目乡镇之一，宣威市抢抓机遇，乘势而上，通过资源大整合、群众大发动、社会大参与，项目区步入了跨越式发展的快车道。

龙场镇“整乡推进”“8666”工程覆盖11个村委会101个自然村惠及5.1万人。自2009年7月启动以来，截止2010年12月5日，共完成投资5.12亿元，占计划投资3.2亿元的160%。其中：曲靖、宣威两级财政共2 600万元，项目整合资金3 715万元，挂钩帮扶资金1 260万元，社会捐资1 700万元，群众“三投”折资4.2亿元。在资金投向上，户“八有”占56%，自然村“六有”占17%，行政村“六有”占12%，镇“六有”占15%。项目综合完成率达106%，其中：户“八有”完成104%，自然村“六有”完成115%，行政村“六有”完成100%，镇“六有”完成100%，解决了2.4万人的“住房难”、1.3万人的“饮水难”、4.9万人的“行路难”、1.2万人的“烧炭难”、0.4万人的“用电难”、1.7万人的“上学难”、1.3万人的“就医难”和2.7万人的“增收难”。

（一）户“八有”。安居房建设4 396户，其中：新建1 436户，维修加固2 960户，墙面改造1 428户，翻瓦814户；建沼气池4 034口，改节能灶2 361眼；改卫生厕3 683

个，改卫生厩4 615个，改厨房1 062户，庭院硬化2 147户5.67万平方米；建小水窖51个1 410立方米，建小水池3个150立方米；完成中低产田改造756.53公顷，种植经济林果和经济作物1 413.33公顷，发展规模养殖户3 768户，建养殖小区14个1.58万平方米；开展科技培训34 407人次；

（二）自然村“六有”。修村组公路42条70.5千米，建桥8座，涵洞58个，支砌挡墙2.5万立方米；硬化村内道路29.6万平方米；铺设管引191.4千米，建水池62，安装水表1 168块，水龙头1 199个；建公厕44个，文化活动室1 990平方米，架设输电线16.2千米，电网改造523户；开展劳务技能培训11 202人次，转移输出5 391人；

（三）行政村“六有”。新修村组公路12.5千米；新建村委会办公室、支部活动室、建文化活动室、卫生室、兽医室、老年活动中心共5 228平方米，栽行道树5 560株；

（四）镇“六有”。新修通村公路48千米（其中：龙场镇岔河至旧营村、旧营村至五里村、旧营村至隆庄村长达23千米的宣威首条整齐块体弹石路共3条，新修长25千米贯通9个村委会惠及4万余人的龙高油路1条）；中小学危改和标准化建设9 242平方米；新建镇文体综合服务楼3 995平方米，新建卫生院综合办公楼700平方米，新建计生综合服务楼1 000平方米，维修兽医站350平方米，新建龙场客运站1个2 000平方米，新建石材石艺园区2个。

在抓好龙场镇“整乡推进”的同时，按照3月2日曲靖市委书记赵立雄在阿都乡召开的专题会议精神，对阿都乡“整乡推进”工作进行项目调研、申报和整合。该项目估算总投资24 300.65万元，其中：省级财政补助资金600万元，曲靖市级财政补助资金1 400万元，宣威市级财政补助资金1 400万元，部门整合和统筹政策资金7 651.15万元，其他扶贫资金375万元，群众自筹12 274.5万元。至2010年年底，省级补助资金已到位300万元，扶贫项目资金和部门整合资金到位1 375万元，资金到位或部分到位项目正在开展实施，整个项目预计2011年年底前可全面完成，该项目的实施，将使该镇12个村委会 171个自然村1 024户39 633人得到全面扶持。

**【劳动力转移培训】** 累计完成培训农民工718人。培训工作由市一职中组织进行，从2009年9月开始至2010年7月全部结束，进行了6个专业共7期培训，人员分别输送到永昌钢铁、哨鑫电力、昆明机场、艾维克、金宏达超市、曲烟后勤服务公司及小芳村等6家餐饮企业，就业率100%。

**【产业扶贫】** 2010年，投入产业扶贫项目资金200万，用于扶持核桃、魔芋产业的规模化发展。其中，用于阿都乡扶持核桃产业的投资预计198.5万元，其中：中央财政扶贫资金100万元，群众“三投”98.5万元，种植核桃233.33公顷，项目培训 3 000人次，力争在五年内将该乡建成以核桃为主的干果基地，带动全乡人均增收1 430元，实现区域整体脱贫的目标；用于格宜镇扶持魔芋种植产业的投资预计385.51万元（其中：中央财政扶贫资金100万元，群众“三投”285.51万元），种植魔芋43.56公顷，科技培训 500人次，带动种植农户户均增收3 600元。

**【小额信贷扶贫】** 2010年，宣威市发放扶贫到户贷款1亿元，90%以上的资金用于发展养殖业，其余10%用于种植业及农产品深加工。项目覆盖25个乡（镇、街道）285个村（居）委会，扶持规模户3 850户。并按时回收2009年度8 000万元到期贷款，回收率连续5年保持100%。

**【革命老区开发建设】** 经过两年的建设，财政投资110万元（其中2010年下达资金10万元）的龙场镇乐树村委会革命老区建设项目于2010年10月全面完成，成为老区开发建设示范点。该项目涉及7个自然村，受益农户1 020户3 900人，工程总投资728.17万元，其中革命老区开发建设资金110万元，群众自筹及投劳折资618.17万元。项目涉及166.67公顷核桃、中草药、大棚蔬菜、生猪养殖等产业扶持；硬化道路1 200米，打护坡挡墙450立方米，维修和改造2条8千米的生产生活道路等基础设施建设；改造3.33公顷高稳产农田，建小水窖7个140立方米的水利项目建设；进行种、养殖业培训8期800人次。项目在实施过程中，与龙场镇“整乡推进”的“8666”建设工程紧密结合，充分发挥了资金的最大效益。

**【社会力量扶贫】** 年内，完成昆钢集团、建工集团两个省直挂钩企业的社会扶贫项目7个，投入帮扶资金157万元（其中昆钢112万元、建工45万元），在6个乡（镇）6个村委会建成项目7个，其中村间道路硬化3条13 325平方米，开挖排水沟1 430米，新修村组公路4.2千米，建桥梁3座，建村级文化活动室、支部活动室4间120平方米，建小学篮球场1个，10月份通过了宣威市级检查验收。这些项目的建成惠及了当地10 237名群众，解决了2 522人的“出行难”以及3 515人无活动场所问题。

2010年，积极争取到曹德旺、曹晖扶贫善款873万元，占全省受赠资金的12.9%，用于资助阿都等最为贫困的7个乡镇遭受旱灾的4 356户贫困农户每户2 000元，项目已于10月底全部实施结束，惠及7个乡镇151个自然村15 682人。

**【挂钩扶贫】** 龙场镇“8666”整乡推进工程，按照曲靖以及宣威市委政府的安排部署，实行“1+1+1+3”的强强挂钩模式，即每个项目村有1名处级领导挂帅、1个市级单位挂钩、1名科级干部驻村、3个以上企业帮扶，共安排曲靖市级6个、宣威市级单位5个和境内企业66个挂钩帮扶。挂钩帮扶单位及企业共帮扶1 260万元。

（撰稿 王 锴）

**【信访工作概述】** 2010年，宣威市信访局有干部职工12人，其中行政编制11人，为机关后勤服务的事业编制1人，领导干部1正1副。内设办公室、来访接待科、信件办案科和案件督办科。年内，在深入排查化解矛盾纠纷、畅通信访渠道、规范信访秩序、协调解决群众合理诉求等方面做了大量工作，为维护社会稳定，促进经济发展作出了积极贡献。

**【来信来访】** 年内，全市各级各部门共受理群众来信来访8 018件，与上年同比，总量下降481件，下降5%。其中，受理群众来信2 886件，占总量的36%，接待群众来访5 132件，占总量的64%。全年，市信访局受理群众来信来访805件，其中，受理来信198件，接待来访426件，承办网上信访181件，处置集体访83批1 750人次，协调有关部门劝返接回进京个体上访17批41人，到省集体上访3批110人，到曲靖集体上访7批81人。

**【信访主要问题】** 一是重点工程征地拆迁，安置补偿问题；二是矿产资源开采，导致地表塌陷，房屋开裂，水源枯竭，环境污染等影响群众生产生活问题；三是拖欠农民工工资问题；四是山林水土纠纷问题；五是水电站建设安置问题；六是企业改制遗留问题以及劳动社保，生活补助、民代教师、援越老民工、伤残军人等问题。

**【信访主要特点】** 一是来访人员中老户，涉法涉诉人员，历史遗留问题占一定比例；二是个别上访人员在重大活动、重要会议期间，串联到省、进京上访依然突出；三是城镇房屋拆迁，农村土地征用，矿产资源开采问题等仍呈多发态势；四是环境污染，水库移民安置、军队退役人员、企业改革改制，揭批查和“两案”刑释人员反映问题时有发生；五是个别上访群众，唯上唯大思想严重，甚至还抱有大闹大解决，小闹小解决，不闹不解决思想。

**【领导重视工作】** 一是主要领导抓信访。市委、政府主要领导高度重视，不但坚持到信访局接待群众来访，而且多次在全市召开的各种会议上强调信访工作，增强了各级各部门狠抓信访工作的责任感和紧迫感。二是要求各级各部门主要领导为信访工作的第一责任人，亲自抓，负总责，对重要信访事项亲自过问，亲自处理，亲自督办。三是分管领导为直接责任人，负责协调解决本地区本部门发生的信访问题，其他领导按照“一岗双责”要求，抓好分管部门内的信访工作。四是市委、政府高度重视，始终坚持把信访工作列入重要议事日程，与党建工作，经济工作，农业农村工作一起研究，一起部署，一起安排，并列入乡（镇）、街道年度综合考核项目。五是整合资源，加大处置信访问题力度。从市委组织部，市政法委、检察院、法院、公安局、信访局、煤炭局、经济局、建设局、劳动局、司法局等部门抽调政治思想好，政策水平高，业务能力强，基层工作经验丰实的年轻干部组成联合工作组，负责督查督办全市范围重要信访问题，力争把问题处理在基层，把群众稳定在当地，收到了很好的效果。

**【矛盾纠纷排查化解】** 一是坚持市、乡、村三级联动。信访、纪检、综治维稳、公安、司法等部门“多位一体”，实行横向到边，纵向到底的矛盾纠纷排查化解机制；二是坚持经常排查与专项排查，全面排查与重点排查相结合；三是坚持村（居）委会每天，乡（镇）、街道每周，市直部门每月“一排查”制度；四是坚持由市委、政府分管领导牵头主持，有关部门负责人参加，每季度召开一次矛盾纠纷排查分析研究会，围绕重点工程建设，土地征用，房屋拆迁，库区移民，企业改制等方面群众反映强烈的突出问题，逐案排查，逐案分析，并落实责任领导，责任单位和责任人，做到了小事不出村，大事不出乡（镇），矛盾不上交。由于领导重视，措施有力，方法得当，全年，全市无一例群体性事件发生，无一件集体进京上访。

**【实行信访救助】** 2010年，信访局牢牢把握中央、省及曲靖市三级财政为妥善解决涉法涉诉信访和特殊疑难信访问题而实行信访救助的契机，严格按照省信访局、曲靖市信访局的要求，认真贯彻落实上级信访部门有关文件精神，严格把好申报、审核、签批、兑现四道关口。全年，争取到中央、省及曲靖市专项救助金96.6万元，市财政配套资金20万元，合计116.6万元，使全市32件特殊疑难信访老户问题、涉法涉诉问题得到就近就地解决，基本做到息诉息访，很少出现反弹情况，为解决特殊疑难信访问题，维护社会稳定，促进经济发展发挥了其他工作不可替代的作用。

（撰稿　李嘉逵）

**【旅游工作概述】** 2010年，市旅游局立足本地旅游资源，积极应对经济危机给旅游业带来的冲击，以旅游规划、行业管理、旅游调研、整顿规范旅游市场为重点，扎实开展旅游工作，促进了全市旅游业的稳步发展。根据不完全统计，2010年1～12月，全市共接待游客62.7万人次，实现旅游业综合收入35 396.91万元，分别比2009年增长14%和15.7%。

**【旅游规划建设】** 东山风景区开发建设前期工作基本完成。到目前为止，东山旅游区项目的前期准备工作，包括项目建议书、可行性研究报告调研、初步设计项目的编制、评估、论证、申报、审批，以及发展规划、建设用地、环境影响评价等开工前的各个环节，已基本完成。景区内万佛殿于2010年3月开工建设。编制完成《宣威市旅游业发展“十二五”规划》。在充分调研和精心分析的基础上，旅游局认真编制了市“十二五”旅游专项规划，进一步明确了旅游业在宣威市国民经济和社会发展中的地位与作用，提出了宣威市今后五年的旅游发展目标，确定了旅游业今后五年发展的要素结构、空间布局与形象定位，并策划了旅游业发展优先项目。

**【行业管理】** 一是围绕“服务质量提升年”，加强行业管理，进一步整顿规范旅游市场秩序；二是认真受理、处理旅游投诉和旅游咨询；三是加强对导游等旅游从业人员的培训；四是开展旅游市场综合检查、专项整治和整改复查活动；五是组织好一年一度的导游培训、考试；六是参加云南省旅游人才资源统计调查工作。填写了5家乡村旅游经营业主、33家涉旅企事业单位384名旅游人才、调查表450份。

**【宣传促销】** 一是与文化、文联联合，于2010年2月开展广场文化周主题活动。二是和曲靖电视台共同谋划，于2月到西泽进行实地景观拍摄，并在《源头夜话》栏目中专题播出。三是邀请曲靖电视台《小有瞧尝》栏目组到宣威“为君开”、“人和宾馆”等进行美食拍摄，宣传宣威市独特的美食文化。四是积极配合曲靖市旅游局编制《曲靖风光人文》和《大美珠江源》，大力推介宣威市独特的旅游风光、风土人情及美食文化。

**【旅游调研】** 2010年，市旅游局组织相关人员对宣威旅游资源的赋存、旅游业发展现状、旅游业发展思路等进行了多次全面的调研，在此基础上形成了《关于做大做强宣威旅游业的调研报告》和《关于做大做强宣威旅游业的实施意见》。

**【休闲农业旅游示范企业申报】** 为加大产业结构调整力度，做好休闲农业和乡村旅游示范企业的服务和扶持工作，加快休闲农业和乡村旅游发展，发挥典型示范企业带动作用，旅游局协同农业局积极组织宣威市虹桥生态旅游开发有限公司、宣威市通豪农业综合开发有限公司、万松居民族园及西泽乡积极申报云南省休闲农业旅游示范点（企业）。万松居民族园、虹桥生态旅游开发有限公司被公示为云南省休闲农业旅游示范企业。

（撰稿　杨素琼）

**【投资便民服务工作概述】** 2010年，宣威市政务服务中心有干部职工4人，领导职数2人。年内，根据省、曲靖市的要求，宣威市投资400余万元，在26个乡（镇、街道）和356个村（社区）分别建设了为民服务中心和为民服务代办点。各乡（镇、街道）为民服务中心实现与市政务服务中心系统软件功能的对接，全部实行网上公告、网上受理、网上审批、网上办理、网上投诉和网上监管等，初步形成了管理科学、机制健全、功能完备、运转协调、运行规范、上下联动、覆盖城乡的政务服务体系、政务公开平台。市政务服务中心不断努力，进一步创新审批机制，有效地促进行政效能建设，真正体现行政许可的公开、公平、公正。政务服务中心（含分中心）启动运行至今，共受理各类事项197 342件，办结194 519件，办结率达98.6%；中心转接办书记市长热线810件次，全市行政审批服务业务办结率有效提升。市政务服务中心在市委、市政府的领导下，在各窗口的积极支持配合下，坚持以科学发展观为指导，积极推进行政审批制度改革工作，切实加强和完善政务服务体系建设，进一步规范政务大厅窗口部门的行政审批服务行为，着力提升服务质量和水平，提高办事效率，圆满地完成了各项工作目标和任务。

（撰稿　李继群）

**【人民防空工作概述】** 宣威市人民防空办公室2010年有干部职工共计8人（其中干部6人，职工2人），内设秘书科、综合科。年内，在市委、政府的领导下，在曲靖市人防业务主管部门的指导下，全体干部职工坚持以科学发展观统领人防各项工作。

**【人民防空宣传教育】** 年内，在做好初级中学开展防原子、防化学、防生化武器为主要内容的基础上，根据省、曲靖市人防部门关于2010年9月在全省开展人民防空创立60周年宣传月活动的相关要求，先后召开三次专题会议，精心策划，制定方案，明确宣传活动任务，开展了形式多样的20天宣传月活动，营造了良好的宣传氛围。一是制作宣传挂图展板30块，在市区范围内巡回宣传；二是向人民群众发送宣传资料20 000余份；三是发送彩页2 000余条，发送手机信息20 000余条；四是结合九一八防空试鸣的相关防护要求，利用媒体向群众宣传防护知识。

**【行政执法工作】** 年内，认真贯彻落实国务院《全面推进依法行政实施纲要》和《省人民政府行政执法责任意见》全面提高执法质量，确保队伍执法严格、公正、文明执法，年内依法依规追缴人民防空易地建设费取得新的突破，防空易地建设费基本追缴入财政专户。

**【人民防空结建工作】** 年内，全面贯彻落实“以建为主，以收促建”的原则，结合行政四项审批制度的要求，安排一名副职一名干部到服务窗口专项负责行政申报和审批、结建工作，年终结建项目人民防空易地建设费收缴金额达450余万元。

**【人民防空通信警报试鸣演练】** 年内，按照曲靖市人防办关于在全市、县区9月18日10～11时，统一发放防空警报试鸣演练信号的要求，一是安排专人对安装在全市城区内的防空警报进行全面检修调试；二是以市委文件发至各单位；三是召集市内防空警报设点单位责任人员培训会议；四是依法依规提前5日利用媒体发布电视公告；五是按时按质发放防空警报试鸣演练。此次试鸣演练城区音响覆盖率达95%。

**【帮扶工作】** 年内，在部门人少事多，工作压力大，资金困难较大的压力下，根据市委抽调新农村建设指导员以及单位挂钩帮扶的工作任务，主要领导多次深入挂钩村，并拨10 000元帮扶资金，同时拨给5 000元到驻村点，以帮扶问苦伸援手，换来干群鱼水情。抽调队员被确认为优秀工作队员等次。

（撰稿　张达卫）

附：宣威市人民政府领导及直属部门（含双管单位）负责人名录

宣威市人民政府
市　　长　夏新建（9月离职）
代理市长　保明顺（回族，9月任职）
副 市 长　阳开府　缪丽芳（女）
李启信　程培仁　尹大宝　吴远长
调 研 员　段开荣
市长助理　张国忠
市政府办公室
主　任　马兴赞
副主任　王定全　秦仲元　袁明磊　朱祥灿
赵菊香（女）　张天鹏　王玉梅（女）
符稳玺（5月任职）　殷上珺（5月任职）
柴正茂（5月任职）
市应急办
主　任　马兴赞（兼）
副主任　符稳玺（5月离职）　晏祥利（5月任职）
市法制办公室
主　任　何树先
市人事局
局　长　吕世宏
副局长　符泽民　何光志　赵　玲（女）
市机构编制委员会
主　任　吕世宏
副主任　张先朝（彝族、常务副主任）
市扶贫办公室
主　任　舒仕奉
副主任　王会荣　沈立党　孙大鹏（3月离职）
市招商局
局　长　吴俊锋
副局长　徐　玫（女）　刘东权（11月任职）
市旅游局
局 长 杨光友
副局长 李存华（女）　赵云开
市利用外资办公室
主　任　赵德席
副主任　胡千荣　徐兴卫
张明党（11月任职）
市政务服务中心
主　任　秦仲元
副主任　李雪梅（女）
市档案局（馆）
局（馆）长　包崇虎
副局（馆）长　杨　涛（女）

市人民防空办公室
主　任　孙运虎
副主任　李德苍　耿惠芬（女）
市移民局
局　长　谢　斌
副局长　龙明俊　李克满
市公安局
局　长　尹大宝（兼）
政　委　张美华（2月离职）　龙德留（8月任职）
副局长　朱倡明　晏和康　马显泰
缪祥显（1月离职）　范　云（5月任职）
周云琳（女，5月任职）
廖新华（挂职，5月任职）
朱　刚（挂职，12月任职）
副政委　周云琳（女，4月离职）
顾华启（4月任职）
纪委书记　马武松（回族）
督 察 长　王列升
政工监督室
主　任　顾华启（4月离职）孙道江（6月任职）
副主任　宁　磊　庄　严（女）
辛　毅（女，锡伯族）
指挥中心
主　任　高兴志
教导员　陆继宏（6月离职）
吕　伟（6月任职）
副主任　朱真理（6月离职）　马　平　吴　波
樊　蕊（女）　高莉华（女，6月任职）
警务保障室
主　任　孙道江（6月离职）
卯　飞（6月任职）
副主任　李红梅（女，7月离职）
吕外仙（女，6月任职）
沈亚蕾（女，11月任职）
纪　委（与政治部、督察队合并为政工监督室）
书　记　马武松（回族，兼）
督察队（与政治部、纪委合并为政工监督室）
队　长　辛毅（女，锡伯族，兼）
国保大队
大 队 长　黄　永（6月离职）
蒋绍战（6月任职）
教 导 员　崔茂通
副大队长　孔维柏　黄佑海　杨光雄
法制室
主　任　蒋绍战（6月离职）
王　桓（6月任职）

副主任　吕　伟（6月离职）　张宗攀
　　　　徐世品（6月任职）

**经侦大队**

大 队 长　崔庆龙
教 导 员　刘天福
副大队长　浦恩和　吴丽萍（女）　龚德昌
　　　　　吴剑锋（11月任职）

**治安管理大队**

大 队 长　李金科
教 导 员　（空缺）
副大队长　浦仕喜　赵德坤　桂俊宇（回族）
　　　　　李琼华（女，6月任职）

**刑侦大队**

大 队 长　符世田（6月离职）
　　　　王开虎（6月任职）
教 导 员　叶　凯（6月任职）
副大队长　高立波　李成所　夏海斌（6月任职）
　　　　　叶　凯（6月离职）
一中队中队长　吴应伟（11月任职）
二中队中队长　杨光才（11月任职）
三中队中队长　徐兴礼（11月任职）
内务中队中队长　蔡浩昌（11月任职）
密侦中队中队长　叶　卓（11月任职）

**禁毒大队**（加挂宣威市禁毒委员会办公室牌子）

大 队 长　凡敬东
教 导 员　孙贵明
副大队长　朱发增　黄　彦　桂腾康
　　　　　邱学汝（11月任职）

**强制戒毒所**（12月戒毒所职能移交）

所　长　吴 森
副所长　胡昌敏　陈美娥（女）

**警务站**

站　长　王舜年
教导员　瞿国虎

**看守所**

所　长　陶成宪
教导员　曹　霞（女）
副所长　刘殿雄　张光旭　管惠琼（女）

**拘留所**

所　长　陈云洪
副所长　包崇寿　高　卉（女，彝族）

**巡特警大队**

大 队 长　陆继强
教 导 员　徐尤岗
副大队长　叶忠山　范开波（6月离职）　浦　江
　　　　　曹德康　赵思选（6月任职）

**交通警察大队**

大 队 长　范　云（5月离职）
　　　　　黄　永（6月任职）
教 导 员　桂　榕（6月离职）
　　　　　马双林（回族，6月任职）
副大队长　向志伟　王维友　王　俊
　　　　　徐家向（6月任职）
内务中队中队长　陈兴勇
法制中队中队长　方其林
机动中队中队长　宁德灿
车管驾管中队中队长　浦　军
事故中队中队长　孙道波
格宜中队中队长　王光义（6月离职）
　　　　　　　　邱正辉（6月任职）
花椒中队中队长　王　军
冒水井中队中队长　蒋桃宏
板桥中队中队长　胡荣斌
鸡街中队中队长　桂保剑（回族）
羊场中队中队长　浦仕敏
密德中队中队长　邱正辉（6月离职）
　　　　　　　　王光义（6月任职）
倘塘中队中队长　龚成涛
城市一中队中队长　朱　勇
城市二中队中队长　孔　昕
城市三中队中队长　丁云江
城市四中队中队长　夏　晋
城市五中队中队长　余仕赞
城市六中队中队长　杜云安
城市七中队中队长　刘　永
城市八中队中队长　尹品和
城市九中队中队长　张绍厅

**西宁派出所**

所　长　孙福志
教导员　马双林（回族，6月离职）
副所长　李启荣　陆　平　徐　燕（女）
赵应考

**宛水派出所**

所　长　徐天双
教导员　龙永兵
副所长　熊廷灿　孙贵荣　宁利功　蒋孝伟

**双龙派出所**

所　长　范茂褒
教导员　高修良
副所长　余绍勇　崔　伟　周　泽
陈世蕊（6月离职）

**虹桥派出所**

所　长　王开虎（6月离职）
　　　　符世田（6月任职）
教导员　吕文培
副所长　晏和锐　张　祥　王大卫　凡同虎

**来宾派出所**

所　长　宁德芳
教导员　黄初国
副所长　周　磊

**板桥派出所**

所　长　缪云浩
教导员　廖泽周
副所长　黄仁坤　管彦斌

**羊场派出所**

所　长　卯　飞（6月离职）　王　敏（6月任职）
教导员　李克敏
副所长　周　卓　朱兴帅

**东山派出所**

所　长　张承进
教导员　陈世俊
副所长　潘　涛

**海岱派出所**

所　长　徐尤苍
教导员　（空缺）
副所长　张天好

**田坝派出所**

所　长　庄永林
教导员　夏　逵
副所长　代兴卫

**落水派出所**

所　长　徐天桥
教导员　张　昆
副所长　郑凯文　朱向全

**热水派出所**

所　长　李培文
教导员　浦仕伦
副所长　徐　涛

**西泽派出所**

所　长　包　云
教导员　浦　辉
副所长　崔茂润

**务德派出所**

所　长　袁　勇
教导员　高　飞
副所长　侯文彪

**得禄派出所**

所　长　秦庆留
教导员　（空缺）
副所长　赵思益

**龙潭派出所**

所　长　徐宏雷
教导员　李树华
副所长　李如松

**倘塘派出所**

所　长　蒋　惠（5月离职）
　　　　陆继宏（6月任职）
教导员　杨兴伟
副所长　缪应居

**龙场派出所**

所　长　赵思选（6月离职）
　　　　范开波（6月任职）
教导员　沈应通
副所长　舒承法

**格宜派出所**

所　长　夏　峰
教导员　王明昌
副所长　范美优

**宝山派出所**

所　长　周　刚
教导员　朱德印
副所长　王松平

**文兴派出所**

所　长　王　敏（6月离职）
　　　　陈世蕊（6月任职）
教导员　黄初伟
副所长　刘盛良　周金和

**普立派出所**

所　长　陶荣山
教导员　浦绍波
副所长　洪茂乾

**杨柳派出所**

所　长　赵尔清
教导员　沈良盖
副所长　崔东华

**双河派出所**

所　长　徐　浩
教导员　徐家向（6月离职）
　　　　朱真理（6月任职）
副所长　周全孔

**乐丰派出所**

所　长　朱永桢
教导员　李如波
副所长　熊世俄

**阿都派出所**

所　长　张永康

教导员　李家文

**市检察院**

检 察 长　刘建华（11月离职）

徐正良（11月任职）

副检察长　袁孟昌　董其康　孙承斌　宁德体

**政工科**

科　长　符泽勇

**纪检组**

组　长　叶毓光

副组长　李树本

**反贪污贿赂局**

局　长　夏体俄（12月任职）

副局长　夏体俄（12月离职）

夏　玉（12月任职）

综合科科长　耿振钊

侦查一科科长　代祥花（12月任职）

侦查二科科长　唐爱平

**反渎职侵权局**

局　长　范开国

侦查科长　缪红和

秘书科长　段　艳（白，12月任职）

**办公室**

主　任　张　敏（12月任职）

**公诉科**

科　长　王　斌（彝族）

**侦查监督科**

科　长　王邦绍

**监所检察科**

科　长　吴仕飞

**民事行政检察科**

科　长　徐文浩

**控告申诉科**

科　长　徐万鹏

**职务犯罪预防科**

科　长　童鹏伟

**人民监督工作办公室**

主　任　吕文英（7月离职）

邱崇辉（12月任职）

**市法院**

院　长　刘建刚（党组书记）

副院长　顾正碧　金永德　刘德斌

孔令芬（女）

纪检组长　吕朝德

**政治处**

主　任　李启欢

副主任　范文君（女，12月任职）

**办公室**

主　任　代　映（12月离职）

单祖俄（12月任职）

**司法警察大队**

大 队 长　黄训波

教 导 员　符宗林（12月离职）

代　映（12月任职）

副大队长　柴林春（12月离职）

高　亚（女，12月任职）

副教导员　单祖俄（12月离职）

宴　颇（12月任职）

**执行局**

局　长　宴廷鹏

副局长　陶昌伟（12月离职）

李学彪（12月离职）

孙亚东（12月任职）

宴祥斌（12月任职）

**审判监督庭**

庭　长　龙维尧（12月离职）

孔维滇（12月任职）

**民一庭**

庭　长　王　飞（12月离职）

何福浩（12月任职）

**民二庭**

庭　长　吕　斌（12月离职）

冯智巍（12月任职）

**民三庭**

庭　长　赵开阔（12月离职）

郭明利（12月任职）

**刑　庭**

庭　长　舒承宏

**少年庭**

庭　长　夏晓丽（女，12月任职）

**行政庭**

庭　长　徐天富（12月离职）

朱　泽（12月任职）

**立案庭**

范开虎（12月离职）

李　玲（女，12月任职）

**倘塘中心法庭**

庭　长　何福浩（12月离职）

刘天稳（12月任职）

**格宜中心法庭**

庭　长　冯智巍（12月离职）

龙维尧（12月任职）

**羊场中心法庭**

庭　长　陈学清（12月离职）

王　飞（12月任职）

**落水中心法庭**

庭　长　张世斌（12月离职）

吕　斌（12月任职）

**乐丰中心法庭**

庭　长　杨　斌

**田坝中心法庭**

庭　长　宁德云

**市司法局**

局　长　王志怀（回族）

副局长　张　猛　樊文祥

**宛水司法所**

所　长　高崇涛

**西宁司法所**

所　长　浦　嵩

**双龙司法所**

所　长　朱煜川

**虹桥司法所**

所　长　朱天礼

**来宾司法所**

所　长　欧明宏（6月离职）

**板桥司法所**

所　长　吴　渊

**格宜司法所**

所　长　王宏先

**倘塘司法所**

所　长　李俊波

**田坝司法所**

所　长　宁显宏

**海岱司法所**

所　长　孙道昌

**羊场司法所**

所　长　马石安

**落水司法所**

所　长　李文明

**热水司法所**

所　长　李　应

**西泽司法所**

所　长　陶汝党

**务德司法所**

所　长　王　剑

**得禄司法所**

所　长　张　麟

**普立司法所**

所　长　吴兴义

**龙潭司法所**

所　长　杨万昌

**宝山司法所**

所　长　代兴贤

**龙场司法所**

所　长　沈立宪（4月离职）

**阿都司法所**

所　长　林明礼

**文兴司法所**

所　长　蔡　波

**双河司法所**

所　长　陈德帅

**杨柳司法所**

所　长　浦同剑

**乐丰司法所**

所　长　王　恒

**东山司法所**

所　长　李竹香（女）

**市发展和改革局**

局　长　欧光彩

副局长　王建恩　何希逵　夏诚波　刘贵华

**曲靖市工商行政管理局宣威分局**

局　长　高兴龙

副局长　马毓稳　蒋朝芳　张良英（女）

纪检组长　冯灿锐

**市国土资源局**

局　长　鲍吉书

副书记　谭会明

副局长　张毓春（彝族）　董选忠　刘　英（女）

土地收购储备中心主任　李　勇

执法监察大队大队长　朱法兴

开发区分局局长　李兴魁

**市统计局**

局　长　段国堂

副局长　卢文栋　杨灿清

**国家统计局宣威调查队**

队　长　侯兴邦

副队长　刘金忠　陆家栋　罗世科

**市审计局**

局　长　陆继万

副局长　孙运勤　沈琼波（女）　刘明标

**市质量技术监督局**

局　长　孔祥礼

副局长　李在所

纪检组长　杨兴邦

**市食品药品监督管理局**

局　　长　刘大培

副 局 长　黄细清

纪检组长　晏琼芳（女）

**市安全生产监督管理局**

局　　长　陈　勇

副 局 长　袁晓华

**市煤炭局**

局　　长　包继朝（党委书记）

副 书 记　陈大灿

副 局 长　王兴跃　符宗德　高贵忠

樊兴华（5月任职）　朱尤飞（4月任职）

纪委书记　黄崇勇

**市煤矿安全生产监督管理局**

局　长　包继朝

副局长　蒋怀参（5月任职）

**市商务局**

局　长　代兴友

副局长　崔茂环　王大春　黄　荣（4月离职）

**市农业局**

局　　长　张绍波（党委书记）

副 书 记　徐安炳

副 局 长　朱永华　包广东　严春荣（女）

魏木聪

纪委书记　孔祥伟

**市新农村建设办公室**

主　任　徐万雄

**市中低产田地改造领导小组办公室**

主　任　张国忠

副主任　柴正茂（兼，5月任职）

**市经济局**

局　　长　高忠勇（党委书记）

副 书 记　张如恩

副 局 长　吴明禹　沈宗迪　董开儒

纪委书记　符　皓

**市供销社**

理事会主任　刘如擎

党 委 书 记　孔令雄

理事会副主任　温志华

**市粮食局**

局　长　马现群

副局长　刘永坤　孔德华　陈　俊

**市畜牧局**

局　长　杨守邦（党支部书记）

副书记　刘大虎

副局长　龙绍武（彝族）　范美刚　李庆科

浦绍惺

**市烟草专卖局**

局　长　陈升党

副局长　钱理章

**市林业局**

局　长　田志德（党总支书记）

副书记　沈立友

副局长　舒承勇　缪祥虎

**森林公安局**

局　长　王新华

**森林防火指挥部**

专职副指挥长　朱俊桢

**市水务局**

局　长　沈宗文（党总支书记）

副书记　孙德彦

副局长　江庆位　包崇波　缪志军

**市农机中心**

主　任　李继友

副主任　李学爱　浦绍兴

**市交通局**

局　　长　浦绍锋（党委书记）

副 书 记　邓忠信

副 局 长　沈长征　赵家厚　周　宏　张　波

朱树忠

纪委书记　孔德黎

**市交通战备办公室**

主　任　沈长征

**市邮政局**

局　长　刘祖庆（党支部书记）

副局长　陈晏勇

**市建设局**

局　　长　苏元光（副书记，4月任职）

副 书 记　李培光

副 局 长　浦米花（女）　吕庆龙

纪委书记　徐鹏轩

总工程师　孔祥护

**市开发区管委会**

主　任　浦绍耀

副主任　朱碧桢 顾光海（5月任职）

书　记　肖光荣

副书记　邱光先

**开发区管委会办公室**

主　任　王　雄（5月离职）

副主任　范茂朝　晏　波（5月任职）

**开发区项目招商管理局**

局　长　孔彩娥（女）
副局长　耿　芳（11月任职）

**开发区规划建设局**
局　长 赵映雄
副 局 长 缪彩定（女） 黄照发（5月任职）

**市环境保护局**
局　长　海宇飞（党支部书记）
副局长　李兴栋 张光红

**市财政局**
局　　长　王德勇
副 局 长　黄初达　单祖明　李平科　李云宏
总会计师　侯争荣（11月离职）

**市农业综合开发办公室**
主　任　单祖明
副主任　王　泽

**市开发投资有限公司**
总经理　黄初达

**市融资担保公司**
总经理　黄初达

**市国有资本运营公司**
总经理　黄初达

**市非税收入管理局**
局　长　王宏志（5月任职）

**宣威市国家税务局**
局　　长　杨文丽（女，纳西族）
纪检组长　彭向才
副 局 长　黄国辉　陈昌伟
开发区分局局长　魏成飞
榕城分局局长　刘志柱
稽查局局局长　张彩朝
格宜分局局长　杨光宏

**宣威市地方税务局**
局　　长　杨俊德（彝族、党组书记）
副 局 长　江欣昌　桂保定（回族）
纪检组长　张云强

**中国人民银行宣威市支行**
行　长　缪祥潘
副行长　徐翠莲（女）　王洪波（彝族，8月离职）

**市教育局**
局　长　沈立德（党委书记）
副局长　王光厚　张彩茂　侯文广

**市科技局**
局　长　孙道红
副局长　朱文贵（彝族）　蔡昌永

**市地震局**
局　长　姬开顺
副局长　孟光国

**市气象局**
局　　长　宋德燕（女）
副　局　长　李红春
纪检监察员　缪　敏（女）

**市文化局**
局　长　钱周祥（党总支书记）
副局长　杨玉先　窦文萍（女）　田庭洪
　　　　赵　璠（5月任职）

**市广播电视局**
局　长　胡云道（党支部书记，11月离职）
　　　　余红梅（女，11月任职）
副局长　赵映斌　张　波　黄初满
　　　　余红梅（女，11月离职）

**市卫生局**
局　　长　石有昌（党委书记）
副 书 记　严尔俊
副 局 长　张锡龙　李祥友（彝族）
纪委书记　宁　勤（女）

**市体育运动服务中心**
主　任　文应通
副主任　晏廷雄　李相群

**市民政局**
局　长　李树乖（党总支书记）
副局长　浦仕久　马　蓉（女，回族）

**市人口和计划生育局**
局　长　宁德才（党支部书记）
副局长　俞明琦　杨　玲　李明栋（彝族）
　　　　李文宏（彝族）

**市民族宗教局**
局　长　张　荣（回族）
副局长　毛发庆（彝族，6月离职）
　　　　普　倬（彝族，12月任职）

**市劳动和社会保障局**
局　长　蒋　琳（党总支书记，7月离职）
副书记　宁　鸿
副局长　毛永逵　缪祥泽　李正安

**市老龄办公室**
主　任　孔芙菊（女）
副主任　钱如美（女）　宰现忠（回族）

**曲靖市住房公积金管理中心宣威分中心**
主　任　李金花（女）

（整理　何　华）

## 政协宣威市委员会

**【概述】** 2010年市政协在中共宣威市委领导下，高举中国特色社会主义伟大旗帜，以邓小平理论和“三个代表”重要思想为指导，深入贯彻落实科学发展观，认真学习贯彻中共十七大和十七届五中全会、省、曲靖市委政协工作会议、宣威市委四届六次全会精神，牢牢把握团结和民主两大主题，扎实履行政治协商、民主监督、参政议政职能，团结动员全市各族各界，齐心协力谋发展，凝心聚力促和谐,为推动宣威科学发展、加快经济发展方式转变、促进社会和谐作出了重要贡献，人民政协事业呈现出蓬勃发展的良好局面。全年召开政协全体会议1次，常委会议4次，主席会议7次，其他会议3次。接待上级领导到政协检查指导工作7批。先后组织开展3次调查、4次视察活动，形成调查、视察报告7份。收集整理提案134件，审查立案129件。接待群众来访100人次，来信10封。全年共组织委员活动144次，提出建议524条，做好事办实事1 043件，扶贫济困捐资3 243.64万元、上报信息346条、反映社情民意298条。全年共在《人民政协报》、《云南日报》、《云南政协报》等报刊杂志、网站电台电视台，刊播宣传宣威政协的新闻作品80多篇。

**【委员风采】** 齐心协力抗大旱。面对百年不遇的特大旱灾，政协常委会把抗旱救灾保民生作为政协工作阶段性的首要任务，多次专题研究部署抗旱救灾工作，发出《抗旱救灾捐款倡议书》400余份，号召全体政协委员和干部职工深入灾区，关注旱情，用实际行动积极支援抗旱救灾。市政协领导多次深入一线，了解灾情，指导抗旱，鼓励群众，树立信心，克服困难，积极开展抗旱减灾和生产自救，为有关乡（镇、街道）协调解决抗旱救灾资金150余万元。广大政协委员以身作则，有钱出钱，有力出力，投入抗旱救灾，捐款420多万元，以实际行动为灾区群众献爱心。

积极兴办公益事业。广大政协委员以施为德，乐于奉献回报社会，在兴办公益事业上不遗余力，在尽心履职上满怀激情。如张荣志委员出资1 000万元，在杨柳修扩建8.1千米乡村公路、新修5.6千米村组公路，徐发跃委员捐资394万元，刘顺平委员捐资300万元，朱树达委员捐资250万元，宁国昌委员捐资248万元，王天祥委员捐资97万元，夏跃周委员捐资88万元，陈文章委员捐资76万元，速金南委员捐资75万元，撒兰仕委员捐资53万元，杨应宝委员捐资52万元，等等，他们以不同形式支持抗旱救灾、开展扶贫济困、参与新农村建设、城市人文景观建设等，累计捐资3 200余万元。

捐资助学献爱心。善举创造和谐，爱心传承美德。在政协开展的结对帮扶贫困学生活动中，41名委员捐资51.8万元，帮助宣威市第一、第五、第六中学等294名品学兼优的高中贫困生，直至完成学业。速金南、吕勇、王定伟、王天祥等委员每年捐款超过4万，帮扶学生超过20人。

一枝一叶总关情。在政协的一次常委会上，当了解到羊场镇女大学生张春云，因病意外咬断舌头，家庭贫困，无钱医治，正一筹莫展的情况后，随即向与会的政协常委倡议，现场为张春云捐款2.18万元。

**【四届三次会议】** 1月15～17日，中国人民政治协商会议宣威市第四届委员会第三次会议在宣威召开。310名委员出席会议。宣威市级领导、离退休老领导，各乡（镇、街道）、各部委办局等单位相关负责人列席会议。中共曲靖市委常委、宣威市委书记许玉才讲话；政协主席肖坤全作《中国人民政治协商会议宣威市第四届委员会常务委员会工作报告》；副主席杨华作《中国人民政治协商会议宣威市第四届委员会常务委员会关于四届二次会议以来提案工作情况的报告》。列席宣威市第四届人民代表大会第三次会议，听取并协商讨论《政府工作报告》及其他有关报告。会议通过《中国人民政治协商会议宣威市第四届委员会第三次会议决议》。肖坤全在闭幕会上讲话。

**【政协常委会议】** 2月21日，市政协召开四届八次常委会议，传达中央、省、曲靖市政协会议精神，通报市委批转的《政协2010年工作要点》。

7月28日，市政协召开四届九次常委会议，市人民政府副市长阳开府向政协常委通报今年上半年全市经济运行情况，会议同意周红芬辞去政协副主席、常委职务，会上学习有关文件材料。

10月19日，市政协召开四届十次常委会议暨民主评议提案办理工作会议，对市环保局、教育局、林业局2010年提案办理工作进行民主评议，满意和基本满意率95%。测评结果现场反馈、向社会公告、并报中共宣威市委。

12月21日，市政协召开四届十一次常委会议暨2010年政协工作会议，33个委员活动组向政协常委汇报三年来的履职情况，会上评出12个先进政协委员活动组。

**【主席会议】** 1月8日，市政协召开四届十一次主席会议，协商讨论《政府工作报告》，副市长阳开府到会介绍报告起草情况。

1月11日，市政协召开四届十二次主席会议，通报市委常委会议审查讨论政协常委工作报告情况，安排布置政协四届三次全会筹备工作。

1月20日，市政协召开四届十三次主席会议，研究2010年调研视察课题，安排《政协宣威市委员会2010年工作要点》起草工作。

3月26日，市政协召开四届十四次主席会议，研究确定《政协宣威市委员会2010年工作要点》重点工作分工。

7月5日，市政协召开四届十五次主席会议，研究《关于宣威市学前教育情况的调研报告》、《关于贯彻落实中央和省市委加强人民政协工作意见情况的调研报告》及2010政协机关年综合考核评价办法等。

9月3日下午，市政协召开四届十六次主席会议，研究《关于宣威市小城镇建设的调查报告》、《关于中低产田地改造的视察报告》及政协机关公务用车报废更新事项等。

10月13日下午，市政协召开四届十七次主席会议暨机关干部职工大会，对学习贯彻省委政协工作会议精神提出具体要求，进行安排部署。

**【其他会议】** 2月25日，宣威市政协召开抗旱救灾动员会，向全体政协委员发出《抗旱救灾捐款倡议书》，市政协领导及干部职工积极响应，现场捐款2.16万元。

10月29～30日，曲靖市政协第八次提案工作会议在宣威市召开。会议认真总结市政协三届三次会议以来的提案工作经验，紧紧围绕十七届五中全会精神安排部署下步提案工作，曲靖市政协主席赵建华在会上作重要讲话，代市长保明顺介绍宣威市经济社会发展情况以及支持政协开展工作情况，市政协提案委主任王彩通报提案工作情况，各县（市）区政协和市直部分提案承办单位交流工作经验，与会人员还现场参观宣威市倘塘镇秦家地煤矿“矿村共建”提案的办理落实情况。

12月20日，中共宣威市委人大政协工作会议在宣威召开，中共曲靖市委常委、宣威市委书记许玉才、市人民政府代理市长保明顺、市政协主席肖坤全分别讲话。

**【提案工作】** 四届三次会议以来，共收到委员提案134件，经提案委员会审查立案129件，立案率96.3%，未立案的5件已作委员来信来访处理。所提提案涉及农林水方面的14 件，占10.86 %；文教卫生方面的 28件，占 21.7 %；党群政法方面的11件，占 8.5%；城建环保方面的21件，占16.3 %；工业、交通、煤炭方面的14件，占10.86 %；新农村、扶贫、电力方面的9件，占7%；其它方面的32件，占24.8 %。截止11月底已全部办复。129件提案中，问题得到解决的34件，占26.5%；正在解决的57件，占44%；列入计划待解决的29件，占22.5 %；目前尚不具备条件解决的9件，占7%。通过抓调研视察，开展民主评议，现场面商办案，强化重点提案办理等措施，不断提高提案工作水平，为促进宣威经济社会又好又快发展作贡献。

**【调查视察工作】** 3月28～30日，市政协组织交通、农机和经济等部门负责人，先后到来宾、龙场、热水、落水、东山、乐丰等乡（镇）及通用机械厂、胶轮车批发市场，就全市的胶轮车推广工作进行调研。

5月7～12日，市政协组织教育、妇联等部门有关人员，先后到海岱、板桥、来宾、龙场、务德镇及宣威市幼儿园、中一幼儿园、阳光贝贝幼儿园、启蒙幼儿园、育红幼儿园等，就全市学前教育情况进行专题调研。

5月25～27日，市政协组织中低产田地改造办、农开办、农业局、国土局、发改局及部分政协委员，先后到落水镇多乐村、热水镇陡沟村、来宾镇大屯村、格宜镇龙山村、启文村，对2009年实施的中低产田地改造项目进行视察。

6月3～8日，市政协组织建设、国土、发改、水务、环保等部门人员，先后到海岱、田坝、双河、龙潭、务德、西泽等乡（镇），就全市小城镇建设进行专题调研。

8月18日，市政协组织曲靖、宣威两级部分政协委员及文明办等有关部门人员，到文明办、建设局等部门，就宣威市文明城市创建工作进行专题视察。

9月17日，市政协组织部分政协常委、委员深入偏桥水库库区、水库出水口至规沙河（取水点）天然河道、自来水处理厂进行视察。

10月18日，市政协组织开发区、火腿产业办、建设局、经济局、工商联对虹桥轻工食品产业基地项目选址征地规划布局情况进行视察。

**【对外联谊工作】** 4月15～16日，政协贵州省毕节地区工委副主任马光树一行到宣威市考察学习新型农村合作医疗工作。市政协主席肖坤全、副市长阳开府等全程陪同。

8月2～4日，市政协主席肖坤全一行到昭通市昭阳区参加云南省十六城市（区）政协第二十四次工作研讨会。

11月20～21日，宣威市政协参加曲靖市政协系统第二届职工运动会。

11月26日，市政协主席肖坤全到罗平县参加曲靖市第十五次市、县政协主席联系会议。

9月19～21日，北盘江流域治理协作会议第六次年会在贵州省晴隆县召开，政协副主席杨华等参加会议。

**【上级领导检查指导工作】** 4月20～21日，曲靖市政协主席赵建华带领调研组到宣威调研城市饮水安全工作。

4月20～21日，曲靖市政协副主席王宝德带领调研组到宣威调研国务院《宗教事务条例》贯彻落实情况。

4月27～28日，曲靖市政协副主席唐德荣率领夏传煊、陈吉书、赵鸿年等一行到宣威视察生猪产业“三百工程”实施情况。

6月22～23日，曲靖市政协副主席唐德荣带领视察组一行16人到宣威市视察煤矿安全生产情况。

7月6日，曲靖市政协主席赵建华、副主席唐德荣、秘书长高吉贵带领视察组一行到宣威市视察248号《关于加强矿产资源管理的提案》重点提案继续办理情况。

**【宣传工作】** 12月12日，市政协办公室牵头举办的“美奂山 大家乐”广场文艺活动在美奂广场落下帷幕。市花灯团演员和部分政协委员参加演出，市政协主席肖坤全、副主席杨华、杨承根，市委宣传部长朱莉娥等出席，5 000余名群众观看了演出。

### 附：宣威市政协领导及政协各委室负责人名录

**政协宣威市委员会**

主　席　肖坤全

副主席　杨　华　杨承根　周红芬（女）　赵家任

**办公室**

主　任　李　锐

副主任　李家凯　王彩娥（女）

**工作委**

主　任　胡有生

副主任　吴仕晗

**提案委**

主　任　赵英贵

副主任　吴　芬（女）

**文史委**

主　任　高德宏

副主任　夏承毕

（撰稿　李　锐　李家凯）

## 中共宣威市纪律检查委员会
## 宣威市监察局

**【概述】**　宣威市纪委、监察局内设办公室、信访室、检查室、案审室、执法室、党风室、调研室、纠风室、宣教室、干部室共10个职能室。编制40人，在职干部职工31人。一年来，市纪委、监察局在曲靖市纪委、监察局和宣威市委、市政府的坚强领导下，在有关部门的支持配合下，坚持反腐倡廉战略方针，以科学发展观为统领，以促进经济平稳较快发展为中心，以党风廉政建设责任制为龙头，以完善惩治和预防腐败体系为重点，围绕“保增长、保民生、保安全、保稳定”的总体目标,不断改革创新,突出工作重点,加大工作力度，着力解决党员干部党性党风党纪方面存在的突出问题,为保持全市经济平稳较快发展和社会和谐稳定提供了有力保障。

**【市纪委四届五次全会】**　3月4日，市纪委四届五次全会胜利召开，市纪委委员20人出席了会议，290余名领导干部参加了会议。全会高举中国特色社会主义伟大旗帜，以邓小平理论和“三个代表”重要思想为指导，深入贯彻落实科学发展观，传达贯彻了十七届中纪委五次全会、省纪委八届五次全会、曲靖市纪委三届五次全会和宣威市委四届六次全体（扩大）会议精神，回顾总结了2009年党风廉政建设和反腐败工作，安排部署了2010年反腐倡廉建设任务。全会审议并通过了市委常委、市纪委书记胡选坤代表市纪委常委会所作的《围绕中心、认真履职，扎实推进全市党风廉政建设和反腐败工作》的工作报告。中共宣威市委副书记、市长夏新建在会上作了重要讲话。

**【监督检查】**　紧紧围绕市委政府中心工作和重点任务，加强对扩大内需项目和重点工程项目的监督检查。强化对中央扩大内需资金及在建政府投资项目的监督检查，重点排查在建、拟建投资规模100万元以上的190个政府投资项目和部分扩大内需项目，着力解决项目资金滞留、工程实施进度慢等问题，促进经济平稳较快增长。会同有关部门对节能减排、环境保护、社保基金、救灾、土地调控、重点工程项目建设等情况进行监督检查，纠正和处理了一些存在的问题。在抗旱救灾期间，对抗旱救灾方面的信访举报做到100%受理、100%查清、100%处理，并成立五个督察组采取先进村入户再到乡镇抽查的“倒查”方式，对各单位抗旱救灾工作情况进行专项督查。加强对重大项目招投标、招考录用公务员和事业单位工作人员等工作进行监督检查。严肃烤烟收购工作纪律，维护了国家、企业和烟农的利益。对 26个乡（镇、街道）和65个市直单位贯彻落实党风廉政建设责任制的情况进行检查考核，确保责任制落实到位。

**【优化环境】**　督促推进市乡村三级政务服务体系建设，在市政务中心设立了重大投资项目并联审批联合窗口，全年受理各类事项249 684件，办结245 814件，办结率98.5%，有效推动了法治政府、责任政府、阳光政府建设。牵头实施行政行为监督制度，全市44个重点监督部门共查找确定137个关键岗位、243个重点环节，签订重点岗位监督承诺137份，签订岗位负责人监督承诺140份，对121项工作实行目标倒逼管理，并采取书面督查和实地督查相结合的方式，对全市55个市直单位落实效能政府四项制度的情况进行督查，推动了效能政府四项制度的落实。组织农业、财政、审计等单位，抽调220余人组成8个工作组，对全市355个村（居）委会进行了财务清理，清理总金额达51 862万元，查出违纪金额28.27万元，追回欠款9.81万元，清理坐收坐支款项5.1万元，督促财务手续移交16.48万元，为村级换届选举顺利进行营造了风清气正的良好环境。针对多头考核、交叉重复考核，考核过多过滥、基层负担过重等问题，参与制定了《2010年乡（镇、街道）综合考核实施方案》，对经济增长水平、重点工程及基础设施建设、社会统筹协调发展水平、党的建设等方面实行统一的综合考核奖惩。抓实社会评价工作，牵头制定了《宣威市市级部门2010年社会评价工作实施细则》，组织全市部分领导、党代表、人大代表、政协委员、企业法人和一般干部代表共计315人对55个市直部门在履行职责、办事效率、依法行政、服务质量和廉政建设等五个方面的情况进行满意度测评，向社会公开评价结果，有力促进了干部职工作风转变，进一步优化经济社会发展环境。

**【案件查处】**　制定出台了《宣威市查办违纪违法案件联席会议制度》、《宣威市纪委、监察局查办案件主办人制度》、《宣威市纪委、监察局查办案件责任追究制度》、《宣威市纪委、监察局信访案件联办协查实施办法》和《宣威市纪委、监察局查办案件奖励办法》，坚持查办案件与完善教育制度相结合，做到有案必查、有案必办、标本兼治，较好地发挥了查办案件的治本作用。一年来，全市共受理信访举报119件（次），不属业务范围内的5件，已转有关部门办理；属纪检监察业务范围内的114件，办结114件。全年累计初核线索56件，共立案37件43人，自办案件9件9人，协办案件28件34人，结案34件40人，结案率92%。给予党纪处分40人（其中：开除党籍13人、留党察看7人、撤销党内职务2人、党内严重警告12人、党内警告6人），挽回经济损失250余万元。

**【专项治理】** 始终把纠正损害群众利益的不正之风作为工作的出发点和落脚点，不断加大工作力度，突出工作重点，全力推进各项政策措施的贯彻落实。切实抓好工程建设领域突出问题专项治理工作，以政府投资项目为重点，围绕项目决策、招标投标、物资采购等重点部位和关键环节，对2008年以来100万元以上的政府性投资、使用国有资金的项目和所有扩大内需项目进行全面排查。督促和联合相关部门，强化惠民政策落实和价格监管，对13 783万元强农惠农资金进行专项清理，未发现违纪违法行为；查处价格违法案件5件，实施经济制裁4.77万元，其中没收违法所得4.51万元，罚款0.26万元；查处各类农资案件36件，涉及金额3.6万元；继续落实药品医疗器械竞价采购办法和药品统一配送制度，检查涉药单位690家，查处各类违法违规案件153件，涉及物品67个125批次，涉案总值1.7万元，罚没款金额14.03万元。继续深化治理食品药品安全突出问题，全市共取缔无证无照食品生产经营户74户，立案查处违法行为22起，责令整改224条，查获不合格食品2 742千克。建立健全治理公路“三乱”监督网络和快速反应机制，进一步巩固治理公路“三乱”成果，全市所有公路保持基本无“三乱”。开展政风行风建设和民主评议工作，重点评议了公安派出所、公办中小学、公立医院，推进了政风行风建设。

**【宣传教育】** 以贯彻落实《廉政准则》为切入点，把反腐倡廉宣传教育引向深入，采取多种形式引导广大干部树立正确的世界观、人生观和价值观。结合创先争优活动，全市各级各部门共对各级干部进行廉政培训150期8 200余人次。组织征订学习《中国共产党党员领导干部廉洁从政若干准则》，对全市1 464名副科以上党员干部（含非领导职务）进行《廉政准则》知识测试活动，党员领导干部100%参与，达到以考促学、以学促廉。组织广大党员干部观看《廉政中国》、《远山的红叶》、《刀会祥》等教育片，增强了领导干部的廉洁从政意识。积极开展廉政文化“六进”活动，通过组织“风清气正促勤廉”演讲比赛，举办广场廉政文艺演出、元旦春节期间向科级干部发放廉政贺卡进行温馨提示等多种形式营造廉政氛围。在《云南纪检监察》和《曲靖日报》等报刊杂志发表有关党风廉政建设文章20余篇。利用宣威市政府门户网、宣威电视台等“媒体宣廉”，利用报刊、杂志等“刊物写廉”，在反腐倡廉理论调研工作中，完成曲靖市纪委布置一般调研课题25个，自立调研课题5个，组织撰写上报调研文章（报告）64篇，其中，被省级刊物采用6篇，曲靖市级刊物采用11篇；共编写《调研信息》152条，被中纪委采用3条，省纪委采用6条，曲靖市纪委采用50条；编写《纪检监察信息》100余期360多条，被中纪委采用11条，省纪委采用51条，曲靖市纪委采用105条。

**【规范权力运行】** 以规范事权、财权、人事权为重点，创新机制体制，完善党务、政务、厂务、村务公开，逐步铲除滋生腐败的土壤和条件。在调研的基础上，制定了《关于建立农村惩防监督委员会试点的意见》，在龙潭镇、落水镇试点建立宣威市镇村两级惩防监督委员会，对重大决策和资金安排使用情况、政务和村务公开、资金、资产、资源管理、干部使用、党员和干部执行廉洁自律的情况进行监督，解决农村基层监督不到位、监督缺位、体制不健全的问题。督促落实以学习贯彻《廉政准则》为主题的民主生活会，对各乡（镇、街道）和市直单位领导班子民主生活会进行指导。严格落实干部选拔任用四项监督制度，对7批100余名新提拔干部进行了廉政审查。认真执行《曲靖市领导干部“五必谈一约谈”实施办法（试行）》和“三谈两述”及函询制度，纪委领导同下级党政主要负责人谈话67人（次），领导干部任前廉政谈话69人（次），述职述廉615人（次）。

**【制度建设】** 认真贯彻执行《党员领导干部廉洁从政若干准则》，对各单位学习情况进行监督检查。支持审计部门对全市128个项目实行了前置审计，审计核减工程投资7 381万元，审减率8.59%。认真开展《政府采购法》贯彻执行情况的监督检查，全年政府采购金额达10 118万元，节约资金939万元，综合节约率8.49%。结合实际制定《宣威市工程建设领域突出问题专项治理工作实施方案》，将全市工程建设领域突出问题专项治理工作任务分解为8个方面47项，每项任务落实牵头部门和配合部门，每个部门明确联络员和专人负责，做到主要领导参与研究，分管领导具体抓落实。制定出台了严禁滥发奖金、严禁公款大吃大喝、严禁公款出国（境）旅游和严肃会议纪律等规定，大力发扬勤俭节约、艰苦奋斗作风，坚决制止奢靡之风和铺张浪费行为，对4人（次）申报因私出国（境）和5人（次）申报因公出国（境）事项进行了廉政审查。

**【自身建设】** 按照省委提出的“个人形象一面旗、工作热情一团火、谋事布局一盘棋”的要求，结合市委以“五抓五促创五好、五查五比五带头”为实践载体的创先争优活动，严格执行“五严守、五禁止”纪律要求，贯彻落实好中纪发9号、10号文件精神，切实加强学习型、服务型、效能型纪检监察机关建设。情系群众，在抗旱救灾期间，动员52名机关干部捐资捐物24 200元，从办公经费中挤出20 000元送到落水镇三道村帮助灾区群众解决生产生活困难，多方协调帮助落水镇三道村解决抗旱救灾资金10多万元。针对市纪委监察局内设机构多、党员数量大的实际，切实加强党组织建设，成立宣威市纪委、监察局党总支，下设3个支部。抓好日常学习，为纪检监察干部征订信访举报工作、案件查办工作等纪检监察业务培训书624本，组织纪检监察系统70余名干部集中参加闭卷考试，通过以考促学，实质性地提升干部业务素质。宣威市机构编制委员会行文明确市纪委、监察局增加编制6名。争取市委支持，市纪委2名干部在单位内得到提拔，分别任监察局副局长和室主任；第七、第八派出纪工委配置副书记各1名；乡镇纪委书记有3名交流到其他副科级岗位；按相关程序从基层选调4名优秀干部到市纪委机关工作。组织纪检监察系统干部学习考察2批次共计76人，提高了干部红色廉政文化教育。严格落实省、曲靖市下拨的100万元纪检监察机关建设专项经费使用规定，为纪检监察机关、26个乡(镇、街道)纪(工)委、8个派出纪工委监察分局配备了电脑、打印机等设备，改善了全市纪检监察系统的办公办案条件。

**附：中共宣威市纪律检查委员会、监察局领导名录**

**中共宣威市纪律检查委员会**

纪委书记　胡选坤

纪委副书记　赵　肖　张宗彦　段国郎

**市监察局**

局　长　赵　肖

副局长　朱维伟（5月任职）

**办公室**

主　任　董学礼

**信访室**

主　任　符红明

**纠风室**

主　任　管　波（女）

**宣教室**

主　任　黄永华（女）

**检查室**

主　任　朱家奎

**案审室**

主　任　（暂缺）

**执法室**

主　任　宁红林

**党风室**

主　任　李凤科

**调研室**

主　任　陈淑英（女）

**干部室**

主　任　黄柏香（女，5月任职）

**第一纪工委（监察分局）**

书　记　包　荣

副书记　高祖鸿　宁德章

分局长　宁德章

**第二纪工委（监察分局）**

书　记　浦瑞雪（女）

副书记　杨绪茂

分局长　杨绪茂

**第三纪工委（监察分局）**

书　记　童跃帮（彝）

副书记　滕仕欢　刘廷乾

分局长　滕仕欢

**第四纪工委（监察分局）**

书　记　唐　英（女）

副书记　单祖吉

分局长　单祖吉

**第五纪工委（监察分局）**

书　记　彭琼芝（女）

副书记　吴仕聪

分局长　吴仕聪

**第六纪工委（监察分局）**

书　记　杨万云

副书记　杨广志　朱仁平

分局长　杨广志

**第七纪工委（监察分局）**

书　记　夏立新

副书记　杨惠芬（女）　胡粉花（女，5月任职）

分局长　杨惠芬（女）

**第八纪工委（监察分局）**

书　记　王定荣

副书记　何树柳　宁丽莉（女，5月任职）

分局长　何树柳

（撰稿　丁亚琼）

## 中国人民解放军宣威市武装部

**【概述】** 2010年来，宣威市人武部在曲靖军分区党委和宣威市委、市政府的正确领导下，坚持以邓小平理论和“三个代表”重要思想为指导，深入贯彻落实科学发展观和十七届三中、四中、五中全会精神以及两级军区、军分区党委会议精神，紧紧围绕“理论武装强根本，双应准备抓核心，建章立制重规范，从严治军促安全”工作思路，理论武装深入扎实，思想政治教育成效明显，民兵组织"建、训、管、用、保"一体化建设稳步推进，"双应"能力显著提升，"四支队伍"作用发挥突出，全面建设达标圆满实现，人武部先后被成都军区表彰为"征兵工作先进单位"、"民兵预备役政治工作先进单位"，被云南省委、省人民政府、省军区表彰为"十一五县（市、区）人民武装部全面建设达标单位"，被军分区表彰为"安全稳定工作先进单位"、"抗旱救灾先进单位"、"扑灭山火先进单位"。

**【思想政治建设】** 部党委始终把思想政治建设摆在各项工作的首位不动摇，认真组织开展"培育当代革命军人核心价值观"主题教育、"增强党性、严守纪律"专题教育整顿、"实作风、严纪律、促安全、求发展"专项教育整顿和"艰苦奋斗、献身使命"专题教育以及其它各项教育，坚持抓班子带队伍、抓干部带职工、抓党员带群众。通过学习教育，官兵思想根基牢固，理想信念坚定，班子团结和谐，单位风清气正。

**【党委班子建设】** 坚持把班子建设放在思想政治建设重要位置，区别于一般干部、普通党员。在管理要求上更严一点、在工作标准上更高一点、在作风学习上更实一点，为其他干部职工树立榜样、树好形象；坚持党管武装、党管干部、党管党员原则，坚持"十六字"原则，坚持正副书记带头，坚持发扬民主，党委班子凝聚力、战斗力、贯彻力、执行力显著增强，党委班子团结和谐、风清气正，抓工作合心、合力、合拍。

**【后备力量建设】** 着眼"双应"实质性准备，根据上级指示要求，结合宣威市实际，科学编组民兵"四支队伍"建设。全市共编普通民兵27 250人，基干民兵2 900人，圆满完成年度民兵整组工作。认真总结推广板桥镇民兵成建制全员额全封闭训练经验，加强业务指导、检查督导，通过"看三相"、"听三响"、"到课率"、"成绩单"、"命中率"等实际举措，应战应急和组织指挥能力不断得到提升。认真组织开展学生军训，全年共军训学生8 000余名。在第十个全民国防教育日之际，为群众发放国防教育宣传资料6 200余份，进一步增强了全市人民国防观念。

**【抢险救灾】** 面对宣威遭受百年一遇特大旱灾和森林火灾高发多发形势，人武部党委积极响应市委、市政府号召，及时成立了抗旱救灾领导小组，完善方案启动预案，扩充应急救援分队，购买抗旱运（储）水罐2个，修复灭火器材46件（套），积极参与抢险救灾。一年来，部党委先后组织发动机关全体干部、职工为灾区群众捐款18 000余元，为羊场镇小箐村委会购置储水桶2个，送水50余吨，动用官兵、职工和常备民兵分队36次、2 600余人（次），车辆30余台（次），动员组织基层民兵骨干6 400余人（次），参与森林灭火救灾160余起，出动1 200名民兵参加中央电视台在宣威举办的"激情广场大家唱"和省委、省政府"云之南"抗旱救灾慰问演出安保任务，出色完成抢险救灾、维稳安保任务，受到市委、市政府和灾区群众的高度赞扬。

**【全面建设】** 人武部党委坚持把全面建设达标列入年度中心工作之一，纳入党委重要议事日程，及时成立达标领导小组，坚持标准建设，严格按照《纲要》、《要则》、《全面建设标准》搞建设，一项一项抓落实；坚持强化责任，把军事、政治、后勤、装备等各方面任务分解到科室，责任落实到个人；坚持贯穿经常，把达标活动贯穿于日常工作，做到每周有讲评，每半月有检查，每月有小结，有效克服了搞突击、图应付问题发生，极大推动了达标工作有效落实。经省军区考核组量化考核，人武部以优异成绩圆满实现了全面建设达标，被中共云南省委、省人民政府、省军区表彰为"十一五县（市、区）人民武装部全面建设达标单位"。

**【征兵工作】** 根据国务院、中央军委2010年度征兵命令和曲靖市征兵办公室通知，结合新兵征集方式改革和征集主要方向为西藏地区实际，市征兵办大力加强征兵宣传，积极开展"进街道、进乡村、进学校、进厂矿"活动，实现广播里有声音、电视里有图像、报纸上有新闻、手机上有信息、墙壁上有专栏、街道上有标语、公路集镇有宣传车目标，大力营造"一人参军、全家光荣、全社会尊重"的良好氛围，征兵领导小组严格把好体格检查关、政治审查关、家庭走访关、廉洁征兵关和集体定兵关"五个关口"，真正把政治上可靠、素质上过硬、身体上合格的优秀青年选送到部队，圆满完成了350新兵征集任务。

**【双拥工作】** 人武部官兵职工始终把驻地当故乡，视人民为父母，积极参加抢险救灾，参与"四个宣威"建设。人武部党委对羊场镇普瓦村委会汤长生等5位困难群众进行了帮困慰问，组织机关干部职工与丁照龙等22名家庭困难学生实行"一对一"捐资助学活动，向马龙县受灾群众捐款10 000元，全年共计捐款、捐物折合人民币32 000余元，以实际行动践行子弟兵全心全意为人民服务的唯一宗旨。

**附：中国人民解放军宣威市人民武装部领导名录**

**宣威市人民武装部**

部　长　罗文生（4月离职）
　　　　岳群生（5月任职、9月离职）
　　　　王代兵（10月任职）

政　委　刘建贤

副部长　王秀军

**军事科**

科　长　王秀军

**政工科**

科　长　郑东飞（4月离职）　聂正强（4月任职）

后勤科

科　长　丁泽超

（撰稿　聂正强）

# 中国人民武装警察部队宣威市中队

**【概述】**　武警宣威市中队隶属于中国人民武装警察部队云南省总队曲靖市支队，接受武警曲靖市支队和宣威市委、市政府的双重领导。2010年，宣威市武警中队坚持以科学发展观为指导，认真贯彻落实胡锦涛总书记从严治警的指示精神，重点在建设信息化武警上下功夫，以宣威市看守所的看守勤务为实践基础，积极应对辖区范围内"反恐"和处置突发事件。

2010年，中队大力加强军事训练，深化落实《军队基层建设纲要》，努力提高部队战斗力，在工作中始终做到科学谋划、严密组织，抓好工作在末端落实，用胡锦涛总书记"政治特别坚定、军事特别过硬、反应特别迅捷、作风特别顽强"来检验中队建设成效，高标准确保了宣威市看守所的绝对安全和部队高度集中、稳定统一。4月1日～6月2日圆满完成宣威市委、市政府赋予的抗旱救灾任务，为宣威的社会稳定、经济建设做出了积极贡献。6月20日～23日武警云南总队政委王海亮少将对中队进行考核调研。7月15日市长夏新建、副市长尹大宝到中队检查指导工作，并现场办公决定投入80万扩建中队营房。

**【部队建设总体形式】**　一是党组织功能增强，认真贯彻两个条令，严格按照"十六字"方针议事决策，加强事前指导和事后监督，确保了部队建设正确方向；认真抓好思想、能力、制度、作风四项建设，深入开展党组织和党员创先争优活动，不断提升党组织贯彻民主集中制能力；班子团结共事好，廉洁自律严、领导作风实，组织功能进一步增强。二是官兵思想政治坚定，认清当前形势任务，进一步增强和做好世博会期间部队管理教育工作，时刻牢记职责使命，始终保持清醒头脑，切实把部队安全稳定作为全局性、基础性、经常性的基础工作，增强做好管理教育工作的责任感和紧迫感，高标准抓好各项工作的落实，认真落实基本教育制度，注重历史使命，理想信念、战斗精神、社会主义荣辱观和法纪法规等内容的落实，官兵思想素质不断提高，积极运用"三互"、"双四一"、"九知"等有效载体，把解决思想问题与现实问题结合起来开展思想工作，深化"四不一保持"和"四反五防"教育成果，各种矛盾化解及时。

**【思想政治建设】**　强化思想政治工作首位意识，积极适应《大纲》要求改进工作，把着力点放在筑牢官兵思想根基上。一是加强政治理论教育。着眼打牢听党指挥、服务人民、英勇善战的思想基础，持续开展"四项教育"、法纪教育、密切内部关系教育等，增强官兵的使命意识。二是深化经常性思想工作。认真落实思想分析制度，每月进行一次调查研究，运用"三互"、"双四一"、"九知"等有效载体，把解决思想问题与现实问题结合起来做工作，加强官兵思想的动态把握，专门派课题组蹲点调研，在基层普遍建立"九知"档案。三是抓实军营文化建设，按照"三学"、"四有"要求，深入开展"读好书、育新人"活动，充分利用广播、板报、橱窗等有效载体来宣传上级指标、法律知识等内容，坚持每天编发健康信息，切实用健康向上的警营文化陶冶官兵。依托各类培训、函授、自学等有效载体来为官兵学习成长创造有利条件，增强中队官兵报考军事院校的积极性。

**【军事训练】**　狠抓执勤训练工作，不断增强官兵随行任务能力。深化落实总队《加强中心工作的意见》，运用"总体目标牵引，阶段比武推动，奖惩措施激励"这一手段，大力掀起军事训练热潮，不断提高部队战斗力。一是抓好《新大纲》制度落实。坚持支部评议制度，定期分析执勤训练工作，强化组织领导。二是抓好按纲施训。按照"四贴近"、"六化"要求，运用分编分训、课目穿插等手段，突出抓基础课目训练，并根据训练计划和进度，对课目实施有效调控，提高了各个层次的训练质量。同时在完成《军事训练大纲》规定的单兵专业训练阶段训练课目的基础上，大力开展各项军事训练活动，促进军事训练质量的提高。一是中队针对当前新形势、新任务的特点，开展专勤专训的研究与训练，统筹规划，科学组训。有组织、有计划、有步骤地组织实施，重点对射击、战术、一招制敌等课目采取分期分批的方式进行。二是反恐小分队要在打牢技术、战术基础的前提下，重点练好防暴狱、防袭击、捕歼战斗三个课题的训练，对可能担负的反恐和处突任务进行有针对性的训练，不断提高反恐小分队的整体处置能力和有效的打击能力。

**【"处突"和"反恐"工作】**　中队在重大节日期间积极参与配合宣威市公安局做好处置突发事件和反恐怖工作，在重要时段进行城市武装巡逻，维护驻地的社会稳定。2008年以来相继完成了奥运安保，参加上级组织的赴云南省迪庆州"3.14"藏区维稳和普洱市孟连县"7.19"胶农群体性事件等任务，多次受到上级的表彰。2010年中队加大对反恐经费的投入和对训练设施的改造，按照上级处突和反恐工作要求加强专项训练和一招制敌训练，加大对"神枪手"、"擒敌能手"的培养力度，达到"首战用我，用我必胜"的要求。

**【安全发展】**　中队高度重视安全发展工作，严防发生各类事故案件。始终把安全发展作为部队建设的头等大事来抓，坚持"教育先导、制度推动、防治结合"工作思路，持续深化治理"五个重点问题"，加强督导管控，筑牢安全防线，一是抓好“防间保密”工作，确保不失密、不泄密；二是抓好经常性教育，强化官兵思想，筑牢拒腐防变的思想防线；三是抓好安全工作末端落实；四是抓好安全检查督导。

**【抢险救灾】** 旱灾无情人有情，为及时有效的参与到宣威市抗旱救灾工作中，执行抗旱救灾任务，中队积极参与宣威市抗旱救灾工作，2010年4月1日至6月2日，出动70名兵力、14台运水车奔赴14个乡镇33个村委会进行抗旱救灾，为15万多群众送去生产生活用水，抗旱的官兵发扬了连续作战的精神，克服各种困难，想群众之所想，急群众之所急，以昂扬的斗志和饱满的工作热情积极投身到抗旱救灾中去。部队官兵自身要求严，体现了军队与人民群众同呼吸、共命运、心连心的深厚情谊，履行了全心全意为人民服务的宗旨。

中队积极动员广大官兵献出自己的一份爱心为驻地灾区捐款捐物，并且以实际行动表达武警官兵的拳拳爱心。当青海玉树发生地震时，组织官兵开展向灾区的捐款活动，捐款中广大官兵特别是党员干部，积极响应号召，发挥表率作用，带头捐款，以实际行动帮助青海玉树地震灾区群众渡过难关，体现了武警官兵对灾区群众的深情厚谊，充分表现了“一方有难、八方支援”的传统美德。

**【后勤保障】** 稳步推进后勤“三化”建设，增强后勤综合保障效能。着眼实现科学化、规范化、制度化建设目标，坚持把保中心、保生活作为重点，突出抓好四个方面：一是抓好战备保障，中队修订了各项后勤保障方案，每季度对战备经费和给养储备情况进行检查，部队能完成相应的应急保障。认真落实“三分四定”，以战地宿营、伙食保障、医疗救护为主要内容，定期开展战备训练，增强部队应急保障能力。二是抓好规范化管理。严格落实后勤管理制度，达到存放标准化、检查制度化、管理科学化的要求。三是抓好基础设施建设。

**附：中国人民武装警察部队宣威市中队领导名录**

中 队 长　武成贵
指 导 员　王艳波
副中队长　韦仲才

（撰稿　屈　良）

# 人民团体

责任编辑　王买德

2010年5月30日，宣威市总工会召开四届二次全委（扩大）会议暨乡（镇、街道）工会规范化建设工作会议。

（市总工会　供稿）

## 宣威市总工会

【概述】 工会工作的指导思想是：认真贯彻党的十七届四、五中全会、宣威市委四届五次全体（扩大）会议、曲靖市总工会三届四次全委会议精神，以保增长促发展为首要任务，以推动维护经济平稳较快发展、促进劳动关系和谐、维护职工队伍稳定和提高职工素质为重点，加强工会自身建设，团结动员广大职工为推动宣威经济平稳发展发挥主力军作用。

【抗旱救灾】 2010年上半年，全市遭受特大旱灾，形势非常严峻。市总工会从讲政治的高度，积极宣传、广泛动员，3月20日，市总工会向全市机关、企事业单位工会下发了《关于组织全市职工抗旱献爱心活动的通知》，至5月9日止，全市共动员职工抗旱献爱心捐款47 851人次，累计捐款333.89万元，救助灾民49.09万人；市总工会共安排上级和本级救灾资金183 200元,分别拨付给西泽乡新建村委会、宝山镇白嘎村委会、热水镇长格村委会、普立乡普立村委会，有力地支援了全市的抗旱救灾工作。除此之外，市总工会为抗旱救灾发动了两次机关职工捐款共10 300元，联系企业为西泽乡新建完小及周边群众送去干净的饮用水1.2万千克；为救助火灾受灾群众，筹集了化肥、大米以及11万元送到西泽乡戈平村。为庆祝“五一”国际劳动节，4月29日晚8：00，市总工会在美奂广场举办了“劳动者之歌”广场文化活动，活动内容丰富多彩，表现了在灾害面前人们只要同舟共济、团结一致，就一定能克服困难的主题。

【组织建设】 年内继续坚持把农民工作为职工队伍的新生力量，以农民工为重点发展对象的思路，至2010年11月1止共发展会员4 338人。4月，市委办向各乡（镇）党委、街道党工委印发了《关于加强乡（镇、街道）工会规范化建设的实施意见》，《意见》对乡（镇、街道）工会规范化建设提出了总体要求（即“六好”工会标准）、完成时间、方法步骤和表彰奖励措施； 5月10日，为完成年内规范化建设验收达标超过创建基数60%的目标，市总工会把26个乡（镇、街道）工会分成四个小组实行分片包干、责任到组，并拟订了具体的考核实施办法； 5月30日，为进一步推进全市工会规范化建设，市总工会召开了四届二次全委（扩大）会议暨乡（镇、街道）工会规范化建设工作会议，专程带领26个乡（镇、街道）工会主席前往陆良、师宗取经。在规范化建设过程中，市总工会领导亲自到乡（镇、街道）工会指导工作，及时帮助解决规范化建设中的突出问题和困难，多次督促和检查规范化建设工作的进度。11月9日－11日，经曲靖市总工会组织验收，26个乡（镇、街道）工会有20个达到“六好”工会标准，超额完成了曲靖市总工会下达的60%的任务。继续开展“职工之家”创建活动。全市各级工会努力把基层工会建设成为组织健全、维权到位、工作活跃、作用明显、职工依赖的职工之家，2010年，市总工会共评比表彰了7个乡（镇、街道）工会联合会为市级“职工之家”。抓好“职工书屋”建设工作。为提升职工素质，使广大职工成为学习型、知识型、技能型、创新型职工，市总工会在全市工会系统开展“职工书屋”的建设，至2010年11月止，全市乡（镇、街道）工会联合会已有20家建成职工书屋，海岱镇工会联合会被推荐为曲靖市级“职工书屋”。

【建功立业活动】 市总工会始终把工会工作放到全市经济社会的发展大局中认真思考、及时部署，团结和动员广大职工在促进经济建设、政治建设、文化建设、社会建设以及生态文明建设中发挥主力军作用。8月，市总工会、经济局、环保局、科协联合发起“节能减排百题知识竞赛活动”，涌现出22名优胜者、3个优秀组织单位。10月在贯彻落实科学发展观，开展好“当好主力军、建功十一五”主题实践活动中，市总工会推举了六个具有时代性、先进性、示范性和窗口行业的企事业单位一线基层集体（一职中二年级组、农行宣威开发区支行、劳动就业管理服务中心、曲交集团站务服务组、云南金精公司雄风厂二号炉一班、第一人民医院妇科）作为“工人先锋号”。

【维权工作】 完善职工维权机制。市总工会坚持工会工作向党委汇报制度、工会与政府联席会议制度、劳动关系三方协商制度、劳动争议调处仲裁制度、扶贫帮困联系制度。积极参与涉及广大职工切身利益的法规和政策措施的研究、制定和实施，搞好政策参与和执法参与，从源头上维护职工的合法权益。积极协助民政、劳动保障等部门做好“两个确保”、“两条保障线”的衔接和“低保”政策的落实，推动以“五大保险”为主要内容的社会保障体系的建立和完善。保障职工民主权利。市总工会继续组织企业工会深入贯彻学习《工会法》、《中华人民共和国就业促进法》、《中华人民共和国劳动合同法》、《云南省职工代表大会条例》、《企业工会工作条例》；要求基层工会以职代会为载体，广泛开展民主评议企事业单位领导干部工作，推行厂务公开制度和国有独资、国有控股公司的职工代表进入董事会、监事会制度；在企业中推行平等协商和集体合同制度。2010年，已建会用人单位劳动合同签订率达90%，国有企业集体合同签订率达90%，非公企业集体合同签订率达60%，已建会单位80%签订《女职工特殊权益保障专项集体合同》；全市已建立职代会制度的企业有164家，工会所在单位实行了厂务公开的119家，涵盖职工17 993人。

【劳动监督与保护】 市总工会组织基层工会开展安全生产“一法三卡”、“安康杯”竞赛活动和“女性安康、男性帅康团体重大疾病保险”，关注和关爱职工健康，真正把劳动监督与保护落在了实处。一年来，全市劳动争议调解委员会共受理劳动争议案件108件，受理来信来访63件，先后25次参与或配合有关部门开展安全生产监督检查和事故调查处理。开展“劳动关系和谐企业”创建活动。6月，由市总工会、劳保局、经济局三家联合选拔命名了11家“劳动关系和谐企业”，为推进企业建立规范有序、公平合理、互利共赢、和谐稳定的新型劳动关系发挥了典型示范作用。

**【困难职工帮扶工作】** 市总工会积极开展“送温暖”、“献爱心”、“金秋助学”、“医疗互助”、“贷免扶补”等活动。2010年在册困难职工档案人数1 745人，开展困难职工帮扶救助209人次10.85万元，其中帮扶救助困难职工200人次10万元，帮扶救助困难劳模9人次8 500元；2010年金秋助学帮扶人数48人5.05万元；职工大病医疗救助6人11 000元；工会法律援助1人400元；农民工返乡救助4人400元。2010年3月与市妇联、劳动和社会保障局举办“春风行动在宣威”现场招聘会，介绍53人成功就业。第七期职工医疗互助活动参加单位104个，参加活动38 576人，收缴互助金311.39万元，截至2010年12月底，第七期职工医疗互助活动共补助3 305人，兑付补助金254.77万元；2010年“鼓励创业贷免扶补工作”完成放贷人数10人，放贷金额50万元，带动就业人数23人。

**【财务管理】** 工会财务工作始终坚持依法收缴和依法管理的原则，通过内外审计制度和财务内控制度切实收好、管好、用好工会经费。与财政、税务、工商等部门协作，继续推进地税代扣工会经费工作，2010年全市地税代收工会经费1 631.71万元，其中市属行政、企事业单位财政划拨562.44万元，为实现工会经费“广覆盖、足额收”的目标奠定了坚实的基础。市总工会经费审查委员会通过对“抗旱献爱心”救灾资金、困难职工帮扶资金、职工医疗互助资金及下级工会财务帐务的审查监督，规范了工会经济行为，推动了工会廉政建设。

**【女工工作】** 女工工作主要以“女职工建功立业工程”和“女职工素质提升工程”为主，继续加大《女职工特殊权益保护专项集体合同》的签订力度，切实维护女职工的合法权益。

**【工作会议】** 6月1日，乡（镇、街道）工会主席，市直单位工会主席，市总工会四届委员会委员、经审委员会委员、女工委员会委员，市总工会机关工作人员共153人在市政府招待所三楼会议室开会。会议分为两个部分，第一部分由市人大副主任、市总工会主席杨怀党代表工会四届常委会作《凝心聚力 同心协力 为推进全市经济社会科学发展工作贡献》的报告。会议第二部分以乡（镇、街道）规范化建设工作为主，市总工会副主席晏吉玲对软硬件建设、统一上墙的制度和职责内容做了安排布置。最后，市总工会主席杨怀党从规范化建设的重要性、时限性，市总工会为此项工作所做的努力、争取各方的支持以及经费补助等问题作了说明。本次会议总结了前半年工作，对下半年工作特别是乡（镇、街道）规范化建设工作提出了具体要求，为全市工会系统统一了思想、协调了步骤。为全市工会系统统一了思想、协调了步骤。

（撰稿 陈美荣）

## 共青团宣威市委员会

**【概述】** 年内，共青团宣威市委员会（以下简称团市委）有干部4人，工人1人，辖基层团（工）委53个，团总支570个，团支部4 033个。全市有14—35周岁青年40.3万人，14—28周岁青年27.9万人，有团员7.86万名，其中农村团员24 527名，团青比例为30.2%。年内，共发展新团员1.06万名。团市委机关领导职数3人。

**【三届四次全会】** 6月30日，共青团宣威市委三届四次全会召开，团市委委员和各单位团组织负责人93人参加会议。团市委书记张彩雄代表三届团委作题为《围绕中心 服务大局 开拓创新 团结带领广大

团员青年为加快宣威经济社会又好又快发展贡献青春和力量》的工作报告。报告总结2009年全市共青团工作，提出2010年工作的指导思想和主要任务，号召共青团组织加强自身建设，拓展工作领域，服务社会、服务青年。市委副书记杨家俊出席会议并讲话。

**【少先队工作】** 年内，全市有少先队员14.89万人，有辅导员5 040人，其中大队辅导员391人，配备率达100%；中队辅导员4 621人，配备率达98.6%；聘请校外辅导员726人，校外辅导员城区学校配备率达100%，农村学校达80.5%。

**【青年志愿者行动】** 年内，继续在学校、乡（镇、街道）、市直机关团员青年中招募、注册青年志愿者，并开展活动。组织青年志愿者深入社区、敬老院、困难家庭开展环境卫生整治、义务诊断、法律咨询、扶贫助困等为民便民服务活动。组建大学志愿服务队，宣讲革命传统，开展拒绝毒品，共抗艾滋志愿宣传活动。积极开展关爱农民工子女志愿服务活动及帮教未成年犯活动。以“青春彩云南·青帆快乐课堂”为切入点，以周末和节假日为契机，以综合素质为着眼点，以志愿者或“青年文明号”青年集体1+1接力关爱的形式，规范化、持续性地对农民工子女进行综合辅导。5月31日，在“六·一”国际儿童节来临之际，团市委带领20名青年志愿者来到源泉学校，开展关爱农民工子女志愿服务活动，看望慰问农民工子女，为他们带去了价值6 000余元的文具，与同学们一起度过了一个愉快的节日。7月积极联合关工委、教育、公、检、法、司等部门到云南省少管所对宣威籍学员进行帮教活动，和他们进行座谈，进行心里辅导，还为每位学员每人带去一份生活用品，帮教活动对学员今后的改造起到了一

定的作用。

**【希望工程】** 加大“希望工程”和“爱心助学”活动的宣传和实施力度。创新筹资方式，拓宽筹资渠道，开展“爱心放飞理想，奉献促进和谐”的希望工程公益助学活动。8月20日，举办“爱心圆梦大学”募捐义演活动，共募集助学款39.2万元，98名贫困大学生梦圆大学。

**【抗旱救灾工作】** 团市委向全市各级团组织发出倡议：多渠道、多途径支持抗旱救灾，共募集抗旱资金80余万元，发放倡议书5万余份，劳动力转移输出400余人。同时协调、协助兄弟省市团组织支持我市抗旱救灾，共为五个乡镇600名家庭困难的中小学生每人发放500元“润苗”行动助学金，为500名困难群众每户发放一袋大米，为5所中小学校送去1万瓶矿泉水；争取项目资金107万元援建共青团希望水窖521口；帮助羊场残疾农户协调砖3万片，水泥2万千克建房两间。积极组织青年突击队、志愿者服务队广泛开展送水送物保民生、促春耕志愿服务活动，全力支持抗旱救灾工作,为抗旱救灾工作作出了贡献。

**【“贷免扶补”工作】** 根据团省委“青春彩云南 扬帆工程”鼓励创业“贷免扶补”工作的实施要求，切实服务广大青年就业创业，4月，共发放宣传单3 000余份，接受咨询400余人次，收到创业计划书200余份。8月，严格按照操作流程，完成了对申请小额贷款的190名创业人员的培训、推荐、考察、初审工作，并配合宣威市信用联社发放小额贷款190笔共950万元，带动600余人实现就业。

**【青年创业就业工作】** 团市委积极响应市委、政府“关注民生、促进就业”的号召，仔细考察，认真筹划，以“政府搭台、企业唱戏”为契机，于2010年三月和十月两次组织举办了“青春彩云南-创业宣威”青年创业就业人才招聘会，招聘会既为各位应聘人员求职提供一个展示自我、推销自我的服务平台，又为各企业单位招贤纳才开辟一条方便、快捷的有效途径。招聘会的参与企业达160多家，现场参与招聘企业121家，提供就业岗位912个，现场人才流量达5 000余人，填写简历表3 600余份。

**【青少年宫】** 青少年宫有管理人员4人，工勤人员4人。年内，以宣威市“红领巾艺术团”为载体，以青少年宫校外教育阵地为平台，积极开展青少年艺术人才培养，7月2日至8月2日开办青少年宫暑假少儿技能培训，设舞蹈、美术、英语、书法、跆拳道、音乐等科目，共有906名青少年参加。全年青少年教育培训人数达4 000余人，发挥了校外教育阵地功能。以青少年宫职业技能培训站为平台，促进青年创业就业，年内完成“阳光工程”农村青年劳动力培训转移工作任务3期，举办技能技术培训班5期，培训人员1 000 人，转移劳动力600余人，通过培训向省外输出劳动力10 人。

（撰稿 彭 霖）

## 宣威市妇女联合会

**【概述】** 年内，市妇联机关有干部职工11人，其中主席1名，副主席2名，内设办公室、维权科、城乡科、妇儿工委办。2010年，市妇联深入贯彻科学发展观，认真落实市委四届六次全会和上级妇联会议精神，扎实抓好鼓励妇女创业“贷免扶补”工作，广泛维护妇女儿童合法权益，深化“平安和谐家庭”创建活动、全面提升妇女素质，团结带领广大妇女共促科学发展、共建和谐社会、共创美好生活，充分发挥了妇联组织在“生态、文明、健康、快乐”宣威创建活动中的作用。得到了上级妇联和市委、政府的充分肯定及广大妇女的好评，被曲靖市委、政府表彰为“妇女工作先进单位”，被宣威市委、政府表彰为“年度综合考核先进单位”和“十星级文明和谐单位”，迎来了曲靖市鼓励妇女创业“贷免扶补”工作宣威推进会的召开。

**【组织建设】** 建立健全党建带妇建的长效机制，扩大妇联组织网络建设，按照“建设一个好班子、一支好队伍、一批好阵地、一些好载体”的要求，大力开展基层组织建设示范创建活动，全市妇联组织网络建立健全，有26个乡、镇（街道）妇联（工委）、356个村（居）妇委会、52个市直单位妇委会（女工委），创建市级以上优秀妇女之家16家；按照巩固专职妇干队伍、发展兼职妇干队伍、壮大志愿者队伍的思路抓好三支队伍建设。市妇联以开展创先争优活动为契机，围绕“个人形象一面旗，工作热情一团火，谋事布局一盘棋”的要求，认真抓好机关组织建设，组织7名妇联干部到省工青妇干部学校培训学习，并在干部中开展岗位读书活动，不断增强服务大局、服务妇女、服务基层的能力。

**【“双学双比”、“巾帼建功”活动】** 全市各级妇联组织以增强妇女整体竞争力为重点，利用妇女之家（妇女学校）、乡（镇）党校等场所，对不同层次、不同发展需求的农村妇女进行新知识、新品种、新技术培训58期，培训妇女1.8 万多人次，提高了她们应用科技，发展生产，增加收入，改善生活的能力。抓住实施“循环金”、“贷免扶补”项目的有利时机，培养扶持了一批“巾帼创业示范基地”和致富女带头人。其中，市妇联用5万元“循环金”扶持宝山镇的包梅芬在原有果园基础上发展苗木生产，形成了16.67公顷集果木生产、销售一体化的“巾帼创业示范基地”，在当地反映较好，发挥了周边典型示范带动作用。组织广大干部职工强化学习，全面提升素质，树先锋形象，在不同行业广泛开展“巾帼文明岗”创建活动。在引导女干部职工立足岗位争先进、创一流活动中，涌现出许多先进集体和个人，其中，张玉竹（汇丰食用菌开发有限公司经理）荣获“全国城乡妇女岗位建功先进个人”荣誉称号、邹艳芳（宣龙源山泉水厂负责人）荣获云南省“巾帼建功标兵”荣誉称号、来宾烟站荣获云南省“巾帼文明岗”荣誉称号、市幼儿园荣获云南省“三八红旗集体”荣誉称号。

**【维权工作】** 深化普法宣传。利用“三八”节、“11.25”反家庭暴力日、“12.4”法制宣传日等重点节日，在全市组织开展《妇女权益保障法》、《婚姻法》等法律法规知识宣传活动，增强妇女群众的法律意识。全年共组织开展各类宣传300余场次，出宣传板报92期，张贴宣传标语1 421条，发各类宣传资料1.11万份，受教育人数17万余人（次）。举办各类法律法规知识培训班19期，培训妇女法律骨干1 200名。着力推进妇女进村两委工作。以村两委换届为契机，广泛宣传男女平及妇女参政议政的重大意义及《妇女权益保障法》、《村民委员会组织法》等法律法规及妇女先进典型，为村级换届中妇女参选参政营造良好氛围。积极协调争取，将女性进村（居）“两委”列入乡（镇、街道）党委（党工委）工作的重要议事日程，力争村“两委”班子中各有一名女性成员。换届后，全市365个村（居）委会，都配齐配强了村（居）妇代会主任，选出村（居）两委女委员463名。

**【维稳工作】** 共接待来信来访案件102件（次），协调处理60件，转办42件，及时化解各种矛盾纠纷，做好妇女情绪疏导，协助党委、政府将矛盾解决在基层、化解在萌芽状态。以“万名妇女学科技、万名妇女创新业、万名妇女促和谐”为主题，大力开展“平安和谐家庭”创建活动，创评表彰市级“平安和谐家庭”35户，乡级“平安和谐家庭”380户，以家庭的和谐平安促社会的和谐稳定。配合政法部门开展禁毒防艾知识宣传11次，发放宣传资料1万多份，与卫生部门合作组织禁毒防艾知识培训5期，培训禁毒防艾工作骨干400名。

**【儿童工作】** 认真做好《家庭教育“十一五”规划》终期评估工作和“十二五”规划编制调研工作。进一步发挥家长学校和家庭教育讲师团的作用，开展家教知识培训109期，培训家长和学生1.9万名。涌现出了省级示范家长学校3所，留守儿童、流动人口子女示范家长学校2所，曲靖市级示范家长学校3所，留守儿童、流动人口子女示范家长学校4所。

**【“贷免扶补”工作】** 认真抓好鼓励妇女创业“贷免扶补”工作，全年发放贷款2 150万元，帮助430妇女实现了创业和再就业。

**【“两规划”的实施】** 抓好“两规划”骨干的宣传培训。对市直重点成员单位和乡（镇、街道）的“两规划”骨干进行专题培训，加强分性别统计数据建设，为开展“两规划”终期监测评估工作做好准备。抓好“两规划”终期监测评估工作。为确保“两规划”各项指标的落实，顺利通过上级的终期监测评估，认真组织各成员单位进行了自评，并对重点指标进行了督查，做好迎检准备工作。认真开展“十二五”规划编制的准备工作。早计划、早安排，深入调研，编制了下一个妇女儿童发展十年规划草案。

**【“三美化”活动】** 突出重点、找准载体，在广大妇女中深入开展“三美”活动。一是多轮驱动，广泛深入宣传发动，采用电视、广播反复宣传，让广大妇女时时听得到“三美”活动的声音，出黑板报、悬挂张贴宣传标语，让广大妇女处处看到“三美”活动的文字，召开会议及镇村干部进村入户宣传等方式，让“三美”活动家喻户晓、人人皆知。二是多形式开展培训学习，努力提高妇女素质，美化个人形象。在妇女中开展文化、卫生、环保等知识培训243期，培训妇女13 500余人次，让广大农村妇女成为有文化、懂科技、讲卫生、会理家的新型妇女。三是发挥优势、美化家庭环境。组织妇女每天开展屋内院外环境卫生打扫，实现家居庭院整洁，地板干净卫生，家具、物品摆放整齐。四是突出重点，美化村容市貌。组织引导广大妇女积极参与新建卫生厕1 345个，沼气池1 440口，节能灶2 145眼。参与村庄道路硬化123万平方米，清理围墙院落700多万平方米，清理垃圾粪便、沟边污泥21万吨。

**【关爱活动】** 各级妇联组织积极协调，多方筹集资金13万元，在春节、“三八”节、“六一”节期间，看望慰问贫困妇女儿童400名。市妇联协调上海、广东国税局爱心人士为杨柳、双河等地21名贫困中学生每人每年资助1 000元，帮助她们完成学业。与昆明眼科医院合作，开展了“万名儿童爱眼行动”活动，为宛水二小、民族中学等六所学校的2.3万余名师生和400多名妇幼保健工作者上了一堂爱眼护眼知识课，为5 600名学生开展视力检查，为1 153名贫困学生免费配送质量合格眼镜。面对百年不遇的干旱，市妇联于3月3日召开了抗旱救灾动员会，倡议与会人员当场捐资6.44万元，饼干100箱，价值9 000元，会后，所捐资金全部划给普立乡帮助抗旱救灾，饼干全部送给西泽乡受火灾的群众；同时市妇联还组织机关干部为所挂钩的普立乡雨兴村捐资7 200元，帮助当地学校解决学生饮水难问题。各单位、乡（镇、街道）关注妇女健康，积极创造条件组织女干部职工进行妇科普查378人次。

（撰稿　赵淑萍）

## 宣威市工商业联合会

**【概述】** 年内，宣威市工商业联合会（商会）有来宾等13个商会，田坝1个分会，板桥、来宾、羊场3个会员小组，1 040名会员。农产品营销协会1个，361名会员，废旧金属钩销商会1个，27名会员，宣威市温州商会，97名会员。年内，市工商联学习贯彻中共中央、国务院颁发《关于加强和改进新形势下工商联工作的意见》精神，充分发

挥工商联“统战性、经济性、民间性”的职能特点，遵循“团结、服务、教育、引导”方针，立足为会员服务，为非公经济平稳较快发展和培育壮大民营企业家队伍服务，进行爱国、敬业、诚信、守法、贡献教育、加强和改进非公经济人士思想政治工作。

【调查研究】 年内，市工商联执委积极向人大、政协提交有质量的建议、议案、提案12件。其中集中提案11件，形成专题调研报告3篇。

【会员服务】 年内发展新会员121名，宣威市工商联开展“树工商联形象，建“会员之家”主题实践活动，做好会员服务及维权工作。1、帮助四川在宣威经营门窗的老板解决1万元经济纠纷。2、帮助废旧金属钩销商会会员解决废铁诈骗案，挽回经济损失20万元。2010年7月，市工商联组织部分民营执委代表、非公经济人士到红河州曲靖商会、拜会宣威籍民营企业人士、积极介绍宣威市委、政府出台的有关投资方面的优惠政策，8月，又组织工商联执委赴台湾考察学习，加强了地区间企业的合作交流。

【光彩事业】 年内，工商联在不同行业中，积极开展“爱国报国、发展企业、诚信守法、道德自律、慈善”为主要内容的社会责任活动，积极参与扶贫济困和社会主义新农村建设，走光彩道路，实现光彩人生。2—3月，工商联同招商局共同组织动员外来投资企业，捐款30万元，用于宣威抗旱救灾。后又组织部分执委、宣威温州商会捐款1.54万元，用于田坝镇腊家办事处抗旱救灾。年内，市工商联执委部分非公经济代表人士累计捐款1 761.38万元。

【发挥职能作用】 宣威市工商联在2010年10月前，组织实施省工商联关于鼓励创业“贷免扶补”工作，先后发放小额贷款75笔，共375万元，帮助75人创业。

（撰稿 晏 洪）

## 宣威市文学艺术界联合会

【概述】 年内，市文学艺术界联合会下设办公室和《玉美人》编辑部，共有干部职工8人。所属群众团体有作家协会、民间文艺家协会、戏剧家协会、书法家协会、美术家协会、音乐家协会、舞蹈家协会及摄影家协会。8个协会共有1 000多名会员，其中国家级会员4人、省级会员20多人、曲靖市级会员40多人。

【文艺创作】 一年来，市文艺爱好者共发表（展演）地级及以上作品100余件，市级及以上作品300余件。其中，散文《民歌搜集整理谈》发表于《民间文化论坛》；故事《教训出来的“活雷锋”》、《桃园蜜事》、《荞麦粑粑羊汤锅》等发表于《都市晨刊》；诗歌《在月光里与刘基会晤》发表于《文成报》；《孩子别哭》发表于《云电诗歌》；小说《月亮湾》发表于《阳光》；组诗《乌蒙山 我的神》发表于《乌蒙山》；故事《白吃》、散文《清明鸟》等发表于《园区报》；小说《膨胀暂时休克》、组诗《宣威文学采风记》等发表于《珠江源》；《服装羞涩》等10余篇发表于《曲靖日报·珠江源晚刊》；散文《下辈子我当妈》、《乡村教师》、《又逢清明节》、《杀年猪》、《天凉好个秋》，诗歌《胡杨树》等亦在《中财论坛》、《红袖添香》等文学网站大放异彩。书法作品《沁园春·雪》获曲靖市政府二等奖；摄影作品《干枯大地》获佳能感动中国曲靖站一等奖，《守望》获全国珠江源杯大赛银奖。此外还有十余幅摄影作品参加了中国摄影艺术节展、平遥国际摄影展、连州国际摄影展、澳门摄影艺术展等。美术爱好者徐万峰在双龙老年活动中心举办了个人画展。音乐、舞蹈、戏剧创作亦异彩纷呈，年内共为“激情广场”等50余次大型文艺活动提供了各类表演作品。电视连续剧《蛮王朝天》正在创作之中。

【文艺工作】 年内，市文联在市委、政府领导下，在曲靖市文联及市委宣传部的关心和指导下，组织戏剧、舞蹈、音乐等人才创作并表演了春节联欢晚会、团拜会、抗旱救灾文艺晚会、激情广场等五十余场文艺节目，丰富了广大市民的文化生活。协助省作家协会、曲靖市文联举办了《人欲年代》作品研讨会。组织重点作者参加了贵州省安龙县举办的“三省区”作者笔会。安排专人配合市委宣传部编辑校对追忆卓琳光辉一生的诗歌散文集，并为此书创作了5件作品。协助老书协编辑出版了《宣威历代诗词作品选》。与宣威市民宗局共同完成曲靖市民宗局交办的对宣威七个民族村委会新农村建设发展变化的宣传报道，采写了2.5万字的报告文学《催生巨变》。以《玉美人》为阵地辅导创作了100余篇文学作品，除正常出刊外还增出了一期政协专刊。

【优秀文艺创作奖励】 为促进全市文艺事业的繁荣和发展，市文联认真总结经验，对2009年度文联所属各协会的优秀创作进行了奖励。此次奖励共涉及国家级获奖（入选）作品3件，省级获奖（入选）作品35件，地级获奖（入选）作品25件，共奖励资金3.74万元，进一步调动了广大文艺工作者及文艺爱好者的创作积极性。

【抗旱救灾】 面对百年罕见的特大旱灾，市文联积极参加抗旱救灾工作，先后为抗旱救灾挂钩村捐款共1.3万元。组织了作家、摄影家对百年不遇的抗旱救灾工作进行宣传，积极向各类刊物投稿，并与文化局、广电局一道承办了宣威市抗旱救灾文艺晚会，为“创先争优”奠定了良好的基础。

【召开协会代表大会】 在市委宣传部关心支持和帮助下，市文联精心组织作家协会、民间文艺家协会、书法家协会、美术家协会、摄影家协会、戏剧家协会、音乐家协会、舞蹈家协会相继召开了代表大会，选举产生了新的协会理事、常务理事、秘书长、主席、副主席以及文代会的部分代表。市文联还做了大量筹备工作，将召开宣威市文学艺术界联合会第四次代表大会。

（撰稿　朱　敏）

## 宣威市关心下一代工作

【概述】　年内，市关心下一代工作委员会有名誉主任5人，顾问6人，领导班子11人，委员17人。有乡（镇、街道）关工委26个，村（社区）关工小组365个，市直单位关工委15个，参与关心下一代工作的人员4 988人。

【基层关教组织规范化】　年内基层关教组织转入规范化管理，年初，市关工委组织有关人员深入基层调查研究，按照“六有三上墙”（即有班子，有牌子，有办公地点，有活动经费，有工作队伍，有活动计划；班子成员照片上墙，关工委工作规则、计划上墙，活动剪影、记录上墙）的要求，层层抓点，通过抓点，以点代面来推动全市关工组织规范化管理上新的台阶，到年底已有12个乡（镇、街道）关工组织进入规范化管理。

【社会主义核心价值体系教育】　年内，市关工委继续深入在青少年中大力开展社会主义核心价值体系主题教育活动，撰写了题为《加强爱国主义教育，培养青少年爱国情感》宣讲稿印发各乡（镇、街道）、市直学校关工委。同时，充分发挥“五老”宣讲团、走进校园，走近青少年，把讲革命传统、讲国史国情、改革开放史的教育与大力发扬延安精神、雷锋精神、抗震救灾精神、航天精神等结合起来，引导青少年更加形象地认识和体会到共产党好、社会主义好、改革开放好、伟大祖国好。全市共宣讲83场，受教育人数达90 146人次。

【关心下一代工作会议】　7月14~15日，市委、政府召开全市关心下一代工作会议。市委、政府、人大、政协四班子领导出席会议。会议由市委常委、副市长缪丽芳主持。市委常委、组织部部长窦华平作了重要讲话，曲靖市关工委主任张朝林到会作指导，市关工委主任高永富作工作报告，130人参加会议。

【农村青年教育活动】　全市各级关工委有农村文化技术学校104所，教师320人，其中老同志165人，开办各种科技培训班295期，培训农村青年2.5万人次。通过室内授课、现场指导、电化教学、实地实践等形式培训，使大部分农村青年实现了依靠科技致富的转变，感受到了以科促劳、以科辅法、以科增智、涌现了一批致富典型，带动了农村经济的提升，促进了新农村建设。

【法制宣传教育活动】　年内，各级关工委以学校为阵地，配合有关部门在全市青少年中深入开展法制宣传教育活动。全市共宣讲法制教育171场次，10.01万名师生受到了法律法规的教育。此外，市关工委还把法制教育活动延伸到高墙内，8月25—26日，市关工委组织32人的帮教团到省未成年犯管教所帮助教育宣威籍92名少年犯，并为他们送去教育读本和生活用品。

【农村留守儿童调研】　按照省关工委《关于开展农村留守儿童调研工作的通知》，市关工委作了认真研究，并组织有关部门，成立调研组，开展了调研。调研围绕农村留守儿童的现状、农村留守儿童成长中存在的困难和问题、加强和解决农村留守儿童问题的对策和措施等采取座谈、走访等形式，分别对留守儿童、留守儿童父母、留守儿童爷爷、奶奶等进行调查了解。调研历时两个月，总结了经验，分析了存在的问题，提出了建议，写出专题报告，报省、曲靖市关工委和市委、政府作参考。这次调研领导重视，工作实在，行动快，得到上级有关领导的好评。

【关工委成立二十周年纪念活动】　2010年是中关工委成立二十周年，为庆祝中关工委成立二十周年，回顾关工委发展壮大的历程，展望在科学发展观的指导下再创辉煌的前景，展示关教工作风采。市关工委以此为主题，组织征集书法、绘画作品3 100多件，其中少儿作品2 600件，经组委会认真评审，精选出210件作品编辑出版了《宣威市庆祝中国关工委成立二十周年书法、绘画作品选编》，《作品选编》印1 200册，送中关工委、省关工委、省教育厅、曲靖市关工委、曲靖市教育局，发全市中、小学校、市直各单位、各乡（镇、街道）党政领导和关工委。本书所选作品风格多样，内容丰富，贴近生活，彰显时代精神，是展示宣威文化生活的又一窗口，是广大书法、绘画爱好者实践的结晶。《作品选编》从组稿到出版的过程是一个深入学习、宣传党和政府关心未成年人的过程，是一个广泛宣传情系后代、关爱未来、无私奉献、甘为人梯的关工精神的过程，是一个弘扬传统文化、抒发真情实感、激励爱国热情的过程，得到了各方面的好评。

【贫困生救助】　年内，市关工委从省关工委争取资金3.2万元，自筹2.77万元，救助高中生33人，初中生47人，小学生22人，共102人。

【中学半军事化管理】　11月9～15日，市关工委牵头，从武装部、教育局抽调人员成立验收小组，分别对宣威市第二中学、田坝镇一中、田坝镇二中、洛水镇二中、务德镇二中、乐丰乡一中、杨柳乡中学、阿都乡中学、宝山镇一中、普立乡中学、格宜镇二中、文兴乡二中进行逐项评估验收，评估结果总分均在900分以上，12所学校均属优良。

（撰稿　孟凤鸣）

## 宣威市科学技术协会

【概述】　年内，市科学技术协会有在职职工7人。其中，大学本科4人，大专1人，中专2人；有党员5人。内设办公室、科普与学（协）会科、农函大办公室等三个科室。市科协以曲靖市科协成立50周年为契机，结合开展“创先争优活动，创新科协工作新思路”为主题，认真组织乡、镇

（街道）科协干事学习理论知识、科技知识和加强业务培训，按照“三服务一加强”（即为经济社会发展服务、为提高全民科学素质服务、为科技工作者服务，加强自身建设）的工作定位，“搭建平台、资源共享”的工作思路和“大联合、大协作”的工作方式，紧紧围绕全市“五大产业”（玉米、马铃薯、烤烟、生猪、林果）和“城乡居民素质工程”，理清思路，明确目标，创新开展科协各项职能工作，扎实抓好农村实用技术培训，有效地促进城乡居民素质提高。市农函大分校被云南省科学技术协会、省农村致富技术函授大学表彰为“先进集体”。

**【农函大培训】** 年内，市分校按照“重点办班、分散培训、乡级为主”的宣威模式，开设烤烟、生猪、核桃、蔬菜、魔芋、蚕桑、中药材等7个专业，教学班115个，聘用辅导教师50人，工作人员80人，招收学员5 750人。宝山镇于1月13日举办“返乡农民工实用技术培训班”，培训学员140人；东山镇于4月27日组织党政班子成员、挂钩组长、农技中心技术人员和种植魔芋的12个村总支书记、村主任、副主任以及魔芋种植农户共187人参加魔芋种植和病虫害防治技术培训会。本年全市有3人获中国农函大表彰，5人获云南省科协和省农函大表彰；市科协、市农函大分校获云南省科协、省农函大办学评比一等奖。

**【科技培训兴业计划】** 年内，阿都乡同兴村农函大教学点被曲靖市农函大列为“科技培训兴业计划”教学示范点，获得培训经费2万元。该计划旨在推动科技在农业产业中的作用，充分调动广大科技人员开展农村科普工作的主动性，引领激发广大农民科技致富的积极性，推动地方产业发展。该村邀请曲靖、宣威农业方面的专家对农户开展蚕桑种植养殖技术培训3期，累计培训1 100余人次。通过“科技培训兴业计划”的实施，进一步提高农户蚕桑、生姜、生猪等种植养殖技术，带动该乡12个村委会种植养殖业发展。

**【省“科普惠农兴村计划”项目】** 年内，西宁街道马街村被省科协、省财政厅确定为“科普惠农兴村计划”项目村。项目的实施以培养新型农民提高科学素质，以农村实用技术普及为切入点，着重实施“七个一”工程。即：建立一个科普服务站、制作一块科普宣传栏、确定一位科普宣传员、办好一个农技协、建立一个“农函大”培训点、抓好一个示范发展项目、挂钩一个协会帮扶。通过项目的实施，全村1 257户农户提高了科技文化素质，基本实现了户均有一个科技明白人的目标，带动促进了周边村实用技术推广。

**【国家“科普惠农兴村计划”项目】** 年内，龙场镇养猪业协会由市科协申报被中国科协、国家财政部评审为全国“科普惠农兴村计划”奖励项目，获得奖补资金20万元。该项目主要从7个方面规划实施：一是分会建设。主要解决各分会的办公条件；二是制度建设。完善协会管理的各项规章制度，上墙公示，规范运作；三是培训体系建设。购置必需的培训设备和培训资料，定期开展培训；四是防疫体系建设。购置冰柜、防疫包等，对协会会员进行统一防疫；五是市场营销信息体系建设。配置通讯设备，及时捕捉市场信息，掌握市场行情，定期向养殖户发布周边市场的疫病情况、供需情况和价格信息；六是人工授精站建设。对协会会员进行供精和猪种改良服务，引进新品种新技术；七是科普服务站建设。按照“六有”标准，充实科普服务设施。

倘塘镇果树协会被中国科协、国家财政部评审为全国“科普惠农兴村计划”奖励项目，获得奖补资金20万元。该项目主要从七个方面规划实施：一是加大科普宣传力度，广泛动员果树种植大户、科技带头人、农产品营销企业等加入协会，提高他们的科技素质，树立协会品牌；二是聘请专家指导果农提高种植技术，调整经营理念，增强市场分析能力，提高协会影响力和会员素质；三是有计划地组织种植大户、示范户参观学习，交流经验，增长见识，提高素质；四是培育科技辅导员，用新技术对种植户进行技术辅导，提高经济效益；五是对低产果园进行改造，达到增产增收目的；六是积极探索协会发展模式，科学管理，引导会员生产上水平；七是建立科普服务站，为会员提供学习技术和信息咨询场所，提高会员的综合素质。

宝山镇宝山村陈兴片被中国科协、国家财政部评审为“全国科普惠农兴村带头人”称号，获得奖补资金5万元。主要从四个方面带头引领群众：一是加强科普宣传力度，提高群众科普知识。利用各种宣传方式对农户进行病、虫、草、鼠害防治、果树栽培、马铃薯高产栽培等技术宣传培训，使科技知识深入人心；二是重视科技课题研究，加快技术创新步伐；三是创新科技服务载体，大力培育科技示范户；四是提高科技普及率，促进农民粮食增产增收。

**【学（协）会】** 年内，根据曲靖市科协和烟草分公司《关于现代烟草农业专业化服务体系建设实施意见》精神，按照“政府引导、烟草扶持、协会服务、市场运作”的总体要求，建立专业化烤烟生产技术指导和推广落实等方面的技术服务体系，提高烟农科技素质，做好技术服务。经市烤烟生产收购领导小组研究决定，市民政局登记在全市栽烟的22个乡镇（街道）成立烤烟生产技术服务协会。其宗旨是为烟叶生产主体提供各环节专业技术指导服务，在各乡、镇（街道）人民政府（办事处）的领导下，以乡、镇（街道）为单位组建的、服务烟农的社会团体组织。协会的业务主管单位为市科协、市烟草分公司。4月1日“宣威市茶花协会”也申请登记成立。

**【科普日宣传】** 9月19日是全国“科普日”，由宣传部、广电局、记者站、科协等18个单位组成的329名干部职工、专业技术人员到美奂广场为广大市民开展科普宣传、科普知识咨询服务、医疗卫生服务。整个宣传活动共悬挂11条宣传布标，展出展板51块，科普挂图9幅，发放科普宣传资料2.7万余份。仅市疾控中心就发放宣传资料5 000余份，宣传用品1 600件，小学生作业本2 000本。环保局还举行环保知识有奖问答，市卫生局组织广大医务工作者现场议诊1 000多人次等，乡镇科协也采取多种形式开展全国科普日宣传活动。

**【科普能力建设】** 经过上年度科普能力建设的实施，又获得了省科协5万元科普能力建设资金。主要帮助未建立“科普服务站”、“科普宣传栏”的部分乡镇配备科普电脑、办公设施等。

**【青少年科技教育】** 年内，市科协、市教育局积极选送幼儿、青少年参加上级举办的“七巧科技”系列竞赛活动，共获得一等奖18人，二等奖82人，三等奖118人。暑假期间，万松居民族园青少年科技培训基地，组织开展风筝制作、军训夏令营等为主要内容的系列科技培训，招收学员2期，参训学员160余人。活动的开展，锻炼了动手动脑能力，激发了科学兴趣，启迪了创新意识，培养了用科学的方法分析问题、解决问题的能力，提高了科学素质，促进了科技教育活动的普及发展。

**【市科协代表会议】** 11月30日至12月1日，在市委党校召开宣威市科学技术协会第四次代表大会，152名代表参加会议。大会听取和审议市科协第三届委员会工作报告；审议并通过了执行《中国科学技术协会章程》的决议；审议通过了《致全市科技工作者倡议书》。大会选举产生了第四届科协委员会委员（由27人组成）、科协常委（由13人组成）；选举产生了主席、副主席和秘书长。大会总结了前五年科协科普工作成绩、经验和不足，对今后一个时期，特别是“十二·五”科协科普工作进行认真分析和研究，对科协科普工作指明了方向，理清了思路，明确了目标，提出了具体的措施和要求。大会还对15个科普工作先进乡、镇（街道）、12个科普工作先进单位、26个科普工作先进村（社区）和15个优秀农技协会以及99个科普工作先进个人进行表彰。

（撰稿　龙达勇）

## 宣威市红十字会

**【概述】** 年内，市红十字会紧紧围绕市委、政府中心工作，在救灾、救助、救护等工作领域，充分发挥政府人道主义救助助手作用，依法接收境内外捐款，为全市人民抗旱救灾做出积极贡献。

**【救灾】** 年内，出现特大旱灾，市红十字会接收到中国红十字基金会“春雨行动”救助资金110万元，其中10万元援助人饮工程建设，采购“春雨礼包”3 600个，分发给13个乡镇15个村，3 600户村民受益；接收到辽宁省红十字会抗旱救灾项目援助资金48.3万元；接收可口可乐公司矿泉水2.5 万件，分发到13个受灾点；接收昆明南亚三菱公司捐赠资金6.68万元；接收本地捐赠5万元。

**【救助】** 年内，市红十字会接收省红会大病救助资金10万元，对146名大病患者进行了救助。接收云南福泽药业有限公司22.9 万元药品，分发给5家医疗单位。

**【救护培训】** 5月，全市启动初学机动车驾驶员卫生救护培训。全年培训机动车驾驶员3 740人，煤矿职工708人。

**【项目】** 年内，实施抗旱救灾项目三个，羊场镇普瓦村小塘坝建设，援助资金15万元；杨柳乡称杆河人饮工程建设，援助资金33.3万元；阿都乡梨树大营村抽水工程建设，援助资金10万元。

（撰稿　陈　雷）

## 宣威市残疾人事业

**【概述】** 2010年末，全市共有96 741名各类残疾人，其中2 277人在全市各行业稳定就业。市残联始终坚持“以人为本，为民解困”的工作理念，以“重民生、解民困，听民声、维民权，讲科学、求发展，促进残联事业上新台阶”为目标，牢牢把握“解决突出问题、推动科学发展”两个重点，着力解决“构建残疾人两个服务体系建设”难题，有力地推动了残联各项工作向前发展。年内，全市26个乡镇、街道认真落实培训村级联络员工作，于年中对356名村级联络员进行了全面培训。并积极组织开展社区康复工作活动，先后投入经费15.5万元在虹桥等9个乡（镇、街道）开展社区康复工作活动，收效显著，为今后开展社区康复建设提供了示范。依托市法律援助中心，市残疾人法律援助联络站对残疾人实施法律援助，7名残疾人得到法律援助；各乡镇、各部门贯彻落实《云南省残疾人优待规定》，残疾人得到减免各项费用421万元；认真对待残疾人来信、来访，共接待406人（件）次，做到件件有落实，事事有回答，把矛盾解决在基层，化解在萌芽状态。对新建的街道及公众场所建设无障碍设施，设置了坡道和盲道，今年城区新增盲道2.75千米，为残疾人参与社会生活创造了良好的环境条件。残疾人教育工作平稳发展。目前，全市有校内外残疾儿童493人，在校残疾儿童432人，残疾儿童入学率87.63%。有特殊教育学校1所，教学班3个，学生42人，小学有随班就读残疾学生390人，初中有随班就读残疾学生111人。同时，市残联积极开展“扶残”助学、“春雨行动”助学、“彩票公益金”助学，多渠道筹措资金实施扶残助学。共筹集各项资金1.75万余元，对就读于大学的9名残疾学生和贫困残疾人家庭子女学生进行了扶助。做好春节慰问活动。春节期间，市委、市人大、市政府、市政协统一安排日程，组织统一的慰问活动，走访慰问残疾人2 208名，为他们送去了每户200元慰问金和米、油等慰

问品，共发放慰问金42.76万元，救济粮1.66万千克。全市抗旱救灾工作中投入2.5万元资金帮助羊场镇多贝嘎村进行饮水设施建设，保障了群众的生产生活，赢得群众好评。救助上访贫困残疾人35人共1.36万元，2 311名残疾人予以临时救济。积极争取上级支持，为470名重度残疾人实施了居家安养和集中托养。共为3 000余人核发了新一代残疾人证。积极启动市残疾人综合服务中心建设，现已完成投资500万元，完成主体框架及部分附属工程建设。

**【收缴残疾人就业保险金】** 年内，市残联、财政和地税局认真执行省政府107号令，开展按比例安排残疾人就业及收缴保障金工作，各用人单位按2009年末在职职工总数1. 5%的比例安排残疾人就业，凡达不到此规定比例的，必须交纳残疾人就业保障金。年内，共调查核实913个用人单位，有在职在岗职工4.13万人，其中残疾职工352人，占职工总数0.85%，未达比例单位按2008年度全市辖区范围内职工平均工资2.25万元计算交纳残疾人就业保障金，至年末共收缴91万元。

**【康复工作】** 年内，以实用、易行、受益广为重点，为残疾人提供康复服务。根据残疾人的需求，完成肢体康复训练300人；完成盲人导向行走100人；智残儿童康复训练12人；低视力配镜12人；聋儿听力助残15人，普及型大小腿假肢装配16人；用品用具供应602件。向台湾曹仲植基金会申请对等捐赠免费轮椅170辆。启动了9个乡镇、街道残疾人社区康复工作。使广大残疾人不同程度地得到了康复，为他们的生活和参加生产活动提供了极大的方便。

**【实施“视觉第一中国行动”】** 经市残联向省残联申报立项，争取了由中央财政提供援助的“亮晶工程”（白内障复明手术）项目在本市实施。9月，市残联和市人民医院协调配合，抽调人员组成筛查组，分赴全市各乡（镇）、街道开展病员筛查工作。共为7 320名眼病患者进行检查，初步查出1 599名患者可进行手术复明。10月4日－13日进行白内障复明手术，历时10天，共完成全免费白内障复明手术1 149例，晶体植入率99%，手术成功率100%，使808人重见光明。为群众节约资金200余万元，赢得社会和广大群众好评。

**【扶贫解困及社会保障工作】** 广泛动员社会力量对残疾人开展帮、包、带、扶活动，多渠道、多层次帮助残疾人脱贫致富。共组织各级各部门投入资金80余万元扶持351户农村残疾人发展种植业、养殖业，帮助1 003人脱贫；筹集资金100万元，为100户贫困残疾人危房户新建住房。为重度残疾人免费办理城镇居民医疗保险223人。在市劳动局的大力帮助下，举办“春风行动在宣威”和“民营企业招聘周”等活动，共帮助63位残疾人就业；为226位残疾人办理了失业登记，为256名残疾人申领了失业保险金。纳入五保供养的残疾人有1 351人；纳入农村低保的残疾人2.15万人；纳入城市低保的619人；补助6名重症精神病患者进行精神病康复治疗。310名重度残疾人纳入定期定量补助。切实保障了他们的基本生活。

**【职业技术培训】** 年内，多形式、多渠道安置残疾人就业，在2个福利企业中集中安置23名就业；动员、组织、转移142名残疾人到各类用人单位就业；出资3.5万元补助35名残疾人自主创业；对800名农村和城镇残疾人开展了科技和实用技术培训，进一步提高了他们的从业能力；出资5.1万元，开展残疾人职业技能培训102人次，并全部推荐安置到江苏、浙江、上海等地就业；出资2.5万元选送了25名盲人学习了按摩技术并全部就业，为2户残疾人开展规模化养殖进行扶持和技能培训。

**【“助残日”活动】** 根据《中华人民共和国残疾人保障法》的规定，2010年5月16日是第二十次法定“全国助残日”。围绕“加大扶持与救助力度，帮扶农村贫困残疾人”的活动主题，市委、市人大、市政府、市政协统一安排日程，组成统一的慰问活动组于5月14日，对羊场、海岱的30名残疾人进行了慰问，每人送去300元慰问金。同时，市残联在残疾人状况监测中，对66名残疾人监测对象进行了慰问，每人发放100元慰问金；对1户残疾人监测对象记帐户发放360元慰问金。共发放慰问金6 960元。据统计，市直有关部门及26个乡（镇、街道）和企事业单位的党政领导共221名参加了慰问活动，共对农村、城镇贫困残疾学生（儿童）1 572人进行了慰问，占全市残疾人总数的1.5%，共发放慰问金32.68万元，发放慰问物品价值人民币10.23万元。

**【精神病防治】** 年内，精防康复工作，在为8 319名各类精神病患者建立档卡的基础上，对其中的414名精神病重症患者进行免费服药（价值22.19万元）。同时，进一步建立和完善了精防康复工作检查评估制度；精防康复工作技术指导工作制度；精防监护小组职责；家庭病床管理制度；精神病人分类管理制度；随访制度等6项管理制度，并把这些规章制度制作成版面上墙，实行了规范化管理。工作中共培训市、乡（镇）、村三级工作人员513名。

（撰稿　晏祥荣）

## 宣威市消费者协会

**【概述】** 年内，宣威市消费者协会在宣威市工商局的指导下，在各行政部门及社会各界的大力支持下，以“3·15”年主题活动为载体，开展了内容丰富、形式多样的消费教育活动，贯彻落实了“消费与服务”年主题，热情受理了消费者投诉，进一步促进了消费维权工作。

**【宣传教育】** 积极开展纪念“3.15国际消费者权益日”年主题宣传活动。一是与新闻媒体单位的协调配合，制作了“3.15”活动专题片。二是运用广播，电视等传媒手段，宣传年主题的目的、意义。三是编印以“消费与服务”为主题的宣传材料共1.2万份，发放到消费者和经营户手中。

【组织建设】 深入到辖区内社区、乡镇、行政村广泛调研、充分论证，按照“成熟一个、设立一个、规范一个”的建站原则，不断提高“一会两站”建站覆盖面。年内，在超市、集贸市场等场所建立“两站”20个。

【维权工作】 一是认真开展对投诉热点、难点的调查与分析。针对农资、手机、电视、网上购物等热点、难点问题，通过宣威市电台、电视台和利用宣传单的形式发出“消费警示”6条。二是认真开展消费纠纷调处工作。全年共调处消费纠纷180件，为消费者挽回经济损失19.5万元；接待来访咨询312人次，有力地维护了广大消费者的合法权益。

（撰稿　范文智）

## 宣威市个体私营经济协会

【概述】 2010年，宣威市个体私营经济协会下设基层分会13个，共有个体会员1.38万户，从业人员2.5 万人，注册资金3.3 9亿元；共有私营企业会员1 122户，从业人员3.57万人，注册资本达2.41亿元。

【宣传教育】 扎实开展普法宣传教育活动。一是通过以会代训、送法下乡、当场咨询、书面问卷等形式开展普法教育三次，受教育个私经济从业人员达2 000余人。二是投资6万余元，开展“防艾禁毒”宣传培训工作4次，参加培训的人员达2 200余人；在娱乐场所发放、粘贴“防艾禁毒”宣传画2 500份。

【服务会员】 一是做好会员入会登记工作。广泛宣传，让个私经济从业人员全面了解协会的性质、职责、地位、作用，引导个私从业人员自愿、积极入会，并完备入会登记手续。二是开展弱势群体帮扶活动。各分会共对22户生活困难的会员开展慰问活动，共发放慰问金1.32万元。三是认真落实“贷免扶补”政策。通过与劳动和社会保障局、财政局、农村信用合作联社沟通协调，共为30户个体工商户申请户均5万元的小额贷款。

【救灾工作】 呼吁广大爱心企业、个私协会会员，充分发扬中华民族“一方有难，八方支援”的传统美德，积极关心宣威市百年不遇的特大旱灾，向灾民伸出热情援手，慷慨解囊，及时捐赠，帮助灾区人渡过难关。经过广泛发动，全市个私会员共捐款8.26万元。

（撰稿　范文智）

## 宣威市革命老区建设促进会

【概述】 年内，在深入学习中共十七届五中全会精神，贯彻落实“加大对革命老区、民族地区、边疆地区、贫困地区的扶持力度”，结合云南实际，贯彻落实省委、省人民政府《关于加快我省革命老区开发建设的意见》，践行云南省纪检监察学会《全面推进社团队伍建设“三个一”即按照“个人形象一面旗，树好社团形象；工作热情一团火，干好社团事业；谋事布局一盘棋，抓好社团发展”》活动中，在市委、政府的领导和云南省、曲靖市老促会的指导和市直有关部门的支持配合下，宣威市老促会按“搞调研、提建议，抓宣传、当配角、促落实、办实事”的工作定位，紧紧围绕市委、政府打造“生态、文明、健康、快乐宣威”的目标任务，在重学习、搞调研、抓宣传、办实事等方面作了积极努力。

【老区建设】 老区建设，是老促会关注的重点，经多方争取，龙场镇乐树村作为省、曲靖、宣威老促会工作联系点。龙场镇“整乡推进”新农村建设的难得机遇，镇所属乐树村把“866”工程和老区开发建设紧密结合起来，到2010年底，各项开发建设项目总投入4 260余万元（含省老区专项资金160万元），省、曲靖、宣威共投入财政资金300万元。各部门整合资金650万元，挂钩单位和企业支持90万元，协调社会捐20万元，群众投资投劳3 500万元，全面完成了“866”工程的各项任务和老区规划建设的项目。老促会长欣笔写下：“新村赞”，并被刻石记载。即：朝至乐树村，喜闻读书声，庶民扫村道，举目忙碌人。学校美如画，新房各异型，广播电视家家通，文化活动中心、长廊、凉亭雅静。

村间硬化、绿化、美化、亮化、沼气灶、自来水入户共享，宜人宜居。

看山坡、经济林泛绿；看田地，水稻、玉米、洋芋茂生；看圈里，猪牛羊肥壮满园；看道路，车辆运输忙碌；看石场，工匠争显技艺；盘劳力，百人外出务工就业。六业支撑，财源富民。更有烈士陵园新修建。大树诉说，奇石点缀，党的富民政策迎得乐树新村新貌。

2010年3月10日，副省长孔垂柱到乐树村调研，强调指出，“在村庄安居房建好，道路建好，绿化好的同时，要加大适宜本地的果树栽植，既绿化村庄，又增加农民收入”。

宣威市老促会积极争取省、曲靖老促会的资金支持，先后共获得资金82万元，其中龙场镇乐树村抗旱经费10万元，产业扶持50万元，海岱得来完小引水20万元；曲靖市老促会帮助雪桃引种试种2万元。

3月19日，与省老促会联系，为减轻百年不遇旱灾损失，帮助倘塘通豪农业综合有限责任公司由湖北高生生物饲料有限公司总经理王运，办公室主任钱汉才，陪同武汉市经委副主任孙同盛，新型生产处处长明文龙为减轻宣威旱灾损失捐赠1万千克生物蛋白饲料，市人民政府副市长李启信，老促会会长李龙苍、张庆培，倘塘镇党委书记朱恩俊，镇长张伟，公司董事长夏跃周共同接受捐赠。

7月12日，省老促会常务副会长黄仁跃及副会长兼秘书长晏丕振等领导在李启信副市长，老促会会长李龙苍的陪同下，专门到全市最贫困的阿都乡调研，并建议将阿都乡纳入省级整乡扶贫推进的盘子，省老促会领导回省后，又专门与省有关领导专程汇报，加之宣威各方的努力，最终将阿都乡“整乡推进”工程纳入了省的盘子。宣威老促会特将阿都乡“整乡推进”项目进行了专门调研，并将调研报告上报省老促会，省扶贫办老区处。

8月13日，宣威市老促会紧紧围绕市委、政府发展150万亩以核桃为重点的新兴林果产业的目标，邀请果树专家张学云到西泽乡睦乐村委会偏头箐作核桃高枝换接技术培训，参训人员24人，并从老促会工作经费中拿出经费为10名骨干各配备嫁接刀具一套，由专家边讲解边操作，手把手的培训参训人员，参训人员感慨地说：“学好技术，栽好核桃，这是子孙福啊！”

9月8~9日，在参加云南省革命老区建设促进会在祥云县召开的全省47个老促会工作座谈会后，宣威市老促会在曲靖市老促会副会长兼秘书长张兴祥的引荐下邀请宣威果树专家张学云一同前往丽江市玉龙县，在玉龙县老促会会长和子恒，丽江市雪桃协会会长周津的陪同下，张兴祥、李龙苍、张庆培、张学云、陈世留共同考察了两次进入国宴的丽江雪桃，并决定在宣威引种试种。

10月16日，格宜镇党委、政府和大兴村两委在市老促会的配合下，牢记历史，缅怀先烈，为达激励后人之目的，积极落实党的惠农政策，发挥在外工作人员的优势，大力发动群众投工投劳，先后投入资金60余万元，建成占地413平方米的老年活动中心暨革命历史展室，借“九九重阳节”之际进行纪念活动，特邀请市委、政府分管领导、老促会会长、相关部门负责人、当年参加“六六分队”起义健在的副厅级老领导柴福国等近百人参加。市委副书记（兼老促会副会长）申忠林在纪念活动中发表热情洋溢的讲话中指出：“法马坡老年活动中心暨革命历史展室，集缅怀革命先烈，爱国主义教育；老有所养，老有所学，老有所乐；村级图书、文明村建设三位一体的优良载体，值得称道。牢记历史，缅怀先烈，激励今人，启迪后世，落实科学发展观，建设文明富裕村的目的一定会达到！”

11月20~21日，特请省老促会会长保永康，常务副会长黄仁跃等领导到宣威龙场、格宜、美奂公园考察，保会长观看美奂公园时说：“大手笔，是云南目前第一大广场”；观看乐树村开发建设项目时说：“实在、实效、实惠”；观看格宜镇魔芋产业和魔芋精粉加工时说：“这个产业好，值得好好抓一抓”。对“法马坡”老年活动中心暨革命历史文物纪念室说：“这样做好！既宣扬了革命历史，又教育了后人，鼓励了发展”，在与当时代理市长保明顺交换意见时，表示一如继往给宣威扶持。

11月25~27日，由张庆培、张学云、张庆优、陈世留从玉龙县引进雪桃种苗2 000株，加上引进穗条自己嫁接的苗木3 000余株，共有5 000余株，分别在龙场乐树、热水响宗、落水黄路、宛水丰华社区、西宁小顾家村等7个地方分别试种，并得到龙场、热水、落水、宛水、西宁党政领导的关心和支持，共栽80余亩雪桃。李龙苍会长亲自找代理市长保明顺汇报，得到保明顺的肯定，表示支持发展雪桃生产，还专门拨款5万元给予扶持。

年内，老促会充分利用市委、政府拨给的小额项目经费，帮助双河乡葛姑村公所白果树村发展银杏产业；宝山镇摩布丫口林果生产；东山镇安迪村公所的村间道路修建；海岱镇鼠场村公所的桥梁修建；箐头村的公路建设；宝山镇得积村间路修建；宝山中学“武装起义纪念地”革命遗址资料抢救修复；格宜镇法马坡村“六六分队起义”革命历史文物纪念室新建配置等拾遗补缺的小事情，虽然花了点小钱，但深得老区人民的好评。

**【调研】** 年内，面对全市遭遇百年不遇的特大旱灾，对宣威造成了多条河流断流，大部份塘坝干涸，几十万亩小春大部分绝收，35万多人饮水困难，尽管百万人民奋起抗旱，仍造成直接经济损失9.16亿多元，宣威老促会同党同民同忧，对宣威的水利建设进行了调研，并在《中国老区建设》第九期上发表了《宣威水利的喜忧新》的调研文章；调研了省、曲靖、宣威老促会工作联系点——乐树村紧密结合老区开发和“866”“整乡推进”工程项目的实施；乐树村革命老区开发建设成果显著；村民心中的核桃产业；调研了格宜镇法马坡“扬先烈精神，建文明新村”；调研了全市最贫困的阿都乡《关于革命老区阿都乡的调查报告》；《关于革命老区宣威市扶贫开发情况的调查报告》并在云南省革命老区建设促进会《革命老区动态》2010年第11期上发表等10篇调研材料，分别呈送给市委、政府分管领导和省、曲靖市老促会领导参阅。

**【老区精神宣传】** 宣威市老促会采取各种方式学习宣传宣威老区精神，学习是增强老区工作动力的前提，特别注重学习老一辈无产革命家和胡总书记等中央领导的指示：“革命就是为了使全国人民不在过苦日子，要过上好的生活，应该下山，应该进城，但正如老根据地的同志所说的那样，下了山，不应该忘记山，进了城，不应该忘记乡，如果忘了，就是忘本”。原载《周恩来文选（下卷）加强老根据的工作》。“我们任何时候都不能忘记老区人民，老区人民对建设新中国作出了巨大贡献和牺牲，如果不能帮助群众摆脱贫困，我们就将愧对革命先烈，愧对老区人民”，原载江泽民同志1996年7月25日在中央扶贫工作会议上的讲话：“我们一定要满腔热情地关心革命老区群众，要让老区人民尽快过上小康生活”。原载2004年8月18日胡锦涛同志视察四川仪陇老区的讲话：“老区是中国革命的摇篮，为中国革命的胜利和新中国的建设作出了重大贡献，付出了巨大牺牲，抚今追昔，饮水思源，我们任何时候都不能忘记革命老区和老区人民，任何时候都不能忘本”，原载中共中央政治常委，全国政协主席贾庆林2010年11月28日在人民大会堂会上出席中国老促会成立20周年暨表彰先进集体先进个人时的讲话，广东省委书记汪洋同志：“对革命老区，要高看一眼，厚爱三分，同等优先关心支持革命老区”。宣威市老促会注重把调研和宣传工作结合起来，一年来共订阅《中国老区建设》50份，《云南革命老》50份呈送给市委、人大、政府、政协和各乡镇主要领导，老促会理事参阅。调研成果在《中国老区建设》刊物上发表“宣威水利的喜忧新”；在《云南革命老区》发表“矿农结合，共建幸福村”，“宣威市连续五年粮食产量攀升解读”，在曲靖《珠江源经济》发表“宣威水利面面观，有喜有忧有新举”，在《宣威》、《宣威快讯》、《宣威史志》、《宣威年鉴》等刊物上发表“党心民心心心相映，新村新貌欣欣向荣”，“村民心中的核桃产业”，“乐树村革命老区建设成果显著”，“扬先烈精神，建文明新村”等老区开发建设10余篇文搞和60余副新闻照片。

11月28日，会长李龙苍出席中国老促会成立20周年暨先进集体先进个人表彰大会。被评为全国老区先进个人，与参会的先进集体和优秀个人一道受到全国政协主席贾庆林、国务院副总理回良玉、姜春云等领导接见。

12月10～13日老促会张庆培，扶贫办老区科科长邹连耀再次参加省老促会在元江举办的《云南革命老区》杂志通讯员培训班。一年来，宣威老促会，一心一意为革命老区宣威开发建设谋发展，做到调研成果月月有作品，周周住会有事做，对内对外宣传革命老区宣威市经济社会，革命历史的光荣事迹。

（撰稿　张庆培）

**附：宣威市人民团体负责人名录**

**宣威市总工会**

主　席　杨怀党

副主席　朱贵学（党组书记）　王海明（回）　晏吉玲（女）

**共青团宣威市委员会**

书　记　张彩雄

副书记　何　朗　杨　羚（女）

**宣威市妇女联合会**

主　席　程国贞（女）

副主席　宁亚萍(女）　宁丽娥（女）

**宣威市工商业联合会**

主　席　黄　荣（女，5月任职）

副主席　周云权　何家宏　晏　洪　单祖光　宁国昌　王天祥　太志华　杨应宝　高联鄂

秘书长　晏　洪

**宣威市文学艺术界联合会**

主　席　吴兴泽

副主席　徐国洲　何汝龙（兼秘书长）

**宣威市关心下一代工作委员会办公室**

主　任　沈艳芳(女）

**宣威市科学技术协会**

主　席　柴大欢

副主席　朱泽贞　杨家国

秘书长　龙达勇

**宣威市红十字会**

会　长　缪多菊

副会长　李辉祥（常务）　石有昌　李树乖

秘书长　陈　雷

**宣威市残疾人联合会**

理事长　蒋孝省

副理事长　朱家龙　徐丽萍（女）

**宣威市消费者协会**

名誉会长　孙晓虹

副会长　马毓稳　李在所　王德勇　赵同甲　曹茂荣　浦承勇

秘书长　江民华

**宣威市个体私营经济协会**

名誉会长　程培仁

会　长　高兴龙

副会长　张良英　徐　勇　束金南　张国生　宁国昌

秘书长　朱金银

**宣威市革命老区建设促进会**

会　长　李龙苍

副会长　申忠林　阳开府　李启信　杨桂华（女）　杨光明　崔茂江

秘书长　方玉碧

副秘书长　张庆培

**宣威市火腿行业办公室**（宣威火腿产业办公室）

主　任　范美刚

副主任　邵廷吉　刘　瑜（女）

（整理　王买德）

# 法　治

责任编辑　王　斌

2010年3月23日，宣威市人民法院召开宣威市第五次涉诉特困人员救助金发放现场会。

（市法院　供稿）

# 综　　述

2010年，中共宣威市委政法委认真贯彻落实中央、省政法工作电视电话会议和曲靖市政法工作会议精神，按照年初制定的工作思路，认真履行第一责任，主动服务第一要务，紧紧围绕“保增长、保稳定、保民生、保安全”中心任务，深入推进“社会矛盾化解、社会稳定创新、公正廉洁执法”三项重点工作，坚持抓基层、打基础，不断加强和改进政法各项工作。在面临综治维稳压力大、任务重、经受考验多的情况下，全市政法干警、广大干部开拓进取，努力工作，各项工作取得显著成效，为全市经济社会又好又快发展提供了有力的法治保障和良好的社会环境。

**一、政法部门依法履职，法制保障更加有力**

全市政法部门在保证完成各项常规工作和重大任务的同时，认真开展“创先争优”活动，深入推进三项重点工作，围绕司法体制和工作机制改革，着力提高政法队伍的整体素质，执法水平、维稳能力和各项工作取得全面进步。

公安工作成绩突出。全年公安机关共立刑事案件3 507件，与上年2 496件相比，多立1 011件上升40.5%，破获刑事案件1 312件，与上年1 364件相比，少破52件下降3.81%；受理治安、行政案件4 749起、查处4 749起、查处违法人员4 818人，与上年受理2 645起、查处2 645起、查处违法人员2 670人相比，多立2 104起上升79.55%、多查处2 104起上升79.55%、多查处2 148人上升80.45%。信息化建设和街面巡逻防范进一步加强，安全管理更加扎实，治安、消防、交通事故发案率大幅下降，警民关系更加和谐。

检察事业稳步发展。全年检察院共受理提请批捕案件481件834人，与上年423件756人相比上升10%；审查批捕384件622人，与上年364件599人相比上升4%；受理审查起诉案件532件848人，与上年465件727人相比上升14%；提起公诉430件678人，与上年412件629人相比上升4%。开展公诉庭审量刑试点工作，实施检察长列席法院审判委员会制度，检察改革深入推进。

法院工作全面加强。全年法院收各类案件3 347件，与上年3 905件相比下降14.29%；审执结2 898件，与上年3 381件相比下降14.29%；结案率为86.59%，与上年86.58%相比上升0.01个百分点。涉诉困难人员救助机制逐步健全并成为“宣威模式”、“曲靖经验”、“云南特色”被推广。依托乡（镇、街道）巡回审判工作站、村级“三室一庭”和“立案信访窗口”等工作阵地，创新司法便民举措，司法为民领域不断拓宽。

司法行政工作扎实开展。司法局充分发挥人民调解职能作用，全年共受理矛盾纠纷6 773件，调解成功6 502件，调解成功率达96%；预防、劝解、制止群体性上访事件93件；劝解、制止群体性械斗72件；防止民间纠纷转化为刑事案件31件53人；防止民间纠纷引起自杀3件5人；参与专项治理活动290人次。安置帮教措施落实到位，全市刑释解教人员275人，安置275人，帮教270人，帮教率达98%。普法工作稳步推进，法律服务逐步拓展，办理弱势群体法律援助案件106件。公证工作更加主动，服务项目不断拓展，办理公证346件。

**二、有效化解社会矛盾，着力维护社会稳定**

矛盾纠纷排查化解力度不断加大。1、矛盾纠纷“大调解”工作格局巩固提高。一是调解网络更加健全。市、乡（镇、街道）、村（社区）、组及单位（行业）各级矛盾纠纷调解工作组织建立健全，全市基本形成了“横向到边，纵向到底”的“大调解”工作网络。二是“三调对接”继续推进。人民调解、行政调解、司法调解“三调对接”的社会矛盾纠纷大调解工作格局更加完善，各级、各部门矛盾纠纷调解中心权责进一步明晰，制度健全，协调有力，工作高效运转。三是健全工作机制，确保规范运行。完善资金投入机制，巩固“以案定补、以奖代补”机制和督促检查机制，并严格推进执行。社会矛盾纠纷大调解工作格局构建以来，在各级党委、政府的强力推动下，进展顺利，成效明显，大量矛盾纠纷得到有效预防和化解。全年全市成功调解司法调解案件421件，行政调解案件63件，人民调解受理纠纷8 004件。其中，西泽、龙场、海岱等部分乡镇充分利用“大调解”工作形成的有利格局，充分发挥了基层相关各部门的职能作用，有效促进了齐抓共管大好局面的形成，维稳工作开展成效显著。

2、影响稳定的重大矛盾纠纷及时有效化解。一是强化各级各部门维稳工作责任。按照维稳责任制的要求，全市上下严格落实“稳定是第一责任”的各项制度，建立健全维稳责任制，严格落实责任追究制。二是强化维稳信息收集。按照预知预防的要求，高度重视情报信息工作，及时获取苗头性、倾向性、预警性的情报信息，建立健全情报信息快速反应和共享机制。全年共收集有价值情报信息250多条，其中获取影响社会稳定的矛盾纠纷信息13条，及时发送预警通知12份，确保了工作主动。三是强化群体性事件的预防与处置。充分运用人民调解、行政调解、司法调解手段，把各类矛盾纠纷化解在萌芽状态、解决在基层，坚决防止矛盾上交、矛盾激化、矛盾反弹，使大量矛盾纠纷在第一时间得到解决。全年共排查热点隐患214起，其中因农村各种利益引发的热点问题22起，因村“两委”换届选举引发的热点问题29起，因涉法涉诉引发的热点事件5起，因干旱、水资源纠纷引发的热点问题14起，其他144起，已成功化解121件，落实稳控措施93件，先后妥善处置15起可能引发较大群体性事件的矛盾纠纷，有效维护了社会稳定。四是强化敏感时期维稳工作。在元旦、春节、元宵节、清明节、全国“两会”、“五一”、“六·四”、“CCTV《激情广场》爱国歌曲大家唱——云南宣威·公安篇”等重大节庆、重要会议、重点敏感时期和重大活动期间，提前部署，超前防范，加强排查，着力化解，落实稳控。

3、积极投身抗旱救灾工作，全力化解水事矛盾纠纷。一是献爱心，率先垂范。政法委机关和政法各部门积极踊跃捐款40余万元，切实帮助基层解决实际困难。二是下基层，亲临一线，调研灾情，研究指导抗旱救灾工作。与乡（镇）和村挂钩领导干部一道深入到第一线，坚持驻村蹲点指导抗旱救灾。三是未雨绸缪，化解水事矛盾。市委成立了水事矛盾纠纷排查化解工作领导小组，把矛盾化解贯穿于抗旱救灾保民生、保春耕工作全过程，把水事矛盾纠纷化解在基层，化解在第一时间、第一现场，确保和谐用水、齐心抗旱。四是抓宣传，凝聚人心。采取会议、通报、板报、简报、广播、电视宣传等形式，加大对抗旱救灾水事矛盾纠纷排查化解工作的宣传引导。抗旱救灾期间，在本地新闻媒体刊播抗旱救灾新闻96条(部)，曲靖市级35篇，省级以上新闻媒体16篇。

4、社会稳定风险评估工作稳步推进。认真贯彻落实社会稳定风险评估工作的安排部署，从源头上预防和化解社会矛盾，积极推进重大事项社会稳定风险评估工作，把社会稳定风险评估纳入重大决策、重大政策、重大项目、重大改革措施等制定实施的前置程序和必备条件。一是落实工作机构，建立长效机制。年内完成重大事项维稳风险评估3项，制定重大事项维稳预案89个，设立重大事项维稳信息直报点11个和直报员110名，建立风险评估档案2宗。二是强化认识，由“被动保稳定”变为“主动创稳定”，双龙街道美奂安置小区、宝山集镇建设等项目风险评估成效显著。三是选准评估内容，注重突出“四个重点”，通过严把法律关、政策关、利益保障关、社会问题风险关等措施，切实落实稳定风险评估各项措施。四是建立信息汇集分析报告、调处化解和督查协调三大工作机制，增强风险评估的可操作性。五是树立典型，发挥示范带动功能。其中，杨柳乡乡村公路建设项目各项工作程序完备，方法得当，真正发挥了典型示范作用。该公路全长10千米，总投资800万元，工程实施后，没有发生一起矛盾纠纷。

信访问题得到妥善处理。宣威市立足于化解矛盾、解决问题、维护稳定、促进发展的工作大局，于2010年5月10日成立了宣威市解决信访问题联合工作组，进一步畅通了信访渠道，有效解决突出信访问题，多项指标呈下降趋势，工作成效明显。全市共受理来信来访8 018件，与上年同期相比，总量下降481件，降5%；承办网上信访181件，办结165件，未到期限11件，办结率91%；集体访83批1 750人，与上年同期相比，批次下降5批降7%，人次减少230人降14%；到京非正常上访17批41人，同比批次下降18批降48%，人数增加6人升14%；未发生进京异常上访和恶性事件；到省集体上访3批110人，同比批次减少1批降33%，人数增加50人升45%；到曲靖集体上访7批81人，同比批次减少10批，人数减少136人。

宣威市解决信访问题联合工作组督查办结合理信访诉求32件，督办非正常上访人员10人，有效遏制了过去长期非正常上访老户的上访势头；参与处置群体性事件6次，到省、曲靖市劝返接人5次共涉及上访人员30余人，对全市26个乡（镇、街道）和有关部门工作进展情况进行了4次全面的督查，通过规范督办程序、落实办结责任、建立健全各项责任追究制度等措施的落实，切实预防和减少了重信重访问题，有力促进了各类合理信访诉求的督查办结效率。

反邪教斗争工作切实加强。以落实包保责任制为核心，以教育攻坚和巩固对象为突破口，突出防范控制、宣传教育、深挖打击和回访帮教转化四个重点，大力加强反邪教警示教育基地建设，全市防范和处理邪教工作得到明显加强。一是防邪工作机制建立健全，工作机构、人员、经费和各项考核、责任追究等工作措施落实到位；二是防范控制切实加强，在认真开展摸排的基础上，加大宣传教育力度，年内通过宣讲方式覆盖受教育人数达136万余人，营造了良好的群防群控氛围，反邪教警示教育进一步加大，建成反邪教警示教育示范基地26个，投入资金达58万余元；三是认真开展回访帮教转化工作，少数“法轮功”未转化人员攻坚成效明显；四是无邪教创建及巩固工作全面提升，全市26个乡（镇、街道）全部被命名为“无邪教乡（镇、街道）”，348个村（社区）被命名为“无邪教村（社区）”，1 091所学校、413个单位被命名为“无邪教单位”，创建率和巩固率均达100%、98%；五是深入开展打击处理工作，全年立“法轮功”经营性专案3起，查获“门徒会”邪教组织2起，均进行了深入侦查和严厉打击，共处理违法人员15人，收缴红十字架3个、邪教宣传资料20余份，教育被裹胁群众10人，教育训诫4人，有效预防和打击了邪教分子、邪教组织的嚣张气焰和蔓延势头。

**三、社会治安综合治理工作进一步加强**

治安混乱地区和突出治安问题“两项排查”深入开展。全年共排查出34个重点地区、27个突出治安问题，并逐一制定了工作方案实施重点整治。其中“两抢一盗”案件200起，打击恶势力成员24名，抓获犯罪嫌疑人157名。侦办毒品案件17件，抓获涉毒犯罪嫌疑人18人，缴获毒品2 023.1克，捣毁吸毒窝点6个，强制隔离戒毒60人，社区戒毒35人，铲除毒品原植物1.3万株。

热点隐患排查化解积极主动。全年共排查热点隐患214起，其中因农村各种利益引发的热点、群体事件22起，因村“两委”换届选举引发的热点问题29起，因涉法涉诉引发的热点事件5起，因干旱、水资源纠纷引发的热点问题14起，其他114起，已成功化解121起，落实稳控措施86起，社会矛盾化解取得显著成效。

校园及周边治安整治全面加强。年内，组织治安、交警、消防警力1 239人次深入校园及周边检查503次，发出整改通知书130份；指导学校认真抓好各项制度落实，进一步健全内部保卫机构，落实完善门卫、巡逻、值守等安全保卫制度和措施，加大对学校周边地区的治安防控力度，在校园周边设立校园警务室40个、治安岗亭84个，确保校园周边能“见警察、见警车、见警灯”，严格治安管理，大力整治校园周边治安秩序。

综治进单位、进企业、进社区活动初见成效。在市直单位部门和具有一定规模的企业广泛开展“综治进单位、进企业、进社区”活动，有代表性的选取了7个试点单位（企业）开展综治进单位（企业、社区）试点工作。成效较为明显，综治机构更加健全，工作流程更加科学，治安资源有效整合。

**四、“三项重点工作”全面推进**

结合工作实际，全市以“创先争优”活动为契机，把组织推动“社会矛盾化解、社会管理创新、公正廉洁执法”三项工作作为政法工作的主要任务来抓，各政法部门肯于负重，主动承担责任，落实矛盾化解和公正廉洁执法专项行动各项要求，大胆创新社会管理模式，三项重点工作抓得有声势、有成效。

深入推进社会矛盾化解，营造和谐社会环境。一是抓源头。市委、市政府制定《宣威市重大事项社会稳定风险评估实施意见（试行）》，要求全市在作决策、上项目特别是在办符合社会公共利益、人民群众长远利益的事情时，除了进行经济效益评估，还要进行社会稳定风险评估，从源头上预防和减少社会矛盾的发生。二是清积案。对涉法涉诉信访案件、执行积案，各政法部门因案施策，采取多种措施，对大量尚未形成上访的矛盾问题尽快化解，避免积累激化。三是建机制。深入开展社会矛盾“大排查”，完善人民调解、行政调解、司法调解三位一体的“大调解”工作体系，形成依靠基层党政组织、行业管理组织、群众自治组织共同及时有效化解社会矛盾的运行机制。四是强基层。各级政法机关把调解优先原则贯穿于执法办案中，把社会矛盾化解工作的重心放在基层，把政法、综治、维稳、信访等方面力量整合起来，形成综合治理的大平台，努力做到“小事不出村、大事不出乡（镇）、矛盾不上交”。

深入推进社会管理创新，完善社会管理体系。自社会管理创新工作启动以来，全市及时按照上级相关部署和要求，在深入调研和广泛征求意见的基础上，组织拟订了全市社会管理创新试点工作实施意见，成立了创新工作领导小组，并明确了双龙街道、来宾镇、龙场镇、热水镇作为全市社会管理创新试点单位，制定了实施方案，各项试点工作有序推进。一是加强对流动人口的服务管理，初步形成“以证管人、以房管人、以业管人”的流动人口服务管理新模式，提升流动人口服务管理水平。二是加强对高危人群的帮教管控。年内共录入重点人员5 977人，其中重点上访人员178人，肇事肇祸精神病人24人，治安危险分子188人，世博安保治安重点人员35人。三是加强对重点行业场所的监督管理。加大对重点领域的监管力度，组织相关职能部门，经常性深入开展排查，切实摸清治安乱点和隐患。四是加强社区矫正工作，逐步建立健全适应宽严相济刑事政策要求的社区矫正工作体系。五是加强对特殊人群的帮教管理。建立衔接机制，制定安置政策，加强日常管理，重点帮教和管控刑释解教人员、吸毒人员、“法轮功”人员等特殊人群。

深入推进公正廉洁执法，提供有力的法治保障。一是突出抓好党的建设。进一步加强政法基层庭、科、所、队和法律服务机构党的组织建设，充分发挥党组织在执法、司法中的领导核心和战斗堡垒作用。二是重点抓好班子建设。进一步加强政法领导班子思想政治建设、能力建设和作风建设，充分发挥领导班子的表率作用。三是改革用人机制。政法各部门切实推行中层领导干部竞争上岗，营造风正气清的用人环境，把政治上靠得住、工作上有本事、作风上过得硬的干部选拔到政法领导岗位上。四是开展主题教育活动。通过开展“创先争优、大练兵、大学习、大讨论”活动，查找和改进自身问题，切实提高基层政法干警能力。五是加大培训力度。组织政法干警走出去、请进来的办法加强交流学习，共组织政法干警和综治干部集中培训2次，提高了干警的综合素质和执法水平。六是加强纪律作风整顿。深入开展社会主义法治理念教育、纪律作风教育和廉洁从政教育，提高了政法部门在群众中的威信和形象。

**五、基础工作进一步加强**

政法队伍建设不断加强。以“六抓”促进“六提高”，建立健全全市政法队伍建设五项制度，全面加强政法队伍建设。一是抓思想建设，提高队伍政治素质，扎实开展“创先争优”等主题活动；二是抓教育培训，提高队伍业务素质，公检法司机关共1 000余名干警参加省、曲靖市政法机关组织的各类培训；三是抓管理，提高队伍的规范化水平，坚持从严治警，不断推进政法队伍的规范化建设；四是抓文化建设，提高队伍执行力、创新力、凝聚力；五是抓廉政建设，提高队伍抵御风险、拒腐防变的能力；六是抓自身建设，提高政法委的领导协调能力，26个乡（镇、街道）专职政法副书记配齐配强，职能作用充分发挥，为基层政法工作的全面开展提供了强有力的组织保障。

基层基础建设全面加强。完善乡（镇、街道）综治中心和“两所一庭”、村（社区）“三室一庭”制度，明确基层政法单位、综治部门和成员单位的职责任务，有效整合综治、维稳、信访、基层法庭、派出所、司法所等单位的力量，搭建起社会矛盾联调、治安问题联治、邪教活动联防、社会管理联抓、便民实事联办的综治工作平台。每个乡（镇、街道）配齐配强基层综治维稳工作人员2人，在356个村（社区）全部配齐专职治保调解员，村级调解室保证日常办公人员不少于2人，村民小组设调解员、信息员；实施社区警务负责制，每个社区实行一区两警或多警配置，每个警务区至少派驻1名民警和1名协勤人员。进一步强化市、乡、村三级的综治组织，确保各级综治机构、人员和编制落实到位。

综治经费保障到位。积极推行综治经费随地方财力增长而增长的保障机制，不断加大对综治工作的经费投入，出台了经费保障的制度性文件。综治维稳工作经费以人均2元标准核定，按全市人口数计算划拨；市级财政每年预算重大纠纷“以案定补”专项经费10万元，村（社区）“三室一庭”补助经费71.2万元，综治专职治保调解员补助经费85.44万元，综治维稳工作优秀乡（镇、街道）、先进工作者表彰奖励经费4万元，见义勇为表彰奖励经费5万元，平安创建表彰奖励经费10万元。

（撰稿　陈建红）

## 政府法制工作

**【概述】**　宣威市人民政府法制办公室下设综合复议科和执法监督科，2010年有公务员5人，其中法律专业3人、非法律专业2人，在岗4人。主要负责行政复议、行政应诉、行政执法监督检查、审查、备案规范性文件、阳光政府重大决策听证和效能政府建设等工作。

**【依法行政】**　年内，继续认真贯彻落实《全面推进依法行政实施纲要》、《国务院关于加强市县政府依法行政的决定》和《国务院关于加强法治政府建设的意见》精神及要求，切实推进法治、责任、阳光和效能政府建设，强化行政执法责任，规范行政执法行为，不断提高全市依法行政执法水平。一年来，宣威市政府加强领导，积极组织贯彻实施各项措施，取得了较好成绩。为确保《中华人民共和国行政复议法实施条例》及《云南省行政复议条例》等的贯彻实施，以市政府法制网为平台，继续做好法律的学习、培训宣传工作。按照云南省人民政府和云南省人民政府办公厅的文件要求，结合全市实际，继续进一步完善重大决策听证制度办法及规则，稳妥推进阳光政府四项制度建设，指导完成21次重大决策听证会，积极推进效能政府建设。

**【行政复议及诉讼】**　全年共受理群众举报和投诉案件101件，做到件件有交代，事事有落实。共收到行政复议申请4件，经审查，不予受理1件，决定受理3件，审理后依法维持原决定3件。牵头办理一审、二审行政诉讼案件13件，市政府作为被申请人的行政复议案件2件，市政府作为被告的民事案件1件。积极为市政府及市直部门重大决策及重点工程建设项目提供法律服务50余次，主动参与社会热点问题的调查处理，全年指导成功调解行政纠纷197件。

**【行政执法监督】**　采取多项措施加强行政执法监督。根据上级要求，市政府法制办和监察局等对全市的行政审批及行政事业性收费进行进一步全面清理，并加以完善，切实做到进一步规范权利运行。根据2010年行政执法工作实行目标责任考核的要求，下半年对全市各执法主体单位包括乡（镇）人民政府、街道办事处进行年度考核，检查采用案卷抽查、当场执法检查等多种检查方式。在检查过程中，对执法中存在的问题与相关执法部门交换了意见，对一些执法方面的技巧进行了交流。通过检查活动，进一步加强了行政执法人员的执法能力，执法技巧得到提高；进一步增强执法机关与执法监督机关的交流，增进相互了解和理解，得到各执法部门的好评。继续贯彻落实《宣威市人民政府行政执法责任制度》等四项制度，进一步增强行政执法主体和执法人员的执法责任意识。加强个案监督力度，对群众举报、投诉的案件及时进行监督。全年共办理行政执法监督案件14件，纠正不当行政行为和行政违法行为9件。

通过以上各项措施的落实，基本做到行政执法主体公告，在执法过程中能亮证执法，行政执法程序合法，处罚幅度相对公正，行政执法文书规范，引起行政复议和行政诉讼率低。

**【规范性文件的制定、备案】**　年内，继续做好《云南省行政机关规范性文件制定和备案办法》和《曲靖市行政机关规范性文件制定和备案规定》的贯彻实施，严格按照《办法》及《规定》要求的程序做好规范性文件的制定和备案工作。在制定规范性文件的过程中，全面落实听取意见和协调制度，事前审查制度，会议决定制度，登记、公告和公众查阅制度和监督制度等五项制度。全年审查备案规范性文件1件、公告1件，审查把关涉法的非规范性文件36件。

（撰稿　陈顺款）

## 公　安

**【概述】**　2010年，宣威市公安局（以下简称市公安局）党委团结和带领全局民警，始终坚持做群众贴心人，以群众安全感为最高追求，以“建一流班子、带一流队伍、创一流业绩”为目标，举全警之力，集全警之智，巩固和利用“三基”工程建设成果，强力推进“三项建设”和“三项重点工作”，全力推进公安队伍建设，全面加强治安防控体系建设，严厉打击各类违法犯罪活动，各项业务工作齐头并进，业绩突出。市公安局国保大队被公安部确定为全国性国保战略支撑点建设示范单位，被省公安厅确定为全省6家国保战略支撑点建设优秀单位之一，被曲靖市公安局记集体三等功一次；交警大队车管所被评为全国优秀县级车管所和一级车管所；来宾派出所被云南省公安厅列为社会矛盾化解示范单位；板桥派出所被曲靖市公安局评为和谐警民关系先进集体。经考评，宣威市公安工作质量考核列曲靖市第二名，公众安全感调查名列曲靖市第一名，被曲靖市公安局授予综合考核二等奖；在曲靖市公安局确定的六项考核中，信息化建设、三项重点工作等3项考核名列第一，队伍建设名列第二；在曲靖市公安局按部门确定的17项考核中，国保、治安、经侦、监管、特警、装财、警卫、出入境管理、矿监等9项工作列曲靖市第一名。

**【队伍建设】** 首先，建立健全队伍管理制度。建立党委（组）中心组学习、“三会一课”、民主生活会、党员教育管理，以及《学习制度》、《会议制度》、《交心谈心制度》、《问责制度》等规章制度，配套《队伍建设目标管理考核办法》、《民警轻微违纪违法管理规定》等细则，以健全的制度规范民警执法执纪行为。其次，强化培训，提升民警素质。年内共组织参加上级公安机关开办的各类培训班39期共计230余人次，组织民警参加市局举办的各类培训班14期1 340余人次。再次，常态化推进细节管理。建立队伍建设“思想形势分析会、联席会、思想政治工作信息联络员”三项制度，充分利用信息化手段，经常性掌握队伍思想动态，拓展动态监管覆盖面，增强思想政治工作针对性；建立“大督察”工作格局，明确机关业务部门为兼职督察部门，部门领导为兼职督察员，发现违规违纪行为的第一时间整改、查处。再次，优化环境，拴心留人。争取党委、政府的支持，利用经济奖惩与公安业务工作、队伍建设目标考核挂钩，完成了对全局22个派出所新建、改建工作任务，优化工作环境，激发民警工作积极性；建立“优抚看望慰问、病困民警帮扶、定期体检”等制度，民警切身感受到组织的关爱与温暖；营造风清气正的选人用人环境，争取市委同意，对部分空缺的中层领导干部职位实行竞争上岗，明确各部门内勤由局党委研究决定，副科以上领导干部优先在内勤民警中选拔。最后，创新载体，推进队伍建设效果转化。在全局实施以“八心工程”、“五项工程”、“创建先进基层党组织、争当优秀共产党员”、队伍教育暨爱岗敬业主题实践活动等为载体，最大限度地发挥基层党支部的战斗堡垒作用、党员民警的模范带动作用，为业务工作注入生机与活力。年内，民警、职工实现“零违纪”、“零违令”目标，上半年有60名公安民警、10余个集体受到表彰，队伍建设经验在全省公安局长会议上交流。

**【公安信息化建设】** 年内，市公安局紧紧抓住信息采集和信息应用两大关键点，在信息化的建设上努力实现从大规模的基础设施建设向大规模的实战应用转变，民警从被动应用到主动应用转变。先后投入资金600余万元，顺利完成指挥中心、视频会议室的新建工作，三台合一接处警系统的重建工作，城市进出口高清抓拍系统以及桌面安全系统的建设工作，启动了警综平台建设和应用工作，先后投入资金购买69台笔记本电脑和85台身份查验系统配发至基层一线部门，为公安信息化服务实战奠定了坚实的基础保障。截止11月30日，全局共采集录入及维护各类基础信息77.59万条，依托海量信息，信息化服务实战取得明显成效：省厅信息化自动预警平台共向宣威发布预警信息2 091条，全部在第一时间进行签收、查处和反馈，签收率、反馈率均为100%，并利用信息化自动预警抓获逃犯396名（其中命案逃犯25名），查获吸毒人员157名，协助破案400余件。在视频监控工作中实行了片区分组、街道分组、中心分组、轮巡分组的分组管理法，在实战中探索实行分组轮巡法、普遍巡查法、重点值守法、围追堵截法等不同技战法，提升了网上巡逻水平，通过监控系统抓获现行犯23人，破获刑事案件69件，全市监控覆盖区域内“两抢两盗”类刑事警情比系统建成前下降13.77%，社会治安类警情下降17.12%，路口交通违法行为下降9.86%。

**【和谐警民关系建设】** 首先，市公安局认真总结近年来深入推进和谐警民关系建设的好经验、好做法，创造性地提出了“接待群众热心、服务群众真心、履行职责尽心、执法办案公心、廉洁自律警心、扶危济困诚心、警容风纪细心、与人相处善心”的“八心工程”。6月16日，成功承办了由中宣部、中央电视台等多部委举办的“激情广场·爱国歌曲大家唱”和谐警民关系篇专场演出活动，充分体现了市公安局以“八心工程”为载体构建新型和谐警民关系取得的成果，生动展现了“警民鱼水一家亲”的和谐画面，进一步扩大了和谐警民关系建设的社会效应实施。其次，深入开展以“访辖区群众，看工作现状，集中整治到位；访特殊人群，看现实表现，帮扶教育到位；访困难群众，看生活状况，扶贫慰问到位；访涉稳群体，看矛盾调节，消融化解到位；访监督人员，看作风表现，规范履职到位”为内容的“五访五看五到位”活动，有力地推进和谐警民关系长效机制建设。再次，立足本职关注民生。面对多年不遇的旱情，全体民警充分发挥职能作用，全力关注民生，关爱群众。在抗旱救灾中共出动警用车辆1 672余辆次、投入警力5 100余人次，投入资金30余万元，为群众取水装水10万余立方米，为群众送水1万余立方米，帮助群众浇灌果木6万余棵，浇灌春耕农作物133.33余公顷，排查各类矛盾纠纷144起，化解矛盾纠纷136件，查处涉水治安案件13件，受益群众达10万余人。再次，完善刑事案件受害人帮扶机制。市公安局创造性实施的刑事案件受害人帮扶机制，被《人民公安报》称为“增加社会和谐因素的有资有益尝试”，受到上级部门、社会舆论的广泛好评。年内，帮扶协会共帮扶受害群众21户，发放帮扶金

11.74万元。

**【执法规范化建设】** 市公安局从易出问题的细节抓起，实行刑事执法专业化预审机制，建立完善责任领导、执法部门、岗位民警三级执法责任制、风险抵押金、个案评析、法制员管理、案件卷宗管理等制度，加强对执法工作的动态监督管理。对取保候审等关键环节实行集体研究定案，出台涉及各领域、各环节的制度规范、安全规范体系推进执法规范化建设。执法质量明显提升，年内无增捕、增诉案件，也没有发生因执法质量引发的控诉、申告案件。

**【社会矛盾化解深入推进】** 首先，强基础。市公安局全面推进警务室、调解室、综治室、情报信息工作站“三室一站”建设和社会应急联动指挥中心、公安指挥中心、情报中心“三大中心”建设，在全市范围内物建356名情报信息员、3 601名警察公共关系联络员、3 392名警务工作信息员参与社会矛盾化解工作。其次，建机制。明确社会矛盾化解始终紧扣“筑牢第一道防线，突出抓基础建设；掌握第一手资料，突出抓隐患排查；治理第一个环节，突出抓源头掌控；明确第一位责任，突出抓措施落实”“四个第一”常态化推进社会矛盾化解，把矛盾排查与日常工作有机结合起来，坚持年初大排查、每月一排查、敏感时日排查结合的矛盾纠纷排查制度，建立社会稳定风险评估、矛盾纠纷排查化解、重大突发事件应急处置机制，在全国范围内率先建立刑事案件受害人帮扶机制，最大限度增加社会和谐因素。再次，重排解。充分发动专兼职调解员、警务工作信息员、情报信息员、警察公共关系联络员“四种力量”，通过走访群众、巡查虚拟空间、发动秘密力量等方式，不断拓宽情报信息源头，获取了大量预警性、内幕性情报信息。截止11月30日，共获取、上报各类情报信息4 878条，排查重大矛盾纠纷、热点隐患216起，排查治安重点人员2 600人，化解民间纠纷4 356起，成功处置30人以上较大规模群体性事件45起，打击处理各类违法犯罪人员20余人。再次，清积案。以“潜心提素减增量，诚心接待听诉求，公心办理求实效，爱心帮扶解难题，齐心稳控促规范，悉心监督增效能”为内容的“六心”工作法抓信访工作，创造性实施公安信访工作“四项规范”。以“化解心结，解决诉求，贴心关爱，内部提素”为重点推进“清积案”工作，取得明显成效，在上级交办的43起信访积案中，已办结37件。源头治理工作扎实，年内未发生因公安执法执勤工作引发的赴昆到京或集体上访案件，工作经验在全省公安机关“清积案”工作会议上作交流。

**【社会管理创新】** 紧扣“搭平台、延触角、拓思路、强管理”四个重点推进公安社会管理创新，以治安、消防、交警和派出所为基础，对管理对象实施“主动让利、前置预防、动态监管、柔性提示”，充分利用“责任化防控、信息化管理、专业化内保、行业化自律”四种手段，社会管理创新取得新突破。首先，面对广大群众的服务平台基本建立。建立集出入境、户政、信访、公安行政审批于一体的便民服务中心，将出入境、户政、信访、公安行政审批等所有可以上网的公安行政许可、审批及服务事项全部网上流转，推行网上全程办理，实行“一站式”审批，在一个平台上实现资源的全整合利用，方便群众办事。其次，立足窗口职能关爱民生长效机制建立。制定窗口行为规范，推行首问首办责任制，主动精简公安行政审批项目，因地制宜推出为残疾人、60周岁以上公民免费申领、换领二代证等创新举措，对《居民户口簿》、《常住人口登记表》、《户口迁移证》、《准迁证》、《暂住证》等收费项目全部免费办理，对群众因受到侵害而上级规定可收费的伤情检验、物证化验、技术鉴定等项目全部取消收费，从源头上关注民生，关爱群众。年内共为残疾人、60周岁以上老人免收换发二代身份证费用42.14万元，免去《居民户口簿》、《户口迁移证》等办证工本费2.99万元。再次，流动人口、行业场所等重点管理格局初步形成。建立市、乡（镇、街道）、村（社区）三级联动管理服务网络，落实流动人口管理的人员、经费，依托信息化实行分层、分色预警管理，通过“旅店化”管理出租房强化“以房管人”，通过“备案式”管理用工单位强化“以业管人”，通过居住证“一卡通”强化“以证管人”，利用信息化手段对流动人口实施分层次、动态化、轨迹化管理，实现对流动人口控得住、管得了。行业场所分层次管理初步建立。对旅店、留宿洗浴、歌舞娱乐、电子游戏、网吧、废旧金属收购等行业场所，依托社会管理创新，推行“履责记分，分色定级，分层施策”模式，依法明确主管部门和行业场所法人、从业人员的管理职责，实施“常态化、规范化、公开化、层次化”管理，统一制定《行业场所治安管理法人履责记分卡》，根据得分情况实施“蓝、黄、橙、红、黑”五色预警，并对应分为“一般监管、需要整改、重点管控、重点整治、吊销取缔”五个层次，实行积分考核、动态升降、滚动管理，并引入奖惩措施。

**【公正廉洁执法】** 市公安局继续以“三化三定四抓四评”为载体深化执法规范化建设，积极优化执法环境、完善制度体系、增强法律素质、强化执法监督，深入推进公正廉洁执法。通过“个案评审、动态评估、社会评议、效果评定”完善内外监督机制，执法工作的综合效应得到有效提升。年内，结合“三项重点工作”的开展，把公正廉洁执法和社会管理创新有机结合，结合宣威实际出台了《宣威市公安局打黑除恶责任制》及《宣威市公安局规范办理取保候审、监视居住责任制》，两个责任制的出台有效提升了全局执法公信力，全局没有发生执法安全事故，没有发生违法办案情况，未出现被检察机关追捕、追诉、监督立案、纠正违法等情况，没有出现被上级机关问责倒查案件，没有发生因不规范执法引发的信访案件。

【防控体系建设】 市公安局建立健全公开防控、卡点堵截、内部防控、视频监控、联勤协作、网上值守等“六张网”，建立了以“线上巡、点上守、面上保”为基本内容，动静结合、立体交叉的网格化巡防机制，整合各种社会资源，构建人防、物防、技防并举，网上、网下共用的动态治安防控网络。先后从机关部门调整了33名警力充实到派出所，建立便衣巡逻队加大对重点地区、重点单位的巡逻值守，建立了警种间、部门间合成联动机制，强化责任落实机制，为巡逻民警配齐配全了专业防刺服、警棍、手铐及照像机、摄像机等单警装备。在城区治安复杂、人员集中的重点路段设置了14个流动报警服务点，争取市委、政府支持新招录了60名协勤人员全天候驻守在流动报警点，昼夜值勤值守，24小时受理群众报警求助。走专业化内保道路，以煤炭企业为重点实行内部单位派驻保安员制度，全面加强内部单位防控工作。年内，全市有专职巡防力量566人，治保会369个，治保人员1 717人，有内部单位605个，安保人员3 459人。同时，市公安局建立和完善了社区警务室、驻村警务室的勤务规范，出台了《社区民警工作规范》，推进了基础工作的全面落实，切实提升了公安机关驾驭社会治安局势的能力和水平。全年全市三类可防性案件下降11%，全市未发生影响恶劣的重特大刑事案件、治安案件，群众满意率明显提升。

【打击刑事犯罪】 市公安局认真贯彻全省公安局长会议、曲靖市公安局长会议和全省公安刑侦工作会议精神，紧紧围绕宣威市公安局2010年公安工作会议精神，全面贯彻《2010年全市刑侦工作要点》和2010年全市刑侦工作考核办法，以开展“冬季行动”、“严打整治”、“打击盗抢机动车”、“打击电信诈骗”等专项行动为重点，依托“打击犯罪新机制”，以提升刑侦队伍综合战斗力和侦查破案水平为总体目标，大力推行刑侦情报信息建设，强化执法规范化建设，注重打击质量，提高打击实效。截止11月30日，全市共立刑事案件5 593件（其中现行命案41件，经济案件118件），破获2 472件（其中现行命案39件，命案积案7件，毒品案件30件，经济案件116件），与上年同期相比，多立案件2 578件，多破案件117件。抓获网上在逃人员366人（其中命案逃犯36人，外省逃犯43人，本省外地逃犯13人）。全年共刑事拘留各类犯罪嫌疑人931人，移送报捕893人，移送起诉956人，对946名违法人员实施行政拘留，对27名违法人员报送劳动教养，对138名吸毒人员进行强制戒毒。共缴获毒品海洛因2 418克，冰毒8 447克，国家管制药品三唑仑29片。年内，刑侦大队被评为全国优秀基层单位，刑侦大队技术室申报全国一级技术室已通过省公安厅初审。

【“打黑除恶”】 市公安局针对全市社会治安状况，不断深化“打黑除恶”工作，在刑侦大队组建9人组成的打黑除恶专业队伍，实行“统一指挥、异地调警、统一食宿、封闭办案、责任到底”的工作机制。落实社会化路子拓展“打黑除恶”线索，公开发表电视讲话，向市民发放公开信，公开举报电话，拓宽犯罪线索，提升对“黑恶”势力打击力。经过侦查破案，成功捣毁了以杨××、秦××、周××、秦××、王××等为首的多个恶势力犯罪团伙，抓获犯罪嫌疑人53人，追回汽车、耕牛、电视、电缆、电线等一大批物品，为群众挽回经济损失4 000余万元。

【禁毒工作】 市公安局以深入推进“三项重点工作”为契机，以遏制毒品来源、遏制毒品危害、遏制新吸毒人员滋生为目标，认真贯彻落实全国、省、市禁毒工作会议精神，不断推进禁毒严打整治行动，严厉打击毒品违法犯罪活动，逐步完善长效工作机制。全市共破获毒品犯罪案件30起，抓获毒品犯罪嫌疑人31人；缴获毒品海洛因2 418克，冰毒8 447克，国家管制药品三唑仑29片；办理强制隔离戒毒吸毒人员136人次，责令社区戒毒88人次，办理社区康复61人；铲除毒品原植物罂粟1.3万余株，开展大型毒品宣传教育活动5次。

【道路交通安全】 在道路交通安全工作中紧紧抓住预防重特大道路交通事故这一中心，屯警路面，落实责任，狠抓管理，全面夯实道路交通安全管理基础，筑牢预防道路交通管理坚实防线。全年共投入警力5.87万人次，检查车辆18.36万辆次，查处交通违法行为12.19万起，录入微机处理7.82万起，民警现场使用简易程序处罚7.76万起，一般程序处罚569起，拘留交通违法人员40人。截止11月30日，全市发生统计上报道路交通事故249起，死亡19人，受伤56人，简易程序处理的道路交通事故227起,受伤34人，直接经济损失29.86万元，与上年同期相比，事故次数下降55.69%，死亡人数下降24%，万车死亡率1.93，受伤人数下降21.12%，直接经济损失下降52.27%。共办理驾驶证培训、检审、补证换证、注销等业务4.18万人次，办理车辆管理业务3.63万辆次，办理注册登记机动车1.33万辆，为群众节省开支50余万元。8月26日，车管所被公安部评定为2009年度“全国优秀县级车管所”。

【消防安全】 面对宣威旱情严重、火灾易发的情形，市公安局严格履行消防监督职责，严厉整治火灾隐患，严格查处消防违法行为，确保了全市消防安全，全市未发生重特大火灾事故和群死群伤特大恶性火灾事故。截止11月30日，全市共接火警303起，其中民房火灾109起，草堆火灾132起，其他62起，抢救被困人员35人，出动消防车524辆次、消防人员1 754人次，抢救被困人员35人，疏散人员1 445人，抢救财产价值1 338万元。同比上年，接警起数上升820%，出动次数上升820%，出动车辆数上升600%，出动消防人员数上升475%，抢救被困人员数上升400%，疏散人员数上升2019%，抢救财产价值上升943%，火灾起数上升了316%，亡人数上升100%，伤人数与上年持平，直接财产损失上升767.68%。

【监所管理】 市公安局实行监所安全责任制度，把防脱逃、防自杀、防“牢头狱霸”作为保安全、防事故的关键，看守所、拘留所、强制戒毒所对运行机制、安全设施、班子队伍等进行强化，确实加大管理力度，形成共保安全的合力，提高了监所安全防范和控制能力。年内，看守所新收押各类违法犯罪人员1 100人，上年移转425人，出所共1 022人，其中投送监狱235人，转取保候审监视居住377人，刑满释放102人，撤案释放14人，暂予监外执行8人，保外就医2人，其他处理284人；拘留所共收押被拘留人员966人，其中治安拘留947人，司法拘留19人；戒毒所共收戒吸毒人员131人，吸毒治安拘留66人，并于12月7日前分批将113名戒毒人员成功移送司法强制隔离。监管场所实现全年安全无事故的目标。通过深挖犯罪，共获取犯罪线索745条，协助破获刑事案件632件，摧毁犯罪团伙7个，抓获犯罪嫌疑人54人，发现在逃人员47 人，协助缴获赃款赃物折合人民币9.2万元，深挖犯罪工作在曲靖公安监管场所名列前茅。

【规范和整顿市场经济秩序】 年内，市公安局以“三项建设”和“三项重点工作”为契机，充分发挥公安机关服务经济建设职能作用，全面履行“打击、服务、参谋”三大职能，强化与行政、司法、企业的协作，开展了打击假币犯罪“09行动”、打击银行卡犯罪、打击整治发票犯罪、打击传销百日联合执法行动、打击非法运输假冒伪劣烟草专卖品专项联合行动等一系列专项行动。年内共接待群众报警189起，立案118起，破案116起，抓获犯罪嫌疑人40人，逮捕31人，移送起诉28人，追缴赃款赃物总价值2 572.98万元，抓获网上逃犯23人，协助外地公安机关办理经济案件18起。成功破获“5·31”特大制售假发票案，追缴税款1.82亿元；成功破获马文建组织领导传销案，共捣毁传销窝点6个，抓获犯罪嫌疑人2名；积极开展打击银行卡犯罪活动，追缴信用卡透支13.5万余元；在“风暴十二号”专项行动和“两烟”打假打私“清源截流”专项行动中，查获假烟1 021条，非烟2万余千克，为国家挽回经济损失562.71万元。

【维稳工作】 年内，市公安局紧抓“上海世博安保”、“广州亚运会安保”契机，进一步树立新时期对敌斗争“主动进攻”的战略思想，紧密结合“三项建设”和“三项重点工作”，切实加强情报信息、侦察调查、防范保卫工作，不断深化基层基础业务建设，努力构建主动进攻的情报侦察体系，努力实现群体性事件的预警防范，严密防范和依法处置各种敌对势力和敌对分子的渗透破坏活动，全力维护了全市社会政治稳定。年内共收集各类敌、社、政情报信息4 878条，编写上报各类情报信息876期，上报信息被曲靖市公安局国内安全保卫支队、矿监支队采用252期，各级领导做出重要批示的情报信息50余期；立“5·20”经营性专案1起，“4·03”法轮功专案1起，查证各类线索10余起，31次发现法轮功反动宣传，收缴法轮功书籍1本，宣传材料5份，纸币25张；排查各类热点、群体事件216起，积极参与处置30人以上大规模群体性事件45起，打击处理各类违法犯罪人员20余人。国保大队在2010年被曲靖市公安局通报表扬3次，9期工作经验材料被曲靖市公安局国保支队在全市转发，国保战略支撑点经验材料被云南省公安厅国保总队采用并在全省转发学习。

【枪支弹药及危险爆炸物品管理】 年内，市公安局认真贯彻落实《民用爆炸物品安全管理条例》等法律法规，按照“从严从紧、重点管控”的原则，不断改进和加强危险物品管理。首先，加强检查，整改隐患。年内市公安局共出动警力1 500余人次，车辆520辆次，对全市334家危爆物品生产、销售、使用单位进行了全面细致的检查。其次，完善制度，严格审核，确保公务用枪安全。一方面坚持每年年初对持枪人员进行全面资格审查；另一方面，着力推进部门枪库建设，年内已有15个派出所建立了枪库，实现枪支由部门集中保管，市公安局新建的科技大楼设置了高标准新枪库。再次，强化信息应用，提高管理水平。为了能实时反映爆炸物品流向信息，市公安局严格按系统登记库容量审批民用爆炸物品，配合上级公安机关推广使用“无线平台”，全市已有110家涉爆单位安装“无线平台”，截止11月30日，已通过信息系统上报数据20万条，回缴运输证3 343份，录入涉爆重点人员46人，处置预警信息31条。再其次，深入治爆缉枪，重点整治。市公安局全力开展枪支安全专项整治和治爆缉枪，对所有配备公务用枪，特别是对金融单位、从事武装守护押运服务的保安服务公司，逐枪、逐库、逐人、逐岗、逐项制度和逐项措施进行检查，不遗不漏，不留死角，不留空白，向所有用枪部门、持枪人员通报全国枪支违规、违法犯罪情况，进行警示教育，全面彻底地消除隐患漏洞。通过治爆缉枪行动，共收缴废旧炸药3.12万千克，雷管2.45万枚，黑火药280.5克，导火索60米，军用五四手枪1支，火药枪26支，各类子弹1 358枚，手榴弹6枚，炮弹4发，管制刀具171把，治安拘留、罚款处罚涉案违法人员49人，刑事拘留4人。

【出入境管理】 首先，认真做好公民出国（境）受理工作，坚持面见制度、询问制度、网上查询制度，强化受理、审核工作，结合工作实际，探索出一条办证办照规范化管理的“问、受、整、报、录、递、领”七字工作流程，从根本上杜绝了违法违规和骗领证照的违法活动，维护了出入境正常秩序。截止11月20日，全市共受理公民因公出国（境）2 459人，其中出国因私普通护照1 170人，港澳通行证726人，港澳签证52人，单程证3人，往来台湾500人。受理异地办证查询350余人次。其次，认真做好报备工作，按照上级公安机关的要求，集中对“两库”数据进行清理，新增特岗国家工作人员986人，法定不准出境人员153人，召开报备联络员会义，明确通报备案工作的责任和相关要求作了，签订《报备工作协议书》，通报备案工作正常有序开展。再次，充分发挥职能作用，加强对常住和临时入境境外人员的管理，实现境外人员动态管理。对常住境外人员实行按季度进行查验，对签证延期实行提醒服务。年内由治安管理大队牵头，各派出所、相关部门参加对全市流动人口、暂住人口、“三非”人员进行了两次全面清查，发现并遣返“三非”人员5名，登记临时来宣境外人员9人，查处外国人违法案件7起。再次，进一步明确派出所外管工作职责和任务。建立完善了派出所外管工作的考核机制，加大对派出所的检查、指导和督促力度，努力提高基层派出所外管工作的管理能力。

**【网络监管】** 市公安局始终坚持以网上维稳工作为中心，以严格掌控本市互联网上网营业场所为重点，加强网吧管理，规范网吧制度，营造了一个和谐的互联网上网环境。年内，通过网吧管理系统、网络定位技术手段配合各侦查办案部门抓获上网在逃人员8名，其他犯罪嫌疑人25名；通过互联网信息巡查工作，发现、上报本地网站有害信息900条；办理网络违法案件21起；联合文化、工商、消防等部门以及相应辖区派出所集中组织清查网吧40余次，督促网吧全部落实和完善安全巡视制度、上网登记制度、日志留存制度、防病毒和网络防火墙制度、案件报告制度等管理制度；积极投身警校共育，组织民警利用休息时间不时到各学校讲解校园网络安全知识运用，受到在校师生的好评；完成2010年度全市辖区计算机病毒疫情调查统计上报工作。

**【校园安全保卫】** 市公安局严格贯彻落实“4·29”、“5·3”、“5·4”“8·27”等电视电话会议精神，根据全市校园治安状况实际，通过“抓责任落实，强组织领导；抓隐患排查，强预防工作；抓制度落实，强内部管理；抓巡逻防范，强面上防控；抓严打严治，强整治力度”等有效措施，严密部署、严格落实校园安全保卫各项措施，创造平安和谐校园。年内，选派290余名公安民警担任学校法制副校长，组织治安、交警、消防警力1 329人次，深入校园及周边检查安全隐患503次，发出整改通知书130份；协同教育部门深入排查、调处矛盾纠纷79起，调处率100%；新派驻保安员126名进校园，同时清退38名原有的不合格保安，增加保安人数，提高保安素质，成立由教师和保安组成的校卫队，增强学校自身的防范能力；设立校园警务室40个、治安岗亭84个，在校园及周边安装使用监控报警技防设备40个，全市各派出所每天共出动巡逻警力470余人次、巡逻车辆160余次，提高在校园及周边的巡逻频率。年内，全市未发生重大涉校案件，未发生伤害校园师生人身安全的案件。

（撰稿　樊　蕊）

# 检　察

**【概述】** 2010年，宣威市人民检察院（以下简称市检察院）共有干警95名，男65人，女30人。内设政工科、纪检组、反贪污贿赂局、反渎职侵权局、办公室、职务犯罪预防科、公诉科、侦查监督科、控告申诉检察科、民事行政检察科、监所检察科、人民监督工作办公室。年内，市检察院围绕“强化法律监督，维护公平正义”的检察工作主题，深入推进“社会矛盾化解、社会管理创新、公正廉洁执法”三项重点工作，通过“恪守检察职业道德、促进公正廉洁执法”主题实践活动和“反特权思想、反霸道作风”专项教育，围绕市委建设“生态、文明、健康、快乐宣威”的总体部署，紧密结合实际开展创先争优活动。不断强化自身监督，提升队伍素质，切实加强队伍建设、业务建设、检务保障能力和水平建设。充分履行法律监督职能，各项工作整体推进，充分发挥打击、保护、监督、预防等职能，为全市社会稳定、经济发展做出了积极贡献。不断加大教育培训力度，采取积极措施鼓励干警提升学历，全院干警本科学历以上人员达98%，取得法律硕士学位5人，在读硕士3人，在读博士1人。着力抓好司法考试培训，全年有8人参加司法考试7人通过。加大专项业务培训力度，通过不同方式培训检察人员50余人次。切实开展检察文化建设，依托宣威检察干警组织成立的青松文学艺术社，开展书法、绘画、摄影、文学创作等活动，用优秀的文艺作品引导检察干警把团队意识和奉献精神等主流价值理念转化为“立检为公、执法为民”的自觉行动。

**【维护社会稳定】** 依法行使批准逮捕权、公诉权，正确适用宽严相济刑事政策，依法打击各类刑事犯罪。同时，把化解社会矛盾放在突出位置，全力维护社会和谐稳定。全年共受理移送提请批捕案件562件988人，已批准逮捕456件743人，不（予）批捕99件206人。共受理移送审查起诉各类刑事案件667件1 079人，向法院提起公诉531件809人，不起诉6件7人，报送曲靖市检察院审查起诉87件163人。坚决打击危害公共安全的犯罪活动，批准逮捕此类案件46件51人，提起公诉86件94人；严厉打击“两抢一盗”案件，批准逮捕此类案件77件294人，提起公诉71件259人；重点打击危及人民群众生命财产安全的故意杀人、故意伤害等严重暴力犯罪，批准逮捕此类案件150件242人，提起公诉126件193人；深入开展“打黑除恶”专项斗争，批准逮捕恶势力犯罪2件18人；全力打击涉毒、涉烟犯罪，批准逮捕此类案件27件35人，提起公诉11件12人。

**【法律监督工作】** 刑事诉讼监督工作中，全年共受理立案监督案件线索19件，经审查后要求公安机关说明不立案理由3件，公安机关主动立案3件。对不符合逮捕条件的，决定不批准逮捕205人。经审查判决确有错误抗诉案件4

件。在审判监督中持续开展量刑建议工作，向法院提起公诉并适用量刑建议案件15件19人，法院采纳率100%。

民事审判和行政诉讼监督中，全年共受理民事、行政申诉案件48件，立案45件，其中建议提请抗诉8件、提请抗诉4件、支持起诉2件、督促起诉10件、再审检察建议5件、一般检察建议12件，通过审查不具备抗诉条件，做好息诉服判工作8件。积极拓展民事行政检察监督领域，加大非抗诉案件的办理力度，在宣威市电煤开发公司追缴国有资产的工作中，通过督促或支持起诉的方式，已为国企追款30余万元。加强与律师、人民调解机构的沟通联系，于3月举行民行检察工作座谈会，广泛听取意见，同时积极开展宣传，利用3月“民行宣传月”、6月“法律宣传周”接受咨询、发放材料，扩展民行案源，加强民事行政审判监督力度。

刑罚执行监督工作中，把超期羁押、减刑、假释、保外就医等作为监督重点，发现4案5人刑期计算错误，及时提出意见并得到纠正。积极配合看守所进行安全防范检查，全年清监21次，清除各种危禁物品30余件，消除不安全隐患，同步做好在押人员的思想教育转化工作，开展集体教育233人次、个别教育945人。工作中开展监管部门职务犯罪线索初查，对一起看守所人员渎职犯罪案件展开侦查。加强案件查办，办理在押人员重新犯罪案件3件；深挖在押人员遗漏罪行，9月与在押人员陈××（真名奚××）谈话中得知其1994年杀害妻子、岳母后潜逃，经初查其系网上追逃人员，现已移送安徽省南陵警方处理。创新社会管理方式，加强监外服刑人员的矫正、帮教工作，对全市的监外服刑人员进行全面走访检查。2010年3月，在面对百年旱灾之际，组织双龙街道监外服刑人员义务植树，创新社区矫正举措，开创监外执行罪犯教育的新思路。加强信息化建设，通过努力，检察局域网、公安信息网与驻看守所检察室已顺利实现“双网双联”。

**【查办职务犯罪】** 全年共受理国家工作人员职务犯罪案件线索15件，初查15件，立案侦查14件15人，其中贪污案3件4人、挪用公款案3件3人、贿赂案6件6人、玩忽职守案件2件2人，其中大案10件11人（包括要案1件1人）。侦查终结并移送审查起诉，法院已作出有罪判决10件11人，通过办案为国家挽回经济损失709万余元。

**【预防职务犯罪】** 在查办案件的同时，市检察院多措并举，实施多种预防措施，加大职务犯罪预防工作力度。结合查办的具体案例，有针对性地开展立项预防9件，开展职务犯罪案件剖析27件。全年开展预防调查50次，结合办案提出预防犯罪检察建议9件，调查报告引起市委、市政府领导重视并作出批示2件，均得到采纳。同时，先后在税务、财政、烟草、电力系统开展职务犯罪预防讲座，并编写宣传资料深入全市26个乡（镇、街道）开展农村基层组织职务犯罪预防宣传。在预防调研中发现职务犯罪线索7件，3件已移送自侦部门初查，4件已立案侦查终结。

**【控告申诉检察】** 坚持检察长接待日制度、控告申诉“首办责任制”，确保群众来信、来访所反映的问题都得到及时的处理。年内，接待来访60件、来信37件，受理举报线索23件，及时处理和移送相关部门办理。积极参与市委政法委社会矛盾纠纷调查调解工作，院领导参与走访调研和接待来访12次。办理省、曲靖、宣威市人大等部门交办的案件4件，办结执行刑事赔偿案件2件。加大息诉罢访工作力度，认真开展重信重访排查清理，合理信访及时办理，对不合理要求加强法制宣传教育，做好心理疏导，避免重信重访发生。在6月下旬第十二个全国检察机关“举报宣传周”，市检察院组织干警深入海岱、乐丰两乡镇开展举报宣传活动，接待群众咨询60余人，接访5件，发放举报宣传材料2 000余份，有力地开展业务宣传和法律咨询。

**【人民监督员工作】** 市检察院配合人民监督员做好监督工作，主动接受监督。加强查办职务犯罪案件的外部监督，为人民监督员履行职责提供必要的工作条件，从立案到结案整个办案过程，都自觉将有关法律文书及相关材料交受人民监督员监督。同时，加强与人民监督员的工作联系，于6月和9月两次将相关办案情况向人民监督员通报，并邀请人民监督员旁听市检察院办理的戴×挪用公款，管××、浦××贪污案的庭审，听取意见和建议，提高工作水平和质量。9月，为加强工作监督，市检察院邀请人大代表、政协委员视察反渎工作，同时邀请人民监督员参与，通过汇报工作开展情况增进了解、征求意见，接受监督，提高反渎工作质量。

（撰稿　张　敏　邱成利）

## 审　判

**【概述】** 2010年，宣威市人民法院（以下简称市法院）以“党的事业至上、人民利益至上、宪法法律至上”为指导，坚持“为大局服务，为人民司法”新时期人民法院工作主题，紧紧围绕“社会矛盾化解、社会管理创新、公正廉洁执法”三项重点工作，确定“七个工作要点”和“十件大事”目标任务，以深入开展“人民法官为人民”和创先争优活动为载体，审判执行工作全面发展，法院队伍建设整体提高，集中清理执行积案活动成效显著，涉诉特困人员救助工作稳步进展，量刑纳入庭审程序试点工作纵深推进，人民陪审员管理工作有序规范，司法为民工作领域拓宽。年内，市法院倘塘中心法庭被最高法院和共青团中央表彰为“2008年度全国青年文明号”；格宜中心法庭成功创评优秀人民法庭；宣威市人民法院荣获“省级文明单位”和“曲靖市先进平安单位”等荣誉称号，特别是“清积”工作成绩突出，被省政法委和省高院表彰为“全省集中清理执行积案活动先进集体”，被曲靖市集中清理执行积案活动领导小组表彰为“先进集体”，被曲靖市中级人民法院记三等功一次。

**【审判工作】** 2010年，市法院突出执法办案第一要务，以维护稳定、促进发展、构建和谐、服务大局为己任，坚持“刑事审判抓规范，民事审判重调解，行政审判严审查，执行工作强措施”的工作原则，全面加强审判工作，为促进经济发展和维护社会稳定提供了有力的司法保障。刑事审判工作以惩治犯罪、维护国家安全和稳定为重心，加大审判力度，严惩严重犯罪。民事审判工作以实现案结事了人和、保障经济平稳较快发展为重心，化解矛盾纠纷，促进社会和谐。行政审判工作以维护公民合法权益、促进行政主体依法行政为重心，积极化解行政争议，妥善处理官民矛盾。执行工作以缓解“执行难”、解决申请执行人生存难为重心，加大执行力度，最大限度地保障申请执行人的合法权益。

年内，新收各类案件4 107件，审执结4 026件，结案率为98.03%，同比上升0.06个百分点，审执结标的达2.2亿元。

**【队伍建设】** 市法院紧紧围绕建设一支“一流管理、一流服务、一流效率、一流形象”队伍这一目标，始终把队伍建设作为审判工作和党建工作的首要问题来抓。抓党建带队建，以队建促审判，加强党组织建设，把支部建在庭上，增设格宜、落水两个中心法庭党支部；加强制度建设，将“三会一课”制度化，严格党员管理，加强党员教育；实施“党建八大工程”，实现党建审判互促进的良好局面。推行中层干部竞争上岗，激发队伍整体活力，按照党政干部选拔任用条例规定，遵循公开、平等、竞争、择优原则，通过笔试、演讲答辩、民主测评、组织考察、公示、提请任免等程序，选拔出23名政治素质高、业务能力强、工作作风实的优秀干警到领导岗位上。积极开展创先争优活动，以创建“五型”法院和省级文明单位为目标，开展“五抓五促”活动，创建“五个好”党支部；开展“五查五比”活动，争当“五带头”党员；开展“五比五看”活动，评选“党员办案能手”，全面提升法院形象。加强制度建设，规范队伍管理，制定18项、修订17项规章制度，编撰成《市人民法院制度汇编》，建立执法业绩档案137份，实现用制度管人、管事、管案；深入开展纪律作风教育整顿活动，组织开展领导干部党性党风党纪教育专题活动和廉政专题教育活动，培养法官公正、廉洁、高效、务实的高尚品质。加强法院文化建设，完善文化建设机制，多层次、多渠道对法官进行教育培训，组织法官续职培训47人，副院长及庭长培训18人，参加法律知识视频讲座741人次。

**【“清积”活动】** 市法院落实中政委和上级法院关于集中清理执行积案的要求，统一指导思想，创新执行举措，巩固“清积”成果，最大限度兑现申请执行人的合法权益。一边清理执行积案，一边完善“宣威模式”；一边执行旧案，一边执行新案，彻底扭转了“累积—清理—再累积—再清理”的被动局面，“清积”工作取得显著成效。由于旧存的执行积案大量减少，执行案件收案、结案、结案率有所下降，全年受理执行案件1 056件，执结1 024件，执结率为96.97%，同比下降0.31个百分点，执行到位标的金额4 957万元。建立执行流程机制和“立、审、执”衔接机制，实现“审判向后延伸关注执行和执行向前延伸关注审判”的有效衔接。不断探索完善财产申报机制、执行回告机制、执行案件催办、督办机制和威慑机制等，促使执行工作走上良性循环轨道。

**【涉诉特困人员救助】** 2010年，宣威市涉诉特困人员救助工作逐步走向制度化、规范化。完善12项涉诉特困人员救助制度，规范救助程序，加大对涉诉特困人员的救助力度，帮助解决涉诉特困人员的生产生活实际困难。健全涉诉特困人员救助长效机制，实行执行款项回流注入救助金再利用，确保资金来源。开展救助回访和“一对一”帮扶工作，为部分生活上亟待救助的涉诉特困人员解决燃眉之急。全力推进救助工作，做到有一件救助一件、符合条件一件救助一件。宣威市分6批对267件350名涉诉特困人员进行了救助，共发放救助金116.89万元。年内，被称为“宣威模式”、“曲靖经验”、“云南特色”的宣威市涉诉特困人员救助机制已在省内全面推开，下一步将向全国推广开。

**【量刑规范化试点】** 为实现“进一步规范刑事审判中的量刑活动，促进量刑公开、公正、均衡，确保人民法院对犯罪分子刑罚裁量的轻重与犯罪分子所犯罪行应承担的刑事责任相适应”这一目标和宗旨，市法院对量刑规范化试点工作进行了积极探索和有益尝试。科学确定量刑基准，对近三年来的盗窃、抢劫、故意伤害、交通肇事、毒品案件进行研究，找出确定量刑基准的尺度，在反复对比、反复研讨的基础上确定不同案件在不同情节下的基准刑。加强制度管理，制定《量刑纳入庭审程序具体操作规则》和《量刑指导意见》，规范量刑纳入庭审程序的运作和法官自由裁量权。完善量刑程序，在法庭调查、法庭辩论阶段，引导控辩双方围绕量刑情节进行举证、质证、认证，开展庭审辩论，提出量刑建议；在案件合议时，案件承办人对定罪事实与量刑情节分层次汇报，结案后将所有量刑情节材料归档。2010年，量刑纳入庭审程序刑事案件87件，采纳检察院量刑意见78件，采纳率为89.66%。通过开展量刑规范化试点工作，强化了法院量刑的合理性和科学性，达到了控、辩、审三方平衡，刑事案件质量和效率有了新的突破。

**【人民陪审员管理】** 市法院完善“公开选任、定期培训、集中管理、分类使用”的人民陪审员工作机制，做到“六到位”。一是认识到位，人民陪审员参与审案时是审判员，参与调解时是调解员，参与执行时是执行员，发表观点时是监督员，向群众解释案件来龙去脉时是宣传员。二是组织到位，专门成立了以院长为组长的人民陪审员工作领导小组和人民陪审员管理办公室，配备专门的办公室和工作人员。三是培训到位，以组织资深法官给陪审员集中授课、邀请陪审员进行庭审现场观摩、为陪审员购买培训资料的“讲、观、学”三种方式开展人民陪审员培训工作，9月27～28日，对全市80名人民陪审员进行了第二次集中培训。四是经费到位，市政府每年将人民陪审员工作经费21.6万元列入财政预算，实行单独管理，严格支出，专人负责。五是措施到位，出台《宣威市人民法院人民陪审员管理办法》，将人民陪审员工作列入法院工作目标管理内容。六是陪审到位，对安排有人民陪审员参加的案件，为人民陪审员提供必要的阅卷时间，对案件进行评议时，鼓励人民陪审员发言。2010年，人民陪审员参与审理的各类案件1 186件，其中刑事案件485件，行政案件1件，民商事案件700件，民商事案件调解532件，调解率为76%，充分发挥了人民陪审员的社会监督作用。

**【司法为民】**　市法院以面向基层、深入农村、服务群众为工作目标，拓宽便民利民领域，落实司法为民各项新措施。一是强化组织领导。成立了以院长为组长的巡回审判工作领导小组，全面指挥巡回审判工作；领导小组下设办公室，负责巡回审判日常性工作。二是创新工作机制。落实院领导下沉、院机关部门下沉、法官下沉的“三下沉”巡回审理工作机制，实行院机关部门与中心法庭挂钩对接的工作机制。三是构建点面结合模式。以在各乡（镇、街道）设立固定巡回审判点为主，派人定期到巡回审理点审理案件；以在各村（居）委会拓宽流动巡回审判面为辅，实行流动办案，就地立案、就地开庭、就地审理、即时调解、当庭结案。四是构建诉讼信息联络员联系网络。由全市356个村（居）委会的人民调解员担任诉讼信息联络员；加强对诉讼信息联络员的培训教育，指导他们独立主持民间调解，参与诉前调解、联系立案、协助执行等工作。五是完善便民诉讼网络。健全以中心法庭为依托，在中心法庭辖区设立诉讼接待站，村委会设立便民联系点，乡村聘用诉讼信息员的“庭、站、点、员”四位一体的便民诉讼网络，确保巡回审判深入到每一个村落。六是加强能动司法。创建“三明四进六个一”便民服务工程，以缩短法官与群众的距离，把诉讼困难留给法官，方便实惠让给群众。七是加强法制宣传。到田间地头、学校、院落、当事人家中等巡回审理现场进行宣传报道，提高人民群众的法律意识，营造良好的司法环境。

年内，共巡回办案823件，案结事了769件，到巡回办案点办理诉讼事宜1 000余人次。其中，院长刘建刚亲自到格宜、倘塘审判调解5件，其他院领导带头巡回办案21件。

（撰稿　赵艳绘）

# 司法行政

**【概述】**　2010年，宣威市司法局（以下简称市司法局）有职工80人，其中，局机关31人，乡（镇、街道）司法所49人。设办公室、宣教科、政工科、基层科、法律援助中心、公证处和26个乡（镇、街道）司法所。年内，市司法局认真开展创先争优活动，把深入推进“社会矛盾化解、社会管理创新、公证廉洁执法”三项重点工作作为司法行政工作的重大任务来抓，紧紧围绕市委、市政府的中心工作，认真搞好法制宣传教育、人民调解、法律服务、安置帮教和社区矫正等工作，进一步解放思想，开拓创新，充分发挥了司法行政职能作用，为“十二五”规划开了个好头。

**【普法依法治理】**　2010年是实施“五五”普法工作的验收年。全市的“五五”普法工作按照“党委领导、人大监督、政府实施”的工作机制，在年初市委普法依法治市办公室就结合宣威实际制定了年度计划并组织实施，继续抓好各级领导干部、行政执法人员、青少年和农民为重点的法制宣传教育，在法制宣传教育上采取措施，突出重点，分类普法。1、按照全市“五五”普法规划及曲靖市2010年度普法工作要点的要求，顺利完成曲靖市委普法办对宣威市“五五”普法检查验收工作。2、深入开展“法律六进”活动，继续加大法律宣传力度。市司法局与有关单位先后开展了“四下乡”、“3·15国际消费者权益保护日”、“6·26国际禁毒日”等一系列法制宣传活动，编印发放宣传资料2万多册，开展法律宣传咨询15场次、校园法制课8场次，出动宣传车13次。3、各乡（镇、街道）以创建“民主法治示范村”和“法制宣传中心户”为重点开展农村普法及基层依法治理工作，积极开展了创建活动。年内，“法治示范村”的创建按年初30%的要求达到15%，6个试点乡（镇、街道）“法制宣传中心户”30户已经挂牌实施，有力促进了农村普法，推动了基层依法治理工作的深入开展。

**【人民调解】**　市司法局紧紧围绕市委、市政府的中心工作，进一步加强基层司法所和人民调解组织建设，坚持“调防结合，以防为主”的方针，加大工作力度，积极预防和化解各种矛盾纠纷。年内，市司法局共组织各级调解组织进村入户排查矛盾纠纷314次，共受理调处各种矛盾纠纷8 273件，调解成功8 025件，调解成功率达97%；预防、劝解、制止群体性上访103件；劝解、制止群众性械斗82件；防止民间纠纷转化为刑事案件36件53人；防止民间纠纷引起自杀3件5人，参与专项治理活动310人次。充分发挥了人民调解在维护社会稳定、促进经济发展、构建社会主义和谐社会中的职能作用。

**【基层建设及司法行政】**　一是进一步加强基层司法所规

范化建设。积极争取上级支持，努力做好基层司法所建设，全市26个司法所争取中央政法专项资金列项建设，基本完成建设任务。

二是狠抓人民调解组织的巩固和发展。继续抓好乡（镇、街道）、村（社区）调解组织的巩固发展，尤其是健全村（社区）级调解组织，调整、充实村级专职调解员。年内，全市有调委会413个，其中乡（镇、街道）26个，村级356个，厂矿和企事业单位调委会5个，区域性行业性调委会20个，其他调委会6个，人民调解员队伍发展到2 450人。全市基本构成了市、乡（镇、街道）、村（社区）、组“四级”调解组织，加上一些区域性、行业性调解组织，覆盖全市的人民调解工作网络逐步形成。

**【法律服务】** 2010年，龙腾、乐超、榕峰三个律师事务所共办结各类案件530件，其中刑事辩护128件，民事代理402件，担任法律顾问57家；法律援助中心共办结各类援助案件119件，其中刑事91件，民事28件，接受咨询38件；公证处共办结各类公证事项458件。法律服务机构在化解矛盾纠纷，预防违法犯罪，规范市场秩序，维护国家和公民、法人的合法权益方面发挥了积极地作用。

（撰稿　宁　颖）

# 经济管理与监督

责任编辑　陶广顺

工商宣传

（市工商局　供稿）

# 发展规划管理

【综述】 宣威市发展和改革局承担综合研究、拟定经济和社会发展改革政策，指导和推进总体经济体制改革的职能，具体包括综合协调、宏观调控、经济监测、投资管理、价格监管等五个方面的职能职责。内设办公室、综合科（加挂市政府农资协调领导小组办公室、市国民经济动员办公室牌子）、固定资产投资科（加挂市重点建设领导小组办公室、市项目前期工作领导小组办公室牌子）、工业交通科（加挂市铁路复线建设领导小组办公室牌子）、农村经济科（加挂市以工代赈领导小组办公室、市易地扶贫搬迁领导小组办公室牌子）、环境资源利用科、社会发展科、经济体制改革科、价格管理科、收费管理科、西部大开发领导小组办公室项目开发科等11个科室，下设价格认证中心、价格监督检查所2个事业单位。现有在职人员40人（在编38人、借调2人），其中领导5人。

【“十一五”经济指标圆满完成】 2010年是“十一五”计划收官之年，全市经济稳步发展，社会民生持续改善。市内生产总值由2005年的66.34亿元增加到148.2亿元，年均增长13.66%；财政总收入由2005年的9.8亿元增加到20.3亿元，年均增长15.61%；其中地方财政一般预算收入由4.2亿元增加到9亿元，年均增长16.47%；财政总支出由9.2亿元增加到33.8亿元，年均增长29.8%。固定资产投资由2005年的33.8亿元增加到117.37亿元，年均增长28.3%；五年累计完成固定资产投资378.1亿元，年均增长28.3%。城市建成区面积由17.85平方千米扩展到28.5平方千米，综合城镇化率由26.5%提高到36%。城镇居民人均可支配收入由8 367元增加到14 671元，农民人均纯收入由2 004元增加到3 735元，年均分别增长11.89%和13.33%。三次产业比重由24:45:31调整为22:45:33。金融机构存款余额由56.84亿元增加到138.1亿元、年均增长19.4%，贷款余额由44.73亿元增加到74亿元、年均增长10.6%。社会消费品零售总额由22.5亿元增加到61亿元，年均增长22.07%。人口自然增长率控制在6.5‰以内，城镇登记失业率控制在4%以内，居民消费价格指数控制在104%以内。

【综合经济】 实现市内生产总值148.2亿元，同比增13.2%，超计划3.2个百分点。三次产业结构由上年的22.5:45.7:31.8调整为22:45:33。财政总收入20.3亿元，同比增17.73%，其中地方一般预算收入9亿元，同比增13.4%，超计划5.35个百分点。固定资产投资完成117.37亿元，同比增26.1%，超计划6.1个百分点。社会消费品零售总额61亿元，同比增22.2%，超计划2.2个百分点。非公经济占GDP比重达41.7%，同比上升2个百分点。城镇居民人均可支配收入14 671元，同比增10.8%，超计划2.8个百分点。农民人均纯收入3 735元，同比增9.7%，超计划1.7个百分点。金融机构存款余额138.1亿元、贷款余额74 亿元，同比分别增长25.3%、27.6%。综合城镇化率达36%，提高2.5个百分点。人口自然增长率6.15‰，城镇登记失业率控制3.5%以内，居民消费价格指数103.86%。

【农业及农村经济】 实现农业现价总产值57.88亿元、农业增加值32.5亿元，同比分别增长16.8%、7.1%。粮食产量6.25亿公斤，同比增4.14%。畜牧业产值28.8亿元、增加值18.1亿元，同比分别增长14.3%、13.2%。收购烟叶76.18万担、产值5.8亿元。实现特色产业产值12.05亿元、同比增8%，劳务产值26.44亿元、同比增13%。累计筹集抗旱资金2.01亿元，解决了36.5万人、112万头牲畜的饮水困难。投入各级、各类扶贫开发及新农村建设资金8.97亿元，全面实施龙场镇“整乡推进”“866”工程，高质量、高标准完成来宾河东小康示范村建设，启动阿都乡“整乡脱贫”等扶贫工程及新农村建设项目，惠及26个乡（镇、街道）3.7万户18万人。全市农林水扶贫及生态建设项目完成投资13.61亿元，其中，仅水利建设就完成投资3.81亿元。在建骨干水源工程11件，建成各类水利工程9 292件，改造中低产田地7 333公顷，解决了12.32万人的人饮安全问题。治理水土流失面积65平方千米，农业灌溉保证率达38%，城镇自来水普及率达87.7%。

【工业经济建设及管理】 完成工业、能源项目投资33.16亿元，实现工业总产值142.8亿元、增加值58.2亿元，同比分别增15.7%、14.9%。其中规模以上工业实现产值88.97亿元、增加值30.3亿元，同比分别增5.1%、12.2%；规模以下工业实现产值55亿元，同比增31.3%。工业主要产品产量：原煤产量119.4亿千克，同比增3.61%；发电量84亿度，同比降27.13%；化肥折纯产量4.48亿千克，同比增16.35%；水泥产量2.66亿千克，同比增10.1%；黄磷产量5 000万千克，同比降33.95%。全年完成交通项目投资10.21亿元。实施通畅通达工程10个，改造提升农村公路210千米。宣（威）倘（塘）二级公路建成通车，普（立）宣（威）高速公路开工建设。新建或改造10千伏线路100.91千米、400伏/220伏线路240.87千米，新增配电变压器149台，一户一表改造10 154户。磷电公司黄磷尾气低温余热电站建成，响水电站扩容及泥猪河、毛家河电站建设进展较快，万家口子电站等进展顺利，风能、太阳能、生物能发电项目前期工作有序进行。

【第三产业】 完成房地产开发项目投资17.71亿元，完成市场类建设开发投资28.89亿元。第三产业完成49亿元，同比增14.7%。社会消费品零售总额完成61亿元，同比增22.2%。金融机构存款余额138.1亿元、贷款余额74亿元，同比分别增长25.33%、27.62%，实现第三产业快速发展。

【固定资产投资管理】 在规范审批管理关系，强化服务、快办事的基础上，紧紧抓住国家扩大内需的机遇，加强了与上级对口部门的衔接沟通，加大汇报和跑办力度，

及时掌握国家投资动向，同时把工作重点由下指标、重审批转到编可研、争资金上来，致力克服人少事多、经费不足等实际困难。全年独立或指导编制了《宣威市特殊学校建设项目可行性研究报告》、《国家以工代赈阿都梨树、羊场次营农村小型基础设施建设项目可行性研究报告》、《特殊群体调查规划》、《宣威市“十二五”以工代赈项目规划》、《宣威市“十二五”易地扶贫搬迁规划》等65个项目建设的可研报告（规划），组织上报了118个项目可研和相关资料到上级发改部门，竭力争取上级扶持。全年审批、核准、备案、转报项目236个，储备并组织实施500万元以上重点项目172个，争取项目补助资金4.23亿元。全年完成固定资产投资117.37亿元，同比增26.1%，超曲靖市考核目标1.1个百分点，超宣威本级计划目标6.1个百分点。

**【城镇化建设管理】** 城区控制性详规覆盖面积达24.3平方千米，一环路以内控制性详规覆盖率达100%，中心城区控规覆盖率达85%。实现房地产业产值15亿元。城镇建成区面积达62平方千米，比上年增9.2平方千米，人口53.2万人、比上年增3.6万人。其中中心城区建成区面积28.5平方千米、比上年增2平方千米，人口23.8万人、比上年增9 000人，综合城镇化率比上年提高2.5个百分点达36%。

**【生态建设】** 节能降耗成效明显。依法淘汰拆除落后企业33户，实施减排项目37个。万元GDP能耗下降4.1%，淘汰落后产能27.55亿千克，100%完成曲靖市考核目标。空气质量稳步提高。全年共消减二氧化硫2 100万千克，化学需氧量消减152.5万千克。空气中二氧化硫、二氧化氮含量达国家一级标准，可吸入颗粒物达国家二级标准。生态建设全面实施。全年完成生态及林业建设项目投资3.61亿元。完成人工造林4 200公顷，封山育林2 000公顷，森林管护26.67万公顷，改造中低产林6 666.67公顷，全面完成余家河口至板桥收费站绿色通道建设17千米。治理水土流失面积65平方千米，实施农村环境综合整治项目3个，创建省级生态乡镇5个、省级绿色社区2个。

**【社会民生持续改善】** 完成社会事业投资4.61亿元。开工建设校舍安全工程二期15 700平方米，东升幼儿园主体工程完工，西宁二小、双龙二小、宛水三小和市职教中心建设抓紧进行。人民医院整体搬迁建设取得突破性进展，计生服务中心主体工程竣工，2个乡镇卫生院及羊场等8个乡镇计生服务所建设竣工投用。市文化艺术中心建设进展顺利，体育运动中心建设稳步推进，18个乡（镇、街道）综合文化站建设完工，建成村级文化活动室216个、农家书屋163个。

高考报名人数13 003人，上线率达96.47%，比上年提高5.27个百分点；高中阶段毛入学率达78.8%，初中三年保留率达98.8%。新型农村合作医疗参合人数1 105 744人，参合率达95%。开发就业岗位7 150个，城镇新增就业5 501人、再就业1 500人，城镇登记失业率控制在3.5%以内。劳动力技能培训19万人，新增转移农村劳动力3.08万人，劳务输出1.78万人，农村剩余劳动力转移总量达26.2万人。征缴各项社会保险费2.8亿元，社会化发放率、按时足额发放率均达100%。1.4万城镇贫困人口、6.4万农村特困人口领取最低生活保障金，“五保户”供养率达100%，有效救助特殊困难群众50.8万人次。计划生育率达98.8%，人口自然增长率控制在6.04‰以内。

**【“十二五”规划编制】** 2011年是承上启下的一年。为确保“十一五”规划的顺利实施，在加强督促检查，搞好“十一五”规划期末评估的同时，及时启动了“十二五”规划编制工作。在年初就报请市人民政府及时成立了“十二五”规划编制工作领导小组，并下设办公室、编写组、专家咨询组、督查组，《宣威市国民经济和社会发展第十二个五年规划纲要》具体编制工作由发展和改革局承担，27个专项规划编制工作对口由各行业部门承担，发展和改革局负责总体协调和指导工作。同时，根据国家“先有政策、后有规划，先有规划、后有项目，先有项目、后有资金”、“凡未纳入规划的项目不予审批”等新要求，使产业发展与项目规划有机结合，确保宣威在未来五年抢抓机遇不失手、产业对接不跑偏、项目规划不吃亏，在新一轮的发展中抢得更多的机遇、更大的空间、更多的项目、更快的发展速度，委托云南师范大学做总体规划综合课题研究。由于领导重视，各行业部门的充分配合，全体编制人员的努力工作，年底完成了规划纲要的编制工作，并提请市四届人大四次会议审议。

**【经济运行分析监测】** 年度计划（草案）经市人代会审议批准后，对计划的执行情况高度重视，加强跟踪监测，立足“早分析、早预测、早预警、早应对”，经常深入有关部门和基层调查了解主要指标的完成情况，认真分析经济发展态势及其走势，密切关注国家、省和曲靖市有关政策动向。针对存在的问题适时提出相应的对策措施，努力抑制经济运行中不健康、不稳定的因素，基本做到了月分析、季报告。

**【综合协调工作】** 在做好部门本职工作的同时，紧紧围绕全市经济社会发展全局，充分突出部门服务职能，切实搞好综合协调工作，努力为全市经济社会发展服务。一是当好参谋助手。先后代市委、政府起草了宣威市政府投资重大项目稽查实施意见、医疗卫生体制改革等多项报告和材料。二是积极参与有关部门搞好人畜饮水安全、动物防疫体系建设等项目的可研编制、项目选点、协调、衔接及上报等工作，充分发挥了牵头、组织、协调服务的职能。三是积极搞好宣威市境内铁路复线建设的征地、拆迁等协调服务工作，确保铁路复线建设顺利进行。四是组织和参与了城市基础设施、教育、卫生、水利等20余个单位30多个项目的招投标工作，节约了投资，缩短了建设周期，保证了工程质量。五是加强项目建设和管理，对全市重点建设项目随时跟踪问效，随时掌握工程进展、投资完成、存在困难等实际情况，并提出对策性建议，确保全市固定资产投资任务的完成。

（撰稿　贯学选）

## 工商行政管理

【概述】　宣威市工商局下设11个机关股室和13个分局、工商所，共有在职人员148人，其中公务员125人，机关工人1人，事业工人22人。2010年业务工作、综治工作、信息宣传工作分别被曲靖市工商局考核为一等奖,在宣威市委政府组织开展的2010年度综合考核中获得98.28分。

【食品流通监督管理】　一是制定出台食品安全整治工作方案，层层签订《食品安全目标管理责任书》，为抓好全年食品安全监管提供了制度保障。二是深化长效监管机制，不断提高经营户责任意识，促使经营户自觉遵守各项监管制度。三是严格食品流通许可准入制度，严把食品市场准入关。对实施食品许可的工作人员进行严格培训，并对食品流通许可档案进行统一规范。四是认真开展流通环节食品监测，依法开展食品抽样检验工作。依法对38个批次的食品进行抽样送检，并对其中不合格的食品添加剂进行立案查处。五是以专项整治为突破口，加强食品安全监管。通过开展“两会”、“两节”食品市场专项整治，全力维护市场稳定。特别是在问题奶粉的专项检查行动中，共检查奶制品经营户125户，签订《食品安全责任书》105份，市场上没有出现问题奶粉，达到了整治效果。六是积极开展“食品安全星级示范店”评定活动。全年完成创建食品安全“星级”示范店17个，并制定了创建方案和后续帮扶措施。全年共出动执法人员1 725人次，检查食品经营户5 469户次，查获不合格食品500余公斤，价值5万余元，查处食品违法案件5件，查处无照经营户51户，处理4起群体性食品投诉案件。

【注册登记】　以促进市场主体不断增长为重点，加快个私经济发展速度。坚持“增加总量、扩大规模、鼓励先进、淘汰落后”的原则，切实提高服务质量，努力实现服务过程零障碍、服务方式零距离、服务质量零缺陷、服务态度零投诉。全市个体工商户净增3 252户，总数达18 223户，增长率22%；私营企业净增179户，总数达1 423户，增长率14%。帮助企业拓展出资方式，解决融资难题，全年共设立股权出质登记12件，股权出质数额达6 066万元，被担保债权数额达13 690万元。以执行国家调整产业结构政策为重点，协助相关部门完成关闭“两高一剩”(高污染、高能耗、产能过剩）生产企业。对被各级政府列为限期整改的排污企业及挂牌督促关闭的冶炼厂，进行重点把关，对未达到整改要求的，坚决不给以通过年检。全年协助相关部门，吊销“两高一剩”企业7户，办理注销登记7户，办理变更登记4户。

【商标监督管理】　以实施商标品牌战略为重点，力促市场主体做大做强。将商标战略作为服务企业、服务经济发展的有力抓手，按照“培育发展、宣传发动、重点保护、跟踪服务、扩大利用”一条龙工作思路，推动全国驰名商标、全省著名商标、曲靖知名商标“三个方阵”持续发展。重点扶持、推荐“杜鹃花”、“鸿威”等4枚商标争创2010年省著名商标；扶持、推荐“为君开”、“高原金珠”等4枚商标争创2010年曲靖知名商标。在深入开展“一所一标”活动的基础上，扎实开展“一所多标”工作。建立有效商标数据库，进一步细化分解任务，明确责任目标，每个工商所（分局）均在年内指导市场主体申请1件以上商标，实现了“一所多标”。全年共培育、指导市场主体申请商标40件。

【广告监督管理】　一是认真开展广告经营单位年检工作，共对11户广告经营单位进行年检，年检率100%。二是组织7户广告经营单位的业务人员参加曲靖市工商局组织的广告审查员培训。三是认真做好户外广告发布前的审核登记，全年共受理户外广告审核登记233件。四是定期对电视台广告部的医疗广告进行监测，并建立健全违法广告监测台帐。五是加强虚假违法广告整治工作，查处违法广告案件185件，罚款金额7.22万元，其中立案查处32件，简易处罚153件。

【依法办案】　以工程建设领域和房地产市场专项治理为重点，严厉查处无照经营、超范围经营、挂靠、租借营业执照等从事工程建设和房地产开发的违法行为，共检查建筑公司24家，房地产公司12家，查办案件12件。同时加大对非法传销、制假售假、商业欺诈、虚假广告、商标侵权等违法行为的查处力度；开展报废拼装车辆、两烟（卷烟、烤烟）市场以及废旧物资回收专项执法检查。全年共查办案件1 206件，其中简化办理案件986件，一般程序立案案件220件，罚没款303.9万元。

【市场规范管理】　一是扎实开展红盾护农保春耕行动。举行了“红盾护农保春耕”启动仪式，在日常监管中，通过“一表一图”（任务管理表、工作进度流程图）等工作方法，彻底摸清辖区农资和农机生产经营分布情况；做好农资信息采集和数据录入，及时更新农资商品电子档案相关信息，提升农资监管信息化水平；完善农资市场监管制度，加强农资商品质量监测工作，切实规范农资市场秩序。共出动执法人员820人（次），检查农资经营户1 570户（次），印发宣传资料500份，查处农资案件5件。二是着力培育发展农村经纪人。新发展农村经纪人88户，在2009年557户的基础上增长８%。各分局、工商所采取集中培训、分类指导等方式，对农村经纪人进行培训，全面提高农村经纪人抵御风险和拓展市场的能力。三是大力培育发展农村专业合作社。鼓励农民兴办专业合作社，对农民专业合作社登记实行一站式服务，促进农村经济不断发展。全年新登记农民专营社12户，总户数达112户，增长12%。四是做好抗旱救灾工作。对抗旱农资、农具加强监管，切实维护救灾物资市场秩序。发动职工向受灾农村捐款2万余元，动员个私协会会员捐款6.4万元支援全市抗旱救灾工作。五是认真开展诚信市场创建工作。辖区内共有3个2A级诚信市场被升格为4A级诚信市场。

**【消费者权益保护】** 一是强化消费维权专项执法检查。分别开展了家电下乡、牛仔服装、节能灯等12项专项整治，有力净化了商品市场。二是继续巩固和加强12315建设，认真落实“两个100%”（100%受理，100%处理），进一步增强维权责任意识，努力维护消费者合法权益，及时化解消费纠纷。共处理消费者投诉举报256件，为消费者挽回经济损失27万余元。

**【信息化建设】** 一是加强硬件基础建设与管理，优化硬件设备配置，进行网络改造，提高网络运行的安全性及可靠性。二是提升干部职工的信息化应用水平，举办“云南工商信息系统”培训，全面使用云南工商OA系统收发内部公文，积极推进无纸化办公。三是规范软件运用。依托省局“政务一体化”软件，通过应用OA、监管执法、注册登记等重点业务信息系统，规范业务流程，提高信息化对业务工作支撑力度，不断实现市场主体数据、巡查监管数据、流通领域食品安全监管数据、12315消费者维权指挥中心数据、流通领域食品销售许可证数据、案件等数据电子化。

（撰稿　范文智）

## 国土资源管理

**【概述】** 国土资源局内设办公室、组织人事监察科、综合科、规划科、耕地保护科、土地利用科、执法监督科、地质环境科、矿产开发科、地籍管理科、测绘管理科、地质勘查储量科12个科（室）及土资源执法监察大队、土地收购储备中心、土地事务所、土地开发整理中心（2010年1月成立）4个直属事业单位，派出机构为开发区分局和26个国土资源所，共有干部职工173人。

**【耕地保护】** 进一步强化耕地保护责任，确保耕地保有量和基本农田保护面积不减少，质量不降低。认真查处各类土地违法案件，切实加强土地法律法规政策的宣传工作，利用各种宣传手段，采取多种形式，增强社会各方面的耕地保护意识和依法用地意识。严把审核和审批关，对不符合土地利用规划和国家供地政策的建设项目，一律不受理用地报件。加大土地开发整理力度，确保耕地占补平衡，保障地方经济社会发展用地的需求。

**【土地利用与规划】** 强化服务意识，正确处理保护资源与经济发展的关系，盘活存量，控制总量，提高质量，有效促进节约集约用地。严格执行土地利用总体规划，服务经济建设。先后对宣威110千伏榕城（城中）输变电工程、国家高速公路网G56杭州至瑞丽高速公路宣威至曲靖段、倘塘镇兴隆煤矿等三个项目的用地依法按程序进行了规划调整，调整规划面积231.47公顷。

加强建设项目用地预审管理，严格土地用途管制。全年共受理了宣威市110千伏榕城（城中）输变电工程、磷电一体化日产300万千克水泥项目、羊场支线小箐站接轨新建铁路专用线建设项目、宣威市污水处理厂二期工程建设项目、国家高速公路网G56杭州至瑞丽高速公路宣威至曲靖段、宣威煤矸石热电厂（2×300MW）项目、2 000万千克/年黄磷装置技改项目、2 500万千克/年磷酸生产装置建设项目、650万千克/年泥磷制酸项目和220千伏永安输变电工程等10个建设项目的用地预审，预审面积310.52公顷。切实加强了建设项目用地预审管理，保障了土地利用总体规划的实施，控制建设用地总量，严格土地利用计划管理，确保建设项目顺利实施，服务经济建设。

上级下达土地利用年度计划指标为新增总量27.33公顷，其中农用地22公顷，农用地中耕地10公顷。上报审批建设用地229.24公顷，为宣威各重点建设项目提供了用地保障，是曲靖市各县（市、区）中上报审批建设用地最多的一家，也是全省129个县（市、区）中上报审批建设用地最多的一家。同时，积极做好农民建房审批工作，支持新农村建设。上报审批农民建房10 836户，占用耕地3.88公顷，占用非耕地78.77公顷。

开展土地利用总体规划修编工作。在编制了“三张图”（各类用地空间布局图、基本农田调整分析图、建设用地空间布局图）的基础上，严格按照《云南省国土资源厅关于市县乡三级土地利用总体规划修编有关问题的通知》要求，编制了宣威市土地利用总体规划（2006---2020年）及各乡（镇、街道）土地利用总体规划（2006—2020年）（文本及数据库），根据《土地利用总体规划编制审查办法》的要求，逐级进行了上报审查。文本经修改完善后于8月31日上报省厅规划修编办。省厅于2010年11月18日组织省规划修编领导小组成员单位及专家对宣威市土地利用总体规划（2006～2020年）进行审查，依照审查提出的意见或建议进行修改完善后于12月6日前报省厅质检审查，审查后上报省人民政府审批。

完成了第二轮矿产资源规划编制报批工作。《宣威市矿产资源规划（2008～2015）》经9月28日市人民政府常务会议审查通过，同意上报审查。2010年9月10日省国土资源厅组织专家对《宣威市矿产资源规划（2008～2015）》进行了审查，同意通过审查，上报省国土资源厅批准执行。

**【土地开发整理】** 1月省国土资源厅对国家级投资热水镇基本农田整理项目、曲靖市级投资格宜镇赵家碑土地开发整理项目和县级投资11片区占补平衡项目进行了检查验收，验收入库新增耕地587.72公顷。

在建项目为西泽乡马戛和板桥镇歌乐村2个省级中低产田(地)改造项目。项目建设总规模为1 238.53公顷，总投资为3 359.03万元，项目建成后可新增耕地107.51公顷。马戛项目现已竣工，准备迎接上级检查验收。板桥镇歌乐村项目，已完成工程量的15%。

申报了省级投资的板桥镇土城、木乃、永安中低产田改造项目和县级投资的宣威市2010年二调新增耕地落水镇的马图村等6片区土地整理占补平衡项目。其中板桥镇土城等3个村土地整理（中低产田改造）项目建设规模2 128.5公顷，预算投资5 747.86万元，实施后可新增耕地145.23公顷，可行性研究已通过审查。拟报落水镇的马图村、三道村等6个县级土地整理项目为2011年县级土地整理项目，现已完成现场踏勘、实地勘测等前期工作，进入规划设计与预算编制阶段。拟建规模1 533.33公顷，估算投资5 300万元，项目实施后，可新增耕地1 000公顷。

积极开展城增村减挂钩试点工作。编制了《宣威市宝山镇宝山等4个村工矿废弃地项目区城增村减挂钩试点实施方案》，将宝山镇宝山等4个村工矿废弃地整治项目（拆旧区）与宣威市火腿文化产业建设项目、龙潭集镇建设项目建设用地挂钩。该项目拆旧区总规模26.17公顷，整治后可新增农用地25.88公顷（耕地19.27公顷），总投资305.06万元。建新区建设需使用土地20.46公顷，占用耕地18.99公顷。方案曲靖市国土资源局已评审通过，待省国土资源厅批准后实施。

通过土地开发整理工作的开展，在建设用地逐年增大的情况下，确保了全市耕地总量不减少，质量不降低，实现了占补平衡。

**【地籍管理】** 完成国有土地使用权发证1 213宗，完成集体土地所有权发证23宗，完成集体土地使用权发证656宗，完成抵押登记210宗。累计完成国有土地使用权发证25 558宗，完成集体土地所有权发证532宗，完成集体土地使用权发证315 275宗。

第二次全国土地调查于2008年12月正式启动，农村部分内外业于2009年已全面完成，外业调绘已通过省级验收，内业数据库于2009年9月已上报国土资源部。2010年8月通过省国土资源厅核查确定新增耕地4.95万公顷。新增加的耕地经过整理，并经省国土资源厅验收后，可纳入建设用地占补平衡指标。

第二次全国土地调查（城镇部分）外业已通过省二调办的验收，被评为省级优良工程。数据库已于11月10日上报省二调办。共完成调查面积28.75平方千米，6个街区、274个街坊、19 754宗的调查任务。第二次全国土地调查（一般建制镇）已完成14个建制镇15.1平方千米、205个街坊、12 776宗的调查任务，宝山、龙场两个镇于7月通过曲靖市二调办的外业抽查。

**【测绘管理】** 进一步规范测绘市场行为，维护测绘市场秩序，严格执行测绘项目登记备案制度，做好测绘资质日常管理工作，加强测量标志的保护工作。年内进行了测量标志普查，在全市范围内开展了针对测绘持证单位的《质量保证体系》和测绘成果及资料档案管理考核。

**【土地市场】** 认真抓好土地市场管理工作，严格执行经营性用地招标、拍卖、挂牌出让制度，土地市场秩序得到进一步规范。共出让国有建设用地17宗，面积16.01公顷，成交价款9 667.23万元，其中拍卖5宗面积1.66公顷，成交价款2 701.29万元；挂牌12宗面积14.77公顷，成交价款6 856.68万元。以划拨方式供地12宗，面积158.82公顷。

开展了土地使用权转让登记工作，共办理土地使用权转让登记289宗，转让面积9.91公顷，收取土地出让金、土地增值费710.56万元。

开展了国有建设用地使用权出让合同专项清理工作，对出让合同签订及履行情况、划拨决定书核发及履行情况、出让合同与划拨决定书录入土地市场动态监测与监管系统情况进行清理，并将清理情况按要求及时上报。

开展了城镇土地定级与基准地价更新工作，通过公开招标的方式，确定了作业单位，开展了市区及14个建制镇新一轮土地定级与基准地价更新工作。

**【地质灾害防治】** 建立健全地质灾害群测群防系统，认真开展汛期前地质灾害隐患点的调查和排查工作，共排查出地质灾害防患点305处。针对每个地质灾害隐患点制定了防治预案，安排专人对每一个地质灾害隐患点进行监测，及时发放了地质灾害避险明白卡和防治工作明白卡3 500份。组织开展抗旱救灾地下找水突击行动。上级国土资源部门分配打井数是39口，其中深井6口、浅井33口，设计井深3 840米，分别布点全市18个乡（镇、街道），其中33口井出水，日出水量共计3 916方，有效缓解了干旱给当地群众造成的灾害。

**【矿产资源管理】** 认真履行职责，积极做好采矿权的延续、变更登记等业务工作，做到按时办结，热情服务。认真做好矿产资源整合工作，煤炭资源整合方案省政府已批准。全市乡镇煤矿总数由192个整合为164个，其中相邻重组37个煤矿采矿权整合为18个，限期关闭10个，已整合采矿权变更登记上报16个，还有4个因与田坝煤矿等国有煤矿重叠，垂直划界未能进行，多方协调未果无法上报。编制上报了省重点整合矿区宣威市格学锰矿区资源开发整合实施方案，整合方案省国土厅已批转宣威市政府，市政府10月底批转，现已公告结束，上报审批后组织实施。砂、石等非煤矿产的整合方案曲靖市已批准，正抓紧组织实施。积极推进矿产资源现状调查工作，认真开展矿产资源有偿使用费、矿产资源补偿费和非税收入的征收工作，矿产资源有偿使用费已征收并上缴省财政3 954万元。

（撰稿　魏彩琼）

## 统计管理

【概述】 年内，统计局编制20名,19名行政编制和1名为机关后勤服务的事业编制。在职人员20人,包括17名国家公务员和3名机关工人。

【统计信息咨询服务】 本着为市委、市政府提供决策参考依据和为社会提供信息咨询服务为宗旨，积极创新统计服务方式，认真搞好统计分析。全年共编印《2009年度宣威统计年鉴》250本，编印《统计月报》12期共1 080本，撰写《国民经济运行情况统计分析》12期共240份；完成省布置的《2009年省情数据库》和曲靖布置的《2009年曲靖领导干部经济工作手册》数据收集工作；完成2009年度县域经济考核的数据收集工作；完成《2009年国民经济统计公报》的编印工作。与此同时，认真抓好统计政务信息，拓宽服务渠道，不断提高统计服务的质量和水平。全年在《曲靖统计信息网》、《宣威农网》、《宣威市政府信息公开网》发布政务信息25条，为市委办公室、市政府办公室统计信息18条。

【农产品信息服务】 全市农网系统工作人员认真加强对宣威农网网站的管理与维护，确保网站的健康运行，同时致力于农产品供求类信息及文章类信息等涉农信息的采集（采编）、审核和发布工作，让网站更进一步贴近农特企业、种养殖大户、营销大户、农村经纪人，为促进农产品流通、活跃农产品市场发挥了积极的作用。一年来，宣威农网共发布文章类信息1 560条，其中被珠江源农网采用37条；发布农产品供求信息1 303条，被珠江源农网采用672条。通过网络搭台，经济唱戏，宣威标志性的农特产品——火腿系列品牌产品市场继续走旺，进而带动和促进了其他农特产品的市场营销。“老浦家”牌火腿系列产品销往曲靖、文山、昆明、大理及浙江、江苏、上海、广东、福建等地，实现销售额2 120余万元；“升达”牌火腿系列产品销往北京、广东、福建、上海等地，实现交易额376余万元；“高原金珠”牌火腿系列产品销往昆明、玉溪、广东等地，实现交易额208余万元；“鸿威”牌火腿系列产品销往昆明、北京、山东等地，实现交易额460余万元；“宣润”牌火腿系列产品销往浙江、温州等地，实现交易额378万元；销售其它乡村、民间火腿120余吨，实现交易额500余万元。通过宣威农网发布仔猪和肥猪存栏、供货信息，销售宣拓牧业科技有限公司、宣威通豪养殖场、永丰余畜牧有限公司、良种猪场生产的杂交商品仔猪、肥猪12 600余头，实现交易额516余万元。销售黄牛50余头，实现交易额38万元；销售山羊400余只，实现交易额57万元；销售土杂鸡10万余只，实现交易额710万元；销售绿壳鸡蛋和本地土鸡蛋3万余盒，实现交易额174万元；销售蛋鸡蛋50 000余盒，实现交易额300余万元。

通过网络牵线搭桥，销售绿化苗木和水果树苗实现交易额503余万元；销售雪莲果、山地蔬菜、大棚蔬菜、大棚西瓜、新鲜水果，实现交易额270万元；销售宣黄单系列玉米杂交种到师宗、富源、会泽、昭通、红河和贵州的赫章、六盘水等地，实现交易额420余万元；销售宣威倘塘黄豆腐、宣威宝山黄豆腐5万余千克到昆明、个旧等地，实现交易额35万余元；销售“宣威土豆”100余万千克到东南亚国家，实现交易额160余万元。

通过网上发布求购信息，宣威市嘉穗粮油购销公司购进玉米15万余千克，实现交易额31万元；宣威市西宁街道农户购进优质黄豆6万千克，实现交易额26万元。据不完全统计，全年通过网络发布农产品供求信息，累计实现交易额达8 730.52万元。

【统计基础工作】 重点加强了五个方面的统计基层基础工作。一是加强统计业务培训。结合专业统计和各种常规及临时性抽样调查等工作，对全市各乡（镇、街道）、市直行业部门、驻宣企业统计员分别进行了有针对性的集中培训。二是组织开展统计从业资格培训考试和统计中初级职称报考工作。全市共组织13名统计人员参加全国统计高、中、初级职称考试，其中3名通过考试取得统计师资格；组织158名新任统计人员参加从业资格培训和考试，其中通过考试合格157名。三是对部分统计基础薄弱的乡镇统计信息站，在充分调研基础上，给予适当经费补助，以帮助他们加强统计基础建设。四是利用政治业务学习时间，指定科（室）专业介绍阶段性工作进展情况，包括工作中遇到的困难和问题。通过相互交流，取长补短，共同进步，不断提高机关统计专业人员的业务素质。五是加强督促检查。通过年终对乡镇、街道的千分制考核，分项目督促检查统计基层基础建设工作，督促基层加强统计基础业务建设。

【统计执法宣传】 为进一步加大对《统计法》和《统计违法违纪行为处分规定》的宣传检查力度，重点加强了五个方面的工作：一是与市纪委、监察局、人事局、劳动和社会保障局、国家统计局宣威调查队六家联发了《关于认真学习贯彻<统计违法违纪行为处分规定>的通知》，在全市掀起了学习贯彻《处分规定》的热潮。二是与宣威市监察局、宣威市司法局、国家统计局宣威调查队联合于七、八两月在全市开展了统计执法大检查，全市共成立大检查领导办事机构115个，制定统计执法大检查工作计划和实施方案27个，召开宣传动员及工作部署会议123次，开展广播宣传28次，互联网宣传5次。这次大检查，共有126家地方单位（含乡镇街道、市属机关、驻宣单位）开展了自查工作，市统计执法大检查领导小组组织抽查了38个单位，共发出《统计执法大检查通知书》38个，发出《责令改正通知书》3份，收回整改落实情况书面报告3份。所检查的重点指标没有发现严重的统计违法违纪行为。三是认真开展统计普法学习考试。积极与市委普法办汇报请示，将新修订的《统计法》列为全市年内的普法内容之一。为此，特从昆明印制了4 000余份《统计法》小册子交市委普法办作普法之用，共有32 000余名领导人和干部职工参加了普法学习考试，切实提高了各级领导人、企业法人、统计人员和广大干部职工的统计法律意识，优化了统计执法环境。四是以全国第六次人口普查为契机，大力宣传统计法律法规，普及统计法律知识，强化依法统计意识。五是通过年报以会代训、统计从业资格培训考试、专业对口指导等培训方式，夯实统计人员的法律知识和统计业务知识，不断提高统计人员的能力与水平，提高全体人员的综合素质和依法行政能力，坚决反对虚报、瞒报、拒报、迟报等统计违法行为。

**【经济普查和人口普查】** 全市第二次经济普查进入收尾阶段，重点完成了数据资料的整理归档和总结表彰工作。全市受到国家普查机构表彰的先进集体1个，先进个人2名；受省级表彰先进集体3个，先进个人14名，优秀组织者4名；受曲靖市级表彰先进集体11个，先进个人55名；受宣威市级表彰先进集体20个，先进个人68名。

按照国务院、省政府和曲靖市政府对全国第六次人口普查工作的部署要求，成立了由阳开府副市长任组长、22个成员单位组成的市第六次全国人口普查领导小组，领导小组下设办公室在市统计局，负责全市第六次人口普查业务指导和组织实施工作。全市26个乡(镇、街道)成立了相应的普查领导及办公机构，356个村(居)委会成立了第六次人口普查小组。构建了市、乡、村三级普查联动机构。各级普查机构严格执行《第六次全国人口普查方案》，建立出生死亡台账，适时监测出生死亡人口情况；全方位开展户口清理整顿工作；划分了356个普查区、4 873个普查小区和31个虚拟小区；全市共选调普查指导员625人，普查员5 045人，抽调市乡两级办公室工作人员1 175人；市人民政府与各乡（镇、街道）签订了目标责任书，开展了声势浩大的人口普查宣传月、宣传周、宣传日活动。11月1～10日，全市所有普查员和普查指导员深入到普查对象家中进行入户登记，对普查登记结果进行了快速汇总和质量验收。12月份完成了普查表短表的光电录入工作。

与此同时，市普查办对2010年新增、变更、和注销的单位进行了名录库维护更新。共新增法人单位315个，变更法人单位271个，注销法人单位91个；新增产业活动单位69个，变更产业活动单位80个，注销产业活动单位58个。

**【抽样调查】** 对抽样调查项目做出重大调整，将原来由统计局负责的企业景气调查、企业目录调查、大家电调查、小型工业抽样调查和部分服务业等调查项目移交国家统计局驻各地方调查队管理，因业务交接关系，市统计局2010年仍对21家部分服务行业单位进行了抽样调查。人口、劳动力和群众安全感三项调查因全国第六次人口普查暂停。年内由市局完成的抽样调查主要是7月在除双龙以外的25个乡（镇、街道）中抽取155个村（居）委会470个自然村开展“云南省少数民族聚（散）居（村）委会及自然村基本情况调查”和“云南省非少数民族聚（散）居（村）委会中少数民族人口达30%以上的自然村基本情况调查”，11月在西宁、田坝、西泽、东山、格宜、杨柳等6个乡（镇、街道）88个村（居）委会开展乡村领导干部群众公信度调查。

（撰稿　吕　洪）

## 物价管理

**【概述】** 2010年，以科学发展观为指导，积极稳妥推进价格改革，切实加强价格监管，努力将居民消费价格总水平涨幅控制在3.53%。综合运用多种手段调控价格，促进经济结构调整，保障和改善民生，完善价格机制，疏导价格矛盾，理顺价格关系，不断提高价格调控能力，努力使价格总水平控制在合理区间。

**【电价调整】** 认真做好农村电价整改和城乡同网同价工作，贯彻实施了清理高耗能企业优惠电价政策。继续在全市范围实施和巩固了已完成农村“一户一表”改造到户的城乡用电同价，即：每千瓦时城区和农村均为0.48元；未完成网改的村社到户电价控制在每千瓦时0.8元的最高限价水平内。使原来过高的电价，得到了不同程度的降低，特别是完成一户一表工程的村社，全面实现城乡同网同价，农民真正得到了实惠。

**【成品油价格调整】** 先后4次调整了成品油零售价格，调整后宣威辖区内国道、省道上，县以下乡镇距离宣威城区30公里以内的加油站每升零售价格分别执行：90号汽油6.28元，6.11元，6.28元，6.51元；93号汽油6.74元，6.56元，6.74元，6.99元；97号汽油7.21元，7.02元，7.21元，7.48元；0号柴油6.57元，6.38元，6.57元，6.82元。宣威辖区内非国道、省道上，县以下乡镇距离宣威城区30千米以上100千米以内的加油站，在宣威城区零售价格的基础上每升加价0.05元执行。距离宣威城区100千米以上的加油站，在宣威城区零售价格的基础上每升加价0.1元执行。随着国内外石油成品油市场价格的变化，针对调价次数频繁、价格波动这一实际，一是及时准确地出台成品油价格；二是在一度时期供应不正常的情况下，积极利用价格杠杆作用，及时疏通价格矛盾，保证社会特别是重点部门、重点行业的用油需要，妥善地平衡了供需矛盾；三是在正常情况下，利用信息导向和价格政策，指导企业正确执行国家规定价格，理顺市场价格秩序，既保护了社会需要，促进了经济发展，又扩大了生产经营，促进了企业经济效益的提高。

**【农资价格调查】** 在旱情十分严重的情况下，要确保春耕期间农用物资价格的稳定，于2010年2月下旬对全市的化肥、农膜、种子、农药价格进行调查。从调查的情况看，货源充裕、市场平稳，价格基本稳定、未出现大的波动，并适时加强对化肥价格执行情况的监测和预警分析，密切关注市场动态，合理引导市场预期。

【宣威城区污水处理价格调整】 7月，认真做好城区污水处理价格调整听证工作。随着城市规模逐渐扩大，城市人口急剧增加，环境问题将日趋严重。为创造良好的生活、工作、投资环境，改善环境质量，促进城市经济可持续发展，多渠道筹措资金建设的污水处理项目于2006年底竣工并投入使用。由于工程投资大，运行成本高，企业还贷压力重，现行污水处理价格标准已不能弥补污水处理成本，难以维持污水处理厂正常运行。为确保污水处理厂的正常运转，请求调整宣威城区污水处理价格。市建设局提出关于调整污水处理价格的申请，根据《中华人民共和国价格法》、《政府价格决策听证办法》和《政府制定价格行为规则》的有关规定，为提高价格决策的科学性，完善价格形成机制，实现科学定价、民主定价，规范政府定价行为，对方案进行了审核，并就方案中有关财务和成本数据的真实性、合法性，请求曲靖市发改委成本调查监审局对宣威城区污水处理运行成本进行监审，并于7月15日召开了调整宣威城区污水处理价格听证方案的听证会。顺利通过了调整方案，即由0.50元/吨调整为0.80元/吨，并上报曲靖市发改委批准，于8月1日起实施。

【食盐价格监管】 规范了食盐价格，即宣威城区500克纸塑包装食用盐零售价格按1.30元/袋执行；各乡镇（含原靖外镇）辖区500克纸塑包装食用盐零售价格按1.40元/袋执行。加强食盐价格管理，在食盐经营中，宣威碘盐配送中心、配送站要严格按照《食盐专营办法》和《云南省盐业管理条例》规范食盐经营行为，在食盐经营开单时必需标明属城区的标明城区零售价格、属乡镇的标明乡镇零售价格。并加强对食盐产品结构调整的宣传工作，加强系统内部管理，不允许中间商随口要价，保证食盐足够库存不断档脱销，满足人民群众生活需要。

【药品价格整改】 认真贯彻实施药品价格政策，调整了新型农村合作医疗机构第三次药品中标全市统一零售价格，实行市、乡、村三级同价执行，审批了疫苗价格（全市同价）。探索对药品经营企业及医疗机构市场价格行为和价格水平的监测监管，继续降低药品虚高定价，最大限度制约不规范的市场价格行为。通过整改，把居高不下的药品价格降下来，真正让患者得到实惠，使药品价格管理迈上了新台阶。

【民爆器材实行临时价格优惠】 根据《云南省人民政府办公厅关于进一步加强价格调控确保物价稳定和市场供应的紧急通知》和曲靖市发改委《关于我市民用爆器材实行临时价格优惠的通知》精神，为控制原材料燃料等上游产品价格上涨，减缓下游消费品成本推动压力，为切实保障消费品价格总水平的基本稳定，安定人民生活，决定对民用爆破器材实行临时价格优惠。即从2010年12月11日到2011年2月10日止，民用爆破器材专营公司经营的炸药在现行价格的基础上每吨降低100元销售。

【中小学教材零售价格】 认真贯彻实施2010年春季、秋季中小学教材零售价格，各学校严格按国家和省规定的用书目录选用教材，并按照省物价局审定的零售价格与学生据实结算，张榜公布。定期对中小学生教材价格执行情况开展检查，防止加重学生负担的搭售书刊、牟取回扣等行为的发生。

【实行临时价格干预措施】 及时启动价格干预措施，强化市场价格监管。为全面做好省、曲靖市临时价格干预措施的实施工作，防止局部价格上涨引发连锁涨价，于今年6月份出台了临时价格干预措施，发布了1号公告，公布了《云南省重要商品提价申报表》、《云南省重要商品调价备案表》、《实行提价备案和提价申报的品种和企业名单》，执行到10月31日。11月份以后，受国内外多种因素影响，以农产品为主的生活必需品价格上涨较快，价格总水平逐月攀升，加大了城乡居民特别是中低收入群体的生活成本。按照“立足当前、着眼长远，综合施策、重点治理，保障民生、稳定预期”的原则，为防止价格总水平过快上涨，维护广大人民群众的切身利益，确保经济社会又好又快发展，经请示市政府同意，在全市范围内继续实施临时价格干预措施，发布了2号公告，公布了《宣威市提价申报商品及服务种类目录和企业名单》、制定了《宣威市重要商品提价申报表》，执行到2011年2月28日。为使价格干预措施落实到位，一是将价格干预措施在宣威电视台进行公告、宣威市政府网站上公示；二是先后两次召集影响较大的大型超市，粮油、桶装水经营企业和火腿、饲料、米线、面条等加工企业召开价格告诫会，对所经营的大米、面粉、大豆油、花生油、菜籽油、调和油、猪肉、火腿、鸡蛋、牛奶、桶装水、饲料、面条、米线等重要商品价格纳入临时干预范围，实行提价申报；三是全市价格、工商、质监等部门联合开展市场巡查。由于措施落实，有效抑制价格上涨，确保市场价格基本稳定。

【建立价格联系会议制度】 认真做好稳定消费价格总水平保障群众基本生活，印发了《关于做好稳定消费价格总水平保障群众基本生活有关工作的通知》，明确了相关部门的控价措施及工作职能，建立稳定消费价格总水平工作联系会议制度。联系会议组长由常务副市长担任，办公室设在市发改局，欧光彩任办公室主任、王建恩任办公室副主任。联席会议成员单位由各相关部门组成。联系会议实行成员单位日报告制度和旬例会制度。从2010年11月29日开始，联席会议各成员单位每天下午5时前将当日市场监测情况及工作情况报告市发改局，由市发改局汇总后报市人民政府。从2010年12月开始，每月1日、11日、21日，分别由市发改局主持召开联席会议例会，研究上次会议工作落实情况，研究解决上次会议以来出现的问题，安排部署未来10日的工作。

【收费管理】 依法对行政事业性收费许可证和经营性收费许可证进行审验，共审验行政事业性收费许可证286套，审验自检自查收费金额达2亿余元。办理经营服务性收费备案46个，非学历教育备案审核83个。通过审验、备案，乱收费行为得到有效遏制，使行政事业性收费和经营性收费逐步走上规范化、法制化管理的轨道。

【价格监督检查】 围绕市委、政府的中心工作和群众关注的热点问题，认真开展了清费、治乱、减负和整顿价格秩序。对化肥、电力、药品价格和涉农收费、医疗收费、教育收费进行检查。共出动检查360人次，共检查36个单位和345个门店，查处各类价格违法行为为5起，实行经济制裁4.77万元，没收上缴财政4.77万元；共受理价格举报、咨询案件14件，已办结案件14件；销售标价签23万张。通过检查，规范了市场价格行为，保护了消费者和经营者的合法权益。

【煤焦价格调节基金】 征收煤焦价格调节基金7 400万元，上缴财政7 362.3万元。通过煤炭价格调节基金的征收，使煤炭行业朝着健康的方向发展，确保重点煤炭生产企业搞好基础设施建设，改善生产环境，维护煤炭的正常秩序，保证市内国有大中型企业和生产用煤需要，防止煤炭价格过渡波动给国家大中型动力企业造成影响起到了重要作用。

【农产品成本调查】 对玉米、粳稻、小麦、烤烟、洋芋、大规模饲养生猪和中规模饲养生猪的生产成本和农户种植意向、农资购买情况、农户存粮情况等进行专项调查。在来宾镇大屯村、板桥镇耿屯村、务德镇务德村、双龙街道龙华村、宛水街道望城村、龙场镇五里坪、西宁街道袁屯村等设7个调查点、19户农户进行调查，上报了调查资料，为上级部门和各级政府提供了科学价 格决策依据，被国家发展和改革委员会表彰为优秀集体。

【价格监测】 对粮食、农副产品收购价格、农副产品零售价格、工业生产资料市场成交价格、工业消费品及农业生产资料零售价格，电力、煤炭、石油价格、云南省重要商品等价格进行监测，设价格监测点22个，调查品种96个，共上报价格条数19 200条，上报价格信息12篇。通过监测，为及时了解和掌握全市城乡市场价格动态，做到商品价格早监测、早预警、早处置，确保广大消费者的利益不受影响，保持市场价格稳定起到主要作用。

【价格认证】 对公安、交警、司法和行政收费机关委托的案件进行价格认证、评估总件数1 207件，总金额2 352.7万元。通过价格认证、评估，维护了公民、法人和其他组织的合法权益，为行政、收费机关正确执法提供了价格认证结论。

（撰稿　戴荣举）

# 审计管理

【概述】 2010年，审计局内设人事秘书科、执法监督科、财政金融行政事业审计科、社会保障审计科、经济贸易审计科、经济责任审计科、固定资产投资审计科、政府性投资建设项目前置审计科8个科(室)，有干部职工43人（含离退休10人）。

全年，共完成审计和审计调查项目199项，其中财政预算执行和决算审计19项、专项资金审计和审计调查12项、固定资产投资审计151项、领导干部任期经济责任审计17项。审计共查出违规资金913万元，管理不规范资金14 196.05万元，审计处理应上缴财政资金697万元，固定资产投资审计核减金额9 214.62万元。向社会公布审计结果11项。同时，按市政府安排配合完成农水资金检查、“866”工程检查、社团组织“小金库”清理、水电开发办资产清理等工作。年内，被市委、市政府表彰为“年度综合考核先进单位”。

【财政预算执行和决算情况审计】 重点审查市本级预算收入和预算支出的真实性、合法性和效益性，更加关注预算编制、批复、执行预算和上下级结算过程的规范及非税收入管理情况，对市财政局、林业局、文化局等部门的财政预算执行情况进行了审计。重点审查市地税局地方税收征管的规范性、税收计划执行的真实性、完整性及税收政策执行的合规性，对宣威市榕城房地产开发有限公司等纳税企业进行了纳税审计。进一步加大对乡（镇）预算执行和决算的审计监督力度，关注下级政府执行预算和税收法律法规、使用上级补助资金等情况，对龙场、宛水等乡（镇、街道）的财政决算进行了审计。完成财政预算执行审计项目9个，财政决算审计项目 1 0个，查出违规金额840万元、管理不规范金额4 394.46万元。向市政府提交的审计结果报告和向市人大报送的审计工作报告，客观地反映了财政工作的现状，并从体制、机制和制度层面分析了财政工作存在的困难和问题，提出了一系列加强管理和健全完善制度的意见建议，为政府管理财政和人大监督预算执行提供了重要的参考依据。

【专项资金审计】 专项资金审计围绕新农村建设、落实各项惠民措施和构建和谐社会的目标，重点检查资金运行中是否严格执行管理制度、资金使用程序是否规范、农民受益情况等，揭露挤占挪用、擅自改变资金投向等问题。分别对农业综合开发、城镇居民最低生活保障、职工医疗保险、新型农村合作医疗、扶贫、水利、公路养护等资金实施了审计，并针对存在的问题，提出加强和改进管理的意见建议。审计资金总额100 410万元，查出管理不规范金额1 276万元，确保了专款专用和管理规范，充分发挥专项资金的使用效益。

【固定资产投资审计】 围绕提高投资效益目标，创新实现了投资审计从事后审计为主向事前、事中、事后审计相结合转变。同时，通过公开招标方式聘请社会中介机构昆明禹泰工程造价咨询事务所有限公司参与审计，有效整合了审计资源。按照《宣威市政府性投资建设项目前置审计实施办法》对板桥镇新建廉租住房工程等政府性投资建设项目进行前置审计，共完成前置审计项目127项，审计拦标价金额106 570.19万元，审计核减工程投资8 871.62万元，核减率为8.32%。加强对固定资产投资项目竣工决算审计，重点审计了领导关心、社会关注、惠及民生的建设工程项目，对宣威发电厂运煤专线公路改扩建工程等24个项目的竣工决算情况进行了审计。审计核减工程款343万元。固定资产投资审计共为政府节约投资9 214.62万元。

【经济责任审计】 以推动建立健全问责机制、促进依法行政和提高管理水平为目标，坚持与财政预算执行审计和财政决算审计相结合，按照“积极稳妥、量力而行、提高质量、防范风险”的工作方针，加强对权力运行的制约和监督，完成了双龙街道、倘塘镇等乡(镇、街道)17名原任主要领导的任期经济责任审计。查出违纪违规及管理不规范资金1 015万元，均应负主管责任。

【审计管理】 为了增强审计发展后劲，使审计工作不断适应新的发展需要，力求在精细管理上下功夫，不断探索总结，以创新的理念指导审计实践，实施“精细化管理”工程，实行“三抓”“三促进”工作，夯实了发展基础。

“一抓”审计干部队伍建设，促进干部队伍素质提高。始终把队伍素质建设放在重要位置，一是紧贴审计工作实际，结合“党建创新年”“创先争优”活动，抓好干部的政治理论教育学习，增强干部的政策水平和政治敏感性，并结合自身实际按岗位先进性标准查找存在问题和不足，积极整改提高，切实解决存在问题，转变工作作风，提高干部的思想政治素质。二是采取统一组织培训和鼓励自学方式相结合，选派部分干部到省、曲靖参加各类学习和请有关专家到本单位现场讲解，并积极支持干部职工参加各类函授、职称学习考试。着力打造一支作风优、业务精的干部队伍。选派1名财务审计干部参加省厅组织的建筑造价员培训并取得资格，全员参加审计署统一组织的AO认证考试，合格率100%。

“二抓”制度建设，促进长效机制的建立和完善，实现审计工作的良性循环和长足发展。按照全市优化经济社会发展软环境建设要求，认真开展好法治政府、责任政府、阳光政府、效能政府四项制度工作，着力改进机关作风、提高工作效率、提高服务质量、降低行政成本，建立了行政成本控制、行政行为监督、行政能力提升制度，推进机关效能建设。牵头做好行政绩效管理工作，探索开展行政绩效审计，重点对10项重大建设项目及8项重点民生资金开展了绩效审计工作，促进增收节支1 326.45万元。结合审计机关工作实际，及时修订完善了岗位责任制、服务承诺制、首问负责制、重大决策听证、重要事项公示和审计错案和执法过错责任追究等规章制度，实现了以制度管理干部，以机制促工作，科室和审计干部各司其职，各负其责，各项工作顺利开展。

“三抓”精细化管理，促进工作效率提高。一是实行审计项目时限制，具体规定每个项目的完成时限，在时间上控制工作的拖、混、慢等现象发生。同时，在安排项目前认真搞好调查研究，合理确定所需人员数量和结构，有效配置人力资源，控制审计成本。二是严格贯彻审计署《审计项目质量控制办法》，严格执行三级复核制、审计质量交叉检查制和目标责任考核奖惩制，实现全程质量控制。三是实行审计简报制，要求每个审计组在征求意见稿出来之前，必须书面将审计发现的主要问题及形成原因以简报形式报分管领导，以便领导及时掌握重大问题和防止审计事实不清、漏报瞒报等现象发生，形成一级抓一级，组员对组长负责，组长对领导负责，层层抓落实的良好局面。四是重视信息化建设，在审计方式方法上求创新。应用联网审计系统对地税征管情况进行审计时发现房地产企业2户预售收入未计缴营业税等256.72万元、未按规定预缴企业所得税240.19万元、未按规定预缴土地增值税36.61万元；1户未代征营业税等37.05万元；4户代缴车船税的保险机构未按照规定设置、保管代收代缴税款账簿，提高了审计效能。五是加强党风廉政建设，认真组织全体职工学习党风廉政建设有关规定和审计“八不准”纪律，签订党风廉政责任书，建立审计廉政监察员制度，做到依法从审、廉政从审。在向被审计单位发出《审计组遵守审计纪律情况反馈卡》中，没有发生审计人员不廉洁行为。

（撰稿　樊永军）

## 质量技术监督

【概述】 质量技术监督局在职干部职工16人，内设办公室、综合科、监督科、特设科。在做好质量、计量、标准化基础工作的同时，认真做好专项整治工作，抓好“食品质量”和“特种设备”安全，充分发挥部门职能作用，加大源头监管和行政执法力度，净化市场。年内，被宣威市委市政府命名为宣威市文明单位。

【产品质量和食品安全】 全市共有85家企业取得全国工业产品生产许可证，其中食品生产企业61家，工业产品生产企业24家。累计出动巡查人员500余人次，发放产品质量和食品安全类宣传资料3 000多份。完成81家生产企业的普查建档工作并录入质量档案管理系统，实行动态监管。指导13家食品生产企业取得生产许可证，帮助18家食品生产企业完成生产许可证换证工作，年审食品取证企业36家。对全市火腿、白酒、糕点等55家企业进行定期监督抽查，对重要的指标进行风险监测。建立食品生产企业添加剂使用备案制度，对使用添加剂的45家企业进行了备案登记。

【特种设备安全监察】 全市共有特种设备使用单位477家，注册特种设备2 170台（件），其中锅炉290台、压力容器815台、电梯136台、起重机械485台、厂内机动车440辆、游乐设施3台、压力管道518千米，各类气瓶67 962只。全年，共出动执法人员256人次，检查特种设备1 820台次，排查各类隐患180条，发出安全监察指令书29份，立案查处各类违法案件23起，与特种设备使用单位签订安全生产责任书102份。开展气瓶、起重机械、锅炉等专项整治，加大了特种设备人员培训力度，对新安装的28台锅炉、42台压力容器、96台电梯、54台起重机械、1台游乐设施、1 180米压力管道进行现场勘验及安装过程监管。配合曲靖局培训特种设备作业人员120人。定期召开季度安全形势分析会，全年安全形势总体平稳，继续保持“零死亡”目标。

【行政执法】 把整顿和规范市场经济秩序、提升行业产品质量作为工作重点。完善打假责任体制，划分区域，明确职责，责任到人。对辖区内企业数量、质量状况实行动态监管，建立打假长效机制。结合地方经济发展现状，狠抓行业性的专项整治。加强在建重点工程项目、房屋建筑施工工地的钢筋、水泥、电线电缆、低压配电柜等建材产品的专项检查。共开展建材、农资、特种设备、食品、等产（商）品专项整治行动6次，立案74件，办结行政案件66件，办理上级移送案件3起，受理消费者投诉27起，为消费者挽回经济损失15余万元。

【标准化和计量】 充分发挥标准化、计量的基础性作用，加强标准查询、备案、生产许可申报、烤烟标准化示范区的建设，帮助企业制定、修订企业标准，对企业标准已过期或技术指标不合理、名称不规范、文本格式不规范等问题进行指导。开展标准查询服务80余人次，审查企业标准90份，对辖区内食品企业引用标准进行清理，督促企业按标准组织生产，彻底杜绝无标准生产现象。加大条码知识的宣传，帮助7家企业申办商品条码，完成90家生产加工企业标准化现状调查工作。建立全市1 000千克以上衡器、加油机、眼镜测量计量器具、医疗卫生计量器具、企业最高计量较准器具、天平等6类强制检定计量器具明细台账并录入微机，进行动态跟踪管理，督促企业积极申请同期检定。年内，检定计量器具1 612台（件），其中加油机661枪，压力表297块，天平80台，衡器574台。

【组织机构代码】 组织机构代码证新办证、变更、换证共1 210套，年检1 204套，废置34套，挂失16套，迁出1家。办理其它业务1 397件次，办理代码违规当场处罚391件。清理组织机构代码数据4 964条，合格率为100%；有效库电子档案完成率94.87%，电子档案有效上报率为100%。自2009年7月份进驻政务中心以来，连续被宣威市政务中心评为“红旗窗口”。

（撰稿　杨春芳）

## 食品药品监督管理

【概述】 食品药品监督管理局人员编制20人，实有干部职工20人，内设办公室、综合科和食品安全协调与监察科3个科室。

年内，积极发挥食品安全委员会办公室职能，认真抓好食品安全综合监管工作。大力整顿和规范药品市场秩序，开展多项专项整治，加强药品医疗器械不良反应（事件）和药物滥用监测工作，巩固农村药品“两网”(药品供应网、药品监督网）建设，开展医疗机构“两个规范”检查工作，做好GSP认证相关工作，深入推进食品药品放心工程。全年，完成了城区146家《药品经营许可证》到期的换证，乡（镇）347家GSP认证申报工作，新申办《药品经营许可证》64个，《医疗器械经营许可证》14个。

【食品专项整治】 充分发挥职能作用，着力开展督察落实和信息通报，资料收集、整理、上报工作，出台了《宣威市学校食品安全专项整治工作实施方案》，分别在元旦、春节、“两会”及高中考期间牵头专项整治活动，并开展了“地沟油”、“不合格一次性筷子”、问题乳粉等专项清查。通过专项整治，共取缔无证无照食品生产经营户62户，立案查处违法行为19起，责令整改224条，查获不合格食品2 656千克。11月16日由市政府组织，市食品安全委员会办公室牵头，从卫生局、食品药品监督管理局、质监局、工商局、畜牧局、教育局、经济局等7个部门抽调执法人员45名，分成9个组，深入全市城乡开展食品医药安全联合监督检查活动。

【整顿规范药品市场】 全年累计完成药品监督抽检60个批次，不合格11个批次，不合格率达18.3%。积极做好“三项监测”（药品不良反应监测、医药器械不良事件监测、药物滥用监测调查），共收集不良反应报告153例，药物滥用报告105例。把药品安全专项整治与重点时段的药械安全保障工作相结合，分别在元旦、春节、“两会”、高中考及“爱国歌曲大家唱.云南宣威公安篇”大型文艺演出期间开展药械专项检查活动，有效保证了重点时段的药械安全。及时组织人员开展假药“消渴平”、“补肾益脑胶囊”、“虫草肾阳丸”及甲流疫苗、假冒人用狂犬疫苗、利用互联网宣传销售假药等系列专项检查。共向外地食品药品监督管理部门或生产企业发出协查函19个，函复6个，其中有4个属于假药。全年共出动稽查人员880人次，检查涉药涉械单位890家，立结行政处罚案件153件，涉及物品1 147批次，涉案总值17 585元，罚没款金额150 926.5元。成功查获市民举报销售假劣药品案1件，并实行了先行支付和兑现奖励。

【农村药品“两网”建设】 全市农村药品零售企业423家，农村药品供应点237个，356个村级卫生所，药品供应网建设覆盖率为100%。在26个乡（镇、街道）“经济管理办公室”加挂“食品药品安全协管站”牌子，102名经济管理办公室人员作为兼职协管员，聘请356名村（居）委会副主任（文书）为食品药品安全信息员，药品监督网覆盖率达到100%，达到“村村有信息员、镇镇有协管员”的目标。

【药品检测车运行】 检测车到达宣威、会泽、富源共37个乡镇和80个行政村或自然村，出动行政执法人员和车载技术人员115余人次。对52家药品、医疗器械经营、使用单位进行了日常的综合监督检查。总共抽样检测416批次，实际抽样4批次，经法定检验后的不合格率为75%。

【GSP认证工作】 318家到期GSP认证的药品零售企业上报了认证资料，28家药品零售企业通过第一次GSP认证，93家企业通过第二次认证。

【宣传培训】 开展食品药品医疗器械安全宣传活动4次，通过摆放展板、悬挂布标、展示假劣药品、发放宣传资料及安全用药咨询等方式，累计发放宣传资料5 000余册，接受1000余人安全用药咨询，提高了群众饮食用药安全意识和能力。举办培训会3次，即换发药品经营许可证培训会、GSP认证培训会和农村食品药品安全协管员和信息员培训会。

（撰稿 孙 婷）

## 安全生产监督管理

【概述】 安全生产监督管理局共有干部职工19名，内设（办公室〈加挂市安委办牌子〉、危化品安全监管科、非煤矿山安全监管科、安全监察执法大队、宣传教育培训科、综合科、应急办）7个职能科室，设宣威市安全生产教育培训中心，对全市非煤矿山、危化品、烟花爆竹等生产经营单位及其他依法取得生产经营资格的工贸企业从业人员进行培训。年内，履行安全生产综合监管职责，制定下发文件和明传23份，组织开展非煤矿山、危化品生产经营、重点建设项目、水运、道路交通、烟花爆竹等各类安全生产专项检查6次。培训非煤矿山、危化品、烟花爆竹等行业从业人共计3 854人，组织电工、焊工等特员培训12批次。11月，宣威市人大对安监局开展工作评议并授予其为“人民满意单位”。

【事故控制】 全市共发生各类安全生产事故25起，死亡23人，伤21人，直接经济损失168.81万元，死亡人数占曲靖市下达控制指标38人的61%。其中煤炭行业死亡控制指标12人，死亡1人，占控制指标的8%；道路交通死亡控制指标23人，死亡19人，占控制指标的的83%；工矿商贸企业死亡控制指标3人，死亡3人，占控制指标的100%。

【执法检查】 组织开展非煤矿山、危化品、烟花爆竹等行业执法专项检查6次，严厉打击各类非法违法生产经营建设行为，共查处安全生产违法案件51起，罚款入库31.9万元。

【隐患排查治理】 共检查非煤矿山、危险化学品、烟花爆竹企业956户（次），查出隐患2 024条，下发整改指令81份、行政处罚决定书21份.依法关闭非煤矿山2个，取缔烟花爆竹非法生产窝点1处、无证经营烟花爆竹27家，没收烟花爆竹产品41件。

【应急救援】 建立和完善市、乡、企业三级安全生产应急救援预案及事故防范、预警、处置机制，加强安全生产应急救援演练，增强企业防范应对各类突发事故的能力。全市各类企业和行业共组织应急救援演练活动500余次。

（撰稿 陶 红）

## 煤炭安全监管

【概述】 煤炭工业管理局（简称市煤炭局）有在职职工742人，其中公务员24人，事业编制人员133人（其中煤管所53人），临时工70人，局属企业在职职工515人，先养先退人员16人，离退休人员95人。有党员228人（其中女党员53人，少数民族党员24人，预备党员6人），党员总数占职工总数的29.5%。煤炭局下辖电煤开发公司（集体），煤炭供销公司、煤炭运输公司、矿山机械总厂、煤炭经贸公司（集体）5个企业15个产煤乡镇（街道）的煤管所。局党委下设机关、开发服务中心、矿山救护中队、调度科、老年、煤炭供销公司、煤炭运输公司、矿山机械总厂、煤炭经贸公司共9个党支部。

按照“强监管、保安全，建骨干、打基础，兴科技、上水平，抓整合、促发展，活流通、增效益”的工作思路，切实强化安全监管，加大煤矿技改投入，强化内部管理，努力提高煤炭经济效益，全市煤炭经济实现了稳步快速发展。

【煤炭生产】 全市乡镇煤矿163对井，从业人员22 506人，共生产原煤1 060万吨，实现工业产值25亿元，与上年同期相比分别增2.3%、19%；共完成基建技改投资7.03亿元，完成全年计划任务6.8亿元的103.3%；上缴税金3.73亿元（其中国税3.25亿元，地税0.48亿元）；局属经营企业共完成营业、代销收入17 910.2万元，上缴税金603.47万元，盈利0.34万元。

【安全管理】 创新安全监管方式，强化安全监管，努力实现安全生产。一是建立健全安全生产责任体系和“一岗双责”责任制，狠抓责任制的落实。全局上下始终牢固树立“以人为本、安全为天”的理念，把煤矿安全工作作为第一要务，建立健全安全生产责任体系和“一岗双责”责任制，狠抓责任制落实。市煤炭局与各煤管所、各煤管所与各煤矿、各煤矿与班组和职工层层签订了安全生产目标责任状，严格实行考核奖惩。各煤管所实行分片或包矿责任制，形成自上而下，自下而上，横向到边，纵向到底，一级抓一级，一级保一级的安全生产监管机制。市煤炭局成立了2个督导组和9个挂片检查组，所有班子成员和安全监管人员对15个产煤乡（镇）的煤炭安全生产实行分片挂钩负责，缴纳安全风险抵押金，实行目标考核奖惩。在建立完善安全生产责任制的同时，狠抓监管责任制的落实。坚持每月24日召开局挂钩片组监管人员会议，每月25日召开所长调度会议，听取工作情况汇报，安排部署下步工作。同时，不定期召开安全生产办公会议，研究解决存在的重大问题。切实抓好驻矿监督员队伍建设，市煤炭局对高瓦斯矿井聘用了2名、低瓦斯矿井聘用了1名驻矿监督员，强化对矿井现场作业的安全监管。

二是认真抓好两个主体责任的落实。严格规定煤矿主要负责人和生产经营管理人员必须下井带班指挥安全生产、特员必须现场跟班作业，对不按规定执行的严格依照有关法规和规定从严从重处罚。严格执行矿长外出请销假制度，矿长外出必须向乡镇分管领导和煤管所请假，经批准后方可外出。严格教育管理和培训制度，凡是安全第一思想树立不牢或是现场管理严重不到位的，实行强制培训。存在重大安全隐患或主体责任不落实的煤矿一律实行停产整顿（改）或挂牌督办，并进行行政处罚。加大安全监管执法力度，切实履行监管部门的主体责任。煤炭局、煤管所坚持每月开展一次全面的安全大检查，认真排查煤矿存在的安全隐患，并对查出的隐患进行汇总分析，分类排队，对隐患突出矿井和存在重大安全隐患的矿井安排专人进行跟踪督促检查，督促煤矿做到不安全不生产，隐患不排除不生产。煤炭局每月组织一次夜查，煤管所每月组织四次夜查，重点检查煤矿安全生产主体责任的落实情况，对主体责任落实不到位的煤矿实行重处重罚。严格执行停产整改和行政处罚制度。全年共组织开展全市性安全大检查11次，专项检查8次，重点督查12次，局、所夜查10次，共检查2 426井（次），查出安全隐患16 037，其中重大隐患98条（已整改92条，正在整改6条），责令停产整改251井（次），处罚98井（次），罚款155万元，实行局强制教育培训4对矿井、所强制教育培训4对矿井，2对矿井实行挂牌督办。切实加强对局、所监管人员履职的监督检查，确保监管人员的责任落实到位。同时，为充分发挥煤管所在监管中的基础性、主导性作用，对煤管所安全生产技术监管工作进行了硬性规定，为规范煤管所监管工作和定性定量检查煤管所监管工作提供了依据，有力促进了煤管所监管工作的主动积极开展。

三是强化措施、狠抓“雨季三防”工作。督促煤矿抓好防雷设施建设，高瓦斯矿井瓦斯抽放泵站的防雷设施必须齐全可靠。四是以治大隐患、防大事故为根本要求，全力打好瓦斯治理、防治水、顶板管理3个攻坚战。始终认真贯彻落实“先抽后采、监测监控、以风定产”的瓦斯治理12字方针和“通风可靠、抽采达标、监控有效、管理到位”的瓦斯治理16字工作体系，把高瓦斯矿井列为重点监管对象，全市26对高瓦斯矿井，24对已进行突出危险性鉴定，2对矿井已经和鉴定部门签定了协议，正等待鉴定。22对矿井已安装瓦斯抽放系统,全市所有矿井安装使用瓦斯监测监控系统177套，其中实现市级联网27对。

四是以通风质量标准化建设为突破口，从通风系统整治、瓦斯检查制度落实、监测监控系统的正常使用、煤与瓦斯突出防治、机电设备管理等方面狠抓落实，严防瓦斯事故的发生。督促煤矿严格执行“预测预报、有疑必探、先探后掘、先治后采”的探放水原则，落实“防、堵、疏、排、截”五项综合治理措施，查明矿井井田范围内的老窑积水情况，制定水害防治措施，对水害情况不清或虽已查清但未采取安全防范措施的，一律停止采掘作业，确保不发生透水事故。在顶板管理方面积极引导煤矿在回采工作面推行单体液压支柱支护，逐步淘汰摩擦金属支柱，取缔木支护，推行正规循环作业；井巷掘进推行锚喷支护和金属支护，消灭无支护巷道；加强回采工作面初次放顶、收尾、过断层、老巷、破碎带的顶板管理和支护，加强超前支护、端头支护、特殊支护，掘进工作面加强前探梁支护或临时支护，严禁空邦空顶作业。

五是以标准化、规范化建设为目标，强化达标意识，全力抓好质量标准化建设和安全基础工作。6月组织全体监管人员对有证煤矿进行安全文明示范化标准化验收，通过验收18对示范化矿井达二级的3对、三级的10对、不合格5对。10月组织对21对安全质量标准化建设矿井验收，6对一级安全质量标准化矿井达二级的4对、三级的2对；15对二级质量标准化矿井达二级6对、三级7对、1对不达标、1对未验收。全年全市乡镇煤矿共发生死亡事故1起，死亡1人，原煤生产百万吨死亡率为0.09人。

【矿井建设】 加大投入，强化技术管理，夯实发展基础。大力推广使用先进工艺、装备，全面提升煤矿安全基础。针对煤矿安全基础普遍薄弱，装备水平普遍不高的实际，始终把加大煤矿安全投入，推广使用先进工艺、技术，提高矿井装备水平作为提升矿井安全生产保障能力的重要手段。全年共投入基建技改资金7.03亿元，共建成壁式工作面156个，其中单体支柱工作面80个，急倾斜煤层建成柔性掩护支架工作面11个；1对矿井实现机械化掘进，10对矿井实现连续机械化运输；新增安装架空人车矿井2对，新增锚喷、锚杆、锚网、工字钢和U型拱梁支护矿井51对；26对高瓦斯矿井中24对已安装瓦斯抽放系统，2对正在实施安装工作；3对矿井正在进行巷道改造。以基础建设和基础管理为重点，狠抓安全文明示范矿井和质量标准化矿井建设,提升矿井的安全保障能力，制定了《安全文明示范矿井建设工作方案》、《质量标准化建设方案》、《安全文明示范矿井验收试行办法》，下达了18对安全文明示范矿井建设和21对质量标准化建设工作任务，并制定了考核奖惩办法，实行分片包干负责制，强力推进建设进程。切实加强对安全文明示范矿井和质量标准化建设矿井的检查、督促、指导。在每月的监管检查中都要对建设情况进行检查，实行煤矿、煤管所每月进行检查验收制度，市煤炭局每季度进行检查验收通报制度，对建设缓慢的坚决限期整改。狠抓基础建设，提升煤矿安全基础，年初下发了《关于认真做好2010年春节前后煤矿安全基础改造工作的通知》，要求煤矿春节前后抓住检修时机，认真抓好通风系统、供电系统、运输系统、排水系统、压风系统等基础建设和改造工作，全面提升煤矿安全基础。二季度、三季度、四季度分别出台了专项整治工作方案，重点对矿井通风瓦斯、汛期防治水和顶板管理进行重点整治。狠抓安全基础管理，强化井下现场管理。大力推广白国周班组管理法，在20对矿井中进行试点推广，狠抓领导带班和特员跟班作业制度的强制执行，强化煤矿领导和特员职责履行，抓好作业现场隐患排查治理，确保作业安全。

**【教育培训】** 强化教育培训，努力提高安全意识和操作技能。认真抓好年初复产前职工全员培训及矿长、副矿长、专业技术人员的学历教育和特员培训，全年共培复训职工24 379人，培复特员24期2 133人，组织矿长、副矿长233人按时参加省级组织的培复训。聘请专家对73个监管人员及煤矿技术人员进行为期4天的采煤工艺及顶板管理专题培训，与市红十字会配合培训卫生救护员4期507人。通过教育培训，有效地提高了管理水平和操作技能。

（撰稿　胡　玉）

## 社会经济调查管理

**【概述】** 宣威调查队属国家统计局派出机构，列入地方中直机关管理，规格为正科级，设办公室、综合法规科、业务调查科、住户调查科、价格调查科5个职能科室，编制14人。年末有职工15人，属参公管理事业单位。2010年，统计调查工作在全省42个县级调查队中被云南调查总队连续综合考评为一等奖。

**【信息咨询服务】** 根据统计调查资料，撰写调查报告11篇，调查内容涉及生猪生产、粮食、市场物价、农业生产资料价格、城乡居民生活等。其中《一季度宣威人民生活调查报告》等三篇调查报告被分管副市长批示。全队共提供分析信息152篇（条），被省级采用135篇（条），采用率达88.82%，汇编《宣威市城乡居民、物价、工价、农产量、生猪生产调查主要经济指标》月报12期共960本，每月10日前送四班子领导和相关部门，为市委、政府提供准确、及时的决策依据。配合市统计局编印《宣威市2010年度国民经济和社会发展统计资料》，及时提供给市委、政府领导和各单位使用。

**【统计调查执法检查】** 统计“五五”普法工作领导小组根据《中华人民共和国统计法实施细则》规定，7月初对各专业的基层表和台帐进行自检自查。并与市统计局、司法局和监察局联合成立执法检查组，于7月20～23日分别对双河、龙潭、羊场和宛水等4个乡（镇、街道）的《统计法》和《统计违法违纪行为处分规定》贯彻执行情况进行检查，还抽查了6家工业品价格调查企业和5个物价调查点，没有发现统计违法行为。通过检查抽查，有力地推动了统计调查工作规范化、法制化。

**【住户抽样调查】** 住户抽样调查分农村居民调查和城市居民调查两项。农村居民调查在全市26个乡（镇、街道）抽中132个调查点720户农户。为夯实调查基础，提高数据质量，经常走村串户，指导记账户，及时准确地记好家庭现金和实物收支账，并认真审核编码，按季对账页进行归类整理，录入审核汇总，实行严格的质量检查和分析评估。城镇居民调查在宛水、西宁、双龙三个街道抽取100户城镇居民家庭户进行经常性收支调查。建立严格的访户制度，记账户填报数据实行日记账，按月进行账本数据审核、编码，审核录入计算机汇总，执行严格的数据审核评估制度。

**【价格调查】** 一是流通和消费价格调查。为做好价格指数计算，调查人员在市区和落水、热水、羊场、龙场等8个乡（镇、街道），对74个调查网的689个品种坚持定时、定点、定人直接采价，保障价格资料具有完整的真实性、科学性和准确性。与居民生活密切相关的商品每月6次的采价，一般性商品每月采价3次，确保居民生活消费价格指数（CPI）、商品零售价格指数、农业生产资料价格指数等编制的科学性和准确性。二是工业品价格调查。在全市共抽中21个工业企业进行调查，代表产品有81个，产品涵盖煤炭开采和洗选产品、黑色金属冶炼及压延加工产品、电力生产与供应产品等14个大类行业。经过认真审核、录入、整理，编制出宣威市工业品出厂价格指数和原材料、燃料、动力购进价格指数。同时上报云南调查总队，为科学计算工业发展速度提供真实可靠的基础数据。

**【农产量抽样调查】** 在全市26个乡（镇、街道）的132个村聘请辅助调查员进行农产量调查。调查队严格执行调查方案，加大培训力度，加强业务指导，工作人员经常深入乡村和田间地块，紧紧把握核实种植面积，排队抽选地块、踏田估产、放样、实割实测等环节，使测产结果能客观地反映全市粮食生产实际水平。

**【主要畜禽调查】** 在全市抽取33个调查小区的3 381户农户和277个规模养殖户进行主要畜禽监测调查。以调查数据推算全市生猪、牛、羊及家禽的存栏、出栏数据以及能繁母猪数量，客观地反映全市生猪、能繁母猪、牛、羊及家禽的生产发展。并上报云南调查总队推算确定宣威市的畜牧业生产数据。

【专项调查】 抽取41个村260户农村居民家庭进行贫困监测,其中100户调查资料上报省贫困监测领导小组办公室。抽取9个村90户已实施退耕还林的农村家庭户进行退耕还林的生产生活监测，调查结果上报省退耕还林监测领导小组办公室。完成城市环境满意率问卷调查、党风廉政建设民意调查、城乡调查网点样本轮换工作，同时派员参加全国的文明城市测评工作。

（撰稿　陆家栋）

## 农村经济管理

【概述】 农村经济经营管理现站有在职职工36人，年末有32人，其中有专业技术员18人，高级经济师1人，高级农艺师1人，经济师7人，助师9人，管理人员4人，工人10人。年内开展农村土地承包合同纠纷调处，农村集体资产及财务管理发展壮大集体经济。创建农民专业会作社，村容村貌整治，人员培训农村经济统计等工作。

【土地承包合同管理】 针对农村土地承包纠纷逐步进入高发期这一态势，把土地承包纠纷由“被动”开展转变为“主动”出击。12月分别在东山、宝山、双河对村级土地调解员进行一周培训，通过培训使村组干部进一步提高化解因承包土地而引起的纠纷，把问题和矛盾解决在萌芽状态，促进农村社会和谐与稳定。市农经站共接待纠纷上访15件，调处5件，其余协调有关乡村已进行了调处。第三季度，土地流转总面积为5 289公顷，其中转包864.07公顷；转化145.93公顷；互换2 101.87公顷；出租1 591.67公顷；其它形式流转585.47公顷。按流转去向划分：流转入农户的面积为4 753.07公顷；流入企业面积为244.93公顷；流转人其它主体面积为263公顷。涉及转出农户20 958户，已签订流转合同789份，面积为342公顷。通过乡、村、组织流转的价格在250～450元，最高的达1 016.9元。农户间自发流转的平均每亩100元左右。流转期限以中短期为主，10年以下的占50%左右。随着农村经济发展和现代农业的推进，农经站积极筹建农村土地流转中心，使市有服务中心，乡有服务大厅，村有信息联络员的三级土地流转的网络，为土地流转提供政策法律咨询，流转信息发布，合同签定鉴证，土地收益评估，建立流转档案等服务。

【农村集体资产及财务管理】 农经站积极参与村级会计委托代理服务工作，制定工作方案，并统一刊刻了各乡（镇）村级会计委托代理服务核算中心“印章”，制作了牌子，签订了委托代理协议书，每个服务中心配备3～5人业务人员，共817人，其中乡（镇）级90人，村级355人，村小组级372人，市财政专款配置了27套电脑和财务软件。各村坚持民主理财和财务公开，并纳人乡（镇）千分制考核。配合纪委、财政局等部门深入农村进行了农村财务管理调研，针对农村财务管理存在的问题和经验都作了认真分析，形成调研报告，为下步农村财务管理规范化、制度化奠定了基础。根据市政市办公室要求，对全市各乡（镇）村级债务进行了清理收集汇总工作，对其他公益性乡村债务进行了清理核实。共清理核实其他公益性乡村债务1 513笔，计55 715万元，其中2005年12月31日止的债务610笔，计16 227万元，其中村级债务443笔，计4 738万元，乡级债务167笔，计11 489万元。2006年到2009年12月31日的债务903笔，计39 488万元，其中村级债务674笔，计10 083万元乡级债务229笔，计29 405万元，已化解2 855万元，实有债务36 633万元。乡村两级实有债务49 255万元，乡镇平均债务1 894万元，村级平均债务138万元，农民人均债务378元。

为确保村“两委换届选举顺利进行，由市纪委牵头组成工作组对全市355个村委会财务进行审计，参加人员185人，审计全额51 862万元。通过审计，保证了党的惠民政策在农村得到较好的落实，使群众明白，还干部清白，抑制了违规违纪现象蔓延。

【村容村貌整治】 年内，有田坝镇石坡村委会老鹳窝、热水镇关营村小海子、东山镇火石盘村三组、龙场镇得所村夏家村、宝山镇宝山村树打箐、龙潭镇营上村三家村、西泽乡西泽村14组、格宜镇得马村11组、热水镇花鱼村黄沙坡、得禄乡色空村中梨树村、双龙街道双圩四组、落水镇三道村八组、落水镇黄路村邱湾村，格宜镇翠华村中村、东山镇坪子村阿么麻村、西泽乡糯养村八组、热水镇中村下村共17个村进行村容村貌整治。总投入资金290.93万元，其中省级拨款170万，州市拨款5万，县级补助4万，乡镇补助36元，村级补助35.2万，社会资金26.18万，群众自筹11.6万，群众投劳投物折资96.9万元，受益1 917户、7 091人。至年底已完成道路修缮硬化10.4千米，支砌排灌沟渠5.64千米，建人畜饮水管道3 250米，危房改造10幢2 400平方米，挖引水沟渠2 000米，畜圈改造117间，村底绿化植树1 350棵，支砌档墙1 471.85立方米。5月，对2009年17个村的村容村貌整治进行了检查验收和绩效评价。通过市、乡、村三级联动齐抓共管17个建设村在生产发展、农民增收、村容整治、基础设施建设、社会事业等方面都取得了明显成效，其层组织的战斗力、凝集力、号召力明显增强，有力地推进了社会主义新农村建设步伐。

【发展壮大农村集体经济】 年内，拟申报了龙潭镇龙潭村小集市商铺建设、热水镇得德村小集市建设、倘塘镇旧堡村集贸市场建设、西泽乡石城村小集市建设、报桥镇下村蔬菜大棚建设、海岱镇乐所村小集市建设。至年底已有3个建成2个在建设中，已完成市场街面硬化4 710平方米，支砌排水沟渠272米，建摊位220个，建商铺5间160平方米，市场绿化植树130株。

【创办农民专业合作组织】 全年共有3个项目，其中中央补助2个、省补助1个。中央补助的是格宜镇的魔芋协会，扶持种植大户100户，扶持资金8万元，每户10包化肥共800元。开展技能培训700人6万元，中央扶持3.5万元，自筹2.5万元。新品种引进示范50亩3万元、中央扶持2万元，自筹1万元。购置信息网络办公设备1.5万元完全由中央财政补助，农产品基地质量标准认证6万元。购种植科普图书0.5万元，聘请专家科研费等3.5万元，市场开拓费1.5万元。

龙场镇龙场村宏源牧业肉牛养殖合作社引进安格斯等4个优质肉牛新品种共20万元，建养殖场青贮池、氨化池12.95万元，购买新型铡刀机1.05万元，会员养殖培训100人1万元。省补助的项目1个，龙场勺姑村马铃薯种植合作社已培训社员100人，建贮藏室300平方米，制作了马铃薯营销包装700个。这3个合作社已建立项目建设领导小组，职责明确，分片分户包抓重点示范户，同时还组织了两期共200人的“阳光工程”农民专业合作社负责人培训项目。

【农村经济统计】 按时、按质按量完成农户经济收益季报、年报、预测报表等。全市26个乡镇街道，共有354个村，3 322个村民小组，371 037户农户，1 283 366人。有农村经济总收入641 598.85万元，农业总收入226 671.67万元，农民所得总额376 283.1万元，农民人均纯收入2 932元。

（撰稿　杨其忠）

# 经济贸易

责任编辑　陶广顺

2010年6月28日，中华全国供销合作总社领导在云南省、曲靖市领导陪同下到宣威农资配送中心、农特产品交易中心调研。

（市供销社　供稿）

# 工业经济运行分析

【概述】 宣威市经济局是宣威市人民政府工业经济、中小企业、乡镇企业、非公经济和盐务管理的行政主管部门，下设办公室、法规科、经济运行科、企业改革发展科、技术创新与进步科、资源综合利用科、工业科、中小企业科、乡镇企业科、能源协调科、培训中心、中小企业担保中心、财务室、节能科、盐务科、节能监察大队和轻工劳动服务中心，现有在职在编干部职工60人。

2010年，经济局紧紧抓住经济复苏的机遇，围绕工业发展目标，从完善工业发展考核和激励机制入手，加强生产要素的组织和协调，引导企业加大投入，积极调整结构，转变发展方式，坚决淘汰落后产能，积极发展先进产能，实现了工业经济在严峻形式下的持续发展。全市工业经济总体呈现出"四增一升四好"运行态势，但产业升级慢、存量减少快、增量增加慢，工业经济形势仍然面临挑战。

【工业经济运行情况及特点】 产值、产业、投资、产品四增。全市工业总产值完成142.8亿元，比上年增15.71%；工业增加值完成58.24亿元，比上年增14.9%。其中规模以上工业产值完成88.97亿元，比上年增5.07%；规模以上工业增加值完成30.3亿元，比上年增12.2%；规模以上四大支柱产业继续保持增长。规模以上主要支柱产业中，煤炭、化工、建材和冶金产业的增速继续保持正增长。其中煤炭工业完成产值15.8亿元，比上年增23.53%；化工工业完成产值27.2亿元，比上年增8.24%；建材工业完成产值7.79亿元，比上年增23.45%；冶金工业完成产值3.11亿元，比上年增40.72%。规模以上四大产业产值累计达53.9亿元，占规模以上工业产值的60.6%，成为拉动工业经济增长的主导力量。工业投资稳步增长，累计完成34.7亿元，比上年增4.8%；四种主要产品产量持续增长：原煤产量119.56亿千克，比上年增3.75%；洗精煤产量4.98亿千克，比上年增17.69%；化肥折纯产量4.52亿千克，比上年增17.39%；水泥产量26.42亿千克，比上年增9.35%。

规模以下工业增速回升。规模以下工业完成总产值53.83亿元，比上年增30.2%。

大企业、非公企业、节能降耗、煤电运力运行呈现四好。大企业支撑作用明显。云峰公司化肥折纯产量4.33亿千克，比上年增18.7%，完成产值19.85亿元，比上年增25.4%；磷电公司生产黄磷4 960万千克，比上年降30.3%，完成产值7.91亿元，比上年降1.1%；宇恒公司生产水泥19.62亿千克，比上年增4.5%，完成产值5.89亿元，比上年增14.4%；宣峰水泥公司生产水泥5.26亿千克，比上年增80%，完成产值1.54亿元，比上年增92.5%；宣威革香河公司发电2.04亿度，比上年降6.9%，实现产值1.5亿元，比上年增12.8%；金精公司生产铁合金4 050万千克，比上年增111%，完成产值3.09亿元，比上年增42.4%。

全市主营业务收入2 000万元以上企业达44户，累计主营业务收入73.3亿元，占规模以上工业主营业务收入79.4亿元的92.3%，累计工业产值83.4亿元，占全市工业产值142.8亿元的58.4%，占规模以上工业产值88.97亿元的93.7%，累计工业增加值28.4亿元，占全市工业增加值58.2亿元的48.9%，占规模以上工业增加值30.3亿元的93.9%，超2 000万元销售收入企业成为全市工业经济的主要支柱。

乡镇企业和非公经济平稳发展。非公经济实现增加值62.5亿元，比上年增18.5%，占GDP的比重43.9%，比2009年提高了2个百分点；实现税金5.31亿元，比上年增13.9%；注册资金37.56亿元，比上年增20%；非公企业15 485户，比上年增18%；从业人员67 812人，比上年增12.8%。乡镇企业工业现价产值71.65亿元，比上年增13.7%；实现现价增加值37.94亿元，比上年增12%；完成工业增加值24.47亿元，比上年增12%；上交税金3.24亿元，比上年增21.3%。

节能降耗工作完成情况较好。规模以上工业能源消费总量11.72亿千克（等价值），万元增加值能耗3 860千克标准煤，比上年降6%。8月以来，采取对10户高能耗企业限能的方式，降低单位产品能耗，主要工业企业产值能耗保持平稳下降趋势，万元GDP能耗下降4.1%，完成了降4%的考核任务。推广使用高效节能灯12万只，完成能源审计1户，清洁生产审核1户。

电、电煤、运力充足。电、电煤、运力供应保障较好，全市生产原煤119.56亿千克，供国电宣威公司电煤46.1亿千克。全市供电量18.94亿度，比上年增14.51%；工业用电量14.9亿度，比上年增3.4%。火车站累计装车3.5万车，比上年增5%，累计发送货物20亿千克，比上年增10%。

园区工业经济聚集发展。园区工业总产值实现77.8亿元，比上年增15.9%。规模以上工业产值完成64亿元，比上年增5.3%,工业增加值完成27.1亿元，比上年增14.8%,规模以上工业增加值完成22.4亿元，比上年增5.4%；固定资产投资完成23.3亿元，比上年增32%;工业投资完成11.8亿元，比上年增34%。

【主要指标和目标分析】 全市工业产值完成142.8亿元，比上年增15.71%，完成计划142亿元的100.6%；工业增加值完成58.24亿元，比上年增14.9%，完成计划58亿元的100.4%；规模以上工业增加值完成30.3亿元，比上年增12.2%；主营业务收入完成79.37亿元，比上年增0.8%；利税总额完成3.62亿元（其中税收4.52亿元），比上年增11.5%；利润总额亏损0.905亿元，比上年减亏56.05%；工业投资完成34.7亿元（含电网建设投资），完成曲靖市年度考核计划的103.6%，其中加工制造业完成投资13.75亿元，比上年增29.5%，完成曲靖市年度考核计划的125%。全市非公经济组织15 485户（其中个体工商户14 163户，比上年增18.3%；私营企业1 322户，比上年增12.6%，），比上年增18%；注册资金37.56亿元（其中：个体工商户5.28亿元、私营企业32.28亿元）；从业人员67 812人，比上年增12.8%；上缴税金5.31亿元，比上年增13.9%；实现增加值62.5亿元，比上年增18.5%，非公经济增加值占全市生产总值的43.9%。乡镇企业完成工业现价产值71.65亿元，比上年增13.7%；实现现价增加值37.94亿元，比上年增12%；完成工业增加值24.47亿元，比上年增12%；上交税金3.24亿元，比上年增21.3%；实现农产品加工业销售产值5.57亿元，比上年增17%。

## 工业经济

**【电力工业】** 全市电力装机220.75万千瓦，其中火电装机199.75万千瓦（其中国电宣威公司装机180万千瓦，磷电公司电厂装机15万千瓦，羊场煤矿装机1.8万千瓦，田坝煤矿装机1.2万千瓦，宣威宇恒水泥有限责任公司余热发电装机0.6万千瓦，云峰公司装机0.6万千瓦，来宾光明煤电和平电厂装机0.55万千瓦），水电装机21万千瓦（其中：响水电站装机10万千瓦，达开电站装机6万千瓦，黄鹰洞电站装机1.89万千瓦，田坝电站装机1.35万千瓦，宣威猫跳石电站装机0.42万千瓦，小江电站装机0.36万千瓦，宣威上河电站装机0.3万千瓦，瑞龙水力发电站装机0.24万千瓦，龟沙河电站装机0.2万千瓦，月亮田电站装机0.08万千瓦，金竹箐电站装机0.06万千瓦，宣威石城电站装机0.05万千瓦，宣威色关电站装机0.05万千瓦）。来宾光明煤电有限公司和平电厂、田坝煤矿电厂、羊场煤矿电厂3个小火电厂已于2010年11月淘汰，共淘汰装机容量3.55万千瓦。阿都电站装机6万千瓦、泥猪河电站装机10.2万千瓦、毛家河电站装机18万千瓦、万家口子电站装机18万千瓦4个水利发电站正在建设中。

受上半年燃煤短缺和下半年水电丰富影响，宣威电厂6台机组发电利用率降低。全市累计发电84.16亿度(宣威电厂62.47亿度，磷电公司6.28亿度，水电13.73亿度，羊场、田坝煤矿等小火电1.68亿度)，比上年降26.89%；全市供电量18.94亿度，比上年增14.51%；工业用电量14.9亿度，比上年增3.4%。电力工业完成产值33亿元，比上年降8.3%。

**【化工工业】** 云峰公司3亿千克/年硫磺制酸技改项目已于2010年12月21日验收试生产，硫酸干吸工序增加低温余热回收技改项目已完成基础设施建设。全年化肥折纯产量4.33亿千克，比上年增18.7%，实现产值19.85亿元，比上年增25.4%；磷电公司磷电一体化黄磷尾气净化发电项目已进行尾气回收试发电，预计可节约7 700万千克标准煤/年，2 500万千克/年磷酸、650万千克/年泥磷制酸、3 200万千克/年三聚磷酸钠项目已建成试运行。全年生产黄磷4 960万千克，比上年降30.3%，实现产值7.91亿元，比上年降1.1%，实现利税9 468万元、利润3 696万元。恒邦公司1亿千克/年低品位磷矿（粉）节能综合利用技术改造项目正在建设之中，计划2011年6月底建成试车投产，建成后可综合利用磷矿粉7 870万千克/年、蛇纹石粉1 375万千克/年、焦炭粉1 300万千克/年、钙镁磷肥高炉剩余煤气1 080万立方米/年，节约标准煤1 520万千克/年。云维乙炔电化一体化项目基础设施建设已基本完工，2011年有望投产。全市化肥折纯产量4.52亿千克，比上年增17.39%，黄磷产量5 020万千克，比上年降33.69%。全年化工原材料、产品价格波动较大，受价格因素影响，全市化工工业完成产值31亿元，比上年增11%。

**【冶金工业】** 革香河公司投资1亿元年产3 600万千克硅锰合金项目第一台炉子已建成试生产;宣威市金龙福利锌业有限公司、宣威市鑫泰制钢有限公司、宣威市威海福利冶炼厂、云南省宣威市金凤福利精锌厂均实施了5 000万千克/年有色金属废渣综合回收利用项目技术改造。因锌价上涨原因，精锌产量1.03亿千克，钢材产量3 437万千克。金精公司生产铁合金4 050万千克，比上年增111%；产值3.09亿元，比上年增42.4%。全市冶金工业完成产值7.6亿元，比上年增40%。

**【建材工业】** 宣威羊场磷电二期日产300万千克水泥项目由云南远东水泥集团有限责任公司与宣威亚鑫经贸有限公司共同投资，于2010年5月11日正式开工建设。宣威市虹桥水泥厂于2010年9月30日前淘汰拆除，宣威市羊场镇普瓦玉合采石厂年产30万立方米商品混凝土搅拌站于12月底建成投产；宣威市炬能建材有限公司、宣威市陶虹新型建材有限公司、宣威市绿洲新型建材有限公司年产20万立方米加气混泥土项目相继建成投产。宇恒和宣峰公司水泥产量大幅增长，市场占有率逐步提高。全市生产水泥26.42亿千克，比上年增9.35%，生产砖5.9亿块，比上年增64%，生产石料338.6万立方米。规模以上5户建材工业完成产值7.9亿元，比上年增23.4%。建材工业实现产值14.5亿元，比上年增23%。

**【食品工业】** 生产火腿4 400万千克，比上年增7.32%。受食品价格上涨的影响，食品工业完成产值6.5亿元，比上年增18.2%，其中规模以上7户食品工业完成产值1.87亿元，比上年增8%。

## 行业管理

**【非公经济发展】** 全市有非公经济15 485户，比上年增18%（其中个体工商户14 163户，比上年增18.3%；中小私营企业1 322户，比上年增12.6%）；注册资金37.56亿元，比上年增20%（其中个体工商户5.28亿元，比上年增20%；中小私营企业32.28亿元，比上年增20%）。实现增加值62.5亿元，比上年增18.5%，占GDP43.9%，比上年提高了2

个百分点，完成曲靖市责任目标的100.16%；实现税金5.31亿元，比上年增13.9%，完成曲靖市责任目标的101%；从业人员达67 812人，比上年增12.8%，完成曲靖市责任目标的103%。

中小企业（非公经济）年销售收入500万元以上企业有124户，纳入规模以上统计的中小企业78户，占全市规模以上企业的88.6%；规模以上中小（非公）企业完成工业产值50亿元，比上年增20 %，完成工业增加值23亿元，比上年增23.6%；规模以下中小（非公）企业完成工业产值47.6亿元，比上年增6.4%，完成工业增加值22.7亿元，比上年增14%；个体工商户完成销售收入46.2亿元，比上年增11%，完成增加值16.8亿元，比上年同期增17.5%；中小企业（非公经济）完成固定资产投资36.72亿元，比上年增19.8%，占全市固定资产投资的50%；非公经济完成社会消费品零售总额42亿元，比2009年增26.6%，占全社会的86.8%。

**【工作重点】** 一是引导非公有制企业调整产业结构。转变经济发展方式，走科技含量高、经济效益好、资源消耗低、环境污染少、人力资源优势得到充分发挥的新型工业化发展道路。充分发挥水电、煤炭、矿产和农业特色资源优势，以好项目、大项目为切入点，大力发展“煤电磷一体化、电矿冶一体化、煤焦化一体化、农工贸一体化”项目，培育和壮大水电、煤炭、化工、建材、特色农产品等支柱产业。

二是着力培育农业产业化主导产业。实施生猪产业“三百”工程，市财政每年预算720万元、落实小额信贷8 000万元予以扶持，建成3 000头以上生猪养殖小区31个，其中万头以上的3个。大力发展龙头企业，积极推进农业产业化经营，构建公司+基地+农户的专业化经营平台，发展巩固资产100万元以上的龙头企业16个、1 000万元以上的5个，年销售收入3 000万元以上的2个，其中4个被认定为省级龙头企业。建成农产品批发交易市场80余个，发展农产品营销大户137户。

三是积极引导非公经济向商贸业、住宿和餐饮业、房地产业等现代服务业发展，扩大非公经济总量。科学规划商业网点，建设商品市场，促进商品流通。认真组织实施“万村千乡市场工程”，加快农村市场流通体系建设，积极开拓农村消费市场，促进农村经济社会发展，建成了206个规范的新型农村市场。全市住宿和餐饮服务企业300户，住宿和餐饮业实现营业收入19 256万元，比上年增29.5%。

四是高度重视招商引资工作。成功引进重庆云河集团在虹桥工业园区建设年产2万辆专用汽车组装项目，分二期建设，一期工程建成组装汽车一万辆。该项目于2010年11月17日举行了开工仪式，项目的建设填补了无机械装备制造业的空白。

**【乡镇企业】** 乡镇企业完成工业现价产值71.65亿元，比上年增13.7%；实现现价增加值37.94亿元，比上年增12%；完成工业增加值24.47亿元，比上年增12%；上交税金3.24亿元，比上年增21.3%；实现农产品加工业销售产值5.57亿元，比上年增17%；完成职工职业技能鉴定362人，比上年增17.9%。

**【国企改革】** 全市共有97户企业参加改革，其中供销社系统29户。列入曲靖市考核的68户国有企业中，4户改为股份合作制、5户组建有限责任公司、5户实行委托经营、1户被兼并重组、53户实行整体出售、全员退出。到目前为止，基本完成改革任务的企业65户，尚未完成的3户。

列入跟踪问效的10户企业有资产总额4.62亿元，与上年相比增74%；总负债3.47亿元，与上年相比增24%；工业总产值7 003万元，与上年相比增27%；销售收入26 573万元，与上年相比增4%；上缴税金1 030 万元，与上年相比增41%；实现利润-1 095万元，与上年相比增172%；累计提供就业岗位789个。

针对改制企业遗留问题多，矛盾突出，大规模频繁上访的实际，深入研究政策，查找问题实质，主动做好思想工作，力求把矛盾消化在基层，解决在萌芽状态。认真做好接访工作，局领导按日程安排值班接待来信来访，并带领科室人员主动上门调查情况，处理问题。全年共接待职工来访500余人次，处理信访案25件次，开展部门沟通协调工作13次，促进了改革工作的有序开展。

**【节能降耗】** 2010年是实现“十一五”节能减排目标的决战之年，为圆满完成“十一五”节能降耗约束性指标，主要采取了以下措施：一是认真做好重点用能企业能耗监测和规模以上企业能耗统计和监测工作。对规模以上重点用能企业实行目标责任制管理，把单位产品能耗、万元增加值能耗、节能量等主要指标进行分解量化、严格考核，督促企业按行业标准开展节能对标管理，提高节能管理水平。二是建立节能目标责任制。把节能目标责任列入乡（镇、街道）千分制考核内容，以乡（镇、街道）为实施主体，进一步把目标细化分解，夯实节能降耗工作基础。对12户高能耗企业实行领导挂钩责任制，实施企业节能目标完成情况月通报制度，加强对企业的宣传动员，对企业能耗统计员进行业务培训，确保完成“十一五”节能目标降18%和年度降4%的目标任务。三是开展节能宣传。结合全国节能宣传活动周这一有利时机，大力开展以“节能攻坚，全民行动”为主题的节能宣传活动，营造良好的宣传氛围。四是大力开展节能技术产品推广活动。推广高效照明节能灯12万支，累计推广30万支，节电210万千瓦时，折合标准煤60余万千克，节约电费约110万元；五是加强能源审计和清洁生产审核。完成重点用能企业能源审计1户、清洁生产审核1户。

主要工业企业产值能耗保持平稳下降趋势，规模以上工业综合能源消费量11.72亿千克标准煤（等价热值），万元增加值能耗3 860千克标准煤，比上年降6%，万元GDP能耗下降4.1%，完成了降4%的考核任务。

【资源综合利用】 认真做好资源综合利用新项目推荐上报、现场核查、原项目继续认定、年度检审、循环经济政策宣传落实工作工作。现已通过资源综合利用认定并有资质证书的企业有12户，正在申报办理中的3户；“磷石膏高掺页岩砖”、宣威市炬能建材有限责任公司60万立方米/年蒸压加气混凝土、宣威磷电年产7 000万片磷渣免烧砖、远东亚鑫300万千克/天磷渣水泥等项目顺利实施。针对每年产生磷石膏、粉煤灰、磷渣、其它工业废渣约85亿千克，而资源综合利用量仅占50%左右的实际，加快工业废渣综合利用步伐；加大对《国家鼓励资源综合利用管理办法》及相关文件精神的宣传力度，依靠科技加大投入，努力创办有规模、上档次、能大量消耗废旧资源的企业。

【盐务管理】 为认真贯彻执行国家盐业法律法规及省、市盐务局的各项政策和工作部署，不断推进食盐配送网点建设，加强盐业市场监督检查，加大盐业行政执法力度。一是全面推进食盐零售网点建设，按规划抓好落实，做好查缺补漏工作，现已建成食盐零售网点600余个，覆盖全市的食盐零售网络已初步形成。二是抓紧《食盐零售许可证》的办理颁发，已办理颁发《食盐零售许可证》580余份。三是大力开展宣传教育。利用“3·15”消费者权益保护日和“5·15”防治碘缺乏病日大力开展宣传教育，以图片展示、现场咨询、发放宣传资料等方式全方位向群众宣传科学补碘、辨别真假碘盐的相关知识以及盐业法律法规。通过悬挂食盐零售网点公示牌、粉刷盐务宣传标语引导经营者依法经营，消费者从合理渠道购买食盐，提高人民群众安全用盐意识。同时，不定期深入村户，边检查，边宣传，通过面对面宣讲、发放宣传资料和真盐与假盐的现场检测对比，让老百姓实实在在受到教育。四是加强盐业市场监管。对重点市场以进村、进店、进户的方式开展拉网式监督检查，对其他市场不定期进行抽查。五是加大盐政执法力度。全年共查处各类盐业违法案件12件，收缴假盐、违规盐10 518千克，罚款22 397.5元。

（撰稿　秦　杰）

## 市场贸易

【概述】 宣威市商务局是主管全市内外贸易、市场流通、外商投资审批管理和国际经济技术合作的市政府工作部门，核定机关编制19人，实有在职人员22人。下属自收自支的事业单位大沙坝市场服务中心，编制10人，实有在职人员9人，退休1人。机关内设办公室、市场流通科、贸易发展科、外经外贸科、综合科。

全市社会消费品零售总额年底完成61.08亿元，同比增长22.2%。第三产业全年完成增加值49.06亿元，占GDP比重33.1%。外贸进出口实现1 250万美元，同比增长20%。重要商品成品油全市购进20 866.4万千克，同比增长10.5%，成品油销售20 693.9万千克，同比增长10.8%。全市定点屠宰场集中宰杀生猪98 670头，同比增长5.1%。酒类备案登记累计完成2 189户，并逐步推引溯源制管理。再生资源回收经营备案登记累计88户，“家电下乡”累计备案销售网点205个。城乡市场繁荣活跃，社会消费继续增长，对外贸易形势严峻，市场秩序好转，行业行为进一步规范，商务发展环境明显改善。

【私营商业】 个体私营经济共完成社会消费品零售总额49.27亿元，比上年增长37.26%，占全市社会消费品零售总额的80.66%，在社会消费品市场中处于主导地位。全市经市工商局核准注册登记的从事商业贸易的个体工商户7 684户，比上年减少11户；有从业人员10 789人，比上年增21人；注册资金总额1.38亿元，比上年减少0.01亿元。现有私营商业企业496户，比上年增加3户；人业人员5 829人，比上年增加203人。注册资金总额6.83亿元，比上年增加0.08亿元。许多个体工商户由于资本的不断扩张和经营范围的不断扩大正逐步向私营企业发展。

【社区商业】 自商务部开展全国社区商业示范区创评工作以来，城区四个街道各社区积极开展“便利消费进社区，便利服务进家庭”为主题的社区商业“双进”活动，积极推进社区商业示范区建设，营造了良好的社区消费环境。在创评活动中，涌现了一批商业建设工作成绩显著的社区。现已有4个社区分别被评为国家级、省级、曲靖市级商业示范区。

【市场贸易】 共有各类市场76个，其中综合市场62个，遍布全市各乡（镇、街道），工业品批发市场5个，各类专业交易市场9个，主要集中在市区。各类市场年交易额23亿元。其中，年交易额上亿元的有3个，即宣威市马铃薯批发配送中心、大沙坝农贸市场和双龙水果蔬菜批发市场。

【商业网点】 全市共有商业网点9 869个，其中农村商业网点3 875个，营业面积84 986平方米，月成交额8 795万元，从业人员5 019人。农产品流通市场50个，营业面积150 069平方米，月成交额3 765万元，从业人员1 679余人。

22个乡（镇）商业网点统计表

| 乡（镇） | 商业网点（个） | 从业人数（人） | 乡（镇） | 商业网点（个） | 从业人数（人） |
|---|---|---|---|---|---|
| 来宾镇 | 137 | 190 | 龙潭镇 | 117 | 165 |
| 板桥镇 | 349 | 581 | 热水镇 | 207 | 245 |

续表

| 乡（镇） | 商业网点（个） | 从业人数（人） | 乡（镇） | 商业网点（个） | 从业人数（人） |
|---|---|---|---|---|---|
| 倘塘镇 | 289 | 296 | 田坝镇 | 315 | 402 |
| 龙场镇 | 199 | 293 | 落水镇 | 97 | 179 |
| 羊场镇 | 453 | 546 | 西泽镇 | 139 | 181 |
| 宝山镇 | 230 | 325 | 务德镇 | 146 | 169 |
| 东山镇 | 219 | 263 | 文兴乡 | 106 | 163 |
| 格宜镇 | 138 | 203 | 得禄乡 | 111 | 130 |
| 海岱镇 | 186 | 231 | 杨柳乡 | 75 | 79 |
| 普立乡 | 65 | 89 | 双河乡 | 117 | 151 |
| 乐丰乡 | 89 | 102 | 阿都乡 | 89 | 112 |

注：宣威市22个乡（镇）共有商业网点3 873个，从业人员5 095人。

**【商业节能减排】** 按照省商务厅和曲靖市商务局的要求，选择了吉玛特、双井、雄业大酒店及新华电子科技公司、环东加油站、亚泰灯饰总汇等不同行业的19家商业企业继续开展推广使用高效节能灯、限制生产销售使用塑料购物袋及商品零售场所塑料购物袋有偿使用等一系列商业节能减排活动，节能效果显著。

通过检查落实，2010年推广使用高效节能灯的吉玛特超市等10家商业企业均超额完成下达目标任务，节能灯应用率均在85%以上，高的已达到94%。

**【成品油购销】** 全市现有有证加油站73座。其中中石化所属23座，中石油所属6座，社会加油站44座。全市共购进成品油20 866.4万千克，同比增长10.5%，其中汽油购进8 205.4万千克，同比增长11.53%；柴油购进12 661万千克，同比增长9.36%；成品油销售20 693.9万千克，同比增长10.8%,其中汽油销售8 209.6万千克，同比增长9.18%；柴油销售12 484.3万千克，同比增长8.12%。

**【住宿餐饮】** 全市住宿餐饮业完成销售总额70 452万元，同比增长37.8%；其中住宿业完成13 246万元，占18.80%。餐饮业完成57 206万元，占81.19%。经工商部门注册登记，营业面积在300平方米以上或营业总额在100万元以上的住宿餐饮企业66户，限额以上住宿企业有9家，其中年营业总额超过500万元的有6家，分别是滇能国际酒店营业额910万元，雄业大酒店营业总额801万元，虹维大酒店营业总额589万元，凯程大酒店营业总额668万元，美奂酒店营业总额632万元，星海大酒店营业总额592万元，美仑酒店营业总额659万元。限额以上餐饮企业7户，其中年销售总额超过1 000万元的有3户，分别是宣威市为君开餐饮文化有限公司1 568.9万元，宣威市三和鑫饮食文化有限公司1 352.8万元（不含昆明盛世仟和酒店和曲靖仟和酒店），宣威市小芳村饮食文化有限公司1 065.2万元。限额以下和个体餐饮户1 600余户，年完成销售总额39 598.7万元，占全市餐饮业销售总额的87.9%。

**【生猪屠宰】** 出动执法人员112人次，查处违法、违规行为9起。全市生猪定点屠宰场屠宰生猪98 670头。宣威市畜牧科贸有限责任公司投入资金120余万元对公司屠宰场进行技术改造，竣工验收合格，被曲靖市人民政府批准为生猪定点屠宰场，核发了标志牌和资格证。来宾、板桥两个乡镇定点屠宰场正式获批动工建设。

**【地方猪肉储备制度】** 根据《云南省商务厅、云南省财政厅关于印发〈云南省省级猪肉储备管理暂行办法〉和〈云南省猪肉地方储备制度实施方案〉的通知》要求，宣威市商务局经过认真调查落实和筛选，组织上报5家火腿生产、生猪养殖及冻肉储备企业为省级猪肉储备企业。经省商务厅与财政厅对宣威市上报企业的生产规模、经营管理、资金情况等进行了严格的审核，最后确定5家企业为省级猪肉储备企业，分别是宣威市宣拓牧业科技有限公司、宣威市通豪农业综合开发有限公司、升达集团3个公司为省级储备肉活体承担企业。宣威市宣泰火腿有限公司为省级储备肉火腿承担企业，宣威市畜牧科贸有限公司为省级储备肉冻肉承担企业。

共承担省级储备的生猪活体9 000头，火腿8万千克，冻肉36万千克，全部足额在库。争取各级财政补贴94.8万元，占全省近10%，储备量位居全省同级首列。

**【酒类流通备案登记】** 根据国家商务部颁布的《酒类流通管理办法》的规定，全市酒类流通备案登记工作全面开展。全年出动执法检查人员256人次，对全市26个乡（镇、街道）集贸市场、酒店、饭店、歌舞厅等酒类经营场所进行检查。《酒类流通随附单》开始施行，累计完成酒类流通备案登记2 189户，发放《酒类流通随附单》137本共6 850份。

**【拍卖典当】** 宣威市拍卖行为2户，即云南容峰拍卖有限公司、宣威市三元拍卖有限公司。共计拍卖4场，成交额3 242万元。典当行业为4户，即宣威市三力典当有限公司、宣威市通诚典当有限责任公司、宣威市鑫鑫典当有限公司、宣威市汇丰典当有限公司。全年共计完成65笔交易，融资2 798万元。

**【家电下乡】** 宣威市家电下乡工作，累计备案销售网点205个，覆盖全市所有乡（镇、街道）。销售冰箱、彩电、手机、洗衣机、热水器等家电下乡产品（含汽车下乡）58 000万元，兑付财政补贴5 600万元，部分备案企业开展以旧换新业务，以旧换新家电3 000余台（件），对扩大消费、拉动内需起到了一定的作用。

**【万村千乡市场工程】** 宣威市商务局结合新农村建设，重点是“866”工程村和小康示范村。认真组织实施“万村千乡市场工程”，全面推进农村市场流通体系建设，构筑以城区为龙头，以乡(镇)店为骨干，村级店为基础的农村现代流通网络，大力推进“工业品下乡，农产品进城”。在商务局组织指导下，两个市级龙头企业：宣农农业生产资料有限责任公司、宣威市双井商贸有限责任公司年内共建设和改造30户农家店。

**【宣威商务之窗网站管理】** 宣威商务之窗经商务部审核通过发布各类商务信息3 101条，信息发布量在全省商务系统排名第一。网站访问量已突破76.2万次，日均点击达2 000余次。除了国内，在国际上访问最多的国家是美国、加拿大、澳大利亚、泰国，还有俄罗斯、西班牙、德国、韩国、荷兰、瑞典、新加坡等近20个国家和地区。

**【电子商务】** 正式启动云南电子商务“宣威火腿专区”、“宣威马铃薯专区”。围绕宣威市重点特色农产品火腿、马铃薯，建立跨地区域、商贸中心、物流中心和商品集散地为依托的农业电子商务服务体系。结合宣威农产品特色和优势，积极努力向曲靖市商务局、省商务厅申报了“特色农产品（火腿、马铃薯）两个电子商务营销平台建设项目”，得到省商务厅重点支持，首批就确定在宣威建设一个“宣威火腿专区”和一个“宣威马铃薯专区”，这是云南省第二个启动建设的特色农产品电子商务专区。9月17日由宣威市商务局牵头，省商务厅、曲靖市商务局处室负责人、宣威火腿产业负责人、部分火腿企业负责人、市供销社马铃薯配送中心负责人、部分马铃薯营销专业负责人40余人在宣威市商务局召开座谈会，正式启动云南省电子商务“宣威火腿专区”、“宣威马铃薯专区”。

（撰稿　朱波勋）

## 对外贸易

**【概述】** 外贸进出口实现2 745万美元，同比增长20%，自营出口未发生业务。全市有进出口贸易权企业12家，分别为云南云峰化学工业有限公司、宣威市金沙工贸有限公司、宣威市羊场煤电有限公司黄磷厂、鼎盛精锌加工厂、宣威市贵昌工贸公司、宣威市中驰化工有限公司、云南润凯淀粉有限公司、宣威市宣泰火腿有限公司、宣威市润丰物产有限公司、云虹磷化工有限公司、宣威市革香河水电开发公司、宣威市亚鑫经贸有限公司。

**【昆交会】** 与有关部门密切配合，积极组织筹备参加“昆交会”。做好以骨干商品、骨干企业为重点的参会参展，努力扩大贸易成交量。商贸展洽会上，宣威有2家企业近20种商品参展，分别是宣威市农特产品交易有限公司的生态蛋、土峰蜜、农家三宝等农特产品；宣泰火腿有限公司和“高原明珠”的熟食火腿系列和各种块装火腿系列，林兴民生鹅产业有限公司（宣威支公司）制造的鹅绒皮系列和鹅食品系列。宣威参展商品吸引了大量中外客商参观、品尝、洽谈订货事宜，展样品布展新颖，充分展示了产品特色。会展期间，接待国内外客商及顾客4 000余人，发放推介宣传资料2 000余份，较好地宣传宣威产品，提升了宣威形象。

（撰稿　朱波勋）

## 供销合作商业

**【概述】** 按照整合资源、开放办社、科学发展、服务“三农”的工作思路，加大改革创新力度，加强基础设施建设，强化经营管理，扎实开展“二次创业”，着力推进“乡村流通工程”建设。全系统23个基层社8个直属企业实现经营总额9.1亿元，利税1 260万元，分别占计划的101%和106.78%；新建或改造农资配送中心26个，销售化肥1.11亿千克，分别占计划的100%和100.05%；新建或改建日用消费品配送中心26个，占计划的100%；扶持特色农产品加工企业26户，农副产品销售1.08亿元，分别占计划的100%和216%；人员培训1 280人次，占计划的106.67%。发展专业合作社185个，专业协会2个，发展乡村信息采集点4个，开展合作项目3个。获得曲靖市供销系统综合业绩考核特等奖，被宣威市委、政府表彰为“抗旱救灾先进集体”和“综合成绩考核先进单位”。年末资产总额1.37亿元，负债总额9 271万元，所有者权益4 440万元。

**【构筑农村流通网络】** 按照建设大市场、搞活大流通、服务大农业、发展大商贸的总体要求，以市场要素为基础，以直属企业为龙头，构筑农村现代流通网络，建立市有配送中心、乡有配送站、村有综合服务社的连锁配送网络，促进工、农产品双向流动，增强发展后劲和为农服务功能。一是投资3 000余万元，建设占地6.84公顷、年存储化肥2.5亿千克、年交易额6亿元的宣威市农资配送中心。与省内外十余家知名化肥生产企业签订购销合同，以销定购，通过“市农资配送中心—乡镇农资配送站—村级农资农家店”的连锁配送经营模式，发展成具有统一采购、跨区域连锁配送服务功能的农资连锁配送网络。二是投资

2 500万元，配送仓库5 000平方米、样品展示厅3 000 平方米，年交易额1亿元的日用消费品配送中心，年内主体工程完工。在满足日用消费品配送业务用房的同时，参与了城市化建设，解决98户职工住房困难问题，缴税200余万元，增加经营面积2 000多平方米。三是按照“政府主导、部门主抓、市场运作、合理布局、完善功能”的要求，建设集展示、交易和信息服务于一体的农产品配送中心，将一家一户生产的农产品集中深加工、包装提质销售。以配送中心为龙头，以农产品行业协会、专业合作社、生产基地为依托，建立上连市场、下连农户的农产品经营网络。8月17日，市委、政府将省级龙头企业马铃薯批发配送中心交给供销社经营管理，隶属于宣威市农资公司。供销社接手运作以来，已申报火车皮400余个，通过铁路发送马铃薯近3 000万千克。目前，正在选址，拟投资2.6亿元征地20公顷扩建。建成年吞吐马铃薯约5亿千克，营销额达5亿元的马铃薯批发配送中心，进一步做大做强马铃薯产业，完善农产品购销网络。四是以市场化运作为手段，以整合现有回收网络为基础，以供销社乡、村回收网点为支撑，由凯丰土产日杂公司投资500余万元建成占地3.33公顷，集废旧物资回收、处理于一体的废旧物资综合交易市场，经营面积18 000 平方米。五是烟花爆竹购销网络。经营面积5 000平方米的宣威市凯丰公司烟花爆竹配送中心，以中心村镇烟花爆竹配送站、村级综合服务社为载体，开展烟花爆竹配送经营，全年销售烟花爆竹近2 000万元。

**【综合服务社】** 按照“政府主导、供销社主抓、多方参与、市乡村三级联动”的原则，以“乡村流通工程”建设为载体，统一规划设计、统一标准标识，在全市356个村（居）委会以供销社自建、村（居）委会承建、与村民共建三种方式，构建村级服务网络，规划两年新建和改造农村标准化综合服务社300个（2009年已新建、改造100个）。年内启动建设200个，现已完工60个。按规划新建的规范化综合服务社外观大方、造型新颖、功能完备，彻底改变了过去陈旧、破败的供销社老店形象，畅通了工业品下乡、农产品进城渠道，充分体现了一店多能的作用。龙潭拖乐综合服务社经营品种数千个，商品与城区同价，年销售额达百万余元。来宾河东村是打造村委会、学校、卫生室、活动中心、供销社五个村级亮点工程的典范，与新农村建设同步规划建设的综合服务社与一排排崭新的民居并相辉映。

**【资产管理】** 针对部份企业经营困难、管理混乱、遗留问题多、上访不断等情况，先后对普立、得禄、务德、榕城等企业进行调查清理。在对普立供销社财务进行认真清理的基础上，机关班子成员和科室负责人于11月1日到普立召开现场办公会，研究解决相关问题。将普立供销社清理后资产交宝山供销社代管。成立由市社、普立社、宝山社人员组成的工作组清收相关欠款，处理相关债务。其他企业正在调查摸底、研究方案。

**【专业合作社】** 为加快推进农民专业合作社建设，提高农民组织化程度和生产经营水平，促进农村经济发展，市人民政府成立了以市长为组长，分管农业和供销社的副市长为副组长，发改、财政、供销、农业、畜牧等17个部门为成员单位的宣威市农民专业合作社示范社建设领导小组，下设办公室在市供销社，供销社主任兼任办公室主任。领导小组负责对全市专业合作社建设情况进行调研，编制发展规划，以及监督考核等。

市供销社认真履行指导专业合作社发展的职能，结合宣威做强农业五大产业、做优工业五大产业的思路，利用资源和区位优势，以产品或服务为依托，通过基层社领办、围绕产业创办、龙头企业带办、与基层组织共办、与农村能人合办等方式，发展专业合作社185个，切实发挥典型引路、示范带动作用，带动农民增收致富。榕城供销社投资120万元创办的二九七生态养殖专业合作社，年产值300万元，通过示范带动周边1 600农户发展生态养殖。6月6日，农产品配送中心组织到昆交会参展的专业合作社产品，倍受中外客商青睐。

**【开放办社】** 依托资源和职能优势，通过“走出去、引进来”，加强与不同所有制、不同区域、不同行业的联合，引进先进理念、管理技术和资金，依托龙头企业带动，提升供销社整体实力和为农服务水平。一是联合推进网络建设。开展市乡、社村和社企合作，引进社会资源，合力推进“乡村流通工程”建设，市级兴建配送中心（市场），乡级兴建超市、农贸市场，村级兴建综合服务社、集贸市场。累计新建或改建乡村农（集）贸市场26个。采取浙江海伦企业出资、基层社出场地的模式，共投资1 000余万元先后在热水、龙场、宝山、板桥等兴建超市，改善农民购物消费环境。 二是合作经营饲料企业。利用供销社的经营网络将鹏跃科技饲料厂生产的饲料提供给农户，从农户手中收购玉米原料和生猪，在方便农户、让利农户、推动生猪产业化发展的同时，拓展了供销社经营领域。农资公司全年销售饲料近300万千克，销售额1 000余万元，成为公司的又一经济增长点。三是合作推销宣威特产。与省棉麻公司合作，在昆明开设农特产品展销中心，打造宣威农特产品走出宣威、进入流通大市场的展示、推销平台，开展对机关、单位及大中专学校的配送；与云南美好家园商贸有限公司合作，组织宣威猪肉、宣威火腿进入美好家园超市销售；拟与云南副食果品有限公司合作在昆明开设20家宣威猪肉专卖店。四是合作培训。与农业局合作开展“阳光工程”农村剩余劳动力转移培训500人次。与团市委开展青年创业培训，培训生猪养殖培训350人。五是合作建客运站。由基层供销社出场地，与交通部门、乡（镇）合作建设客运站，盘活闲置资产，规范客运车辆经营管理秩序。争取项目资金45万元建成的龙场客运站，占地2 000 平方米，可容纳客运车辆30余辆，年经营额达30万元。得禄、务德客运站正在建设中。

【人才兴社】 人才机制缺失、人员结构老化是制约供销社发展的重要因素。结合创先争优活动，大力实施人才兴社战略，为供销社“二次创业”提供人才支撑。一是加强职工队伍建设。通过学习培训，建设学习型机关、服务型队伍、效能型部门，大力实施素质提升工程，全面提升供销社干部职工队伍的为农服务水平。二是注重人才引进。供销社人才流动困难，尤其是优秀的人才难以进入。今年首次通过人事部门向社会公开招考了4名公务员，为供销社注入了新的活力。三是强化农民经纪人、农村剩余劳动力、行业经营人员培训。举办农民经纪人、农村剩余劳动力培训两期500人；下到龙场、格宜、双河等乡（镇）举办综合服务社、农资农家店营业员培训两期300人；举办创业青年培训一期350人。

【筹备现场点参观】 全国县级供销合作社工作曲靖经验现场会于6月28～30日在曲靖召开，宣威列为会议的主要现场参观点。供销社在以市委书记为组长，市长等9人为副组长，13个部门为成员单位的筹备领导小组统一领导下，把此次会议作为宣传宣威、推进供销社基础设施建设、促进改革发展的一次重大机遇，认真筹备板桥永安综合服务社、鹏跃饲料厂、供销社农产品配送中心和供销社农资配送中心四个现场点。 6月28日，中华全国供销合作总社主任李成玉、省级供销社主任、部份县级供销社相关负责人，云南省委副书记李纪恒、副省长孔垂柱和曲靖市委书记赵立雄等领导共400百余人参观了现场点。市委书记许玉才、市人民政府市长夏新建分别介绍了宣威“新网工程”、“乡村流通工程”建设和供销社开展“二次创业”情况，相关工作和提供的现场点得到了与会代表的充分肯定和好评。

（撰稿　叶尤飞）

## 粮油购销

【市场调查】 2010年3月，粮食局成立粮油市场调查组，对宣威市粮食局转运站、宣威市嘉穗粮油购销有限公司、宣威市粮油工贸公司、宣威市前民粮油经营部、田坝镇集贸市场、来宾镇集贸市场、板桥镇集贸市场、热水镇集贸市场、宝山镇集贸市场等8家粮食重点企业和13个重点集贸市场进行走访、调研、座谈，及时发现问题，并把调查情况报告市委政府，研究应对措施，全力保障粮食市场供应和稳定市场粮价。

【市场供应】 以“立足抗旱保民生，千方百计抓粮源，稳定市场保供应”的目标，宣传、发动、鼓励、支持粮食购销大户积极主动从主产区调入大米，优化品种结构，调剂品种余缺，长年满足市场需求。1～4月，粮食部门在人员少，资金紧张的情况下，派出4个组共9人赴湖北、安徽、黑龙江、吉林等粮食产区购进大米、玉米、面粉共计2 206万千克，鼓励、支持民营企业购进1 420余万千克，本着保本或略有利润的原则进行销售，为平抑市场粮价起到了积极的作用。国有粮食购销企业共经营粮油12 434万千克，满足了城乡消费需求，确保了军需民食的供应。

【粮油管理】 为加强对各级储备粮的管理，进一步推进科学储粮向绿色储粮迈进，常规管理向科学管理转变，政策储备向应急储备跨越，投入了大量的人力、物力、财力对现有的仓储条件进行维修改造，提升了储备粮管理的科技含量。多次对各级储备粮进行自检自查，并按时、按质、按量进行轮换，保证了各级储备粮的“数量真实、质量良好、储备安全”。

【新库建设】 为实现储备粮和政府调控商品粮集中管理的目标，构建高效灵活的储备体系、反应灵敏的预警体系、快速有效的供给体系，粮食局在市政府的支持下，在相关部门的帮助下，在东山脚板倘公路旁征地6.67公顷，建设一个仓容为1亿千克的储备粮新库。至12月，共投入资金800余万元，进行了新库建设的立项、环评、堪测定界、征用土地的部分手续等，为储备粮新库建设做了大量的基础工作。

【小粮仓建设】 通过粮食局积极争取，多方协调，首批在热水镇和落水镇试点推广实施，落实了2 500套农户科学储粮小粮仓的建设工作。改善了农户的储粮条件，减少了产后粮食受鼠害、虫害和霉变等因素造成的损失，解决了农户储粮难的问题，保证了粮食的安全和卫生，整洁和美化了农户生活环境，为社会主义新农村建设起到了积极促进作用。

【市场监管】 粮食局切实履行粮食行政管理部门的职能职责，落实粮食市场监管责任，依法开展了全市粮食流通监督检查工作，对全市已取得《粮食收购资格许可》的14家企业和个体经营户的粮食库存、收购情况、粮食质量、原粮卫生、仓储设施等进行了全面检查，并进行了行业指导。对火车站批发市场、市区农贸市场、乡镇集贸市场、加工企业进行粮食流通监督检查，加大了宏观调控、行政执法和监督检查力度，保护了粮食生产者、经营者和消费的合法权益。

【粮情统计】 为做好社会粮情统计工作，实现政府对粮食工作实施科学决策和宏观管理，监测、指导粮食经济健康运行，保障社会粮食安全，充分发挥宣威作为省确定的5个粮情监测点之一的作用。按照《粮食流通管理条例》及省市的相关要求，组织开展了巡查培训，督促粮食经营者和用粮企业，严格执行国家粮食流通统计制度的要求，努力提高统计质量。组织相关人员入市、入户调查，按时上报相关报表及统计分析资料，准确、及时、全面地反映粮油信息，特殊时期执行日报告制度。

（撰稿　浦绍伟）

# 食盐购销

宣威碘盐配送中心（宣威盐业支公司）现有职工6人，隶属云南盐化股份有限公曲靖分公司。担负着宣威市食盐销售任务，经营范围包括食用盐、工业盐、畜牧盐、多品种营养盐及日化盐。2010年宣威碘盐配送中心按照上级公司的计划安排启动非自产商品经营项目（味精、酒类、洗衣粉等）。

在各部门领导的关心支持下中心对全市24个食盐配送站的工作不断给予指导、协调，各配送站的管理机制得到巩固完善和规范。食盐经营网点遍布全市村村寨寨，确保千家万户吃上放心合格的加碘食盐。在行业腌制用盐的管理上，中心与市产业办不断加强联系，制定措施，加强管理，有效保证行业用盐的供给。建立行业用盐用户档案22份，工业用盐客户档案6份。建立完善客户投诉制度，如有投诉及时调查，落实处理。给投诉人满意的解释、答复，积极做好产品售后服务工作。年内中心配送食盐、行业盐到各乡（镇、街道）碘盐配送站756.6万千克。内部管理岗位明确，责任到人，严格实行产品入库验收及发货记录，对产品质量进行严格的监督检查。每批次食盐购进入库严格按规定比例抽检，并做好抽检记录，对仓库进行6S（清扫、清洁、整理、整顿、持续、安全）规范化管理。产品实行定额堆码，建立堆码卡，产品收入发出日清日结，做到账、卡、物相符，加强盐产品出入库规范化管理。

年内，与市经济局、公安局、曲靖市盐务管理局等部门对盐业市场进行检查、清理、整顿，规范盐业市场，不断打击盐业违法案件。年内中心销售500克纸塑袋盐565.06万千克，500克平衡营养盐3.62万千克，50千克大袋盐213.97万千克，畜牧盐6.55万千克，工业盐78.1万千克，罚没盐13.83万千克，销售收入1 531.48万元上缴税金25.92万元。

宣威碘盐配送中心（宣威盐业支公司）经理陈俊。

（撰稿　李友祥）

# 招商引资

**【概述】** 招商局现有在职人员12人，内设办公室、招商科、外事科3个科室。2010年，招商局坚持实施“走出去”和“请进来”相结合方针，局领导先后到广东、上海、浙江、湖北等地上门招商，并主动邀请湖南天雄集团、香港绿色东方投资控股有限公司、中广核风力发电有限公司、凯迪电力、中国玻纤股份公司等企业、客商到宣威考察投资；积极组织招商项目参加云南省生物产业发展大会、东盟华商大会、昆交会等会展活动。

**【到位资金】** 2010年，在建项目到位国内合作资金243 187万元，其中省外资金149 113万元。分别是：泥猪河水电站到位9 700万元，累计到位37 905万元；万家口子水电站建设项目到位26 908万元，累计到位108 942万元；拖车、下阿都水电站建设项目到位1 670万元，累计到位42 720万元；磷电一体化项目到位7 610万元，累计到位150 742万元；宣威电厂七期扩建到位10 000万元，累计到位247 131万元；宣威电厂六期脱硫工程到位7 000万元，累计到位7 000万元；宣威电厂储灰场扩建工程到位10 000万元，累计到位10 000万元；4亿千克钙镁磷肥到位3 001万元，累计到位15 282万元；60万千瓦时/年煤矸石热电站到位3 151万元，累计到位28 151万元；6亿千克电石、2亿千克醋酸乙烯、2 500万千克1，4丁二醇、12亿千克水泥到位15 058万元，累计到位39 358万元；宣威商务中心（昌兴时代广场）到位4 710万元，累计到位14 362万元；1亿千克电解锰、6亿千克特种新型复合材料项目到位5 600万元，累计到位6 100万元；田坝煤矿二号井工程到位800万元，累计到位1 533万元；田坝煤矿沉陷区治理工程到位24 379万元，累计到位57 222万元；2亿千克/年磷酸、2亿千克硫磺制酸改造和磷石膏渣场项目到位1 000万元，累计到位6 632万元；来宾矿区采煤沉陷区治理工程及矿井改造到位2 000万元，累计到位24 935万元；响水电站扩机工程到位13 500万元，累计到位39 500万元；新世纪建材城到位7 000万元，累计到位11 000万元；宝山茶园煤矿建设到位3 000万元，累计到位7 000万元；“滇黔之窗”大型商贸城到位5 000万元，累计到位11 000万元；600万千克火腿生产线及冷链系统配送中心到位12 270万元，累计到位12 270万元；沐荣大酒店到位3 900万元，累计到位19 309万元；宣威市东升幼儿园到位3 500万元，累计到位3 500元；国电草山煤泥场到位6 000万元，累计到位6 000万元；宣威市大沙坝商业城改扩建工程到位5 700万元，累计到位5 700万元；泰和沃尔玛商业广场到位10 118万元，累计到位10 118万元；新天地家居城到位6 000万元，累计到位6 000万元；世纪明城到位12 000万元，累计到位12 000万元；12亿千克水泥生产项目到位4 232万元，累计到位4 232万元；羊场煤矿矿井建设及沉陷区治理到位14 514万元，累计到位14 514万元；风力发电到位150万元，累计到位150万元；苏宁电器宣威店到位3 000万元，累计到位3 000万元；国际鸿源财富中心到位8 500万元，累计到位8 500万元。

**【签约项目】** 昆交会签约项目6个，总投资61.2亿元，协议引进市外资金61.2亿元。项目涉及建材、矿冶、商贸、电力、轻工等。分别是宣威市人民政府与张家港华汇特种玻璃有限公司签订投资15亿元建设12亿千克浮法玻璃项目；宣威市人民政府与云南宇龙焦化有限公司签订投资10亿元建设19亿千克焦化项目；宣威市人民政府与湖南商会会伦恒业发展有限公司签订投资8亿元建设宣威市国际鸿源财富中心项目；宣威市人民政府与云南远东水泥有限责任公司签订投资2.5亿元建设20亿千克矿渣水泥项目；宣威市人民政府与中广核风力发电有限公司签订投资25亿元建设风力发电项目；宣威市人民政府与广西桂林兴民生鹅产业有限公司签订投资0.7亿元建设高新技术制造鹅绒裘皮项目。

（撰稿　侯亚林）

## 重点工商企业

**【羊场煤矿】**　羊场煤矿是云南煤化工集团有限公司所属全资子公司云南东源煤电股份有限公司下属的企业。2010年底，有职工及家属11 345人，其中在册职工3 081人，离退休职工3 763人。

年内，围绕煤化工集团和东源煤电公司的发展战略目标，坚持“进一步贯彻落实科学发展观，以经济效益为中心、安全生产管理为重点；发挥煤炭资源优势，调整磷电产业经营思路；努力增强企业活力和市场竞争力，不断提高职工生活水平和质量”的发展思路，全面贯彻落实矿十一届六次职代会精神，努力克服各种矛盾和困难，狠抓安全生产、经营管理工作，进一步推进节约型、环保型企业建设，推进循环经济产业链的延伸，让不利条件的影响降到最低，在保住生存的条件下尽可能促进发展。通过卓有成效的工作，取得了一些生产、经营方面的成绩，职工生活水平和生活质量进一步提高，矿区更加和谐。

全年原煤产量7.37亿千克，为计划的96.98%；洗精煤产量、销量3.71亿千克,为计划的78.94%；中煤产量2.55亿千克，为计划的85.11%；煤泥0.69亿千克，为计划的84.9%；发电量6 840万千瓦时，为计划的57.00%（电厂已于11月关停）；黄磷56.8万千克，为计划的14.2%（大部分时间停产）；工业总产值31 607万元，为计划的101.96%；工业增加值8 980万元，为计划的160.36%；销售收入38 552万元，为计划的110.58%；全矿职工人均收入24 926元，同比增长10.88%。

年内，继续完善内部管理机制，加强内部管理。制定或修订了《生产管理办法》、《安全工作纲要》、《成本费用管理办法》、《经营管理办法》、《内部资金管理办法》、《产品数质量管理办法》、《物资供应管理办法》、《龙华园小区管理服务费收费办法》等一系列管理制度，企业决策、计划、生产、营销、物资管理、投资管理、价格体系、数质量管理已形成较为系统的管理制度。

加快推进节约型、环境保护型企业建设，根据云南省环保相关政策要求，于11月23日顺利关停了不符合产业政策的矿坑口电厂，淘汰落后的生产工艺和设备，把节能、环保的新设备应用到生产中，完善矿井污水处理厂的建设，对洗浴设施进行了改造，淘汰燃煤锅炉供热，充分利用太阳能进行供热，减少了消耗及污染。持续推进安全、生产及生活配套设施建设，抓紧杨家矿井副井绞车淘汰更新的前期工作，分批逐步淘汰沙背冲矿井落后设备，积极推进沙背冲矿井+1400水平延伸工程，确保该井水平接替，完善得马矿井配套的基础设施建设，完善和新建瓦斯抽放系统，逐步对供水管路、供电线路进行改造，确保职工群众的正常生活。积极推进沾益生活区、廉租房建设和棚户区治理，切实改善职工生活环境和条件，7月底，廉租房竣工验收，9月15日至10月22日，沾益职工生活区竣工验收并顺利交接，积极争取国家对矿棚户区的改造项目，棚户区初步设计和可研报告各项工作已完成，实施工作即将进行。

羊场煤矿矿长徐德智，党委书记罗正奇（3月任职），党委副书记徐万德（兼任纪委书记、工会主席），生产经营副矿长杨文华（3月离职），安全副矿长向中伦（兼任总工程师），生产经营副矿长杨万鹏（3月任职）。

（撰稿　郭明通）

**【田坝煤矿】**　田坝煤矿系云南煤化工集团所属子公司云南东源煤电股份有限公司的下属企业。2010年底，全矿共有从业人员2 384人，离退休人员3 017人，居民2 510人。现有矿属17个二级单位，14个科室部门；5个党总支11个直属党支部和29个连队（车间）党支部，共有党员984 人。

全年生产原煤3.76亿千克，洗精煤1.52亿千克，洗混煤1.66亿千克，销售商品煤3.53 亿千克 。实现销售收入23 400万元 ，生产经营总值20 106万元，工业增加值6 098万元，盈利225万元 。上缴各项税金2 942万元 ，职工年人均收入为24 104元，比2009年增长8.75%。

年内，田坝煤矿以经济建设为中心，扎实开展各项工作，一是强化安全管理，在安全生产方面，以贯彻落实安全生产方针为己任，以“一通三防”管理为重点，狠抓安全生产责任制的落实，杜绝了各类重大安全事故发生。二是强化生产技术管理。优化采掘设计，“三量”保持平衡，采掘接替正常，改进支护方式和采煤方法，提高了资源回收率。三是强化经营管理。加强成本管理、资金管理、财务管理，经济运行平稳，经营效果好于预期。四是强化内部改革。进一步做好二号煤矿破产的收尾工作及关闭矸石电厂工作，在上级组织的支持帮助下，得到了开发双河煤矿和筹建一号井的两个项目，东源公司预计投资4.6亿元。五是强化各项工程管理。采煤沉陷区治理、廉租房建设、棚户区改造等工作取得了阶段性成效，改善了职工生产生活条件。六是加强党建和精神文明建设。深入实践科学发展观，认真开展好党员创先争优活动，充分发挥了政治核心、战斗堡垒和党员先锋模范作用，维护了改革发展稳定的大局，企业实力进一步增强，社会影响力进一步扩大，矿区呈现出团结奋进、和谐向上的良好局面。

田坝煤矿矿长夏跃章，党委书记顾紊华，党委副书记、纪委书记、工会主席侯应启，副矿长平柱良、杨华、侯开荣，总工程师顾凌淳。

（撰稿 夏 琳）

**【国电宣威发电有限责任公司】** 国电宣威发电有限责任公司（以下简称公司）在岗员工1 076人，退养员工171人，离退休员工886人。总装机容量1 800兆瓦，固定资产原值70.49亿元。

完成发电量62.47亿千瓦时，同比减少29.16亿千瓦时；机组等效可用系数85.2%，同比下降6.78个百分点；发电设备平均利用3 471小时,同比减少1 620小时；综合厂用电率6.42%，同比升高0.64个百分点；供电标煤耗率339.01克/千瓦时，同比升高1.54克/千瓦时。实现主营业务收入16.68亿元，亏损3.97亿元，上缴税金6 773.73万元。

采购燃煤46.31亿千克,耗煤40.27亿千克,年底存煤8.81亿千克。对燃煤管理体制进行“三分离”改革，将原燃料部的职能一分为三，成立“燃料供应部”、“燃料管理部”和“煤质化验中心”。

围绕安全生产目标，层层落实责任，全方位强化安全生产管理。全年未发生人身事故、设备损坏事故、恶性误操作事故等和其他有影响的其他事故，实现全年连续安全运行。全年无环保处罚，无环保污染事故，实现全年环保安全，实现了安全生产稳定。公司全年安全生产，累计安全生产2 191天。

完成7号、8号机组大修。两台机组共完成6项重大非标项目、33项重大技改项目、128项标准项目和50项一般性非标准项目。实施了烟囱防腐、电除尘器改造、空预器改造、汽轮机汽封改造等技改项目，彻底根治了汽轮机振动大等影响机组安全和满负荷运行的重大隐患。经过热力试验，7号机组供电标煤耗率下降11.6克/千瓦时；8号机组供电标煤耗率下降8.1克/千瓦时，两台机组的经济性明显提高。

投资6 500万元，于6月30日，按期完成六、七期四台300兆瓦机组烟气脱硫系统增容改造工程。12月30日，由云南省、曲靖市、宣威市环保局的领导和专家组成的检查验收组一致同意通过验收。在全国率先取消了4台机组烟道旁路、对五期机组烟道旁路挡板进行了铅封，云南省环保厅两次在公司召开云南省火电机组烟道旁路挡板铅封和封堵现场会，在全省推广公司的成功经验。

国电宣威发电有限责任公司公司总经理李泓，党委书记缪应伟，副总经理邵华、把明祥，总会计师王全禄，总工程师韩仕团，纪委书记、工会主席杨孔青。

（撰稿 殷 林 姚丽萍）

**【曲靖市中村煤矿】** 曲靖市中村煤矿现有在职职工200人，离（退）休人员300人。拥有固定资产原值总额3 000万元，净值2 600万元。

年内，始终坚持“安全第一、预防为主”的方针，坚持“管理、装备、培训”并重的原则，继续实施安全生产目标责任制和安全风险抵押办法。10月7日制定了《曲靖市中村煤矿领导带班下井制度》、《曲靖市中村煤矿带班领导下井交接班制度》、《曲靖市中村煤矿带班领导下井档案制度》，切实加强年度安全生产管理的督查力度，加强安全隐患排查和治理工作，积极推行矿井质量标准化建设，安全生产形势持续好转，年内发生轻伤事故13起。

年内，安排270位农民工就业，为当地农民增收总额达510万元。投入资金120万元，对矿井1 759 米水平至地面老高压管线进行了技术改造；投入资金68万元对1 934 米水平至1 840 米水平采用锚喷技术进行改造；投入资金460万元，建成凤凰山至中村煤矿35千伏高压输电线路二回线一条；投入资金90万元对1967年建成的宣威供电分局坝上至中村煤矿变电站35千伏高压输电线路进行拆除。为确保煤矿和其他乡镇煤矿正常供电，减少线路损耗，节能降耗奠定了基础，投入资金96万元购置单体液压支柱，对矿井工作面支护进行改造。投入资金60万元对瓦斯监测监控系统进行改造；投资600万元建设专用通风井，专用通风井前期工程于2009年11月开工建设，预计2011年10月完成。

投入资金16万元购置塑料水管等设施、建水池2个，确保生产、生活用水。抗旱、地方建校、火灾烧毁民宅等捐资共17万元。

年内，生产原煤8 693万千克，完成掘进进尺2 796米，销售原煤7 600万千克，实现销售收入2 736万元，全年上缴国家税费359万元，实现工业总产值2 863万元，年度亏损-300万元。

中村煤矿董事长兼矿长李留全，副董事长兼副矿长蒋昌德、朱兴波，监事会主席韩金昌，工会主席李在润。

（撰稿 雷泽生）

**【宣威市供电有限责任公司】** 宣威市供电有限责任公司有职工350人，其中硕士研究生7人，本科生84人，专科生137人，中专35人，中技14人，高中24人，初中及以下49人。各类专业技术人员106人，内退在岗21人，退休40人。年内，公司公司荣获全国电力系统企业文化建设先进单位、云南电网公司2009～2010年度文明单位、曲靖市文明单位、宣威市先进企业、曲靖供电局先进单位、曲靖市国防动员先进单位等荣誉称号；档案管理被云南省档案局晋升为三星级标准。

公司有110千伏变电站2座，35千伏变电站16座，运行主变29台，总容量26.83万千伏安。35千伏线路25条共353.13千米，10千伏开闭所2个，10千伏线路127条共2 821.2千米，400伏配电线路3 365千米，220伏低压线路6 922

千米。

公司完成发电量783.85万千瓦时，同比减少65.19%；完成供电量84 936.73万千瓦时，同比增长19.57%；完成售电量80 474.84万千瓦时，同比增长21.82%；完成售电收入（不含税）36 525.89万元，同比增长23.73%；综合线损率为5.25%，平均电价（不含税）0.45元，实现利润45.63万元。各种重要核心指标，均创历史最好成绩。公司在云南电网公司县级供电企业综合绩效考核评比中，荣获第一名。

网络建设方面，完成得禄、务德、热水、文兴、窑上等5个35千伏变电站的技改工程，新建35千伏宣福线、格乐线、格双线。公司自筹资金3 300多万，其中投资1 000万对35千伏窑西线、福龙线、板落线进行维护和改造，投资2 300多万用于城区10千伏主干线改造和部分乡镇破旧线路改造。完成农村电网改造升级10千伏完成投资833万，新建或改造10千伏线路34.37千米，400V/220V线路176.46千米，安装配电变压器112台，新增容量10 870千伏安，一户一表改造6 950户。投入200多万元新建可抗八级地震的应急指挥中心、应急仓库和新购400千瓦应急发电车一辆；投资1 200多万元，启动首批低压集抄系统安装，全年共为21 000多户用户安装低压集抄表。

公司管理水平持续提升，在“阳光管理”、“累积考核”、“末位淘汰”等管理制度的基础上，大力推行“共赢团队”建设，通过“三助”（工作、学习、生活互相帮助）、“四同”（共同确定目标、共同制定计划、共同推进工作、共同总结整改）、捆绑考核、拓展训练、联谊活动等多种手段，将“共赢团队”打造成公司开展工作的平台、队伍建设的载体和推进管理创新的试验基地。公司“共赢团队”建设刊载于新闻媒体和学术刊物达22次。

宣威市供电有限责任公司总经理王兴攀，总支书记浦承勇，副总经理何贵金、耿齐杰、白松鹤（兼工会主席），总工程师江涛，总会计师温石友。

（撰稿　沙　飞）

**【宣威市革香河水电开发有限公司】** 宣威市革香河水电开发有限公司有从业人员147人，退休员工1人。一年来，公司始终坚持“安全第一、预防为主、综合治理”的工作方针，层层落实“安全生产、经营管理、党风廉政建设”3大目标，强化安全文明生产。全年安全生产365天，达开电厂累计安全运行831天，黄鹰洞电厂累计安全运行2 291天。共完成发电量2.06亿千瓦时，总售电量4.77亿千瓦时，实现销售收入1 704.77万元，上缴各种税费1 443.86万元。精神文明建设持续推进，先后荣获曲靖供电局文明单位、宣威市“抗旱救灾”先进单位、宣威市先进企业、宣威市“劳动关系和谐企业”等荣誉称号。

强化基础管理工作，逐步规范企业管理，加强和完善制度体系建设。加快信息化建设，建成黄鹰洞电厂、凤凰山变电站和110千伏福兴变电站办公、生产自动化管理系统和视频监控系统。公司车辆安装了GPS监控系统，配置档案室硬件设施，并按照“三星级”标准完成档案资料收集和信息录入，基本实现了基础管理工作的规范化、信息化建设。

按照国家基本建设程序，充分发挥业主在工程建设管理方面的主导作用，积极协调参建各方和地方人民政府，妥善处理好工程建设中的各种矛盾和问题，顺利完成了各项工程建设。110千伏格宜站347开关间隔、110千伏凤凰山工业园区线路搬迁工程、110千伏达平线进线开关间隔、110千伏凤凰山变电站二期扩容工程相继投入运行，12 500千伏安凤凰山硅锰合金工程投入运行，全年累计完成工程投资5 347.99万元。

宣威市革香河水电开发有限公司董事长王刚，总经理聂庆海，副总经理母逵昌、陈道绩，副书记田金华（主持工作）、赵庆田，工会主席夏云，总工程师陈有村。

（撰稿　顾玉梅）

**【云南云天化国际化工股份有限公司云峰分公司】** 云南云峰化学工业有限公司（以下简称云峰公司），其前身为云南氮肥厂，始建于1966年。2000年改制成立云南云峰化学工业有限公司。2005年7月，在云南省整合重组部分省属企业过程中，公司整体从云南石化集团转入云天化集团。云峰公司现为云天化集团云南云天化国际化工股份有限公司云峰分公司。2010年年末职工人数2 104人（其中专业技术人员398人），内退398人，退休1 334人、离休17人，年产值20亿元。

云峰公司现有年生产能力合成氨10 000万千克，甲醇、甲醛各2 000万千克，硫酸50 000万千克，磷酸28 000万千克，DAP 40 000万千克，MAP 20 000万千克，各种养分配比的三元或二元专用肥10 000万千克，硝酸9 000万千克，硝磷类产品11 000万千克，氟盐8 500 000千克，编织袋1 500万套，自备电厂装机容量6 000千瓦，公司内部铁道专用线运输能力25亿千克。现有总资产20亿元，固定资产18.8亿元。

年内，主要产品合成氨完成1.17亿千克，完成年计划的111%，比上年增加4%；硫酸完成6.20亿千克，完成年计划的107%，比上年年增加1.9%；磷酸完成3.21亿千克，完成年计划的107%，比上年增加17%；化肥总量完成8.02亿千克，完成年计划的109%，比上年增加16%。工业总产值19.85亿元，完成年度预算的115%，比上年增长25.4%；实现销售收入17.43亿元，完成年度预算的97%，比上年增长8.71%；完成工业增加值4.67亿元，实现利润1 177万元。其中硫酸、磷酸和化肥总量均创历史新高，磷酸产量首次突破30 000万千克，复肥总量首次突破80 000万千克。

云峰分公司以推行安全环保管理区域负责制为核心，强化安全环保责任，加大安全环保投入，完善相应的管理制度，明确管理责任，规范工作流程，使得分公司的安全环保管理工作更加规范化。通过实施合成氨系统安全自动化改造，提升安全自动化管控水平；通过实施雨污分流及水资源的综合利用项目，成功实现污水零排放；加强对渣场等重大危险源的管控，确保本质安全；安全环保管理成效显著.全年未发生死亡及重伤事故。全年无重大工艺、设备、着火、爆炸事故和多人中毒事故及重大环境污染事故，生产性千人负伤率为零，事故隐患整改完成率100%，实现生产性废水零排放，磷石膏综合利用量42 000万千克。

以合成氨、磷酸消耗为关注点，认真抓好节能减排工作。合成氨系统围绕提高气化炉的产气能力、压缩机的单机能力等开展技术攻关，基本实现了单炉供单机，单炉产气量由2009年8 500立方米//小时提升到9 300立方米//小时，压缩机的单机生产能力由2009年的60 790千克/天提高到62 900千克/天。加强稀氨水的回收利用，全年共回收稀氨水折氨330万千克。改变合成氨再生气的使用方式，并取得良好效果。创造了月原焦消耗1 261千克/吨的历史最低水平。磷酸以装置的长周期运行为突破口，不断提升生产技术，在产量大幅提高和磷矿质量不断下降的情况下，全年磷酸耗磷矿、磷酸耗硫酸在国际化工均处于较好水平，磷收率达到97.8%，超过国际化工96.5%的考核指标。其他产品单耗均稳中有降，确保了分公司全年节能目标的实现。

分公司在实现污水零排放的同时，加强了烟气排放的治理，对硫酸装置尾气洗涤系统进行自控改造，优化工艺控制，烟气中$SO_2$的排放有了大幅下降，由原来的400毫克/标方降至200毫克/标方。加强磷铵、气化等装置烟气排放粉尘的收集和处理，已初见成效。采取多种渠道和方式，积极推动磷石膏资源的综合利用，特别在磷石膏作土壤改良剂的推动上有了明显的突破，较好地完成了与政府和国际化工签订的责任目标。2010年可比产值节能量5 190万千克标煤，远远超过与国际化工签订的800万千克标煤的节能目标；“十一五”期间累计完成可比产值节能量24 200万千克标煤。远远超过与省政府签订的7 140万千克标煤的节能目标。合成氨耗原焦1 317千克/吨，与预算相比下降了83千克/吨，比上年下降86千克/吨；合成氨耗动力电1 603千瓦时/吨，与预算相比下降147千瓦时/吨，比上年下降78千瓦时/吨；磷酸耗硫酸2 512千克/吨，与预算相比下降18千克/吨，与上年基本持平。

围绕装置的运行周期目标，强化设备的巡回检查和维护保养，为装置的长周期运行奠定了良好的基础。20 000万千克/年硫酸装置至12月31日已连续运行222天，合成氨系统至12月31日已连续运行218天，30 000万千克/年磷铵装置连续运行周期已达15天，10 000万千克/年复肥装置连续运行已达15天。磷酸装置运行周期得到了明显提高。装置的长周期稳定运行促进了高产稳产，主要产品合成氨、硫酸、磷酸及复肥总量月产不断创历史新高，为全年产量目标的完成奠定了基础。

以广泛开展技术创新为契机，加快技术改造和项目建设。认真推动技术创新工作，围绕节能减排、挖潜增效等进行了一系列的技术改造。全年共完成基建技改工程投资6 779.57万元。主要项目有磷石膏渣场扩容改造、西河取水点改造、磷石膏综合利用中转站项目、20 000万千克/年硫酸锅炉技改、合成氨系统安全自动化改造、污水减排暨综合利用技改、磷矿卸车机效率提升改造、合成氨110千伏总降改造及合成氨仪表防爆整改等。在建较大项目有3项：保障性住房建设、三废混燃锅炉节能环保技术改造、渣场回水管改造等项目。

云南云天化国际化工股份有限公司云峰分公司总经理张弼江，党委书记李文红，副总经理马洪伟。

（撰稿　黄绍莉）

**【云南宣威磷电有限责任公司】** 云南宣威磷电有限责任公司于2003年8月注册成立，是曲靖、宣威两级市委、市政府根据国家西部大开发的战略部署，为实现曲靖工业强市目标、妥善解决原国有企业“滇东磷化工公司”破产后下岗员工再就业问题而引进江苏澄星磷化工股份有限公司在宣威投资设立的全资子公司，注册资本6.24亿元。公司位于宣威市羊场工业园区，占地面积80多公顷，现有职工1 060人。2010年公司被宣威市政府评为“先进企业”,是曲靖市50户重点骨干企业之一。

全年共生产黄磷8 275.8万千克，比上年增加988.7万千克，同比增长 13.57%；发电103 002万度，增加19 404万度，同比增长 23.21%；实现销售收入120 048万元，增加值为15 647万元，同比增长14.99%；上缴各类税金6 690万元，增加值为3 834万元，同比增长134.24%。

2009年委托昆明理工大学设计黄磷尾气净化发电项目，是全国第一套黄磷尾气净化发电装置。黄磷尾气净化发电项目，主要通过洗涤、除尘、脱硫、脱磷净化程序，去除尾气中的H2S、P、F后输入电厂锅炉燃烧产生蒸汽用于发电。项目总投资5 700万元，现已投资5 000多万元，预计2011年4月投入试运行。项目投产后，黄磷尾气通过净化将全部用于发电，回收利用率将达90%以上，每年可节省标煤7万多吨。净化后的黄磷尾气是清洁能源，大大减少了污染物的排放和原煤的使用量，符合国家产业和环保政策，顺应当前低碳经济和循环经济的发展趋势。

宣威磷电投资500多万元建成了年产7 500万块免烧砖厂，每年可利用25 000万千克矿渣。磷电一体化120 000万千克/年矿渣水泥项目，经宣威市委政府引进，现由远东亚鑫公司建设。项目建成后每年可利用黄磷装置所产生的磷渣、发电厂产生的灰渣和羊场当地丰富的石灰石资源，实现全封闭、无污染生产，减少土地资源的占用。该项目预计在2011年8月建成投产。

宣威磷电投资3 000多万元兴建了污水综合处理站，将电厂和黄磷生产所产生的工业废水收集处理后循环使用不外排，使水资源得到充分利用。

公司投资建设了650万千克/年泥磷制酸项目，有效地处理泥磷，提高了黄磷回收率，又降低了消耗。同时公司还建成了2 500万千克/年磷酸、3 200万千克/年三聚磷酸钠项目，把黄磷进一步深加工，延伸产业链，目前这些项目已进入试生产阶段，投产后将大幅度提升产品附加值。

（撰稿　周兴荣）

**【曲靖宣峰水泥发展有限公司】**　曲靖宣峰水泥发展有限公司是由始建于1959年的曲靖地区宣威水泥厂通过改制及引股建成的民营企业。主要生产“宣峰”牌32.5级复合硅酸盐水泥及42.5级、52.5级普通硅酸盐水泥。公司另设有子公司曲靖宣峰经贸有限公司，从事运输及编织袋生产经营。公司现有员工300余人，各类专业技术人员150余人。

宣峰公司日产200万千克新型干法水泥熟料项目的建设工作于2008年3月28日破土动工，2009年4月26日点火试生产，2009年下半年调试正常。2010年由于是新工艺、新设备，加之上半年受限电影响，全年共销售水泥5.21亿千克，实现工业总产值1.45亿元，上缴税收720万元。

为了扩大水泥生产能力及大力推广散装水泥的使用，公司进行了三号磨技改工程，2010年11月2日一次投料成功，现已具备生产各高标号水泥10亿千克年生产能力。公司生产线在设计、建设、生产过程中，积极利用和创造有利条件大量使用工业生产排出的硫酸渣、粉煤灰、脱硫石膏等“三废”资源，变废为宝，年可消耗工业废渣2.8亿千克，削减二氧化硫51.8万千克，于2010年6月25日经云南省资源综合利用认定委员会审核通过认定。目前，公司已做完配套建设4.5兆瓦低温余热电站的前期准备工作，2011年正式动工建设，可节约标煤10亿千克，每年向环境减排二氧化碳2.3万千克，真正实现环保、节能、安全、清洁生产，为全面建设资源节约型、环境友好型企业做出显著贡献。

为了强化品质管理，公司于2010年7月顺利通过了ISO9001:2000质量管理体系和产品质量认证，并获得了“中国著名品牌”、“质量、服务、信誉AAA示范企业”等荣誉称号。公司在发展的同时不忘回馈社会，积极支持公益事业，克服困难，力所能及的为社会做了一定有益的工作。2010年共捐赠水泥70余万千克，捐款139.2 万元，其中为修建宣威双塔捐款108万元。

曲靖宣峰水泥发展有限公司党委书记、董事长、总经理唐兴智，党委副书记、纪委书记、工会主席黄玉万，副董事长、副总经理孔得精，常务副总经理吴封道，副总经理符媚、钱学斌，监事会主席高承维，财务总监杨光志。

（撰稿　付　静）

**【宣威市医药有限责任公司】**　宣威市医药有限责任公司为专业药品批发销售企业，其前身为宣威市医药公司。2004年7月，经宣威市人民政府批准，宣威市医药公司进行改制，由国有企业改制为有限责任公司。2004年9月首批通过国家GSP认证，是一家以经营策划和科学管理为依托的医药商业企业。

公司注册资金为102.6万元，营业办公场所总建筑面积达到3 000余平方米，下设销售部、储运部、财务部、采购部、办公室、人力资源部等多个职能部门和分布市区的14个药品零售门市。公司现有职工108人，专业技术人员29人，其中执业药师1人，从业药师2人，药师25人，药师协理5人，药士5人。

公司专注于药品批发业务，同时还辅以医疗器械等业务。服务对象包括商业批发客户、零售药店终端及其其他各种类型终端客户。业务范围已覆盖两市、七县的各大医院和乡镇卫生院、卫生所、诊所、零售药店并辐射到周边贵州威宁一带。

2010年在公司董事长陈琳的领导下，始终坚持“质量第一、服务至上”的经营理念，在公司全体员工的共同努力下，突破了5 000万元的销售业绩。公司在创造了销售历史新高的同时，在“企业文化”建设方面也取得了一定成绩。通过“企业文化”建设的阶段性目标，公司从物质文化、行为文化、制度文化、精神文化四个方面入手，培育富有现代企业意识、市场经济观念和团结、进取、积极向上的企业文化，使企业的凝聚力、约束力、导向力、辐射力大大增强，有力地促进了企业的发展。

宣威市医药有限责任公司领导班子，左起采购部经理张贤芳、财务总监李云珊、储运经理耿明、副总经理代鹏、总经理陈琳、副总经理秦本俊、销售部经理段树云、采购部经理余荣梅、质管部经理陈琴、开票部经理李红梅。

（撰稿　代　鹏）

**【云南省宣威医药（站）有限责任公司】**　云南省宣威医药（站）有限责任公司前身是云南省宣威医药采购批发站，2003年4月被曲靖市政府批准改制为云南省宣威医药（站）有限责任公司。2010年公司有员工96人，其中职工持股会员工33人，合同制员工40人，接受下岗再就业职工23人，供养遗属17人。全年，公司共购进药品430万元，销售784万元，实现利润289万元，各种费用开支317万元，应付帐款700多万元，亏损额180万元。年末，有2名党员被曲靖市商务局评选为“创先争优先进个人”和“优秀共产党员”，公司党支部被评为“先进党支部”。

公司紧紧围绕以经济建设为中心，积极推进公司内部改革和自主创新，优化药品经营品种结构，减少经营成本为指导思想，注重落实各项经营管理工作，积极开拓市场，为公司发展打下坚实的基础。年内，公司参加曲靖市药品统一招标采购并一举夺标。同时注重药品零售市场的发展，在人口集中，经济发展较快的乡镇增开医保定点刷卡药店2个，为公司发展奠定了坚实的平台。后因公司原因，很多债权人突然拆资，300多万的经营资金全被拆走，公司各项经营管理工作无法开展，批发市场难以启动，导致公司药品销售严重受损。全年，公司共购进药品400多万元，销售药品784万元，实现毛利289万元，公司全年亏损180多万元。

云南省宣威医药（站）有限责任公司总经理张承林（11月离职）、崔建华（11月任职），副总经理崔建华（11月离职）、胡巧玲、刘文帅（11月任职，兼办公室主任）。

（撰稿　刘文帅）

**【曲靖市宣威宇恒水泥有限公司】** 曲靖市宣威宇恒水泥有限公司成立于2003年4月19日，注册资本5 100万元，属曲靖市重点骨干企业，现有资产5.7亿元，员工600余人，公司拥有先进的生产、检测设备和雄厚的技术力量。目前公司拥有两条熟料生产线（一条100万千克/天，一条300万千克/天）和一个年产8亿千克的水泥粉磨站（现为“沾益县宇恒水泥有限公司”），公司年产水泥规模达20亿千克。公司注册商标为“共创”牌，现已成为“曲靖市知名商标”和“云南省著名商标”，“共创”牌水泥荣获“云南名牌产品”。2010年12月，公司顺利通过了上海质量体系审核中心的“三标一体”（即质量管理体系、环境管理体系和职业健康安全管理体系）认证。

公司在生产经营过程中，坚持贯彻落实科学发展观，自觉调结构、转方式、上水平，不断提高市场竞争能力、抵御风险能力和可持续发展能力，做精做强水泥主业。经过公司全体员工的共同努力，圆满完成了2010年目标任务。在安全生产方面，多措并举，建立奖惩考核机制，实现了全年安全生产零事故。公司全年生产水泥19.6亿千克，实现工业总产值58 921万元，工业增加值20 972万元，上缴税金6 844万元。在节能减排上公司共投资7 264万元完成了余热发电站、电机变频和水泥磨机等项目的技改工作，累计节能量1 418.7万千克标准煤，节约成本1 648万元。

公司在发展的同时，不忘回报社会，积极参与扶贫帮困，热衷于地方公益事业。近几年来，公司捐赠现款和水泥共达1 700多万元。在2010年，公司捐款捐物共240多万元，用于扶贫帮困、捐资助学、新农村建设、抗旱救灾和宣威西山“双塔”建设等社会公益事业，为地方经济社会发展做出了积极贡献。2010年公司荣获了“宣威市劳动关系和谐企业”、“宣威市抗旱救灾先进企业”、“云南水泥十佳品牌企业”等荣誉称号。

公司董事长宁国昌，监事会主席宁宪昌，总裁宁显志，沾益县宇恒水泥有限公司总经理宁选州。

（撰稿　李继彬）

# 宣威火腿

责任编辑　王莲芬

2010年1月，云南省农开办领导到宣威考察宣威火腿。

（范美刚　摄）

# 生猪生产

**【概述】** 2010年，宣威市共争取各级财政扶持生猪产业发展专项资金3 128.37万元。通过实施生猪调出大县奖励资金建设项目、生猪产业“三百”工程、良种补贴项目、生猪标准化规模养殖场（小区）项目、能繁母猪保险、宣威火腿原料猪种育种等项目，有力地促进了生猪产业持续健康发展。年末全市生猪存栏183.78万头，出栏肉猪318.45万头，猪肉产量3.5亿千克，生猪产值25.48亿元，收入16.05亿元。肉猪出栏和猪肉产量分别占曲靖市的四分之一和云南省的十二分之一以上，成为云南省最大的生猪生产基地和全国生猪调出大县之一，被农业部规划为全国生猪优势生产区，列为国家现代农业示范区。

**【生猪产业“三百”工程】** 全市共建成猪舍面积1 000平方米以上养殖小区29个6.44万平方米，完成计划6.43万平方米的100.2%；建成“三百”工程示范户1 028户5.16万平方米，完成计划5.14万平方米的100.4%。

**【生猪良种补贴】** 以市良种猪场为核心，92个扩繁场、317个生猪养殖小区及3.18万户“双百”工程和“三百”工程示范户为基础，50个猪人工授精站（点）为网点的良种繁育网络，基本能满足全市生猪养殖的良种需求。年内全市26个乡（镇、街道）的50个猪人工授精站（点），共提供37.26万份精液，改良配种母猪18.63万窝，兑现生猪良种补贴资金313.86万元。

**【能繁母猪保险】** 全年，上级下达宣威市能繁母猪保险数12.4万头，实际完成11.58万头能繁母猪保险工作，完成下达任务的96. 5%。根据保险协定，协调人保财险宣威分公司对保险理赔范围内死亡的4 300头母猪给予养殖户425万元的赔偿。

**【生猪标准化养殖小区建设】** 2009年度的36个生猪标准化规模养殖场（小区）建设，根据各自实际，按《实施方案》批复内容建设，完成了“三个区域”（生产管理区、生产区、隔离区）划分，突出产房建设、产床安装、保育舍建设；新建或改造主排污沟、分排污沟，实现雨污分离；完善积污池、沉淀池或沼气池建设，新建硬化、遮盖堆粪场。通过标准化建设，各养殖场（小区）的给排水系统、粪污处理、防疫消毒等设施设备均达到生猪标准化建设要求。2010年7月12日至16日，顺利通过宣威市发展和改革局、市畜牧局、市财政局组织的检查验收。3月，《宣威市2010年度29个生猪标准化规模养殖场（小区）建设实施方案》，经上级评审批复实施。预计2011年2月底前可全面完成。

（撰稿　王天旭　顾培民　管和平）

**【乌金猪保种】** 自2003年开展乌金猪保种以来，各阶段工作进展顺利。2010年年末有一个保种场和一个保种点，存栏火毛、黑毛乌金种猪189头（公猪13头、母猪176头），年可纯繁乌金猪2 800余头。年内完成10个家系15头母猪的纯繁配种，产仔14窝，总产仔137头，窝均产仔9.80头。通过体尺、体重测定，结合系谱选择，共选留10个家系公猪14头、母猪40头，较好地完成了年度保种工作任务。

**【宣威火腿原料猪种育种】** 年内，育种工作进入二世代种猪继代选育配种妊娠阶段，共选择二世代种猪332头，其中鲜肉系189头（公猪35头，母猪154头），火腿系143头（公猪39头，母猪104头）。第一批种猪预计于2011年2月初产仔，可实行边选育，边推广应用。

通过各项育种指标测定，其二世代种猪体型紧凑、头小骨细、后躯肌肉丰满，毛色全部呈白色或小片黑斑，乳头数鲜肉系在7对以上、火腿系接近7对；日增重快，饲料报酬高，屠宰率、瘦肉率高，后腿比例大，肉质鲜美、胆固醇含量低，超过宣威火腿原料猪种选育方案对各项指标的要求，取得了较好的效果。

（撰稿　何家书）

# 品牌创建与培育

**【概述】** 宣威市委、市政府高度重视宣威火腿百年品牌的创建、培育与商标保护等工作。2001年3月，宣威火腿被列为中华人民共和国第二个国家原产地域保护产品，明确了地域范围（宣威市行政区划范围内），制定了宣威火腿国家强制性标准（GB18357—2001）；2005年11月21日，“宣威火腿”获国家商标局批准并注册，成为云南省的第二枚地理标志证明商标；2008年修订了宣威火腿国家强制性标准（GB18357—2001）为宣威火腿国家推荐性标准（GB／T 18357—2008）；2009年4月24日荣登中国驰名商标榜单；2009年8月26日，宣威火腿入选云南省第二批省级非物质文化遗产名录；2010年6月2日，宣威火腿入选中华人民共和国国家级非物质文化遗产名录；2010年7月21日，“宣字牌”宣威火腿入围第二批保护与促进的中华老字号名录（零售、食品类）；2010年宣威火腿先后三次在中央电视台农广天地、致富经等栏目播出。

**【国家非物质文化遗产保护】** 2009年8月26日，宣威火腿经云南省非物质文化遗产保护工作专家委员会评审，云南省人民政府下发了《关于公布第二批省级非物质遗产名录和第一批省级非物质文化遗产扩展项目名录的通知》，傣医药、彝医药、宣威火腿等124项民间民特产入选云南省第二批省级非物质文化遗产名录。

2010年6月2日，宣威火腿经国家非物质文化遗产保护工作专家委员会评审，中华人民共和国文化部公示了第三批国家级非物质遗产名录推荐项目，宣威火腿等26项传统工艺入选中华人民共和国国家级非物质文化遗产名录，公示编号为：24Ⅷ-166（宣威火腿制作技艺）。

**【中华老字号】** 由宣威市商务局、宣威火腿产业办公室申报的云南宣威火腿集团有限责任公司注册的“宣字牌”宣威火腿，经曲靖市商务局和云南省商务厅初审公示后报国家商务部，现经国家保护与促进中华老字号振兴发展（专家）委员会根据《“中华老字号”认定规范（试行）》有关要求，组织专家严格审核，“宣字牌”宣威火腿入围第二批保护与促进的中华老字号名录（零售、食品类），于2010年7月21日予以公示。至此，宣威市“宣字牌”火腿入围商务部公示的第二批中华老字号名录。

**【中央电视台栏目播放】** 2010年11月18日19时，中央电视台《农广天地》栏目（2010年　第528期）播放了宣威火腿产业办公室、宣威市荣升火腿有限公司协助拍摄的《宣威火腿制作工艺介绍》。

2010年12月7日21时31分，中央电视台《致富经》栏目播放了宣威火腿产业办公室、宣威市宣泰火腿有限公司协助拍摄的《从一支火腿开始的千万财富》。

（撰稿　邵廷吉　邱臣云）

## 火腿加工

**【原腿加工工艺】** 鲜腿修割定形。鲜腿毛料支重以7～15千克为宜，在通风较好的条件下，经10～12小时冷凉后，根据腿的大小、形状进行修割，9～15千克的修成琵琶形，7～9千克的修成柳叶形。修割时，先用刀刮去皮面残毛和污物，使皮面光洁；再修去附着在肌膜和骨盆的脂肪及结缔组织，除净血渍，再从左至右修去多余的脂肪和附着在肌肉上的碎肉，切割时做到刀路整齐，切面平滑。

上盐腌制。将经过冷凉并修割定形的鲜腿上盐腌制，用盐量为鲜腿重量的5.5%～6%，每隔2～3天上盐一次，一般分3～4次上盐，第一次上盐2%，第二次上盐3%，第三次上盐1%（以总盐量6%计）。腌制时将腿肉面朝下，皮面朝上，均匀撒上一层盐，从蹄壳开始，逆毛孔向上，用力揉搓皮层，使皮层湿润或盐与水呈糊状，反复揉搓2～3次；翻过肌肉面撒上盐，均匀用力，仔细揉搓，要注意别搓破肌膜。趾骨及骨缝处要反复揉腌 3～4次；最后揉搓肥肉。第一次上盐结束后，将腿堆码在便于翻动的地方，2～3天后，用同样的方法进行第二次上盐、堆码；间隔3天后进行第三次上盐、堆码。三次上盐堆码三天后复查，如有淤血排出，用腿上余盐复搓（俗称赶盐），使肌肉变成板栗色，腌透的则无淤血排出。

堆码翻压。将上盐后的腌腿置于通风、干燥、冷凉的室内，室内温度保持在7℃～10℃，相对湿度保持在62%～82%。堆码按大、中、小分别进行，大支堆6层，小支堆8～12层，每层10支。少量加工采用铁锅堆码，锅边、锅底放一层稻草或木棍作隔层。堆码翻压要反复进行三次，每次间隔4～5天，总共堆码腌制12～15天。翻码时，要使底部的腿翻换到上部，上部的翻换到下部。上层腌腿脚杆压住下层腿部血筋处，排尽淤血。

洗晒整形。经堆码翻压的腌腿，肌肉面、骨缝由鲜红色变成板栗色，淤血排尽，可进行洗晒整形。浸泡洗晒时，将腌好的火腿放入清水中浸泡，浸泡时，肉面朝下，不得露出水面，浸泡时间视火腿大小和气温高低而定，气温在10℃左右，浸泡时间约10小时，浸泡时如发现火腿肌肉发暗，浸泡时间酌情延长，如用流动水应缩短时间。浸泡结束后，即进行洗刷，洗刷时应顺着肌肉纤维排列方向进行，先洗脚爪，依次为皮面、肉面到腿下部。必要时，浸泡洗刷可进行两次，第二次浸泡时间视气温而定，若气温在10℃左右，约4小时，如在春季约2小时。浸泡洗刷完毕后，把火腿晾晒到皮层微干肉面尚软时开始整形，整形时将小腿校直，皮面压平，用手从腿面两侧挤压肌肉，使腿心丰满，整形后上挂在室外阳光下继续晾晒。晾晒的时间根据季节、气温、风速、腿的大小、肥瘦不同而确定，一般2～3天为宜，但现在腌制火腿一般都不用。

上挂风干。经腌制成熟或洗晒整形后，火腿即可上挂，一般采用0.7米左右的结实干净绳子，结成猪蹄扣捆住庶骨部位，挂在仓库楼杆钉子上，成串上挂的大支挂上，小支挂下，或大、中、小分类上挂，每串一般4～6支，上挂时应做到皮面与肉面一致，支与支间保持适当距离，挂与挂之间留有人行道，便于观察和控制发酵。

发酵管理。上挂初期至清明节前，严防春风的侵入，以免造成暴干开裂，注意适时开窗1～2小时，保持室内通风干燥，使火腿逐步风干。立夏节令后，及时开关门窗，调节库房温度、湿度，让火腿充分发酵。楼层库房必要时应楼上、楼下调换上挂管理，使火腿发酵鲜化一致，端午节后要适时开窗，保持火腿干燥结实，防止火腿回潮。发酵阶段室内温度控制在月均13℃～16℃，相对温度控制在72%～80%之间。日常管理工作，应注意观察火腿的失水、风干和霉菌生长情况，根据气候变化，通过开关门窗、生火升温来控制库房温、湿度，创造火腿发酵鲜化的最佳环境条件，火腿发酵基本成熟后（一般到中秋节），仍应加强日常发酵管理工作，直到火腿调出时方能结束。

**【宣威火腿系列产品精加工工艺】** 经检验三针清香的合格成熟火腿，方进行精深加工。一是清洁表层，加工不同产品方法不一样。如果生产带皮块装系列，用喷灯烧皮面至黑色，再用水浸泡，刮去表层至蜡黄色，修去氧化层，转入下一工序；如果生产去皮块装、片装火腿，则剥去皮子后，修去氧化层后进行分割。二是分割包装，根据所需

加工的产品系列，进行分部位分割、称量入袋、真空封口、粘贴标签，经检验后装箱入库。熟制品加工先是把修整干净的火腿煮熟，然后除去水分，切成小片状，按计量要求分装、封口，蒸15分钟后，粘贴标签，经检验合格后装箱入库。

**【安全卫生要求】** 宣威火腿在整个生产加工过程中，应严格按照国家食品安全卫生标准进行操作。工作人员持健康证上岗，上岗时，穿戴工作服，洗净双手，严禁佩戴金银饰物，避免对产品造成污染。另外在原料选择、生产加工设备、贮存运输、生产操作等方面都要按食品安全卫生标准要求进行，确保生产的宣威火腿系列产品符合国家食品安全卫生要求。

（撰稿　邵廷吉　邱臣云）

## 火腿食法

宣威火腿食法多种多样，可根据消费者的喜爱，选择各自的食用方法，为了保证宣威火腿的风味，在宣威主要食用加工方法有炖、煮、炒、蒸、煲汤、开袋即食等，现简介如下，供各地消费者做参考。

**炖**。把火腿放到砂锅或瓷锅内，用文火炖3～4小时左右食用。此法适用于原腿、金钱腿、皇冠腿、带皮带骨、块装、蹄部等产品，可添加红豆或小黑药、一朵云、三七、党参等滋补中草药。

**煮**。宣威火腿最传统的食用方法，把洗净的火腿放入砂锅或瓷锅内，用小火煮2～3小时，取出后根据自己所需切小食用。适用于原腿、精加工的去骨带皮、带皮带骨、皇冠腿等系列产品。

**炒**。把火腿切成片、丝、丁配以各种蔬菜、鲜禽蛋、水产品爆炒后食用。适用于系列产品的片、丁、丝袋装火腿或者去骨去皮块装火腿。

**蒸**。把火腿去皮后切成片、丝、丁，配以乳饼、土豆等蒸40分钟即食。适用于系列产品中的片、丁、丝及去骨去皮的纯瘦、肥瘦装火腿。

**煲汤**。宣威火腿可以配多种蔬菜烧汤，其味鲜美，营养丰富，方法是把火腿切成所需形状，放入配好其它蔬菜的汤煮5～10分钟即可食用，也可煮火锅食用。适用于系列产品的片、丝、丁或块装火腿。

**开袋即食**。2006年，宣威荣升火腿有限公司和宣泰火腿有限公司顺应市场要求，研制开发微波熟食宣威火腿，原汁原味携带食用方便，消费者购买后开袋即可食用，加之味道鲜美，深受欢迎。

宣威火腿食用方法很多，可根据各地的饮食习惯或菜谱进行更改，其风味都不会改变。但是在加工过程中，不能再加食盐、酱油等咸味调料品，以免影响宣威火腿风味。

（撰稿　邵廷吉）

## 火腿购销

2010年末，全市生猪出栏318.45万头，猪肉产量35 030万千克，社会鲜腿产量7 100万千克，腌制火腿4 330万千克，其中生产加工经营企业收购腌制鲜腿1 430万千克，农户及个体工商户收购腌制销售2 900万千克，火腿产值12.3亿元，精加工系列产品900万千克，精加工增值3.6亿元。

据估算，全市有0.2亿余千克火腿进入流通领域，销往北京、上海、重庆、昆明、成都、广州、深圳、武汉、长沙、合肥、贵阳、香港、台湾等地市场，购销两旺。

（撰稿　邵廷吉）

## 行业管理

**【概述】** 2010年，宣威火腿产量4 330万千克，火腿产值12.3亿元（其中精加工增值3.6亿元）。宣威火腿行业协会有会员企业36家，23家企业获得国家质量技术监督总局认可的“全国工业产品生产许可证”（简称QS认证），9家企业经宣威火腿证明商标审核领导小组审批获准使用“宣威火腿”证明商标，同时获准使用原产地域产品保护标识，8家企业经宣威火腿证明商标审核领导小组审批获准使用“宣威火腿”中国驰名商标。围绕火腿加工、生猪养殖，相关的运输、皮革、肉食品加工、饲料、医药有了很大发展，产业优势日趋明显，初步形成了大产业、大市场、大流通的态势，宣威火腿已成为云南省的拳头畜产品，以猪为主的畜牧业已成为宣威市最有特色、最富潜力、最具优势的支柱产业。但宣威火腿还存在生产、操作、加工不规范，经营者无序竞争等问题。政府对此极为关注，多次邀请有关专家、顾问进行调研，认为只有加大对宣威火腿管理力度，宣威火腿产业才能做强做大。

**【质量技术标准】** 严格按照宣威火腿国家标准（GB/T18357—2008）及相关法律法规要求执行，质量技术监督部门、火腿行业协会办公室等单位对宣威原产地域范围内饲养的含有乌金猪血统的鲜猪后腿，经传统工艺加工制成的具有三签清香、肉色嫣红、香气浓郁的火腿及其制品进行技术管理。

猪种。应选用含有乌金猪血统的配套系杂交和二元、三元杂交的商品猪。

猪的饲养。选用符合相关饲料标准和饲料卫生标准的饲料，加上宣威境内种植的野生的适口性好的青绿饲料，进行“精、青、粗”合理搭配，按宣威传统方式饲养，饲养期约为240日龄。屠宰、检疫应符合相关国家标准的规定。

鲜腿。符合GB2707规定，脂肪完整不分离，无淤血，表皮白色无伤痕，无粗细毛、油头，跨边小，刀路平整，荐椎骨、尾椎骨、坐骨完好，形似琵琶或柳叶，单支质量7～15千克。鲜腿在自然条件冷凉时间10～12小时，冷凉时应通风、清洁、无污染。

腌制。腌制时间在当年霜降到次年立春之间。鲜腿修割定形后应选用云南省一平浪盐矿生产的符合GB5461规定的一级食盐腌制，用盐量为鲜腿重的6%，分三次揉搓上盐。

工艺卫生。应符合GB12694的规定。

发酵贮存。发酵期间专人管理，按宣威火腿贮存管理要求进行，贮存10个月成熟。贮存仓库应通风、阴凉、干燥、清洁，做到防高温、防潮湿、防虫、防鼠。

深加工。腌制成熟的宣威火腿通过检验外观，达三签清香、色泽符合国家标准的进行深加工。

标志。销售包装标志按GB7718的规定执行，并在醒目位置标明宣威火腿证明商标、中华人民共和国原产地域产品专用标志。包装材料应符合相关食品卫生标准。

运输。运输产品或成品应轻装轻放，不能重压，防日晒雨淋，不得与有毒物质混装。运输工具应清洁、干燥，符合卫生要求。

销售。获得“宣威火腿证明商标”和“宣威火腿原产地域产品专用标志”使用权后，产品方可冠名“宣威火腿”，上市交易。交易中遵守职业道德，诚实守信，公平交易，遵守市场经济秩序，严禁低质高价、以次充好、使用假商标等不法行为。

**【市场管理】** 为切实加强做好宣威火腿质量的监督管理，规范宣威火腿生产经营秩序，维护宣威火腿品牌荣誉，市委、市政府高度重视，建立一系列宣威火腿质量监管的长效机制，促进宣威火腿产业持续、稳定、健康发展。2010年12月16日请求曲靖市工商行政管理局在曲靖市范围内组织开展宣威火腿证明商标、中国驰名商标维权活动；12月21日，市政府办发文，制定了《2010年第四季度宣威火腿食品质量安全检查工作方案》。

**【证明商标管理】** 宣威火腿证明商标于2005年11月22日经国家工商总局商标局获准注册，又于2009年4月24日被国家工商总局商标局认定为中国驰名商标。现有云南省宣威市荣升火腿有限责任公司、宣威市宣泰火腿有限公司、宣威市振宣食品有限公司、宣威市浦记火腿食品有限公司、宣威市永进火腿厂、宣威市鸿福火腿有限公司、宣威市顺达火腿食品有限公司、宣威市海汇食品有限责任公司、云南省宣威市鑫宇工贸有限公司等9家企业获准使用宣威火腿证明商标、原产地域保护标识，这9家企业中除宣威市海汇食品有限责任公司外的8家企业，于2009年12月底经宣威火腿证明商标审核领导小组审核批准获准使用“宣威火腿”中国驰名商标，截止2010年12月底，共向企业发放宣威火腿证明商标标识110万枚。

（撰稿　邵廷吉　邱臣云）

## 生产经营企业

**【概述】** 2010年，全市有火腿生产经营企业及工商户500余户，宣威火腿行业协会有会员企业36家，其中在宣威境内生产的32家，在昆明生产的4家。有22家企业获得国家质量技术监督总局认可的“全国工业产品生产许可证”（简称QS认证）。有8家企业经宣威火腿证明商标审核领导小组审批获准使用“宣威火腿”中国驰名商标，截止2010年末，共发放宣威火腿证明商标标识110万枚。

**【宣威市荣升火腿有限责任公司】** 宣威市荣升火腿有限责任公司成立于1996年8月，属曲靖市重点农业龙头企业，下设火腿加工厂、良种猪场、购销部三个分支机构，在昆明、深圳等地设有销售机构。公司新选厂址青刺沟，占地2公顷，投资2 000余万元，新建仓库3 500平方米，精加工车间1 000平方米，现有固定资产3 500万元，职工300余人、行政管理人员8人、专业技术人员35人。2010年收购原腿120万千克，销售原腿70万千克，生产销售“升达牌”系列产品80万千克，产值4 200万元，实现利税550余万元。

公司总经理管升阔，联系电话（0874）7125385。

**【宣威市宣泰火腿有限公司】** 宣威市宣泰火腿有限公司成立于2002年3月。公司下设曲靖泰康火腿公司、曲靖泰康超市、昆明经营部、武汉分公司、攀枝花分公司、成都办事处、重庆办事处、北京办事处等20余个分支机构。公司现有总资产5 000余万元，火腿腌制厂房6 300平方米，精加工车间560平方米，职工186人、行政管理人员21人、专业技术人员35人。2010年收购鲜腿110万千克，加工系列产品60万千克，销售收入3 600万元，上缴税收100余万元。公司深加工产品有精制火腿、金钱腿、块装、盒装、片装、皇冠腿、丁装腿等20余个系列产品，熟食产品有宣威火腿小袋装、火腿罐头、火腿白云豆、火腿辣子鸡、火腿豆豉、火腿酱、火腿干、火腿丁等10余个系列产品。公司成立了火腿研究机构，是宣威最早开发熟食火腿的企业，即将研究开发的新产品有“火腿肉冻”、“火腿骨髓”、“火腿肉肠”、“火腿肉松”等系列产品。

董事长、总经理张国生，联系电话（0874）7145019。

**【宣威市振宣食品有限公司】** 宣威市振宣食品有限公司始建于1988年，公司原为宣威振宣食品厂，是一家以宣威火腿研发、加工、销售为一体的新型农业产业化企业，公司现拥有固定资产680万元，厂区占地面积6 800平方米，职工68人，销售人员28人，管理人员12人。2010年，公司收购原腿25万千克，精加工系列产品18万千克，实现销售收入1 080万元，其产品以昆明为中心，辐射省内地州市场，延伸于国内市场的上海、深圳、湖南、四川、西安等大中城市。

2010年，公司生产的“宣火”牌火腿经云南省工商管

理局批准注册为云南省著名商标，11月被国家商务部、质检总局等15部委授予中国诚信楷模企业。

公司总经理龚兴选，联系电话（0874）7123209。

**【宣威市浦记食品有限公司】** 宣威市浦记食品有限公司有员工80人，其中技术人员12人，固定资产150万元，流动资金800万元。2010年，收购原腿120万千克，精加工系列产品20万千克，销售额2 300万元，上缴国家税收40万元。所生产的“宣宝”、“云威祥”牌宣威火腿，主要销往北京、上海、深圳、广州、成都、重庆、西安、厦门及台湾等地。

厂长浦恩勇，联系电话（0871）4072962。

**【宣威市永进食品有限公司】** 宣威市永进食品有限公司建于1996年6月，位于宣威市北郊，占地面积18 610平方米，其中火腿腌制厂房3 000平方米，精加工厂房300平方米，公司现有固定资产2 000万元，员工30人，技术人员20人，管理人员5人。2010年，收购原腿80万千克，精加工系列20万千克，实现利税300万元。公司生产金钱腿、皇冠腿、片装、块装、盒装等20余个“云康牌”火腿系列产品，开发研制了火腿鸡、火腿鸭、火腿干、火腿酱、火腿豆豉等一系列新产品。

公司本着以质量求生存的原则，与沃尔玛、家乐福、麦德龙等国际连锁企业建立了良好的销售合作关系。年内，“云康牌”宣威火腿经云南省工商行政管理局批准注册为云南省著名商标。

**【宣威市鸿福火腿有限公司】** 宣威市鸿福火腿有限公司成立于2003年10月21日，注册资本50万元，2010年末有员工31人。公司成立以来，坚持“保证质量，诚守信用”的服务宗旨，“鸿威牌”火腿系列产品得到了消费者的认可，2010年，收购原腿75万千克，生产销售“鸿威牌”火腿40万千克，产品销售收入突破2 000万元。

2010年，“鸿威牌”宣威火腿经云南省工商行政管理局批准注册为云南省著名商标。

公司总经理孙有吉，联系电话（0874）7139766。

**【宣威市顺达火腿有限公司】** 宣威市顺达火腿有限公司于2009年新选址建厂青刺沟，占地2公顷，至2010年10月基本完工，共投资1 500万元，新建仓库3 000平方米，车间1 500平方米，现有职工80人，专业技术人员18人。生产加工的“宣华”牌产品远销北京、成都、重庆、深圳、昆明等地。

2010年，收购鲜腿25万千克，生产销售20万千克，销售收入900万元，上缴税收10万元。

公司经理张天喜，联系电话（0874）7123939。

**【宣威市海汇食品有限责任公司】** 宣威市海汇食品有限责任公司创建于1998年，厂区占地面积9 670平方米，现有固定资产580万元，流动资金500万元，职工100人。公司是一家以火腿、肉制品、罐头食品、休闲食品研发、深加工、销售为一体的新型农业产业化企业，生产加工的“宣和坊”牌火腿、“宣黄”牌香肠等肉制品系列产品远销昆明、北京、上海、香港、台湾及东南亚部分国家，在昆明、攀枝花设有办事处。2010年收购火腿20万千克，生产销售宣威火腿系列产品10万千克，销售额600万元。

公司总经理徐永海，联系电话（0874）7137800。

**【云南省宣威市鑫宇工贸有限公司】** 云南省宣威市鑫宇工贸有限公司创建于2002年7月18日，注册资本1 200万元，位于宣威市向阳西街155号，厂区占地面积6 000平方米，精加工车间1 000平方米，并在宣威市郊海拔2 800米的东山顶上购买荒山7.33公顷，兴建宣威火腿腌制仓库6 500平方米，现有职工46人，管理人员6人。公司的管理模式实行董事会领导下的总经理负责制，自主经营、自负盈亏，注重塑造企业形象，以优质的产品品牌立足市场。

2010年，公司收购腌制原腿85万千克，精加工30万千克，实现产值1 800万元。公司凭借高海拔天然的火腿腌制环境，可用4%的用盐量腌制低盐火腿，从而有效地保证了所生产加工“高原金珠”牌火腿系列产品低盐、低过氧化值。

公司总经理宁植，联系电话（0874）7203899。

**附表：22家QS认证宣威火腿企业名录**

| 企业名称 | 企业法人 | 地　　址 |
|---|---|---|
| 宣威荣升火腿有限公司 | 管升阔 | 宣威市西宁路93号 |
| 宣威市宣泰火腿有限公司 | 张国生 | 宣威市虹桥火腿交易市场 |
| 昆明源丰食品有限公司宣威火腿厂 | 朱家虎 | 宣威市来宾镇观云村 |
| 宣威市恒发火腿厂 | 张天位 | 宣威市齐井路150号 |
| 宣威市康发火腿厂 | 钱光态 | 宣威市环东路下关冲天桥旁 |
| 宣威市浦记食品有限责任公司 | 浦恩勇 | 宣威市齐井路150号 |
| 宣威市誉达坊火腿有限公司 | 耿福先 | 宣威市西宁街道花椒社区 |
| 云南玮轩商贸有限公司宣威分公司 | 陈　宏 | 宣威市来宾镇来宾村 |
| 云南省宣威市浩泰火腿厂 | 王怀忠 | 宣威市建设东街 |

| 企业名称 | 企业法人 | 地　址 |
| --- | --- | --- |
| 宣威市信诚食品有限公司 | 李向成 | 宣威市花椒牲畜市场内 |
| 宣威市永进食品有限公司 | 徐安云 | 宣威市双龙街道左所村 |
| 宣威市银河食品厂 | 王　东 | 宣威市五孔桥 |
| 宣威市福来火腿厂 | 何伟先 | 宣威市虹桥火腿交易市场 |
| 宣威市海汇食品有限公司 | 徐永海 | 宣威市西宁路30—4（原供销社食品厂） |
| 宣威市鸿福火腿有限公司 | 孙有吉 | 宣威市振兴街白家湾 |
| 宣威市昆仑食品厂 | 陈永仑 | 宣威市建设街90号（武星酒店） |
| 宣位市顺达火腿有限公司 | 张天喜 | 宣威市西宁街道翠西宛小区 |
| 宣威市恒达火腿厂 | 徐永斌 | 宣威市光华街计生局旁 |
| 宣威市振宣火腿厂 | 龚兴选 | 宣威市五孔桥（原兄弟食品厂） |
| 宣威市板桥恒发火腿厂 | 周朝启 | 宣威市板桥镇庄子村 |
| 宣威市金汇食品厂 | 朱家尧 | 宣威市龙场乡龙场街 |
| 云南省宣威市鑫宇工贸有限公司 | 宁　植 | 宣威市向阳西街155号 |

（撰稿　邵廷吉　邱臣云）

# 烟　　草

责任编辑　王买德

2010年8月11日，宣威市委书记许玉才（右一）到务德检查指导烤烟收购工作。

（务德镇党政办　供稿）

# 综　述

2010年，在市委、政府和曲靖市烟草专卖局（公司）的正确领导下，市烟草专卖局（分公司）坚持以科学发展观为统领，牢固树立“国家利益至上，消费者利益至上”的行业共同价值观和“利国惠民、至爱大成”的核心价值理念，紧紧围绕“打造中国特色烟叶产区，创建行业标志性商业企业”的战略目标，以开展“创先争优”和“四项标准”专题教育活动为契机，团结带领全体干部职工以质量为核心，抓管理、强措施、重落实，全面打响了以“抗旱保移栽、中耕促管理、收购提质量”为主要内容的三场攻坚战，积极主动应对各种困难和挑战，扎实推进“百县千站烟叶质量行动”，企业经济运行质量进一步提高，持续健康发展得到进一步巩固。全市种植烤烟1.75万公顷，收购烟叶7 718万千克，实现收购总值5.8亿元。销售烤烟9 431万千克，销售卷烟4.25万箱，实现税费2.14亿元，税费同比增加76万元，增幅0.36%。

# 烤烟栽培

**【概述】** 年内，市烟草专卖局（分公司）紧紧围绕“指导性种植面积1.75万公顷，指令性收购量7 600万千克，实现产值5.8亿元以上”的目标任务，按照“4月底栽完烟、8月底烤完烟、9月底收完烟”的工作步骤，牢固树立抗灾夺丰收的思想，抢抓节令，明确责任，采取积极有效的应对措施，全面夺取了“抗大旱、保育苗、促移栽”攻坚战的胜利，克服了冰雹灾害、病虫害及风灾等自然灾害，大灾之年，顺利实现了“保总量、保质量、保增收”目标任务的圆满完成。

**【面积控制】** 在市委、政府召开的烤烟工作会议上，明确提出要把严格控制烟叶生产规模作为首要任务来抓，及时传达贯彻省、曲靖市烟叶超收抵扣政策，签订了“严控规模”包保责任书。实行领导挂钩联系制、督办问责制和法人代表承诺制。将种植计划层层分解到22个栽烟乡、镇（街道）249个行政村11 163户种烟农户，做到合同面积、地块、收购量和种烟农户“四落实”。同时，市烟草专卖局（分公司）及时成立了督导检查组，对计划分解、合同签订、物资供应、移栽、收购等关键环节，实行全过程监管。切实做到了以株数定亩数、用种子控烟苗、用烟苗控移栽，按合同供应烟用物资，确保了按合同种植收购烟叶。全市共签订烟叶种植收购合同1.11万份，落实种植面积1.75万公顷，烤烟种植面积得到有效控制。

**【规划轮作】** 根据超产抵扣政策，在市委、政府统一安排部署下，对部份乡镇的种植面积、收购量进行适度调整。同时，按照优先把烤烟种植连片规划在中低海拔、水资源条件好和土壤肥力好的地块的“三优先”原则，把区域布局当作提升烟叶质量的首要任务来抓，进一步优化移栽布局，加大轮作力度，提高种植规模。全年共落实烤烟种植连片1 503片共1.75万公顷，轮作面积1.57万公顷，户均种植面积1.56公顷，比上年户均增加了0.54公顷，种植规模较历年有较大提高。

**【沃土工程建设】** 以提高烟叶质量为目标，进一步加大土壤改良力度，全面推进 “沃土工程”建设。2010年，全市共堆捂施用腐熟农家肥1.4万公顷，占种植面积的80.23%；种植绿肥1.54万公顷，占种植面积的88.28%；机耕面积1.52万公顷，占种植面积的87.02%，实施秸秆还田1 200公顷，植烟土壤条件得到明显改善。

**【烟苗培育】** 按照曲靖市烟草专卖局（公司）的相关要求，结合宣威烤烟移栽最佳节令，及早落实育苗专业户，及早就位育苗物资，严格标准化育苗工作流程，100%实行专业化育苗、商品化供苗，1月30日，全市210片6.03万池（砂培育苗2 725池）烤烟漂浮育苗全面结束。同时，针对特大干旱灾害，切实加苗床水、肥、温管理，按照各移栽时段对烟苗进行分类管理，采取“促、控、防”的苗床管理措施，做到宜控则控、宜促则促、应防则防，确保了最佳节令有足够适龄壮苗移栽。

**【品种种植】** 严格执行“一乡一品”，优化品种种植结构，围绕市场需求,全面种植云烟87、云烟97、中烟100、K326等优良品种。 除K326、中烟100实行“一点一品”外，其余品种均实现了“一乡一品”、“多乡一品”。其中，西宁、来宾、龙场、格宜、宝山、落水、龙潭、得禄、杨柳、双河、阿都、乐丰、普立13个乡、镇种植云烟87，田坝、东山、海岱、羊场、西泽、务德、倘塘7个乡、镇种植云烟97，板桥种植K326。

**【物资供应】** 2009年12月底至2010年3月底，育苗物资、大田生产物资分别供应结束。全年供应漂盘15.64万个，基质20.07万袋，棚膜6.09万千克，池膜7.8 4万千克，遮阳网35.64万平方米，消毒剂2 450千克，烟草专用复合肥784.7万千克，有机复合肥56.51万千克，地膜48.01万千克，硝酸钾131.35万千克，硫酸钾15.42万千克，农药2.13万千克。

**【机械深耕】** 为确保机耕质量，切实加强与农机局合作，统一组织机械专业队对植烟地块进行机耕及预整地理墒，整地做到垡细、沟直、墒饱满；墒宽120厘米，田烟墒高不低于35厘米、地烟墒高不低于30厘米。全市共翻耕1.75万公顷，占合同面积的100%；机耕1.52万公顷，占合同面积的87.02%；预整地理墒1.75万公顷，占合同面积的100%。

**【大田移栽】** 为全面打响抗旱移栽攻坚战，全市实行抗旱移栽“倒计时”和“日报制”，强化组织领导，加强技术指导，提高移栽标准和质量，统一移栽规格，严格按照50×120厘米的株行距严把种植密度，确保亩栽烟1 100

株，积极推广壮苗移栽、明水深栽、灯盏塘移栽、高茎壮苗深栽及科学施肥等技术措施，移栽后一次性浇足定根水，及时盖膜，充分发挥地膜覆盖的保湿抗旱节水作用。到5月4日，全市1.75万公顷烤烟顺利实现在最佳节令移栽结束。

**【统防统治】** 按照“预防为主、综合防治”的方针，及早喷施农药，及时清除田间积水和杂草，集中处理烟株残体，切实搞好田间卫生，把病虫草害消灭在萌芽状态，提高统防统治效果。同时，积极推进“烟蚜茧蜂防治烟蚜技术研究与推广应用”项目的开展，减少烟田杀虫剂的使用量、降低烟叶农药残留量，提高烟叶质量、增强烟叶的安全性，保护生态环境。

**【现代烟草农业建设】** 按照国家烟草专卖局“一基四化”总体要求，一是严格按照曲靖提出的紧紧“围绕‘一条主线’，实施‘两项工程’，突出‘两大创新’，推行‘四大整合’，统筹‘八大配套’，努力‘打造曲靖特色烟叶产区’，实现曲靖烟叶工作特色现代新境界”的现代烟草农业建设新思路，更加注重规划设计的系统性、基础设施的实用性、推进工作的整体性、资源整合的综合性和特色亮点的示范性的要求，使现代烟草农业建设规划设计更加合理。二是按照“整县推进、单元实施”总体工作思路，把现代烟草农业建设与基地单元建设配套起来，着力加强基础设施建设，突出做好烟水、烟路、烤房、农机、育苗工场、收购站点、防雹点等基础设施的综合配套和系统完善，烟叶生产条件明显改善，综合生产能力明显提高，抗御自然灾害能力明显增强。三是实行100%统一供种、统一供苗、统一机耕、统一植保，测土施肥和密集烘烤规模不断扩大，专业化分工和社会化服务水平进一步提升。四是全面推行电子支付，基层信息化条件明显改善，烟叶基础软件全面覆盖，信息手段应用范围逐步扩宽，信息化管理水平进一步提升。

**【ESTB项目和烟叶资源配置改革】** 继续抓好落水镇400公顷ESTB项目示范面积，充分发挥项目示范领导小组和技术执行小组的组织协调和技术指导作业，以示范带动来进一步提高烟叶质量，推动全市烤烟生产持续健康发展。今年示范区共完成175套525千克的烟叶取样工作。同时，根据《宣威市2010年基地单元示范建设实施方案》的要求，强化培训，加强技术指导，进一步完善奖惩考核机制，全面抓好2010年在热水镇的关云、热水、营沟、柏木四个村委会安排了1 100公顷“基地单元暨特色优质烟叶开发”建设项目，不断提升烟叶品质，改善烟叶等级结构，增强优质烟叶保障能力。

**【国家级烟叶标准化生产示范区】** 宣威市于2006年下半年被批准为第五批“国家级烟叶标准化生产示范区”，经过三年建设和实施，形成了五大部分66个标准的《宣威烤烟综合标准体系》，并于2009年8月份顺利通过国家烟草专卖局检查验收。2010年是全面实施标准化烟叶生产的第一年，全年的烤烟生产收购工作均认真按照标准严格执行，收到了良好的效果，各个标准的持续改进和完善工作将在今后的烟叶标准化生产工作中逐步进行。

**【基础设施建设】** 结合宣威烟叶生产实际，全市2010年规划建设生产基础设施项目690件，其中：烟叶调制设施290座，烟草农用机械399台（套），育苗大棚1群，完成总投资3.08亿元，受益面积4 500公顷。烟叶生产基础设施建设呈现出推进快、标准高、质量好、效果显的局面。2010年5月，宣威市争取建设的“中国烟草云南宣威大型引水济榕”工程，工程的勘察、规划设计、预算、招投标已全部结束，已全面开工。2011年计划建设的板桥镇西边项目区工程已拉开帷幕，两项工程预计投资2.3亿元，受益面积6 700余公顷。

**【科学采烤】** 坚持以质为主，提高烟叶内在品质，把养好成熟度、降低烟碱含量作为提高烟叶内在质量的重点工作来抓，各栽烟乡、镇（街道）、村组干部和协会会员切实加强对烟农成熟采摘技术的指导，确保成熟采摘指导到田、到烟株、到部位。认真推行部叶“适熟采摘”、中部叶“成熟采摘”、上部叶4－6片“充分成熟”后一次性采摘的办法，严格推行准采制度，“多熟多采，少熟少采，不熟不采”，坚决杜绝抢青采摘。同时，加大统筹安排，积极调剂烘烤设备，采取异地烘烤、集中烘烤、闲置烤房再利用等方式，千方百计提高烘烤能力，加快烘烤进度，严格烟叶烘烤工艺流程，积极推行专业化烘烤和市场化运作机制，降低烘烤成本，减轻劳力，提高烘烤质量，减少烘烤损失。

**【烟叶收购】** 全年的烤烟收购工作，在市委、政府的坚强领导下，在全市各级各部门的大力支持和配合下，紧紧围绕“四项硬性指标”的目标任务，认真贯彻全国、全省、曲靖市烟叶收购暨现代烟草农业建设现场会议精神，强化组织领导，以质量为核心，以“三保”为重点，严格按照“四严”要求，加强收购管理，强化服务，重抓落实，烤烟收购各项工作有序开展。在全年烤烟收购工作中，专卖局（分公司）以开展“百县千站质量行动”为契机，强化服务意识、突出质量和效率。通过采取“三抓三促”（抓教育、促规范；抓培训，促效率；抓组织领导，促落实）、“五加强”（加强合同、专卖内部监督、收购现场、调拨入库和安全管理）和“三严”（严把入户预检、严把收购标准、严格质量过程控制）措施，全面推进烟叶质量行动，烟叶收购等级纯度和质量好于往年。全市上等烟比例54.97%（高于上年0.12个百分点），经国家烟草专卖局抽检，工商交接等级合格率达73%。

**【培训】** 为了更好地服务烟农，提高服务水平，提高全市烤烟生产总体水平，确保各项技术措施真正落到实处，一是在市科协的统一领导下，成立了22个烤烟生产技术服务协会，并根据协会章程的规定，吸纳了更多懂烤烟生产、技术水平高、服务意识好、协调沟通能力强的烟农入会，大大提供了全市烤烟生产技术服务水平。采取专卖局（分公司）生产科人员培训站（点）长，站（点）长培训协会会员，会员培训烟农的逐层技能培训方式，让每一项科技措施及时传授到烟农，提高科技措施的到位率。同时，加强对烤烟生产各环节的指导，自育苗开始至移栽结束，公司生产经营科的人员就分片下到各乡（镇），帮助乡（镇）、烟站研究解决烤烟生产各环节存在的困难和问题，烟站职工、会员实行分片包干负责技术指导，明确责任，强化考核，有力促进了烤烟生产收购。

## 卷烟营销

**【概述】** 年内，全市卷烟营销网建工作紧紧围绕“打造中国特色烟叶产区，创建行业标志性商业企业”的战略目标，坚持“抓市场、提结构、促服务、强网建”工作方针，按照“主攻一二类烟、增加三类烟”的工作要求，全体卷烟营销人员牢固树立市场观念，用创新的思维、理念和措施，进一步打牢“工作基础”和“市场基础”，建立健全考核评价机制，队伍素质、网建水平、服务水平不断提高，全市卷烟营销水平实现了平稳提升。全年共销售卷烟42 555箱，完成年度计划的100.55%，同比增长517箱，增幅为1.23%。（其中：销售一类烟4 399箱，占总销量的10.34%；销售二类烟294箱，占总销量的0.69%；销售三类烟16 324箱，占总销量的38.36%。）实现销售总额（含税）7.97亿元，同比增加1.28亿元，增幅为19.14%；单箱销售收入（含税）18 734元，同比增加2 815元，增幅为17.69%。全年实现利润1.7亿元，同比增加0.3亿元，增幅为21.43%。

**【农网延伸和烟邮合作】** 按照“双轮驱动、两网并举、经济适用”的网建模式，深入开展卷烟“农网延伸”工作，解决农村六难问题，在巩固提高城网、农网运行质量的基础上，进一步拓展网络资源,做到了两网齐头并进，全市网建工作实现新突破，市场基础得以巩固夯实。2010年共新增卷烟零售户297户，全市持证零售户达4 608户。同时，加大烟邮合作工作力度，按照烟草专卖局（分公司）就卷烟配送和电子结算的相关标准和要求，同邮政部门达成协议，在工作中，按协议内容进行监督考核，保证了物流、资金流的通畅，提升了服务水平和客户满意度。加大对第三方配合服务的监督考核，确保其服务到位。成立了督查考核组，通过督察考评员，对邮政收款、送货情况进行抽查，以及客户经理不定期的普查，进一步监督邮政收款送货情况，提高效率。实现了城区、交通沿线、集镇的零售户T+1直接送货到户，使到货时间95%的控制在T+2内。在电子结算方面，在城区及有相应银行网点乡镇，提供邮政、农行、建行三家金融机构的结算平台，由零售客户自由选择，通过竞争机制提高服务质量；在广大农村，由于金融网点少，由邮政储蓄进行电子结算。在服务监督方面：一方面利用“农网延伸”服务点，对收款、送货进行普查，严格监督邮政上门收款和送货到户情况。另一方面，成立了督查考核组，利用电话、上门拜访等形式，抽查核实收款、送货情况，确保上门收款率100%、送货到户率100%。

**【全员营销】** 根据《卷烟全员营销方案》和“三挂钩”要求，深入开展卷烟全员营销工作。一是分公司领导按分管的部门和挂钩的烟站，全面指导、协调、监督、检查区域内的营销、网建、客户服务工作；二是机关科（室）职工分别挂钩城区相应街道、片区的零售户；三是烟站职工挂钩辖区的零售户。形成“领导带头、科室（烟站）配合、职工参与、上下互动、齐抓共管”的好局面。四是对市场营销人员考核变月考核为周考核，考核结果变年度兑现为月兑现，考核重点突出对销售总量和一二类烟、单箱值的考核；各烟叶站、专卖管理所按所辖区域的卷烟销售情况进行专项考核，专卖管理科捆绑市场部进行考核；机关各科室按挂钩区域的销售情况进行考核。通过考核，提升工作责任心和营销的主动意识，确保全员营销工作取得实效。

**【规范经营】** 严格按照上级规范卷烟生产经营相关会议精神和《宣威市烟草专卖局（分公司）印发关于进一步规范内部卷烟经营行为的要求的通知》要求，狠抓规范经营，规范卷烟经营行为，构建和谐的工、商、零合作关系，把优质高效服务贯穿于卷烟营销的各个环节，处处体现规范、以规范促效率。定期组织学习国家烟草专卖局和宣威市烟草专卖局的规范文件，组织人员深入各乡镇调研、检查卷烟规范经营情况，确保诚信经营、规范经营，提高经营效率。将有效品牌销售及规范经营情况与客户积分挂钩，客户积分与客户级别挂钩的办法，刺激客户订购，形成一定的社会库存，在一定程度上抵制非渠道卷烟和假烟的冲击，促使零售户自觉规范。将客户级别同客户规范经营情况挂钩，促使零售户自觉规范经营，确保市场规范有序，提高控制市场能力和市场占有率。

**【积分系统动态管理】** 一是零售户积分的获得。零售户根据自己的实际销售能力，购进卷烟，从而获得积分。二是对零售户的动态管理。根据零售户贡献的大小、积分的多少，对零售户进行公平、公正、公开细分组别，对不同的客户投放不同的畅销品牌，实现了对零售户的动态管理。积分管理的使用，刺激了零售户订购卷烟，一定程度上抵制了非烟的进入。三是根据政策要求，制定品牌分值，通过积分，促使零售户订购重点品牌、主动营销重点品牌，进而实现品牌的动态管理，真正让重点品牌找到适合的零售户和消费者，也使零售户根据自己的实际情况有针对性地营销重点品牌。

【电子商务】　一是进一步加大宣传力度。通过对所有零售户印发“使用电子商务”倡议书，逐户进行宣传，逐户进行演示，介绍重要性、方便性，介绍补贴政策，建议零售户使用卷烟电子商务，成熟一户开通一户，极大地方便了零售户。二是加强服务。通过各种方式教会客户电子商务的操作，对电子商务过程中出现的问题进行重点培训服务，打消了客户的担忧，给电子商务的推进起到了积极的作用。通过多种方式，电子商务工作推进取得阶段性成果。三是订货模式不断优化。按照“客户自愿、统一规范、稳步推进”的基本原则，注重与零售户积极沟通，吸引和鼓励零售户参与网上订货业务，逐步推广网上订货模式，有效解决了电话订货模式下客户等待时间长、效率低的问题，客户对货源的选择更加直观、明了、简便，提高了订货效率，形成了以网上订货为主，烟信通、电话订货为辅的电子商务模式。全市目前网上订货零售户（含烟信通零售户）达3 531户，占76.62%。

【品牌培育】　一是开放市场，给所有工业集团提供一个平等的平台，促使工业集团的促销，进一步让利给零售户和消费者。二是充分发挥客户经理和客户的宣传效应，主攻消费者对重点品牌的认知度、认可度，提高重点品牌上柜率，从而快速打开品牌销路。三是在积分上给予重点品牌扶持，使零售户主动营销重点品牌。四是加大对营销人员重点品牌营销成果的考核。五是认真对待曲靖市（局）公司开展的每一次品牌促销活动。将每次促销明细统一印制宣传单发放到所有客户手中进行宣传动员，使客户享受同样的促销待遇，有效激发卷烟零售客户的经营积极性，使卷烟零售客户能够充分结合自身经营能力，增加经营的品牌宽度，提高了重点培育品牌的上柜率。

【业务技能培训】　一是以实施客户经理主持例会制度、开展“我为卷烟上水平献一策”活动以及要求客户经理适时拜访客户，有效提高客户经理工作的积极性和主动性，增强客户经理队伍的活力、凝聚力、创造力，提高客户服务水平；二是开展QC小组活动。以QC活动为载体，不断强化质量意识，应用PDCA循环，不断提高服务质量和服务水平。三是组织参与营销职业技能竞赛。通过竞赛进一步增强营销队伍团结协作能力，提高营销队伍素质，推动营销队伍向专业型、知识型、创新型转变。

## 专卖管理

【概述】　年内，全市认真贯彻落实云南省烟草专卖局、曲靖市烟草专卖局专卖管理工作会议精神，紧紧围绕“卷烟上水平”这一目标任务，进一步统一思想，明确任务，突出重点，讲求实效，切实加强专卖管理各项工作，切实加强专卖队伍建设和基础建设，以良好的精神状态推动专卖管理工作上新水平，各项工作有序进行，“两烟”市场井然有序。

【合同监管】　按照“严格控制规模”的烟叶工作方针，紧紧围绕烤烟种植面积1.75万公顷（含专项计划种植面积1 400公顷）和指令性收购量7 600万千克的目标任务，认真贯彻落实云南省烟草专卖局(公司)“严格计划、严肃合同、严控规模、严把质量”四严要求，全面贯彻落实省、曲靖市有关烟叶生产工作会议精神和“抗大旱、保育苗、促移栽”工作部署，积极开展抗旱育苗、抗旱移栽、抗旱保苗、栽后清塘点棵及强化内部监管等各项工作。专卖管理人员以所为组，以合同为主线，下到各点、各村，对烟农种植情况进行详细核查，对面积不符、亩产悬殊过大、受灾调整等情况进行核实，从根本上杜绝虚假合同的出现。

【烤烟收购监管】　收购之前，通过召开纪律警示会议及在各点张贴收购纪律要求与设立举报箱、公布举报电话等方式，全面贯彻国家专卖局“七条要求”、“五条纪律”和曲靖市专卖局烤烟收购管理相关规定。收购期间，由专卖部门组织印制站点人员、车辆相关证件，严格证件管理，同时组织专卖与纪检审计部门人员，成立监督检查组，定期对各烟叶站、点烟叶收购情况，进行全面实时跟踪督查，重点督查是否坚持合同收购、属地收购、聚约式收购以及是否严格执行国家烟叶等级标准，收购现场是否管理到位等情况。确保烟叶收购工作规范运行。同时，下发《宣威市烟草专卖局（分公司）2010年烤烟收购监督管理考核办法》要求各烟叶收购点严格执行收购纪律，将非正常收购时段收购、单称烟叶超过150千克，连续两称间隔低于5秒，开门50天仍未交烟合同作为收购异常数据，启动异常数据调查，防止违规行为的发生。专卖监督管理办公室安排1名专人，实时对各烟叶收购点收购数据进行监控，一旦发现异常收购数据，及时汇报领导，启动异常收购数据调查方案，安排管辖专卖管理所内管人员进行调查，对存在一般性问题要求说明情况，及时整改，对存在违规问题，上报领导研究处理。截止9月底，共发现异常收购数据27条（上级交办7条），受理举报投诉3起(其中上级交办1起），共进行实地走访调查18次，对存在问题进行了及时处理。针对收购以来少数烟点出现单称超150千克的情况，市烟草专卖局及时进行通报，并加强宣传教育，加大督促整改力度，同时，通过对站点长定期发送短信的方式，对相关规定进行反复强调和提醒。

【卷烟营销监管】　一是建立健全“两烟”市场监管长效机制，以卷烟市场为重点，紧紧围绕“卷烟上水平”这一战略目标，明确烟草市场日常监管工作任务。二是根据“创优”基层、基础工作和市场稽查工作的要求，各专卖监督管理所分人分片管理辖区卷烟市场，每月定期定量开展市场走访检查服务，及时掌握辖区市场动向、零售户经营情况、各牌号卷烟销售情况及卷烟违法情况。三是结合卷烟配送线路，科学制定稽查线路，明确线路责任人员，做到检查与服务相结合。四是加强专销结合，专销部门每月召开工作例会，分析研究市场动态，稽查工作做到有针对性，确保整治无死角。四是规范零售户经营行为，对无烟草专卖零售许可证经营烟草专卖零售业务的行为，由工商部门坚决取缔。五是对符合办证条件的，给予及时办理零售许可证，加强法律法规宣传，监督其守法经营，并定期跟踪落实。全年，卷烟内管系统共下达内管任务31个，执行任务31个，共电访、走访零售户2 100户，对内部卷烟经营实施了及时有效的监管，规范了行为，促进了销售。通过核查，宣威分公司能够严格按照"卷烟销售六不准"的原则进行销售，及时准确将卷烟送达零售户手中，进行卷烟到货确认，做到100%入网、落地、入户销售，核查中未发现拆单分摊、客户经理代签字代收货等违纪违规行为，未发现有不规范经营的现象。

**【复烤加工监管】** 对复烤加工企业的监督，专卖局（分公司）严格执行"原烟交接、委托加工"的行业规定，进一步健全完善复烤加工的有关制度，规范从原烟调入到片烟调出的工作流程，认真落实属地专卖主管部门向打叶复烤企业派员驻厂制度和纪检监察部门定点联系制度。全年，烟草专卖局安排了一名驻厂内管员，常驻复烤厂，对复烤加工过程进行全程监管，并定期对监管台帐、记录进行检查，以及对废弃涉烟原辅产品的销毁，全年共监督销毁短梗132.646万千克、梗头19.21万千克、梗末23万千克、烟尘（灰）26.90万千克。

曲靖市烟草公司宣威分公司经理解应乖，副经理李德华、徐家剑，工会主席钱理章。

（撰稿　赵英俄）

# 农林水务

责任编辑　王莲芬

云南省副省长孔垂柱（左四）到宣威调研

（市农业局　供稿）

# 综　　述

2010年，宣威市认真贯彻落实中央1号文件精神，坚持以科学发展观统领农业农村工作，全面落实各项支农惠农政策，积极发展现代农业，有力地促进了全市粮食增产、农业增效、农民增收。全年粮播面积17.36万公顷，粮食总产6.25亿千克，同比增4.14%；农业产值27.83亿元，同比增10%；农业收入稳步增长，全年农民人均纯收入达3 740元，比上年增310元；产业结构调整进一步优化，建成优质马铃薯、优质玉米、无公害蔬菜、优质水稻、杂交玉米制种、优质水果等六大农产品生产基地；龙头企业稳步发展，扶持云南润凯淀粉有限公司、文东马铃薯批发配送中心、宣威市宣泰火腿有限公司、宣威市海璇实业有限责任公司等一大批龙头企业，拓展了农产品营销市场，增强了辐射带动能力。“一乡一业、一村一品”逐步形成，培植了普立小黄姜、板桥大蒜、落水番茄、西泽玉米白糖、板桥水果、热水丹波豆、格宜魔芋等20多个优势农产品，其中“宣威土豆”享誉国内23个省市和4个东南亚国家；“宣黄单”玉米良种在云、贵、川三省的78个县（市）深受欢迎，年销量达400万千克。“宣威土豆”、宣黄单系列玉米种子2、4、5号跻身云南名牌产品行列，“宣泰牌”宣威火腿被评定为中国名牌农产品。农经工作成效明显，减负成果突出，农村财务管理逐步规范，农村专业合作组织起步、农村集体经济组织多形式发展壮大，土地流转逐步规范，土地纠纷调解力度加大。劳务产业稳步推进，教育培训面拓宽，新增农村转移劳动力30 838人，累计转移农村劳动力36万人，实现劳务收入26.44亿元。农广校积极承担农民科技教育、职业技能培训和“绿证培训”工作；无公害农产品基地和产品认证工作有较大进展；信息工作效果明显，信息报送、审批、发布、汇编制度规范，圆满完成全市26个乡（镇、街道）、354个行政村（社区）、3 802个自然村的基础信息上网发布工作。

全市林业工作紧紧围绕“抓好重点工程实施，管好现有森林资源，巩固成果，打牢基础，加快调整步伐，建立特色经济林果基地”的工作思路，完成了上级下达的各项生产任务，推动了全市林业工作的健康发展。全市共完成人工造林1.63万公顷，其中义务植树460万株，以核桃为主，扩大了林地面积，改善了林种结构，促进了产业建设的快速发展。全市共完成森林管护26.67万公顷，占上级下达任务的114.5%；全面完成历年0.82万公顷退耕还林面积中的查缺补漏，补植补造和现金粮食补贴政策的兑现工作；完成沼气池建设1 374口；推广节能改灶3 800户，促进了森林资源的有效增长。实施森林病虫害防治监测26.67万公顷，监测覆盖率达100%。完成病虫害防治2 933.33公顷，防治率为81.5%。种子检疫、木材检疫、苗木检疫率均达100%。资源管理控制在上级下达的采伐限额指标内。火灾案查处率达100%，取得了连续22年无重大森林火灾的好成绩。林权改革扎实有序、稳步推进，林业发展活力增强，产业建设力度加大，资金投放到位，并得到了有效的管理使用。

全市农田水利建设以加强水资源管理，提高水资源利用率为前提。水利建设以多元化投入为保障，坚持统一规划与因地制宜相结合，政府引导与尊重民意相结合，实施新建工程与维修原有工程相结合，动员各方面的力量，扎实推进水源建设、人畜饮水安全项目、水土保持工程、前期工作、防汛抗旱、水政执法工作。全市水利建设呈现“三加速”、“四平稳”、“一强化”发展势头。改善灌溉面积2 800公顷，新增灌溉面积800公顷，改造中低产田800公顷，新增节水灌溉面积1 666.67公顷，修复水毁工程150处，治理河道35千米，治理水土流失面积65.03平方千米，新增供水受益人口2.4万人。水源建设呈现前所未有的新面貌，共完成投资3.34亿元。小干河水库、羊过水水库完成主副坝建设；红石岩水库完成219米导流遂洞建设；东屯水库除险加固工程被国家列项；得宜水库、土木水库、三岔水库除险加固工程以及7个乡镇7件小（二）型水库建设工程部分完工，进展顺利。人饮安全项目涉及24个乡（镇）125个村、358个村民小组、44所完小，工程总投资5 773.37万元，年底全部完工，解决了3.2万户12.32万人1.37万头牲畜的饮水安全问题。前期规划准备工作进展顺利，“长治”、“珠治”工程共完成治理面积4 148千米，完成总投资753.8万元。马房水库、三岔水库、安迪水库等三个水库渠道建设平稳推进，完成总投资510万元。相关乡镇水毁工程修复、河道治理、旱地水浇、人畜饮水工程完成总投资780万元。抗旱工作统筹考虑生活、生产、生态用水，有效应对旱情；防汛工作重点抓物资储备，加强监管制度，确保水库安全度汛。水政执法进一步加强，征收水资源费114.8万元，依法征收水保两费30万元，及时查处无证、违章取水等各类违法行为，有效保护地下水资源。

年末，全市生猪存栏185.2万头、牛17.5万头、羊30.5万只，家禽201.3万只。全年出栏肥猪318.45万头、牛5.13万头、羊16.32万只，家禽325.2万只，分别完成任务的101%、105%、101%、100.1%。实现畜牧业产值28.8亿元，畜牧业收入16.1亿元。具体做法和经验：按照“一项产业、一套工作班子、一个实施方案、一套扶持政策、一笔专项经费”的要求，全力抓好畜牧产业。完善政策机制，加大扶持力度，充分发挥宣威火腿名牌效应和生猪资源优势，优化生猪品种结构；为适应畜牧业现代化生产的要求，调整养殖规模结构；为适应市场消费需求，调整养殖品种结构，加大科技推广力度，提升产业水平；抓重点项目和养殖小区建设，夯实产业发展基础；加强动物防疫工作，降低疫病死亡率；加大行业监管力度，促进产业健

康发展；培育龙头加工企业，增强产业发展带动力；认真落实扶持政策，增强产业发展后劲。强化执法，确保畜牧业生产安全、健康、可持续发展；创办协会，构建支撑畜牧产业可持续发展的服务平台；优化环境，做大做强宣威火腿产业。

年内，全市农机工作紧紧围绕突出重点抓推广，抓好监理促培训，抓好培训保安全这一工作思路，以实施农村购置补贴政策为契机，发展现代烟草农业为平台，服务好农机户为抓手，积极推广烤烟、玉米、马铃薯生产过程机械化，全面完成上级下达的各项任务指标。全市农业机械总值达22 256.5万元；农业机械总动力（不含变形拖拉机动力和农用载重汽车动力）达41 379万瓦特；农机经营总收入达19 669万元。完成机耕机耙16 953.33公顷，机播343.33公顷，机收1 263.33公顷。完成各种农机购置补贴资金700万元，为4 253户购回农用动力机械4 804台，其中动力机械196台,畜牧水产机械1 613台,排灌机械1 158台、收获机械141台、施肥机械98台、耕地机械774台、农产品加工机械677台、田间管理机械147台。新增播收动力43.2万瓦特，检验拖拉机2 915台次。培训拖拉机驾驶技术5期380人，举办小汽车培训班8期820人，全年未发生拖拉机伤死亡事故。

全年，宣威气象局坚持把气象服务放在首位，加快气象现代化建设步伐，突出气象防灾减灾工作重点，不断增强气象服务意识，提升气象服务科技含量，优化气象服务内容，拓展服务领域，各项工作取得新的成绩，被曲靖市局评为优秀达标单位。针对春旱和夏伏旱给粮烟作物的移栽和生长造成不利影响的情况，开展了703次人工增雨防雹作业，发射增雨炮弹7 986发，使作业区及局部地区缓解旱象，受益乡（镇、街道）达20个。为减轻冰雹灾害造成的损失，实施防雹作业621次，发射各种炮弹5 551发，缓解了区内2.68万公顷农作物和0.68万公顷烤烟的旱情，直接和间接经济效益4 706.48多万元。面对冬春旱、低温霜冻、冰雹、雷暴、大风、暴雨等自然灾害天气，及时做好预报联动，采取多种形式和服务手段向公众发布灾害性天气警报，增强干部群众对灾害的防范意识。荣获云南省气象局“全省气象部门抗旱救灾先进集体”，中共曲靖市委、曲靖市人民政府授予“曲靖市抗旱救灾先进集体”等称号。

（撰稿　徐安田）

## 农村工作

**【概述】** 2010年宣威市委农村工作领导小组办公室(简称农工办)内设秘书科、综合科、农经科、调研科和新农村建设指导员办公室五个科（室）。其主要职能职责是：调查研究、决策参考、综合协调、信息反馈、总结经验、推广典型以及省、曲靖市、宣威市下派新农村建设指导员的管理、服务，民居地震安全工程、省级重点建设村项目工程等工作。年末有干部职工16人，其中主任1名、副主任2名；有大学本科8人，专科8人；高级职称1人。年内，市委农工办认真贯彻落实党的十七届四中、五中全会精神，深入学习实践科学发展观，求真务实，恪尽职守，锐意进取，加强调查研究，搞好综合协调，切实抓好下派新农村建设指导员管理指导、农村民居地震安全工程建设，协调农、林、水、畜、农机、气象、扶贫、地震、城建等各项农业农村工作，较好完成了各项工作任务。主任吴封益被曲靖市委、曲靖市人民政府评为“千村扶贫、百村整体推进”先进个人，受到表彰和奖励。

**【新农村建设指导员工作】** 新农村建设指导员紧紧依靠当地党员、干部和群众，切实履行“六大员”职责要求，整体工作开局良好，扎实有效推进。指导员深入农户、田间地块，走访群众，宣传政策法规，诸如家电下乡等惠农政策得到迅速宣传和落实，群众学习政策、运用政策、享受政策实惠的主动性和积极性明显提高。驻村指导员在摸清驻村经济社会发展情况的基础上，撰写了《调研报告》和《驻村工作计划》各331份，详细记录所驻村的自然条件、产业发展、基层组织建设、存在的问题及下步工作计划等。积极投身于第三批“866”工程、整镇推进、农村民居地震安全工程、小康示范村工程和省级重点建设村工作，结合部门职能优势，发挥内联外引作用，以改善民生为重点，坚持量力而行、尽力而为的原则，积极为群众办实事做好事。积极向驻地党委政府建言献策。帮助排查化解矛盾纠纷，有效维护所驻村社会和谐稳定，营造了良好的发展环境。协助相关单位加强返乡农民工劳务技能培训，千方百计拓宽劳务输出渠道，多途径促进农民增收。积极维护村“两委”班子的团结与威信，帮助健全民主运行机制，促进基层管理民主化。协助开展党员培训和新型农民培训，加强村级活动场所建设，培养入党积极分子，帮助完善、理顺村“两委”的工作关系，完善村级办事制度。为加强对工作的指导，共发放《社会主义新农村建设指导员工作手册》331本，指导员人手1册。指导员办公室认真总结经验，推广先进典型，共编辑、印发《宣威市新农村建设工作队简报》8期，发挥学习宣传作用，不断提高指导员服务基层组织和广大人民群众的能力。

**【省级重点建设村工作】** 5月底全面完成了2009年10月份启动的42个省级重点建设村项目，市级组织检查验收，全部通过竣工验收，并于6月份通过了曲靖检查验收，评定为合格工程。项目计划投资2 130万元，实际完成2 131万元。其中，项目补助资金630万元，群众自筹1 121万元，整合部门资金380万元。8月份，争取省级重点建设村项目44个，涉及14个乡（镇、街道）44个自然村，计划于2011年5月完工。规划投资1 246万元，其中财政补助资金660万元（每个项目自然村15万元），群众自筹及整合其他资金586

万元。项目于9月份开始启动。项目的成功实施，进一步改善项目村群众的生产生活条件，有力带动了新农村建设和发展。

【调研和协调服务】 结合学习实践科学发展观活动，围绕新农村建设指导员等工作，坚持理论与实践相结合，组织干部深入基层广泛开展调研活动，形成《学习实践科学发展观促进宣威农村经济科学发展》等多篇调研文章在曲靖《珠江源经济》上刊登发表。认真抓好安全保密工作，抓好档案资料的管理利用。抓好精神文明建设，美化办公环境，着力营造团结和谐工作氛围。围绕推进农村改革和发展，认真完成宣威市委、市政府关于贯彻落实《中共中央关于推进农村改革发展若干重大问题的决定》的实施意见、中共宣威市委、宣威市人民政府《关于加快中低产田地改造的意见》等重要文稿的起草工作。调查研究、决策参考、综合协调等工作得到进一步加强。

（撰稿 徐安田）

## 新农村建设

【概述】 2010年，宣威市新农村建设按照“抓两头，促中间”的要求，新农村建设办公室牵头实施的新农村建设项目主要有：一是来宾镇河东小康示范村；二是国家、省安排的第三批村级公益事业“一事一议”财政奖补项目；三是曲靖市安排的“两新”（新社区、新村庄）建设。其中小康示范村建设1个行政村、村级公益事业一事一议财政奖补项目建设79个行政村、“两新”建设包括3个新村庄、2个新社区。三个类别的新农村建设项目规划总投资57 774万元，其中各级财政扶持5 839.6万元，整合项目2 963万元，社会捐资455万元，村民投料折资48 240万元，村集体投入276.4万元。各建设村在培植产业发展、促进农民增收、整治村容村貌、完善基础设施、配套社会事业等方面取得了明显的效果。

【小康示范村建设】 曲靖市安排的宣威市第二批小康示范村（来宾河东村）建设，按照总体目标“七个好”要求，落实“户八有，自然村九有，行政村十有”的建设任务。9月，经曲靖市检查组验收为“优秀”，被评定为曲靖市第二名。

来宾镇河东小康示范村建设项目总投资12 058.4万元。资金筹措渠道主要有：曲靖财政补助200万元、宣威市财政投入830.6万元、来宾镇筹资271万元、村委会筹资30万元、项目整合投资896.8万元、村民自筹（含投工投料折资）9 830万元，村民投工2.7万个。

全村拆除新建房屋270户540间，建筑面积5.67万平方米；维修加固414户；外墙粉刷18.6万平方米；建有沼气池204口、卫生厕849个、卫生厩840个；硬化村内主干道21条、次干道28条，总长14.5千米，面积4.35万平方米；硬化庭院面积1.64万平方米；栽植行道树、绿化树1.2万株；支砌排污水沟8.4千米，村内“三堆”改“三园”620户1.54万平方米，畅通率100%，入户通道硬化率98%。建成后的河东小康示范村环境整洁优美，村内建有村民小组办公和村民议事和开展文体活动的固定场所3个880平方米；创建“十星级”文明户712户；建有功能齐全、实用、配套的村委会综合办公楼，建筑面积921平方米，有支部活动室140平方米，文化室75平方米，卫生所240平方米，兽医室80平方米；村级文体活动广场6 000平方米；新建占地面积1万平方米，建筑面积1 840平方米且设施齐全的村完小；新建有“万村千乡”农家店280平方米。全年该村农村经济总收入达2 451万元，农民人均纯收入达5 922元。

【村级公益事业建设“一事一议”财政奖补项目】 年内共实施79个行政村的511个“一事一议”财政奖补项目，批准项目投资总额9 712万元，结算项目投资总额9 721万元，村民筹资2 067万元，村民投工投劳160万个，村民以工折资3 208万元，村民以物折资134万元，村民以资代劳1.4万元，村集体投入81万元，社会捐助455万元，其他财政资金66万元，批准财政奖补资金3 538万元。受益农户75 928户，受益人口27.7万人。全市实施的511个项目，共硬化村内道路1 433条，455千米，硬化面积105万平方米；修排水沟136条，30.8千米，支砌挡墙445堵，3.77万立方米；建桥涵151座；建水池、小水窖23个，可蓄水1.34万立方米；建公厕12个，共690平方米，建篮球场2个，共1 164平方米；建公共活动场所5个，共3 550平方米，建文化活动室9个，共2 611平方米。项目村通过村级公益事业“一事一议”财政奖补项目的落实，明显地改善了村庄环境、村内交通，切实解决了部分村的人畜饮水和村内公共活动场所建设，使村庄面貌明显改观，生活质量明显提高。

【新社区、新村庄建设】 “两新”建设规划投资3.6亿元，年内启动实施双龙的2个新社区和龙场镇的1个新村庄，其余2个正在进行规划中。

（撰稿 逮金学）

## 农业综合开发

【概述】 2010年，宣威市农业综合开发办公室设有项目科、资金科两个科室。有主任1名，由市财政局副局长兼任，副主任1名，干部职工5名。年内农业综合开发办公室拟定全市农业综合开发政策，组织编制农业综合开发规划并建立项目库；做好项目的选择评估论证工作，提出农业综合开发项目建议；搞好开发项目的实施和检查验收；负责管理全市农业综合开发项目资金，拟定财务管理办法；监督检查农业综合开发资金的使用和项目执行情况。

【农业综合开发项目】 年内完成2009年度国家级项目建设内容，并顺利通过省级验收。5月，2009年度国家级农业

综合开发项目竣工。8月初，全部项目通过省级验收。2009年度，宣威市共实施国家级农业综合项目10个，其中中低产田改造项目3个，即热水镇优质马铃薯基地建设项目、来宾镇优质马铃薯基地建设项目、乐丰乡优质饲料玉米基地建设项目；高标准农田建设项目1个，即热水镇高标准农田建设示范工程项目；科技示范项目1个，即宣威市农技中心马铃薯晚疫病综合防治技术示范项目；自然灾害损毁工程修复项目1个，即格宜镇龙山村、务德镇务德村自然灾害损毁工程修复项目；产业化经营项目4个，即宣威市海璇实业有限责任公司年产5万头肉猪标准化规模养殖基地扩建项目、宣威市宣泰火腿有限公司100万千克宣威火腿加工新建项目、宣威市汇丰食用菌开发有限公司50万瓶优质食用菌菌种生产基地扩建项目及宣威市荣升火腿有限责任公司年加工500万千克鲜腿宣威火腿生产线建设贷款贴息项目。全部项目总投资3 140万元，其中各级财政投资2 382万元，群众及单位自筹资金678万元（含群众投工投劳9.57万个工日，折资287万元），企业银行贷款80万元。项目于2009年12月开工建设。同时完成曲靖市级项目4个，宣威市级补助项目6个，分别是来宾镇优质稻基地建设项目，来宾镇新田村路堤防护林工程建设补助资金项目，海岱镇文阁村委会丰乐村村庄道路工程建设补助资金项目，得禄乡毛家村农田灌溉工程建设补助资金项目，得禄乡迭那村委会三家村人畜饮水工程补助资金项目，西泽乡糯着村进村道路工程补助资金项目，西泽乡戈平村人畜饮水工程补助资金项目，羊场镇镇兴村村间道路建设工程补助资金项目，羊场镇镇兴村委会大冲村林果种植引水工程补助资金项目，东山镇安迪村委会七组村间道路工程补助资金项目。总投资203万元，其中财政资金173万元，群众自筹资金30万元。

认真组织实施2010年度建设项目。2009年，宣威市被确定为云南省6个高标准农田建设示范县之一，年内，共实施包括高标准农田建设二期在内的2010年度国家级农业综合开发项目3个，其中土地治理项目2个，即热水镇高标准农田建设示范工程项目及宣威市乐丰乡三联村、来宾镇新田村、落水镇多乐村自然灾害损毁工程修复项目；产业化经营项目1个，即宣威市海璇实业有限责任公司年产优质仔猪7万头养殖基地新建项目。2010年度国家农业综合开发项目总投资3 017万元，其中各级财政资金1 752万元，群众及单位自筹资金1 265万元（含群众投工投劳5.57万个工日，折资167万元）。财政投资中，中央财政资金1 130万元，省级财政资金509万元，宣威市级财政配套113万元。全部项目于2010年12月初开工建设。

年内，宣威市农业综合开发办公室按照国家下发的2011年项目申报指南，共组织申报国家级农业综合开发项目4个，计划总投资4 203万元。

（撰稿　黄琼茜）

# 农业利用外资

**【概述】** 2010年，宣威市利用外资办公室有干部职工17人，内设秘书科、财务科、利用外资项目管理科、生物资源项目管理科。年内，利用外资项目储备3个，中德财政合作项目完成投资1 957.46万元。发展生物产业项目储备2个，争取到省级财政扶持项目3个，培育生物产业龙头企业2家，全市生物产业综合产值达到65亿元。

**【中德财政合作项目】** 中德财政合作——云南农村贫困地区可持续发展项目是中德政府间合作的扶贫项目，德国复兴银行（KFW）援助450万欧元，中方配套4 500万人民币，在宣威、会泽和香格里拉三县（市）实施。宣威项目区总投资3 258.7万元，实施内容为田间灌溉工程650公顷、管道引水工程3件、人饮地窖876个、拦砂坝371座、水保林22.2公顷。3月启动8个工程建设标段，项目实施进展顺利，截止12月底，共完成投资1 957.46万元。完成管道安装183.2千米、水池25个、排洪沟渠3.4千米、农桥4座、牛路桥24座、水窖750个、拦砂坝338座。完成土方开挖及回填12.9万立方米、干砌石0.92万立方米、浆砌石1.19万立方米、混凝土1.09万立方米、钢筋制安20万千克。

**【生物资源开发创新项目】** 年内，宣威市共争取到省级立项扶持资金80万元。其中：云南四季康有限公司速冻马铃薯饼生产线建设项目25万元、宣威市虹桥生态旅游开发有限公司人工驯养野生动物特色产品加工项目25万元、宣威市荣升火腿有限公司宣威火腿罐头系列产品生产线扩建项目30万元。

（撰稿　宁琼华）

# 中低产田（地）改造

**【概述】** 宣威市中低产田地改造办公室是宣威市中低产田地改造领导小组下设办公室，设主任1名、副主任1名、工作人员4名。2010年，按照“改造一个中低产田地片区，打造一个农业产业化示范园区，培育一批农业产业龙头企业，活跃带动一方经济”的工作思路，宣威市整合发改局、国土资源局、农业局、水务局、农开办、扶贫办等部门项目，在热水、板桥、阿都等乡（镇）投资9 232.87万元，改造中低产田地4 547公顷。提前启动基本烟（农）田西边项目区，投资13 079万元，改造中低产田地5 333公顷。实际完成投资22 311.87万元，改造中低产田地9 880公顷。12月22日，宣威市中低产田地改造工作被省政府评为二等奖。

**【示范区建设】** 热水镇示范区按照“以中低产田地改造为平台、整合资金项目、集中流转土地、引进龙头企业、调整种植结构、建设农业示范园区、带动农户共同发展”

的工作思路，在实施中低改项目工作中，坚持“突破地域统一规划、突破田埂统一改造、突破权属综合治理”整合原则，整合项目资金3 800万元，建成高标准农田1 466公顷，蔬菜生产大棚54公顷。引导农户集中土地向龙头企业、种植大户流转，建成现代蔬菜示范基地。引进云南鸿宾绿色食品有限责任公司、香港龙华农业发展有限公司、清禾力农业开发有限公司等3家农业产业龙头企业，全年共投资2 400万元，建设蔬菜冷库3个600平方米，种植蔬菜大棚27公顷，露地蔬菜200公顷，实现产值900余万元。带动农户种植蔬菜187公顷，发展辣椒订单226公顷，实现产值904万元。与2008年相比，亩均增收1 000元。就近转移劳动力800余人。热水示范区效益逐步显现，辐射带动作用明显，产业规模初具雏形。

（撰稿　柴正茂）

# 种 植 业

**【概述】** 2010年宣威市农业局有干部职工231人，其中公务员27人，机关工人2人；事业单位管理人员8人、专业技术人员145人（正高级农艺师 1人、副高级农艺师18人、农艺师52人、经济师9人、兽医师1人、工程师4人、助理农艺师47人、助理经济师9人、技术员4人）、事业单位工人49人（技师4人、高级工21人、中级工12人、初级工1人、普工11人）。年内，贯彻落实中央1号文件和十七届三中全会精神，坚持以农民增收为核心，以转变发展方式为主线，以结构调整为动力，努力推进农业产业化经营，不断提高管理服务水平，克服了百年难遇的特大旱灾的影响，粮食生产实现持续丰收，农民收入稳定增长。

全市粮食播种面积17.36万公顷，比上年增4 050.7公顷，其中，夏收粮食2.8万公顷（大、小麦1.87万公顷，豆类0.4万公顷，马铃薯0.53万公顷），秋收粮食14.56万公顷（玉米6.34万公顷，水稻0.67万公顷，杂粮1.15万公顷，豆类0.56万公顷，马铃薯5.84万公顷）。实现粮食产量6.25亿千克，其中，马铃薯1.84亿千克，玉米3.66亿千克，水稻0.33亿千克，其他0.42亿千克。粮食产量比上年增2 487.4万千克，增4.14%。

蔬菜、水果、中药材、魔芋、蚕桑、花卉、水产特色产业发展，以市场需求为导向、科技为支撑、品种为重点，完成面积3.67万公顷，产值12.05亿元，比上年增0.89亿元。全市农业增加值达29.6亿元，农民人均纯收入达3 740元，种植业和劳务转移输出农民人均纯收入增310元（其中种植业人均纯收入增160元，农民外出工资性人均纯收入增150元）。

**【重大农业自然灾害】** 2009年7月至2010年5月，大气环流异常，导致全市降雨异常偏少，气温持续偏高，出现了有气象记录以来干旱持续时间最长、干旱程度最深、旱情波及范围最广、造成损失最大的气象灾害，对全市工、农业生产和群众生活造成了严重影响。9.4万公顷农作物受灾，成灾9.4万公顷，绝收6.79万公顷。其中麦、豆、薯等粮食作物受灾2.8万公顷，成灾2.8万公顷，绝收2.27万公顷。经济作物受灾1.73万公顷，成灾1.73万公顷，绝收0.73万公顷。饲草作物受灾4.87万公顷，成灾4.87万公顷，绝收3.8万公顷。小春粮食减产1 539万千克，损失蔬菜、饲草、中药材、花卉等其它作物15亿千克；各种林木干枯死亡440万株，其中新植核桃受灾0.8万公顷、苗圃受灾62万株、采穗苗圃受灾1万株，全市因灾造成直接经济损失8.61亿余元。

**【云南省春耕生产现场会】** 3月30日，云南省春耕生产工作现场会在宣威市召开。会议由省委副书记李纪恒主持，省委副书记、省长秦光荣在会议上作重要讲话，副省长孔垂柱对贯彻会议精神作部署，中共曲靖市委书记赵立雄致辞并汇报曲靖市抗大旱保民生促春耕生产工作情况。会议强调，全省上下要高度重视春耕备耕工作，抢抓节令迅速掀起春耕生产高潮，要一手抓抗旱救灾保民生，一手抓春耕生产促发展，坚定完成今年农业生产目标的信心不动摇、完成今年粮食生产目标的信心不动摇、完成今年农民增收目标的信心不动摇，继续巩固农业农村发展好形势的信心不动摇，努力夺取抗旱救灾的全面胜利。与会代表参观了宣威市板桥镇永安马铃薯大薯繁种、深种深盖、高垄双行高产示范样板，板桥镇西边、落水镇中间海子玉米间套种高产创建，在美奂广场参加了宣威市农村劳动力转移输出欢送会。

省长秦光荣、省委副书记李纪恒、省人大常委会副主任李春林、省政协副主席王学智、省政府秘书长丁绍祥、农业部种植业管理司司长叶贞琴等领导出席会议。

**【云南省州市农业局长座谈会】** 为认真贯彻落实全省春耕生产现场会议精神，3月31日，省农业厅厅长张玉明主持在宣威召开由16个州市农业局局长参加的座谈会。会议听取了有关州市农业局的工作汇报，对农业部门贯彻落实全省春耕会议和其他相关工作作了安排部署。会议要求，紧紧围绕“坚定信心不动摇，目标任务不改变，努力实现大旱之年农业增产农民增收”主题，从保供应、保民生、保市场、保增收的高度，争取领导对农业农村经济工作的重视和支持，加快转变发展理念、发展方式，进一步提高农业发展质量和水平。把抗旱保春耕科技服务与全省“百日抗旱促春耕”行动有机结合，组织万人科技服务团巡回指导服务。在作物结构调整中做到水旱统筹，在农业发展中做到种养加协调，在整个工作中做到增粮与增收兼顾，在工作安排上做到人财物统筹、软硬件结合和长短结合。采取超常规措施认真组织抓好当前抗旱促春耕、全年农产品恢复生产和农村劳动力转移等重点工作。

**【玉米马铃薯高产创建】** 年内，市农业局按照一亩树

标、十亩攻关、百亩展示、千亩辐射、万亩带动的要求，在板桥、落水、龙场等10个乡（镇、街道）实施6 666.67公顷玉米、马铃薯高产创建，同时，在其它16个乡（镇、街道）开展市级13 333.33公顷玉米、马铃薯高产创建。根据省、市专家组测产，全市玉米万亩连片亩产782.6千克，千亩连片亩产850.8千克，百亩玉米连片亩产971千克，马铃薯万亩连片亩产2 388千克，千亩连片亩产2 680千克，百亩连片亩产3 360千克。经测算，全市大春粮食增产4 146万千克中有2 100万千克来自于高产创建、2 000万千克来自于地膜玉米和间套种等措施的推广。

**【梨高产创建】** 年内，梨高产创建333.33公顷，板桥片区一亩核心区产量4 074.8千克，百亩示范区平均单产3 518.5千克、千亩展示区平均单产3 089千克。综合平均亩增收1 500元，该片区全年增收30万元。倘塘片区一亩核心区产量4 219.7千克，百亩示范区平均单产3 866.7千克、千亩展示区平均单产3 670.9千克。综合平均亩增收1 300元，该片区全年增收39万元。在西宁街道马街村委会黄家村实施白术高产创建150公顷，平均单产达953.7千克，总产214.58万千克，实现产值858.32万元，一亩核心区单产1 823千克，百亩示范区平均单产1 065千克。

**【农业科技措施推广】** 全市推广玉米杂交种6.33万公顷，玉米地膜覆盖技术6万公顷，大春粮食作物间套种10.4万公顷，马铃薯高垄双行栽培技术3.67万公顷，脱毒薯及新品种种植4.67万公顷；推广农作物测土配方施肥技术6.87万公顷，水稻钵盘育秧及抛摆秧技术1 333.33公顷，高效经济作物配套综合技术4万公顷；农作物重大病虫害综合防治技术1.33万公顷，农作物秸杆综合利用技术5.33万公顷，农业机械作业综合技术1.73万公顷。

**【农业产业结构调整】** 以中央财政支持现代农业发展蔬菜项目为动力，大力发展公司+基地+农户的生产经营模式，引进云南宏斌绿色食品有限公司、香港龙华蔬菜有限公司、呈贡清禾力蔬菜发展有限公司、荷兰范登博思花卉种球有限公司、云南融成生物有限公司等企业发展蔬菜、中药材、花卉、魔芋等特色经济作物4.06万公顷，实现特色产业产值14.8亿元，比上年增2.4亿元，增2%。全市蔬菜种植2.18万公顷，产量3 485.5亿千克，产值60 053.37万元；水果种植0.6万公顷，举办果树丰产示范园17个373.33公顷；花卉1 333.33公顷，产值10 900万元，其中万寿菊666.67公顷，产量1 000万千克，产值1 900万元；蚕桑0.2万公顷，产茧86万千克，综合产值2 800万元，其中，办高产样板桑园66.67公顷，养蚕3 000张，产茧15万千克，创产值495万元；中药材0.27万公顷，其中，建成标准化示范样板2个，共666.67公顷；魔芋0.27万公顷，实现产量9 020万千克，产值2.78亿元。

**【惠农政策落实】** 争取各级财政投入科技推广资金2 823.4万元，比上年的1 180万元增1 643.4万元，增139.3%。落实惠农资金12 383.19万元，比上年的11 645万元增738.19万元，增6%。协调发放农贷资金6.8亿元，同比增8%。

**【水果品种示范】** 年内，引进藤木一号、皇家嘎拉、29号、桑沙等苹果品种7个，黄金梨、云南红梨、中梨1号、大果水金等梨品种6个。累计进行高头换接2.32公顷。更新改造果园60公顷。培训果农2.04万人次，结合疏花疏果进行果实套袋544.4万个，其中苹果套袋312万个、梨套袋208万个、葡萄套袋24.4万个。

**【水稻新品种试验示范】** 年内，引进水稻新品种“09H149”、“09繁3”、“09H143”、“滇系5号选”等5个，在龙场镇得所村实施曲靖市水稻新品种区域（山区组）试验。“滇系5号选”折单产430千克/亩，居第一；“沾粳15”折单产387千克/亩，居第二；“06－11”折单产384千克/亩，居第三；比对照“马粳1号”单产262千克/亩，分别增64.12%、47.71%和46.56%。

**【脱毒种薯繁育】** 年内，完成组培苗生产135万苗，收获微型薯1 023万粒，其中雾培法生产脱毒种薯200万粒。在东山、宝山、光山、黎山四个种薯生产区繁殖马铃薯原种166.67公顷，建脱毒种薯基地6 800公顷，产脱毒种薯15 630千克。

**【测土配方施肥示范推广】** 推广马铃薯、玉米、蔬菜、大小麦、果树测土配方施肥17.88万公顷，其中马铃薯5.6万公顷、玉米4.9万公顷、水稻0.39万公顷、蔬菜0.99万公顷、小麦0.8万公顷、大麦0.83万公顷。推广“宣农牌”配方肥1 239.79万千克，应用面积8万公顷。建立村级测土配方施肥核心示范方（片、区）214个，完成示范面积1 466.67公顷，其中水稻百亩示范方66.67公顷、玉米千亩示范片4 000公顷、马铃薯千亩示范片333.33公顷、万亩示范区666.67公顷。与习惯施肥相比，马铃薯亩增产260.06千克、玉米亩增产38.92千克、水稻亩增产84.2千克。

**【百合种球繁育复壮】** 年内，与云南融成生物资源开发有限公司、荷兰范登博思花卉种球有限公司及中国农业大学高科技孵化器公司合作，在板桥镇土城村新建花卉百合种球繁育基地66.67公顷，总投资587.6万元，涉及450户农户1 927人。基地推行标准化种植，重点繁育复壮“西伯利亚”、“蒂佰”、“索尔邦”、“巍星”等品种，实行统一种植、统一管理、统一收获、统一分级、统一包装、订单销售，实现销售收入496万元，年人均增收2 573.9元。

**【农业科技课题管理和成果管理】** 向曲靖农业局申报成果三项。市农经站实施的发展集体经济项目，增加集体收入项目，总投资210.73万元，其中：省级补助项目资金50万元，乡镇财政配套1万元，村集体（协会）自筹56.36万元，社会筹集资金 103.37万元。在西泽乡睦乐村发展蔬菜种植、龙潭镇营上村建设小集市、得禄乡迭那村建设小集市、倘塘镇松林村建设农贸市场、海岱镇德来村建设农贸街。项目年新增总产值44.15万元，新增纯收益10.5万元，获曲靖市农业局农技推广三等奖。倘塘镇农技中心在松林村实施的推广马铃薯间种向日葵400公顷，增收230余万元项目，举办核心样板33.33公顷，完成马铃薯间种向日葵423.33公顷，通过实测，马铃薯平均亩产907.97千克，向日葵籽平均亩产65.6千克，总产37.5万千克，新增纯收入238.65万元，人均增收374.53元。获曲靖市农业局农技推广二等奖。板桥、落水两镇农技中心组织实施的推广玉米马铃薯间作高产栽培2 466.67公顷，增效690余万元项目。经实测，平均复合亩产860.6千克，新增总产量707.96万千克，新增总产值1 274.32万元，新增纯收益691.9万元。获曲靖市农业局农技推广二等奖。

**【农业信息】** 完善《宣威农业信息网》、《新农村建设数字乡村网》、《农信通》三大农业信息平台，发布具有时效性、典型性、实用性、新颖性、指导性信息，扩大宣威农业的宣传力和影响力，提升宣威农业形象和知名度。按照省、曲靖市的要求，完成全市26个乡（镇、街道）、354个行政村、3 802个自然村网页的数据、图片、文本更新和70%乡镇、行政村、自然村的视频制作，统一信息出口，严把信息上传审核，规范数据的法定性，文字的准确性，打造一个高承载力的农村信息综合服务平台，为各级领导、各部门和农民群众提供便捷、高效的信息服务。全年，发布网络信息2万余条，上报省、曲靖农业信息2 100余条，采用1 900余条；农信通平台手机发布180条农产品价格、生产技术、气象等短信；为市委办、政府办提供农业信息70余条，采用50余条；省级采用农业生产、农技推广体系改革、信息工作等简报10期。

**【巩固退耕还林成果基本口粮田建设项目】** 自2008年启动巩固退耕还林成果基本口粮田项目建设，总投资4 200万元，规划建设期限8年（2008～2015年），共涉及22个乡（镇）179个行政村33 691户。其中基本口粮田建设规划实施建设4 666.67公顷。年内，投资504万元，完成560公顷。修建排灌沟渠4.5千米，100立方米以上水池13个，1.4立方米便民池290个，建农耕路17条（段）20.02千米。

**【基层农技推广体系改革与建设示范县项目】** 农业部、财政部批列实施，2009年8月启动，2010年8月结束。总投资100万元，聘请8名产业专家，遴选了玉米、马铃薯、生猪三个传统优势产业和蔬菜、渔业两个特色产业为示范产业，在10个乡（镇、街道）遴选了1 000户科技示范户，选聘了100名技术指导员，同时，围绕产业选建了10个科技示范场。精选了玉米宣黄单2号、4号、10号、宣薯2号、3号、湘云鲫、建鲤、生猪等为主推品种；玉米“五配套五统一”标准化集成技术、马铃薯高垄双行高产栽培集成技术、生猪标准化集成配套技术、辣椒高畦双行单株地膜覆盖技术、“80:20” 精养高产技术等为主推技术。通过测产验收，玉米科技示范户平均亩产442.85千克，比前三年平均亩增83.86千克，增23.36%。辐射户平均亩产412.99千克，比前三年平均亩增54千克，增15.04%。马铃薯科技示范户平均亩产1 405.9千克，比前三年增113.77千克，增8.81%。蔬菜示范户增产在20%以上，生猪养殖示范户增产达15%。渔业科技示范户平均增产达23.8%。在项目的带动和促进下，全市粮食增产2 487.4万千克，农民人均增收400元。全市2万户辐射户比普通农户增收最少的达200多元，最多的达2万多元，辐射带动效果明显。示范户项目的满意度达96.8%，对指导员的满意度达95.3%。

**【农村户用沼气项目建设】** 年内，新增沼气项目2 000口、大型沼气3座、养殖小区沼气15个，乡村沼气服务网点15个，总投资 2 281万元，其中中央投资839万元。完成2007年国债沼气项目3 000口、2008年国债沼气3 000口、2008年新增农村户用沼气项目2 666口、2009年新增农村户用沼气项目9 594口，共18 260口，其中完成三改80%。按照六个一标准建成沼气服务网点59个（其中2007年度12个、2008年度12个，2008年度新增拉动内需沼气服务网点27个，2009年8个）。

**【农产品质量安全检测】** 年内，完成宣威市农产品质量安全检测站项目的二期建设工作，通过招标采购仪器、试剂、改造实验室。加上一期工程的建设，全面完成了总投资400万元的质检站项目建设，该项目的建成使宣威市的农产品质量安全监管又上了一个新的台阶,为宣威市广大人民群众食品安全提供了强有力的保障。年新增检测参数120个；检测范围覆盖农副产品、畜产品、水产品、农业投入品；检测区域覆盖全市范围内农贸市场、批发市场、超市、自由市场、生产基地的水环境监测、大气监测、土壤检测等。1至11月份加强对生产基地、各大超市和农贸市场的抽检，主要检测蔬菜、水果等鲜活农产品，半年来共抽检蔬菜水果 40 个批次，抽检样品 1 800个，抽检合格率为98%。完成送检样品 20个，合格率 97%。

**【农业龙头企业】** 依托优势农业和特色产业，加大招商引资力度。年内，新增固定资产500万元以上，年销售收入1 000万元以上，年上缴税收50万元以上企业4个，全市共发展农业产业化经营组织202个，其中重点龙头企业曲靖市级以上15家、省级8家。全市龙头企业实现销售收入21.35亿元，较上年增5%，农产品加工产业产值5.66亿元，较上年增7%。

**【农产品品牌打造】** 年内，“宣威土豆”、“宣泰”牌宣威火腿被评为中国名牌；“润凯”淀粉、“宣黄单”玉米种子、“宣威土豆”、“为谁甜”龙潭土蜂蜜和“宣泰”、“宣拓”牌宣威火腿被评为云南省名牌；“宣拓”、“升达”、“宣和坊”、“宣字”牌宣威火腿被评为云南著名商标；“宣字”牌宣威火腿被国家商务部认定为“中华老字号”，为农产品进入省内外市场提供了通行证，提高农产品的市场占有率。“宣威土豆”响誉国内20个省市和4个东南亚国家，“宣黄单”畅销滇、黔、川、

桂、湘、渝六省（市）78个县（市）广泛种植，年销售近600万千克。

**【劳务产业】** 围绕“培训农村劳动力4.3万人、新增转移输出农村劳动力3万人、转移就业收入增长13%以上、农民人均工资性收入增加150元”的目标，突出抓好宣传发动、教育培训、转移输出、综合服务等工作，狠抓各项措施落实，农村劳务产业工作取得显著成效。共完成农村劳动力各类教育培训46 953人，完成新增转移输出30 838人。全市农村劳动力转移就业总量达36万人，比上年增8.9%，实现劳务产业产值达26.44亿元，比上年23.4亿元增13%。农民人均工资性收入达1 295元，比上年增13.1%。

**【农业行政执法】** 认真宣传贯彻《农业法》、《种子法》、《土地承包法》等相关农业法规政策，印发宣传资料1.25万份，出动执法车辆380辆次，出动执法人员451人次，对辖区内的种子、肥料、农药、农产品生产经营单位和批发市场、超市等进行清理整治，市场检查85次，立案查处农资违法案件2件，罚款2 000元；查处制售假劣农资36起，涉及金额3.5万元。共清理种子经营单位115个，检查肥料经营单位129个（1 450万千克）、农药经营单位96个。查出违法经营的玉米杂交种子375千克。

**【病虫害防治】** 全市农作物主要病虫草鼠害呈中度发生，发生18.98万公顷次，防治38.2万公顷次，挽回损失1.2亿千克，其中挽回粮食损失562.69万千克。在热水、宝山两镇成立植保专业化防治队。龙场、热水、宝山等11个乡（镇）购置植保机动喷雾器141台，开展水稻病虫害综合防治技术示范1 800公顷，马铃薯病虫害综合防治技术示范4 666.67公顷，玉米病虫害综合防治技术示范1 333.33公顷。全年专业化防治5 466.67公顷，其中稻瘟病666.67公顷、稻飞虱466.67公顷、马铃薯病虫害233.33公顷、玉米病虫害2 000公顷。发布病虫简报5期，预报准确率达91%。

（撰稿　余仕飞）

## 畜牧业

**【概述】** 2010年，市畜牧局年末有在职干部职工84人，其中参公管理人员19人，专业技术人员60人(高职18人、中职36人、初职6人),工人5人，管理人员1人。年内，市乡村三级畜牧兽医科技工作队伍紧密团结，履职尽责，以“争投入、夯基础、保增长、保稳定”为重点，采取积极有效措施，度过了畜产品价格异常波动和百年一遇严重旱灾影响的困难时期，全市畜牧业生产继续保持健康发展势头。

**【畜牧业生产】** 年末，全市生猪、牛、羊、禽存栏分别为185.2万头、17.5万头、30.5万只、201.3万只，同比分别增2.5%、5.8%、0.1%、2.9%。全年出栏肉猪318.45万头、肉牛5.13万头、肉羊16.32万只、肉禽325.2万只，同比分别增11.27%、11.4%、12.3%、10.2%，分别完成全年任务的101%、105%、101%、100.1%；肉类总产3.81亿千克、禽蛋产量660万千克，同比分别增13.3%、16.1%，分别完成全年任务3.6亿千克、650万千克的106%、100.9%；实现畜牧业（现价）产值28.8亿元、畜牧增加值18.1亿元，同比分别增14.3%、13.2%。

**【动物疫病防控】** 认真落实动物防疫各项措施，防止疫情发生流行。强化动物免疫工作，确保免疫质量。全年共免疫猪瘟416.96万头、高致病性猪蓝耳病149.14万头、狂犬病2.08万只，免疫密度分别为98.79%、100%、25.39%；免疫牲畜口蹄疫320.11万头（只）次，其中猪250.13万头次、牛27.45万头次、羊42.53万只次，完成高致病性禽流感免疫340.30万羽，密度均达应免数的100%；同时做好猪肺疫、仔猪副伤寒、鸡新城疫等常见动物疫病的免疫工作。

搞好动物疫病监测，提高预测预报能力。年内先后在24个乡（镇、街道）共采集畜禽血清1 732份，猪全血103份，进行畜禽疫病监测；采集犬血清151份，犬棉拭子111份，鸡喉气管90份，猪肺脏、脾脏各80份，送上级业务部门检验，全面完成农业部动物疫病定点调查及省、地下达的动物疫病监测、流行病学调查和采集样品送检等各项工作任务。

**【兽药饲料监察】** 创新兽药饲料质量安全监管模式，生产环节以产品市场准入为重点,流通环节以诚信经营和信用分级管理体系建设为重点,使用环节以建立安全使用技术规程和记录档案等可追溯制度为重点，对兽药饲料质量安全进行全程监管，通过全面推行两审一证一卡制，严格兽药饲料产品市场准入；建立诚信责任体系，全面推行“违法积分淘汰”制；加大日常监管查处力度，严厉打击违法经营行为。全市兽药饲料生产经营行为已置于有效监管之下。

年内共利用电视新闻宣传2次、网络媒体宣传2次，发放宣传资料（书籍、传单、通知）4 600余份；出动宣传车98辆次，上街下村、进店入户宣传、培训600余次。进一步提高了兽药饲料质量安全监管执法人员的执法水平和能力，增强了兽药饲料生产、经营者的法律意识和使用者的维权意识。核发《宣威市饲料监督管理市场准入证明》93个、《宣威市兽药监督管理市场准入证明》22个，核定准予进入宣威市场的合法饲料产品674个、兽药产品291个。对凡未申报办理《兽药饲料监督管理证明》或《兽药饲料监督管理证明》已超过有效期的，禁止进入宣威市场销售。已建立城区兽药经营企业信用档案14份、城区饲料经营户信用档案65份，完成《宣威市兽药饲料生产经营信用等级评定管理办法（暂行）》，实行信用等级评定分类管理；二是已完成《宣威市兽药饲料经营违法违规记分管理办法（暂行）》，对辖区内的兽药饲料经营单位及个人实施违法违规记分管理；与城区85个饲料经营企业签订《宣威市饲料经营企业诚信经营责任书》。境内的2家饲料生产企业已按要求建立了原料进厂、产品生产、产品检验、产品出厂等记录台帐；95%以上的兽药饲料经营户基本建立了完整、规范的兽药饲料购销记录台账；70%以上的畜禽规模养殖场（小区）也建立了相应的兽药饲料进购、使用记录台账。

全年共检查饲料生产企业2家、兽药经营户62户、饲料经营户492户、动物诊疗机构及乡村兽医653家、畜禽规模养殖场314个。取缔非法经营饲料摊点41个、非法经营兽药门店3个；责令改正兽药饲料经营违法行为137件；立案查处违法经营兽药案件1件，罚没款2 970元；查获一批假兽药，共涉及生产企业6家，产品9批次，数量12 630支（瓶），案值达27 320元。

**【兽医卫生监督】** 加强对屠宰场、交易市场、运输等环节的监督检查。年内屠宰环节共检查猪肉酮体9.45万具、牛羊肉2.54万具、禽肉5.46万具；交易环节监督检查畜类10.93万头，禽类6.18万只，动物产品460.25万千克；流通环节共检查猪21 943头、牛51头、羊407只、马34匹、兔1 550只、禽类15 000只，动物产品3.07万千克，消毒车辆1 190辆。加强和规范动物产地检疫工作。全市26个乡（镇、街道）畜牧兽医站均设有动物产地检疫申报点，严格按照国家相关法律法规和技术标准规定的检疫程序、项目、方法和步骤实施检疫、消毒、出证；严格执行全市统一的检疫收费标准，杜绝出现少收、多收、不收的现象。全年共检疫猪30.33万头、牛3.36万头、羊3.68万只、禽5.61万只。检出病猪234头，并作了相应的无害化处理。稳步推进兽医行政许可工作。市畜牧局派驻工作人员到市政务服务中心，专门接受动物防疫条件合格证和动物诊疗许可证等兽医行政许可的申请，真正的做到了快捷、便民。共受理动物防疫条件审查申请8份，审查合格核发《动物防疫条件合格证》8证；受理乡村兽医登记825份。加大动物防疫违法案件的查处力度。共查处违法案件 42件，其中，现场处罚32件，立案处罚10件，没收销毁不合格产品0.19万千克，罚款0.34万元。加快动物标识和疫病可追溯体系建设工作步伐，全年发放并加挂牲畜免疫二维码电子耳标猪53.48万套、牛1 188套、羊6.82万套，录入上传溯源信息57.16万条。进一步完善证章标志管理，坚持省、地、县、乡逐级统一订购、统一计划、统一供应、专人专库专帐管理的原则，畜禽标识通过网络统一订购供应，未出现霉变、遗失、被盗、倒卖等责任事故，确保了各类证章标志的正常供应和使用。全年共发放《出县境动物检疫合格证明》56本，《出县境动物产品检疫合格证明》27本，《动物产地检疫合格证明》142本，县境内使用《动物产品检疫合格证明》93本，《动物及动物产品运载工具消毒证明》96本，《动物免疫证》5 000份。

（撰稿　黄兆军）

**【畜禽品种改良】** 全市50个猪人工授精改良站（点）共饲养良种公猪279头，改良配种母猪18.63万窝，完成全年任务18.5万窝的100.7%，配种受胎率93.2%、窝均产仔10.08头、70日龄窝均育成9.4头、育成率93.2%，比上年提高了1.2个百分点；全市11个牛冻精改良站（点）共改配母牛5 000头，百分之百完成全年任务。经调查统计，水牛受胎率55%、成活率98%，黄牛受胎率75%、成活率99%；11个马匹改良配种点（人工授精站点5个）改配母马2 013匹（人工授精改配1 209匹），分别完成全年任务2 000匹、1 200匹的101%和100.8%。经调查统计，人工授精配种受胎率88%，本交配种受胎率95.4%；429个山羊改良配种点共改配母羊7 566只，完成计划7 500只的100.9%，224个绵羊改良站配种点共改配母羊3 933只，完成计划3 900只的100.8%，经调查统计，山羊配种受胎率96.6%、产羔成活率98.0%，绵羊配种受胎率98.0%，产羔成活率99.1%；全市共推广良种禽41.25万羽（蛋鸡19.35万羽、肉鸡21.90万羽），完成计划41万羽的100.6%。

（撰稿　邱光伟）

**【草料科技推广】** 推广应用工业饲料3 427.26万千克，其中全价配合饲料2 552.1万千克、浓缩饲料855.6万千克、添加剂19.56万千克；26个乡（镇、街道）6.24万户青贮农户，拥有青贮切碎机5.51万台、青贮永久窖9.23万个10.29万立方米，制作8.94万立方米8 347.1万千克青贮饲料；全市拥有氨化饲料切碎机械9 704台、氨化永久窖1.87万个4.34万立方米、土窖1 080个5 191立方米，完成3.21万立方米1 097.7万千克秸秆氨化饲料的加工制作。工业饲料、青贮与氨化饲料的大量使用，为生猪“熟改生喂”技术的推广普及、降低养殖成本、提高养殖效益奠定了坚实的物质基础。同时，继续完善草地承包责任制工作，通过外引内联，采取集体管理、分户使用和个人承包责任制的形式，20个承包户承包经营草地面积1 960公顷，收取草地承包提留费3.67万元；农田种草面积逐步扩大，全年农田种草覆盖面达19个乡（镇）100个村2 000户，农田种草166.67公顷。其中一年生黑麦草 100公顷，鸭茅20公顷，豆禾混播13.33公顷，苜蓿2.22万公顷，平均亩产鲜草475千克，饲养牛0.5万头、羊0.8万只、猪0.3万头。

**【巩固退耕还林成果畜牧养殖业项目】** 按照实施方案的要求，认真抓好项目建设技术指导工作，于2月底完成牛、羊厩舍建设4 874平方米，占规划面积4 000平方米的121.85%。其中，务德镇808平方米、格宜镇3 036平方米、西宁街道 1 030平方米。种植人工牧草100公顷，占规划种植的100%，其中，务德镇18.5公顷、格宜镇56.5公顷、西宁街道25公顷。青贮各种青绿饲料244立方米，占规划青贮数100立方米的244%。项目建设中，举办养殖技术培训3期，受训166人次；饲养牛240头、羊2 191只。于4月初通

过曲靖市组织的检查验收。

【畜牧业生产抗旱救灾】 在2010年旷日持久的干旱中，全市畜牧业受灾人工草场、青绿饲料地4.87万公顷，绝收4.05万公顷；多数养殖户、养殖场不同程度存在牲畜饮水困难和饲草饲料短缺，全市饮水困难牲畜112.47万头（匹、只），其中大牲畜11.45万头；饮水特别困难牲畜70.69万头（匹、只），其中大牲畜8.86万头、猪51.37万头、羊10.46万头。据估算，直接经济损失4.56亿元。在抗旱救灾期间，市畜牧局切实加强对抗旱救灾工作的组织领导，广泛动员全局干部职工挂钩到乡村、承包到场（户），采取“取水自救、节水降耗、卫生消毒、防控疫病、调整结构、技术指导、强化监管”等综合措施开展抗旱救灾工作。全市畜牧业抗旱共投入人员89.9万人次、资金近4 345万元，投入消毒药品烧碱1万千克、漂白粉1万千克、过氧乙酸0.24万千克。由于抗旱救灾工作行动早，组织有序，措施有力，全市没有因干旱渴死1头牲畜，没有因干旱引发重大动物疫病。

（撰稿　黄兆军）

## 渔　业

【概述】 2010年宣威市渔业管理站有干部职工15人，其中技术人员10人（高级农艺师1人、水产工程师4人、农艺师2人、助理农艺师2人、助理经济师1人），管理人员1人，工人4人（技师1人、高级工2人、中级工1人）。

全市有水产养殖面积2 581.34公顷，其中：池、坝、塘养殖面积952.34公顷，水库养殖面积962.33公顷，稻田养鱼面积666.67公顷。水产品总产932.7万千克，其中：池坝塘产量668.3 万千克，水库产量102.4万千克，稻田养鱼产量50万千克，天然捕捞112万千克。渔业总产值9 327万元。

【渔业科技示范】 实施农业部农技推广示范县项目，遴选宣威市渔业科技示范场、宣威市西泽虹鳟鱼养殖基地作为渔业科技示范基地，投入6万元购良种及配套设施，进行科技示范。遴选50户渔业科技示范户，每户补助150元的渔药、饲料，选聘5名技术指导员，每名技术指导员指导10户示范户，每户示范户辐射带动20户，通过技术培训、入户指导、咨询等，推广鲤鱼、草鱼、罗非鱼、武昌鱼、青鱼、鲫鱼等主推品种和“80:20”池塘精养高产技术、渔业综合生态养殖配套技术、病害综合防治和监测技术等主推技术，累计培训水产养殖户1 000人次，开展技术咨询600人次，上门开展技术服务400人次，示范户主推品种、主推技术到位率达100%。

在虹桥、板桥实施池塘养殖标准化生产示范40公顷、坝塘养殖标准化生产示范40公顷、生态养殖标准化生产示范6公顷，实施池坝塘精养高产健康养殖技术，投喂优质全价饲料为主，规模化健康养殖，试验示范效果显著。全市推广池坝塘精养高产养殖及生态养殖共866.67公顷。

【优质高效水产品养殖试验示范】 为发展优质高效水产品养殖起到示范带动作用，引导渔业经济从“传统渔业、数量型”向“现代渔业、优质效益型”转变。在西泽乡西泽村建成流水鱼池1公顷，养殖虹鳟鱼试验示范，产虹鳟鱼10 000千克，产值40余万元。在宣威市渔业科技示范场建设优质高效水产养殖示范3.33公顷，平均亩产1 016.8千克，亩净收入3 541.6元，投入产出比1:41。

【长江禁渔】 根据农业部渔政指挥中心、长江渔业资源管理委员会、云南省农业厅的要求，2月1日至4月30日，对宣威市境内牛栏江段及西泽小江进行3个月的春季禁渔。发布通告10个、张贴标语543条、发放禁渔宣传资料2 000余份，出动检查车辆25次，执法123人次。对西泽小江及热水、务德牛栏江段进行重点检查，查处违法捕捞案件1件，对违法捕捞人进行了批评教育；检查城区市场及乡(镇)经营野生鱼类的餐馆，发现非法经营野生鱼类餐馆4家，执法人员对查获的野生鱼类予以当场没收和放生，并对违法者进行了批评教育。开展打击“电、毒、炸”非法捕鱼的专项整治活动3次，未发现违法案件。禁渔期间，辖区内江中无渔船、岸边无网具、岸上无江鱼，对保护长江渔业资源和生态环境，促进渔业资源可持续利用，促进野生鱼类的修复和原种保护有很好的效果。

【水产养殖业质量安全专项整治行动】 根据曲靖市农业局农产品质量安全整治要求，结合宣威实际，制定实施方案，严格执行休药期制度，加强渔用饲料监管，建立生产记录、用药记录和销售记录，杜绝违法使用硝基呋喃类、孔雀石绿、氯霉素等违禁药物行为，监管率达到100%，水产品阳性样品查处率达到100%，产地药残检测合格率达到98%以上。

【渔业船舶安全生产监督检查】 根据曲靖市安全生产相关文件的通知精神，对相关乡（镇、街道）渔业安全生产责任制的建立及落实、渔业安全生产规章制度建立和落实、贯彻落实安全生产法律法规及标准、安全培训教育、应急管理、事故处理和责任追究等情况进行检查，共出动人员33人次，出动车辆10辆次，检查渔船70艘，发放安全生产通知70份，广播宣传培训渔业安全生产知识40余次。由于措施有力，安全隐患排查及时，全市未发生渔业安全事故。

【水产品良种繁育基地建设】 省农业厅渔业处立项补助20万元，由宣威市渔业管理站在宣威市渔业科技示范场建设水产品良种繁育基地6.67公顷，完成老鱼池清淤扩容改造5.33公顷，配套水、电、路等基础设施，添置增氧机械，年可生产大规格优良鱼种50 000千克、良种鱼苗5 000万尾。

（撰稿　余仕飞）

# 林　业

**【概述】** 2010年，宣威市林业局以邓小平理论、“三个代表”重要思想和科学发展观为指导，深入贯彻中央、省委、曲靖市委林业工作会议精神，按照宣威市委政府建设“生态、文明、健康、快乐”城市的总体要求，以建设“生态宣威”为战略目标，以“兴林富民”为根本宗旨，深化林业改革发展，全力推进林业生态、林业产业、生态文化和基础设施建设。

**【抗旱救灾】** 2010年宣威市遭受了百年未遇的特大旱灾，林业遭受了前所未有的损失。据统计，全市林业因旱灾造成直接经济损失1.6亿元。面对特大旱灾，宣威市林业局牢固树立了抗大旱、抗长旱、抗大灾的思想，把抗旱救灾作为压倒一切的中心任务和首要政治任务，紧紧围绕“保苗”和“防火”两大重点，一是加强领导，责任分解到人；二是摸清灾情，做到对症下药；三是广泛动员，备足应急物资；四是严防死守，遏制森林火灾发生。

**【造林绿化】** 年内完成人工造林1.63万公顷，封山育林6 333.33公顷；完成义务植树460万株。培育造林绿化苗木500万株。投入资金1 100多万元，完成余家河口至板桥收费站绿色通道建设17千米，栽植滇朴426株、旱莲花302株、大叶女贞5 299株、金叶女贞6 325株、栾树5 319株、南天竺1 075丛、花叶常青藤3 000株、地石榴11 000株、春鹃7 465株、竹子7 332丛等。

**【重点工程建设】** 年内完成森林管护26.67万公顷，人工造林1 333.33公顷，封山育林2 000公顷。十一五期间，全市共完成人工造林4 733.33公顷，封山育林12 333.33公顷，完成森林管护任务26.67万公顷。一是广泛宣传，累计印发宣传单1万多份、《加强天然林资源保护通告》4千多份，制定永久性碑牌1千余块、临时性宣传碑牌2万余块、标语5万余条；二是合理组建队伍，设置天然林保护工作站，将全市森林资源管护面积划分为3个片区，组建3个森林资源管护大队、26个森林资源管护所、144个森林资源管护小队，选定998名天保工程护林员，形成了“天保工程领导小组、领导小组办公室、管护大队、管护所、管护小队、责任区”的六级垂直管护体系；三是强化培训学习，召开全市林业职工、护林员培训会9次，参训人数达1.4万余人次，提高了广大职工及护林人员的业务素质；四是明确奖惩，按照“定山场、定面积、定责任、定报酬，日考勤、月考绩、季考核、半年检查、年终总评”的“四定三考一查一评”原则加强护林员管理。

年内完成巩固退耕还林成果种植业项目1 333.33公顷，农村能源建沼气池1 100口。十一五期间，共完成退耕地造林666.67公顷、荒山造林4 000公顷，巩固退耕还林成果种植业项目3 573.33公顷，农村能源建设3 192口，节柴灶3 386眼，巩固退耕还林成果木本油料建设5 333.33公顷。退耕还林的实施，推进了生态建设、改善了生态环境、增加了农民收入、促进了农村产业结构调整。

按照国家“一池三改”（建沼气池、改厨、改厕、改厩）的要求，突出以沼气为重点，注重“三结合”（沼气与畜厩、厕所相结合），四配套（沼气池与畜厩、厕所、厨房、青贮窖相配套），积极开展能源生态建设。年内新建沼气池1 374口，节能改灶3 800户。十一五期间，累计建沼气池49 493口，节能改灶2.83万户。农村能源建设的发展，巩固了生态建设成果，美化了农村庭院，增加了农民收入，提高了农民生活质量。

**【公益林区划】** 全市完成区划界定且获得省级认可的生态公益林面积18.48万公顷，其中国家级公益林9.66万公顷，省级8.82万公顷。全面落实了森林生态效益补偿制度，签订生态公益林保护管理合同书，兑现补偿资金737.9万元，兑现面积9.84万公顷，其中国家级1.07万公顷，省级8.77万公顷。

**【绿色产业建设】** 全市自2006年启动实施以核桃为主的特色经济林产业以来，市委、市政府高度重视，部门协作、上下联动、齐抓共管、层层落实。累计投入产业发展资金4 149万元。1月底完成2009年度核桃栽植计划1.95万公顷，其中省干果基地1万公顷，天保工程1 333.33公顷、巩固退耕还林成果0.82万公顷。在以核桃为主的木本油料产业建设上，各级高度重视，精心组织，认真规划设计，狠抓地块落实。但由于近年来自然灾害不断，连续三次大灾，一次是2008年的冰雪灾害，一次是2009年“3・14”霜冻，加之2010年百年未遇的特大旱灾，致使核桃产业种植受到极大影响。尽管如此，市委、市政府加强领导，强化督促检查，狠抓补植补造，核桃栽植任务得以保质保量完成。

**【集体林权制度改革】** 宣威市集体林权制度改革工作涉及26个乡（镇、街道）、354个村（居）委会、3 253个村（居）民小组、24.5万户农户、30.01万公顷集体林。全市共完成集体林确权29.89万公顷，其中商品林确权11.86万公顷、公益林确权18.18万公顷，确权率为99.5%。确权到户的有25.21万公顷，其中自留山7.75万公顷，责任山12.86万公顷，新均山1 973.33公顷。集体林均山到户率为86.46%，商品林均山到户率为85.7%，宗地发证率98.6%。共确权26.74万宗林地，制发证23.4万本，其中林权证13.9万本，股权证9.5万本。共排查纠纷1 076起，涉及林地3.15万公顷，调处1 035起，调处面积为3万公顷，起数调处率为96.2%，面积调处率为95.3%，其中协议调处1 029起，协议调处率为99.4%。

**【中低产林改造】** 按照“规划先行、一步到位，分类经营、生态优先、规范操作、有序开发”的原则，编制了《宣威市中低产林改造总体规划》，计划在十二五期间完

成5.96万公顷中低产林改造任务，到2020年全面完成10万公顷中低产林改造任务，实现林分生长量可超过同等立地条件平均生长量40%以上，经济效益提高70%以上的目标。年内采取树种更替、林分抚育等方式，完成分布在西宁街道、板桥镇、落水镇、西泽乡、务德镇、龙潭镇、文兴乡、普立乡、田坝镇等9个乡（镇、街道）改造任务0.3万公顷。

**【森林资源保护】** 面对百年一遇的特大旱灾，为确保森林资源和人民生命财产的安全，市林业局牢牢抓住责任落实、全力预防和高效扑救三个关键环节，启动了森林防火应急预案，全面实施“森林防火问责制”，多措并举，筑牢“四条防线”，全力打好防火攻坚战。一是筑牢用火审批防线。全市上下严格执行野外用火审批制度，从源头上把火源管严、管死、管到位。二是筑牢入山检查防线。在重点林区、交通要道设立火源检查站（点）124个，管好入山人员，坚决把火种堵在山下林外。三是筑牢林内巡护防线。严格落实野外火源“五个百分之百”管理制度。在原有998名护林员的基础上新增600余名临时护林人员，组成联动巡护队伍，深入林区巡护，确保重要林区万无一失。四是筑牢联防联保防线。建立民兵应急救灾大队1支80人、市级专业扑火队1支30人；各乡（镇、街道）建立不少于50人的应急扑火队伍1 300人，在村级建立不少于15人的以群众为主的兼职扑火应急队伍5 340人，形成了村与村之间联动、户与户之间联防的群防群治的应急防火网络。全年发生核实上报森林火灾14起，处理火灾肇事者13人，其中林政处罚5人，刑事处罚8人。森林防火投入资金300.7万元，其中省级29万元、曲靖市6万元、本级财政70万元、整合各种资金119.2万元、乡（镇、街道）自筹19万元。

按照“预防为主，综合治理”的方针和“谁经营，谁防治”的原则。着力加强森林病虫害防控宣传、监测、普查和检疫，全年林业有害生物发生面积0.36万公顷，发生率1.4%，成灾面积346.67公顷，成灾率1.3‰，防治面积2 933.33公顷，防治率81.5%，投入防治经费28.4万元。

严格执行木材采伐限额管理，坚持征占用林地实行依法有偿和许可制度，规范林木采伐和征占用林地审批，加强野生动植物和古树名木的保护。全年共申报获准使用林地准予行政许可6件，批准使用林地74.73公顷，其中永久征用71.26公顷、临时占用3.45公顷；发放林木采伐许可证554份，批准采伐林木2 316.73立方米；办理木材经营加工许可证112户，办理木材运输6 258.45立方米；发生林政案件201件，查处199件，查处率99%，收缴林政罚款19.94万元，行政处罚206人。

**【队伍建设】** 一是扎实开展创先争优活动。按照市委的统一部署，扎实开展了以“五抓五促创五好、五查五比五带头”作为实践载体的创先争优活动，通过学习调研、分析检查、整改落实三个环节，全局党员干部推进林业科学发展的思路进一步清晰，措施进一步加强，工作作风进一步改进，工作效率进一步提高，服务群众意识进一步增强，学习实践活动取得了阶段性成效。二是认真加强作风效能建设。以行风建设为核心，将勤政建设和廉政建设、提高效率与能力结合起来，充分发挥机关效能建设在行风建设中的载体作用。扎实推进效能政府四项制度建设，强化班子和队伍建设，不断健全完善制度，改进工作作风，提高工作效能，进一步树立林业队伍的良好形象。三是统筹抓好其他工作。将党风廉政建设、文明创建、政务公开、机关党建、普法、依法行政、宣传等各项工作与林业工作同部署、同检查、同落实、同考核，做到两手抓、两不误，不断推进林业科学发展、健康发展。

（撰稿　尹富鸿）

## 水　务

**【概述】** 2010年宣威市水务局有干部职工189名，其中，公务员20名、机关工人1名、全额拨款事业人员79名、自收自支事业人员89名。事业人员中工程师25名、高级工程师5名。

年内，市水务局认真贯彻落实科学发展观，以十七届四中、五中全会精神为指导，以创先争优为动力，突出水源建设、农村饮水安全两个重点，在前期工作、水资源管理、防汛抗旱、监督执法、队伍建设上着力。围绕年初确定的目标任务，扎实开展各项工作，特别是在抗旱救灾工作中，充分发挥水务部门的积极作用，水利建设顺利开展。

全年累计投资3.34亿元，建成各级各类水利工程9 292件，新增灌溉面积800公顷，改善灌溉面积2 800公顷，新增节水灌溉面积1 666.67公顷，修复水毁工程150处，治理河道35千米，改造中低产田800公顷，除涝333.33公顷，治理水土流失65.03平方千米。

**【水务工作会议】** 10月9日，市政府在政府招待所会议室召开农村饮水安全项目暨小型农田水利重点县建设工作会，各乡（镇）人民政府乡（镇）长、街道办事处主任、分管水务工作的领导、水务所长、财政所长及技术人员参会。宣威市副市长李启信对农村饮水安全项目和小型农田水利重点县建设工作作了全面安排部署。

**【前期工作】** 可研和初设：完成了倘塘通南铺、东山山林果水库可研和初步设计，来宾小箐、茶家冲水库，羊场梅子沟水库可研，西泽睦乐、普立长冲、得禄大梨树、西宁街道小顾家村、务德白云、倘塘小坡6个小（二）型水库除险加固初设，小石盆水库坝体防渗处理工程、板桥木乃引水隧洞、宝山集镇供水工程初设，并审查审批；完成杨柳秤杆河小（一）型水库可研（已经由曲靖市发改委审查批复，并通过省发改委复核，初设也完成，已报省水利厅复核）；完成了石城河中型水库项目建议书；务德石龙嘴、乐丰明德小（一）型水库可研正在进行；窑上海子引蓄水工程完成可研，由烟草部门投资提前实施；完成2011年烟田建设规划2件（西边项目区和吉科项目区），烟草部门投资；完成尤家箐、陶家坟水库除险加固工程设计修改；完成陶家坟、花椒水库干支渠防渗工程初步设计。目前正在开展30件小（二）型病险水库大坝安全评价和大坝安全鉴定。投入前期工作经费3 000万元。项目规划：一是完成了宣威水利发展“十二五”规划；二是完成了西南五省（区）宣威片区骨干水源工程建设规划，经省级审查已通过，并报水利部审核，由国务院批准，宣威有窑上海子引蓄水工程、石城河中型水库、称杆河、石龙嘴、明德三座小（一）型水库列入规划；三是完成了宣威市农田水利建设规划，曲靖市水务局已审查通过；四是配合国土部门完成了2020年前水利工程建设用地规划。五是完成了重点县水利建设规划，现已批复实施；六是完成了中小河流治理和中小水库除险加固规划、山洪地质灾害防治规划、易灾地区生态环境综合治理规划。

**【水源建设】** 在建水源工程11件。其中，中型水库2件（红石岩水库新建和东屯水库除险加固工程）；小（一）型水库4件（小干河水库新建和马房、冲门口、三联水库除险加固工程）；小（二）型水库5件，（三湾、通南堡水库新建和小冲、歌乐、铜厂水库除险加固工程）。红石岩水库完成管理房、住宿楼建设，施工道路7千米，输电线路改造14千米，完成大坝浇筑高16.7米，年末完成投资8 100万元，累计完成投资10 541万元。小干河水库主体工程建设完工，9月30日通过安全蓄水验收后下闸蓄水，蓄水272万立方米，渠道工程完成8.4千米，年末完成投资2 100万元，累计完成投资9 150万元。东屯水库主体工程基本结束，完成大坝、管理所建设收尾工作，水情测报系统和水土保持工程建设，坝顶整修和溢洪道剩余部分要待铁路复线改造结束才能实施，全年完成投资210万元，累计完成投资2 560万元，11月22日省水利厅组织投入使用验收。三联、马房、冲门口3件小（一）型水库除险加固工程3月开工建设，进行输水隧洞改造、坝体防渗整修、溢洪道改造、新建或改造管理房。三联完成工程投资712万元，马房完成工程投资1 171万元，冲门口完成工程投资907万元。曲靖市水务局于11月29～30日组织对三件工程进行投入使用验收。小冲小（二）型水库除险加固工程2月20日开工，进行低涵改造、灌浆防渗、坝体整修、溢洪道浇筑，主体工程基本结束，完成投资352万元。水源工程建设全年完成投资13 452万元。另外，三个乡镇进行4座小（二）型水库建设（东山镇新建三湾水库、倘塘镇新建通南铺水库、板桥歌乐和铜厂水库除险加固），完成投资900万元。

全年全市水源建设共完成投资14 352万元。

**【人饮安全】** 年度内计划解决10.17万农村人口，学校2.14万人，合计12.32万人，涉及24个乡镇、125个村、358个村民小组、44所完小，上级计划下达投资5 773.37万元，其中中央补助4 618.63万元，省级配套1 154.74万元。目标任务是建364件自流引水工程、21件机电提水工程、867个水窖。年底全部完工。

**【干支渠防渗】** 马房水库渠道建设完成3.4千米，完成投资260万元；三岔水库渠道建设完成2.2千米，完成投资200万元；安迪水库渠道建设完成1千米，完成投资50万元；三个水库渠道建设共完成投资510万元。

**【蓄水工作】** 全年曲靖市下达的蓄水任务7 200万立方米。截止12月底，全市水库蓄水量已达8 947万立方米。其中：中型5 901万立方米；小（一）型1 336万立方米；小（二）型900万立方米；小塘坝810万立方米。

**【管道供水工程】** 羊过水至凤凰山管道供水工程建设，克服重重困难，3月底正式启动工程建设，完成管槽开挖2.25万米、安装管道2.2万米，临时施工道路1.25万米，完成工程投资6 500万元。

**【水政水资源】** 认真贯彻执行《水法》、《水土保持法》、《行政许可法》等法律法规，严格实施取水许可审批程序，依法管理保护水资源，加强取水许可执法检查，查处无证、违章取水等各类违法行为，完成《水资源公报》编制和市内工业区、灌区、居民用水定额调查，征收水资源费114.8万元，核准取水许可申请16件，办理许可证3套、换发10套。处置水事纠纷21起，对花椒水库库区侵占行为进行清理整治，取缔库区违法建筑，调查处理政府“96128”接转投诉2件，形成调查报告，并作出处理意见。

**【抗旱防汛】** 面对百年未遇的特大旱灾，统筹兼顾，突出重点，全力做好水文章，制定供水方案，合理配置水资源，对水库进行统一管理调度，保证了城市生活用水和云峰公司、国电宣威发电公司、水库覆盖灌区生产用水；水务部门组织人工挖井890口、机电挖井6口，开辟抗旱水源点190个，修建拦水坝1 200余道、抽水站43个、管引工程137件，新建人饮工程171件、水窖236个，完成塘坝修复、管道供水等应急工程62件；发放塑料桶、拉水袋、小水泵等取水工具，采取引、提、拉、运等多种措施保障供水，在抗旱救灾中投入水利资金3 800万元，使全市人民平安度过大旱之年。防汛安全警钟长鸣，汛期坚持24小时值班制，树立人水和谐理念，高度重视防汛工作，实施有效的社会管理，提早部署、充分准备，利用各种预测预报技术和手段，科学调度，充分发挥水利工程的作用，做到了“拦、蓄、排”合理安排，实现了对洪水的有效防控，切实维护了群众利益和社会稳定，水库大坝安全运行，河堤治理稳步推进，确保了防洪及施工安全。

**【重要水事活动】** 1月20日，昆明华昆工程造价咨询有限公司一行四人在小干河水库指挥长孙晓红、市政协副主席杨成根、水务局副局长江庆位等领导的陪同下对宣威市小干河水库工程进行跟踪审计。

3月31日，全省水利建设工作会议在宣威召开，宣威市被评为“2007～2009年水利建设先进单位”，受到省人民政府表彰。

3月31日，省水利厅建设领域突出问题专项治理领导小组相关人员到小干河水库工地进行检查。

4月1日，云南省水利厅主持对红石岩水库大坝基础开挖进行阶段验收。云南省水利水电工程建设质量与安全监督中心站、曲靖市水利水电工程建设质量监督与安全监督站、曲靖能阳水利水电勘察设计有限公司、曲靖嘉信水利水电工程监理有限公司、云南建工水利水电建设有限公司、宣威市水务局、宣威市红石岩水库工程管理局负责人参加会议。

4月18日，云南省水利厅科教处在宣威市雄业大店酒主持召开堆石砼技术推广运用会议，曲靖市水务局、宣威市水务局、红石岩水库工程管理局及施工单位相关负责人和技术人员参加会议。

4月27日，红石岩水库工程使用林地可研报告通过曲靖市林业局组织审查。

5月5日，宣威市人大主任高连恒到小干河水库工地进行视察。

5月6日，宣威市红石岩水库工程珠江源自然保护区生物多样性调查报告通过曲靖市林业局审查。

7月30日，云南省林业厅以《云南省林业厅准予在珠江源省级自然保护区实验区建设红石岩水库的行政许可决定》文件批准红石岩水库工程建设占用沾益县省级珠江源自然保护区实验区。

8月6日，云南省环保世纪行30余人到红石岩水库工程现场进行采访活动，红石岩水库工程管理局局长沈宗文现场接受采访并回答记者提问。

9月4日，云南省人民政府督察专员胡朝碧、省水利厅建管处处长刘德坤对红石岩水库工程进行专项督察。

9月8日，宣威市人民政府组织督察组对红石岩水库工程进行督察，在听取汇报后，督察组实地查看红石岩水库工程建设情况。

9月8～10日，云南能阳水利水电勘察设计有限公司受宣威市小干河水库工程建设管理局的委托，组织专家组，对宣威市小干河水库工程蓄水安全进行鉴定。2010年9月30日，受云南省水利厅委托，曲靖市水务局主持召开了宣威市小干河水库工程下闸蓄水验收会议，验收委员会一致同意通过蓄水阶段验收，同意下闸蓄水。

10月14日，宣威市马房水库下闸蓄水。

10月15日，曲靖市水务局副局长马社达、建管站站长黄建明在红石岩水库工地现场召开红石岩水库工程整改工作会议，施工单位相关负责人参加会议，并汇报工程建设整改情况。

10月17日，宣威市三联水库下闸蓄水。

10月29日，曲靖市水务局主持对土木、三岔水库除险加固工程竣工验收。

11月19～20日，云南省审计厅专项审计调查组一行三人到宣威市小干河水库工地进行实地查看，并对宣威市小干河水库工程进行审计调查。

11月20日，云南省审计厅代表省政府绩效考核组对红石岩水库工程进行考核和审计。

11月22日，省水利厅组织对东屯水库除险加固工程进行投入使用验收。

11月30日，曲靖市水务局主持对马房、冲门口、三联水库除险加固工程投入使用验收。

12月10日，宣威市红石岩水库工程渠道鸡场干渠和海岱干渠在昆明市开标，曲靖市水务局、宣威市监察局、纪工委、发改局、红石岩水库工程管理局相关人员参加开标会议。

12月14～15日，省发改委、水利厅组织对羊过水水库工程进行竣工验收。

（撰稿　杨世春）

## 农　机

**【概述】**　2010年，宣威市农机中心下辖农机化技术学校、农机安全监理站、农机技术推广服务站三个事业单位，内设人事秘书科、农机管理科、农机科教科，有在职干部职工45人，退休人员20人。在职职工中，女职工12人；公务员14人，专业技术人员18人（高级工程师1人、工程师7人、助理工程师7人、助理经济师1人、技术员1人、经济员1人），事业单位管理人员1人，工人12人（高级工5人、中级工6人，初级工1人）；大学文化14人，专科文化17人，中专（含中技）9人，高中及以下文化5人。26个乡（镇、街道）有农机管理干部107人，有农机化作业服务组织13 565户，各类乡村农机人员20 527人。

年内，农机化工作以实施农机购置补贴政策为契机，抓农机新机具、新技术的推广、应用，促进农业增效和农民增收；以发展现代烟草农业为依托，积极开展农机社会化服务，全面推进农机化进程；强化农机安全生产监督管理，确保人民生命财产安全。农机装备水平进一步提高，农机工作发展良好。

**【农业机械】**　全年，全市农业机械总值达22 256.5万元；农业机械总动力（不含变形拖拉机动力和农用载重汽车动力）达41 379万瓦特；农机经营总收入达19 669万元。年内，共有大中型拖拉机3 034台，小型拖拉机1 442台；大中型拖拉机配套农具780部，小型拖拉机配套农具441部；耕整机718台；农用排灌机械2 668台；收获机械有稻麦联合收割机8台、玉米联合收获机1台；脱粒烘干机械有机动脱粒机1 719台；农产品初加工机械有粮食加工机械14 578台、油料加工机械4台；畜牧养殖机械有饲草料加工机械86 606台、畜牧饲养机械5 207台；有渔业机械17台；有农用运输车643台；有农田基本建设机械59台。

**【农机作业】** 年内，全市共完成机械耕耙面积16 953.33公顷,机械播种面积343.33公顷，机械收获面积1 263.33公顷，机垄墒面积1万公顷，烤烟机械移栽面积3 866.66公顷。机械灌溉面积7 046.66公顷、机械初加工农副产品数量6.2亿千克。

**【农机安全生产】** 年内，继续加强农机安全监管力度，一是层层落实安全生产责任制。制订“创建平安农机活动”实施方案。建立健全农机安全管理责任制，与各乡镇农机站及中心直属各站校签订工作目标管理和安全生产责任书29份。签订率达100%。乡镇农机站、中心直属站校与职工签订责任书98份，签订率达在岗的100%。与机手签订责任书2 236份，签订率达90%；二是认真抓好安全宣传教育。利用宣传车、标语、宣传单等多种形式，进行法律法规宣传教育。共出动宣传车45辆次，发放宣传资料7 760份，贴宣传标语56幅，宣传横幅12幅，电视宣传2期；三是以人为本，深入开展农机安全生产专项整治工作。加强对上道行驶拖拉机违法载人、客货混载、酒后驾车、无牌无证等严重违法行为的打击整治。共检查拖拉机2 915台次，查处交通违法行为284台次，其中无牌无证16台次，无证驾驶14人次，违法载人20次，非法改装9台，其它交通违法189起。检查低速货运汽车、摩托车1 210辆，查处交通违法行为381辆次；四是深入推广丘北经验。重点抓好“组织驾驶员集中教育学习”和建立健全“一盯一、一帮一”的安全管理措施，实行“一机一档，一人一档”的资料管理。共建立“一机一档”2 100份，“一人一档”3 200份；五是狠抓安全技术检验，确保机具状态良好。安全技术检验是保障拖拉机、联合收割机良好运行的有效措施，监理站、各农机站高度重视，严格安全技术检验条件，对不合格的能当场调修的当场帮助调修，不能当场调修的要求限期修复，否则不予签证。共检拖拉机2 423台，占应检数的95%。新落户大中型拖拉机218台，转入大中型3台；六是开展创建平安农机示范活动。创建平安农机示范乡镇1个（热水镇），示范村16个，示范户140户。通过开展创建活动，村内干部、机手、学生、群众的法制意识、安全意识明显增强，村内农业机械技术状态良好，道路交通秩序大大改善，无重大安全隐患，农机事故明显减少。全年未出现重特大农机安全事故。

**【农机技术培训】** 年内，共开展农机技术培训12期，受训人数 2 050 名。举办拖拉机驾驶技术培训5期，培训农用拖拉机驾驶员380人，其中大型拖拉机驾驶员375人，小型拖拉机驾驶员5人。举办C1小汽车驾驶技术培训8期，培训C1小汽车驾驶员820人，共培训转移农村剩余劳动力283人。

**【农机技术推广】** 年内，农机中心分别在落水镇的灰硐村、落水村开展了为期十天的烤烟移栽、地膜覆盖技术示范培训会，在倘塘镇召开了微耕机选型配型示范演示会议，向广大农户宣传推广农机新机具新技术。烤烟移栽机、覆膜机、秸秆拔出机、耕整地机械、灌溉等机械的推广应用有了进一步发展。

**【农机购置补贴】** 年内共争取到国家农机购置补贴资金700万元、购置烟草机械补贴资金822.28万元，合计1 522.27万元。共组织农户购买了各种农机具4 804台。其中动力机械196台、畜牧水产机械1 613台、种植施肥机械98台、耕整地机械774台、农产品加工机械677台、排灌机械1 158台（仅务德镇就组织500户农户购买水泵500台）、收获机械141台、田间管理机械147台。受益农户4 253户。

**【为民服务】** 年内，组织45名干部职工捐款5 620元，单位捐款1万元专人送往挂钩村，帮助挂钩村抗旱救灾，尽量减少旱灾造成的损失；科学调度农业机械，在积极组织广大农机技术人员进村入户，帮助和指导机手保养、调试和检修各类农机具的同时，组织了3 000台灌溉机械、1 041台拖拉机、1 318台耕整地机械深入田间地头开展机械深耕、节水灌溉等技术的示范推广，开展深耕、预整地理墒及灌溉工作和运送抗旱物资等作业。

（撰稿　刘　波）

# 交通邮电

责任编辑　吕　静

2010年12月11日，白（泥塘）坪（寨）农村公路改造工程开工建设。

（文兴乡党政办　供稿）

# 交　通

**【概述】** 2010年，宣威市交通局主要负责全市公路、水路交通建设、管理、养护等工作。内设人事秘书科、公路科、政策法规科、路政大队、交通战备5个科（队），下辖市地方公路管理段和鸡（街）田（坝）公路收费站2个事业单位。年内，有干部职工159人，其中局机关23人，地方公路管理段40人，鸡田公路收费站96人（含临时工46人）。

年末，全市有通车公路里程7 386.9千米，平均每平方千米有公路1.21千米，是建国初期的69倍。有公路1 908条，按行政等级分，有国道1条106.6千米、省道5条161.1千米、县道18条515.2千米、乡道328条2 409.6千米、村道1 534条4 112.4千米、专用道22条62千米；按技术等级分，有一级公路36.16千米、二级公路122.53千米、三级公路44.46千米、四级公路2 906千米、等外公路4 277.75千米。全市实现了通乡（镇）公路油（弹石）路化，所有建制村都通了公路，初步形成了以市区为中心，以国、省道为骨架、以县、乡道为脉络的公路网络，道路运输和群众出行条件得到明显改善。全市通乡高等级路率比上年增7.8%，通乡油路率比上年增15.4%，通村公路硬化率比上年增29%。26个乡（镇、街道）全部通客车，村（居委会）通客车率达90%。

**【公路建设】** 年内，争取交通建设项目和续建项目11个，全长363.71千米，概算总投资893 363.9万元。其中，高等级公路2个147.9千米，包括普（立）宣（威）高速公路83.9千米，宣（威板桥）倘（塘）二级公路64千米，概算投资61 000万元；通畅工程6个160.21千米，概算投资11 545.7万元，包括龙高（龙场至乐丰高家丫口）公路35千米，小通（来宾小康村至通南铺）公路29.8千米，启翠（格宜启文至翠华）公路25千米，乐双（乐丰至双河）公路16.41千米，格阿（格宜至阿都）公路43千米，白坪（文兴白泥塘至坪寨）公路11千米；通达工程4个49.9千米，概算投资1 470.2万元，包括东山龙海（板桥龙津至东山海那）公路30千米，龙场龙旧（龙场至旧营）公路6.5千米，龙场旧营至五里4.9千米，板桥永安至土城8.5千米。争取建成农村客运站5个，包括：务德、得禄、双河、文兴、普立，总投资475万元，各项目工程建设进展顺利，都在建设工期内建设完成。

**【宣倘二级公路】** 宣（威）倘（塘）二级公路全长64千米，纵贯宣威南北，是宣威市的重要经济干线。2008年，宣威市交通局经多次协商，9月市委、市政府与省公路局就宣威至倘塘38.5千米路段的改造和326国道宣威城区过境线25.6千米路段的新建事宜达成了合作协议。10月14日，省公路局和曲靖市人民政府签订了《合作建设协议书》，协定共同投资6.03亿元建设宣威至倘塘二级公路，工程于2008年11月23日举行了开工仪式。该路是一条超常规建设的公路，采取边审批、边设计、边施工的模式进行，共征地104.96公顷，拆迁房屋132户11 229平方米，迁坟297冢，迁改通讯线路1 000余杆，为施工单位提供了良好的施工环境，工程建设进展顺利。2010年完成投资20 348万元，主线于6月30日建成通车，桥梁及附属工程于11月完工，工程总投资6.1亿元。该项目的建成对完善以国、省道为主骨架的路网体系，促进地方经济全面发展，加强滇东北地区与贵州省的经济贸易往来，为宣威的经济发展提供有力的保障，对加强省、市地区间的经济、信息交流以及国防建设、民族团结具有十分重要的意义。

**【普宣高速公路】** 普（立）宣（威）高速公路是国家高速公路网横12杭州至瑞丽的一部分，得到国家批复建设，属国家高速公路网规划中“7918”路网中18条东西横线的横12，是国家公路骨架网中的重要通道之一。起于普立乡腊龙，经过普立、宝山、格宜、龙场、来宾、双龙、西宁、落水、板桥等乡（镇、街道），止于板桥西，与拟建的宣（威）曲（靖）高速公路相连。该项目主线全长83.9千米，双向四车道标准，路基宽度26米，设计时速100千米/小时，概算总投资82亿元。2008年5月，宣威市人民政府以文件下发，成立了普宣高速公路建设前期工作配合协调领导小组，下设办公室在市交通局，协调领导小组及办公室积极开展协调联系工作。通过不懈的努力和争取，该项目于2010年8月31日得到了国家发展和改革委员会的批复建设。宣威市委、市政府及沿线乡（镇、街道）成立了普宣高速公路建设征地拆迁协调领导小组和工作机构，工程项目于12月10日举行开工仪式，年内，计划完成投资50 000万元，现已完成投资11 000万元。该高速公路是宣威连接内地的高速通道，它的建成将确立宣威作为“入滇锁钥”的重要地位，同时，通过公路建设，可以撬动相关产业尤其是建筑、建材业发展，拉动内需，推动经济发展。其次，普宣高速公路建设进一步完善了宣威公路网，通过普宣高速公路建设，宣威的北部乡（镇）将直接并入国家高速路网。

**【宣曲高速公路】** 宣（威）曲（靖）高速公路，于2009年1月开始开展前期工作。该路起于国家高速路网横12普立至宣威高速公路止点（宣威板桥西），途经落水镇（东3千米）、卡朗、沾益（西）、曲靖城（西）止于曲靖南海子与昆曲高速公路相接，路线全长90.5千米，总投资62.2亿元。其中，宣威境内长35.1千米，总投资23.2亿元，拟按双向6车道建设，路基宽26米，设计行车时速100千米/小时。曲靖市委、市政府成立了前期推进工作组，宣威市积极做好配合协调工作，前期工作进展顺利，2009年3月确定了路线走向方案。2010年，各项重要报件都取得了明显成效，其中，土地预审已得到国家国土资源部批复，工可报告已通过省发改委预审并上报国家发改委；环境影响评价、水

土保持方案基本完成，正在上报；地质灾害评估、矿产资源压覆已得到省国土资源厅的批复；文物调查相关报件已委托有资质的单位进行编制上报。该项目预计在建设云南“桥头堡”的极好机遇下，将在“十二五”期内得到国家批准立项建设。

【项目储备】 按照《宣威市2009～2012年拉动内需公路建设项目计划》，《计划》拟建各种等级的公路63条，总里程2 341.3千米，概算总投资132.29亿元。《计划》出台后，按照先急后缓、先易后难、先重点后一般的原则，加强项目前期工作，把《计划》细化成一个储备待建项目。累计编制工可待评审的项目10个，拟建设里程329.1千米，已通过工可评审待立项建设的项目8个，拟建设里程374千米。

【公路管养】 自国家实施农村公路管养体制改革工作以来，宣威各级党委、政府高度重视，加强领导，明确任务，扎实开展农村公路管理养护体制改革工作。市、乡两级均组建了管养机构，制定出台了工作方案、考核办法、奖惩措施，建立了稳定的养护资金筹集渠道，上级补助的管养资金由2007年前每年全市60余万元增加到每年1 400余万元，组建了公路养护公司，走市场化养护道路。探索出了“同、牌、账、簿”管理模式，即与养护人员签订《养护承包合同》、《安全生产合同》及《廉政合同》实行合同制管理；在所有列养公路两侧插放养护公示牌，牌上标明养护责任人、责任路段、好路率、举报电话等事项，接受社会监督；建立养护专账，实行专款专用；建立养护台账，做好记录登记。全市农村公路管理养护做到了养护有资金、管理有制度、考核有标准、奖惩有措施，路况质量明显提高，得到了省交通运输厅和省公路局的肯定和认可，“宣威模式”在全省推广。全省各州市纷纷组团前来参观学习管养经验，先后有30余批（次）400余人到宣威参观学习，省及曲靖市农村公路管养现场会议也在宣威召开。

年内，宣威市农村公路养护项目包括大修5条（段）17.9千米，计划资金845.76万元。乡道中修2条（段）16.9千米，计划资金19.7万元。农村公路小修保养计划资金287万元，其中县道小修保养18条（段）527.69千米，乡道小修保养323条2 481.88千米，村道小修保养666条1 388.13千米。全市共投入农村公路管理养护资金3 425.69万元，其中，省级补助1 127.34万元，宣威市级配套1 301.01万元（大中修工程配套113.89万元，县道小修保养配套280万元，公路绿化配套260万元，铁轮车改胶轮车配套492.12万元，危险路段整治配套92.31万元，水毁恢复配套60万元），乡（镇）自筹835.4万元，烟草、煤炭行业投资410.69万元，组织干部群众义务投工投劳25.67万个。11月15～20日，接受了省、曲靖市组织的交叉检查工作，得到了检查组的一致好评。

【路政管理】 年内，共立案查处142件侵占路产路权的行为，依法采取简易程序立案98宗、结案98宗，采用一般程序立案44件，其中6件申请宣威市人民法院强制执行。共清理公路路面乱堆乱放312个，收回路产路权13 000余平方米；清通公路边沟11 200余米；强制拆除公路红线控制区内永久性建筑物2间118平方米；拆除公路平交道口6个68米；制作墙体宣传标语23条、布标8条。

【公路收费】 国家实施税费改革政策后，对部分省（市）二级公路收费工作给予取消，这给鸡（街）田（坝）二级公路车辆通行费征收工作带来了许多不利因素，市交通局切实加强对收费工作的领导。一是加强职工思想政治工作，针对二级公路取消收费，职工普遍关注自身今后的去向问题，局党委、站党支部充分利用各种会议加强职工政治思想及职业道德教育，用正确的舆论引导职工树立正确的思想观念，树立“以服从大局为重，站好最后一班岗”的工作理念，确保职工思想稳定，为收费工作正常有序的开展，提供坚实的保障。二是加强收费政策的宣传力度，采用标语、广告牌、面对面解释等多种方式向驾乘人员做取消收费相关政策的宣传和教育，保证了收费工作中没有出现较大的群体抗费事件。三是迎难而上，整合资源，真抓实干。收费站抽调机关、各收费点男性职工全员出动，坚持加班加点工作，全身心投入收费工作，着重整治收费环境及收费秩序。全年共清理“大吨小标”车辆30 000余辆（次）；追、堵处理闯关逃费车辆300辆（次）；清查减半、包交车辆10 000辆（次），有力打击了偷逃车辆通行费行为，全年共征收通行费580万元，在与市政府签定完成500万元征收任务的基础上超额完成了80万元。

（撰稿　李继伟）

# 运政稽查

【道路运输】 2010年，全市拥有营运车辆11 891辆（其中营运客车1 002辆，载货汽车10 831辆，危险货物运输车辆58辆）；有在用汽车客运站4个，汽车综合性能检测站1个，货配中心（站）2个，驾驶培训学校4家，有汽车摩托车维修业户173户（其中一类维修业3户、二类30户、三类139户、摩托车1户），道路运输经营业户8 270户。全年完成客运量989.7万人，完成旅客运周转量9 331.1万人千米，完成货运量99.99亿千克，货物周转量8 630.8亿千克千米。

【道路旅客运输管理】 年内，全市有道路客运班线320条，日发班次932.5个，其中跨省营运班线9条，日发班次15.5个；跨地（州、市）营运班线17条，日发班60个；跨县营运班线11条，日发班73个；（县）市内营运班线283条，日发班784个。年内，宣威运政所按照“三关一监督”的要求，严格把好经营者市场准入关、营运车辆技术状况关和从业人员资质关，对二级以上客运站派驻正式运管员进行驻站管理，督促客运站坚持“三不进站、五不出站”标准，把好车门、站门关，从源头上抓好客运安全管理。同时督促指导客运站按照“三优”、“三化”标准，提高服务质量和服务水平。

**【道路货物运输管理】** 年内，宣威运政所以危险货物运输管理为重点，以年度审验为契机，进一步加强对货物运输企业经营资质、车辆技术状况、从业人员资质、企业安全生产制度和措施的检查、督促和管理，强化政策引导和监督指导。深入开展货源调查，及时掌握货物的流时、流向和流量信息，指导经营户合理、规范运输。

**【驾驶员培训管理】** 2010年，宣威运政所切实履行行业管理职能，认真按照《机动车驾驶员培训管理规定》、《道路运输从业人员管理规定》和《云南省道路运输条例》等要求。积极开展机动车驾驶员培训学校的资质达标、质量信誉考核、教练车、教练证的审核、审验以及日常驾驶员培训过程等的监管、检查和落实工作，督促4家驾校进一步完善经营资质条件，按交通部教学计划、教学大纲和统编教材要求，规范教学。年内，宣威4家机动车驾驶培训学校培训汽车驾驶人4 629人，1 297名驾驶人经培训考试合格取得《道路运输驾驶员从业资格证》。

**【汽车维修行业管理】** 年内，以二类以上维修企业为重点，结合“九单一证一合同一报告”的宣传使用和年度质量信誉考核为契机，以维修企业开业条件和相关法律法规为依据，督促维修企业进一步完善经营资质，规范经营行为，对各类违法违章经营行为严肃查处。全年累计完成整车大修81辆次，总成大修299台次，二级维护14 904辆次，专项修理162 671辆次。年内，未发生任何维修和服务质量纠纷事件。

**【年度审验】** 6月1日至9月30日，宣威运政所开展了一年一次的道路运输业质量信誉（诚信）考核及营运车辆审验工作，成立了审验工作领导小组，拟定年度审验工作实施方案，加强宣传督促的同时，为切实方便经营业户，宣威运政所采取“一站式”服务和上门审验等方式，竭力提高审验效率和推进审验进度。9月30日止，全市应审道路运输经营业户9 896户，实审9 433户，审验率为95%；应审营运车辆11 964辆，实审10 950辆，审验率为92 %。

**【运政稽查】** 年内，宣威运政所稽查大队下设6个中队，6辆稽查专用车，30余名稽查人员，主要工作是负责辖区内道路运输市场的日常监督检查和经营行为的规范管理工作。年内，针对微型客车非法客运突出，举报、投诉不断上升以及查处非法营运过程中，取证难、扣车难、暴力抗法时有发生的实际，宣威运政所拟定工作措施，相关部门联合执法，打破正常的作息时间，加班加点，严厉打击微型客车非法营运。全年共查处和纠正违法违章经营60 00余起，其中查处非法微型客车1 000余辆次，批评教育达7 000余人次。

**【安全管理】** 年内，宣威运政所在竭力巩固好道路运输行业市场专项整治成果的基础上，以上级部门安全检查、督促及所内每月1次的安全检查为契机，进一步完善企业安全生产规章制度，落实企业各项安全生产责任制，细化工作措施，加大日常安全检查的力度、深度和广度，督促各运输企业加强驾驶员的日常管理和安全教育，加大对二级以上客运站运政驻站人员的工作管理力度。督促客运站严格落实例检、报班、查验、放行工作程序，加强客运车辆出站前人车资质的检查和“三品”的查堵力度，确保客运源头管理措施落实到位。全年共开展各项安全检查20次，发现整改各类安全隐患2起。全年辖区内未发生任何行业安全管理责任事故。

**【航运管理】** 年内，全市有经批准的渡口4个，渡船4只（2009年8月取消3个渡口），农业生产用船68只，主要分布于务德、热水、虹桥、宛水境内。年初，宣威运政所、地方海事处组织签订了市、乡、村、船主四级水运安全生产目标责任书，并加强检查督促，与市安监局、市交通局等部门组成检查组，把握重点时段、重点区域，对全市涉水乡（镇、街道）进行了4次水运安全生产大检查，全年辖区内未发生任何水运安全事故。

（撰稿　范　礼）

## 信息产业

**【理论学习】** 市信息产业办坚持每周二统一集中进行理论学习，组织全办人员认真学习党的十七届五中全会精神，组织全体干部职工定期学习信息产业相关政策法规和专业技术知识，加强信息产业办干部职工的业务知识学习，积极参加省、曲靖市信息产业办的专业技术和技能培训，不断提高全体工作人员的综合素质。年内，组织市直各单位、各乡（镇、街道）信息员进行“阳光政府四项制度”网络平台的网络管理员、信息解答员、96128专线联络员的技术培训。通过学习，进一步统一了思想，提高了认识，明确了抓好信息产业管理工作的指导思想和目标任务。

**【加强领导完善机构】** 为切实抓好全市的信息产业管理工作，进一步推进宣威市信息化发展进程。市委、政府调整充实了信息化工作领导小组成员，成立了由市长任组长，常务副市长为副组长，市直有关部门负责人为成员的信息化工作领导小组。领导小组下设办公室在信息产业办，负责日常事务工作；设技术组负责全市信息化重点建设项目的规划、论证和决策咨询工作。同时，按照省无线电管理工作会议精神的要求，及时成立了以市政府常务副市长为组长、信息产业办主任为副组长，各相关负责人为成员的宣威市无线电管理工作领导小组，领导小组下设办公室在信息产业办，信息产业办主任兼办公室主任，负责日常工作。信息产业和信息化工作机构的健全完善，确保

了各项工作的顺利开展。

**【电子政务】** 一是逐步加强电子政务基础网络建设，在积极配合省电子政务二期工程建设，做好县（市）级电子政务基础网络的同时，积极为市委组织部、市信访局架通了电子政务网络，实现了初步应用。二是视频会议系统建设。按照省、曲靖市电子政务视频会议系统建设的要求，结合实际，不断完善电子政务视频会议系统，针对电子政务网覆盖面广、涉及单位多、技术要求高的特点，纳入省电子政务三级维护体系，实现全网络线路及网络设备进行监控、维护、故障分析及处理的三级体系，依托省、曲靖市的安全系统，做好本地网络安全的基础性工作，确保网络运行安全可靠。三是认真搞好协调服务工作。积极配合省、曲靖市信息保密安全主管部门，做好政府信息公开网站涉密、敏感信息的清理审核工作，建立政府信息上网实行领导审核、专职保密审查的发布机制。四是继续做好电子政务网络管理工作，为全市党政机关提供电子政务网络计算机提供技术支持，积极推广电子政务网络接入服务工作。五是配合省电子政务非涉密公文电子印章网络建设，现场培训市政府电子印章管理工作人员操作规程，并提供技术支持。

**【政府门户网站】** 政府门户网站建设管理工作，已成为对外宣传宣威、发展宣威，促进宣威经济快速发展的网络窗口，是市委、政府发布信息的唯一网络平台。至12月30日止，网站安全运行1 400余天，共发布动态新闻信息12 000余条（2010年度3 723条），图片新闻1 100余条，静态便民信息55 000余条，累计网站总访问量150万人（次），独立IP访问60万次。2010年首页日均访问量2 300人（次），最高日访问量8 248人（次），市长信箱收群众来信230余件，回复网上咨询489条，建设专题专栏70余个，公务邮箱面向全市行政事业单位提供免费企业级邮件服务，目前申请注册人数已达3 600余人。为进一步完善政府门户网站功能设置，向公众提供更高效、优质的政府信息服务，从3月开始，历时3个月的更新改版工作，健全完善了网站栏目，网站设有：宣威概况、乡镇动态、宣威要闻、组织机构、信息公开、法律法规、便民服务、经济建设、宣威名企、在线互动10个一级栏目，市长信箱、网上咨询、公民信访、投诉举报4个首页栏目，图片新闻、党务要闻、人大要闻、政府要闻、政协要闻5个要闻栏目，通知公告、便民服务、信息公开、专题专栏4个首页版块，建立全市55个市直部门、26个乡（镇、街道）信息公开网站链接，使网站进一步升级得到扩容，增强服务系统功能，方便公众需求。

**【无线电管理】** 年内，市信息产业办加强对无线电频率资源的监管，通过电视、网络和彩页张贴等方式，宣传无线电管理知识，在高考期间，组织协调电信部门取缔大功率无绳电话，配合曲靖市无线电监测站做好高考信息安全保障，得到了市委、政府的充分肯定。

通过对全市无线电清理违法使用专项对讲机执法行动，对全市范围物业管理、交通运输、商业服务、休闲娱乐、餐饮旅馆、建筑工地以及社会机构或组织等使用对讲机（车载电台）的单位进行现场检查，对逾期未补办设台手续的违法使用对讲机行为依据法律法规勒令整改或叫停，使广大用户依法依规办理使用对讲机，确保了宣威市的无线电资源管理使用健康有序，实现了全年无线电通信保障零事故的责任目标。

**【政府信息公开】** 一是市信息产业办承担着全市政府信息公开工作，把政务公开与政府信息公开有机结合，在统筹全市政府信息公开工作的同时，加大部门的政府信息网上公开，以政府信息公开促进政务公开。二是各部门认真学习贯彻《中华人民共和国政府信息公开条例》。组织干部职工认真学习《条例》，对政府信息公开的主体和原则、范围和内容、方式和程序，监督和保障等有了明确的了解，增强了对《条例》重要意义的认识和贯彻落实《条例》的主动性和自觉性。使政府信息公开工作有序开展。三是各部门单独建立了政府信息公开网站，在部门政府信息公开网站上公开6大类信息：公开了部门的机构职能信息、部门职责、办公地址、联系电话、电子邮箱、邮政信箱、网址等基本信息；公开了部门领导成员姓名、职务、分管工作等信息；部门内设科室、下属单位职责、联系方式等信息；涉及本部门的国家法律法规、地方性法规、本级政府出台的规范性文件和以本部门制定的规范性文件。公开了行政许可、行政审批事项、行政处罚等。公开了业务及服务指南。公开了应急管理、应急预案。公开了四项制度。公开了发展规划和总结计划。 四是除网上公开外，还通过部门动态、报刊、电视台、公示栏等方式进行公开。采取设置专栏、刊登报纸、电视、宣传材料、提供咨询等多种形式，做到挂牌办公，办事程序上墙、办事依据上墙、办事条件和办事结果上墙。

**【信息网络安全】** 为确保信息网络安全畅通，防止涉密信息泄露，积极与公安局等有关单位联合下发《宣威市信息安全等级保护工作实施方案》；配合市公安局、保密局在全市范围内进行信息安全等级保护基础调查，并成立宣威市信息安全保护等级审定专家组；同时制订网络与信息安全应急预案，提高宣威市应对公共突发事件时的网络与通信保障水平；制定印发了《宣威市公共突发事件通信保障应急预案》，《宣威市网络与信息安全应急预案》，认真开展应急预案的演练工作，进一步提高预案的可行性。按照市政府的统一部署和要求，完成《宣威市公共突发事件总体应急预案》等各种预案的修改工作；做好网络信息安全的宣传，组织开展信息网络安全大检查，强化信息安全保障工作。

**【网络建设】** 信息产业办充分发挥技术优势，通过推进

3G通信网络的建设，强化光纤主干网络建设，完全实现县、乡、村宽带网络的全覆盖。同时，为宣威市的市、乡、村三级政务服务体系建设提供技术支持。

（撰稿 陶 岗）

## 邮 政

**【概述】** 2010年，宣威市邮政局有在职职工67人。其中：男职工49人、女职工18人。大专及以上文化36人（全日制16人、函授生15人、在读5人），中专（含技校）5人，高中（含职高）8人，初中及以下文化20人。退休职工67人，内部退养职工7人，劳务派遣用工28人，委代办人员103人。机构设置为一室二部（综合办公室、市场服务部、速递物流营业部），下辖代理业务部、大客户中心、信函集邮部、综合营业组、分拣封发组、普邮投递组、守护押运组7个生产班组，龙堡路、下堡街、田坝、大松树、板桥5个邮政支局，向阳街、钱屯、龙场、格宜、宝山、普立、东山、海岱、基场、落水、倘塘、文兴、阿都、乐丰14个自办邮政所和来宾、靖外、西泽、务德、龙潭、得禄、热水、杨柳、双河9个邮政代理网点。城区投递分10个普邮投递段，2个机动车物流投递段，2个机动车速递投递段，8个摩托车速递投递段，4个速递物流专业化营业揽投站，投递邮路全长138千米。

**【教育培训】** 为提高职工队伍素质，适应业务发展需要，适时组织员工参加远程教育、业务技能、岗位练兵等技能培训。全年自办计算机操作培训班6期，125人次参加培训；组织营业员5人参加职业技能鉴定全部考试合格；派送8人参加金融从业资格、代理保险、代理基金培训考试全部合格，组织全局管理人员、各支局所组负责人43人到省四监开展警示教育活动；组织新入局员工培训3次11人，制定奖励考核措施，鼓励员工在职学习，新增在职大专学习5人；全年累计选送、自培171人次，培训时间306天，通过培训学习，职工业务技能和服务水平不断提高。

**【邮政经营】** 邮政业务总收入（含速递物流）完成1 562.29万元，完成年计划1 500万元的104.15%，超计划4.15%，绝对值62.29万元，增长16.96%，绝对额226.56万元。邮务类板块完成633.34万元，完成计划620万元的102.18%，增长11.96%，绝对额67.66万元；速递物流类完成511.38万元，完成计划548万元的93.28%，增长6.71%，绝对额32.14万元；代理金融类完成406.44万元，完成计划310万元的131.11%，增长48.20%，绝对额132.19万元；商品销售和其他收入完成9.94万元，完成计划13万元的76.46%，下降31.12%，绝对额3.8万元。

**【物流业务】** 全力做好代收卷烟款和卷烟配送工作，拓展邮政物流业务领域。卷烟订货款的代收是一项重要的中间业务开发项目，自2006年4月27日宣威邮政代收卷烟货款正式运作以来，受到烟草公司及各卷烟经销户的一致好评，在此基础上，进一步加大与烟草公司的合作，从2008年1月1日开始，承担全市卷烟配送工作，充分向社会展示了邮政物流的实力，提升了邮政的社会知名度，锻炼了邮政的服务能力和服务水平。全年累计代收卷烟款13.99万笔，金额达3.96亿元，配送卷烟20.12万件，配送收入实现250.10万元，配送到户率97.89%，用户满意率达97.61%；在全市22个乡（镇）设立40个代付台席，共对50 834户烟农代付烟叶收购资金5.2亿元。

年内，面临着“时间紧、任务重、要求高”等诸多困难，制定了详细的实施方案，成立组织机构，从征订要素、信息反馈、接货仓储、运输配送都进行了专门的分工，确保学生开学时人手一册。全年共配送春、秋两季教材213.32万册，码洋达1 239.8万元，做到了教材配送“三满意”。

利用邮政运输优势，积极参与农村服务体系建设，提升邮政服务“三农”的能力，主要从目标管理、渠道建设和项目营销方面入手，全年运输种子、食盐、化肥、薄膜等物资3.4余千克，重点开展了各种农药、农资、日用品等业务的销售配送；利用卷烟配送车辆发展上行物流和返程货物运输，填补了农村及城乡物流运输服务盲点，探索物流业务发展方式，支持地方经济建设，新增物流上门揽投服务车2辆，揽收物流邮件3 254件，投送物流邮件8 944件，提高了邮政物流业务的市场份额。

**【服务质量】** 年内，为适应城乡建设发展的需要，利用“西部邮政局、所改造计划”资金，投资66万元购置了北片区投递站改造装修投入使用，先后对办公楼、下堡街、龙堡路、板桥、落水等部分营业网点进行了装修改造，对代付烟叶款的网点全部进行装修，优化、美化了服务硬件环境，为提升服务质量、促进业务发展提供了保障。

加快体制改革步伐，速递业务实行专业化运作。为推进全市邮政业务结构调整，转变业务增长方式，方便广大人民群众使用邮政业务，配备速递机动车2辆，摩托车6辆，新增速递物流揽投站4个，实行收投合一上门服务，提高了服务效率，提升了服务质量，得到了社会的共同认可。累计投递特快5.24万件，大中专录取通知书1.68万件，同城礼仪2 023件，签约速递大客户16户，上门揽收邮件12 447件，代投代收货款1.89万件，回收货款金额1 134.52万元。

服务支持“三农”，认真做好农资、化肥、快消品销售工作。根据上级服务支持“三农”的要求，充分了解市场，分析市场，扩张农资、化肥、快消品销售工作，尽量满足市场需求；积极响应市委、政府的号召，融入到抗旱救灾工作之中，动员广大邮政员工，举行抗旱救灾爱心捐赠活动，共计捐款15 350元送达到抗旱救灾挂钩点板桥镇永安村，安排专车为抗旱救灾挂钩点运水栽烟，协调曲靖市局两次到务德镇茨嘎村指导抗旱救灾工作，投入捐款

5.39万元解决茨嘎村水利建设，为助灾区群众度过难关，贡献出了邮政人的微薄之力。

整合DM广告，充分利用有效资源，依托邮政优势，出版发行了《宣威快讯》36期54万份，有效宣传了市委、政府的各项中心工作，方便了广大市民了解掌握各种信息，同时也促进了邮政无名址函件收入。

（撰稿　保兴聪）

## 电信交通企业

**【中国电信股份有限公司宣威分公司】** 中国电信股份有限公司宣威分公司信息通讯服务包括固定电话、移动电话、宽带互联网、数据通讯、视讯服务等。其下设有综合部、市场部、网络部、政企客户部和营业组、网络维护组等7个班组、23个乡（镇）营业部，共有正式员工80人。党组织设支部委员会，下设3个党小组，共有党员52人。具有各类专业技术人员32人，占职工总人数的30%以上。

2010年，中国电信股份有限公司宣威分公司业务总收入累计完成5 180万元，其中固网业务收入累计完成4 382万元，移动业务收入累计完成798万元。全年共发展固定电话5 100部，宽带7 496部，致富通237户，移动用户9 035户，3G无线宽带1 721户，办理“我的E家”6 045户，商务领航10 522户，IPTV业务230户。

在网络支撑方面，为有效提高资源利用率，中国电信宣威分公司2010年对全市ADSL及EPON端口进行了彻底的清查，关闭了空闲端口。先后完成了龙堡320线、虹桥64线、西泽32线、倘塘64线、来宾96线、煤机厂96线、田坝96线ADSL宽带扩容，新建煤机厂、大楼、基场、宝山汇集交换机4台，并完成相应点DSLAM、小区、网吧的割接，为宽带提质提速打实基础，达到了宽带提质提速、网络优化的目的，对促进业务发展提供了有力保障和支撑。新装EPON48台，卡口新增8个车道点位，四级延伸网5个点，完成了龙堡304线、龙华352线、火车站64线共3个机房的交换扩容工作。对全市97个点的烟草网进行了提速改造，还完成了东山、普立、十里铺的C4传输网络的扩容，处理全市专线障碍300余次。完成了全市机房、接入网的巡检工作，处理乡镇油机、电源故障100余次。开通力城豪庭、西泽乡等LAN小区30余个，新装LAN用户400余个，查修LAN用户障碍700余次。

在市场发展方面，采用自主经营和渠道社会化相结合等方式，完成了宣威市革香河水电开发有限公司、云南力城房地产开发有限公司、云南省宣威市美仑建设开发有限公司、宣威市龙场镇第二中学等70家单位的协议签订，发展宽带7 496户。在项目推动中，完成了宣威市来宾镇人民政府光纤宽带信息化建设工程、宣威市革香河水电开发有限公司(黄鹰洞)、热水镇信息化建设工程等几个大型协议的签订。市场网格化管理工作模式已初步形成，社会渠道拓展得到突破。城区建设东街主厅按照集团三级标准厅重新装修，新建了1个自有厅（宣威电厂）和2个合作营业厅（如安街和振兴南路），发展社会代办点200余个、空中充值站140余个。

中国电信股份有限公司宣威分公司经理丁荣，副经理付兆昆、袁明阳。

（撰稿　洪　萍）

**【中国移动通信宣威分公司】** 2010年，中国移动通信宣威分公司有员工120人，下设综合部、网络维护、集客中心、贵宾中心、农村营销中心、城市营销中心。年内，宣威分公司完成运营收入2.1亿元，比上年增14%；用户总数达到35万户，比上年增17%；净增用户3万户，比上年增20%。新建移动通信基站48座，增至381处，村寨覆盖率已达到98.6%以上，具有自主知识产权的TD-SCDMA基站建设已全面启动。

年内，宣威移动市区已建有5个沟通100服务厅，销售及服务于一体的代销商遍布了全市所有村寨，形成方便、快捷的服务营销网络。经营的主要业务品牌有“全球通”、“神州行”、“动感地带”，在提供基本语音业务的基础上，为满足集团单位客户和个人客户的个性化需求，还提供专线接入、校讯通、警务通、烟讯通等多种集团信息化产品和有（无）线上网业务、彩信、短信、号薄管家、通信助理12580、手机报等多项数据业务。

宣威移动始终从“正德厚生，臻于至善”的企业核心价值观出发。年内，为农村结对帮扶挂钩点文兴乡文兴村捐赠水泥6万千克硬化道路，促进了贫困村民生产生活条件的改善，增强了他们战胜贫困的信心；在年初抗旱救灾中，全体员工发扬赈灾救危的优良传统，以各种形式捐款达2万元，受到社会各界好评。

中国移动通信宣威分公司经理、支部书记陈亚华，副经理崔鸿飞。

（撰稿　张天稳）

**【中国联合通信有限公司宣威市分公司】** 2010年，中国联合通信有限公司宣威市分公司有员工26人，出帐用户5.8万户，年出帐收入近2 700万元。新建2G基站18个，目前达到139个，3G基站74个。部分区域(城区、来宾、板桥、羊场、海岱、田坝、宝山、文兴、倘塘)网络覆盖较好，覆盖率达85%以上，城区主要是并新建3G基站，按300米的距离进行建设。公司现有营业厅19个（其中城区4个）、业务代办点380余个。

年内，W-CDMA基站的开通，提升了3G用户网络质量，保障了接收效果。让用户体验到可视电话、手机电视、手机音乐、高速率的无线上网卡、全国低漫游、iphone

与联通3G业务。与网通融合后，城区宽带及固定电话业务实现突破发展。

年内，宣威分公司秉承顾客就是上帝的服务原则，年初就向社会推出“诚信服务、放心消费”行动的八项承诺，即确保用户知情权，严格按客户服务协议办理；投诉处理“首问负责，限时办结”；SP业务定制由客户确认；公开SP业务信息，方便客户查询；设立10109696 SP服务监督热线，接受客户监督；方便用户及时查询话费，客户可以通过客服热线10011/10、营业厅、网站、发送短信101901（101561710）等多种渠道及时准确地进行查询；开通全国服务质量监督举报电话（中国联通010－66504315）；话费误差双倍返还，短信差错先行赔付。年内，持续强化的客服工作，使其营业人员的常规服务状态达到省市客服部门的要求；开展“导购员”服务方式，帮助用户办理业务、回答用户的咨询等，这一走动式的服务方式极大地方便了用户办理各项业务。

中国联合通信有限公司宣威市分公司总经理李云坤，副总经理钱昌。

（撰稿　符开萍）

**【云南广播电视信息传输网络股份有限公司宣威支公司】** 云南广电网络集团宣威支公司成立于2005年1月1日，是云南广电网络集团设在宣威的非法人基层经营分支机构。公司设行政管理部、数据业务部、客户服务部、乡镇业务部、运营维护部和24个广电站，主要负责辖区内广播电视网络的建设、开发和经营管理。开展的主要业务有：有线电视、有线数字电视、高清互动电视、互联网和专网等业务。现有员工142人，有工程技术人员 69人，其中有工程师8人。2010年公司有线电视用户数为91 930户 (其中模拟电视用户55 821户，有数字电视用户36 109户)，有线电视覆盖率42%，有线电视入户率23%，有互联网用户350户，为13个单位建立了专网。

年内，清理取缔非法地面卫星接收设施2 500余套，发展模拟电视用户2 345户，发展数字电视用户1 677户，发展数据互联网用户37户。完成热水镇得德、岱海两个村的有线电视建设工程，发展有线电视用户1 350户。

年内，启动宣威城区网络改造工程，宣威城区网络于2001年进行了双向化改造，光网系统采用1310nm及1550nm，到目前为止共设置光节点52个，主要采用集线器覆盖，覆盖用户35 000余户。2009年10月中旬启动城区光缆网络改造工程，现网络改造规划已结束，光网络改造全部采用1550nm模式，共设置5个分前端：烟草公司分前端、响水分前端、老财政局分前端、党校岔路口分前端，并对虹桥街道办事处做了分前端的预留。需要新建光节点510个，光缆网络全部为新建，线路走向大部分沿用原光、电缆所建钢绞线，部分线路作相应调整；电缆干线部分以原有电缆为基础，根据光节点设置位置作适当调整；无源集中分配器替换现有集线器，用户部分不作改动，预计覆盖用户45 000余户。

云南广电网络集团宣威支公司经理王辉，副经理高朝宏、李德全、钱家学。

（撰稿　肖玉文）

**【云南曲靖交通集团有限公司宣威公司】** 2010年，曲靖交通集团有限公司宣威公司主营道路客货运输，兼营汽车整车及配件销售、汽车维修及技术服务、职业培训教育、住宿餐饮、医疗卫生、物业管理、房地产开发、食品酿酒等，下设9个职能管理科室，21个生产经营单位，在册在岗员工687人，经营各类车辆839辆，资产总额1.62亿元。年内，公司行政、财务、劳动人事、安全生产等管理工作严格按照质量/环境/职业健康安全管理体系运行，生产经营总体上保持了经营质量和经济效益稳中有进、持续发展的良好势头。

全年，实现营业收入9 162万元；上缴集团公司折旧611万元，实现利润163.3万元；完成客运量500.4万人次，旅客周转量5.52亿人千米。

全年，平均拥有机动车辆923辆，统计上报道路交通事故31次（其中轻微事故29次、一般事故2次），百车事故频率为3.4次；死亡2人（主责1人、同责1人），百车责任死亡频率为0.13人；受伤20人，百车伤人频率为2.2人；直接经济损失98.7万元，百车经损频率为10.7万元。四项安全指标比上年百车事故频率下降1.4次、责任死亡频率上升0.08人、伤人频率下降0.21人、经损频率上升1.2万元。公司在工业保修、后勤、多种经营中，职工因工千人重伤率、千人死亡率为零，火灾事故、机械事故为零。

6月1日，公司位于花椒的驾校新培训基地正式隆重开业运行。

8月4日，省发改委将滇东北中通物流配送中心（含鑫亚商贸城）项目列为省重点项目。该项目按照交通部部颁标准《汽车货运站（场）级别划分和建设要求（JT/T402－1999）》规划设计为二级货运站（场），总占地面积50 000平方米，设计生产能力为年货物吞吐量300×105吨。

9月17日，公司组织55人参加市政府举行的无偿献血活动，献血量达13 700毫升，超额完成了2010年的献血任务。

10月19日，云南省国土资源厅批准曲靖市人民政府《关于宣威市2010年度第一批城镇建设农用地转用及土地征收的请示》，同意公司项目用地通过农转征作为宣威市2010年度城镇批次建设用地，宣威汽车客运北站项目用地落槌定音。

10月23日，宣威汽车客运北站项目新区（定名为：交通·金城）破土动工。交通·金城位于振兴街北路延长线

与二环路交汇处，占地面积31.33公顷，规划建设宣威汽车客运北站、云南省交通高级技工学校宣威分校、宣威西宁幼儿园、宣威金洲小学、宣威交通医院城北医院、滇东北中通物流中心（含鑫亚批发市场）等项目。

12月10日，普立宣威高速公路开工奠基仪式在宣威汽车客运北站项目新区举行。

年内，宣威客运小区让道拆迁工作一期99户拆迁户已回迁完毕，第二期拆迁安置房（含原五中叉路口让道拆迁）现已全面开工建设，拆迁工作平稳有序，未发生群体上访和影响社会稳定事件。

曲靖交通集团有限公司宣威公司经理王安勤，党总支书记、副经理李绍华，党总支副书记兼副经理彭斐贤，经理助理王昆明，工会主席李跃昆。

（撰稿　耿春荣）

**【宣威火车站】**　宣威火车站位于云南省宣威市宛水街道境内，沪昆线自上海南站起2 380千米412米处，站型为横列式。宣威火车站业务性质为客货运站，技术性质为区段站，等级为二等站。2010年有在职职工293人，管辖格以头站、大松树站、小鸡街站、龙津沟站、2387线路所和凤凰山站6个四、五等站，以及宣威站客运、货运、运转共7个班组。

2010年，车站安全平稳，实现全年“零事故”，各项生产指标均超额完成。全年共接发客货列车4.4万列，其中客车1.5万列、货车2.9万列，比上年增4.3%，春暑运加开客车296列，比上年增2.4%，客车正点率99.9%，调动车辆29.7万辆，各项生产指标中除正点率与上年基本持平外，其余各项指标比上年涨幅均在5%以上。

年内，宣威站共发送旅客93.2万人，客运收入4 363.2万元；货运装车34 764车，卸车18 045车，共计发送货物0.0023亿千克，完成6 820亿千克千米，货运收入1.38亿元，运输收入比上年增21.7%。

年内，宣威火车站增开的“宣威-曲靖-昆明”城际列车安全、快捷、方便，全年共接发旅客31.5万人次；与宣威市农业局共建的“农产品运输绿色通道”对农产品运输实行了优先提报计划、优先安排装车、优先编组挂运的“三优”政策，在受旱灾影响，农副产品欠收的情况下，完成农副产品装车2 005车，共计发送农产品0.7亿千克，比上年涨幅增8.6%，其中马铃薯459车0.028亿千克、烤烟735车0.03亿千克，为宣威农民增收提供了有力支持；目前，沾六复线建设及宣威站改造工程处在收尾阶段，预计沾六复线宣威至沾益段及宣威站改造工程将于年内完成，届时宣威站将为旅客提供更好的服务，宣威至昆明运行时间只需要2.5小时左右。

宣威火车站站长杨成伟，党支部书记魏冲。

（撰稿　徐坤）

**【宣威公路管理段】**　2010年，宣威公路管理段下设宣威、格宜、基场3个公路管理养护所。年内，有职工416人，其中在职职工140人、退休职工276人。管养国道326线及省道宣文线、鸡牛线、十来线、密土线、通站线共240千米。至11月中旬，全段共修复沥青路面坑塘、沉陷20 016平方米，罩面5 406平方米，使用沥青21.8万千克，砂石材料25 689立方米。同时加强公路全面养护和预防性养护，做到路肩边坡整洁顺适、桥涵水沟排水畅通、标志标牌完好无损。12月累计平均好路率达74.8%，干线公路好路率达96.7%。

年内，针对地表水冲刷严重的路段，实施分段拦截，汇聚归流的方式设置消力坎132.5立方米/110个，拦水带360米/6处；种树植草多处，预防和治理了路基冲缺和水沟冲刷等问题。同时在疏通和保障上下功夫，在汛期前完成了321 000米水沟、138道涵洞的清理，保证了排水通畅。

宣威公路管理段党支部书记赵忠勇，段长赵大能，工会主席张克仁，副段长解利容（5月任职）。

（撰稿　张兴贵）

# 城建环保

责任编辑　吕　静

2010年10月27日，市长保明顺（左三）、副市长吴远长（左二）在市建设局局长苏元光、党委书记赵映雄陪同下调研城市建设工作。

（毛永飞　摄）

## 城乡规划

【概述】 2010年，继续推进城市总规调整和南片区控规编制工作，做好新增规划编制项目的前期准备工作，完成了东河综合治理修建性详细规划编制。宣威市城市控制性详细规划覆盖面积达24.29平方千米，一环路以内控制性详细规划覆盖率100%。围绕“一书两证”，抓好重大项目选址和规划方案审查及批后管理，严格执行开工验线和规划验收制度。

【规划工作会议】 2010年，市规划委员会共召开会议5次，分别为规委第十三次至第十七次会议，审查通过建设项目规划设计方案41个，选址22个，临街私人建房107户。

【城市规划编制】 基本完成南片区控制性详细规划编制工作，进入成果评审及报批阶段。至年底，城区控制性详细规划覆盖面积达到24.5平方千米，覆盖率达41.79%。初步完成了城市总体规划调整，进入征求意见阶段。11月初完成了东河综合治理修建性详细规划编制工作的成果评审。

【乡（镇）村规划】 指导乡（镇）完善集镇总体规划和建设规划。完成了12个行政村25个自然村的村庄规划编制工作。

【规划管理】 发放“一书两证”（建设项目选址意见书、建设用地规划许可证、建设工程规划许可证）685份，其中办理选址意见书28份，用地规划许可证210份，工程规划许可证447份。对城区43户临街主要建筑和高层建筑夜景灯光设置情况进行管理，完成了213个竣工项目的规划验收；发放规划设计条件通知书28份；联合街道建设分局对文化路、榕峰路两处违章建筑进行拆除。

【规划设计】 完成了电厂新运煤专线、西宁路五中段、文化路延长线、国道326线宣威市西过境联络线及虹桥工业基地道路施工设计；启动城北客运站片区道路施工设计。

【规划测绘】 完成了西一环路 1：500带状地形图测量4.5平方千米，宣威市污水管网带状地形测量65千米，单位及私人建房用地测量300余宗；启动虹桥片区1：500地形测量。

## 市政建设

【概述】 2010年，宣威市建设局有内设机构33个科（室、队），核定人员编制427名，其中行政编制数25名，机关工人编制数2名，事业编制数400名（全额财政拨款编制数259名，自收自支编制数141名）。现有干部职工405人（公务员22人，机关工人3人，事业单位人员380人），年内完成了事业人员岗位设置和聘用。有班子成员7名，局长1名，党委书记1名，党委副书记1名，副局长2名，纪委书记1名，党委委员1名；设党支部17个，党员272人。主要工作涉及城乡规划、市政建设、给排水、城市绿化建设与维护，房地产管理、工程招投标、建筑业管理、抗震设防、城市燃气及出租汽车管理、污水和垃圾处理等方面。

年内，建设局以建设“50平方千米、50万人口的生态、文明、健康、快乐”城市为总目标，围绕实施“一湖、两河、三山、四园、五街、六中心”城市精品工程的具体要求，强化规划、建设、管理和经营工作，城镇化进程稳步推进，城乡人居环境质量有效改善。年底，城市建成区面积达28.5平方千米，比上年增2平方千米；城区人口23.8万人，城镇化水平达36%，比上年增2%。集镇（乡）建成区面积33.36平方千米，比上年增4.91平方千米；全市总人口147.68万人，城镇总人口53.16万人，

【向阳街东段建设】 2006年12月4日开工建设的向阳街东段西起城双路东至环城东路，长1 874.84米，概算投资3 500万元，2010年完成扫尾工程130万元。现完成道路主体工程，正在组织实施绿化、亮化工程和工程竣工结算审计。

榕峰路 2005年10月19日开工建设，长2 182.4米，宽48米，投资5 555.80万元，分三标段建设。2010年完成扫尾工程320万元。现工程已竣工通车，结算审计已通过。

【振兴南路延长线扩建工程】 2008年12月5日开工建设的振兴南路延长线扩建工程南起宣（威）天（生桥）公路收费站，北至宣（威）虹（桥）大道，长1 818米，宽50米，概算投资4 696.42万元，设计城市主干道Ⅰ级，年限30年，车速70km/h。2010年完成扫尾工程400万元，现已竣工通车，正组织工程竣工结算审计。

【西山双塔项目建设工程】 该项工程是宣威市2010年43个重点项目建设工程之一，是宣威重要地标性建筑，仿宋楼阁式风格设计，塔基分三层，塔身共分七层，双塔平面均为六角形。文笔塔高47.98米，建于玉泉山（黑石头山）山顶。海砚塔高47.96米，建于锦苑山（马家山）山顶。工程占地5.25万平方米，概算投资2 782.36万元，资金来源于民间筹集，12月1日开工建设，分两个标，均由玉溪汇溪建筑公司承建，工期1年，2010年完成西山双塔建设投资620万元。

## 市容管理

【概述】 2010年，宣威市各城管相关部门严格执行《关于印发宣威市市容和环境卫生整治工作实施方案（试行）的通知》，团结协作，认真履职。基本实现城市管理工作围绕“管理规范、秩序优良、市容整洁、文明和谐”的城市环境目标。

【城建监察】 严格按照《中华人民共和国城乡规划法》、《云南省城市规划管理条例》，依法对规划区内的建筑活动进行管理。全年共下发城建监察违法建设（停

止、改正）行为通知书46份，拆除临时搭建房屋6户；参与建房户放线、竣工验收70户；审批和规范门店招牌装修40家；拆除未经许可的跨街布标40余条，制止和拆除未经批准建设的立柱广告2棵，灯杆广告牌21块。

【市容市貌整治】 12月30日，市委政府召开市容环境卫生综合整治动员大会，进一步理顺城市管理体制和运行机制，明确建设局是市容环境卫生管理工作的主管部门，街道、开发区是城市卫生管理工作实施的主体。成立了以常务副市长为组长、政府分管副市长为副组长，各城管相关部门为成员的市容环境卫生整治工作领导小组；按各城管相关部门工作职责，建立委托执法、日常监管及联合执法工作机制；把市容环境卫生整治经费列入市财政年度专项预算，每年预算100万元，按考核结果以“以奖代补”兑现；对环卫工人每人每月增加100元作为考核奖金，按照日检查、周评比、月考核的要求进行奖惩。每月，在广电局市容环境卫生整治专栏上，按考核分值高低排序通报当月考核结果；同时，对城市市容环境卫生管理工作不重视、不得力、不作为的单位给予通报。购买了1辆高压清洗车和1辆道路洗扫车，每周3次冲洗城市主要道路积尘。实行垃圾清扫保洁定人、定岗、定责，落实门前三包责任制，强化“六乱”的监管力度，出现一桩，查处一桩，整改一桩。疏堵结合，开展市场秩序整治，规范经营行为，基本做到坐商归店、集市归场。开展城区堆囤煤清理整治，实行货运车辆封闭运输，按“源头上管、入城口堵、市区内查”的要求，对货运车辆实行交通管制，杜绝扬尘污染环境。全年清理取缔占道摊点1 000余个；暂扣占道物品680余件；取缔非法夜市摊点100余个；纠正乱泼乱倒行为150余起；查处载客载物人力三轮车580余辆次；拆除破旧临街遮阳篷16个，拆除、整改门楼牌匾73块；整治市区部分摩修店、废品收购站。共清洗“牛皮癣”广告70余平方米；收缴乱贴、沿街发放小广告1 000余份。处罚施工运输车辆沿街泼洒67起；规范施工场地10个；查处碾压人行道小板的机动车52辆。查处乱踩、坐草坪、损坏花木200余人，破坏果皮箱4人。在花椒、十里铺、小耿屯等入城路口对入城货运车辆进行环境卫生宣传，发放通告宣传册800余份，查处违章污染路面的车辆600余辆。

## 村镇建设

【概述】 2010年全市22个乡（镇），320个行政村，3 959个自然村，乡（镇）域面积58.22万公顷，户籍37.94万户，130.77万人。

【村镇规模】 全市小城镇规划区面积61.2平方千米，建成区面积33.36平方千米，小城镇镇区户籍8.62万户，29.42万人，综合城镇化率36%；村庄户籍29.32万户， 101.34万人，村庄现状用地面积165.85平方千米。

【居住状况】 年末，全市小城镇镇区新建住房1 648户、14.01万平方米，住宅建筑总面积752.02万平方米，人均住宅25.55平方米；村庄新建住房7 581户、75.34万平方米，住宅建筑总面积3 013.7万平方米，人均住宅29.73平方米。

【公共建筑及设施】 年末，小城镇公共建筑面积169.67万平方米，新建10.84万平方米；小城镇道路总长267.44千米，新增28.12千米，人均拥有道路面积6.71平方米；人均每天生活用水64.94升，自来水用水普及率91 %。村庄公共建筑面积139.16万平方米，新建11.31万平方米；村庄道路总长2 862.95千米，新增226.82千米，人均每天生活用水53.12升，自来水用水普及率60.88%。

【绿化及环境卫生】 年末，全市22个乡（镇）小城镇绿化覆盖面积164公顷，有环卫车辆29辆，生活垃圾中转站22座，年清运生活垃圾0.56亿千克。

## 房地产开发与管理

【概述】 2010年，稳步推进房地产业健康发展，昌兴时代、西亚广场、天豪国际等25个在建房地产开发项目共完成投资15亿元，面积73万平方米，比上年增6亿元、29万平方米，住房销售比例达60%，商铺销售比例达75%，销售量稳中有升。年内，投资1.6亿元，建设廉租住房11.2万平方米；核发租赁补贴675户165万元。

【荣都国际】 位于龙堡路与振兴北路的交叉口，由宣威市荣欣盛房地产开发有限公司开发，于2006年7月开工建设，2008年12月建成投用，总投资6 300万元，占地面积3 335.10平方米，建筑面积2.39万平方米，属商住楼，是宣威市第一幢电梯公寓，楼体为20层，有商铺92间，住房107套，车位76个，配套设施齐全。

【西亚广场】 位于建设东路288号，由宣威美仑建设开发有限责任公司开发，重庆厦坤建设集团有限公司承建。属我市重点招商引资项目，于2009年4月开工建设，2010年11月建成投用，总投资1.4亿元，占地面积9 620.26平方米，建筑面积6.98万平方米，绿地面积2 400平方米，容积率6.78%。商住设计，楼体为26层，住宅378户，商铺239个，车库173个。

【昌兴时代】 位于西河路与建设街的交叉口，由宣威市昌兴房地产开发有限公司开发，是曲靖市重点招商引资项目，于2009年4月开工建设，总投资1.2亿万元，占地面积4 709平方米，建筑面积7.90万平方米，绿地率25%，商住设计，楼体26层，住宅502户，商场1.94万平方米，现已销售98%。计划2011年5月竣工。

【时代天骄】 又称东方丽城，位于振兴北路，美奂广场对面。由宣威市伟业房地产开发有限公司开发，于2007年9月开工建设，建筑面积15.2万平方米，占地面积2.23万平方米，总投资2.5亿元。住宅959户，商铺1.42万平方米，停车

位470个。目前已销售70%，预计2011年3月竣工。

**【雄业金龙花园】** 位于西河路原水务局处，由宣威市雄业房地产开发有限公司开发，2009年4月开工，2010年7月竣工投用，投资6 000万元，占地3 886平方米，建筑面积1.88万平方米，商住设计，住房127套，商铺99套，42个地下停车位，绿地率5.32%，容积率4.33%。

**【雄业金玉花园】** 位于振兴街原五焦化市场处，由宣威市雄业房地产开发有限公司开发，投资约1亿元，占地7 436平方米，建筑面积3.26万平方米，绿地率28%，容积率3.5%。共有162套住房，138套商铺，95个地下停车位，现已销售95%。于2009年11月开工，计划2011年6月竣工。

**【天豪国际】** 位于振兴街与龙堡路东北角，由云南万超房地产开发有限公司开发，总投资2.36亿元，于2009年6月30日开工建设，建筑面积10.60万平方米，住房5.26万平方米，商铺3.21万平方米，写字楼0.69万平方米，车库1.44万平方米，楼体共28层，建筑高度87.70米，已销售住房9 400.51平方米，商铺1 555平方米，计划2011年3月竣工。

**【资质管理】** 目前有房地产开发企业44家，其中二级资质4家、三级资质4家、四级资质10家、暂定资质26家。有房地产评估公司4家，全为三级资质。有房地产经济公司2家，有房地产经济公司2家。上述企业2010年年检均合格。

年内，有物业管理公司7家，全为三级资质。管理面积约200万平方米。

**【房屋产权产籍管理】** 年内，核发房屋所有权证5 504本，他项权证2 347本，立卷归档6 853卷次，借（查）阅档案2 447宗，收缴房屋登记费79.65万元。办理产权转移登记1 400户20.7万平方米。完成危房鉴定103户2.35万平方米，收缴公房租金110万元。

**【房产测绘】** 年内，完成房屋产权面积测绘97.01万平方米，收取房屋测绘服务费168.31万元。

## 建筑业管理

**【概述】** 2010年，全市35家建筑施工企业完成建筑业总产值24.03亿元，建筑业增加值8.41亿元。

**【施工许可证】** 对投资19.86亿元，建筑面积111.22万平方米的资料齐全具备开工条件的工程项目核发建筑工程施工许可证65个。完成建筑工程项目报建87个，投资19.86亿元，建筑面积111.22万平方米。

**【资质管理】** 2010年，有建筑业企业35家，其中施工总承包二级企业21家，三级企业14家。完成资质三级升二级1家，资质增项企业3家。有招标代理机构4家，工程监理机构2家，造价咨询企业2家。4月15日，进行了安全质量标准化达标培训工作，共培训三类人员916人。

**【建筑施工安全管理】** 健全安全报监制度、完成安全报监72项，健全风险抵押金制度、安全检查、安全生产考核和奖惩等制度。认真开展安全生产月活动、三项建设和三项行动、隐患排查治理和塔机、施工升降机专项治理行动。全市共有塔机23台，办理单机备案和使用备案11台，施工升降机15台，已办理备案10台。开展了6次大规模的安全生产大检查和7次专项检查，出动车辆81台次，检查人员280人次，检查项目113个次，检查出安全隐患675条，整改率100%。其中现场整改隐患449条，限期整改隐患186条。发出整改指令书26份，安全检查记录93份。8～10月认真开展第二阶段建筑施工安全质量标准化达标工作。

**【建设工程质量监管】** 以地基基础及主体结构工程质量检查为重点组织开展建设工程质量检查，严格落实建设、勘察、设计、施工、监理、施工图审查、检测等有关单位的质量安全主体法定责任，共检测建筑工程实体质量32.49万平方米，办理新开工工程质量监督注册申报手续为15个，竣工验收合格278个，办理竣工验收备案手续22个。

**【招标投标管理】** 认真贯彻实施《招标投标法》、《曲靖市建设工程招标投标管理试行办法》及8个配套文件、《曲靖市建设工程勘察设计和城乡规划设计招投标管理实施细则》及相关规定和建设工程招标投标6项制度。共完成房屋建筑和市政基础设施招标备案项目108个，投资12.04亿元，建筑面积85.55万平方米。其中公开招标项目93个，邀请招标2个，竞争性发包13个。拦标价3.42亿元，前置审计价3.09亿元，中标价3.23亿元，中标价与拦标价相比，节约资金0.19亿元，节约率5.58%。

**【抗震设防管理】** 加强抗震设防管理力度，对新建工程、生命线工程加大审查力度；历时四个月，对全市9个乡（镇），1个街道办事处的13个村（居）委会共2 200户进行危房改造；对26个乡（镇、街道）356个村（居）委会农村建房进行指导。

## 公用事业

**【燃气管理】** 组织供气企业、经营门店签订《燃气安全生产责任书》，落实安全生产责任；对供气企业、经营户定期安全检查，督促整改，防止安全事故发生。年内，下达《整改指令书》18份，《瓶装燃气停止充装配送通知书》11份，没收不合格灶具34台。

**【出租汽车管理】** 严格执行《城市出租汽车管理办法》，开展出租汽车安全大营运大检查4次，整改隐患60项；与交警、街道、运政联合，对城区非法营运车辆进行集中整治，查处非法营运车辆100余辆次，电动三轮车800余辆；建立出租汽车信息档案495份，完成营运证和服务资格证检审、换发工作；组织出租汽车高考献爱心活动。更新车辆28辆，组织发放燃油补贴144.39万元。

**【节能减排】** 把太阳能安装一并纳入房屋建造，从建筑设计审批、施工许可等各个环节加强太阳能设置监管，凡未设置太阳能的，一律不予开工建设，加强对私人及农村建房户节能减排的引导，督促城区住户减少燃煤使用量，推广电、燃气等污染小，供热强的供热设施。全市房地产开发小区安装太阳能近3 000台。495辆出租车现仅有30余辆因未达到报废年限仍使用化油器燃运。查处没收不符合国家准销目录的燃气具200余台。加强上路巡查，对城市供水管网跑冒、滴、漏现象及时修复，避免造成浪费。

## 园林绿化

【概述】 按照创建“生态宣威、文明宣威、健康宣威、快乐宣威”的总体要求，全市市民及各单位共同参与建设、管理。2010年，完成城区绿化规划设计，宣威市建成区绿地率为30.39%，比上年增2.12%；建成区绿化覆盖率为33.44%，比上年增2.03%；人均公园绿地为8.68平方米，比上年增0.02平方米。

【绿化改建】 年内，投资25.06万元对环城路中央绿化带进行改造，栽植10厘米香樟522株；投资178万元对振兴南路延长线1.8千米进行改造，栽植12厘米香樟123株，灌木26.16万株；投资8.16万元对文化路中央绿化带进行改造，栽植红叶石楠4.8万株；更换西河街心花园鲜花10余万盆，修剪草坪5万平方米。

【苗圃建设】 除原有苗圃正常建设管理外，民间绿化企业在虹桥新建5.33公顷苗圃一个，投资约300万元。

【绿化建设管理】 逐渐理顺城市园林绿化管理机制，从3月1日起，城市公共园林绿化管理按属地管理原则下移到各街道，建设局积极指导各街道绿化管护工作。虹桥、宛水街道、榕城卫生院等主动出资做庭院绿化，实施开墙透绿。

## 城市给排水

【概述】 2010年，完成自来水供水量410万立方米，城市供水安全有序；认真落实COD节能减排任务，处理城市生活污水715万立方米，COD削减量81.3万千克，城区污水处理率达70%；处理城市生活垃圾0.75万千克，城区垃圾处理率达100%。

【调度和安装维修】 全市水资源在优先保证城市供水的前提下，由水务局统一调度。城市供水由给排水公司统一调度。成立专门的安装队和抢修队，对全市新增用户的供水设施进行安装维修，全年共安装维修1 500余处。

【水表管理】 用户信息和水表资料采用微机管理，全市用户信息，包括姓名、用水量、位置、水表编号、大小都进入给排水公司用户信息网，及时掌握用户信息和供水调度，逐步实现一户一表管理。

【管网建设】 年内，完成污水处理厂二期工程厂区土建1 500万元、费家冲及下关冲小河截污管网安装工程300万元、城市供水管网改造867万元、羊过水水库库区输水管线改造750万元。下一步将稳步推进污水处理项目二期工程，雨季前完成厂区土建和两条小河管网安装工程，计划2011年完成设备采购及安装，争取完成投资950万元。

（撰稿　吕庆照　陈　静）

## 环境保护

【概述】 2010年，市环保局紧紧围绕年初既定的各项目标任务，面对百年一遇的特大旱灾，牢固树立“抗大旱、抗长灾”思想，坚持用科学发展观统揽环保工作，以建设资源节约型、环境友好型社会为目标，以污染减排为重点，以建设“生态宣威、文明宣威、健康宣威、快乐宣威”城市为契机，全面实施《七彩云南宣威保护行动》加大环境监管力度，提高监管能力，严厉打击各种环境违法行为，推进了宣威环保工作向纵深方向发展。

年内，全市环保工作以改善环境质量为目标，以主要污染物减排为主线，严把建设项目环境审批关，深化重点行业污染治理，严厉打击环境违法行为，实施环境综合整治，全面完成主要污染物减排任务，环境污染加剧的趋势初步得到遏制，重点流域和区域污染防治取得进展，全社会环境意识得到增强，环境管理能力和依法行政水平进一步提高。年内，全市地表水环境质量恶化，钱屯水库、大屯桥、通站大桥段面水质为劣Ⅴ类水质，鱼虾绝迹，经过治理，钱屯水库出口水质达Ⅲ类水体标准，通站大桥、大屯桥段面水质达Ⅳ类水体标准。全年好于2级天数由期初127天到期末好于2级天数达302天。

年内，完成“十二五”环境保护规划编制准备工作，按照建设“生态宣威、文明宣威、健康宣威、快乐宣威”的要求，充分发挥环境保护参与宏观调控，促进经济结构调整和发展方式转变，保持经济平衡较快发展，为科学发展作出积极贡献。“十二五”环境保护规划在内容上体现综合性，在作用上体现引领性。一是做好环境功能区划，优化产业分布推动循环经济发展，建设环境友好型社会，推动探索发展经济的有效模式，切实做好宣威市循环经济示范试点工作；二是以饮用水环境污染防治为重点，改善水环境质量推动城市污水集中处理和回用，严格控制工业废水污染物排放量的增长，加强重点流域水污染综合防治；三是以二氧化硫减排为重点，改善大气环境质量；四是推进生态文明建设，建立生态安全屏障，防治放射性和电磁辐射污染，提高辐射环境安全；五是改进现有环保工作体制，加强自身能力建设，做好污染防治、总量控制、生态建设和农村环境保护等工作。

【污染防治】 2010年，全市主要工业排污企业建有废气

污染物在线监测仪器12套，废气治理设施97套，废气处理能力达1 093.31万标立方米/时，二氧化硫年去除量0.26亿千克烟尘年去除量14.82亿千克，工业粉尘年去除量0.41亿千克；工业废气排放总量4 562 755万标立方米，比上年略有下降。建有废水在线监测仪器2套，废水处理设施24套，处理能力达1.22亿千克/日，年处理工业废水0.019亿千克，工业用水重复利用率85.06%，工业废水排放达标率100%，工业废水排放量降到0.0011亿千克，工业废水中主要污染物年去除量分别为：化学需氧量7.56万千克、氨氮2.32万千克。工业固体废体物综合利用量达0.0021亿千克，其中冶炼废渣3 100万千克、粉煤灰4.72万千克、炉渣42 300万千克、煤矸石12 100万千克、石膏渣6 700万千克、其他废渣70 100万千克。工业固体废物处置量29.63万千克，综合利用率达41.5%，比上年提高了9个百分点。

开展区域环境综合整治。（一）云峰化学工业公司环境综合整治。一是规范排污口，3月14日生产废水实现零排放，年减少废水排放149万立方米。二是制定磷石膏渣综合整治方案，目前已经进入土建施工阶段。该方案实施后，所有磷石膏渣将通过管道皮带输送到渣场，杜绝了运输车辆抛洒对环境的影响。三是发展磷石膏综合利用项目，利用磷石膏制砖，用作水泥缓凝剂，土壤改良剂和生产石膏板材，每年可处置磷石膏渣7万千克。（二）羊场工业园区环境综合整治。一是责成宣威磷电对投用的4台烘干机除尘器进行改造，由水膜除尘改造成布袋除尘，已于2010年8月完成改造工作。二是新建磷石膏渣场，现完成初步选址和项目可研报告的编制工作。三是责成宣威磷电对生活污水处理，现已完成工程初步设计方案，已于2010年9月28日开工建设。四是加大泥磷的回收利用，现泥磷制酸项目已完成工程建设并通过单机调试。五是加大园区循环项目建设，启动12万千克矿渣水泥建设项目和矿渣制砖项目，每年可处置磷渣5.55万千克。（三）污水处理厂建设。加快宣威市污水处理厂一期管网配套改造工程建设进度，计划新增管网15千米，投资1 300万元，已完成初步设计和工程招投标工作。

年内，煤矿矿井水治理工程进展顺利，全市完成30家煤矿矿井水的治理任务。

年内，全面实施污染物排放总量控制制度，根据上级下达排污总量控制指标并结合宣威实际，制定了《宣威市“十一五”期间污染物排放总量减排方案》，督促排污企业按期完成污染减排。通过实施排污许可证制度，严格控制污染物排放总量，全市“十一五”期间共计完成COD减排0.051亿千克（其中工程减排0.05亿千克、管理减排15万千克）；SO2减排0.71亿千克（其中工程减排0.29亿千克、结构减排0.41亿千克、管理减排100亿千克）共分配SO2指标0.11亿千克，COD指标168万千克。完成2010年二氧化硫削减1 556万千克，化学需氧量削减21.45万千克的污染减排任务。年内，实际完成二氧化硫削减0.21亿千克，占全年目标任务数的134.2%；完成COD减排152万千克，占全年任务数的710.7%。

**【项目管理】** 强化建设项目环境管理。严格落实建设项目环境影响评价制度和“三同时”制度，严格审批程序，倡导清洁生产工艺、打击违法建设项目，为确实服务经济建设，对审批权限不在本级的项目，市环保局极积主动的向上级环保部门汇报，全力搞好重大项目推动的联系服务工作，为获得许可赢得了时间。

全年共办理建设项目环保审批手续94个，其中环境影响评价报告表39个，登记表55个。批准3个建设项目的试生产申请，完成19个建设项目的环境保护验收；严肃查处了2个未批先建违法建设项目，配合上级主管部门完成全市51家放射源、射线装置的换证工作。

**【生态保护】** 按照市委、政府提出的“生态宣威、文明宣威、健康宣威、快乐宣威”城市的发展目标，大力开展生态创建。目前，宣威市有被评为国家级绿色学校1所，省级绿色学校3所，曲靖市级30所，宣威市级35所，5个省级生态乡（镇），2个绿色社区。年内，完成省级绿色学校虹桥街道小学，曲靖市级绿色社区双龙街道双龙社区，省级绿色社区西宁街道锦西社区的绿色创建工作；将落水镇、热水镇纳入省级生态乡（镇）创建对象，完成创建前期申报工作。对已创建的乡（镇），根据工作要求，完成对务德镇、西泽乡、得禄乡、格宜镇省级生态乡（镇）的复查工作。同时，积极争取上级资金支持，加强对农村环境进行综合整治，有效扼制了农村面源污染，防止生态破坏和规模畜禽养殖污染，完成农村面源污染治理项目申报12个。实施来宾虎头村、东山马场村、东山瓦路村农村环境综合整治项目，全市全年共投入环境治理资金7 975万元，环境综合整治工作进展顺利。

**【环境监察】** 强化监管，环境安全进一步提升。一是开展重点企业排污申报登记制度，开展以电力、化工、水泥、煤炭、冶炼为重点的排污申报，对全市26户重点行业、重点单位实行排污申报登记，占全市污染负荷的90%以上。依法核定征收排污费，到目前为止，已完成排污收费1 079.4万元，完成曲靖下达宣威市750万元征收任务的143.9%，年底完成排污收费1 200万元，切实为推进污染治理提供了资金保障。二是深入开展环保专项行动。按照2010年专项行动的工作重点，将重金属污染作为2010年的工作重点并制定行动方案，在认真排查的基础上，确定了8户重金属排放企业，其中涉及涂料生产企业2户，锌冶炼企业6户。通过专项行动的开展，对8户企业实行了停产限期整改的行政处罚，督促其完善相关手续，补上污染治理设施，严格生产排放管理，将污染排放控制在最低水平。整个专项行动共出动环境执法人员80余人次，现8户企业已通过了环境保护验收，污染得到有效控制。三是饮用水源安全得到进一步巩固。开展了地表水饮用水源水质状况评估，对偏桥水库水质、水源管理状况、水源保护区整治状况进行了全面调查和评估。同时为加强偏桥水库的保护，宣威市政府与曲靖师范学院签定偏桥水库饮用水源地生态治理技术服务合同，将为解决库区周围农村面源污染、历史遗留锌废渣、农业污染和畜禽养殖污染制定切实可行的方案，从而形成良好的生态防护屏障，使偏桥水库水质长期保持在Ⅰ类水质标准。四是认真开展尾矿库环境安全隐患排查整治工作，针对辖区内尾矿库存在的环境安全问题，提出了具体的整改建议和要求。五是畅通投诉渠道，着力解决群众反映强烈的环境问题，同时加强对重点地区热点问题的排查，有效控制集体性上访和群众性上访。全年没有出现环保方面进京上省及到曲靖上访情况，共接到和受理环保信访件62件，涉及信访人413人，其中来访14件，涉及信访人103人；来信48件，涉及信访人310人；水污染8件、噪声污染5件、大气污染37件、其他污染案件3件，人大、政协提案（建议）9件。62件全部办结，办结率达100%。

**【环境监测】** 充分发挥环境监测在环保工作中的耳目作用，例行开展每月1次的地表水环境质量监测，完成环境空气质量SO2和NO2的150天监测任务，同时完成国控、省控重点源监测任务，共获得环境监测有效数据1 943个；完成革香河水电开发公司铁合金厂、滇东电力铁合金厂、龙头水泥厂和宣威华丰煤业有限公司选煤厂排污许可证年检监测；宣威市人民医院传染科水处理设施和达开电站竣工环境保护验收监测；新村煤矿搬迁技改、倘塘兴隆煤矿、曲靖东电磷化工公司、袁家大地铁矿、来宾契山煤矿、来宾鑫泰制钢、来宾金龙福利冶炼厂、来宾金凤福利冶炼厂、龙场威海福利冶炼厂的环境现状监测；完成全市11家煤矿的矿井水处理设施验收监测；完成环境影响评价编制工作6份。

**【环境宣教】** 开展“保护七彩云南、共创绿色宣威”为主题的七彩云南宣威保护行动，以“七大行动”为切入点，着力解决影响宣威市经济社会发展和人民群众生产生活中突出的环境问题，使全社会的环境意识明显增强，公众的环境权益切实得到维护，生态环境进一步优化，政府的环境监管明显提高，人与自然和谐相处，经济社会与环境协调发展。

为提高广大市民的环境保护意识，一是以云南省科技宣传周为契机，并结合“6.5世界环境日”组织开展以节约能源、保护生态环境为主题的环保知识宣传教育和环保法律、法规咨询。在宣传中发放宣传资料6 000余份，环保购物袋2 000余个，展出环保宣传展板268块，悬挂宣传横幅21条。二是组织拍摄并播出环保专题报道，创作了一批以环境保护为主要内容的文艺节目，在美奂大家乐广场活动中演出。三是制作环保专题片在宣威电视台《十分关注》栏目播出。四是制作环保宣传片在西河桥和美奂广场大型电视广告墙中滚动播出。五是认真办好宣威市环境保护局门户网站，充分发挥环保门户网站的对外展示平台作用，确定专人负责，做到工作信息时时更新，提高了公众对环保网站的认可度，网站点击数得到大幅上升。

**【污染普查】** 按时按要求完成全国污染源普查动态调查数据审查上报工作，此次共对197个工业企业，51个畜禽养殖户，6个水产养殖户，26个乡（镇、街道）的生活源进行了动态普查。

**【环境质量】** 监测结果表明：钱屯水库出口水质达Ⅲ类水体标准，通站大桥、大屯桥段面水质达Ⅳ类水体标准，环境空气质量中SO2、NO2达国家一级标准，可吸入颗粒物达国家二级标准，城市环境空气质量稳步提高。为市政府加强环境保护工作提供了科学的决策依据。

（撰稿　孙福德）

## 宣威经济技术开发区

**【概述】** 2010年，云南省宣威经济技术开发区管理委员会紧扣“科学发展、和谐发展、率先发展”这一主题，突出园区建设、招商引资两个重点，坚持项目带动、工业化和城镇化互动、协调服务推动三大原则，实施扩量增收、区容整治、维稳保安、素质文明四项工程，促进经济实力、投资环境、招商规模、队伍素质、党的建设五个提升的总体工作思路，较好的实现了各项目标任务。全年完成工业总产值77.8 亿元，比上年增16.9 %；实现工业增加值27.1 亿元，比上年增14.8 %；完成固定资产投资23.3 亿元，比上年增32 %；因宣威国电公司发电量锐减，直接影响本级财政收入5 200万元，实现2.84亿元。

**【羊场磷化工基地】** 羊场磷化工基地0.8亿千克黄磷装置、15万千瓦自备电厂、7 500万块/年磷渣制砖、650万千克/年泥磷制酸、2 500万千克/年磷酸、3 200万千克/年三聚磷酸钠和黄磷尾气净化发电项目已竣工投产。12亿千克/年矿渣水泥建设进展较快，小箐火车站改扩建项目和20亿千克/年焦化、12亿千克/年浮法玻璃前期工作有序推进。全年计划投资7 724万元，实际完成1.84亿元。

**【凤凰山循环经济基地】** 凤凰山循环经济基地恒邦公司2亿千克/年钙镁磷肥、革香河公司3 600万千克/年硅锰合金项目一期工程建成投产；云维公司6亿千克/年电石和30亿千克/年石灰岩矿山、云电投2×300MW煤矸石电厂、恒邦公司1亿千克/年低品位磷矿粉节能综合利用项目、园区供水管网工程启动；天浩集团3 000万千克/年高纯锌及3亿千克/年铟、锗综合回收和凤凰钢铁公司2亿千克/年钢材铸件前期工作加快推进。

**【虹桥食品工业基地】** 以宣威特有的火腿、马铃薯深加工为主导，走“产—加—销”和“农—工—贸”综合开发路子，重点发展无污染的轻工业和现代服务业，拓展城市新区。规划建设“一平台五中心”（即中小企业服务平台、食品加工中心、金属制品加工中心、商贸物流中心、文化体运中心、职教培训中心）。年内，中小企业服务平台、文化艺术中心项目建设接近尾声，体育运动中心、金月大酒店、云河汽车产业园及火腿加工标准化厂房项目开工建设。

**【中小企业服务平台项目】** 中小企业服务平台项目由宣威经济技术开发区投资有限公司投资建设，总投资4 600万元，主要建设内容有：一是便民服务大厅。吸纳相关职能部门入驻，设立服务窗口，为投资企业提供“一条龙”服务，保证项目审批手续在厅内办结。二是信息服务平台。建设局域网，收集、发布国家产业政策，原材料市场价格，产品供求情况和发展走势等信息，实现信息资源共享。三是多功能会务中心。为园区管委会及相关企业安排会议、培训、商品预展等服务。四是写字楼。为入驻企业提供临时办公场所，还能为中介机构提供办公租赁场地。该项目于2008年10月开工建设，工程施工进展顺利，整体工程于2010年底竣工。

**【招商引资】** 采取节会招商、以商招商、网络招商、以园招商、上门招商等方式进行全方位、多形式的推介，促成了云南远东集团12亿千克/年矿渣水泥、江苏宇龙有限公司19亿千克/年焦化、张家港华尔润集团12亿千克/年浮法玻璃，重庆云河集团1万辆/年专用汽车，武汉凯迪公司生物质能发电、云南天浩集团3 000万千克/年高纯锌粉及3亿千克/年铟、锗原料综合回收项目签约，且部分项目顺利启动实施。同时，引导本地火腿加工企业退城入园，集群发展，走统一品牌、统一质量标准、统一销售价格的生产经营路子。

（撰稿　赵　龙）

# 财税金融

责任编辑　王　斌

2010年9月14日，曲靖市地方税务局在宣威美奂广场举办曲靖市地税系统第三届竞乐运动会。

（市地方税务局　供稿）

# 财　政

【概述】　2010年，宣威市财政局（以下简称市财政局）设人事秘书科、预算科、国库科、政府采购管理科、综合科、社保科、会计科、行财科、农财科、经建科、企业科、国有资产管理科、监督检查科、政府采购中心、票据监控中心、工资统发中心、会计管理服务中心、科技信息科、投资评审绩效评价科、办公室、投融资担保公司、国有资本运营公司和开发投资公司等23个科（室、中心、公司），辖27个乡（镇、街道）财政所（含开发区财政分局）和市非税收入管理局，市人民政府农业综合开发办公室和市人民政府信贷办公室挂靠市财政局归口管理。年末，全系统有在职干部职工275人，其中局机关80人，财政所和开发区财政分局共105人，委派到市直预算单位的委派会计人员90人；有离退休人员25人，其中离休1人。

【财政收入】　年内，实现辖区内各级财政总收入203 306万元。实现地方财政一般预算收入实现90 016万元，为年初预算的106.91%，比上年增收10 639万元，增长13.40%。税收收入完成77 418万元，占86%，为年初预算的107.03%，比上年增收10 036万元，增长14.89%；非税收入完成12 598万元，占14%，为年初预算的106.13%，比上年增收603万元，增长5.03%。

【财政支出】　年内，完成地方一般预算支出313 187万元，比上年增支67 375万元，增长27.41%。其中：地方财力安排的支出为188 073万元，为年初预算数159 947万元的117.58%，比上年增支18 299万元，增长10.78%；上级专款形成的支出125 114万元，比上年增支49 075万元，增长64.54%。在地方一般预算支出中，市本级支出214 904万元，占68.62%；乡镇级支出93 778万元，占29.34%；开发区支出4 505万元，占1.44%。预算执行中，争取到中央和省级一般性转移支付资金77 603万元，其中均衡性转移支付10 549万元，调整工资转移支付18 643万元，教育转移支付21 321万元，公共安全转移支付4 787万元。另外，上级财政通过专款直拨的形式，下达宣威国债基本建设、水利、农业、扶贫、教育、卫生、社保、扩大内需等专项资金19 378万元，有力地支持了全市各项事业发展，促进了农民增收。

【财政工作会议】　4月24日，宣威市2010年度财政工作会议在财政局六楼会议室召开，财政系统全体干部职工260余人参加了会议。会议传达了云南省财政工作会议和曲靖财政工作会议精神，总结了2009年及2010年一季度的工作，安排部署了下步工作，对全市财政系统干部进行业务培训。

会上，市财政局长王德勇指出，2009年是宣威市财政发展史上压力最大、任务最艰巨的一年。一年来，在市委、市政府的坚强领导下，全市财政系统紧紧围绕市委、市政府中心工作，深入学习实践科学发展观，千方百计增加财政收入，想方设法筹措资金，按照国务院“保增长、保民生、保稳定”的要求，确保工资发放、机构运转、社会稳定和重点支出需要，着力加大对基础设施、“三农”和民生领域的投入，进一步优化财政支出结构，加强资金监管，深入推进改革，狠抓队伍建设，在危机中前进，积极支持“生态、文明、健康、快乐”城市建设，较好地推动了全市经济社会平稳较快发展。分析了2010年宣威财政面临的形势：2010年是实施“十一五”规划的最后一年，是省直管县财政改革试点的第一年，也是应对金融危机极为关键、财政增收极为困难的一年。2010年的财政收支将面临着许多不确定因素，财政增收和可用财力都将受到较大影响。根据实际情况对下一步的财政工作作出安排部署：一是采取有效措施，促进财政增收；二是优化支出结构，树立节支也是增收的理念；三是抓住省直管机遇，深化财政改革；四是以改善民生为重点，积极支持社会事业发展；五是夯实“三农”发展基础，认真落实惠农政策；六是严肃财经纪律，加强财政监督管理；七是以队伍建设为根本，加强财政系统自身建设。

会上，对先进集体、优秀科（所）长、先进工作者、优秀共产党员、五好家庭和信息工作先进个人予以表彰，并与各科（室、中心、公司、财政所、分局）签订了党风廉政建设责任书，对各基层财政所和市直各单位的政府采购管理员进行了为期两天的业务培训。

【民生保障】　一是加大教育投入。全年完成教育支出90 996万元，同比增17.56%。义务教育公用经费支出10 260万元，全市23万中小学生受益；拨付义务教育阶段家庭经济困难寄宿生生活补助7 889万元，减轻86 762名贫困家庭学生负担；拨付国家助学金345万元，资助3 355名中等职业学校困难学生；拨付专项资金92万元，免除920人中等职业学校涉农专业贫困学生学杂费；免费为义务教育阶段公办学校和特殊教育学校学生提供教科书。二是提高社会保障水平。完成社会保障和就业支出42 214万元，同比增长26.31%。不断加大社会保障投入，全力推进城乡居民医疗保险和养老保险改革，完成养老保险支出4 828万元，基本医疗保险支出12 982万元，工伤生育保险支出2 547万元，失业保险支出3 297万元，新型农村合作医疗支出15 125万元，为实现全市人民“老有所养、老有所医”提供了财力支撑。三是加大公共卫生投入，积极支持医药卫生体制改革。全年完成医疗卫生支出33 613万元，同比增长42.13%。配合卫生等部门，出台了基本公共卫生服务项目实施方案和绩效考核办法，加大基层医疗卫生机构财政补偿经费投入，下拨卫生院财政补偿资金3 316万元，投入基层医疗卫生机构运行补助1 878万元，比上年增加859万元；将村医补助由每月100元提高到500元，投入村医补助

649万元，比上年增加470万元；市本级配套城镇职工医疗保障资金3 858万元、城镇居民医疗保障资金493万元、医疗救助资金60万元，保障了医疗保障制度的顺利实施。四是认真落实“奖优免补”惠民政策。兑付农业人口独生子女保健费101万元，农业人口独生子女家庭一次性奖励资金11万元，独生子女奖学金121万元，使“奖优免补”惠民政策落到实处；拨付补助资金197万元，免除符合条件的65 769人农业人口每人30元的新农合参合费；筹集24万元专项资金，分别给予19 876户农村独生子女家庭和8 925户双女结扎家庭10元和5元的保险费补助。五是积极促进就业。认真贯彻落实“贷免扶补”政策，支付财政贴息资金233万元，办理“贷免扶补”创业小额贷款1 302笔，获得贷款6 510万元，帮助51位大学毕业生、1 023位农民工、7位复转军人、221位登记失业人员自主创业；支付财政贴息资金40万元，帮助288户下岗失业人员获得小额担保贷款576万元。六是积极支持保障性住房建设。投入各级资金1.68亿元，建设保障性住房11.2万平方米，解决了2 240户低收入家庭的住房问题。七是认真做好油价补贴兑付工作。兑付2009年油价补贴资金483万元，59辆城市公交车、495辆出租车和795辆农村客运车从中受益。

【新农村建设】 全年完成农业支出54 110万元，同比增58%。一是认真落实好强农惠农补贴政策。通过“一折通”向农民发放补贴资金14 840万元，其中对种粮农民补贴928万元，农资综合补贴9 985万元，马铃薯原种补贴150万元，2009年度退耕还林补贴2 205万元，水稻等农作物良种补贴1 220万元，森林生态效益补偿基金349万元，2009年度油菜良种补贴3万元。各项惠农补贴资金的发放，使全市31万农户121万农民人均获补122.6元，户均获补478.7元。二是继续支持改善农村基础条件。完成2009年度“一事一议”财政奖补项目建设任务，并通过检查验收；启动实施2010年“一事一议”财政奖补项目506个，投入财政奖补资金3 538万元，拉动总投资9 712万元，改变了项目区村间道路、人畜饮水、文体活动场所面貌，使75 928户农户276 617人从中受益。投入资金29 800万元，继续支持扶贫、小型农田水利、退耕还林、“整乡推进”等农业农村基础设施建设。三是落实好家电、汽车、摩托车下乡产品财政补贴政策。全年共发放家电、汽车、摩托车下乡补贴资金4 131.49万元，补贴产品69 599台（件），拉动消费11 706万元。四是积极支持农村民居地震安全工程建设和农村危房改造工程建设。完成农村民居地震安全工程建设补助资金支出600万元，实施农村民居地震安全工程建设2 200户，其中加固维修2 000户，拆除重建200户。投入资金2 500万元，按照每户1万元的标准，支持2 500户危房户重建住房。五是实施中央财政支持现代农业发展项目建设，大力推进农业产业结构调整。蔬菜产业项目完成投资1 322万元，建成120公顷连片外销型蔬菜种植基地，带动项目区1 700户农户户均增收3 000余元；马铃薯脱毒种薯雾培法生产技术运用项目投资137万元，建成国内规模最大的雾培法脱毒马铃薯生产基地。六是认真组织实施农业综合开发项目。圆满完成2009年度项目，并顺利通过省级验收，认真组织实施2010年度总投资达3 017万元的建设项目，积极做好2011年的项目申报工作。

【财政改革】 一是积极稳妥推进省直管县财政改革试点工作。1月1日启动省直管县财政体制改革，3月完成与曲靖市的基数划转，实现了省财政厅直接对宣威调度、拨付财政资金，省对下各项转移支付补助直接分配到宣威，财政结算项目由省财政直接办理。二是全面启动公务卡改革。在成功试点的基础上，6月在市直预算单位全面推开此项改革。7月1日起，市本级95家行政事业单位全部实现公务卡结算。截止2010年末，全市发行公务卡2 894张。三是进一步深化国库集中支付制度改革。在2009年全面启动国库集中支付改革的基础上，进一步完善措施，推进改革，财政集中支付金额占本级预算安排支出的62.03%，比2009年提高了5.95个百分点。四是积极做好村级会计委托代理改革后续工作。结合村级财务人员业务水平不高的实际，举办村级财会人员业务培训班，对全市村级会计委托代理机构的78名会计进行业务辅导，对全市1 098名村集体经济组织报账员进行培训，并办理合格证书。五是积极推进行政事业单位经营性国有资产管理改革。积极履行国有资产监管职能，在各单位自清自查的基础上，进行重点核查。完成自清自查和核查两个阶段的工作，摸清了全市55家存在经营性国有资产的行政事业单位的家底，掌握了经营性国有资产管理改革的第一手资料，为下步制订方案和改革实施奠定了基础。六是认真做好“十二五”财政规划。认真分析“十二五”财政改革发展面临的新形势，制订了《宣威市财政改革与发展“十二五”规划》初稿。

【财政监管】 一是加强收支预算管理。按照“重预算，严追加，强绩效”的思路，加强预算科学化、精细化管理，全面规范预算编制、审核和执行行为。二是加强专项资金管理。积极发挥财政监管职能，运用财政检查手段，通过联审互查、联合检查、重点抽查、跟踪监控等方式，配合有关部门对扶贫专项资金、抗旱救灾专项资金、支农专项资金、强农惠农资金、退耕还林专项资金等资金进行了专项检查。检查中，对违规违纪问题进行了严肃处理，提高了财政资金的使用效益。三是开展内部控制制度检查，进一步突出了内部控制的建立和完善，从源头上预防腐败。四是抓好会计管理工作，开展会计信息质量检查。六是加强政府性债务管理，防范财政风险。制定出台《宣威市政府性债务管理办法》和《宣威市化解农村义务教育债务工作方案》，加强政府性债务清理统计核查工作，弄清政府性债务情况，积极防范和规避财政风险，合理控制债务规模。2010年末，全市地方性政府债务余额为155 269

万元。七是加强票据管理。严格执行“收支两条线”管理，坚持以票管收，开展财政票据清理工作，在单位自查的基础上，对部分单位进行重点抽查，对到期票据，组织集中销毁。八是推行银行代收代发制度。为满足政务中心收费需要，新增一户代收费银行，保证资金及时缴入财政专户。改进优抚对象待遇发放方式，实现优抚对象优抚待遇银行发放。

**【非税收入征管】** 年内，完成非税收入12 598万元，占地方一般预算收入的14%，为年初预算的106.13%，比上年增收603万元，增长5.03%。5月，市人民政府任命王宏志为宣威市非税收入管理局局长。7月，市财政局任命了市非税收入管理局副局长、征收管理科科长、票据管理科科长，宣威市非税收入管理局正式挂牌成立。市非税收入管理局将非税收入目标任务层层分解落实到各征收单位，责任到人，奖惩考核到人；加强票据管理，把好票据使用政策关、发放关、审核关，防止乱收费和税费流失现象发生；继续巩固和完善收缴分离的“收支两条线”制度，杜绝单位坐收坐支、隐瞒、侵占、挪用、逃避管理等问题；加强非税收入征管，着重抓好煤炭、国土、教育等部门的非税收入征管工作。

**【政府采购管理】** 继续完善政府采购制度，进一步扩大政府采购范围和规模，启动全国政府采购管理系统，加强政府采购监督管理，提高政府采购效益，建立完善行为规范、公正透明、高效廉洁、服务优良的政府采购制度体系。全年完成政府采购金额10 118万元，与采购预算金额11 057万元相比，节约资金1 115万元，综合节约率为9.27%。“十一五”期间，累计完成采购金额35 304万元，节约资金2 903万元，综合节约率为7.6%。

（撰稿　海宇坚）

## 国家税务

**【概述】** 2010年，宣威市国家税务局（以下简称市国税局）下辖榕城、开发区、羊场、格宜、倘塘五个征管分局和一个直属机构稽查局，局机关内设办公室、人事教育科、监察室、征收管理科、货物和劳务税科、所得税科、政策法规科、收入核算科、纳税服务科、计算机中心、办税服务厅、工会、党办等13个机构，共有在职人员101人，负责管理全市5 384户纳税人的管理。年内，市国税局秉承“聚财为国、执法为民”的税收工作宗旨，以科学发展观为指导，下大力气抓收入，创新改革求发展，规范管理提效率，反腐倡廉带队伍，促进和谐保平安，突出亮点创佳绩，圆满完成了市委、市政府的目标要求，为促进宣威经济又好又快的发展作出了积极贡献。

年内，市国税局被宣威市委、市政府授予“先进单位”荣誉称号，市国税局5个先进集体受到曲靖市委、市政府的表彰，10人被曲靖市委、市政府表彰为优秀税务工作者，1个党支部被云南省国家税务局表彰为先进党支部，2人被云南省国家税务局表彰为优秀共产党员，1人被宣威市委、市政府授予“三八红旗手”称号。2010年投入新农村建设资金3万元，水泥15万千克，捐献抗旱资金73 150元，协调抗旱资金20多万元。

**【收入完成情况】** 年内，市国税局共组织各种国税收入105 207.99万元，比上年同期收入88 050万元增收17 133.85万元，增幅19.45%，完成全年任务99 614万元的105.61%。

**【收入特点】** 一是税收与经济发展协调增长。2010年，宣威市国税收入大多数单月税收都有增长，五个主体税种呈现“四增一减”的态势，即增值税、消费税、企业所得税和车辆购置税同比增收，增幅分别为17.71%、64.76%、64.02%和27.37%，储蓄存款利息所得个人所得税同比减收，减幅为58.80%。二是税收收入进一步集中，仅开发区税务分局就征收入库税收47 975.4万元，占全市收入比重为45.60%；其他分局完成国税收入57 232.59万元，比重为54.34%。三是国税收入完全倚赖第二产业和第三产业的状况仍然没有得到改变。2010年，第二产业完成国税收入58 563.46万元，比上年同期增长9.05%；第三产业实现国税收入46 613.08万元，比上年同期增加35.79%。四是内资企业中的国有企业、股份公司的主体税收地位仍然没有发生根本性的改变。2010年国有企业税收收入10 447.69万元，股份公司实现税收收入36 516.78万元。但私营企业发展迅速，税收收入占据一定的比重，2010年私营企业实现税收收入39 374.26万元，比上年同期增长33.24%；个体经济实现税收收入7 881.01万元，同比增长22.66%。五是中央收入占有绝对优势。2010年，分预算级次中央收入累计入库79 948.38万元，占全市国税收入的75.99%；省级收入累计入库1 165.74万元，占1.11%；县区收入累计入库24 093.87万元，占全市国税收入22.90%。

**【税源分析】** 宣威市经济增长为国税收入的增长提供了前提保证。一是增值税完成93 433.48万元，消费税完成收入7.2万元，“两税”收入共计完成93 440.68万元，比上年同期增长17.71%。增值税增长的主要项目有石油、炼焦行业入库税收1 106.39万元，与上年同期相比增长452.45%；化学工业入库税收6 666.74万元，与上年同期相比增长105.02%；水泥及制品入库税收2 484.19万元，与上年同期相比增长37.73%；有色金属入库税收217.34万元，与上年同期相比增长552.87%；煤炭开采行业入库税收32 470.63万元，与上年同期相比增长79%；煤炭批发行业入库税收10 648.25万元，与上年同期相比增长27.11%；其他批发零售行业入库税收20 872.72万元，与上年同期相比增长54.61%；二是受百年旱灾的影响部分行业出现减收，减收的主要项目是电力业入库增值税9 048.02万元，同比减少65.72%。其中，发电行业入库增值税4 528.45万元，同比减少78.36%；供电行业入库税收4 417.54万元，同比减少17.72%。三是车辆购置税入库增值税6 991.77万元，同比增收1 502.46万元，增幅27.37%，完成全年任务6 210万元的112.59%。

【税务管理】 一是正确执行税务登记管理制度，做好税务登记与技术监督局、工商局、地税局的信息交换共享。2010年，有正常征管户数5 384户。其中，一般纳税人602户；小规模企业277户；个体工商户4 505户，达到起征点以上征税的856户，不达起征点纳入管理的3 649户。二是进一步加强工作责任心，保证税收管理信息系统全部考核指标实现零差错的目标，正确率达到99.98%。二是加强各税种管理。2010年共认定增值税一般纳税人90户，清理货运汽车作为固定资产抵扣进项税企业42户，涉及转出进项税金376万元；曲靖宣峰水泥发展有限公司不符合抵扣的固定资产转出进项税额310万元；其次是加强企业所得税的汇算清缴力度，2010年汇算清缴纳税人363户，其中查账征收纳税人306户，核定征收纳税人57户，纳税调整所得额净增加3 996.31万元，应纳所得税额3 410.13万元。三是强化电子定税，巩固提高起征点户数。达起征点户数由2009年的639户提高到2010年的856户，增长33.95%。四是认真落实税收优惠政策，2010年共办理各类税收减免退税6 503.22万元。

【税收法制建设】 一是继续深入推行执法过错责任追究制度。二是加强税收政策培训辅导力度。2010年对纳税人和全局干部职工进行税收政策业务培训辅导8期，培训人次达1 200余人。三是加强日常执法检查，推行阳光政府四项制度工作。2010年认真贯彻落实效能政府四项制度工作，按照规定要求和数量要求及时在宣威市政府门户网站发布公示和重要工作通报24则。四是认真做好普法工作和税收政策执行及实施效果调查情况分析工作。2010年度扎实开展普法各项工作，通过对党政、机关以及其他部门的涉税文件的清理，没有发现越权或违规的情况。

【征收管理】 一是继续加强对全市纳税额在100万元以上重点税源的调研、分析、管理，按月写出重点税源管理报告，及时掌握税源的增减变动情况。 2010年有14户重点纳税大户缴纳税款在1 000万元以上。二是强化欠税管理，采取以票管税、欠税催缴、欠税公告等措施，控制新欠税款的产生。2010年，追缴入库陈欠税款271.95万元，下降幅度达48.44%。三是进一步优化税收执法环境。四是积极开展纳税评估工作。2010年共评估煤炭行业纳税人9户，共评估补税42.5万元，进一步规范了煤炭行业的税收管理，全市煤炭行业共入库税款53 804万元，与往年同期相比增加36 590万元，增长102.67%。五是优化税收征管范围。进一步明确了管理分局、办税服务厅的职责和沟通联系机制，积极推行网络化税收管理体系。2010年实现了网上办税、POS机刷卡缴税、922户企业的财税库银横向连网工作，按时完成了普通发票用户1 319户的网络版普通发票简并换版工作，其中个体用票户1 117户、企业用票户202户。

【税收执法】 一是认真开展税法宣传，提高纳税人的税法遵从度。2010年共发放各种税收宣传资料2万余份，制作市国税局税收宣传电子屏在宣威市主要街道连续播放，对纳税人进行税收政策业务培训12天，制作税收宣传横幅20条，张贴税法宣传画25幅。二是全市共安排稽查15户，查补税款124万元，罚款17万元，滞纳金49万元。同时，全力查办今年5月31日发生在昆明的“南疆税案”，宣威涉案企业30户，应补税企业24户，应补缴税款2 163万元，已补税款1 494万元，滞纳金245万元，尚未追缴入库税款669万元。三是认真开展打击制售假发票和非法代开发票专项整治集中行动工作。2010年查获云南省商业零售统一发票假票两本50份，共发出涉税协查函12件，涉及增值税发票26份，协查回复12件，涉税发票92份。

【税收管理信息化建设】 2010年，市国税局安装升级瑞星防病毒软件客户端112个，共采集上传增值税专用发票正常发票存根联69 087份、金额1 116 757万元、税额188 956万元，作废发票5 446份，采集发票抵扣联4 013户次，认证相符发票71 217份，金额794 136万元，税额134 329万元，采集运输发票抵扣联2 862份，金额59 811万元，税额4 187万元。

【领导班子建设】 配备配齐高效、廉政的局、科室、分局领导班子，市国税局有领导成员4人，科、室、分局领导33人；认真贯彻落实民主集中制原则，发挥集体智慧，保证领导班子协调运转，主动接受“二权监督”，坚持干部队伍政治业务学习制度、纪检日学习制度、党组理论中心组学习制度，形成了团结、务实、为民、廉洁、高效的领导集体。

【教育培训】 2010年，积极选派干部职工参加上级局组织的各项税收政策业务培训，共计 50多人次。

【廉政建设】 一是继续签订《党风廉政建设责任书》，落实领导干部“一岗两责”。2010年与新增纳税户签订《廉政公约》78户，并对316户纳税户进行了回访，回访面占已签订户数1 411户的22%。二是通过监察子系统自动检测出的凝点数据，经过实地检查和核实，没有违规违纪情况发生。三是开展丰富多彩的廉政文化建设活动。制作《廉政手册》115册。四是坚持干部任职谈话制度。2010年，共开展任职谈话10次，开展诫勉谈话1次，开展领导干部述职述廉25人次。五是发挥党组织和党员的先锋模范作用，为廉政建设树立楷模，2010年被宣威市委、市政府表彰了1名先进个人。

（撰稿 赵英辉）

## 地方税务

【概述】 2010年，宣威市地方税务局（以下简称市地税

局）下设办公室、人事教育科、监察室、政策法规科、征管科、税政科、计统科8个科室和1个稽查局、7个分局、10个所，有干部职工146人，担负着全市9 341户纳税户的税收征管和5 869户缴费户的规费征管工作，涉及13个税种、14个费种和基金。

**【收入完成情况】** 2010年，市地税局共组织入库税收收入69 993万，比上年同期增收8 642万，增长14.10%；完成宣威市本级收入56 630万元，比上年同期增收6 400万，增长12.73 %。共组织其它收入30 489万元，比上年同期增加7 098万元，增长27%。其中，征收“五险”27 339万元，增长18.42%，其它规费3 150万元，增长9.93%。

**【收入特点】** 一是从收入规模上看，全市地税收入再创历史新高。营业税、个人所得税保持高速增长，共计增收5 941万元，拉动税收增长9.69%；仅有烟叶税和资源税小幅下降。二是税收增长主要靠第二产业、第三产业税收的增长来拉动。2010年累计入库第一产业税收收入34万元；入库第二产业税收收入18 160万元，同比增长35.08%，增收4 716万元；入库第三产业税收收入44 273万元，同比增长5.82%，增收2 435万元。第二产业税收增长除电力生产和供应小幅下降外，其余3个行业均增长，特别是制造业和建筑业增长明显。三是税收增收主要来自于交通运输业、批发和零售业、金融业和其它行业的大幅增长。交通运输业累计入库各项税收5 477万元，同比增长59.59%，增收2 045万元；批发和零售业累计入库各项税收19 065万元，同比增长7%，增收1 247万元；金融保险业累计入库各项税收4 125万元，同比增长11.85%，增收437万元；其它行业累计入库各项税收1 690万元，同比增长4553.69%，增收1 653万元。

**【服务地方经济】** 市地税局用好用足各项税收优惠政策，积极发挥税收的调控作用，把各项优惠政策深入贯彻到广大纳税人手中，狠抓政策落实，做到应免尽免。2010年，为665户纳税户办理了税收优惠政策，共减免税费1 006.7万元。其中，企业所得税448万元，个人年所得税28万元，营业税280万元，城市维护建设税21万元，教育费附加9万元，地方教育附加3万元，印花税1.7万元，土地使用税57万元，土地增值税35万元，契税43万元。

**【税收征管】** 市地税局不断完善征管基础工作，落实各税种管理措施。一是一手抓依法治税，一手抓优质服务。一方面，大力加强税收秩序整治，提高纳税人依法诚信纳税光荣的意识；另一方面，健全服务机制，优化服务结构，推行人性化税收管理，服务前移，合并服务窗口，简化审批手续。二是四项措施加强税收管理员工作。首先是规范税收管理员工作职责，制定了《宣威市地方税务局税收管理员制度》；其次是实行税收管理员工作底稿制度；再次是强化考核制度，将税收管理员工作纳入市局年终考核兑现奖惩，着重考核漏管户和漏欠税户；最后是定期对税收管理员进行业务培训。三是加强对委托代征单位的监管。对辖区所有105户委托代征税款人开展专项检查工作，取消3户委托代征资格，同时做好征收分局和管理分局的业务衔接。四是成功运行财税库银联网。9月2日，宣威市所辖纳税人宣威市宝山镇宝山煤矿通过财税库银横向联网系统顺利实现申报税款43 182.49元，并扣款成功。五是规范房地产计税价格，强化房地产业税收“一体化”管理。建立了房地产交易最低价格计税制度和协税评估工作机制，确保“先税后证”。

**【税务稽查】** 市地税局始终围绕整顿和规范税收秩序这根主线，以查处税收违法案件为重点，加强税收专项检查和发票专项整治工作；坚持“合理选案，重点稽查，定制审理，严格执行”的工作原则，做到了阳光办案，文明稽查。全年累计稽查查补收入2 116.71万元，其中检查收入51.7万元，稽查约谈收入2 042.51万元，滞纳金4.6万元，罚款17.9万元。开展了医药、房地产、建筑安装、教育机构、药品经销营利性医疗机构、交通运输业的税收专项检查，把强化发票管理作为规范经济秩序、堵塞税收漏洞的一项重要手段来抓，与公安部门建立日常工作联系和情报交换制度，初步实现了相关涉票信息的机外共享。年内，召开各层次、多形式的联系会3次，组织相关联合集中行动5起，查处发票违法案件11件，查获违法发票4 461份，追缴税费5 000元，罚款4.61万元；查处举案件4件，查补税款19.21万元，加收滞纳金1 000元，罚款2.24万元，合计补缴税款、滞纳金、罚款21.55万元。

**【税法宣传】** 一是充分利用本地媒体资源开展税收宣传，整理收集最新涉税文件、政策和与纳税人相关的各类涉税事项，重点宣传个体房产税和城镇土地使用税税收征管、代征工会经费、政务公开等工作。制作多媒体税收宣传公益广告，在市区繁华路段播出；在省级报刊发表宣传文章17篇，在地级报刊发表35篇，编发简报28期。二是走访26家重点纳税大户，宣传税收政策的同时做好纳税服务和税收调研工作。三四是以社区为基点，组织开展“税法宣传进社区”活动。在开源等社区，张贴、发放税收宣传画及宣传资料1 500份。四是充分利用税法宣传月开展税法宣传。宣传月期间共发放宣传材料近4 000份、购物袋2 500余个，接受纳税人税收政策咨询80余次，当场解答纳税人在发票使用、纳税申报等方面的疑问21项。

**【政务公开】** 市地税局深入落实政务公开，把贯彻落实阳光政府四项制度和效能政府各项制度作为加强全局自身队伍建设和制度建设的重要举措纳入2010年工作重点，进行安排部署。在内网和电子触摸屏开辟专栏，把各级领导的讲话、省市相关文件上网，要求局机关干部职工进行认真学习，对应向社会公众进行听证、公示、通报和公开的重大决策、重要事项、重点工作、政务信息的内容、程序、时限、方式等进行认真疏理，在政府网站上进行公告，接受群众监督。把效能政府各项制度的实施作为监督检查工作的重点，通过听取汇报、民意调查、明察暗访、专项督查和动态跟踪等多种方式，对各科室、各分局实施工作进行监督检查。

**【廉政建设】** 市地税局始终把反腐倡廉建设贯穿于地税工作的全过程，同布置、同安排，两手抓、两促进。一是充分发挥兼职监察员的职能作用。进一步完善了《宣威市地方税务局税收执法权和行政管理权监督实施办法》，在各科室配置了8名监察员，明确监察员工作范围和主要工作内容共8个方面。关口前移，注重过程监督，把“两权”监督细化为4块83项指标进行事前事中监督、事后检查。全年，共对215人次、307个监督点进行了监督，及时纠正执法偏差18人次，发出整改建议18份。二是抓好廉政教育。利用学习日、纪检日等学习活动，开展法制教育、荣辱观教育和正反典型教育，推行“读书思廉”、“家庭育廉”、“机制保廉”、“活动促廉”活动。三是开展问卷调查和作风建设社会调查活动。共进行了系统内网络评议500人次、群众和纳税人网络评议400人次，发放社会调查表474份，征求意见建议12条。

**【文化建设】** 坚持“三大原则”和“四项内容”的文化建设内容。三大原则是：人的价值高于物的价值，集体的价值高于个体价值，全局的价值高于部门价值。四项内容是：物质文化、行为文化、制度文化和精神文化。全年，组织开展了两次丰富多彩的以“建设和谐地税文化，培育地税文明风尚”为主题的文体活动；组织开展了一次宣威市广场文化活动；成功承办了曲靖市第三届竞乐运动会，并得到了省、市各级的表扬。每月组织开展一次全局性丰富多彩的以“建设和谐地税文化，培育地税文明风尚”为主题的文体活动；将全局干部职工分为11个工会小组，每月组织开展一次工会小组活动。

**【精神文明建设】** 年内，紧紧围绕税收中心工作，开展精神文明创建活动，努力在体现地税行业特色上求发展，在完善机制、创新载体、提升层次上下功夫，深入开展“文明单位”、“青年文明号”、“巾帼建功”等创建活动。2010年，宣威市地方税务局被宣威市人民政府评为宣威市2010年度综合考核先进单位和“十星级”文明和谐单位，云南省总工会授予“云南省地税机关代收工会经费和建会筹备金工作先进集体”称号，市地税局团支部被共青团云南省委授予“云南省五四红旗团支部”荣誉称号，还争创曲靖市级文明单位2家，曲靖市级青年文明号4家。

（撰稿　宁德泰）

## 金　融

**【概述】** 2010年末，宣威市金融机构共有28家单位。其中：有1家中央银行：中国人民银行宣威市支行；1家银行业监督管理机构：中国银行业监督管理委员会曲靖监管分局宣威办事处；1家政策性银行：中国农业发展银行宣威市支行；4家国有商业银行：中国工商银行股份有限公司宣威支行、中国农业银行股份有限公司宣威支行、中国银行股份有限公司宣威支行、中国建设银行股份有限公司宣威支行；2家地方性金融机构：曲靖市商业银行宣威支行、宣威市农村信用合作联社；19家保险公司：中国人民财产保险股份有限公司宣威支公司、中国太平洋财产保险股份有限公司宣威服务部、中国平安财产保险股份有限公司宣威支公司、中国天安财产保险股份有限公司宣威支公司、中国大地财产保险股份有限公司宣威支公司、中国安邦财产保险股份有限公司宣威服务部、中国太平财产保险股份有限公司宣威服务部、中国永安财产保险股份有限公司宣威服务部、中国阳光财产保险股份有限公司宣威服务部、云南省交通安全统筹中心宣威分理处、中国人寿财产保险股份有限公司宣威支公司、渤海财产保险股份有限公司宣威代理机构、中国人寿保险股份有限公司宣威支公司、中国人民人寿保险股份有限公司宣威支公司、中国太平洋人寿保险股份有限公司宣威服务部、中国泰康人寿保险股份有限公司宣威支公司、中国新华人寿保险股份有限公司宣威服务部、中国平安人寿保险股份有限公司宣威支公司、大童保险股份有限公司宣威销售服务部；1家邮政储蓄银行：中国邮政储蓄银行股份有限公司曲靖宣威市支行；1家外汇管理局：国家外汇管理局宣威支局；1家证券公司：中国太平洋证券有限责任公司宣威服务部；2家小额贷款公司：宣威市雄业小额贷款股份有限公司、宣威市兴隆小额贷款有限责任公司。

年末，全市共有银行类金融机构80个，从业人员804人。其中：人行1个，银监办1个，农发行1个，工行市支行1个、二级支行4个、分理处1个，农行市支行1个、二级支行4个、分理处5个，中行1个，建行市支行1个、分理处4个，曲靖市商业银行宣威支行1个、二级支行2个，农村信用联社法人社1个、基层大社23个、分社21个，邮政储蓄银行市支行1个、二级支行4个、代理网点2个。

年末，全市银行业金融机构人民币各项存款余额138.1亿元，比上年末增长25.33%。各项贷款余额74亿元，比上年末增长27.62%。全年累计现金收入270.26亿元，累计现金支出285.31亿元，净投放现金15.05亿元，比上年增长6.72%。

**【各项存款】** 年末，全市银行业金融机构人民币各项存款余额138.1亿元，比上年末增长25.33%。其中：储蓄存款余额85.75亿元，比上年末增长19.15%；企业存款余额27.56亿元，比上年末增长32.18%；机关团体存款余额9.75亿元，比上年末增长39.24%；农业存款余额10.34亿元，比上年末增长17.94%。

**【各项贷款】** 年末，全市银行业金融机构人民币各项贷

款余额74亿元，比上年末增长27.62%。其中：短期贷款余额29.99亿元，比上年末增长9.3%。在短期贷款中，个人贷款及透支余额14.32亿元，比上年末增长5.86%；单位贷款及透支余额13.62亿元，比上年末增长11.53%；贸易融资余额2.05亿元，比上年末增长20.59%。中长期贷款余额42.67亿元，比上年末增长41.64%。其中：个人贷款余额17.29亿元，比上年末增长29.44%；单位贷款余额25.38亿元，比上年末增长51.35%。在单位贷款中，固定资产贷款余额17.41亿元，比上年末增长33.81%。票据融资余额1.39亿元，比上年末增长204.66%。

**【外汇管理】** 年内，加强和完善外汇管理工作，督促外汇指定银行加强国际收支统计分析和监测，加强外汇账户和结售汇业务管理，做好外汇政策法规的宣传学习。2010年12月末，全市外币储蓄存款余额28万美元，比上年末下降3.45%。

**【财产保险】** 2010年，全市12家财产类保险公司完成保费收入19 518万元，比上年增长45.71%。各项赔款支出8 295万元，比上年增长17.61%。

**【人寿保险】** 2010年，全市7家人寿类保险公司完成保费收入15 149万元，比上年增长17.59%。给付（赔款）支出7 465万元，比上年增长66.41%。

**【股票证券】** 2010年，中国太平洋证券有限责任公司宣威服务部有从业人员4人，主要做好上市股票的宣传工作，经营全国上市股票、证券和封闭式基金。年末资金累计开户数5 791户，比上年末增长29.87%；全年资金交易额56.87亿元，比上年下降14.02%。

**【金融监管】** 年内，落实监管责任，规范监管行为。突出法人监管，以切实提高农村信用社整体风险控制能力和市场竞争力为着力点，对其加强资本金管理、完善法人治理结构和加强风险资产管理与处置等方面进行监督监测，督促农村信用社发挥支农主力军作用，积极推进农村信用社改革，为支持社会主义新农村建设服务。金融危机以来，对辖内金融机构尤其是地方性法人金融机构建立了风险监测周报、月报制度，适时提示和控制辖内银行业金融机构可能出现的风险，维护辖区金融稳定。

抓好不良贷款“双降”工作，切实防范和化解金融风险。继续落实行长、理事长（主任）负责制和不良贷款分析监测通报制度，坚持按季对辖内银行业金融机构进行贷款监测分析，督促其认真落实风险管理制度和内控制度，不断改善和提高银行信贷资产质量，增强防范化解风险的能力。年末，全市银行业金融机构不良贷款余额3.9亿元，比上年减少1.51亿元，下降27.91%。主要原因：一是工行的鸡田公路贷款1.51亿元由“次级”类调为“关注”类，二是农行小额信贷工作站归还到期扶贫贷款5 874万元。

**【货币信贷】** 优化投向，全力扶持工业化进程。加大支柱产业培植力度，做好小水电开发贷款工作；扶持煤炭产业发展，确保原煤产量的完成；加快工业园区建设步伐，促进特色农产品加工基地建设。督促各金融机构积极向上级行争取项目贷款，大力支持冶金、能源、化工、特色农产品加工、建筑建材等五大支柱产业的发展，培育优势产业。

重点倾斜，大力支持重点项目建设。引导各行、社抓住国家实施西部大开发战略的重大机遇，切实主动做好重点建设项目的贷前调查、贷时审查、贷后检查等各个环节的贷款工作。重点支持磷电一体化、电化一体化项目以及乡（村）公路建设和城（镇）基础设施建设，围绕完善城市综合功能，支持一批与人民生产生活密切相关的重点市政工程，继续支持农村电网改造工程，多渠道支持基础设施建设，为宣威经济的可持续发展奠定良好的基础。

把握重点，加快农村产业结构调整。围绕全市农业产业结构调整目标和区域经济发展规划，积极调整农业信贷投放重点，大力支持发展特色农业和农产品加工业，支持农业生态建设和实施一批以农田水利建设为重点的农业基础设施项目，支持小城镇建设，达到农民增收、农业产业结构调整和农村经济发展的目的。

挖掘亮点，改进和完善对中小企业的金融服务，支持中小企业发展。优先支持有市场、有效益、有信用的中小企业和消费领域，实施优化营销战略，推进信贷结构调整，引导辖内各行、社坚持以“优质法人客户、优质消费群体、优质金融产品、优势信贷区域”为重点，打破所有制界限，改进对中小企业的金融服务，真正发挥金融对中小企业的支持和促进作用。

突出特点，继续推进消费信贷业务的发展。引导辖内各行、社贯彻落实信贷政策，加大对中低档住房的信贷投入，大力发展存单、国债、住房抵（质）押贷款等个人消费信贷业务，稳步推进辖区消费信贷业务发展。大力组织开展生源地国家助学贷款工作。

**【调查统计】** 按照“准确、完整、全面、及时”的要求，认真做好金融统计工作，加强调查研究，及时反馈经济金融运行中的热点问题，为上级行和地方政府部门决策提供参考依据。贯彻落实好适度宽松的货币政策，发挥“窗口指导”作用，督促各金融机构认真贯彻执行《宣威市二0一0年信贷指导意见》，采取“区别对待、有保有压”的信贷政策，全力支持地方经济发展。全年共编印《宣威市银行业统计月报》12期，先后开展了农村金融知识普及、林权抵押贷款、小额信贷扶贫及金融支持农村大学生“村官”创业富民等热点难点问题调研。截止2010年12月末，共形成简讯42期，信息7 期，调研报告18 篇。

**【征信管理】** 继续加强对社会各界的征信宣传工作，推动地方信用体系建设。一是2010年11月13～19日，开展了征信宣传周活动，活动期间进一步向地方政府部门和社会各界宣传了信用信息基础数据库的建设理念及其在促进经济金融发展和改善社会信用环境方面的作用；二是积极做好贷款卡的发放、年审工作。在企业信用信息基础数据库日常运行中，定期开展数据核对工作，规范数据的报送和使用。2010年累计办理贷款卡95户，年审贷款卡270户。

**【利率管理】** 落实贷款利率执行情况监测报告制度，全面反映不同贷款种类、贷款对象所承担的实际利率水平，促进金融机构利率水平与国家产业政策和信贷政策相一致，提高金融机构贷款定价能力和水平。做好民间融资利率调查，开展利率变动与辖区经济发展关联度方面的分析，反馈各项重大利率政策调整后的实施效应，积极探索利率市场化改革，为上级行制定利率政策提供依据。

**【存款准备金】** 一是及时传达政策。按要求转发存款准备金调整文件，密切监测辖内金融机构资金流动性状况，深入调查分析存款准备金调整对辖内金融机构特别是地方法人机构资金运用的影响。二是加强存款准备金日常管理。按时上报各类报表和报告，关注存款准备金管理中存在的问题，及时向上级行反映情况，提出完善管理的政策建议。

**【贷款贴息】** 积极落实民族用品生产企业贷款贴息政策。“十一五”期间，少数民族贸易和民族用品生产企业继续实行2.88％的贷款利差补贴。严格按照相关文件做好贴息审核，每季度结息日审核民族用品定点生产企业贷款贴息事宜；主动与市民委、经办银行和生产企业加强联系，密切监测优惠利率政策执行情况和企业资金用途，确保贴息贷款主要投向企业流动资金不足部分。

**【央行票据】** 2007年10月，宣威市农村信用社央行票据2 080.8万元兑付后，支行严格按照《云南省农村信用社专项央行票据兑付后监测指引的通知》要求，认真做好农村信用社专项央行票据兑付后的后续监测、考核、检查和指导工作，确保农村信用社改革顺利进行。

**【国库会计】** 严格内控制度，认真执行《会计法》和《国家金库实施细则》，准确及时汇划资金，及时收纳报解各级预算资金，严格审核票据，做到当日业务不过夜、不压单、不压票、不压汇。印章、密押分开保管，业务操作换人复核，建立健全各种登记簿，确保全年业务安全无差错。

一是推进农村支付结算体系建设，改善农村地区支付结算环境，推广使用农村非现金支付工具。强化对金融机构支付结算的监督管理，严肃清算纪律，降低支付清算风险。不断完善银行卡风险防范长效机制，积极推动银行卡产业良性、健康、可持续发展。推广使用公务卡结算方式，将农民工银行卡特色服务向纵深推进。继续提高网络、机房等基础设施的应用水平，强化信息安全保障措施，确保各应用系统安全稳健运行。

二是加强现金管理，确保现金供应。进一步加强现金收支分析，提高现金投放预测水平，增强发行基金调拨、供应的计划性和前瞻性，确保全市市场现金供应总量充足、结构合理。全年净投放现金15亿元，比去年增长6.72%。

三是充分发挥支付结算服务功能，为企业、银行资金汇划、账户开立提供高效便捷服务；积极推进财税库行横向联网、逐步扩大国库直接支付范围，不断提高核算质量、确保国库资金安全。全年实现各级预算收入20.33亿元，财政支出32.85亿元。

四是加强账户管理，提高结算工作质量。严格执行结算纪律，建立健全各项规章制度，明确岗位职责，从业务管理层次、处理原则、操作规程，严把票据关、联行结算关、预算收入退库关，加强对会计核算事前、事中、事后的监督，及时发现和堵住资金风险，提高结算工作质量。规范人民币银行结算账户的开立和使用，对商业银行、城乡信用社开立账户进行全面清理，撤销部分企业违规在多家银行开立的多个基本账户，防止企业逃废银行债务，造成资金损失。全年共清理核实账户3 992户，新开立账户1 158户，销户2 676户，变更158户。

五是继续推动银行卡产业发展。改善和规范银行卡受理市场环境，构建银行卡风险防范长效机制，大力推进金融电子化建设。

**【货币发行】** 一是努力提高货币发行和安全保卫工作水平。一年来，支行继续加强软硬件设施建设，切实做好发行库“达标升级”工作，保证顺利达标。二是强化制度管理，坚持查库制度、“三同”操作制度、交叉复核制度、对账制度等，落实货币金银工作；同时完善内控机制，加强监督管理，坚持以人为核心，发挥内审、纪检、人事、保卫等职能部门的监督作用，保障货币发行工作安全、平稳运行。三是以确保现金供应、优化流通中货币结构、提高现金供应质量、维护人民币信誉为重点，认真抓好现金投放与回笼、“五好钱捆”、残损人民币兑换工作。四是加强现金管理工作，做好大额现金支付审批、登记、备案管理工作，加大监督检查力度，督促各金融机构把现金支付和审批、各类账户管理作为内部监控重点，强化监督管理，防止支付风险发生。认真做好货币发行工作。

**【反假货币】** 各金融机构和公检法司等部门协调配合，深入持久地开展反假工作，加大反假工作力度。针对反假币斗争的新形势，继续加强检查监督，提高技术防伪能力；加强业务培训，提高柜台一线人员防伪水平，在中支的帮助指导下举办了宣威市反假币培训和上岗考试，取得了较好的效果。同时，广泛宣传反假币知识和反假币知识工作成效，正确引导社会舆论，提高公众防假意识。严格执行《假币收缴鉴定管理办法》，做好假币的鉴定、收缴、上介工作，严厉打击制贩假币犯罪活动，维护货币流通秩序。2010年共收缴假币7.86万元。

**【反洗钱】** 建立健全组织机构，成立反洗钱领导小组，

严格落实个人存款账户实名制，进一步做好银行账户审查，坚持大额和可疑资金监控和报告制度，加强反洗钱基础工作。加强学习培训，提高反洗钱工作的技术和水平，逐步建立完善反洗钱信息传递分析处理机制，预防和控制洗钱犯罪。

**【“五防两保”】** 加强安全保卫工作，建立健全和完善各项内控制度。加大“人防、物防、技防”力度，深入贯彻“防查并举、标本兼治、重点预防”的方针，把防范和遏制大案要案的发生作为首要任务，严格考核奖惩措施，确保全年安全无事故。签订了《社会治安综合治理“五防两保”工作责任书》，落实岗位职责，严格管理，提高规范化管理水平，杜绝了各类案件事故的发生，保证了各项业务工作顺利开展。加强对移动存储介质和涉密计算机的管理，确保电子设备的安全。

（撰稿　朱贞阳）

## 金融保险机构

**【中国人民银行宣威市支行】** 2010年，中国人民银行宣威市支行内设综合管理科、基础业务科两个职能部门。年末有在职职工22人。其中，男职工13人，女职工9人，大学13人，大专及以下9人。取得专业技术职称的有21人，占全行职工总数的95.45%。其中，经济师9人，占40.91%；助理经济师11人，占50%；助理政工师1人，占4.54%。

（撰稿　朱贞阳）

**【中国农业发展银行宣威市支行】** 2010年，中国农业发展银行宣威市支行设两部一室，有在职职工16人，其中男职工8人、女职工8人，本科8人，专科8人。年末各项贷款余额为45 238万元，比年初减少620万元，减少1.35%（地方储备粮贷款1 760万元，占贷款总额的3.89%；农业产业化龙头企业短期贷款2 600万元，占总贷款额的5.75%；农业小企业贷款300万元，占贷款总额的0.66 %；农业生产资料贷款2 300万元，占贷款总额的5.09%；粮油政策性财务挂账贷款6 533万元，占贷款总额的14.44 %；附营业务停息挂账贷款45万元，占贷款总额的0.1%；产业化龙头企业中长期贷款20 000万元，占贷款总额的44.21%；农村基础设施建设中长期贷款9 700万元，占贷款总额的21.44%。县域城镇建设中长期贷款2 000万元，占贷款总额的4.42 %。各项贷款人均余额2 827万元），各项存款余额10 678万元。各项贷款应计利息2 601万元，实收利息2 601万元，收息率100%，实现账面利润1 333万元，人均利润83.31万元。代理保险业务收入 6.7万元，不良贷款为零，全年未发生任何不安全责任事故和案件，实现了“四无”目标。年内，支行被曲靖市分行表彰为“先进单位”，被云南省分行表彰为2007~2009年先进集体；支行党支部被曲靖市分行党委表彰为“先进党支部”，支行工会被曲靖市分行表彰为“先进基层工会组织”，支行会计结算部被曲靖市分行表彰为“先进集体”。

择优支持农业产业化龙头企业，审慎支持小企业。一是结合实际，突出特色，各有侧重，因地制宜地择优支持当地发展前景好、市场稳定、管理规范、经营风险可控的农业产业化龙头企业。二是做好老客户的维护服务工作，稳固原有的优质客户。按时收回海汇公司贷款300万元，续贷300万元；收回海璇公司贷款620万元，续贷600万元；收回荣升火腿有限公司贷款2 000万元，续贷2 000万元；收回榕城粮油经营部贷款400万元；收回粮食局转运站贷款400万元；收回农业生产资料有限公司贷款3 200万元，续贷2 300万元；收回通豪公司贷款300万元；收回荣兴公司贷款300万元。三是区别对待，有保有压，择优审慎退出部分小企业。

全年累计发放贷款7 200万元，其中：农业小企业贷款300万元；农业生产资料贷款2 300万元；农业产业化龙头企业短期贷款2 600万元；县域城镇建设中长期贷款2 000万元。有效支持了粮食储备、调销、生猪养殖、农村基础设施建设等工作。

中国农业发展银行宣威市支行党支部书记、行长马纵荣（8月离职），副行长李绍鼎，党支部副书记、副行长杨照礼（11月任职）。

（撰稿　黄初良）

**【中国农业银行股份有限公司宣威市支行】** 2010年，中国农业银行股份有限公司宣威市支行在“以市场为导向、以客户为中心、以效益为目标”的经营理念指导下开展工作。支行机关设 3 个部室，全行共有10个对外营业网点，年末在岗125人。

年末，全行各项存款余额为275 193万元，其中储蓄存款180 198万元；各项贷款余额65 404万元，主要投向于重点项目、优质客户和支持“三农”县域经济发展。

发行借记卡2.71万张；新增贷记卡2 033张；惠农卡发卡9 679张，惠农卡授信2 549户，占计划任务1 350户的189%。

新增个人网银1 566户；新增企业网银24户；短信息服务开户数1.66万户；开通个人手机银行6 819户；开通个人电话银行995户。

代理保险保费收入2 642万元，实现代理保险业务收入104万元；代理基金销售246万元；销售“本利丰”理财产品5 788万元；第三方存管开户数903户；新增特约商户32户。

中国农业银行股份有限公司宣威市支行党委书记、行长李毅，党委副书记、纪委书记、副行长袁明雄，副行长高志勇、崔茂成（5月离职）、余其忠（5月离职）。

（撰稿　李　芃）

**【中国工商银行股份有限公司宣威支行】** 2010年，中国工商银行股份有限公司宣威支行有在岗职工81人，内设后勤综合保障部、市场营销部2个部门，下辖支行营业部、东风支行、振兴北路支行、下堡街支行、钱屯支行、榕城分理处6个对外营业网点。年内，支行被曲靖分行评为先进单位，行长李绍阳被宣威市委、市政府评为先进个人，有4名员工被曲靖分行评为2009年至2010年度先进工作者，支行荣获曲靖市级“文明单位”称号，下堡街支行被云南省分行评为巾帼文明示范岗。

年内，实现利息收入6 918万元，收息率达99.61%；实现税后利润3 184万元，完成年度计划任务的102.98%；实现中间业务收入953万元，同比增长3.59%。年末人民币各项存款余额168 640万元，比年初增加17 800万元，其中储蓄存款余额109 616万元；人民币各项贷款余额达148 689万元，累计发放90 349万元，较年初增加14 548万元，其中个人贷款累计发放19 521万元，余额达35 544万元，较年初增加12 326万元。办理票据贴现12 299万元，实现贴现利息收入140多万元，票据贴现余额达9 637万元，较年初增加6 727万元，同业占比第一。年末不良贷款余额166万元，较年初减少33万元，全部贷款不良率为0.112%，不良率呈下降态势。全年开立企业网银79户。其中证书版客户累计开户52户，较年初增加47户；累计办理个人网银3 850户，较年初净增3 593户，其中U盾客户累计办理902户，较年初增加789户；WAP手机银行开立1 397户，较年初增加1 380户；新开理财金账户441户，代理寿险810.27万元，代售国债440.51万元，代理销售基金981.12万元；日均销售灵通快线307万元；累计销售高附加值理财产品7 864.8万元；新开信用卡2 827张，其中90%以上为公务卡。

中国工商银行股份有限公司宣威支行党支部书记、行长李绍阳，副行长杨吉友、宁德恩，工会主席朱祝勋，行长助理李载兵。

（撰稿　李学坤）

**【中国银行股份有限公司宣威支行】** 2010年，中国银行股份有限公司宣威支行内设业务发展部和营业部两个部门，人员20人，其中在编合同制员工12人，劳务派遣人员8人。年内，中国银行股份有限公司宣威支行被宣威市委、市政府授予“宣威市2010年度先进企业”荣誉称号。

年末，人民币存款78 034万元，比上年末增加12 232万元。各项贷款59 110万元，比上年末增加6 261万元，增长11.8%，税后账面利润949万元，经营利润1 351万元，中间业务收入78万元。

至本期末，人民币存款78 034万元，比上年末增加12 232万元，增长18.6%。各项贷款59 110万元，比上年末增加6 261万元，增长11.8%。按五级清分标准，其中不良贷款1 159万元，比上年增加9万元，增长0.8%，不良率为1.96%，比上年末下降0.22%；零售贷款12 630万元，占总贷款的21.4%，比上年增加1 791万元，增长16.5%。本期经营利润1 351万元，缴纳所得税439万元。

中国银行股份有限公司宣威支行党支部书记、行长母其环，副行长、工会主席李祥。

（撰稿　晏崇勇）

**【中国建设银行股份有限公司宣威支行】** 2010年末，中国建设银行股份有限公司宣威支行有员工78人，其中在职员工68人、离退休人员10人。支行下设办公室、客户部、营业室三个部门，辖宣威板桥、振兴街南段、城区、建设西街四个分理处。

截止2010年12月31日，支行全口径存款余额236 054万元，比年初增加51 416万元，增长幅度27.85%，其中：对公存款106 245万元，比年初增30 529万元，增幅40.32%；个人存款129 809万元，比年初增加20 887万元，增幅19.18%。年末贷款总额110 974万元，比年初增加75 321万元，增幅211.26%，其中：对公贷款86 262万元，比年初增加64 144万元，增幅290%；个人贷款24 712万元，比年初增加11 177万元，增幅82.58%。全年新增信用卡6 224户、储蓄卡14 026张、POS刷卡机 75户、卷烟零售客户27户，完成柜面代理保险4 398.85万元，完成财产代理保险41万元，实现中间业务收入757万元。新增高版网银56户、对账客户122户、网银代发6户、个人网银4 670户、手机银行417户、电话银行91户、短信通知5 448户，全行电子银行交易占比大幅度提升，年末宣威行电子银行交易占比23.89%。全年共实现利润5 244万元。

中国建设银行股份有限公司宣威支行党支部书记、行长张存昌，副行长许石祥、陈永新，委派会计主管赵英奎。

（撰稿　秦云飞）

**【曲靖市商业银行宣威支行】** 2010年，曲靖市商业银行宣威支行内设综合部、财电部、资金营运部3个部门，辖营业部、下堡街支行、振兴街支行3个营业网点。有在职职工24人（不含内部退养人员5人），均为大专以上学历，取得专业技术职称15人，其中中级职称8人，初级职称7人。支行“融惠通”小企业信贷中心宣威微贷部专为个体工商户、小商户、小业主办理小额贷款，手续方便、快捷。2010年，支行获宣威市“十星级文明和谐单位”荣誉称号。

年末，各项存款余额7.66亿元，较年初增1.02亿元，增幅达15.39%，创历史最好水平；各项贷款3.8亿元，较年初增1 067万元，增幅达2.89%；实现营业收入3 293万元；实现利润2 144万元；消化历史包袱727.6万元；存贷比为49.57%；贷款综合收息率为97.36%。圆满完成总行下达的

各项经营指标。

曲靖市商业银行股份有限公司宣威支行党支部书记、行长蒋云，副行长徐永来。

（撰稿　夏丽华）

**【宣威市农村信用合作联社】** 2010年，宣威市农村信用合作联社内设综合部、人力资源部、财务会计部、信贷业务部、风险管理部、安全保卫部、科技信息部、审计稽核部、营业部、贷款抵押物评审办公室等10个部门，下辖44个营业网点、23个社、21个分社。从业人员共430人，有各类专业技术人员332人，其中中级职称70人，初级职称262人；大专以上学历292人，其中大学本科80人、专科212人。年内，宣威市农村信用合作联社被省联社评为“先进集体”，被宣威市委、市政府授予综合考核“先进企业”荣誉称号。

年末有各项存款45.22亿元，较年初净增9.51亿元，增26.63%，其中储蓄存款33.96亿元、对公存款24.21亿元，存款份额占33.62%，居各金融机构之首。各项贷款余额26.12亿元，较年初增加4.93亿元，增23.29%，其中农业贷款20.9亿元，占各项贷款的80.01%，农户贷款面达70%以上，存贷比例为57.75%。年末不良贷款余额为2.48亿元，占贷款总额的9.48%。全年共实现业务收入2.62亿元，业务总支出2.46亿元，收支扎差实现利润1 670万元。圆满完成上级联社下达的各项经营考核指标。

宣威市农村信用合作联社理事长岳德宽，主任游建国，监事长陶汝密，副主任鲍绍和、李如勋。

（撰稿　杨　文）

**【中国邮政储蓄银行有限责任公司曲靖宣威市支行】** 2010年，中国邮政储蓄银行有限责任公司曲靖宣威市支行内设综合业务部和信贷部，下设建设东街营业部、建设西街支行、来宾支行、板桥支行、大松树支行、榕城支行、田坝支行。共有从业人员41人，其中合同工31人、劳务工10人。年内，实现业务收入540万元，新增存款8 979万元，存款余额达48 974万元，贷款3 173万元，贷款结余3 398万元。

中国邮政储蓄银行依托点多面广的服务网络以及强大的技术优势，本着贴近百姓生活、服务于大众的原则，不断创新品种、丰富功能、改善服务、提高质量，主要为客户提供储蓄、信贷、对公、理财、中间业务、固定电话支付业务等业务。

中国邮政储蓄银行有限责任公司曲靖宣威市支行行长张占斌。

（撰稿　陈元彪）

**【中国人寿保险股份有限公司宣威市支公司】** 2010年，中国人寿保险股份有限公司宣威市支公司有员工28人，内设经理室、综合部、客户服务部、个险销售部、团险销售部、县域保险部和银行保险部，下辖10个乡（镇）营销服务部，服务网点遍及城乡。

年内，公司紧紧围绕新保险法，以人为本，新开办险种“国寿福禄双喜两全保险（分红型）”、“国寿福禄尊享两全保险（分红型）”和养老险“国寿福禄满堂养老年金保险（分红型）”。公司牢固树立和落实科学发展观，以全面实施“国十条”和总公司“十二字”方针为工作核心，以诚信服务、合规经营为工作标准，以公司做大做强为工作目标，大力发展农村保险，年内成功创建21家保险先进村，积极为“三农”服务。公司职工樊献伦因工作表现突出，被授予“2010年度先进工作者”荣誉称号。

年内，公司全年实现总保费收入8 926.20万元，与上年同期净增1 055.49万元，同比增长达13%。其中，普通寿险保费收入3 472.49万元，短险业务保费收入1 275.8万元。全年共办理短险赔案5 949件，长险赔案93件，支付各险种赔款、给付共计4 007.46万元。其中，死亡、伤残给付1 412万元，医疗给付1 797.73万元，意外险赔款220万元，健康险赔款577.73万元。

中国人寿保险股份有限公司宣威市支公司经理范光志（2月离职）、浦成林（2月任职，兼党支部书记），副经理徐家虎（2月离职）、张蕾（11月离职）、刘美玲（2月任职）、王正会（4月任职）、唐毅（4月任职）。

（撰稿　赵寒雪）

**【中国人民财产保险股份有限公司宣威支公司】** 2010年，中国人民财产保险股份有限公司宣威支公司业务持续快速发展，盈利能力显著提升。年内，公司保费收入首次突破亿元大关，实现签单保费收入13 128万元，同比增长53.96%，完成目标任务的125.9%；实现利润1 555万元，同比增长127.34%，完成目标任务的108.36%，市场份额达73.7%。全年共发生各类业务报案件数15 890件，现场查勘14 350件，撤销案件数991件，拒赔案件18件，拒赔金额60余万元，累计支付各类保险赔款5 365万元，综合赔付率为71.3%。受理诉讼案件68件，涉案金额800余万元，已结案48件，减少赔款300余万元，胜诉率79%。

2010年度人保财险宣威支公司被中国人民财产保险股份有限公司授予“青年文明号”、“学习先锋团队”等荣誉称号，同时多次获得省、市分公司授予的经营管理先进单位和先进个人荣誉。

中国人民财产保险股份有限公司宣威支公司经理崔茂欧（兼人保财险曲靖市分公司副总经理），副经理陈道灿、杜永坤（9月离职），经理助理梁华。

（撰稿　陈道灿）

# 教育科技

责任编辑　耿文江

2010年11月11日，西宁街道党工委、办事处在老堡小学举行西宁二小奠基典礼。

（西宁街道党政办　供稿）

# 教　育

**【概述】** 2010年，全市教育事业全面健康协调发展，社会效益和教育教学质量取得了新的突破。全市有中等职业学校5所、完全中学12所、初级中学39所、小学809所（含教学点451个）、幼儿园81所、特殊教育学校1所，共计947所。此外，办学前班的小学303校，农民文化技术培训学校363校。有中等职业技术学校学生9 611人，普高学生34 233人，初中学生80 131人，小学学生14.39万人，幼儿（含学前班）学生34 003人，特教班学生40人，共计在校生30.19万人。有在职公办教职工14 808人。有校舍建筑面积199.71万平方米，其中普通中学96.71万平方米，中等职业技术学校6.53万平方米，小学88.18万平方米，幼儿园8.29万平方米。

**【基础教育】** 年内，为确保“两基”成果进一步巩固提高，加大投入，努力改善办学条件。完成“校安工程”五年总体规划工作。全市共计规划了37.3万平方米D级危房，30.66万平方米B、C级危房的年度计划目标。“校安工程”二期1.57万平方米，进入招投标阶段。宣威市职业教育中心已完成用地勘界工作，进入规划设计阶段。西宁街道拟计划建西宁二小，现正在做前期准备工作。双龙二小已完成选址、规划、地表破坏等工作，进入图审阶段。宛水三小完成选址工作，进入施工图纸设计阶段。东升幼儿园已完成主体工程进入装饰装修工程。实施农村初中改造工程7校，6校已交付使用，1校正在进行地基基础施工。宣威市特殊教育学校改扩建工程完成，已交付使用。全年共投入改善办学条件资金6 370万元。

加强教育教学管理。市教育局和各中心学校、市直学校签订教育目标管理责任书、学校安全工作目标责任书，将目标层层落实。坚持义务教育入学通知书制度，规范学籍管理。认真做好义务教育经费保障机制工作，加强控辍保学和贫困生救助力度。义务教育阶段的学生全部免除学杂费。补助公用经费8 110.1万元；补助寄宿制贫困生86 765人，补助资金5 719.81万元；全年免除中小学生教科书费用人数共224 452人。全市共发放生源地助学贷款4 026人次，发放金额2 344.68万元。加强薄弱学校建设，促进教育公平。认真开展市内城区和市直学校及乡（镇、街道）内的学校对口支教工作。扎实推进校点撤并工作，全年共撤并小学校点77个，初级中学4所，整合了教育资源，突出了规模效益，促进了义务教育的均衡协调发展，整体提高，充分体现了教育公平性。加强城区教育，逐步缓解城区教育资源紧缺，大班额现象严重的现状。西宁、双龙、宛水街道各新建1所小学工作正有序进行，已进入设计图审阶段。启动初中教育评价制度改革工作。成立了工作领导小组，各项工作正有序进行。强化民办教育管理，对民办教育机构进行年检。全市现有民办学校98所，比上年增45所。扎实开展扫盲工作，提高扫盲效益。

认真做好“两基”迎国检工作。成立以市长为组长、常务副市长和分管副市长为副组长、22个相关部门主要领导为成员的“两基”迎国检工作领导小组，下设办公室在市教育局。市政府安排了专项工作经费20万元。市政府与各乡（镇、街道）、职能部门签订了“两基”迎国检目标管理责任书，并将“迎检”工作纳入市委、政府千分制考核。制定下发了《关于做好“两基”迎接国家教育督导团检查验收工作的通知》等文件，各乡(镇、街道)、市直有关部门严格按照工作职责和要求，切实加强对“两基”迎接国检工作的领导，制定了相应的目标责任制，任务分解落实到了人。召开动员会1次、工作推进会2次、片区工作会3次，举办业务培训5次；制作永久性宣传标语408条，编发工作简报18期，出黑板报1 964期，发放工作手册2 500册、宣传资料4万余份。充分利用《宣威教育》、相当媒体开辟的“两基”迎“国检”专栏，广泛宣传“两基”工作取得的成效和迎国检工作的推进情况，及时宣传报道“两基”工作中涌现出来的先进人物、先进事迹，形成了全社会关心支持教育的良好氛围，确保“两基”迎国检扎实有效推进，顺利通过了省检查。这些措施的落实，使全市“两基”成果得到进一步巩固提高，幼儿入园（班）率为55.44%；小学入学率为99.79%，巩固率为99.69%；初中毛入学率为104.38%，巩固率为99.44%；残疾儿童入学率为97.81%，青壮年非文盲率为99.92%。普高教育质量不断提升。

认真做好完中新扩建工程，努力改善办学条件。将虹桥初级中学升格扩建为完中，投资700万元扩建市四中。加强教育教学管理，强化教育质量意识，不断提高教育质量。全面启动高中新课程改革，成立以局长为组长的领导小组，制定了实施方案，开展形成多样的培训，组织高一教师集中参加网上培训，选派部分完中校长到上海学习。切实转变教育观念，主动适应新课程要求。认真做好高中会考工作和学籍工作。全年共组织笔试会考20 139科次，物理、化学、生物实验操作考试16 777科次，高中信息技术考试9 346科次。加强高考管理。“人管技管”同时加强。考前对考生和考务工作者开展考纪考风教育，与考生签订了《考生诚信考试承诺书》。考试期间，各考点严格实行“全封闭管理”、全方位“双屏蔽”，全市共配备“手持金属探测仪”600台、屏蔽器500台、“微型耳机探测仪”30台，每个考点还增设大功率屏蔽器4～5台，对考点实行“双屏蔽”，确保了考试公平、公正。2010年普高招生11 246人，高中阶段毛入学率达87%，比上年的85%提高2个百分点；高考上线12 544人，比上年的11 400人增1 144人，高考上线率为96.47%，比上年的91.2%提高5.27个百分点，剔除“三校生”，普高上线率为99.12%，其中一本上线1 763人，比上年的1 344人增419人，重点率13.83%，比上年的10.75%增3.08个百分点；二本上线3 666

人，比上年的2 732人增934人；600分以上的59人，比上年的55人增4人。

**【职业教育】** 年内，认真做好职教中心建设工作，整合资源，突出规模效益，现已完成堪界工作。实施市政府对乡（镇、街道）、市教育局对学校的中职招生双线目标管理责任制，纳入工作目标任务考核。狠抓招生工作。召开了包含初三毕业班主任在内有关人员600余人参加的中职招生工作专题会议，加强职业教育宣传，安排部署职教工作，分解下达招生任务。教育局下发了《关于认真做好2010年中职招生工作的紧急通知》，对各学校中职招生已完成情况进行了及时通报；下发了《关于对2010年中职招生工作进行督查的通知》，由教育局各科室相关人员组成督查组对各乡（镇）中职招生情况进行专项督查，教育局领导分片负责。加强贫困生救助工作，发放助学金251.63万元。加强教师队伍建设，提升整体素质。专任教师学历合格率为92.31%。通过努力，成效明显，2010年市内中职招生4 279人，比上年增2 637人。

**【成人教育】** 年内。组织成人高考报名570人，组织高等自学考试报名462人。认真开展创建“无文盲乡、村”工作，务德、双龙、虹桥正在完善各项准备工作。积极规划和推进乡（镇）成职教中心建设，申报龙场、格宜、双河三个乡（镇）成职教中心建设项目。认真开展教学和科技培训、推广工作，开办成人小学班培训1 400人，实用技术培训12.8万人次，全年共扫除文盲1 152人；农村劳动力转移培训51 081人次。

**【民族教育】** 年内，全面贯彻落实民族教育方针政策，加强民族教育，扎实开展民族教育工作，民族教育健康发展，年内共有民族小学28所，民族中学1所。全市在园（班）幼儿有少数民族幼儿1 612人，小学有少数民族学生9 905人，初中有少数民族学生5 160人，普通高中有少数民族学生2 140人，中等职业技术学校有少数民族学生370人。普通中学有少数民族教职工255人，职业学校有少数民族教职工7人，小学有少数民族教职工464人。

**【德育工作】** 年内，坚持育人为本、德育为先，把立德树人作为教育的根本任务。认真开展未成年人思想建设工作，加强法制教育和心理健康教育，进一步调整和完善学校德育工作的内容和目标，形成贯穿中小学各阶段、由浅入深、层次递进的德育目标体系。积极开展文明、半军事化管理学校创建活动，充分发挥窗口作用。创建省级文明学校1校、曲靖市级文明学校7校、宣威市级文明学校22校、曲靖市级半军事化管理优良学校12校。

积极开展“三生教育”活动。征集评选活动备案文章56篇，报送“三生教育”参赛书画作品3 072件，组织319人参加曲靖市举办的“七巧科技”比赛活动；开展青少年科技创新大赛活动，收集少年儿童科幻作品408件、教师论文18篇。加强法制教育。各学校聘请法制副校长、辅导员等法制工作者到学校开展专题讲座等活动，增强学生的法制意识。认真开展评优活动，充分发挥榜样的作用。推荐表彰各级“三好学生”、“优秀学生干部”2 490名，先进班集体306个。积极开展丰富多彩的德育活动。利用“五·四”、“六·一”、国庆等重大节日，开展征文书画大赛、网上签名等系列活动，引导广大未成年人提高爱国热情，增强团结拼搏意识，学会自我教育、自我提高。和文化等有关部门认真开展“扫黄打非”活动，对网吧、录像厅等场所进行整治，有效地净化文化市场，保护未成年人的心理思想健康。

**【体育工作】** 年内，认真贯彻落实《学校体育工作条例》和《中央关于加强青少年体育、增强青少年体质的意见》精神，认真组织实施《学生体质健康标准（试行方案）》，深入开展“阳光体育”活动，严格执行国家课程方案，开齐体育课，上足课时。加强教师培训，选送30名体育骨干教师参加省、曲靖市组织的体育培训，举办第三套广播体操培训班，80名体育教师参训。加强学校体育设施设备、场地建设，认真开展课外体育活动。

**【卫生工作】** 年内，牢固树立“健康第一”的思想，严格实施《食品卫生法》、《传染病防治法》、《学校卫生工作条例》、《学校集体用餐监督办法》，注重加强学校重大疾病防治知识教育，加强对学校餐饮、食品、饮用水卫生管理，认真做好各项卫生工作。与卫生局联合对全市校医进行了业务培训，使校医工作更加规范化。组织城区学校进行健康教育知识指标体系测试，教育局单独或配合有关部门4次检查学校卫生工作。做好甲型H1N1流感防控工作，建立健全市、乡、校三级防控责任体系，制定了应急预案和工作预案。各学校按教育局的要求坚持“一日三检（晨检、午检、晚检）三报”制度。组织1 000余名师生参加宣威市政府举行的全民健身活动。认真组织学校配合卫生部门做好各种疫苗接种工作。

**【艺术教育】** 年内，加强艺术教育课堂教学，按照国家颁布的课程计划，开齐上足艺术课。根据《全国艺术教育工作宣传规划》要求，各学校成立了各种兴趣小组，认真开展各种文艺活动，提高学生艺术修养，丰富校园文化生活。宣威七中学生舞蹈《山娃仔》获全国三等奖，市教育局获全国优秀组织单位奖，受到教育部表彰。各种艺术活动的开展不仅加强了校园文化环境的建设，营造了良好的文化艺术教育氛围，同时也推动了学校艺术教育的改革和发展。

**【队伍建设】** 年内，紧紧围绕建设一支人民满意的教师队伍为目标开展工作。认真贯彻落实教育部《关于进一步加强和改进师德师风建设的意见》，深入开展师德师风建设，实行师德师风年度登记考核制度、师德师风一票否决制度等，严格考核，完善检查督促机制，不断提高教师思想政治素质和职业道德水平。对违反师德师风者严肃查

处。严格实施教师资格制度、城区和市直学校教师调入考试考核制度、校长选聘制和新教师公开招考制度，优化教师队伍。年内招考新教师183人，根据实际调整聘任了部分中小学校级领导。加强各种培训，提高学历和业务素质。培训各级校长571人，管理人员和骨干教师1 017人。继续教育培训15 135人次，新课程培训483人，校本培训1 755人，学历提高培训1 650人，班主任培训371人，现代教育技术培训306人，远程网络培训904人，中小学教师普通话水平测试486人，教师履职晋级培训5 914人次，合格率为99.3%。小学、初中、普高专任教师学历合格率分别为99.35%、98.71%和96.66%。实施名师名校长工程，制定评选方案并启动工程，评选名师100名、名校长10名。这些措施的落实，极大提高了教师教书育人的积极性，有效地促进了教育教学成绩稳步提高。

**【教研工作】** 年内，进一步强化向教研要质量的意识，扎实有效地开展教研工作。认真做好高中新课程改革，全面推进校本教研。组织教师参加省和曲靖市组织的各学科培训；广泛开展集体备课活动，加强课题研究，不断提升教研层次；认真做好中小学教学质量检测。认真开展教学调研、观摩和竞赛活动。经常深入10所完中和乡镇学校听课、评课，指导教研和教学工作；加强毕业班工作，组织教师参加省、曲靖市举办的高、中考复习研讨会，获取高、中考信息。组织教师参加各级学科教学技能竞赛，获云南省小学学科课堂竞赛一等奖1人、二等奖6人、三等奖5人，获云南省高中化学课堂教学实录赛二等奖2人。组织学生参加第五届全国中学生作文大赛，获一、二等奖各1人，三等奖6人，6所学校获优秀组织奖，6名教师获指导奖。加强教学用书管理。每学期召开一次全市教学用书管理工作会，全市教材和教学用书征订工作步入了依法有序的正轨。认真办好《宣威教育》，开展教研论文评奖活动，促进教研深层发展。全年共征集教研论文1 673余篇，200余篇刊载于《宣威教育》，并向上级教研部门推荐，获一等奖2篇、二等奖7篇、三等奖18篇。认真做好语言文字工作，双龙一小、宛水二小申报省级语言文字规范化学校自查工作结束，待上报评估认定。

**【法制教育】** 年内，认真贯彻落实教育法律法规，加强法制宣传教育，增强师生法治意识。建立干部职工普法学法考试登记台帐。加强党风廉政建设，积极开展教育系统民主评议政风、行风工作，实施“阳光政务”四项制度，促进教育系统政风行风工作转变。坚决制止学校乱收费，加强学校收费管理检查，规范收费行为，做到收费项目公开、亮证收费，接受社会监督。多次组织对义务教育保障机制改革经费的贯彻落实情况进行检查，全市未出现违反收费政策和资金管理规定的现象。认真落实“减负”工作。坚决贯彻落实各级关于切实减轻中小学生负担的方针政策和会议精神，各级各类学校严格执行各级有关文件，扎实做好“减负”工作，切实做到“减负提质”。教育局经常定期、不定期对“减负”工作进行督查，严禁体罚和变相体罚学生，严禁驱赶和变相驱赶后进生，严禁节假日集体组织补课，依法维护师生权益。扎实做好教育督导评估工作。对“两基”教育经费、学校常规管理、学校德育进行专项督检，规范了办学行为。贯彻落实《档案法》，加强档案工作，认真做好档案新建三星级的工作。认真学习《保密法》，加强保密工作，提高干部职工的保密意识。加强信访工作，认真落实信访案件，全年共接待群众来信来访86件，90%的信访件都按时办结，化解了矛盾，维护了教育声誉，促进了教育事业健康发展。

**【学校安全】** 年内，进一步强化安全意识和“一切为了学生，为了学生的一切，为了一切学生”的责任意识，常抓不懈，警钟长鸣。教育局与中心学校、市直学校签订学校安全工作责任书，把安全教育纳入综合教育目标考核。下发了《关于加强校园安全工作的紧急通知》、《关于抓好2010年学校安全工作的通知》等一系列文件。全年多次召开安全工作专题会议，每次会议都特别强调安全工作，对安全工作作出总体部署和具体安排，狠抓措施的落实。制定突发事件应急处置预案，进一步建立健全安全台账，实行安全月报制及安全责任制，对安全事故当事人和领导追究责任。加强学习保卫工作，强化值班制度，坚持24小时轮流值班，严禁校外人员随意进出学校、留住学校，组织教职工晚上定时、不定时巡查，严防外来人员进入学校，干扰学校正常秩序，一经发现，及时盘查，及时处理，防止违法犯罪活动发生。加强安全教育，认真开展法制宣传教育活动和心理健康教育，提高师生安全意识和自救能力；加大安全检查和督查力度，教育局多次组织专人对学校危房、水、电、食堂食品等进行检查，多次和公安、卫生、文化、安监、建设局等有关部门联合排查学校危房，整治学校周边环境，通过现场处理和限期整改，有效地遏制了不安全事故的发生。2010年创建宣威市级平安校园13校、曲靖市级11校、省级2校。

(撰稿　宋昌富)

## 党校教育

**【概述】** 2010年，市委党校内设四个科室:办公室、教研室、教务科、后勤科。在职人员 36人，其中18人为参公管理。专业技术人员12人，其中高级讲师4人、中职8人。工勤人员6人。年内，宣威市委党校努力推动宣威党员干部教育事业的发展，加强教师队伍建设，加强科研工作，提高办学水平。

**【中心工作】** 加强教师队伍建设。实施人才强校战略，强化现有师资培养，特别是中青年教学骨干和学术带头人的培养力度。年内党校共派出2名教师到上一级党校进行理论培训。二是开展专题宣讲活动。2010年12月，按照市委的统一安排，党校抽派了8名教师加入市委“宣讲团”，分五个组奔赴全市各乡（镇、街道）、市直各部门宣传贯彻党的十七届五中全会精神，也承担《大旱之后对农业环境的反思》、《学习贯彻十七届五中全会精神》两个课题主讲任务。另受各单位邀请，外出讲党课4次，听讲人数850人次。三是搞好挂钩扶贫工作。学校派出2名教师分别到田坝镇米田村、东山镇格木村，进行新农村建设指导工作。四是组织“城乡结对抗旱心连心活动”。3月5日，市委党校召开抗旱救灾动员会，全体教职工踊跃捐款献爱心，共计筹款1万元，及时送到了挂钩扶贫点(宣威市务德镇拖克村委会)，帮助解决抗旱救灾。3月22日，市委党校党总支召开支部会，开展“党员抗旱救灾特别捐款活动”，动员全体党员进行捐献活动，24名在职党员共计捐款4 200元，及时帮助困难群众解决饮水问题。

**【干部短期培训】** 共举办短期培训班12期，参训人员3 480 人。其中，乡、村干部理论培训班4期，培训副科级领导、村级领导1 400人。联合人事局对事业单位新进人员进行培训，联合市广电局、林业局等单位进行业务培训，共8期2 080人。

**【函授学历教育】** 根据省委党校函授学院2010年教学计划的要求，完成了2008级省函本科班2008级省函专科班的教学、毕业论文的修改、答辩等工作。

（撰稿　崔美华）

## 农业广播电视教育

宣威市农业广播电视学校有教职工8人，在校生27人，其中本科25人、中专2人。年内，共毕业13人，其中本科12人、中专1人。

年内，大力开展农村劳动力转移培训工作，完成培训1 363人。依托云南省“251”和“143”职业技能鉴定站，开展职业技能鉴定工作，完成5批职业技能培训鉴定，涉及动物防疫、植保、建筑工、混凝土工4个工种。鉴定合格并颁发证书968人，其中获农业行业特种工种职业技能鉴定合格证806人，获143职业技能鉴定合格证162人，职业技能鉴定合格率达71%。

（撰稿　余仕飞）

## 科学技术

**【概述】** 2010年，市科技局下设：办公室、科技项目与成果管理科、知识产权科、技术市场与民营科技企业管理科。年末在职职工15人，其中有党员11人。

年内，市科技局坚持“自主创新、重点跨越、支撑发展、引领未来”的指导方针，认真组织实施“科教兴市”、“人才兴市”战略，加强组织领导，加大工作力度，各项工作有新进展，科技工作取得新成效。市科技局被市委表彰为“2010年度科普工作先进单位”。

**【项目实施】** 年内，组织申报科技项目5项，其中科技部项目1项、省科技厅项目4项。总投资5 864万元，其中科技资金扶持705万元，项目建成后，计划可实现销售收入1.56亿元，实现利税2 146万元。

年内，市科技局深入调研，立项支持本级科技项目四类13项，总投资380万元，其中科技资金扶持70万元，项目建成后，计划可实现销售收入1 200万元，实现利税110万元。

年内，针对不同类型的科技项目邀请专家进行中期鉴定、项目验收。项目管理符合规定，无违法违规行政问题。组织验收项目3项：宣威市荣升火腿有限责任公司的《宣威火腿产业化技术集成与示范推广》科技富民强县项目、宣威市海璇实业有限责任公司的《宣威市无公害生猪产业化开发》科技富民强县项目、宣威市畜牧科贸有限公司的《冷鲜肉及产品深加工》技术创新与产业发展项目。总投资2 813.24万元，其中申请获得科技扶持资金140万元。项目实施后，新增产值9 410万元，新增销售收入7 992.04万元，实现利润828.06万元，新增税金210万元。带动科学养猪5.3万户，实现产值5.2亿元，增加了农民收入。

**【科技宣传】** 年内，逐步形成“政府引导、企业为主、金融支撑、社会融资”的多元化科技创新投融资体系，坚持以科技信息网站、科技橱窗、科技文化法律“四下乡”、“科技活动周”、“4·26”知识产权宣传周、科普宣传日活动等为载体，认真抓好科技宣传工作。

2010年1月24日，由宣威市委、政府主办，市委宣传部、文化局、科技局、卫生局、司法局、来宾镇党委、政府共同承办的宣威市“四下乡”集中示范活动启动仪式在来宾镇河东村举行。据统计，当日共发放《宣威市生猪饲养管理常识》500本、科技宣传画册800份、科技报10 000份、低温防治手册300册。处理咨询2 500人次。

年内，根据曲靖市科技局、市委宣传部、市科协《关于举办2010年科技活动周的通知》文件精神，宣威市2010年科技活动周于5月15～21日继续以“携手建设创新型国家”为主题展开活动。科技活动周着重突出“节约能源资源、保护生态环境、保障安全健康”这一主线，针对当前社会热点和群众的实际需求，尤其结合宣威市遭受到百年一遇的严重旱灾，全市农业农村工作和经济社会发展受到严重影响的实际，根据部门行业特点和不同地域特色，认真做好科技抗旱工作。一是普及抗旱节水科技知识。配合板桥镇在鸭塘村开展科技抗旱找水打井工作，打深井一口，2010年5月7日举行科技抗旱成井交接仪式，解决17户80人的人畜饮水困难问题。通过举办培训班、发放科普读物等活动，提高群众科学节水、用水能力，增强群众饮水

用水安全意识。二是抓好抗旱挂钩村的抗旱工作。科技局于2010年2月24日召开干部职工会议，局机关干部职工为抗旱保民生捐款共2 200元。2010年2月26日，局长带领干部职工深入热水镇窑上村帮助抗旱保民生工作。科技局支持资金3万元，以群众为主体，采取“提、拉、储”等一切管用措施，本着“先生活后生产”的方式做好抗旱中的“水文章”。提：巩固三、四组在绿荫塘水源点的机提工程，保证三、四组村民人畜饮水和学校用水。拉：加固二组小龙潭50立方米的取水点，坚持轮流看管水源点，保证饮水安全卫生，让群众有序拉水，在满足窑上群众用水的基础上对邻村群众用水进行调配。储：按照该镇党委、政府对栽烟户每户预储25立方米水的要求，对该村15 000立方米容量的小水窖进行储水，保证200公顷烤烟栽植计划不落空。

年内，根据曲靖市科技局、环保局要求，配合组织开展“七彩云南、科技环保、低碳生活”知识暨中建太阳能家电下乡科技宣传服务活动，参加人员曲靖市级30人、宣威市7人。于2010年8月27日至9月4日，充分利用群众赶集时机，先后在来宾、海岱、落水、热水镇集镇上组织开展“七彩云南、科技环保、低碳生活”知识暨中建太阳能家电下乡科技宣传服务活动，共发放科技资料4 980份，处理咨询31 000人次，解决群众难点12个。

**【知识产权】** 年内，市科技局围绕知识产权周活动主题，及时组织开展活动，活动中发放《宣威市生猪饲养管理常识》等科技资料2 500份，处理咨询250人次。认真贯彻落实《曲靖市专利发展激励办法（试行）》，加强政策引导，搞好服务工作。邀请曲靖市专利服务所的专家到宣威对企业如何申请专利进行业务培训和指导，开办培训班1期，用时24小时，参学23人，有力地推进了宣威市级专利发展进程。年末，授权专利26件，其中发明专利8件，实用新型、外观设计专利18件。全市累计授权专利共132件，其中发明专利18件，实用新型专利89件，外观设计专利25件。

**【宣威科技信息网站】** 年内，在曲靖市科技局的大力支持下，科技信息网站顺利运行。在市政府信息产业办的帮助指导下，办好本单位政府信息公开网站。

**【科技服务】** 年内，围绕全市经济发展思路开展科技服务工作。宣威市2010年度马铃薯高产创建活动自1月份开展以来，在市科技局、农业局的精心指导下，严格按照方案实施要求，项目区所在镇、村干部、农技人员认真负责，群众积极参与，认真做好科技抗旱工作。指导办好板桥、东山镇两片马铃薯高产创建示范样板。共印发《种植技术操作规程》、《农业生产通知书》及其他科技材料2.3万余份，发到千家万户，3～7月三期培训共14 000多人次，新增科技种植示范户400户。项目涉及2镇5村、3 243户19 168人。截止2010年8月15日，全市共投入资金100万元，其中：省科技厅补助40万元，宣威自筹60万元。百亩片2个共16.67公顷，千亩片2片133.33公顷，万亩区2个共1 193.33公顷，完成项目规定面积。8月18日，经曲靖市、宣威市专家组实地测产，板桥永安村百亩核心区平均亩产3 668.5千克；东山镇海那村百亩核心区平均亩产3 605.1千克，板桥镇千亩展示区平均亩产3 124.5千克，东山镇千亩展示区平均亩产3 201.6千克，板桥镇万亩平均亩产2 653.2千克，东山镇万亩平均亩产2 567.95千克，均达到并超过预定目标。其中板桥镇马铃薯高产创建示范样板成为全省春耕生产现场会现场之一，受到各级好评。

**【自身建设】** 年内，科技局修改完善了工作目标绩效考核内容，完善工作、学习、组织生活、财务管理、安全卫生、车辆管理等制度，坚持用制度来约束人，奖勤罚懒，调动机关干部积极性。一是坚持依法行政。按照统一的法律法规履行职能，按法定程序办事，执法行为规范，无乱收费、乱罚款、乱摊派等现象。二是优化服务质量，优化工作服务环境，无“门难进、脸难看、话难听、事难办”的现象。依法公开便民服务的办事依据、办事条件、办事程序、办事结果以及监督投诉办法。三是提高办事效率。按规定简化办事程序、推动电子政务工作，及时解决热难点问题。有效促进各项工作，无职责不清、推诿扯皮以及服务不兑现等现象。

（撰稿　刘廷敏）

## 地　震

**【概述】** 宣威市地震局属市政府直属事业单位，除履行地震监测预报、防震减灾宣传教育等职能外，并行使地震监测环境保护和重要建设工程场地地震安全性评价管理等行政职能。2010年，内设办公室、监测预报科、震害防御科。在岗人员8人，其中工程师2人、高级工2人。本科2人、专科5人、高中1人。有党员10人（含退休2人）。

**【地震监测】** 年内，市地震局以SZW—1A型数字式温度计（配备NF—PP40精密打印绘图仪）、LN—3A型数字水位仪各一台分别进行地热、静水位二项地震前兆的监测工作，为地震分析预报提供了及时、可靠的依据。云南省地震局对2010年度地震观测质量进行了评比，宣威市地震局水温观测获优秀奖。

**【地震预报】** 年内，宣威市地震局分析预报人员通过大量的资料数据计算分析处理，将前兆监测异常结合地震活动综合分析，并将以曲靖及邻区为重点兼顾全省的预测预报意见写入《震情通报》中，及时上报市委、政府、人大、政协、纪委及曲靖市地震局，全年共编写上报《震情通报》12期。并在《震情通报》中明确提出曲靖境内发生M>4.5级地震的可能性不大的正确预报意见。

根据《云南省年度地震趋势报告编写提纲》有关要

求，于2010年11月完成了《云南省2011年度地震趋势研究报告》。报告编写人员在全面深入综合研究分析云南及邻区2010年度地震形势的基础上，重点对曲靖及邻区特别是宣威市的地震危险性进行了研究分析，圈定了信度较高的地震危险区。

**【抗震设防管理】** 2010年，市地震局把抗震设防纳入程序化管理，把重要工程和生命线工程作为防震减灾工作的重中之重，严格执行抗震设防有关法律法规和建筑标准，根据宣威市地形地貌和地震活动特点，全面加强各类建筑物的抗震设防能力，做到大震不倒塌，中震可修复，小震无损坏。年内完成了市人民医院等重要建筑的地震安全性评价管理登记工作。

**【防震减灾宣传教育】** 年内，市地震局把普及全民防震减灾知识作为日常工作的重中之重，积极开展面向社会、学校、人员集中场所的地震科普知识宣传活动。利用"5·12"防灾减灾日、新的《中华人民共和国防震减灾法》颁布实施一周年、科普知识宣传周、美央广场文化活动、全国科普日、云南省第21个防震减灾宣传周等活动5次上街宣传，共发放各类宣传资料2万多份、防震减灾宣传书籍25万多册、科普光碟2 500余碟、宣传挂图1 000余套，在宣威电视台播放科普宣传片3次。真正做到防震减灾知识进学校、进单位、进农村、进社区，提高全民防震抗震意识和自救互救能力。

（撰稿　张　华）

## 气　　象

**【概述】** 2010年，宣威市气象局在职职工6人，其中工程师5人、助工1人；本科2人、专科1人、中专3人；有党员4人。退休职工6人。气象局下设：办公室、地面气象测报科、天气预报服务科、农气科、人工影响天气办公室、防雷减灾办公室。

2010年，气象工作紧紧围绕市委、政府的中心工作，围绕上级部门的目标任务，周密部署，精心服务。坚持把气象服务放在首位，不断增强气象服务意识，优化气象服务内容，拓展服务领域，突出气象防灾减灾工作重点。加快气象现代化建设步伐，气象灾害监测能力和公共气象服务平台得到提高和完善，得到了各级党委、政府和社会公众的充分肯定和高度评价。

**【气候评述】** 2010年，宣威市的气候特点：气温偏高，是气象局自1958年起有记录以来的最高年，暖冬特征明显；年降水量偏少，上半年干旱严重。

干旱是2010年最为严重的气象灾害，自2009年夏季到2010年5月出现持续时间长、影响程度深、影响范围广、受灾程度重的旱情。2月出现严重霜冻灾害。5月雨量偏少，雨季开始期偏晚，全市雨季于5月28日开始。汛期仍多洪涝、冰雹、大风，11月中下旬有阴雨寡照天气。总体而言，综合气候条件对经济、社会、生态各方面影响，2010年属于中等偏下气候年景。

1、全年。2010年平均气温14.8℃，比多年平均值偏高1.4℃，比2009年偏高0.4℃。年降水量854.7mm，比历年同期偏少120.5mm，与2009年持平；降水偏少时段主要出现在1～5月，由于大气环流异常，偏强西伸的西太平洋副热带高压长期控制宣威地域，阻断了孟加拉湾水汽向宣威输送，加之冷空气活动弱，导致宣威1～5月降水异常偏少，气温持续偏高，出现了严重干旱天气。

2、冬季(2009年12月—2010年2月)。

冬季平均气温9.1℃，较历年同期偏高2.7℃，较2009同期偏高0.8℃，是宣威市气象局有记录以来的最高值。降水量15.5毫米，比历年同期偏少22.4mm，比2009年同期偏少5mm。

2月19日凌晨，全市出现霜冻灾害。2月22日霜停。

3、春季（3～5月）。

3～5月平均气温16.6℃，较历年同期偏高1.7℃，较2009年同期偏高1.4℃。降水量141.8mm，比历年同期偏少20.7mm，比2009年同期偏少139.6 mm。雨季开始期偏晚，春旱及初夏干旱严重。

4月降水偏多，主要集中在下旬，降水降低了长时间居高不下的森林火险等级，对森林火灾的产生有明显遏制作用，对春耕生产及烤烟移栽成活十分有利。但由于前期干旱时间太长，降水不能形成径流，对人畜饮水困难无明显改善作用。雨季开始前降水比较少。

4、夏季（6～8月）。

6～8月平均气温19.6℃，比历年同期偏高0.6，与2009年持平。总降水量426.5mm，比历年同期偏少110.1mm，比2009年同期略少。

6月冷暖空气活动频繁，降水过程多，下旬单点性强降水突出，局部出现洪涝灾害。6月27日晚10时,务德镇境内的牛栏江江水急涨，致使糯嘎、新华、太阳、卜嘎四个村受灾严重。

7月降水量时空分布不均，单点强对流天气突出，其中6日、25日降大雨，降水量分别为47.8mm、27.3mm；7月5日、20日、27～31日，杨柳、倘塘、羊场、务德、格宜、宝山、落水、普立、西泽、板桥、西宁等乡（镇、街道）遭受大风冰雹灾害。

8月2～19日连续18天没有大于5mm的日降水量，有插花性干旱发生。1日、5日、9日、20日局部出现单点性强对流天气，羊场、得禄、倘塘、务德、格宜、西泽等乡镇遭受大风冰雹灾害。

5、秋季（9～11月）。

9～11月平均气温13.9℃，较历年同期偏高0.6℃，较2009年同期略低。降水量262.0mm，比历年同期偏多

23.6mm，比2009年同期偏多167.9mm。

10月31日初霜。

6、气象灾害。（1）干旱：2009年7月至2010年5月的11个月中，宣威有10个月降水量偏少，气温偏高。出现了自上世纪五十年代末有气象记录以来，干旱持续时间最长，影响程度最深，影响范围最广，受灾程度最重的跨年度特大旱情。这次特大干旱有以下特点：由于2009年7月以来长期连续的少雨、高温，特别是2009年雨季降水偏少，结束期偏早，造成库塘蓄水不足，是引发人畜饮水发生严重困难的主要因素；干旱持续时间长，土壤墒情持续特差，对农业生产造成非常严重的影响；干旱影响向多元化发展，除造成农业严重损失外，因缺水导致发电量不足、供水困难对工业、服务业和人民生活用水造成了严重影响，是灾害损失总量增加的一个重要原因。（2）霜冻：2月19日凌晨，全市出现霜冻灾害。（3）雨季开始期偏晚：2010年宣威雨季开始期偏晚，于5月28日开始。属偏晚年份。由于前期干旱严重，水库、塘坝干枯，对大春和烤烟在最佳节令移栽造成严重影响。（4）汛期洪涝：2010年主汛期降水量虽然偏少，但洪涝、冰雹、大风、泥石流滑坡等气象灾害仍频繁出现。

**【气象防灾减灾】** 市气象局认真贯彻落实《中华人民共和国气象法》、《人工影响天气管理条例》、《防雷减灾管理办法》等法律、法规，开展了卓有成效的气象防灾减灾等工作，取得了明显的社会、经济效益。

1、人工增雨防雹。面对特大旱情，气象局超常规开展应急气象服务工作，强化责任意识和安全意识，严密监测天气演变过程，对每一次复杂天气条件下的雷达回波图进行认真分析，科学有效地组织实施好每一次人工增雨防雹作业。在1～9月历时9个月的增雨防雹作业期内，人工增雨防雹成效明显。市气象局在抗旱救灾工作中表现突出，荣获云南省气象局“全省气象部门抗旱救灾先进集体”，曲靖市委、政府授予“曲靖市抗旱救灾工作先进集体”，并有1人被表彰为“全省气象部门抗旱救灾先进个人”，3人被宣威市委、政府授予“宣威市抗旱救灾工作先进个人”称号。

2、防雷减灾。市气象局认真履行防雷社会监管职责，对全市重点防雷单位进行了防雷设施安全检测，发现安全隐患并督促整改。积极开展6月“安全生产月”活动，积极宣传气象防灾减灾科普知识，向社会公众发放科普宣传资料，增强广大人民群众的防雷意识。

**【气象服务】** 2010年，宣威天气形势异常严峻，干旱灾害异常严重，气象服务任务重，压力大。针对气候特点，全局干部职工强化服务意识，充分利用各种现代化监测手段和气象信息产品，严密监视天气情况的发生、发展，做好长、中、短期预报联动，及时准确地向市委、政府和相关部门汇报，提供可能发生的气象灾害和对农业生产影响的信息及防灾减灾的措施和对策，当好气象“参谋”。

报准了特大干旱、倒春寒、晚霜冻、雨季开始期、大雨、8月低温等重要天气；1～12月共提供重要气象信息手机短信、重要天气消息、气象情况反映、天气预报、农业气象旬报、汛期短期气候预测、气象专题服务、土壤墒情检测信息等材料共335份；中央电视台《激情广场》活动、各级领导到宣威检查指导工作、广场文化活动、“六一”儿童节等重大活动提供36次专题天气预测预报；通过气象电子显示屏、电子邮箱、电话、气象影视节目等发布气象信息800余期。开通的重要天气手机短信发送平台，发送范围覆盖全市副科以上领导干部、重点服务单位、村级领导1 500余人，服务单位发展到90多家。

**【基础业务质量】** 年内，严格执行《地面气象观测规范》和各项规章制度，全年业务目标考核超额完成上级业务考核指标。

农业气象开展马铃薯、玉米的生育期气候观测、土壤湿度的测定和产量结构分析、物候观测，报送农业气象旬（月）报，大、小春粮食作物产量预报，大、小春作物气候评价的材料17期，继续保持全年观测质量无差错的优异成绩。

**【公共气象服务】** 气象综合信息系统软件升级完成转入使用阶段，已完成全市乡镇和部分单位电子显示屏的建设。进一步推进农村信息化进程，切实解决气象为新农村建设服务的“最后一公里”和“最后一小时”问题，大力拓展气象预警信息及科普知识宣传领域传递的覆盖面，充分发挥了气象综合信息为防灾减灾救灾的指导作用。

**【精神文明建设】** 全面部署和启动了为期两年的新一轮创先争优活动，认真开展党风廉政、警示教育，推进局务公开、廉政文化建设等工作，提高气象部门的执行力和公信力。

从思想认识、组织领导和措施落实等方面扎实推进群众性精神文明建设，全面提升精神文明单位创建质量。年内，市气象局被宣威市委、政府表彰为“十星级文明和谐单位”，曲靖市级文明单位届满重新申报成功。

积极开展气象宣传工作，CCTV1套“新闻30分”、“新闻直播间”播报了宣威市开展人工增雨的情况，在云南省广播电台口播报道2次、曲靖新闻777报道1次、曲靖电台新闻联播报道5次，《云南人影简报》刊登1篇、《曲靖气象信息》6篇，宣威电视台报道9次、宣威电台7次。积极开展了“3·23”世界气象日、“5·12”防灾减灾日、“6月安全生产月”气象科普咨询活动，展示宣传图片、发放宣传手册，最大限度开展气象法律法规和科普知识宣传。年内，市气象局有1人被宣威市委、政府表彰为科普工作先进个人，1人被市委宣传部授予“宣威市抗旱救灾宣传报道工作先进个人”称号。

（撰稿　李红春）

# 文化卫生体育

责任编辑　耿文江

广场文化活动。

（市委宣传部　供稿）

# 文化艺术

**【概述】** 2010年，宣威市文化局下设宣威市文化馆、宣威市图书馆、宣威市花灯剧团、宣威市文物管理所、宣威市电影发行放映公司、宣威市农村电影管理站等6个文化事业单位，曲靖新华书店宣威支公司属委托管理的企业单位，宣威市电影发行放映公司属自收自支的事业单位。宣威市文化局内设机构有：办公室、文化科、市场科、文化稽查队。全市文化系统共有干部职工132人，其中：机关公务员13人，参照公务员管理7人，财政全额拨款事业人员91人，自收自支事业人员18人，企业人员23人。全系统有专业技术人员71人，其中副高专业职称9人，中级专业技术职称36人，初级专业技术职称19人，未取得职称7人。全市有26个乡（镇、街道）综合文化站，有文化专干87人，其中聘用制干部24人。

2010年，群众文化工作以“构建和谐社会、建设和谐文化、提升城市文化品味”为主题，以“生态宣威”、“文明宣威”、“健康宣威”、“快乐宣威”建设为文化工作切入点，以“美奂山·大家乐”为重要载体。全年开展广场群众文化活动32场、观众250万人次，送戏下乡60场、观众70万人次，送书下乡3 000册，农村电影“2131”工程完成4 560场、观众123万人次。各单位、行业新排上演各类文艺节目1 100多个，经营性演出35场，实现演出收入60万元。2010年底，全市共有文化专业户125户，农村业余文艺宣传队225支。农村电影放映队24个，其中数字电影放映队14支，占58.3%。

把抓好文化基础设施建设和文化遗产保护工作作为社会文化工作重点。年内，完成第四批中央扩大内需乡（镇）综合文化站建设11个，计划建设面积7 200平方米，投资556万元，实际完成投资905万元，占计划162.7%；累计完成村级文化活动室建设216个，总建筑面积8.8万平方米；累计完成投资1 395万元，占年度计划的208%；累计完成文化信息资源共享工程17个，其中2010年11个，争取上级投资326万元；建成“农家书屋”163个；文化艺术中心完成投资7 100万元，占一期工程计划投资的84.1%，主体工程于2010年10月完工，转入装饰装修阶段。

认真开展第三次全国文物普查工作，宣威市有各级文物保护48项，省级3项、曲靖市级2项、宣威市级文物保护43项。第三次文物普查完成野外调查和数据搜集工作，实地调查不可移动文物136处，其中复查66处、新发现不可移文物70处。在不可移动文物中，古遗址22处、古墓葬17处、古建筑16处、古石窟石刻38处、重要史迹及代表性建筑39处，其它4处。普查绘制图纸164张，拍摄照片2 436张。积极参与天水池修复和环城西路的考古调查工作，完成杨柳古驿道和浦在廷故居申报国家级文物保护单位工作。

做好非物质文化遗产的保护工作。全市有非物质文化遗产保护项目43项，其中省级3项、曲靖市级12项、宣威市级28项。“宣威火腿制作工艺”2010年7月成功申报进入国家级非物质文化遗产保护名录。李广周、华品、高兴德获得“云南省非物质文化遗产项目代表性传承人”称号。年内，共创作各类艺术作品1 087件，其中省级以上发表或获奖8人10件。全年排演新剧（节）目358个，新创作品245件。

文化市场管理坚持“一手抓繁荣，一手抓管理”的方针，推进文化市场管理步入正规化、法制化轨道。2010年，全市共有文化经营户544户。全年共举办经营户培训3次，受训人数1 500人次，严格行政审批制度。审批、办理、换发、检审各类文化经营户544户，检查各类经营户6 560户次，查处违法经营84户次。全年共查处无证经营18户，取缔非法经营18户，取缔临时摊点12个，停业整顿8户。出动检查人员1 860余人次，检查网吧等经营场所2 650余户次，给予违法经营行政处罚32件。受理演出申请46件，收缴黄色淫秽和盗版光碟980碟，查处违法违规书商及学校非法订购教辅读物8户次。

2010年，宣威市经云南省文化厅复评，获“云南省文化先进县（市）”。

宣威市文化馆发挥群众文化工作的龙头作用，进一步巩固广场文化活动成果。一是成立了广场舞协会；二是举办了抗灾救灾摄影作品展，与有关部门举办书、美、影作品35件进行义卖，筹款32.8万元，资助82名品学兼优、家庭贫困的大学生；三为来宾镇河东村制作墙体画80平方米，书面橱窗20平方米；协助有关部门编辑出版了《龙场镇整乡推进866工程纪实》画册。四是组织50余件书法、美术作品参加曲靖市展览，进一步加强了非物质文化遗产保护申报工作；五是“宣威火腿工艺”成功申报全国第四批非物质文化遗产保护名录。

宣威市花灯剧团深化文体制改革，围绕“四个宣威”建设和新农村建设，创作了一批“三贴近”的舞台艺术作品。全年新创作品64个，其中舞蹈26个、小品18个、音乐及歌曲20首；创作编排花灯戏《乌蒙山上红旗渠》参加“云之南”艺术团到宣威旱区慰问演出，有12个节目参加了抗旱救灾专场文艺晚会，募得善款6.99万元；编排《打起灯笼跳起脚》参加曲靖市第三届少数民族传统体育运动会，荣获表演项目金奖。文化体制改革取得实效，杜鹃艺术团经营收入达60余万元。

宣威市图书馆认真抓好政治学习和业务学习，强化内部管理，完善了各科室岗位职责目标和规章制度。全年接待读者9.16万余人次，各类书报流通10.87万册次，解答读者咨询370条，完成跟踪服务项目20个，推荐新书240余册；启动电子阅览室试运行工作，新购图书3 000余册，订购报刊600余类，预约借书375人次621册次，送书上门150

次240册，代查资料855人次；编辑橱窗宣传栏3期，编辑《小康之窗》小报6期6 000份。

宣威市文物管理所坚持有效保护、合理利用、加强管理的工作原则，顺利完成了第三次文物普查第一阶段的工作，加大考古调查和文物保护单位申报力度，积极配合施工单位办理考古调查报告，完成杨柳古驿道和浦在廷故居申报国家级文物保护单位工作。全年共接待各级领导和有关部门、社会各界群众6万余人次。

宣威市电影公司深化改革，科学管理，完成农村电影放映1 560场，观众达到30.5万人次，固定资产达到1 500万元，实现增加值500万元，职工入股的双乐房地产开发有限公司全年收入1 200余万元，盘活原市文化局局机关、市文化馆资产，赢余400余万元支持市文化艺术中心工程建设。

宣威市农村电影管理站实行了单独挂牌，公开招考3人，指导和参与放映农村电影3 010场。

曲靖新华书店分公司宣威支公司发挥国有企业主渠道作用，以优质服务赢得市场，陈列品种由5万多个增加到8万多个。全面完成中小学教材非免费和免费教材的供应工作。全年实现销售收入3 800万元，实现利润120万元，比2009年增25%。

**【文化站规范化建设】** 2010年，乡（镇）文化站规范化建设经过云南省文化厅评选，宣威市共有16个乡（镇、街道）文化站达标，占文化站总数的61.5%，其中双龙等3个文化站为一级文化站、宝山等9个文化站为二级文化站、双河等4个文化站为三级文化站。

**【宣威市文化艺术中心】** 宣威市文化艺术中心属曲靖市重点工程建设项目和宣威市城市精品工程，一期工程概算总投资8 440万元，占地面积4.49万平方米，总建筑面积2万平方米，其中文化馆3 000平方米，图书馆4 500平方米，博物馆3 000平方米，大剧院6 868平方米，综合管理服务区2 632平方米。从2009年9月动工，2010年一期工程完成投资7 100万元，占计划数的84.1%，该工程将于2011年6月竣工交付使用。在此基础上，规划建设宣威市文化艺术公园（二期工程），占地9.93万平方米，计划投资6 000万元，2010年已完成项目论证及初步规划。

**【第四批中央扩大内需文化站建设】** 2010年，中央第四批扩大内需文化站建设共11个，分别在以下乡（镇）：板桥、落水、田坝、龙场、普立、文兴、阿都、双河、乐丰、倘塘、得禄。规划建设面积7 200平方米，计划投资525万元。实际完成1.09万平方米，投资957万元，分别占计划的150.8%和182.2%。经省、曲靖市有关部门检查，宣威市第四批扩大内需乡（镇）综合文化站建设顺利通过验收。

**【宣威市文化资源信息共享工程】** 2010年，在宣威市已有16个乡（镇、街道）文化资源信息共享工程点的基础上，新增10个乡（镇、街道）服务点，覆盖率达到100%，村级服务点240个，占总数的67.4%。

**【农家书屋工程】** 2010年，全市共建成村级农家书屋163个，比上年增加143个，占全市村（居）委会总数的45.7%。

**【文化站设备配置】** 2010年，省文化厅分两批为宣威市11个乡（镇、街道）文化站配备办公设备，这些设备包括调音台、照相机、办公用一体机等，价值110万元，比上年增220%，覆盖率达到61.53%。

**【激情广场演出】** 6月16日，由中宣部、全国总工会等单位举办的“CCTV激情广场爱国歌曲大家唱”云南宣威公安篇在美奂广场举行，公安、文化等单位参与组台演出。

**【“云之南”抗旱救灾文艺演出】** 6月29日“云之南”艺术团慰问宣威旱区专场文艺演出在美奂广场举行，市文化局、广电局参与组台演出，创作了小戏《乌蒙山上红旗渠》等节目，为灾区募捐救灾款6万余元。

**【第三次文物普查】** 通过第三次全国文物普查第一阶段组织验收，市文物管理所获省人力资源和社会保障厅、云南省文化厅授予的“云南省基层文化工作先进单位”称号，李家佐、彭庆荣获云南省文化厅、云南省文物局授予的“云南省第三次全国文物普查实地文物调查阶段突出贡献先进个人”称号。

**【文化事业“十二五”规划】** 在组织调研基础上，完成宣威市文化事业“十二五”规划，“十二五”期间完成26个乡（镇、街道）文化站改扩建，新建50个村级文化中心，达到文化信息资源、农家书屋、农村电影“2131”工程行政村全覆盖。

**【文化惠民工程和资源信息共享工程】** 规划在“十二五”期间，完成“建设356个村（居）委会文化惠民示范村”上报工作。2010年，完成9个乡（镇）245个村（社区）文化资源信息共享工程建设。

**【宣威火腿制作工艺获国家级非物质文化遗产保护】** 2010年5月12日，宣威火腿制作工艺被文化部公布为全国第三批非物质文化遗产保护项目，管升阔为云南省级代表性传承人，邵廷吉等7人为宣威市级代表性传承人。

（撰稿　苟云川）

## 文化产业

**【深化文化体制改革】** 文化事业单位三项制度改革不断深入，总结“十一五”文化产业成就，制定并完善《宣威市文化产业发展“十二五”规划》。

**【公共文化服务体系建设】** 美奂山公园建设顺利推进，计划投资2亿元，占地50.67公顷；投资1.44亿元新建的文化艺术中心工程进入扫尾阶段；计划投资2.95亿元新建的市体育中心，一期工程进展顺利；新建11个乡（镇）综合文体站、142个村（社区）文化体育活动场所、163个“农家

书屋”，建成文化信息资源共享工程点11个。积极争取项目资金586万元，基本完成了市、乡、村光缆建设。

**【文化产业】** 据不完全统计，2010年，全市共有文化产业户2 290户（其中农村文化户210户、文化联合体153户），从业人员达23 950人，固定资产投资4.9亿元。全年文化产业增加值达5.18亿元，占全市GDP比重约为3.57%。

**【本土文化】** “宣字牌”宣威火腿入围商务部公示的第二批“中华老字号”名录；完善《宣威市文学艺术作品奖励办法》，全年创作戏剧、舞蹈、音乐、书法、美术、根艺等各类文学艺术作品475件，发表（展演）地级及以上作品100余件。

（撰稿　王晓东）

## 史志工作

**【概述】** 2010年，市委党史研究室、市人民政府地方志办公室（以下简称党史室）有在职干部职工13人，内设秘书科、党史科、方志科。年内，继续加强征集、整理和研究宣威史志资料，积极做好撰稿、编辑、出版和发行工作，全年共编辑出版发行《宣威史志》4 000册40余万字；8月出版发行《宣威年鉴》（2010年）；9月出版发行《宣威史志“忆卓琳”专刊》。1月朱树雄被宣威市委、政府表彰为先进工作个人。4月单位被云南省地方志办公室表彰为“全省二轮修志工作先进集体”。6月单位被宣威市委、政府表彰为“文明单位”；同月单位被市委、政府表彰为“十星级文明和谐单位”。7月经云南省地方志系统评选先进委员会评审，单位被授予2008～2009年度云南省地方志工作“先进集体”荣誉称号；同月吕静被市委、政府授予“宣威市抗旱救灾工作先进个人”称号。8月单位被曲靖市委、政府授予“史志工作先进集体”一等奖；《宣威年鉴》（2009年）参与全国第二届地方志评选榜上有名；王斌被市委、政府表彰为“抗旱救灾宣传报道先进个人”。12月朱树雄、陶广顺、王斌被曲靖市委、政府授予“史志工作先进个人”荣誉称号。2月25～26日，深入抗旱挂钩点文兴乡白药村检查指导抗旱救灾工作，并现场捐资1万元，以帮助灾区群众解决当前困难，全力支持抗旱救灾“保民生、保春耕”工作。

**【《中共宣威地方史》（第一卷）】** 按照省委党史研究室和曲靖市委党史研究室的要求，根据《中共宣威地方史》（第一卷）的编纂工作方案要求，结合实际，组织编纂工作。7月底，完成撰写工作，但因资料收集整理难度大、涉及资料多、资金缺口大等实际原因，出版发行工作年内未完成。

**【《宣威年鉴》编纂出版】** 《宣威年鉴》是中共宣威市委、宣威市人民政府主办的大型资料性工具书，是党委、政府权威性年度“公报”，由宣威市人民政府地方志办公室编纂，公开出版发行。该书旨在全面、系统、准确、及时反映宣威市政治、经济、文化和社会发展的基本情况，为各级领导、科研部门和社会各界人士提供年度综合资料，为宣威构建“生态宣威、文明宣威、健康宣威、快乐宣威”作出贡献。3月全面启动，并以《宣威市人民政府办公室关于印发〈宣威年鉴〉（2010年）编纂方案的通知》下发；4月，完成全部篇目的稿件汇总工作；5月完成编辑工作；6月进入全面的审稿阶段；7月进行彩版的编排工作；8月送交出版社；10月出版发行《宣威年鉴》（2010版），严格实现了年初工作目标要求。《宣威年鉴》（2010版）设特载、专文、大事记、概况、政治、法治、经济管理与监督、经济贸易、宣威火腿、烟草、农林水务、交通邮电、城建环保、财税金融、教育科技、文化卫生体育、社会、乡（镇、街道）概况、人物和先进集体20个部类，各部类下设类目、条目等层次，有彩版75页共85万余字。该书由德宏民族出版社出版，发行900册，为硬壳精装大16开本。全书全面、系统的记载了全市2010年度政治、经济、文化、社会等各方面的情况，为方便读者查阅，书前有中英文目录，书后有索引。

**【《宣威史志》编辑出版】** 《宣威史志》是中共宣威市委、市人民政府主管，市委党史研究室主办的一本地方性、连续性、综合性刊物。把“突出地方性、资料性、可读性和为史志工作服务，为地方党委、政府服务，为宣威文明建设服务，为读者服务”作为办刊宗旨。设“经济”、“法制”、“教育”、“人物”等固定栏目，同时结合实际需要，根据报道重点开设临时性栏目。全年出版发行《宣威史志》4期4 000册40余万字，为季刊16开本。3月，云南省德宏民族出版社相关人员到宣威作办刊工作经验交流，并给予好评。

**【“忆卓琳”专刊出版发行】** 2009年8月，宣威市委、政府召开宣威市“忆卓琳”征文活动动员会以来，社会各界展现出极大热情，深切缅怀卓琳同志，纷纷撰写追忆文章。截止12月上旬，市委宣传部、市委党史研究室、市文联共收到“忆卓琳”征文150余篇，征文活动进展迅速。11月9～19日，根据市委、政府的统一部署，由市委宣传部牵头，组织相关部门相关人员组成考察团赴卓琳生前生活和工作过的部分地方收集有关卓琳同志的图片、文字资料。共收集到《世纪风流邓小平与卓琳》等25册文字资料，翻拍到有使用价值的照片320份。12月对收集的全部文稿进行汇总与讨论，从中辑选优秀文章进行编排，编辑出版《“忆卓琳”专刊》。2010年9月，经过精心编排，认真编纂，严把质量关，终成《宣威史志“忆卓琳”专刊》。该书共计10万余字，收录了48篇优秀文章，16开本，内设黑白插图，四封彩版，并配有电子光盘。

**【宣威史志网站】** 宣威史志网站于2008年度成立并开通运行。该网站以学习历史、存史鉴今、资政育人为根本任务，设有12个一级栏目、10个二级栏目，包含宣威市党史史料、专题资料征集、研究成果展示，党史宣传教育、党史知识普及、组织机构介绍等内容，在运行使用中充分利用史志网页开展宣传，不断充实网页内容、美化网页设计，提高了网页的可读性和点击率。

**【宣威革命遗址普查工作】** 在曲靖市召开革命遗址普查工作会议后，宣威市委、政府高度重视，并对宣威的革命遗址普查工作提出了明确的要求和周密的安排部署。一是制发了《中共宣威市委办公室关于印发宣威市革命遗址普查工作实施方案》的通知；二是组建了由市委领导任组长，有关部门负责人为成员的普查工作领导小组；三是落实了5万元革命遗址普查工作经费；四是业务培训、工作协调等前期准备工作。6月已完成全市革命遗址普查准备工作，7月完成全市革命遗址普查实地工作业务，确定涉及市区及9个乡（镇）的24处场馆、故居、烈士墓、纪念碑等革命遗址和2处其它遗址为普查对象。24处革命遗址中有重要历史事件及机构旧址5处；重要历史事件及人物活动纪念地7处；革命领导人故居4处；烈士墓1处；纪念设施7个。全市革命遗址中有省级爱国主义教育基地1个，占4.2%；曲靖市级爱国主义教育基地5个，占21%；有5处列为县级重点文物保护单位，占21%；未定利用级别的19个，占79%。至11月已上报成果待审批。

（撰稿　吕　静）

## 档案工作

**【概述】** 市档案局负责对全市范围内档案工作的业务指导和业务建设，属市人民政府直属参公管理的事业单位，内设4个科，编制13人。年初13人，1月份1人退休，12月底在职职工12人，其中：参公管理人员10人、工勤人员2人。被市委组织部抽调1人担任新农村指导员。领导职数3人，其中：局（馆）长1人，副局（馆）长2人。现有局（馆）长1人，副局（馆）长1人。

**【档案法制宣传】** 利用到各乡（镇、街道）指导归档整理的时机，市档案局分四个组，对新修订的《云南省档案条例》的学习、宣传和执法进行检查；组织各乡（镇、街道）、单位档案室订阅《云南档案》124份，订阅《中国档案报》13份，《云南档案》通联工作被省档案局评为一等奖；组织265名专兼职档案管理人员和分管档案工作的领导干部参加了档案业务知识书面竞赛，有7人被抽中获奖。8月底，组织42名档案干部参加全省举办的档案培训，并取得了合格证书；完成53个市直单位和26个乡（镇、街道）文件材料归档范围和保管期限的审批工作；与发改局、政府办等10余个单位联手在美奂山广场开展文化联欢活动，把档案职能及法规知识融入主持词及节目之中，并在美奂广场周围及城区主要街道悬挂布标13条；选送4人参加曲靖市举办的档案执法资格培训；组织档案工作者撰写论文，研究探讨档案学术，筛选上报论文25篇。其中有1篇论文在全省论文研讨会上交流，3篇在曲靖市论文研讨会上交流；在《云南档案》、《曲靖档案》发表论文及档案工作通讯报道7篇（条）。

**【馆内建设】** 一是挤出经费2.8万元购置除湿机4台、灭火器16个、防磁柜2个、电脑4台、打印机1台，拆换安置防盗门2道、修理加固门窗14道。二是组织市政府办、原宣威火腿企业集团公司档案进馆，共接收进馆档案7 749卷（盒），馆藏档案达54 749卷（盒）。三是完成案卷级目录录入2 789条，文件级目录录入51 246条，累计完成目录录入77 767条，其中文件级74 213条，案卷级3 554条。年内完成档案全文数字化15.7万页，累计完成全文数字化26万页。四是在互联网上建立本局（馆）网站，把本局（馆）的职能职责、办事指南、工作动态、重点工作及必须公开的政府信息发布到网上，方便群众查询。五是建立严格的档案管理制度，加强档案管理。近三年内库房内无鼠、无虫、无霉、无积尘、无水浸、无失窃等情况发生。六是共接待群众查阅档案1 376人次，调阅档案2 763卷。七是编写《当代宣威大事记（1949～2009年）》，累计近20万字。八是完成馆库建设的上报手续。

**【归档整理工作】** 采取“四定”、“三集中”和“一证”等方式指导全市26个乡（镇、街道）、356个村（社区）和96个市直单位按时完成文件材料的归档整理工作，指导乡（镇、街道）完成2009年度文件材料归档整理3 618盒70 186件（其中永久1 801盒38 623件、定期30年1 167盒20 476件、定期10年650盒14 507件）；指导市直单位完成2009年度文件材料归档整理1 328盒28 627件（其中永久603盒14 507件，定期30年418盒9 815件，定期10年307盒4 305件）。

**【农业农村档案工作】** 一是指导做好新农村建设及“8666”工程档案工作。二是整理完成林改档案4 179盒，先期移交市档案馆300盒，其余档案待继续完善并扫描完成实现数字化后再组织移交。三是指导全市331个村和25个社区完成村（社区）“两委”换届文件材料的收集和归档整理工作。四是指导做好乡、村“档案公示制”工作。全市共建立各类公示栏351期（块），其中，建立电子屏幕公示牌19块，其它公示牌332块，累计建立各类公示栏572期（块），全市73%的村（社区）建立了档案目录公示栏。五是指导乡（镇、街道）做好数字化工作。年内，全市有17个乡（镇、街道）购置使用“泰坦”档案管理软件，对近几年形成的档案目录进行规范化录入，录入目录31 679条。2010年年底，全市累计录入目录82 943条，其中市直单位51 246条、乡（镇、街道）31 697条，为全面推进档案数字化建设奠定了坚实的基础。

**【机关档案室星级转换工作】** 年内，共组织完成转星升

级168家，其中党政机关22家、乡（镇、街道）10家、村（社区）136家。累计完成转星升级260家，其中：党政机关80家，三星级63家，四星级7家，五星级10家；乡（镇）机关26家，均为三星级；村（社区）151家，其中：二星级117家，三星级34家。另外，科技事业单位3家（三星级、四星级、五星级各1家）。

**【专门档案工作】** 共整理民生档案4 765盒；对全市领导挂钩的64个重大建设项目建立登记备案制度，并组织对项目责任单位档案人员进行业务培训；组织完成达开电站、鸡田公路、羊过水水库等重点建设项目的档案验收，其中：指导达开电站立卷1 234盒、鸡（街）田（坝）公路873盒、羊过水水库285卷；指导宣威市抗旱办公室整理档案永久卷29盒126件。

（撰稿 周广多）

## 广播电视

**【概述】** 宣威市广播电视局下设人事秘书科、宣传科、事业科，核定人员编制数13人，其中行政编制10人、参照公务员管理的事业编制1人、机关后勤服务的事业编制2人。2010年，实有工作人员14人，其中公务员身份11人、机关工人身份3人。

2010年，局属广播电视台下设宣威人民广播电台、宣威电视台、宣威网站、总编室和总工办（总工办和农村广播电视管理服务中心两块牌子一个机构）。电视台设新闻部、专题部和广电传媒中心，总工办设播出部、东山电视转播台。广播电视台核定人员编制44人，其中专业技术人员39人、工勤人员5人。2010年，广播电视台实有在职人员95人，其中在职在编人员40人、聘用人员55人。

**【新闻宣传】** 年内，广播电视台围绕市委、政府中心工作和各阶段工作重点，对宣威市学习贯彻党的十七届五中全会精神、“十一五”经济社会发展成就和“十二五”规划编制情况、“创先争优”活动、村级换届选举、第六次人口普查等重要工作进行深层次、全方位、多视角地宣传报道，为全市经济社会发展营造了良好的舆论氛围。年内，宣威市电视台共制作播出新闻2 707条；电视专栏《十分关注》35期、《聚焦城市》29期、《宣威烟草》20期、《警界20分》18期、《为党旗增辉》6期；专题13部；免费发布各类通告、公益广告48件432次；播出宣传标语620条。电台共制作播出广播新闻2 425条，专题专栏《FM98音乐码头》96期、《周末话吧》48期、《今日农村》48期、《风尚咨讯》48期、《成长在线》48期。网站共播出新闻393条。

深入全面地开展抗旱救灾宣传报道。在电视《宣威新闻》栏目中增设《众志成城 抗旱救灾》、《水利之窗》等专栏节目，组织记者深入一线进行实地采访报道，着力宣传全市抗旱救灾保民生、保春耕工作采取的重大举措、工作成效以及抗旱救灾工作中涌现出来的先进典型。制作了《直击宣威旱情》、《誓与天斗》、《科技护农保春耕》、《难忘2010——宣威市2010年抗旱救灾工作纪实》等专题节目。并进行长时间滚动播出，为全市夺取抗旱救灾的胜利提供了强大精神动力和舆论支持。

年内，广播电视台加大对外宣传力度，外宣工作取得了较大突破。电视新闻上曲靖台播出247条、得分3 340分，上云南台播出39条、得分670分；广播新闻上曲靖台播出707条、得分2 098分，上云南台播出51条、得分835分；网站新闻在曲靖珠江网发布89条。有关宣威抗旱救灾的电视新闻报道上中央台播出38条、滚动播出100多次，中央人民广播电台“中国之声”特别报道栏目播出23条，国际频道播出专题1部。

**【作品创优】** 年内，广播电视台在自办节目内容上推陈出新，栏目包装上下功夫，着力提高节目的档次和品味。自办节目作品参加省、曲靖市各种类别的评奖活动，获得省级奖项6个、曲靖市级奖项33个。其中广播长消息《宣威市通南铺矿村结合共建和谐新村》获得省广播电视一等奖；对农节目《今日农村》、电视综艺晚会《宣威首届电视青年歌手大奖赛决赛》获得省广播电视二等奖；MTV《当年红军又回来》、电视短消息《宣威供销二次创业建组织 活跃农村商品大流通》、电视栏目《谁圆我的大学梦》获得省广播电视三等奖；广播片头片花《青歌赛预告》获得曲靖市广播电视政府奖特等奖；学术论文《时政＋民生 让地方新闻更具生命力》、电视栏目《十分关注——谁圆我的大学梦》、电视短消息《宣威供销二次创业建组织 活跃农村商品大流通》、电视广告《升达火腿形象》、广播播音《人物春秋》等7件作品获得曲靖市广播电视政府奖一等奖；广播系列报道《殷殷后母情——讲述一个后母的大爱》、长纪录片《诱惑》、电视栏目《十分关注——黑夜阳光》等11件作品获得曲靖市广播电视政府奖二等奖；电视主持《再现当年“红旗渠”》、广播综艺《春节联欢晚会》、电视专题《三化三定四抓四评 强力推进执法规范化建设》等14件作品获得曲靖市广播电视政府奖三等奖。

**【广播电视基础设施和公共服务体系建设】** 年内，完成覆盖全市1 883个自然村48 614户的广播电视直播卫星“村村通”工程建设任务；协助国家广电总局281台安装了监控设备，在榕峰顶无线发射台架设了CMMB移动多媒体广播，开通了七个频道的移动电视节目；完成电视台节目制作、播出服务器的电源网改造工程；在14个乡（镇）27个建设点组建了党员干部远程教育系统；配合中央、省电视台顺利完成了《激情广场·云南宣威公安篇》和“大爱化甘霖 希望满人间”慰问旱区大型专场文艺演出活动的现场直播任务。

（撰稿 孙琼英）

# 医疗卫生

【概述】 2010年全市有医疗卫生机构106个，其中局机关、妇幼保健院、卫生监督大队、疾病预防控制中心、中医院各1个，综合医院4个，乡（镇）卫生院22个，街道社区卫生服务中心2个，厂矿医院、股份制医院、民营医院、学校医务室16个，个体诊所57个。卫生行政事业人员1 506人，其中卫生专业技术人员1 334人、工人134人、公务员22人、参照公务员管理16人。卫生专业技术人员中，主任医师4人、副主任医师（药师、护师）78人，主治医师、主管护师、主管技师370人，其它初级职称的882人。厂矿医院、股份制医院、民营医院共有医护人员840人，个体诊所人员146人，村卫生所345个1 078人。有床位3 136张，标准床位2 380张，其中，市直医疗卫生单位、乡（镇）卫生院、社区卫生服务中心有床位2 108张，标准床位1 968张，其他厂矿医院、民营医院、股份制医院有床位1 028张。年内完成门诊326.72万人次，年入院9.52万人次，出院9.48人次，全年完成业务收入32 655万元。

【新型农村合作医疗】 新型农村合作（下称新农合）医疗巩固提高。一是规范医疗服务行为，控制医疗费用不合理增长，按照新农合医疗机构规模、服务能力和水平制定了《宣威市定点医疗机构平均住院费用限价的实施方案》，并加强督促检查、定期抽查、突击检查。二是加强培训，提高新农合医疗服务质量，对市、乡两级合作医疗管理办公室（下称合管办）工作人员、新农合定点医疗机构负责人组织学习培训，进一步提高管理人员素质，增强规则意识。三是深入实际，入户核实。市合管办坚持做到每月抽查定点医疗机构不少于总数的20%，入户核实参加合作医疗（下称参合）患者出院数占上月出院总数的3%，乡级合管办每月抽查村卫生所占本乡（镇）的20%，入户核实该乡（镇）上月出院数占总数的1%。四是实施“即时结报”，和省第一人民医院、省第三人民医院、省中医院、昆明医学院第一、第二附属医院及43医院共6家省级定点医院，曲靖市第二人民医院和曲靖市中医院2个医院签订了“即时结报”协议，从而简化了报销流程，控制了医药费用的不合理增长，减轻了到曲靖市级以上住院的参合患者医药费用负担。五是新农合管理队伍建设得到加强，在全市事业单位中公开考试考核，选调了20名市、乡合管办管理干部。2010年，全市参合农民1 170 808人，参合率为95%，预计全年门诊减免300.72万人次，减免金额2 173.96万元，住院补偿8.62万人次，补偿金额13 179.69万元，累计减免补偿308.98万人次15 353.65万元。

落实国家基本药物制度，推进医药卫生体制改革。自2010年3月1日起，全市各基层医疗卫生机构严格按照《国家基本药物目录》配备使用基本药物并实行零差率销售。在积极参加曲靖市卫生局举办的国家基本药物制度培训后，于4月2～5日组织乡（镇）卫生院、街道社区卫生服务中心有执业医（助理）师资格的医务人员进行基本药物制度的学习培训。在国家基本药物制度的指导下，进一步完善宣威市药品竞价采购、集中统一配送制度。1～12月份，全市药品配送总额1.5亿元，占医疗机构用药总量的95%以上。认真贯彻落实省、曲靖市的医药卫生体制改革工作，在宣威市医药卫生体制改革领导小组的领导下，深入调查研究，形成了宣威市医疗机构改革方案、基层医疗机构绩效考核办法、基本药物和补充药品使用采购配送办法、基层医疗机构管理暂行办法、乡村卫生服务一体化管理改革方案，报市医药卫生体制改革领导小组审定发文实施。

【医政工作】 医疗卫生服务体系建设加强。市第一人民医院整体搬迁新建项目完成选址、总体规划布局、地质勘探、土地平整、围墙砌筑等工作，并争取列入了国家扩大内需、拉动经济增长项目，门诊医技楼工程施工单位于12月8日进场施工。龙场、东山两个中心卫生院业务用房建设竣工投用，完成总投资410万元，完成下达投资计划252万元的162.7%；双龙社区卫生服务中心业务用房建设协调解决了建设地址周边阻挠问题，工程进展顺利，现已竣工投入使用。倘塘、乐丰、热水卫生院、西宁社区卫生服务中心业务用房建设项目，于10月中旬开工建设。市中医院、市卫生监督大队、市妇幼保健院及部分乡（镇）卫生院业务用房建设已进入上级有关部门项目储备库。

医疗机构监管得到加强。严格医疗机构审批、备案，2010年新审批医疗机构3个，均进行上报备案。为进一步规范医疗行为，提高医护质量，保障医疗安全，2010年4月16～18日组织了市直医疗机构、厂矿医院、民营医院的院长、医务科长、护理部主任共37人参加中国医师协会在昆明举办的“病历书写规范与法律风险防范”暨《侵权责任法》的培训会。5月2日组织了全市各级各类医疗机构的院长、副院长、医务科长、护理部主任共98人对《病历书写规范》和《侵权责任法》进行全面培训。建立和完善医疗信息报告制度，2010年2月28日完成了对全市461个医疗机构医疗信息系统数据的录入、上报工作。建立了重大医疗过失行为责任追究和按时上报医疗事故信息制度。

医疗服务质量和医疗安全水平不断提高。坚持医疗服务质量水平和医疗安全水平的提高与开展创先争优活动相结合，通过学习培训，认真查找医疗服务过程中存在的问题和不足，强化承诺服务。继续巩固“医院质量管理年”活动成果，在全市卫生系统形成重视质量管理的良好氛围，建立起医疗质量持续改进的长效机制。积极营造互相信任、互相尊重、互相帮助、温馨和谐的医患关系。加大医疗纠纷调处力度，全年共调处医疗纠纷争议26起，委托上级医学会鉴定6起，其中一级甲等主要责任医疗事故1起、次要责任1起，四级医疗事故次要责任2起，不属于医疗事故2起。认真组织开展无偿献血活动，2 565人参加无偿献血，献血总量63.95万毫升，超额完成394人，完成下达任务数2 171人的118.14%。

卫生人才培养工作进一步加强。申报曲靖市级继续医学教育18项，申报省级继续教育项目1次，申报二类医疗技术临床应用一次、三类医疗技术临床应用二次。参加省外进修5人，省级医院进修53人，曲靖市级进修23人，县级进修11人，短期培训115人，中医药适宜技术培训1 248人，继续医学远程教育316人。巩固与曲靖医学高等专科学校联合举办医学类成人教育成果，提高在职医务人员学历层次。在2008～2009年成功办学的基础上，2010年通过成人高考招收专科、本科临床、护理两个专业106人学历提高教育。

**【中医药工作】** 加强中医药工作。努力完成国家及省下达的中医药特色专科、急诊急救、中药房与中医药知识宣传普及项目建设任务，市中医院骨伤科已通过省级重点专科建设验收成为省级重点专科、针推科被列为重点专科建设。中医院急诊科充分发挥中医药在急诊急救中的特色优势，2010年，救治病人7 000余人。中药房建设添置了温度计、湿度计、换气扇等设备。积极开展中医药知识宣传和推广应用中医药适宜技术，在组织开展创建中医先进县（市）工作中，大力宣传推广应用中医药适宜技术，每个乡（镇）卫生院开展中医药适宜技术不少于10项，市中医院引进推广三维正脊仪，中药熏蒸疗法等，取得较好的社会效益和经济效益，目前全市22个乡（镇）卫生院均能提供中医药服务，村卫生所提供中医药服务占全市医疗机构总数比例的70%，社区卫生服务中心100%开展中医药服务。全国中医药先进县（市）创建达到标准，顺利通过验收。

**【疾病预防控制】** 疾病预防控制得到加强。1～11月，共报告法定传染病20种1 961例，其中：甲类传染病无病例发生，乙类传染病13种1 522例，甲乙类传染病发病率为1.04‰，低于目标任务1.28‰，丙类传染病7种439例，发病率为0.3‰。计划免疫共运转常规疫苗11轮，预防接种建证数26 504人，建证率为97.34%。全市儿童乙肝、卡介苗、脊灰疫苗、百白破、白破疫苗、麻风疫苗、麻腮疫苗、乙脑疫苗、流脑A+C、甲肝疫苗接种率为97.40%、95.27%、96.86%、96.21%、95.15%、95.65%、95.94%、95.76%、94.59%、95.40%、96.64%。结核病门诊初诊1 707人，共发现治疗肺结核439例，纳入项目管理免费治疗结核病人439例，完成目标任务360例的121.9%。完成农村饮用水检测水样199个，城市二次供水和末梢水水样检测29个，从业人员健康体检3 085人，职业健康体检4 923人，学生健康体检17 120人。抽取29个乡（镇）36个行政村288份居民用盐进行碘盐检测，合格率为95.14%。城市居民健康档案建档147 437人，建档率为89.18%，农村居民健康档案建档746 834人，建档率为64.2%。高血压患者健康管理37 620人、糖尿病患者健康管理16 877人、重性精神病患者管理3 088人，管理率分别为31%、41.47%、71%。

艾滋病防治工作成效明显。根据新一轮艾滋病防治人民战争和防治艾滋病工作责任目标要求，认真落实各项工作措施。一是检测和感染者管理。共为1 540人提供了自愿咨询检测服务。2010年应检测配偶34对，已检测68人。HIV应随访667人，失访或未访139人。根据现在住址应做CD4细胞检测334人，实做334人。成功转介HIV感染者抗病毒治疗54人。二是行为干预。共为16 349人次提供了美沙酮维持治疗服务，使用美沙酮156.96万毫升，为1 100名吸毒人员发放注射器6万余支，回收销毁37 528支，交换次数8 026人次。每月对城区的娱乐场所进行1次干预活动，娱乐场所干预覆盖率100%，高危人群干预覆盖率达98%，干预人数达2 100余人。目标人群在一个月内坚持使用安全套比例达95%以上。向暗娼人群免费发放安全套40万余只，免费发放宣传材料3 000份。所发现感染产妇抗病毒应用比例达100%。共为5 840名已婚人员做HIV免费抗体筛查，未查出HIV阳性人员。三是艾滋病临床治疗。累计给符合服用艾滋病抗病毒药物及预防机会性感染药物治疗艾滋病感染者140人，收治符合治疗条例病人57名。

**【妇幼保健工作】** 妇幼保健工作成效明显。妇幼保健坚持“以保健为中心，以保障生殖健康为目的，保健与临床相结合，面向基层、面向群体”的妇幼卫生工作方针，认真组织实施“降消”项目。1～12月新法接生18 417人，接生率为99.96%；住院分娩17 855人，住院分娩率为95.97%。高危住院分娩3 250人，高危住院分娩率100%；孕产妇保健覆盖18 264人，保健覆盖率98.17%，孕产妇死亡5人，死亡率为0.27‰，低于目标任务0.35‰。新生儿破伤风死亡数为零。全市7岁以下儿保健覆盖率达82.08%，3岁以下儿童系统管理率达89.49%，5岁以下儿童死亡253人，死亡率为13.6‰，婴儿死亡203人，死亡率为10.91‰，低于目标任务13‰。新生儿死亡150人，死亡率为8.06‰。“降消”项目发放宣传资料30余万份，已补助农村孕产妇10 993人562.36万元。

**【卫生监督】** 卫生监督工作扎实有效。全市全年作出卫生行政许可1 136件。其中餐饮服务许可868件、公共场所卫生许可255件、生活饮用水卫生许可13件。全市共办理护士注册160人。办理健康合格证6 402份。各项卫生许可均按《行政许可法》的要求，依法初审、依法报批、依法制作发证，严格卫生行政许可准入。全年共办理卫生行政处罚案件18件。加强健康相关产品的监管力度，制定了《宣威市2009年健康相关产品抽检工作计划》，由疾病预防控制中心和监督大队配合完成抽检计划。抽检餐饮具305份，二次供水49份（其中学校二次供水10份）。发出卫生监督简报11期，发送卫生监督信息9条。完成2010年元旦、春节期间食品卫生监督检查、学校食堂及学校周边餐饮单位卫生安全专项整治、“五一”假日黄金周、中考、高考食品卫生监督、一次性筷子和地沟油整治、非法行医专项整治、医疗机构放射源整治等监督检查11项。积极做好职业病防治工作，派出卫生监督员58人次、宣传车23辆次，共发放宣传单3 900余份，展出职业病防治宣传展板4块，在市区挂出宣传布标8条，在厂矿企业醒目位置张贴宣传画86张。在东山、海岱、田坝、龙场、宝山、文兴、来宾、倘塘、乐丰、龙潭等乡（镇）完成了10期煤矿职业卫生安全培训工作，共培训矿长、法人代表、工会主席等煤矿负责人518人。完成13 628人次的职业健康检查。认真开展公共场所卫生监督量化分级管理工作，市区共有40家参加了2010年的公共场所卫生量化分级管理工作，其中住宿20户、美容美发12户、沐浴场所6户，游泳场馆2户。卫生监督员对照《公共场所量化分级评分标准》，认真开展初评审工作，于10月底完成初评工作。

认真实施基本公共卫生服务项目。根据云南省卫生厅、曲靖市卫生局关于基本公共卫生服务项目实施方案的要求，与市财政局共同研究下发了《宣威市2010年基本公共卫生服务项目实施方案》、《宣威市2010年基本公共卫生服务项目绩效考核工作方案》，并认真组织实施，于4月29日至5月2日召开全市基本公共卫生项目启动暨业务培训会，于5月18日召开全市基本公共卫生项目业务培训会，于7月8日召开公共卫生工作骨干培训暨上半年工作完成情况通报会，并实行局领导班子成员挂钩乡（镇）卫生院、街道社区卫生服务中心工作负责制，各项基本公共卫生服务工作有序推进。

**【爱卫工作】** 爱卫工作深入开展。农村改水改厕完成3 250户，完成下达任务数的100%。灭鼠除害活动发放灭鼠毒饵4 200千克、灭蝇药900千克、消毒灵1 000千克、漂白粉3 000千克。在卫生系统开展全面禁烟宣传教育活动，并制定了相应实施方案和办法。圆满通过两年一次的甲级卫生城市年检。

（撰稿　杨金卫）

## 体　育

**【概述】** 2010年，宣威市体育运动服务中心设人事秘书科、群体竞技科、场地管理科及下属体育中学，现有行政管理人员10人、教职工46人。

**【群众体育】** 坚持“体育为人民服务、为社会主义现代化建设服务”指导思想，认真贯彻落实《体育法》、《全民健身条例》和中共中央、国务院《关于进一步加强和改进新时期体育工作的意见》。体现地方特色的亲民、便民、利民的各种群众性体育活动得到了广泛开展。东山寺、小庙山、西河路、美奂公园等晨练晚练地点每天有数万人自觉参加体育锻炼。以活动为载体，不断推动了群众体育的发展，2010年1月1日组织了2010年全市元旦穿城赛跑，市委、政府领导亲自参与，全市共有2 000余人参加了本次活动，上万观众观看比赛。2010年8月8日在宣威市美奂公园组织了“全民健身日”活动启动仪式。活动仪式上跆拳道协会、老体协等有关单位进行了门球、乒乓球、气排球、太极拳、跆拳道等项目展演，参加活动者上万人。9月、10月，体育服务中心成功承办了曲靖市地税系统第二届竞乐运动会、第二届交警系统“珠源卫士杯”篮球运动会。通过组织开展形式多样的群众体育活动，促进了群众体育的蓬勃发展。据不完全统计，全市现阶段的体育人口约占全市总人口的38.5%。

**【职工体育】** 全市各单位把体育活动纳入工会活动的重要内容，把开展体育活动作为提高职工素质，弘扬集体主义、爱国主义精神，增强干部职工的凝聚力、向心力的重要手段，做到了年初有计划，年终有总结，活动有组织、有安排。除职工自发组织的各种活动外，大多数单位每年坚持召开了一次职工运动会，篮球、足球、田径、乒乓球、羽毛球、武术、象棋等体育项目在广大干部职工中得到了广泛开展。

**【农村体育】** 根据农村经济发展状况和农村精神文明建设的特点，因势因地开展体育工作。坚持把体育工作纳入乡（镇）精神文明建设考核内容，利用农闲和节假日，面向农民，采取自愿、小型多样的方式，开展文明健康的体育活动。2010年8月8日成功举办了宣威市农村老年人体育运动会，进行了门球、地掷球、气排球、乒乓球四个项目的比赛。农村精神文明建设进一步得到了加强，促进了农村生产力的发展。年内，继续争取农民健身工程在更多乡（镇）实施，有效的改变了乡（镇）体育落后的现状。

**【学校体育】** 学校体育是全民体育的重点，各学校认真贯彻党的教育方针及《学校体育工作条例》，积极推行素质教育，把健康放在第一位，组织实施《国家体育锻炼标准》，抓“两课”、“两操”、“一活动”的落实工作，不断提高体育教学质量，以提高学生身体素质为目标的学校体育逐步走向制度化、规范化。年内，全市各学校基本坚持召开了一次综合性运动会和一至二次单项体育比赛，学校体育达标施行面达100%，达标率达90%，全市各乡（镇）均组织召开了中小学生运动会。

**【老年体育】** 市委、政府重视、关心老年人体育工作，主要以“康乐型”为主，开展面向群众，扎根基层的老年体育活动蓬勃开展，围绕“三节”（国庆、健身日、重阳节）开展“五个活动”（太极拳、剑展演活动，歌舞、柔力健身球展演活动，农村老年人运动会，门球轮庄赛和老年文体展演活动）。组队和派队员参加国家、省、曲靖市组织的各种比赛，获得较好成绩，做到了月月有活动、月月有赛事，全面促进了全市老年体育的发展。

【竞技体育】 2010年7月3～8日举办宣威市首届“和谐杯”少儿篮球运动会，运动会由宣威篮球协会承办，来自全市部分学校的12支代表队180余名运动员参加了这次比赛，这是宣威在发展篮球事业上的一次有益尝试。

2010年7月30日至8月8日举办了宣威第三届“和谐杯”篮球运动会，共24支代表队310余名运动员参加比赛，运动会的举办得到许多有识之士的大力支持，在全市掀起了一股篮球运动的热潮。

2010年8月8日组织参加了第三届曲靖市少数民族传统体育运动会，宣威派出100余人的代表团，参加了全部项目的比赛，队员们在比赛中锐意进取、顽强拼搏，取得金牌9枚、银牌7枚、铜牌8枚的好成绩。

2010年10月3～5日举办宣威市云南省跆拳道邀请赛，本届运动会由宣威市体育运动服务中心主办、宣威市跆拳道协会承办，参赛代表队18支，参赛运动员218名。经过三天激烈角逐，宣威市跆拳道协会代表队获17金、15银、17铜和团体总分第一名的好成绩。

2010年11月25日至12月2日成功举办了宣威市第五届体育运动会，运动会共有58个代表团1 511名运动员参加了篮球、乒乓球、羽毛球、门球、气排球、中国象棋六个项目的角逐，决出25个奖项141个名次，优秀组织奖和体育道德风尚奖各3个，是宣威市规模空前的一次体育盛会。比赛期间，组委会加强领导，精心组织，周密安排，参赛人员充分发扬吃苦耐劳精神，克服一切困难，比赛圆满完成。本届体育运动会突出了“发展体育运动，构建和谐宣威”的主题，弘扬了宣威精神，展示了宣威市“十一五”期间体育事业取得的辉煌成就。

【体育中心建设】 宣威市体育中心选址于虹桥街道办事处、润凯淀粉厂以北地块，规划占地面积23公顷。一期规划占地5公顷，建筑面积19 162.11平方米，总投资8 000万元，建设内容包括：2 973人综合体育馆，集篮球、排球、网球、羽毛球、乒乓球等比赛标准场地和羽毛球、网球、乒乓球、武术、举重、摔跤、柔道、体操等训练健身场地。2010年完成投资4 050万元，预计2011年12月底主体工程完成。

【项目资金】 不断加快宣威市体育事业的全面发展，向国家体育总局争取“雪炭工程”综合训练馆项目建设资金150万元；向省体育局争取场地设施资金209万元；争取农民健身工程3个乡（镇）（海岱、务德、阿都）45个村，获补助资金（含设施）108万余元；争取曲靖市体育局体彩公益金补助15万元为三个乡（镇）建设灯光篮球场。全年共争取上级部门各种资金582万元，是全曲靖市争取上级主管部门资金最多的一个市（县）。

（撰稿　张崇刚）

# 社　

责任编辑　陶广顺

2010年4月19日，宣威市抗旱救灾保民生救济粮发放仪式在西泽举行。

（市民政局　供稿）

# 民 政

**【概述】** 2010年，民政局有干部职工72人，其中公务员23人，机关工人6人，事业单位管理人员11人、事业工人32人。年内，在全省召开的第八届双拥命名、表彰会议上，宣威市被省委、省政府、省军区命名为“双拥模范城”。另有7人次分别受到省民政厅，曲靖市委、市政府和宣威市委、市政府表彰。

年内，根据人事部门有关文件精神，启动了事业单位岗位管理设置工作，按照“按需设岗、精简高效、合理设置、科学管理、兼顾现状、注重发展”的岗位设置原则，婚姻登记所、双拥办、救助站、烈士陵园、军供站、干休所、殡仪馆7个事业单位35个编制进行了单位设置，以工勤岗位为主体，占单位岗位总量的69%，管理岗位占31%。设置方案和实施办法经曲靖市人事局核准并与事业单位人员签订了合同。

**【民政工作会议】** 2009年12月17日，在市民政局七楼会议室召开全市民政工作会议和2010年春节慰问物资发放仪式。会议总结了2009年民政工作，安排部署了2010年民政工作。会后，共发放大米116.45亿千克，棉被6 847床，衣物2 020袋。

**【救灾救济】** 2010年发生的自然灾害频率较低，但灾害程度深，损失巨大，上半年遭受百年来最严重的干旱灾害，受灾时间之长、受灾范围之广、受灾程度之深、损失之严重属历史罕见。全年受灾人口达128万人，因灾死亡1人、伤病1 284人，紧急转移安置2 163人，农作物受灾9.4万公顷，成灾9.4万公顷，绝收6.8万公顷，因灾倒塌房屋1 534间，其中倒塌居民住房654间，4 420间大小房屋不同程度受损，各种自然灾害造成直接经济损失10.21亿元。发生民房火灾96起，烧毁房屋349间，部分损坏70间，涉及350户1 224人，直接经济损失911万元。经宣威市国土资源局鉴定，全市17个乡（镇、街道）存在地质灾害隐患41处，937户3 304人受到滑坡威胁须实施异地搬迁。

面对严重的自然灾害，民政局及时掌握详实的灾情数据，准确、客观、规范地报送灾情信息，及时落实下拨救灾救济款物，安抚受灾群众，保证了灾民的基本生活。全年落实下拨救灾资金2 137.8万元，下发救济口粮玉米130万千克、大米47.8万千克、衣服5万余件，被子7 225床，毛毯53床，落实民房火灾救助330户次，发放火灾救济款50余万元。在常年物资储备的基础上，购买储备了100万千克玉米和6 000床棉被。帮助灾民恢复重建484户1 747人，新建房屋1 227间。接收抗旱救灾捐款914.17万元，接收捐赠的款物做到专帐管理、专人负责、专款专用，严格按照资金使用规定落实到位并适时向社会公开。

**【城乡社会救助】** 一是城市低保按照应保尽保、应保才保的原则，进一步加强了动态管理和分类施保。月人均补差增至110元，共保障城市低保对象84 060户次173 388人次，保障金2 028.03万元，旱灾期间两个月发放临时生活补贴57.7万元（人均40元）。二是农村低保工作有序推进。自7月起低保对象增至6.21万人，每人每月补助60元，全年发放保障金4 897.6万元，其中春节期间一次性生活补贴302.5万元，旱灾期间2个月临时生活补助181.5万元（人均补助30元）。工作中坚持公开、公平、公正的原则，严格按照户主申请、小组推荐、民主评议、张榜公示、村委会核实、乡（镇、街道）审核、市民政局审批、张榜公示、颁发低保证的工作程序，做到不错保，杜绝人情保、关系保。三是农村五保供养政策全面落实。及时核实五保供养的有关基础数据，动态掌握五保对象情况，有针对性地开展工作。全市纳入五保供养5 299人，其中16周岁以下的未成年孤儿943人，五保供养金增至每月80元，含粮折算价每人每月补助109元，发放五保供养金711.9万元，其中旱灾期间2个月临时生活补助15.9万元（人均30元）。四是城乡困难群众医疗救助工作有序开展，加强大病医疗救助与农村新型合作医疗的衔接。从11月1日起，启动城乡医疗救助“一站式”服务，简化了相关手续，方便了群众。2010年资助农村特困群众65 769人参加农村新型合作医疗，补助资金197万元，实施农村大病医疗救助742人次，补助资金298.4万元，实施城镇大病医疗救助26人次，补助资金6.4万元。

**【临时救助】** 对生活特别困难的贫困群众实施临时救助，实现救助工作向低保边缘群体、低收入群体延伸。全年救助城镇困难对象599户次，救助资金53.9万元，救助农村困难对象3 195户次，救助资金261万元。坚持“自愿救助、无偿救助”的原则，为城市生活无着的流浪乞讨人员提供必要救助。全年实施救助747人次，提供救助资金9.8万元。

**【双拥优抚】** 一是按照“双拥模范城”创建要求，深入开展拥军优属活动。春节期间，市四班子领导带队，深入到困难优抚对象、在乡残疾军人、军属、烈属家庭进行走访慰问；召开春节茶话会，集中慰问驻宣部队和军队干休所；积极为特困复员军人、在乡残疾军人解决临时困难463人次，落实临时生活困难补助金20.4万元。向“三属”(烈属、因公牺牲军人家属、病故军人家属）、现役军人、老复员退伍军人家庭发放“光荣之家”牌匾1 350张，年画3 100幅。兑现优秀士兵和荣立二等功、三等功的现役士兵奖励228人次，奖金4.2万元。二是严格落实各项优抚政策。按照相关政策要求，及时调整提高各类优抚对象的抚恤和生活补助，并及时发放到位，共发放各类定补、定抚人员4 691人生活补助1 637万余元。义务兵家庭优待金提高到每户2 566元，优待义务兵家庭749户，发放优待金192.19万元；44名下岗失业残疾军人生活补助每人每月提高到862元，共发放47.58万元。三是认真落实优抚对象医疗保障待遇，出台了《宣威市优抚对象医疗保障办法》。8～10月，组织医疗队深入到各乡（镇、街道）对4 213名重点优抚对象进行健康检查，发放了价值6万余元的日常药品。四是严格落实“双考安置”政策，妥善安置退役士兵。2010年共接收退役士兵343人，其中回农村安置的226人，符合安置条件的城镇退役士兵80人，转业士官37人。保底安置5人，考试考核择优安置35人。为增强退役士兵就业竞争力，对城镇退役士兵和三期转业士官进行了为期20天的计算机操作技能培训。按照自愿原则，组织农村退役士兵40人在宣威第一职业技术学校进行为期30天的职业技能培训，并推荐到省内外企业就业。五是军队离退休干部休养所以“创新服务理念、构建和谐军休”为目标，进一步转变观念、增强服务意识、提高服务质量。筹资98万元，新建军队离退休干部休养所活动室586.21平方米。六是加强军供工作规范化建设，为过往军队服务做好准备，圆满完成军供接待任务，接待过往部队2 600余人次。七是烈士陵园改扩建工程顺利竣工验收，日常管理进一步加强，园内整洁卫生，各种纪念文物管理到位，爱国主义教育基地的功能充分发挥，接待参观、凭吊等各类人员5 000余人次。

**【社区和村民自治】** 一是顺利完成第四届村“两委”换届选举。共选举产生村委会主任330名，副主任330名，委员1 096名，村党总支书记、主任“一肩挑”123人，占37%，连选连任167人，有23名大学生村官进入了村党总支班子。二是坚持推进村务公开民主管理。按照《曲靖市村务公开民主管理目录》要求，将村务公开民主管理纳入全市千分制考核范围进行考核。狠抓村级组织规章制度的规范和完善，进一步建立和完善了村务公开、民主决策、村级民主管理、民主监督制度。三是积极推进和谐社区建设。在完善城市社区服务功能的基础上，通过深入调研，逐步启动农村社区建设，促进社区功能充分发挥。

**【社会事务和社会福利】** 一是对全市仅存1个福利企业进行年检和认证。现全市福利企业从业人员36人，安置残疾人10人，残疾职工的养老保险、医疗保险等福利落实到位。二是认真抓好“重生行动”的落实，组织唇腭裂患儿23人到省红十字医院做了矫治手续。三是妥善安置弃婴弃儿，采取家庭寄养的方式，接收安置市公安局送养的弃婴29人，其中今年接收安置的残疾弃婴16人，共发放寄养费12.7万余元。四是认真开展“义肢助残”活动，争取为肢体残缺的残疾人免费安装假肢。已组织贫困肢体残疾人员12人到云南省假肢矫形中心安装了假肢矫形器具。五是认真做好《孤残儿童手续康复明天计划》项目实施，落实上报患有疝气的孤残、贫困患者65人。六是加强福利彩票销售管理。电脑福利彩票投注站增加到92个，即开型福利彩票中心站1个，销售电脑福利彩票4 400余万元，电脑“时时彩”126万元，即开型“刮刮乐”310万余元。于3月17～25日对宣威福利彩票市场进行了一次全面清理整顿，共发现投注站兼营电玩店的13家，兼营苹果机2台，已及时整顿。七是婚姻登记规范运行。为方便群众办理婚姻登记，乡（镇）婚姻登记业务按照属地管理的原则，自9月1日起由各乡镇负责办理。全年共登记结婚10 628对，离婚登记689对，补发婚姻登记证件197对，登记合格率达100%。八是认真贯彻落实《收养法》和《收养子女登记办法》，通过严格审查，依法办理收养登记25件，依据公民事实收养的有关政策，妥善解决事实收养6件。九是殡葬基础设施建设进一步加强，投资250万元改造火化车间及白塔山公墓。全年火化遗体308具，销售墓穴32座。

**【区划地名】** 通过强化依法行政，规范服务管理，推进专项社会事务管理工作不断迈上新台阶。一是认真做好以联合检查为主要内容的行政区域界线的管理工作，积极配合有关部门妥善调处边界纠纷，巩固“平安边界”创建成果，完成了“会（泽）宣（威）线”第二轮联合检查。二是加强了地名数据库的日常管理和维护，地名公共服务初见成效。三是民间组织管理进一步加强，社会组织作用充分发挥。

**【民间组织】** 完成了50个社会团体、29个民办非企业单位的年检，有10个社会团体因长期未开展活动未参加年检。新登记社会团体28个，民办非企业单位57个。全市民间组织发展到175个（其中社会团体91个、民办非企业单位84个），布局结构不断优化，服务功能明显增强，有73个社会组织参加抗旱救灾捐款，共捐赠8.32万元。

**【救助保护中心建设】** 宣威市流浪未成年人救助保护中心位于宣威市青茨沟救助站旁，工程规模为1 500平方米，总投资240万元。2008年4月曲靖市发改委批准立项，同年批准可研，2010年9月曲靖市发改委下达投资计划批文，2010年10月5日开工建设，预计2011年4月可以竣工使用。

**【格宜、西泽“五保村”建设】** 根据省委、省政府“十一五”期间实现全省五保对象集中供养率由目前的4.9%提高到50%以上的目标和省、曲靖市加大敬老院建设资金投入的要求，宣威市委、政府提出按乡镇街道区域规划、合理布局，使全市五保户集中率由目前的1%提高到50%以上。为确保各级的五保供养政策落实到位，民政局与格宜、西泽积极探索建立新型的管建模式，由政府专项资金补助75万元，其余经费自筹的办法，在格宜、西泽新建5个五保村，可集中供养五保户100余人。该项目将使全市农村五保户供养水平得到显著提高，社会养老保障制度更加完善。

（撰稿　叶美仙）

# 人　口

**【人口状况】** 2010年末，全市总人口1 467 787人，其中男性771 354人、女性696 433人，性别比111：100。人口最多是来宾89 161人、其次是倘塘86 858人，人口最少的虹桥16 481人。其它乡（镇、街道）分别为热水79 104人、田坝79 071人、宝山69 495人、板桥67 055人、龙潭65 841人、海岱63 065人、格宜61 200人、宛水60 177人、羊场59 952人、文兴59 533人、龙场58 911人、东山57 205人、乐丰53 579人、务德52 290人、西宁46 816人、西泽46 248人、杨柳45 829人、双龙45 585人、普立44 410人、阿都44 131人、落水43 469人、得禄39 828人、双河32 493人。全市有已婚育龄妇女260 331人，占总人口的17.73%。

**【人口分布及性别比】** 全市人口密度每平方千米240人。其中居住在宛水、双龙、虹桥、西宁、来宾、板桥等坝区的325 275人，占总人口的22.16%。居住在格宜、宝山、田坝、海岱、东山、热水、西泽、羊场、落水、龙场等半山区的617 726人，占总人口的42.08%。居住在龙潭、倘塘、杨柳、文兴、务德、得禄、乐丰、双河、阿都、普立等山区的524 786人，占总人口的35.76%。

年内，出生人口14 825，其中男孩7 717人、女孩7 108人，性别比109：100（女＝100）。

**【人口自然变动和机械变动】** 全市出生人数14 825人，人口出生率为10.48‰。死亡人数6 258人，死亡率4.42‰，人口自然增长率6.05‰。

（撰稿　陈友旭）

## 计划生育

**【概述】** 宣威市人口和计划生育局有在职在编干部职工20人，内设办公室、科教业务科、执法监督科、流动人口监察大队、规划统计科5个科室，下设事业单位市计划生育服务中心1个，有干部职工28人。

2010年，宣威市人口和计划生育局深入贯彻曲靖市委政府工作会议精神和宣威市委政府《关于进一步加强人口和计划生育工作统筹解决人口问题的意见》精神，围绕进一步降低生育水平和提高出生人口素质两大目标，突出重点地区、流动人口、改制企业下岗失业人员和城市无单位人群3个重点，采取加大社会抚养费征收力度、坚持每季度一次的医学监护、扎实推进优生促进工程、全面实施流动人口“一盘棋”服务管理、综合治理出生人口性别比偏高现象、改进宣传方式增强宣传教育的针对性、以“三化”(标准化建设、规范化管理、优质化服务）为目标推进服务体系建设等7条措施，打造信息化、服务优质化、法制化“三化”计生，不断推进全市人口和计划生育工作迈上新台阶。年末，全市完成放环6 322例，完成任务数6 000例的105%；二扎5 300例，完成任务数5 000例的106%；三术率为87.23%，综合节育率为89.85%。

**【农业人口独生子女奖励】** 完成农业人口独生子女“奖学金”小学3 671人、初中1 281人、高中203人、大专18人、本科32人的确认工作，兑现奖励资金120.9万元；1 322人享受农业人口独生子女家庭养老生活扶助和特别生活扶助，发放扶助资金110.94万元；39 117人符合计划生育家庭新农合全额资助，享受财政补贴117.35万元。共办理《农业人口独生子女父母光荣证》132户。

**【计生队伍建设】** 市人口计生局机关（含协会）有编制23人，在职在编20人，计划生育服务站有编制30人，现在职在编28人。全市共有26个乡（镇、街道）计生办、服务所，共有在编人员203人。其中计生办有人员68人，服务所有人员135人，服务所人员中有专业技术人员111人（其中中级11人、助级48人、员级52人），具有执业医师资格3人，执业助理医师12人，护士3人。计划生育宣传员共380名，包括省级认可的356名，7 000人以上的村增配的19名工矿区增加5名。流动人口管理员共47名，按照街道每个社区居委会1名和每个乡镇政府所在地1名的标准配置。提高村级计划生育宣传员和社区（居委会）流动人口计划生育管理员的报酬，每人每月从原来的150元提高到300元。

**【技术服务工作】** 集中开展面向26个民族村的计划生育优质服务“春风行动”，送政策、送宣传、送服务，为广大群众特别是民族地区群众提供计划生育政策咨询和生殖健康服务，帮助他们解决计划生育方面的实际困难。加强计划生育技术服务工作，市计生服务站共完成结扎2 380例、人流57例、放环84例、取环74例、引产75例、出生缺陷一级预防血清筛查8 600例、育龄群众遗传咨询、优生指导、查环查孕、生殖健康检查10 000余人次。乡（镇、街道）计生服务所咨询53 123人次，查环查孕96 773人次，随访64 181人次，发放避孕药具6 508人次，妇女病检查15 581人次，技术人员培训900人次。计划生育优质服务“春风行动”在羊场、板桥、东山、西泽、倘塘、落水、海岱等乡镇成功开展。

**【流动人口计划生育服务管理】** 城区4个街道以流入人口服务管理为重点，巩固推行“单位负责、社区管理、抓雇主管雇工、抓房主管房客”的服务管理模式，建立健全“两卡一书”（房屋出租登记卡、用工登记卡、流动人口计划生育管理责任书），形成社区负责、管理员管面、村（居）民小组长管片、房主（雇主）管理好自家客的责任机制，做到村不漏户、户不漏人。年内，城区4个街道集中进行流动人口清理整治，共出动车辆150辆次，出动人员920人次，清理流动人口对象户270户。

22个乡镇以流出人口服务管理为重点，建立完善“323”流出人口计划生育服务和管理模式，即“三看、两清、三管”。“三看”即子女看护人，耕地看管人，房屋财产看管人；“两清”即流出人口人数去向清、流出人口计划生育情况清；“三管”即协议制管理，协作制管理，跟踪制管理。乡（镇）外出清理流动人口出动车辆288辆次，出动人员1 389人次，签订流动人口计划生育服务管理协议13 902份，清理流动人口对象户2 546户。304村（居）委会建立健全“323”管理模式。

与38个县市区签订协作服务管理书，办理流动人口《婚育证明》2 000本，签订管理责任书10 984份，清理出违法生育的外流对象户12户，210人回乡补办流动人口婚育证明。流动人口计划生育信息平台运转正常，流出人口信息反馈回复率达92.01%，流入人口信息回复率达92.86%。

**【计划生育家庭意外伤害保险】** 按照曲靖市计划生育家庭意外伤害保险工作会议精神，采用“财政补一点、保险公司优惠一点、计划生育家庭户出一点”的办法启动意外伤害保险工作。共收缴保费90余万元（其中市财政补助24.34万元），完成曲靖市下达任务数60万元的150%。共理赔10例，理赔金额5万余元。

**【依法行政】** 加大法律法规宣传力度,认真落实行政问责办法等四项制度，将人口计生政策、服务项目、办事流程进行公示，健全服务承诺制、限时办结制、首问首办制。共接待群众来访和咨询117人次，受理信访案件52件次，查处50件次，查处率达96%。通过查处违法案件，正确处理群众来信来访和咨询的问题，羊场、西泽等乡镇多年上访案件已处理完毕。对新进入计生队伍和未取得执法资格人员参加曲靖市举办的执法资格取证培训。

**【优生促进工程】** 围绕“七抓四规范一提升”即抓组织机构、抓队伍培训、抓宣传教育、抓基线调查、抓孕前培训筛查、抓跟踪随访、抓督促检查，规范职责、规范流程、规范资金管理、规范痕迹管理，提升优生促进工程工作水平和服务能力，在全市22个乡（镇）、4个街道办事处全面开展优生促进工程，有效的降低出生缺陷发生率。共派出技术人员22批次，出动人员100余人次到22乡（镇）开展技术服务工作，共确定目标人群11 200人，培训目标人群21 000人，其中孕前实验室筛查、泌尿系统感染筛查、HIV初筛、乙肝两对半检查、梅毒血清学检查、TORCH检查6 740人,落实发放叶酸人数11 760人，发放叶酸67 200瓶，随访11 100人。省人口计生委11月对优生促进工作进行督导评估，对领导工作机制健全、人口众多、资金保障难、技术人员力量有限等困难情况下，宣威市市乡两级人口计生干部知难而进，对资料、档案的管理比较规范齐全，工作做得较细，服务对象较清楚，孕前检查流程完备、档案资料完整、叶酸发放率、服用率较高的做法给予高度评价。

**【防治艾滋病】** 宣威市人口和计划生育局联合卫生、药监、公安和城区4个街道，开展艾滋病防治知识宣传和咨询服务。免费在宾馆、酒店、洗浴中心、娱乐场所发放安全套15万只，宣传资料和墙报20万余份，对相关人员进行培训，并签订责任书。

（撰稿　陈友旭）

## 民族事务

**【概述】** 2010年境内居住有彝、回、苗、壮、水、白等25个少数民族，共96 523人，其中彝族67 068人，回族20 070人，人口在10 000人以下的较少民族有苗族4 552人，壮族1 803人，白族787人，水族234人，其他少数民族2 009人。主要聚居在33个自然村，总人口6 163人1 546户，其中苗族自然村有25个，壮族自然村有6个，水族、白族自然村各1个。近年来，加大了民族贫困地区的扶贫力度，先后在7个民族村、78个自然村实施“866”工程，部分民族地区的贫困问题明显缓解。2010年，少数民族村委会人均有粮584千克，农民人均纯收入1 976元，全市有民族完小28所，有寄宿制、半寄宿制校点115个，有民族中学1所，民营企业7个。

**【民族团结】** 一是加强领导。市委、政府召开专题会议，研究部署民族宗教工作，安排民族工作经费70万元，并列入财政预算予以保障。建立健全民族工作的领导机制和工作机制，形成党委统一领导，政府组织实施，民宗部门牵头，有关部门通力协作的工作格局。二是落实责任。市委、政府把民族宗教工作纳入千分制目标管理责任制综合考核，各乡（镇、街道）与少数民族人口占15%以上的村签订了责任书，配备了分管民族工作的领导和民族工作助理员.民宗局又与佛教、基督教协会签订目标管理责任书，各宗教团体与宗教活动场所签订责任状，形成纵向到底、横向到边，人人有任务的工作格局。三是维护稳定。抓好国办发《国务院办公厅关于严格执行党和国家民族政策有关问题的通知》的贯彻落实，严密防范和坚决纠正违反民族平等政策、损害少数民族感情的行为，切实维护各民族平等权益。坚持“团结、教育、疏导、化解”为主的方针，积极参与落水镇落水村孙姓与何姓因坟地引发矛盾纠纷疏导化解，以及“沾（益）六（盘水）”铁路复线宛水新文段恢复施工和拆迁安置点的建设等工作，最大限度增加和谐因素，最大限度消除不和谐因素。宣传贯彻《城市民族工作条例》，为城区牛羊屠宰场建设进行可行性论证及做好前期准备。召开清真食品生产经营户座谈会，发放清真食品标志牌37户。坚持以人为本，更加关注民生，走访慰问少数民族和宗教界人士特困户，力所能及为他们解决一些实际困难。四是表彰先进。积极筹备召开宣威市民族工作会暨第四次民族团结进步表彰大会，进一步激发民族工作热情，营造和谐、浓厚的民族工作氛围。在曲靖市第六次民族团结进步表彰大会上共有4名模范集体，4名模范个人受到曲靖市委、政府表彰。

**【政策宣传】** 认真学习中央、省、曲靖市民族工作会议精神，深入少数民族和民族地区宣讲党的民族宗教政策，加强以“两个共同”（共同团结奋斗、共同繁荣发展）、

“三个离不开”（少数民族离不开汉族、汉族离不开少数民族、少数民族之间也相互离不开）、“四个维护”（维护法律尊严、维护人民利益、维护民族团结、维护祖国统一）为核心的民族团结宣传教育，在同级党校开设民族宗教理论、党的民族宗教政策和国家民族宗教法律法规课程。在全市中小学开展民族团结教育，使各民族同呼吸、共命运、心连心的优良传统代代相传。加强民族宗教信息报送，全年共向各级报送信息38条，举办民族宗教政策培训班6期，共培训860人次，为各乡（镇、街道）和民族工作成员单位、民族村、民族完小、民族企业定送《今日民族》杂志180份，真正让党的民族政策、民族团结宣传教育进机关、进社区、进学校、进企业。

**【民族经济】**　百年不遇特大旱灾，民族地区生产生活受到严重影响，按“先生活后生产、先节水后调水、先地表后地下”的原则，积极争取有关部门和社会各界的支持，确保民族地区生产生活用水。划拨6万元抗旱资金、干部职工捐款3 100元帮助少数民族地区抗旱救灾保民生。认真贯彻落实曲发《中共曲靖市委、曲靖市人民政府关于进一步加强民族工作、促进民族团结、加快少数民族和民族地区科学发展的通知》文件精神，抓住国家继续深入实施西部大开发扩大内需和增加居民消费、着力保障和改善民生，不断强化对民族贫困地区扶持等重大机遇，积极帮助民族村谋划思路，整合资源，抓好新农村和民族团结示范村建设。按照“突出重点、抓住特点、形成亮点”的要求，选择倘塘发宏、西宁列租民族团结示范村建设等10个项目向省民委申报，争取资金150多万元。开展民族团结示范村等建设，进一步扩大民族团结示范效应，做好2010年省级扶持民族地区企业发展贷款财政贴息资金申报工作。积极协调有关部门优先安排民族地区饮水安全工程、架桥、修路等基础设施建设项目，帮助民族地区解决实际困难，加快民族地区的基础设施建设，为民族地区经济、社会发展创造条件。为统筹协调边远、民族、贫困地区的发展提供保障和依据，积极收集、整理、汇总64项数据，圆满完成了《宣威市特困人群调查表》、《宣威市民族行政村基本情况调查表》统计上报曲靖市民宗委。

**【民族调研】**　一是以抓落实为重点，深入部分乡（镇）和26个民族村调研，为市委、政府召开民族工作会暨宣威市第四次民族团结进步表彰大会，出台《关于进一步加强民族工作 促进民族团结 加快少数民族和民族地区科学发展的实施意见》草拟初稿。二是以抓规划为重点，在全市范围内开展少数民族聚（散）居村和自然村基本情况调查，从多角度、多层面反映26个少数民族村、467个少数民族自然村和人口较少民族自然村的现状。三是以抓和谐为重点，深入民族贫困地区，人口较少民族村和“热点”、“难点”地区对矛盾纠纷隐患排查调研，撰写《宣威市民族村（居）委会劳务输出调研报告》、《宣威市少数民族贫困原因调研报告》和《宣威市人口较少民族发展调研报告》，报市委、政府和曲靖市民宗委。四是以抓法治为重点，深入开展加强规范民族成分管理、城市民族工作，城市少数民族流动人口管理服务工作、少数民族代表人士和清真食品管理的调研。

**【民族教育】**　配合教育部门加大对少数民族地区教育扶持力度，不断完善免费、寄宿制等民族教育体系建设，落实民族中学贫困学生专项补助。严格执行少数民族学生中考加分照顾，做好各类学校在全市招收少数民族学生工作，加强民族地区师资队伍建设，注重少数民族教师培养。

**【民族文化】**　认真挖掘少数民族传统文化，着力推进民族文化事业繁荣发展，加强少数民族文化、古籍、文物、语言文字和信息网络建设，组织撰写曲靖市民族村“866”工程建设纪实宣威篇上报曲靖市民宗委。组织少数民族开展“美奂山大家乐”文艺演出，利用回族开斋节、彝族火把节、苗族花山节等丰富的民族文化资源，营造民族文化氛围，展示少数民族风采。

**【民族体育】**　曲靖市2010年8月举行的第三届少数民族传统体育运动会，宣威市代表团86人共参加射弩、陀螺、秋千、板鞋竞速、高脚竞速、蹴球、摔跤等体育项目和表演项目的比赛，少数民族传统体育运动会共获9金7银8铜，金牌总数位居曲靖市第三名。运动会期间代表团荣获组委会优秀组织奖，共有14名运动员荣获体育道德风尚奖，两个表演项目《打起灯笼跳起脚》和《欢笑的泥猪河》分获金奖和银奖。2010年11月，宣威市民宗局被云南省民委、省体育局评为“云南省少数民族传统体育先进集体”。

（撰稿　包春英）

## 宗教事务

**【概述】**　宣威市主要有伊斯兰教、佛教、基督教3种宗教，经政府批准设立的宗教活动场所52个，其中伊斯兰教22个，基督教20个，佛教10个，有信教群众40 000多人，其中信奉伊斯兰教的有19 613人，信奉佛教的20 000多人，信奉基督教5 374人。依法成立了佛教协会、基督教协会，全市各种宗教活动开展正常有序。

**【宗教管理】**　认真贯彻党的宗教工作基本方针，依法加强对宗教事务管理，保障宗教界的合法权益，努力促进各宗教和睦相处，促进信教和不信教公民以及不同宗教信仰公民的相互尊重和理解。一是落实《宗教事务条例》，全面贯彻宗教信仰自由政策，提高干部依法管理宗教事务的水平，积极帮助各爱国宗教组织搞好信教群众培训，切实加强爱国宗教团体和宗教教职人员队伍建设，建立健全目标管理责任制，保证宗教领导权牢牢掌握在爱国爱教人士手中，使宗教团体成为代表信教群众的爱国组织。宣威市民宗局 “五·五”普法受到国家宗教局表扬。二是抓好日常工作。为适应新时期新形势的要求，做好推荐曲靖市第二届佛协、基督教协会代表、理事（委员）、常务理事（常委）的同时，配合市委统战部，做好宣威市伊斯兰教协会成立和基督教协会换届工作。按照上级宗教部门要求，做好伊斯兰教朝觐报名，坚决制止零散朝觐活动。开展“和谐寺观教堂”创建活动，评选出6个宗教活动场所给予表彰，督促宗教团体帮助宗教活动场所，建立健全宗教活动场所民主管理、教职人员管理、财务管理等规章制度，实现以制度管人、以制度管宗教活动场所的长效机制。三是抓好基督教专项治理。贯彻落实曲靖市召开的基督教私设聚会点专项治理工作会议精神，成立领导小组，制定实施方案，筹措经费3万元，组织专人分片负责，深入乡（镇、街道）、村庄和信教群众中，宣传党的宗教政策，耐心细致说服教育，完成对13个私设聚会点，39个家庭聚会点的登记管理。

【宗教调研】　深入开展佛教、基督教、伊斯兰教有关情况的调研，收集整理宗教活动场所有关图文资料存档，按要求撰写《宣威市民间信仰活动场所调研报告》、《宣威市贯彻落实〈宗教事务条例〉情况汇报》、《宣威市基督教私设聚会点专项整治工作报告》等上报曲靖市民宗部门，配合政协曲靖市调研组对宗教活动场所进行调研。根据曲靖市民宗局《关于转发〈关于认真做好民族间信仰活动场所情况调研工作的通知〉的通知》文件精神，组织全局干部对全市民间信仰活动场所情况进行调研，参与宣威市人大和曲靖市伊协组织的基督教管理和伊斯兰教情况调研，撰写《宣威市民间信仰活动场所情况调研报告》、《宣威市伊斯兰教情况调研报告》、《宣威市宗教代表人士培养问题的调研报告》等上报省、曲靖市民宗部门。

【宗教宣传】　爱国主义和法制宣传教育广泛深入，《宗教事务条列》的社会知晓面逐步拓宽，采取集中培训、专题讲座、召开座谈会等形式的同时，征订《中国宗教》、《法音》、《天风》等杂志宣传宗教政策。全年佛教、基督教协会共举办培训班4期，培训内容为《宗教事务条列》、《宗教活动场所财务监督管理办法（试行）》、开展“和谐寺观教堂“活动实施意见等共200余人接受培训。

【宗教服务】　百年不遇的旱灾，佛教和基督教协会共捐款2万余元，支援政府抗旱救灾保民生。指导基督教做好龙场乐树、普立止布卡教堂献堂感恩礼拜和佛协重建东山寺万佛殿举行开工奠基仪式、甘肃玉树地震“七·七”祭日超度、祈福法会佛事等活动。组织宗教界人士参加云南省首届宗教杯运动会，选拔伊斯兰阿訇参加曲靖市伊协举办的“卧尔兹”演讲比赛，积极引导宗教界努力发掘和弘扬宗教教义、宗教道德和宗教文化中积极向上、健康文明的内容，对宗教教义教规做出符合时代发展和社会进步要求的阐释。

（撰稿　包春英）

## 劳动和社会保障

【概述】　宣威市劳动和社会保障局有干部职工111名，内设办公室、人力资源开发科、工资规划与基金监督科、法规监察科、劳动关系与仲裁科、社会保险科、工伤科7个科室，下设宣威市社会保险管理服务中心、宣威市就业管理服务中心、宣威市医疗保险基金管理中心、宣威市劳动保障监察大队共4个参照《公务员法》管理的事业单位和来宾矿区退休人员管理服务站1个事业单位。

【就业再就业】　全年共开发就业岗位7 150个，城镇新增就业人数5 501人，失业人员再就业1 500人，特殊困难群体就业750人，“4050”（男50周岁以上，女40周岁以上的人员）人员再就业125人，开发公益性岗位520个。“零就业家庭”保持动态为零，城镇登记失业率控制在4%以内。年内，劳动和社会保障部门为200名创业人员提供1 000万元的“贷免扶补”创业贷款，其中大学毕业生7人，城镇失业人员37人，复转军人2人，农民工154人。

【劳动力转移】　组织农村劳动力新增转移35 079人，输出农村富余劳动力14 079人。

【职业技能培训与鉴定】　宣威市技校招生人数达4 010人，机关事业单位技术工人等级鉴定168人，其中中级工57人，高级工111人。城镇失业人员培训200人，农村劳动力培训6 219人，创业培训928人。

【工资分配】　2010年6月发布了2009年企业货币增长基准线为12%和增长上线为18%。公布了2009年企业货币平均工资增长下线为零增长或负增长，但企业支付给在法定工作时间内提供了正常劳动的职工工资不得低于我市最低工资标准（宣威市最低工资标准调为每月740元）。对118户进行了工资总额备案，测算并公布28个工种（职位）2010年度劳动力市场工资指导价位。

【基金监督】　全市征缴各项社会保险费28 164万元，完全实现了“收支平衡，略有结余”的目标。其中城镇职工基本养老保险收入4 118万元，城镇职工基本医疗保险收入13 695万元，城镇居民医疗保险收入629万元，企业工伤保险收入2 859万元，企业生育保险收入89万元，失业保险收入2 232万元，机关事业单位工伤生育保险收入291万元，被征地农民社会保障金4 251万元。

【劳动保障监察】　2010年7月顺利完成2009年度劳动保障执法年审，共审查用人单位1 330户，涉及劳动者人数6万人。审查用人单位规章制度1 230件，清理清查非法用工行为200件。受理劳动保障监察案件125件，结案123件，劳动保障监察案件结案率98%。执行行政罚款23件，处罚金额30万元。清欠农民工（职工）工资案件99件，涉及金额263万元。督促426家用人单位缴纳农民工工资保证金1 073万元。

【劳动管理】　全市共依法登记劳动合同89 730份，涉及职工44 865人，其中新签40 000份，涉及职工20 000人，续签49 730份，涉及职工24 865人。在登记的劳动合同中涉及农民工劳动合同83 814份，涉及农民工41 907人。同时审查备案集体合同420份，涉及职工8 100人。为51户用人单位办理了《劳动用工登记证》，涉及用工人数1 754人。为221名参保职工办理了退休手续。

【劳动争议仲裁】　共受理劳动争议案件157件，处理结案148件。仲裁调解和裁决兑现工伤各项补助金、赔偿金1 370万元。受理来信来访案件386件，全部按期处理完结。

【工伤认定】　召开6次工伤认定会议，认定工伤861件，同时严格按照工伤认定工作要求，对提出工伤认定申请但不予认定和受理的9件，进行工伤认定行政复议案件2件。发出劳动能力鉴定结论通知书796份。

【企业职工基本养老保险】　城镇职工基本养老保险参保14 193人，其中企业职工参保11 095人。共发放企业离退休人员3 098人（离休26人）养老金3 857万元，发放改制企业先养后退人员399人退养金及离休人员有关待遇769万元，各种养老保险待遇社会化发放率达100%。为157人发放遗属生活困难补助14.6万元。

【农村社会养老保险】　农村社会养老保险参保71 563人。村干部养老保险参保569人。发放农村社会养老保险金39.6万元，享受待遇人数5 597人。

【被征地农民养老保险】　被征地农民养老保险参保276人，为妥善解决好被征地农民的养老问题，制定并上报了13件被征地农民养老保险实施方案。

【企业退休人员社会化管理】　11 461名退休人员全部纳入社会化管理服务，社会化管理率100%，社区管理率99%。对3 497名领取养老保险金的退休人员和先养后退人员进行领取养老金资格认证，认证率达98%。并协助各地社会保险经办机构对回宣威居住的外地企业退休人员进行认证调查，共异地认证130人。参统企业的养老、工伤、生育保险稽核率达80.7%。

节假日期间，对1 200名孤寡、病残、特困、80岁以上退休人员进行春节慰问，占总人数的8.6%，慰问金额12万元。对237名住院退休人员进行了慰问，慰问金额1.2万元。对45名死亡的退休人员家属进行慰问，慰问金额0.9万元。

来宾矿区退休人员的管理正常运转，2 511名退休人员的养老金得到按时足额发放，医疗保险相关服务、老工伤护理费和特困退休人员的最低生活保障等费用的核算发放工作顺利进行。

【城镇职工基本医疗保险】　城镇职工医疗保险参保66 120人。累计享受住院待遇11 175人次，其中在职6 154人次，退休人员5 021人次。附加商业保险实际赔付83人，赔付574万元。办理特殊慢性病门诊378例，享受门诊待遇162万元。全市定点医疗机构和定点药店分别增至44户和55家。

【城镇居民基本医疗保险】　城镇居民基本医疗保险参保78 747人。享受政府全额补助（免缴费）人员累计41 629人，其中低保对象9 141人，重度残疾人357人，60周岁以上低收入老年人32 121人。累计收缴保费13.9万元，各级财政补助349万元。城镇居民享受住院医保待遇3 109人次，统筹基金累计支付1 020万元，最高支付金额达2.4万元，其中报销生育医疗费用1 136人次53.6万元。

【离休人员医疗费统筹】　参加特殊人员医疗保障统筹390人，其中离休干部265人，1～6级革命伤残军人125人。特殊人员医疗保障支付待遇378万元，其中离休干部276万元，1～6级革命伤残军人102万元。兑现2009年度特殊人员健康奖257人102万元，其中离休干部154人61万元，1～6级革命伤残军人103人41万元。

【失业保险】　失业保险参保人数37 874人，全市城镇参加失业保险37 776人。失业保险费历年欠费回收247.09万元，失业保险金支出171.38万元，483名失业人员按时足额领取失保险金。

【工伤生育保险】　企业工伤保险参保37 798人，其中农民工参保33 002人。支付工伤保险待遇 1 973万元，其中医疗费1 085万元，伤残津贴131万，护理费70万，供养亲属抚恤金190万元，一次性伤残补助金355万元，丧葬补助金2万元，一次性工亡补助金140万元。享受工伤医疗623人次，已鉴定伤残等级325人(一至四级96人、五至十级229人)，因工死亡职工14人，供养亲属347人，按月领取护理费及伤残抚恤金人数96人。

企业生育保险参保6 580人。发放生育保险待遇28万元，享受生育保险待遇43人次。

机关事业单位工伤生育保险参保20 592人。机关事业单位享受工伤保险待遇33人，享受待遇37万元。享受生育保险待遇344人，享受待遇61万元。

（撰稿　胡昌才）

# 老龄工作

【概述】　年内，老龄办组织慰问，给30位百岁老人共送去长寿生活补助72 000元。共办理《老年人优待证》5046本，接待老年人来信来访260人。1月开始办理老年人免费乘坐城市公交车爱心卡，市政府安排40万元给公交集团作为老年人免费乘车补偿。10月14日，曲靖市首家乡镇级老龄事业发展促进会在宣威市西宁街道办事处成立。当天，举行老促会首次募捐，30家企业及其社会人士慷慨解囊，筹集善款32.48万元。西宁街道锦西社区、双龙街道开源社区，向曲靖市申报为2010年居家养老服务点，选送14人参加曲靖市养老护理员职业资格培训，都取得养老护理员资格证。

**【宣传调研】** 10月13日，召开老龄委成员单位负责人会议，专题研究老龄工作，重点研究“九·九”重阳节活动，下发了《宣威市老龄工作委员会关于组织开展2010年“敬老月”活动的通知》。在宣威电视台播出敬老活动新闻6条，“10分关注”专题1期，收到各乡（镇、街道）、各单位信息19条，悬挂张贴敬老标语356条，出宣传栏17期，发放宣传资料8 000份。

**【敬老献爱心】** 市级四班子领导及老龄委成员单位组织慰问百岁老人、离退休老干部、特困老人3 200户，送去慰问金70万元。共发放2009年度高龄老人保健补助269.4万元。全市共召开座谈会40次，收到意见建议326条。市卫生局开展“敬老送健康”活动，7个医疗卫生单位为老年人义诊咨询2 700人，发放健康宣传资料5 600份。市中医院为开源社区138位老年人免费检查身体，同时给23位退休职工发放慰问金6 900元。组织倡导社会各届开展“伸出援助之手，我为特困老人奉献一点爱”为主题捐款活动，共捐款10.43万元。

**【老年文艺】** 10月16日，是云南省第23个敬老节，全市26个乡（镇、街道），结合自身实际举办老年人文艺演出14场，演出节目172个，参演人员280人。宣威市老年歌舞协会现有120人，每星期二、五、星期天上午学习唱歌、排演节目，在重大节日演出。

**【老年体育】** 26个乡（镇、街道）按区域、经济情况划分为5个片区，6个协会。年内，举办了“宣威市2010年‘全民健身日’活动启动仪式暨第六届老年体育运动会”。在会上太极拳300人、柔力健身球260人、柔力球90人、歌舞协会80人进行表演。11月，老体协被曲靖市委组织部、老干局授予离退休老干部老有所为先进集体。3月17日，请曲靖市老体协培训武术裁判34人，气排球裁判31人，柔力健身球竞技4人。帮助乡（镇、街道）培训门球、地掷球骨干100人。武术、柔力球、气排球、门球、地掷球、乒乓球队先后参加了省内外竞赛，都取得好成绩。组织老年人共129人到北京、台湾、大理旅游。

**【老年书画】** 现有宣威市老年书画诗词协会1个，分会12个，小组3个，会员299人。12月1～7日举办“2010年迎春书画展”，共展出作品355幅，其中毛笔书法254幅、画101幅。送曲靖市老书协展出作品8幅，送会泽县举办的书画展4幅。双龙、西泽、东山、海岱、西宁分别举行2010年迎春书画展共660幅，其中毛笔书法500幅，画160幅。收集整理宣威历代诗词2 100首，选送曲靖市老书协编撰《曲靖历代诗词选》360首；选编《宣威市历代诗词选》650首。自出书刊《情系宣威》2期，反映了宣威人民的精神风貌和生活情调。

**【敬老先进村（社区）创建】** 结合省“百村创建”和“866”工程村级组织建设，全市协调资金1 000万元，新建村级老年人活动中心14个。倘塘镇茂宗村朱树达投资200万元在茂宗村德基自然村建老年活动中心1个，建筑面积2 600平方米。东山镇米乐村杨泽佳投资26万元，建老年人活动中心1个，建筑面积400平方米。在20个乡（镇、街道）创建“敬老先进村”30个。11月12～14日，曲靖市老龄办组织验收组到宣威检查验收，一致认为宣威敬老先进村创建工作，领导重视，制度职责规范健全，活动内容丰富，起点高、亮点多、效果好，30个创建村全部合格验收。各乡（镇、街道）、市直各单位开展“敬老先进集体”、“敬老孝星”、“老有所为”、“敬老奉献者”、“敬老的儿媳”评选活动，共评出敬老先进集体6个，敬老孝星8人，敬老好儿媳5人，敬老奉献者6人，老有所为先进个人3人。通过敬老先进村（社区）创建和评选工作，营造了尊老、敬老、爱老、助老社会氛围，弘扬了中华民族传统美德。

（撰稿　李祥春）

# 人民生活

**【城镇居民收入】** 2010年城镇居民户均实际收入4.75万元，比上年增加4 883.04元，增11.47%。年人均可支配收入14 670.59元，比上年增1 429.75元，增10.80%。其中职工年平均收入34 544.64元，比上年增11.14%；个体经营者人均净收入18 256.13元，比上年增9.78%，离退休人员的养老金人均19 063.27元，比上年增7.95%；居民家庭的财产性收入人均366.87元，比上年增55.49%。全市城镇居民家庭就业人口164人，比上年增1.23%，就业者负担系数与去年基本持平，被调查户户均家庭人口数2.89人，其中户均家庭就业人口数1.64人，就业人口占家庭人口比重为56.75%，家庭就业者负担系数为1：1.8。

**【城镇居民家庭总支出】** 随着城镇居民家庭收入的普遍提高，居民生活消费质量有所改善。调查户户均实际支出3.89万元，比上年增3 389.52元，增9.54%；年人均支出13 468.94元，比上年增1 130.15元，增9.16%，其中：居民消费性支出占实际支出的75.14%；转移性支出人均1 797.59元，占实际支出的13.35%；社会保障支出人均1 493.83元，占实际支出的11.09%。实际收入和支出相抵后人均结余2 955.78元，比上年多结余508.32元。

**【城镇居民消费性支出】** 2010年城镇居民消费性支出人均10 120.00元，比上年增789.01元，增8.46%。用于食品消费支出人均4 552.88元，比上年增393.95元，增9.47%，城镇居民食品消费的恩格尔系数为45.02%，比上年上升0.45个百分点。其中人均购买粮食79.49千克，比上年增加7.87千克；人均每月消耗粮食6.62千克，比上年每月增加0.65千克。人均购买粮食支出427.56元，比上年增60.68元；购买淀粉及薯类6.86公斤，比上年减少7.96千克，支出19.86元，比上年增加12.45元；购买干豆类及豆制品支出人均

69.27元，比上年增加4.45元；购买油脂类支出人均23.48元，比上年减少15.10元；购买肉禽及制品支出882.26元，比上年减少193.37元；购买蛋类支出104.41元，比上年增加12.61元；购买水产品类支出90.76元，比上年增加8.77元；购买蔬菜类支出561.11元，比上年增105.82元；购买调味品支出41.89元，比上年增2.81元；购买糖类支出37.66元，比上年减1.47元；购买烟草类支出673.75元，比上年增59.00元；购买酒和饮料支出168.41元，比上年增24.17元；购买干鲜瓜果类支出360.35元，比上年增65.03元；购买糕点支出75.04元，比上年减少3.17元；购买奶及奶制品支出37.21元，比上年减9.81元；购买其他食品支出33.92元，比上年减少18.71元。2010年人均在外用餐支出945.15元，比上年增97.64元，增11.52%。

用于衣着支出人均1 339.3元，比上年增80.61元，衣着消费比重占消费性支出的12.85%，比上年下降0.64个百分点。其中人均购买服装4.94件，购买衣着材料支出2.38元，比上年减少1.18元。

用于家庭设备用品及服务支出人均408.27元，比上年增34.82元，家庭设备用品及服务支出占实际支出比重的4.13%，比上年上升0.12个百分点。

用于医疗保健服务支出人均758.90元，比上年增45.22元，医疗保健服务支出占消费性支出的7.60%，比上年下降0.05个百分点。其中药品费支出586.29元，医疗费112.84元，滋补保健品支出4.12元，医疗器具、保健器具及其他支出55.66元。

用于交通通讯方面的支出人均1 484.68元，比上年增190.03元。其中居民用于交通方面的支出年人均813.18元，比上年增190.63元；用于通讯方面的支出年人均671.51元，比上年减0.59元，交通和通讯消费占消费性支出比重由上年的13.87%上升到14.67%。

用于教育文化娱乐服务方面的消费支出人均811.17元，比上年增3.39元,增0.42%。其中教育费支出人均457.97元，比上年增加38.49%，文化娱乐用品及服务支出年人均353.20元，比上年减25.56%。

用于杂项商品及服务支出人均160.63元，比上年增1.64%。

用于居住方面的消费支出人均604.16元，比上年增38.39元,增6.79%。其中房租支出0.03元、住房装璜支出跟去年持平，水电燃料支出529.28元，维修使用建筑材料及其他支出19.03元。年末，城镇居民人均住房建筑面积37.85平方米，比上年增0.60平方米。

**【城镇居民家庭设备用品】** 随着城镇居民家庭收入的不断增长，城镇居民家庭在家用电器上更新换代较快，轿车和电脑正逐步走进城镇居民家庭。2010年每百户城镇居民家庭拥有成套家具108套，电冰箱61台，冰柜10台，洗衣机104台，抽排油烟机96台，淋浴热水器74台，电炊具128台，电风扇36台，微波炉45台，取暖器97台，消毒碗柜13台，饮水机94台，吸尘器11台；拥有摩托车33辆，自行车122辆，助力车24辆，家用汽车21辆，普通电话63部，移动电话181部；拥有彩色电视机114台，影碟机91台，录放像机20台，家用电脑42台，组合音响27套，录音机30台，摄像机3台、照相机31台，钢琴6台；其他中高档乐器5件，健身器材4套。

**【农村居民收入】** 全市农民家庭人均生产粮食593.52千克，人均比上年增加18.15千克，增3.15%。农民人均纯收入3 735.10元（其中实物折算纯收入627.60元，现金纯收入3 107.50元），比上年增330.84元，增9.72%。年内农民工资性纯收入人均1 387.90元，比上年增242.63元，增21.19%；农民家庭经营性纯收入人均2 003.34元，比上年增64.17元，增3.31%。其中第一产业收入增1.07%，第二产业增13.66%，第三产业增16.02%；财产性纯收入人均99.85元，比上年增34.87元，增53.67%；转移性收入人均244.01元，比上年减少10.86元，减4.26%。2010年农民人均纯收入扣除物价上涨因素后，实际为3 554.28元，比上年的3 404.26元增150.02元，增4.41%；农民人均可支配收入3 596.85元，比上年增329.84元，增10.10%。经调查推算，全市农村经济总收入61.64亿元，农民人均总收入4 859.29元，其中年内现金收入3 801.13元，在总收入中，农民家庭经营性收入仍然占主导地位，人均3 078.69元，其中：现金收入2 044.98元。

**【农村居民家庭总支出】** 农村居民家庭人均总支出4 131.14元，其中：现金支出3 321.78元。农户年末金融资产人均余额1 520.15元，户均占有金融资产余额5 751.22元，其中手存现金人均1 095.06元，比上年增7.27%；存款余额人均425.09元，比上年减39.61%。总支出中，家庭经营费用支出人均940.29元，比上年减少39.95元,下降4.08%；购置生产性固定资产支出人均71.92元，比上年减少27.59元；人均税费支出0.65元，比上年减少0.86元；人均财产性支出5.56元，比上年减少0.03元；人均转移性支出181.52元，比上年增29.80元。

**【农村居民消费性支出】** 农村居民生活消费支出人均2 931.11元，比上年增236.66元。在食品消费方面，人均食品现金支出879.48元，比上年增92.75元。农村居民恩格尔系数为45.12%，比上年增加3.7个百分点。其中人均消费粮食113.90千克，蔬菜及菜制品55.73千克，豆类及豆制品11.37千克，肉禽及其制品34.60千克，蛋类及蛋制品2.56千克，奶及奶制品0.33千克，糖类1.31千克，酒6.88千克，茶叶0.89千克，水果16.31千克。衣着方面，全年农民人均衣着现金支出175.48元，比上年增13.10%。其中人均购买服装1.36件，价值109.16元；购买鞋类1.16双，支出59.67元。居住方面，全年人均住房支出425.28元，比上年减少68.44元；人均住房面积25.40平方米，每平方价值410.39

元，有55.42%的户人均住房面积小于25平方米，住钢筋混凝土房屋的户达35.69%。农民用于家庭设备用品及服务性支出人均129.81元，比上年增2.78%。由于农村新型合作医疗的普及,农民用于医疗保健支出人均398.77元，比上年增1.13倍。用于交通通讯的支出人均191.10元，比上年减12.20%。用于文教、娱乐用品及服务的支出人均253.71元，比上年减14.03%。用于其他商品及服务支出人均34.52元，比上年减12.53%。

**【农村居民家庭设备用品】** 随着农村居民家庭收入的逐步增长，“家电下乡”工程的推进，家用电器和交通工具正逐步走进农民家庭。2010年每百户农民家庭拥有自行车22.43辆、彩色电视机90.69台、家用计算机1.11台、微波炉6.98台、影碟机42.22台、洗衣机71.67台、电冰箱3.61台、热水器25.69台、摩托车31.81辆、固定电话12.78部、移动电话132.5部、照相机3.61架、抽油烟机3.47台，家用汽车0.97辆。

**【居民消费价格总指数】** 2010年宣威市居民消费价格（CPI）呈上涨趋势运行，居民消费价格总指数（CPI）为103.5%，全年CPI平均上涨3.5%，涨幅较2009年的0.4%上升3.1个百分点，宣威市CPI涨幅呈五涨三降的运行格局。2010年宣威市居民消费价格（CPI）上涨的五个大类是食品、烟酒及用品、医疗保健和个人用品、娱乐教育文化用品及服务、居住，其价格指数为110.2%、101.1%、101.8%、100.6%和102.2%；价格下降的三个大类是衣着、家庭设备用品及维修服务、交通和通信，其价格指数分别是:97.5%、98.7%、99.5%。

影响宣威CPI上涨的主要因素是食品价格、居住价格的上涨。食品价格上涨是拉动CPI上涨的主要力量，全年食品价格上涨10.2%，涨幅较2009年的3.8%上升6.4个百分点。构成食品价格的十六个中类呈10涨3跌3平的格局，其中粮食、肉禽及其制品、菜、鲜瓜果价格上涨是带动食品价格上涨的主要因素。

价格上涨的10个中类是粮食价格上涨17.4%，其中大米价格上涨25.3%。干豆类及豆制品价格上涨5.3%，其中干豆类价格上涨25.9%。肉禽及其制品价格上涨9.7%，其中猪肉价格上涨7.0%、羊肉价格上涨13.9%。蛋价在上年高价位的基础上上涨0.8%，其中鲜蛋价格上涨0.7%。菜价上涨19.0%，其中鲜菜价格上涨17.2%、署类价格上涨92.5%、干菜及其制品价格上涨22.0%。糖价上涨12.5%，其中食糖价格上涨29.5%。干鲜瓜果价格上涨20.2%，其中鲜瓜果价格上涨22.5%。水产品价格上涨0.3%，液体乳及乳制品价格上涨2.8%，其他食品价格上涨0.7%。

价格下降的3个中类是油脂类价格下降21.37%，其中一级猪板油油价格下降10.0%；调味品价格下降0.3%，茶及饮料类油价格下降0.6%.

价格涨幅与上年持平的3个中类是淀粉类、糕点及饼干类、在外用膳食品类。

**【商品零售价格指数】** 宣威商品零售价格总指数为104.8%，总水平上涨4.8%。16个调查类别的价格涨跌幅度分别是食品价格上涨10.2%、饮料烟酒价格上涨0.2%、服装鞋帽价格下降3.2%、纺织品类价格上涨6.6%、家用电器及音像器材价格下降7.3%、文化办公用品类价格上涨0.6%、日用品价格下降0.1%、体育娱乐用品价格下降0.4%、交通通讯用品价格下降0.6%、家具价格下降3.2%、化妆品价格上涨1.2%、金银珠宝价格上涨18.5%、中西药及保健用品价格上涨3.5%、书报杂志及电子出版物价格上涨10.2%、燃料价格上涨10.8%、建筑材料及五金电料类价格上涨0.2%。

**【农资价格指数】** 宣威农业生产资料价格指数为102.1%，上涨2.1%。在调查的十类农业生产资料中价格涨跌幅度分别是农用手工工具价格下降2.9%、饲料价格上涨4.9%、产品畜价格上涨0.4%、半机械化农具价格上涨2.8%、机械化农具价格上涨0.6%、化学肥料价格上涨1.7%、农药及农药械类价格下降2.1%、农用机油上涨12.3%、其他农用生产资料价格下降15.5%、农用生产服务价格上涨0.7%。

**【工业品价格指数】** 工业品出厂价格指数是用来缩减计算工业发展速度的重要指标。2010年，宣威市工业品出厂价格与上年同期相比上涨6.41%，其中，生产资料价格上涨6.51%，生活资料价格上涨5.95%。原材料、燃料、动力购进价格上涨10.03%。

工业品出厂价格在调查的12个大类行业中有八类上涨，二类下降，二类持平。其中煤炭开采和洗选产品上涨26.83%，饮料上涨13.16%，化学原料及化学制品上涨4.98%，塑料制品上涨3.65%，非金属矿物制品上涨7.68%，通用设备上涨1.28%，电力生产与供应产品上涨3.92%，水的生产和供应产品上涨8.21%，专用设备和交通运输设备持平，农副食品加工产品下降1.03%、造纸及纸制品下降7.26%。

原材料、燃料、动力购进价格在调查的七个大类中全面上涨。其中燃料动力类上涨9.35%，黑色金属材料类上涨2.05%，化工原料类上涨17.89%，木材及纸浆类上涨4.68%，建筑材料及非金属矿类上涨2.34%，其它工业原材料及半成品类上涨7.77%，农副产品类上涨41.3%。

（撰稿　陶承黎）

## 住房公积金管理

**【概述】** 宣威市住房公积金管理中心成立于1996年10月，于2003年2月上划曲靖市住房公积金管理中心，更名为曲靖市住房公积金管理中心宣威市管理部，2009年3月又更名为曲靖市住房公积金管理中心宣威分中心。现有职工4名。主要职责是在曲靖市住房公积金管理中心的授权范围内，执行、完成住房公积金的归集和使用计划；记载职工住房公积金的缴存、提取、贷款等情况；审核办理职工住房公积金的提取和转移；受理职工个人住房公积金贷款的申请，并负责审核和贷后管理。

**【住房公积金归集】** 2010年，全市有31 656余名职工缴纳住房公积金，全年归集20 756万元，年末有住房公积金缴存余额65 649万元。

**【住房公积金支取】** 为降低住房公积金在提取中发生的风险，防止骗支等不良情况产生，严格按照相关文件规定的条款对照审核，符合条件的给予办理，不符合条件的解释清楚。全年职工因购建自住住房、离（退）休等原因支取公积金5 889.52万元，其中职工购建住房和偿还住房（含公积金）贷款支取合计5 300.57万元，占全年支取总额的90%。

**【住房公积金贷款】** 以提高住房公积金使用效率，改善职工居住环境为目的，以服务缴存住房公积的职工为宗旨，在确保资金安全的前提下，加大个人住房公积金贷款扶持力度，支持职工购建住房，积极发放公积金贷款。全年向1 216户职工家庭发放住房公积金贷款17 422万元，收回6 750.26万元，年末有贷款余额40 778.30万元。全年支持职工购、建住房面积20余万平方米。

（撰稿　陈思宇）

## 移民开发

**【概述】** 2010年，市移民开发局有在职干部8人，内设办公室、计划财务科、规划安置科。按照构建社会主义和谐社会的要求，坚持开发性移民方针，以维护群众切身利益为出发点，以服务大中型水利水电工程建设为着力点，认真贯彻落实移民安置和后期扶持政策法规，按照“政府领导、分级负责、县为基础、项目法人参与”的要求，创新机制，扎实工作，兑现政策，确保稳定，为库区和移民安置区经济社会可持续发展奠定坚实的基础。

**【移民人口动态管理】** 一是坚持实事求是，公平、公正、公开的原则，及时核减死亡移民人口，对符合移民政策条件的人员及时纳入，确保移民人口管理到位。全市共核定移民后期扶持人口10 250人。二是开展了移民信息系统录入工作。积极选派干部参加省移民开发局组织的云南省水库移民后期扶持管理信息系统推广应用培训，明确专人负责，狠抓落实，集中人、财、物，在较短的时间，按质按量完成了全国、全省涉及宣威市所有移民项目系统录入工作，为今后开展好水库移民后期扶持工作创造良好的条件。

**【后期扶持项目实施】** 以项目带动为抓手，加大投入力度，进一步提升基础设施建设水平，为促进库区发展夯实基础。2010年，投入扶持资金80.46万元，新建老年活动中心2个，受益移民群众2 700余人。投资49.5万元，新建饮水项目1个，解决了4 500移民的饮水困难问题。投资48.5万元，塘坝清淤扩容项目1个，增加蓄水能力4万余方，增加有效灌溉面积36.67公顷，解决了2 900余人8 700多头牲畜的人畜饮水。

**【移民资金管理】** 年内，认真落实《曲靖市大中型水库移民后期扶持资金和项目管理实施细则》的规定，进一步规范移民资金拨付、运行、发放程序，实行专款专用、专户储存和专人管理，一人一折方式兑付移民直补资金461.25万元，全面完成了兑现任务。

**【移民搬迁安置工作】** 年内，按照政策法规和规划设计，积极配合业主、设计单位开展万家口子水电站、毛家河电站、红石岩水库移民搬迁安置工作。万家口子水电站征地移民工作在各级有关部门的大力支持配合下，完成了淹没区及枢纽工程区实物指标细化、公示工作，确定了移民搬迁安置点，建房用地规划结束，塘坝建设方案已确，现已进入实施阶段。定。毛家河水电站完成了实物指标分解细化工作，水库淹没影响林地19.43公顷，征地补偿补助资金兑现结束，征地移民工作准备迎接上级检查验收，确保毛家河电站建设大江截流顺利开展。红石岩水库实物指标调查、确认工作已经结束，《红石岩水库移民安置规划设计报告》已获得批准实施，移民搬迁安置点已经确定，移民安置新村实施规划设计工作正在进行中。

（撰稿　周　伟）

# 乡（镇、街道）概况

责任编辑　吴晓梅

2010年3月12日，云南省纪委书记李汉柏（右三）在曲靖市委书记赵立雄（右四）、宣威市委书记许玉才（右二）等领导陪同下到得禄检查指导抗旱救灾工作。

（饶永耀　摄）

# 宛水街道

【概述】 宛水街道位于宣威市区，东与东山镇毗邻，南与虹桥街道相连，西和落水镇接壤，北至建设街与西宁、双龙街道相邻。国土面积51.45平方千米。辖丰华、龙泉、西河、学苑、宛水、新南、柳林、望城、新文、宣电、钟山11个社区和祯祥村，其中新文是一个汉、彝、回等多民族聚居的社区。年末有人口21 198户64 032人，其中男31 048人、女32 984人；农业人口7 230户22 740人、非农业人口13 968户41 292人；少数民族人口678人；暂住人口35 066人。人口自然增长率3.8‰，人口密度每平方千米1 360人。耕地面积796公顷，农业人口人均占有耕地350平方米。森林覆盖率48%。

辖区内有东河、西河、缪家河3条河流，有包湾、钱屯2个水库。年平均气温12.7℃~14℃，年平均降水量985.5毫米。最高海拔（大石槽）2 868米，最低海拔（东大河与建设东街交汇处）1 938米。

年末农村经济总收入15 826.6万元，比上年增15%。工农业总产值323 044万元，其中农业总产值8 098万元，比上年增2.78%，工业总产值314 946万元，比上年降17.07%。农民人均纯收入5 751元，比上年增19.99%。全年财政收入4 060万元，比上年增13%；财政支出3 553万元，比上年增4.93%。

全年农作物播种面积1 819公顷，粮食作物播种面积1 502公顷，粮食总产量540万千克，农业人口人均有粮237.47千克。大春作物播种面积1 349公顷，小春作物播种面积393公顷，蔬菜种植面积343公顷，果园种植面积307公顷。年末生猪存栏3.99万头、出栏5.79万头；大牲畜存栏2 231头、出栏1 041头。

年内有乡镇企业2 391个，从业人员3 870人，乡镇企业总收入171 151万元，利润总额15 196万元，上交税金2 769万元。

街道辖区内有市人民医院、求实医院、交通医院3家综合医院。交通医院为街道中心医院，有医务人员47人，业务用房面积4 598平方米，科室12个，床位60张。街道居（村）委会有卫生服务站9个，乡村医生33人，床位40张，业务用房面积720平方米。年末农村合作医疗参保23 286人，参合率98.5%，全年门诊及住院减免补偿27 461人次，减免金额483.06万元。其中门诊减免25 026人次，减免金额20.28万元；住院补偿2 435人次，补偿金额462.78万元。

街道有文化站1个，文化业务用房以社区和小组文化活动室为主，面积5 562平方米。有群众文艺宣传队15支。年内在新文、西河、新南社区新建3个农家书屋。

街道有小学6所，教学点2个，专任教师357人，工人13人。有教学班125个（含3个特教班），在校学生8 334人。学校总占地面积80 816平方米，校舍建筑面积40 561平方米。

【大事纪要】 1月18日，曲靖市组织部长李云忠在宣威市委书记许玉才陪同下深入宛水街道丰华社区服务中心建设现场检查指导基层党建工作。

2月1日，投资287万元，占地面积586平方米，建筑面积1 588平方米集办公、卫生、文化、综治“四位”一体的丰华社区服务中心及文化广场竣工。

3月1日至4月20日，宛水街道完成祯祥村“两委”换届选举工作。

3月16日，宛水街道对宛水一小的宣威市特殊教育学校正式启动扩建，投资387万元新建20个教室，建筑面积3 450平方米的教学楼于9月初竣工并投入使用，同时投资46万元新建宛水一小校大门，硬化校园面积2 350平方米。

3月初，祯祥村委会相继启动第一、第二两个村民小组文化活动中心建设工作。第一村民小组活动中心占地2 001平方米，投资110多万元，建成建筑面积770平方米的两层建筑。第二村民小组活动中心占地3 335平方米，投资170多万元，建成建筑面积900平方米的三层建筑。

3月底，投资60多万元，占地2 734.7平方米，建设望城社区服务中心文化长廊72米，建4个休息亭子的望城社区文化广场竣工投入使用。

4月，宛水街道组织辖区内的1 320名党员、干部、群众共捐款11.84万元进行抗旱救灾保春耕工作。

5月27日，宛水街道召开创先争优活动动员大会，102人参加会议。会议传达贯彻了中央、省、市创先争优活动有关会议精神，并对街道开展创先争优活动作全面安排部署。

5月，投资700多万元，占地33 350平方米，有商铺56个的废旧物资市场建成投入使用。

6月初，望城社区耿屯村投资130多万元，建盖占地1 667.5平方米，两层大小32间活动室，建筑面积1 200多平方米的文化活动中心，工程9月底竣工并投入使用。

6月11~18日，宛水街道对新文居委会马房村一个村民小组28户村民实施市广播电视“村村通”安装工程。

6月，宛水街道完成“沾（益）六（盘水）”铁路复线新文大茅斯安置点的征地抽签工作。

8月初，宛水街道在西河社区、新南社区和新文社区新建3个农家书屋，并配置书架、报刊架、阅览桌、电视等设备，各农家书屋藏书3 000多册，报刊杂志30多种，电子音像200多张。

8月19~27日，宛水街道稳步推进校舍安全工作，对宛水一小一幢面积为1 215平方米的教师宿舍、宛水二小一幢面积为1 443平方米的教学楼和望城小学一幢面积为924平方米的D级危房进行拆除。

9月2日，市政协主席肖坤全、副市长吴远长带领相关部门负责人到新世纪建材城就专业市场的推进作调研。

9月18日，举行新世纪建材城开业庆典，该项目投资6 700万元，占地53 360平方米，经营面积3.2万平方米。该建材城经营产品涉及陶瓷、石材、水电器材、卫生洁具、装饰材料等100多个系列、1 000多个品种，预计年销售额可达2.7亿元。

9月，宛水街道制定"沾（益）六（盘水）"铁路复线柳林被拆迁安置方案，对拆迁户进行安置。

10月19日，宣威市第一人民医院整体迁建项目启动，新院址位于宛水街道望城社区和虹桥街道交界处。

11月1日，宛水街道开展全国第六次人口普查工作，11月底，街道全面完成了普查登记查验工作。

11月25日至12月2日，宛水街道参加宣威市第五届体育运动会，其中女篮代表队荣获第一名。

12月22日，市委副书记、代市长保明顺到宛水调研，查看滇黔之窗商贸城的规划与建设情况。

年内，投资182.6万元在新文社区建300立方米水池2个、200立方米水池1个、取水坝4道，铺设输水管道4 000米。投资55.21万元在柳林社区实施岩溶地区石漠化综合治理示范工程，建拦沙坝4座、引水渠3.1千米、取水池1个和100立方米供水池2个，种植40.02万平方米的经济林，封山育林353.58万平方米。

年末，共发放低保金253.02万元，涉及低保对象1 093户2 297人；审核落实城市居民低保对象144户325人，发放低保金3.58万元，农村低保对象291户596人，发放低保金42.91万元；落实定期定量抚恤的"三属"（烈士家属、因公牺牲军人家属、病故军人家属）12人，在乡老复员退伍军人27人，带病回乡退伍军人2人、残疾军人2人，参战军人70人，全年核发定补定抚资金19.28万元，并全面实现银行代发；完成劳务输出135人；办理《农业人口独生子女光荣证》6本。

【领导名录】

党工委书记　张　伟(彝)
副　书　记　王德辉（回）　展云峻　陈家学
纪工委书记　黄　伟（5月任职）
人大工委主任　沈庆飞
办事处主任　王德辉（回）
副　主　任　黄丽琼（女，彝）　夏体飞
　　　　　　包　丽（女）　浦承林　徐天双
武装部长　何文勇

（撰稿　耿家宏）

## 西宁街道

【概述】　西宁街道位于宣威市区，东与双龙街道毗邻，南与宛水街道、落水镇接壤，西与西泽乡相邻，北与来宾镇、龙潭镇相连。国土面积197.12平方千米。辖锦西、西苑、老堡、花椒4个社区和复兴、袁屯、马街、靖外、列租、洽坡、赤水7个行政村、87个居（村）民小组、99个自然村。年末有人口14 954户47 228人，其中男24 176人、女23 052人；非农业人口32 339人；流动人口20 162人。人口自然增长率5.27‰，人口密度每平方千米240人。耕地面积1 840公顷，其中水田284公顷。有林地面积1.12万公顷，干果林面积200公顷，水果林面积106公顷，森林覆盖率72.4%。最高海拔（西洋塘梁子）2 382.7米，最低海拔（赤水滚水坝）1 886米。年平均气温14.7℃，年平均降水量950毫米。

国内生产总值16.33亿元，比上年增24.97%。工农业总产值8.51亿元，其中农业总产值1.87亿元，工业总产值6.65亿元。农村经济总收入1.94亿元，比上年增8.36%。农民人均纯收入4 041元，比上年增8.5%；城镇居民人均可支配收入14 670.59元，比上年增10.8%。辖区固定资产投资2.1亿元，完成地方财政一般预算收入481万元，比上年减26.6%，财政支出2 209万元，比上年减9.8%。全年报批申请采购项目13批次，采购预算金额71.39万元，实际采购金额66.37万元，节约资金5.02万元，节约率7.03%。办理家电下乡补贴4 209台，补贴金额99.23万元，办理汽车下乡补贴417辆，补贴金额55.79万元。

辖区内有乡镇企业905个（含个体工商户），从业人员9 866人，乡镇企业产值14.46亿元，上缴国家税金4 549万元，实现利润总额1.38亿元。年内粮食作物种植面积4 340公顷，粮食总产173.6万千克，年末大牲畜存栏3 038头（匹），生猪出栏11.32万头。

辖区有完小11所，教学点10个，教学班117个，小学专任教师297人，在校学生6 614人，小学校舍建筑面积3.9万平方米，占地面积13.24万平方米。有7所幼儿园，在校幼儿918人，学前班在校学生408人，适龄儿童入学率99.95%，巩固率100.55%，辖区内有民族中学、市七中两所市直完中和靖外初级中学1所。

有卫生院1所，业务总收入1 736.84万元，比上年增21.08%。有床位238个，在职在编医务人员108人，其中高级职称3人，中级职称28人，初级职称70人。设有内科、儿科、外一科、外二科、妇产科、中医科、五官科、针灸理疗科、检验科、放射科、B超室、心电图室、急诊科、牙科14个医疗科室。2010年底榕城卫生院实施拉动内需建设项目，投入460万元建设西宁街道社区卫生服务中心综合楼，计划2011年年底投入使用。

2010年11月西宁街道通过自筹资金2 500万元，立项建设西宁二小，计划2011年8月招生。2010年"一事一议"财政奖补项目、重点村等项目在老堡、靖外实施。规划实施项目9个，总投资234.28万元，项目为村内硬化道路8条4 604米。全年街道投入资金240万元（其中国家补助146万元，街道自筹34万元，群众自筹60万元），共完成各种水利工程40件，其中人饮工程30件、旱地水浇工程6件、小流域治理2件、河道清淤2件。解决了1 042户3 680人2 200头大牲畜的饮用水困难。治理水土流失2.6平方千米。

街道环卫站年末有正式在职工作人员3人，清扫保洁、管理、垃圾清运人员88人。管理辖区内建设街、振兴街、向阳西街、西宁路、崇文巷、环东路、榕峰路西段、龙堡路西段、西平路、河滨路、农行北路、锦西7米街和326国道花椒段、物流线复兴花椒段的清扫保洁和垃圾清运工作，清扫保洁总面积约36万平方米，管理公厕3个。街道环卫所有垃圾清运车2辆，日清运垃圾3次近3万千克。

**【大事纪要】** 1月6日，省委统战部部长黄毅到西宁检查统战工作。

2月24日上午，在锦西居委会会议室召开2010年街道工作会议。街道全体干部职工和各居（村）委会负责人共计169人参会。会上办事处主任李虎动员和安排了抗旱救灾和森林防火工作，同时组织抗旱救灾捐款活动，共筹集款项18 130元。

3月4日，共青团宣威市委、西宁街道党工委为西宁街道辖区的怡茗阁茶楼、小芳村酒店、小城故事冰果屋3家非公团支部举行揭牌仪式。

3月5日，西宁街道党工委、办事处组织辖区部分企业及政协委员抗旱救灾捐款活动，共筹集款项10.44万元。

3月11日下午，在街道五楼大会议室召开西宁街道第四届村"两委"换届选举工作动员培训会。

7月13日，在街道四楼会议室召开西宁街道第六次全国人口普查工作会。

7月16日，在锦西居委会大会议室召开西宁街道第六次全国人口普查业务培训会。

8月10日，宣威市第六届农村老年人运动会开幕，西宁街道共派出6支代表队40余人参加所有项目比赛。取得城郊组代表团组织奖、门球第一名、男子乒乓球第一名、女子乒乓球第二名、男子气排球第二名、女子气排球第三名、地掷球第四名的好成绩。

9月5日，西宁街道廉租房明德小学点开工建设，该项目建设面积3 000平方米，总投资430万元。

9月25日，在靖外明德小学召开西宁街道第六次全国人口普查第一期培训会，街道普查办全体人员、原靖外片区5个普查区、普查小区普查员参会。29日，召开第二期培训会，街道普查办全体人员、城区的居（村）委会普查员参会。

9月25日，西宁街道团购团建房和悦家园正式开工建设，该项目投资近亿元，拟建职工住房296套。

10月14日下午，在锦西居委会大会议室召开西宁街道老龄事业发展促进会成立大会，会议通过老促会章程并选举老促会理事会，会长由办事处主任李虎兼任。在成立仪式上共募集善款31.74万元。

11月4日，西宁商业街开工建设，总投资980万元，工期3个月。

11月4日，曲靖卫生局局长莫有方，宣威市副市长缪丽芳和市委组织部的相关人员、市教育局局长沈立德到西宁一小检查创先争优活动开展情况。

11月25日至12月5日，宣威市第五届体育运动会召开，西宁街道办事处组织50人参赛，取得团体第二名的好成绩。

11月29日，西宁街道在锦西居委会大会议室召开普（立）宣（威）高速公路建设西宁段征地拆迁工作动员会。会上明确了各涉地村（居）委会工作职责，街道成立了以党工委书记为组长的征地拆迁领导小组，领导小组下设工程建设协调指挥部，办事处主任李虎任指挥长，指挥部下设征地工作组、拆迁工作组、宣传报道组、群众工作组、秩序维护组、资金监管组、安置规划组和协调办。街道还与各村（居）委会签订征地拆迁责任书，并交纳风险抵押金。

12月10日，普（立）宣（威）高速公路建设开工仪式在振兴街北路延长线新客运北站举行。

**【领导名录】**

党工委书记　缪平章
副　书　记　李　虎　陆家波（6月离职）　陶汝平
　　　　　　李红梅（6月任职，女）
纪工委书记　秦本辉
人大工委主任　李学祥
办事处主任　李　虎
副　主　任　张　照　许　超　王必聪
　　　　　　张　萍（女，彝）　孙福志
武装部长　黄玉留

（撰稿　钱正能）

## 双龙街道

**【概述】** 双龙街道位于宣威市区，东与东山镇毗邻，南至建设街与宛水街道相邻，西至振兴街北段与西宁街道相连，北与来宾镇接壤。国土面积41.12平方千米。辖双龙、黉街、楚圣、开源、泰安、双圩、龙华7个社区56个居民小组和浦山、左所2个行政村26个村民小组。年末有常驻人口46 453人，其中男22 996人、女23 457人；非农业人口20 080人；少数民族人口1 506人。人口密度每平方千米1 129.7人。耕地面积916.2公顷，农业人口人均占有耕地340平方米。森林覆盖率49.9%。下关小河、西河、东大河穿境而过，平均海拔2 200米，年平均气温14.1℃，年平均降水量881毫米。有证煤矿矿井2对，年生产原煤1.1亿千克，年生产总值2 000万元。

全年农作物播种总面积2 628公顷，其中粮食作物播种面积1 623公顷。大春粮食总产609.3万千克，比上年增2.24%，其中马铃薯175.9万千克，比上年减9%；玉米282.9万千克，比上年减29.3%；水稻145.2万千克，比上年增0.1%；杂粮4.4万千克，比上年减13.7%。小春总产2.9万千克，比上年减68.5%。年末生猪存栏40 864头，比上年增131%；肥猪出栏71 513头，比上年增14.02%。家禽存栏22 870只，比上年增25.25%；家禽出栏127 410只，比上年增9.38%。肉类总产量809.5万千克，比上年增34.02%。

年末实现本级财政收入1 603万元，比上年增27%；农民人均纯收入5 160元，比上年增9.41%；农业总产值8 220万元，比上年增7.9%；工业总产值4.08亿元，比上年减30.5%；农村经济总收入1.64亿元，比上年增9.5%；固定资产投资2.9亿元，比上年增102%；城镇居民人均可支配收入14 157元，比上年增13.5%；各行业现价增加值2.21亿元，比上年增0.7%；非公经济注册资金2.62亿元，比上年增0.7%。其它经济指标均超额完成任务。

年内街道有公办完全小学7所，教学班85个，在校学生5 938人；学前班11个，入学幼儿660人；有民办小学2所，教学班24个，在校学生1 330人；民办幼儿园8所，入园幼儿1 769人。小学适龄儿童入学率达100%，辍学率公办学校为0%、民办学校控制在0.2%以内。

辖区内有宣威市中医院、宣威市疾病预防控制中心、宣威市妇幼保健院、鹏程中医院、锦森康复医院、宣威妇女儿童医院、宣威爱尔口腔医院等医疗服务机构。通过资源共享、共建共驻原则把宣威市中医院确定为街道卫生服务中心，有床位450张，医务人员276人。

街道文化站有工作人员2人，全年共建设农家书屋7个，文化信息共享工程农民素质教育网络培训学校1个。全年围绕街道大事、要事报送新闻信息210条，被各报刊、网站、电台采用151条 。

**【大事纪要】** 1月8日，启动城双路、向阳街东段路面改造工程，总投资120万元，2月8日完工。

2月5日，龙华东山面山发生森林火灾，受灾面积约10公顷，500余人参与扑救。

2月6日，龙华东山顶发生森林火灾，过火面积约6.67公顷。

2月10日，双龙街道召开2009年工作总结暨表彰大会。总结2009年工作，部署2010年工作，表彰2009年度涌现的先进集体和个人。

2月14日，双龙一小承办双龙街道2010年美奂广场春节联欢活动，有健美操《青春律动》、舞蹈《印度女神》等14个节目。

4月1日，降小雨，森林火险等级下降，旱情轻度缓解。

4月6日，浦山换届选举结束，新一届“两委” 班子产生。

4月7日晚10点左右，下中雨持续1小时，旱情得到有效缓解。自2009年下半年开始，双龙出现60年一遇旱情，农作物受灾186.67公顷，成灾166.67公顷，绝收100公顷，经济作物受灾286.67公顷，成灾240公顷，绝收186.67公顷，农业直接经济损失达166万余元。有5 000余人、7 500余头大小牲畜饮水困难。林木晒死1万余株，人工林晒死22万余株，核桃晒死3 000余株，估计损失90余万元。街道动员干部职工和社会力量捐资26.6万元，用于水渠清淤、塘坝治理和购买水泵、输水管道等抗旱物资设备。

4月9日，左所村换届选举结束，新一届“两委” 班子产生 。

4月10日，省林业厅长陈玉侯到双龙调研核桃种植及核桃苗受灾情况，曲靖林业局长王朝欢，宣威市委副书记申宗林、副市长李启信陪同。

4月27日，双龙街道面向社会公开招聘20人组成双龙街道综治协勤中队，夯实综治维稳工作。

5月14日，双龙街道召开校园安全专题会议，对学校安全及周边地区治安专项排查做具体安排。并下发《关于进一步加强校园安全工作的通知》，校园安保工作全面开展。

7月15日，双龙街道召开户口整顿工作会。

9月28日，双龙街道在市政府招待所召开人口普查动员暨业务培训会。

9月29日，召开“两基”迎国检工作会，迎检准备工作正式开始。

10月1日，双龙一小北教学楼开始拆除，一小危改工作启动。

11月12日，代理市长保明顺到双龙调研，原则同意1.26公顷土地置换方案，并提出办公楼拍卖方案要按相关程序办理手续的建议。

11月19日，召开云维生活区征地工作专题会议。

11月24日，双龙街道组织篮球、乒乓球、门球、气排球、象棋五个项目代表队参加市第五届运动会。

**【领导名录】**

党工委书记　李明勇（彝）
副　书　记　吕正果　浦绍虎　甘增国
纪工委书记　王　芳（11月任职，女）
人大工委主任　邱学涛
办事处主任　吕正果
副　主　任　宁冬莲（女）　顾怀书　浦恩俊
　　　　　　徐向东　范茂褒
　　　　　　浦　波（5月任职）
武装部长　赵思俊

（撰稿　王怀朗）

## 虹桥街道

【概述】 虹桥街道位于宣威市区南部2.5千米处，东与东山镇相邻，南与板桥镇接壤，西与落水镇相连，北与宛水街道毗邻。国土面积33.9平方千米。辖虹桥、北云、月牙3个社区和马房村，有33个居民小组和7个村民小组。年末有人口17 481人，其中男8 753人、女8 728人；非农业人口467人；少数民族人口518人。人口自然增长率5.8‰，人口密度每平方千米515人。耕地面积643.6公顷，人均占有耕地486.67平方米。山林面积925.33公顷，森林覆盖率34%。

境内水源丰富，拥有全市最宽的水域606公顷，湿地600余公顷，3千米长的西河及10千米长的长山小河东西交叉。平均海拔1 988米，年平均气温13.4℃，霜期138天，日照2 071.6小时，年平均降水量934.41毫米。

2010年，推广专用型及特色玉米良种584.8公顷，生物多样性优化种植技术示范推广面积1 013.33公顷，脱毒马铃薯及加工型品种推广面积433.33公顷，马铃薯双垄高墒栽培技术推广面积100公顷，农作物重大病虫害综合防治面积346.66公顷，土壤测土配方施肥及专用肥推广面积170公顷，粮食地膜推广面积366.66公顷，蔬菜种植面积133.33公顷。

年内，畜牧业产值4 692万元，比上年增13.3%；畜牧业收入3 446万元，比上年增10.7%。生猪存栏43 260头，仔猪销售15 600头，肥猪出栏38 568头。全年发放小额信贷资金280万元，扶持农户126户。

年内，街道国民生产总值48 797万元，农民人均纯收入4 683.7元，比上年增25.4%；消费321万元，比上年增31.1%；固定资产投资3亿元，比上年增84 %；规模以上工业经济指标完成7 010万元，占全年目标任务9 300万元的75%；非公经济指标完成年初目标任务1.52亿元。因街道与开发区的财税征管体制不顺，街道本级财政一般预算收入145万元，比上年181万元减收36万元，完成年初预算237万元的61.18%。全年实现财政支出1 327万元。其中，本级一般预算支出人员经费和保运转经费共913万元，占全年支出的69%；各级专项资金支出414万元，占全年支出的31%，实现全年预算收支平衡。

辖区有初级中学1所，在校学生1 120人；有小学2所，在校学生1 383人，学龄儿童入学率100%；有中心幼儿园1所，在园儿童294人，学龄前儿童入园率60%。有占地面积2 668平方米、建筑面积2 446平方米的社区医疗服务中心1个，医务人员25人，其中正式医务人员9人（全额拨款4人，差额拨款5人），其他人员16人（含临时工），病床20张。各社区（村）均建有不少于60平方米的文化活动场所。

【大事纪要】 5月4日，投资500万元，占地1.2公顷的月牙湖公园广场启动建设。

6月14日，概算总投资1 500万元，2 000米长、14米宽的月牙湖景观大道启动建设。

7月16日，市委、市政府建设开发南片区领导小组指挥部进驻虹桥开展工作。

9月6日，副市长阳开府到虹桥街道检查指导月牙湖广场和文明示范街建设。在查看月牙湖广场景观大道和文明示范街建设现场后，要求着力做好涉及群众的思想稳定工作，在稳定大局下，强势推进新区建设。

11月29日，占地1公顷，建筑面积6 488平方米，绿化面积7 008平方米，投资2 000余万元，集行政、农业、科技、教育、文化、计生、体育、老龄、综治等功能为一体的街道社区综合服务中心投入使用，并举行落成典礼。

12月21日，代理市长保明顺到虹桥街道调研城市规划建设工作。

【领导名录】

党工委书记　苏文方（彝）
副书记　文吉挺　赵光团　陶汝南
孙应祥（3月任职，挂职）
张尤发（3月离职，挂职，彝）
纪工委书记　夏春媛（女）
人大工委主任　王启灿
办事处主任　文吉挺
副主任　付云顺　单德凯
龙　玉（女，彝）　黄初朝
王开虎（7月离职）
符仕田（7月任职）
李　勋（4月离职，挂职，女）
武装部长　蒋定生

（撰稿　朱坤耀）

## 来宾镇

【概述】 来宾镇位于宣威市区北部，东与龙场镇接壤，南与东山镇、西宁街道、双龙街道相邻，西与龙潭镇交界，北与倘塘镇、乐丰乡相连，是典型的农业大镇。镇政府驻地距市区12千米。国土面积241.66平方千米。辖观云、朱屯、河东、所乐、宗范、虎头、后夸、来宾、大屯、盘龙、徐屯、普仓、新田、龙洞14行政村、92个村民小组、106个自然村。年末有人口28 310户89 588人，其中男46 649人、女42 939人；农业人口23 661户81 144人；暂住人口4 185人。

境内地形以坝区、河谷、丘陵、冷凉山区为主，坝区面积占30%，半山区面积占70%。主要塘坝有双箐、响水沟、麦地冲、箐水沟、绝技沟、米西乐、老林、老虎头、西沟、杨山、阿冲、陈家冲、李家村、龙翔等；主要河流有龙洞河、盘龙河、虎头河等；主要水库有龙树沟、大块田、水箐、龙洞、草花冲、樱桃沟、小竹箐等。最高海拔（朱屯小水井顶）2 638米，最低海拔（盘龙花椒冲岔河）1 892米，平均海拔2 100米。年平均气温13℃，年平均降水量900～1230毫米;有煤、粘土、石灰石等矿产资源，煤炭资源可开采储量600亿千克。

全镇有林地1.04万公顷，森林覆盖率51%；耕地面积3 661.83公顷，其中旱地2 774. 72公顷，水田887.11公顷，农业人口人均占有耕地451.27平方米。

全年完成大春玉米种植面积3 201.6公顷，大春薯种植面积2 534.6公顷，水稻种植面积1 000.5公顷，豆类种植面积246.79公顷,脱毒薯及新品种推广种植面积2 134.4公顷。发放地膜7.6万千克、优良种子9.6万千克，推广专用肥79. 4 万千克。实现粮食产量2 957.9万千克，粮食产值8 733.88万元。建设商品蔬菜基地100.05公顷，订单蔬菜133.4公顷。种植秋季作物3 335公顷。完成烤烟移栽150.08公顷，收购烟叶7 000担，实现收购总值509.6万元，上缴税收112万元。完成3个生猪养殖小区建设，扶持“生猪养殖小区”建设示范户250户，全镇生猪饲养量27.65万头，生猪存栏10.35万头，出栏肥猪17.59万头，实现牧业产值2.8亿元。

全镇有企业406个，从业人员 2.1万人。有煤矿15矿15井，有砖厂、砂石厂40个，精锌冶炼厂4个，铁合金厂2个，个体工商户1 000多家。

年内，实现生产总值7.51亿元，比上年增12.6%；一、二、三产业产值依次为2.6亿元、2.89亿元、2.02亿元；实现财政收入1 205万元，财政支出4 986万元；全年农村经济总收入4.17亿元，比上年增3.87%；金融机构存款余额3.1亿元，贷款余额1.1亿元，农民人均纯收入4 505元，比上年增9.2%。

全镇有初级中学3所，成人技术学校1所,完小14所，在校学生1.24万人，有教职工653人。学龄儿童入学率达100%，巩固率达99.64%。

全镇有卫生院1所，下设14个卫生所，医护人员26人，乡村医生50人，500毫安X光机一台，病床86张，防保人员56人。

全镇有文化站1个，业务用房300平方米，文化活动场地100平方米，体育活动场地100平方米。有放影机1台，图书阅览室50平方米，藏书2 000册。有移动电话发射塔10座，有线电视用户9 400户，宽带网用户900户。

**【大事纪要】** 1月9日，来宾镇召开第九届人民代表大会第三次会议。

3月初，启动云维集团30亿千克石灰岩矿山征地工作，完成永久性征用土地3.47万平方米，完成园区供水工程。

7月，中考考取普高及以上902人，上线率66.23%，中学教育连续十年处于全市领先地位。

年内，投入抗旱救灾资金97.3万元，村组投入（含投工投劳折资）826万元，企业和个人捐资45万元，维修塘坝和其它水利设施36件。

年内，完成块原煤生产6.2亿千克，红砖2.8亿片，砂石料27万立方米，精锌冶炼1 200万千克，镍铁冶炼2 500万千克，生产钙镁磷肥1.15亿千克，生产线材3 400万千克，火腿加工400万千克。

年内，实现工业企业销售收入9.3亿元，比上年增13.2%。其中非公经济增加值完成6.21亿元，比上年增21%；上缴税金5 782万元，比上年增18%。

年内，乡镇企业营业收入完成8.16亿元，比上年增19%；增加值完成5.5亿万元，比上年增20%；实交税金5 145万元，比上年增18%。

年内，启动集镇区矿村结合共享资源开发成果新机制试点工作，河东小康示范村矿村结合建设新农村取得重大突破。项目总投资1.21亿元，其中曲靖市级财政资金200万元，宣威市级财政资金830.6万元，整合项目资金896.8万元，来宾镇政府筹集资金271万元，村集体经济投入30万元，各级财政补助资金和项目整合资金共计2 228.4万元，群众自筹和投工投劳折资9 830万元。全面完成10个大项、388个小项的建设任务，11月被曲靖市检查组评定为优良工程。

年内，投资80万元完成普仓石丫口、龙洞新发、来宾大块田、后夸绝技沟水库及徐屯茨园、所乐村等应急抗旱工程建设，解决了4 800人饮水困难的问题；实施总投资28万元的河东小流域治理工程，建拦沙坝3座，开挖渠道4.32千米，坡改梯46.69万平方米。

年内，投资70万元，植树19万株。

年内，完成有线电视入户安装9 450户，“村村通”工程478户。

年内，完成门诊减免12.73万人次，减免金额93.7万元；住院补偿(含市直及以上)4 544人次，补偿金额850.91万元。

年内，完成各种节育手术786例，查验流动人口290人，办理农业人口独生子女光荣证10本，征收社会抚养费80万元。

年内，兑付粮食直补资金57.93万元，良种补贴资金76.7万元，综合补贴资金607.56万元；兑付家电、汽车、摩托车下乡和家电以旧换新财政补贴，累计兑付补贴资金165万元。

**【领导名录】**

党委书记　浦仕新
副 书 记　范全位　王兴富（6月离职）
　　　　　陆家波（6月任职）
　　　　　刘　燕（6月任职，女）
纪委书记　尹品升

人大主席　夏显卫
镇　　长　范全位
副 镇 长　朱恩赛　胡文志　宁德芳
　　　　　刘　燕（6月离职，女）
　　　　　刘招银（6月任职）　欧明宏（6月任职）
　　　　　徐章俄（10月任职）
武装部长　朱建昌

（撰稿　范优仙）

## 倘塘镇

【概述】　倘塘镇位于宣威市区北部，东与乐丰乡相连，南与来宾镇相临，西与龙潭镇、得禄乡接壤，北邻杨柳乡与贵州威宁县隔河相望，镇政府驻地距市区43千米。国土面积390.71平方千米。辖倘塘、宜木戛、得宜、鲁乍、兴隆、新堡、英阿、东冲、启龙、旧堡、铺子、发赛、三岔、茂宗、贝古、法宏、松林、新乐18个行政村（其中法宏、松林2个村为民族村）、156个村民小组、286个自然村。年末有人口21 335户84 035人，其中男44 823人、女39 212人；农业人口82 291人、非农业人口1 744人。境内居住着汉、回、彝、苗、仲5种民族。人口自然增长率7‰，人口密度每平方千米215人。有耕地面积4 206公顷，人均占有耕地446平方米。有林地面积1.67万公顷，人均占有林地2 040平方米，森林覆盖率46.7%。

境内均属山区、半山区，东西最大跨距26.4千米，南北最大纵距38.8千米。最高海拔（松林村老尖山）2 460米；最低海拔（东冲村竹园）1 680米，相对高差780米，镇政府所在地海拔1 800米。年平均气温14.5℃，年平均降水量980毫米。

年末全镇农村经济总收入7.78亿元，比上年增15.4%；农民人均纯收入3 750元，比上年增10%；财政总收入5 856万元，其中财政一般预算收入1 931万元，完成市下达任务1 728万元的112%；乡镇企业总收入8.59亿元，比上年增6%；银行存款余额2.49亿元，比上年增29%。

全年粮食种植面积12 633公顷，粮食总产4 600万千克，实现产值6 861万元，完成市下达任务数4 524万千克的102%；烤烟种植面积1 066.7公顷，产量205.24万千克，实现产值3 271.53万元，完成烟叶税720万元，完成收购任务100.12%；全年生猪出栏17.24万头、肉牛9 747头、肉羊6 241只、家禽16.18万只，实现肉类总产2 190万千克，畜牧业产值达1.85亿元，比上年增18.6%；全年共产销黄豆腐65万千克，创产值400余万元；林果业实现产值1 550万元，比上年增5%。

全镇有初级中学2所，在校初中学生5 569人；有完小19所，教学点76个，在校小学生10 786人。全镇在职教师597人。适龄儿童入学率100%，巩固率98.2%，小学毕业率100%，初中毕业率100%。全镇有文化站1个，藏书8 000余册。广播电视站1个，专业技术人员5人，全镇已有14个村开通有线电视，可视频道43个。有卫生院1所，医务人员21人，有病床50张，村级卫生室17个，村医59人。

【大事纪要】　1月20日，倘塘镇召开第八届人民代表大会第三次会议。

1月26日，倘塘镇东冲村发生一起民房火灾，村民王庆考1间住房被烧毁，无人员伤亡，火灾造成经济损失1.93万元。

2月底，全镇共有2 204公顷农作物和经济作物受灾，绝收面积1 255.5公顷。全镇18个村、156个村民小组的近4.6万人和5.1 万头大小牲畜出现饮水困难，造成直接经济损失4 000余万元。

2月28日，倘塘镇茂宗龙潭村发生一起民房火灾，灾害造成夏超、夏毕浩两户8人两间住房全毁，无人员伤亡，火灾造成经济损失8万元。

3月13日，投资50.1万元，建筑面积280余平方米的宜木戛张波希望小学建成并投入使用。

5月18日，倘塘镇铺子上半坡村发生一起民房火灾，村民秦庆伟家1间住房房顶的瓦片有部分损失，其隔壁邻居秦庆培家的牛圈被烧毁两间。火灾约造成经济损失1.5万元。

5月，倘塘镇东冲等村因高温干旱造成3公顷烤烟苗晒死，造成经济损失3.8万元。

6月23日，倘塘镇成功承办宣威市北片区轮庄杯老年文体活动展演。

6月24日，宣威市委书记许玉才等领导冒雨深入到新堡、松林等村，对倘塘村级小集镇建设和烤烟中耕管理进行检查指导。

6月，倘塘镇出台集镇供水方案。

7月1日，倘塘镇召开纪念建党89周年暨优秀党总支（支部）、优秀党员表彰大会。

7月20日，倘塘镇新乐村亮水塘、箐沟、迭母等地遭受冰雹袭击，致使25公顷烤烟受灾，受灾程度100%，20公顷玉米受灾，受灾程度40%，造成经济损失50万元。

7月22日，副市长吴远长、市政府调研员段开荣带领国土局、煤炭局等单位相关负责人到倘塘镇检查指导打击非法开采工作。

7月22日，宣威市红十字会常务副会长李辉祥一行5人在倘塘镇党委书记朱恩俊和挂村领导何福浩的陪同下到法宏村发放“春雨行动”礼包。此次活动共发放大米200袋、食用油200桶，折合资金3万元。惠及农户100户421人。

8月1日，倘塘镇法宏村江子林上海子组、下海子组、梁山组遭受冰雹袭击，23公顷烤烟受灾，受灾程度100%，造成经济损失53万元。

8月3日，倘塘镇兴隆、东冲、新堡、英阿、铺子等村遭受冰雹袭击，55公顷烤烟受灾，损失程度80%，40公顷玉米受灾，受灾程度50%，造成经济损失146万元。

8月20日，倘塘镇新乐、松林、法宏3个村遭受冰雹、狂风袭击，126公顷烤烟和100公顷玉米受灾，造成直接经济损失324万元。

9月6日，倘塘镇召开2010年教育工作暨表彰大会。

9月10日，“孔令兵助学基金发放仪式”在松林完小举行，共发放奖学金1.1万元。

10月10日，倘塘镇倘塘村小屯组屋基村发生大型山体滑坡，灾害危及61户共228人生命财产安全，造成直接经济损失1 000余万元。灾情发生后，镇党委、政府多方协调，积极争取项目，筹措资金327万元，出台重建方案并分类征得村民同意。

10月13日，副市长李启信带领民政、扶贫、煤炭、建设等部门相关领导，在倘塘镇党政领导的陪同下前往倘塘村小屯组屋基村视察灾情。

10月14日，曲靖市国土局局长朱家甫在宣威市政协主席肖坤全，市政府副市长吴远长，市委常委、宣传部长朱丽娥以及镇党政主要领导的陪同下实地视察倘塘屋基自然村山体滑坡灾情。

10月15日，市长保明顺（代理）、副书记申忠林、副市长李启信、民政局局长李树乖等领导，在倘塘镇党政主要领导的陪同下，深入倘塘镇屋基自然村地质滑坡现场视察。

12月20日，卷槽沟、李家山、大松林等7个煤矿全部关闭到位。

年内，全镇遭遇了百年难遇的特大旱灾，造成直接经济损失近5 000万元。累计筹集抗旱救灾资金426万元，解决了2.54万人2.33万头大小牲畜饮水困难，保障了1.2万人需救济人口的基本生活，最大限度降低了灾害损失。

年内，全镇生产原煤22.05亿千克，超额完成全年生产任务，实现工业产值4.85亿元，销售原煤21亿千克，实现销售收入4.62亿元，完成规费收缴2 685万元，原煤生产百万吨死亡率为零，3对示范化矿井建设顺利通过验收。

年内，投资799万元建设通南铺小（二）型水库；投资812.55万元实施的三岔、得宜两个水库除险加固工程完工并顺利通过验收；投资978.93万元实施的松林、宜木戛第三批基本烟农田工程完工，全镇新增有效灌溉面积1 633公顷；投资210万元的三岔水库干支渠防渗工程完工并提交审计；投资834.51万元实施79件农村安全饮水工程，解决了18个村委会87个村民小组2.3万人1.94万头大小牲畜饮水困难；投资350万元实施的集镇供水工程完工，解决集镇区1.32万人饮水困难问题。全镇水利化程度达到38%。

年内，投资1 600余万元，完成27家煤矿双回路建设。

年内，完成松林、铺子、宜木戛639户农电网改造，全镇网改率达到66.7%。

年内，投资128万元的广播电视“村村通”工程，惠及农户126个自然村2 846户15 916人。

年内，配合有关部门实施好投资5.9亿元的宣（威）倘（塘）二级公路建设，公路于5月竣工通车。

年内，投资320万元，对集镇街道进行改造。

年内，累计投入资金150万元对130千米镇村公路和乡村公路重点路段进行管护。

年内，完成14校11 169平方米D级危房改造扫尾工作，投资1 300万元建成教学楼5幢、宿舍9幢、食堂3幢。

年内，投资300余万元实施的镇二中校园附属工程完工。

年内，松山煤矿矿长张波等企业家投资100余万元在宜木戛、旧堡建成两所希望小学，一所已投用，一所即将投用。政协委员夏跃周在通南铺“一村三园区”项目实施中，投资160万元，选址新建的跃周希望小学已竣工投用。启龙煤矿投资300余万元打造的松林半坡生态新村中，投资50万元新建半坡小学完工投入使用。

年内，秦家地煤矿实施的“一村三园区”工程已完成，其规划理念开创了矿村结合建新村、土地集约经营、产业支撑搞循环经济的先河，成为全镇有煤东南片区新农村建设的一种规划理念和推广模式，得到了省、曲靖、宣威各级领导的高度肯定。

年内，新堡村投资260万元，建成商品房64间、休闲娱乐广场1个，硬化道路4 000平方米，栽植行道树300棵，新堡新村初步建成，成为西北无煤片区新农村建设示范点。在两个示范点的辐射带动下，全镇新农村建设“南有通南铺、北有新堡点”的格局基本形成。

年内，启龙煤矿投资300余万元打造的松林半坡生态新村基本完工，建成后将成为边远民族地区新农村建设的亮点。

年内，倘塘集镇详细性规划修编初步完成，在全市公开招聘4名队员组建集镇管理执法队，统一着装，配备专用车辆，集镇管理更加规范，环境卫生持续改观。

年内，争取财政奖补资金181万元，分别在宜木戛、铺子、三岔、发赛4个村实施“一事一议”项目。

年内，积极争取省级重点村项目7个，累计投入资金282.86万元，分别在旧堡、发赛、新乐、倘塘、启龙、松林6个村实施，共硬化村间道路16 033平方米。

年内，积极争取民族团结示范村项目1个，投资27万元，在法宏村实施。

年内，投资250余万元的卫生院改扩建工程已完工，建设中得到了相关部门和煤矿企业的大力支持，其中松山煤矿捐资30万元购置病床50张、办公桌椅40套、输液吊杆60套、会议桌椅1套等医疗设备；旧堡煤矿捐资10万元购置办公电脑等设备；启龙煤矿捐赠办公车1辆；市红十字会捐赠价值7万元的被子、床单等病床用品100套。

年内，全年参加合作医疗73 952人，3 715人得到相关部门救助，救助资金9.5万元，参合率达95%，圆满完成上级下达的任务。

年内，办理农业人口独生子女父母光荣证3本。

年内，完成天保造林133公顷，巩固退耕还林成果133公顷，全镇森林覆盖率44%。6月中旬组织干部群众在宣（威）倘（塘）公路两旁种植柳杉4 000余棵。

年内，投资380余万元，18个煤矿的矿井水治理工作取得初步成效，环境保护取得新进展。

年内，投资50余万元完成综合文化站建设。

年内，完成农村建房清理整顿及土地登记后续工作，全年共发放集体土地使用证21 895本。

年内，投资13万元的为民服务中心和17个村级为民服务点建成投用。

年内，开展安全检查26次，检查企业861家次，排查整改隐患359条，全年未发生安全事故。

**【领导名录】**

党委书记　朱恩俊

副 书 记　张　伟　高大奇　孔令桥（7月任职，回）

纪委书记　黄训杰

人大主席　张宏斌

镇　　长　张　伟

副 镇 长　杨承良　李章能　孔令桥（7月离职，回）

蒋　慧（4月离职）　李新华（4月离职）

吕　杰（5月任职）　陆继宏（5月任职）

武装部长　邓金永

（撰稿　马敏庆）

## 田坝镇

**【概述】** 田坝镇位于宣威市区东南部，东与贵州省盘县隔河相望，南与海岱镇接壤，由西至东北沿着革香河与东山镇、格宜镇、宝山镇分界，镇政府驻地距市区66千米。国土面积262平方千米。辖田坝、土木、力行、石坝、阿迤、风景、龙家、腊家、新发、石塘、联盟、新民、中和、四坪、米田、红岩16个行政村、259个自然村、287个村民小组。年末有人口2.34万户75 024人，其中男38 263人、女36 761人；农业人口65 529人、非农业人口9 495人；少数民族人口5 899人。人口自然增长率6‰，人口密度每平方千米286人。林地面积13 133.33公顷，森林覆盖率37%。

辖区内以喀斯特地貌为主，主要河流有3条：盘龙河、清水河、赤那河。最高海拔（俄卓戛梁子）2 533.9米，最低海拔（万家口子岔河口）1 300米，年平均气温14℃，年平均降水量1 100毫米。主要水库有土木水库，有两座大桥：格卓桥和四里座大桥。

年末，全镇工农业总产值4.73亿元，比上年增0.8%。其中工业总产值2.74亿元，比上年减7.7%；农业总产值1.99亿元，比上年增16.3%。以生猪为主的畜牧业总产值1.19亿元，比上年增17.9%。农村经济总收入3.47亿万元，比上年增8.8%，农民人均纯收入4 007元，比上年增308元。财政收入4 958万元，比上年增6.9%；财政支出4 927万元，比上年增5.1%。

全年粮食播种面积7 080公顷，比上年增1.4%，粮食总产量2 347.4万千克，比上年减7.5%。其中玉米种植面积2 867公顷，总产量1 498.1万千克；马铃薯种植面积2 167公顷，总产量492.6万千克；小麦种植面积533公顷，总产量8万千克。

年末生猪存栏98 016头、出栏159 010头；大牲畜存栏8 285头、出栏510头。年内发展户均出栏肥猪20头以上的规模养殖户270户。

有乡镇企业355个，从业人员5 416人，总产值34 854万元，营业收入37 410万元；利润2 438万元，上缴税收801万元。

有35千伏变电站一座，10千伏线路8条，线路总长280.77千米，供电覆盖16个村，有用电客户11 326户，年售电量约1 500万千瓦时。

全镇有初级中学2所，教学班56个，在校生3 943人；村完小17所，教学点32个（其中一师一校点10个），教学班221个，在校生6 125人；学前班39个，入园人数981人。学龄儿童入学率99.9%。教职工618人，其中小学高级职称207人，中学高级职称56人，中学一级职称85人。中学校园面积55 018平方米，校舍24 978平方米，运动场10 418平方米，计算机136台，图书22 290册；小学校园面积99 800平方米，校舍37 834平方米，运动场19 472平方米，计算机118台，图书33 084册。年内，两所中学参加中考人数971人，上高中线以上人数423人，升入中职技术学校人数366人。

全镇有卫生院1所，村卫生所16所。有病床98张，其中卫生院50张；医护人员71人（中级以上职称6人），其中卫生院23人、卫生所48人。有医用房屋面积2 400平方米。

有计生服务所1个，技术人员6人，其中中级职称1人。有病床25张。有座式B超3台、波姆光治疗仪1台、电动吸引器1台、血液分析仪1台。全年共办理独生子女父母光荣证120户，落实一胎放环363例，二胎结扎283例，综合节育率87.8%，避孕及时率95%，出生人口890人，出生率达10.5‰，死亡人口336人，死亡率4‰，持证生育率99%，医学监护率85%，多胎生育率控制在0%以内。

有文化站1个，图书藏量11 276册。有广播站1个，卫星电视地面接收器1 080个，电视录像设备2套（可自办节目）。有老年活动室1个，敬老院2个。有体育场地58块，篮球场26块，乒乓球点20个。村级文化活动室7个，农家书屋5个，图书藏量15 000册。

年内，新型农村合作医疗试点工作稳步推进，全镇收缴参合费186.1万元，参合人数62 034人，参合率达95%以上。城镇居民医疗保险参保4 325人次，农民工伤保险参保1 835人次，农村合作医疗共减免141 117人次，减免金额616万元，其中门诊减免138 622人次，减免金额106万元，住院补偿2 495人次，住院总金额920万元，补偿金额510万元。

年内，实施公益事业"一事一议"财政奖补项目，涉及石坝、力行、米田3个村，共投资134余万元，其中村民筹资和村组集体投入12余万元，财政资金122余万元。涉及文化、道路、水利、农业基础设施4大类，受益农户3 274户，受益人口1.2万人。

**【大事纪要】** 1月5日，云南省人口计生委财务处长丁明一行在曲靖市人口计生委主任权美琼、副主任陈金平、副主任李敏等领导和宣威市副市长缪丽芳的陪同下，到田坝镇检查计划生育双向目标责任制年终考核工作。通过此次检查考核，省人口计生委将不断深入基层总结经验，寻找差距，推动全省人口计生工作水平的全面提升。

1月16日下午，投资560余万元4 200平方米的文体中心综合服务楼开工典礼在集镇新区举行。

1月25日，田坝镇第十届人民代表大会第三次会议召开。

1月25日，国家人口计生委联合评估组一行5人由国家人口计生委财务司司长薛启谊带队，在省人口计生委李善荣副主任、曲靖市副市长饶卫及宣威市副市长缪丽芳等领导的陪同下，对曲靖市微机抽点宣威市田坝镇2009年流动人口服务管理省内"一盘棋"暨人口计生工作开展了联合评估。

3月6日，"抗旱救灾献爱心"募捐活动在集镇客运站开展，镇团委、工会、妇联、派出所、文化站、宣传办、学校等部门36人到集镇新街开展募捐，当天募捐到救灾款1 343.5元。

3月8日国际妇女节之际，田坝镇妇联组织镇村两级妇女干部61人开展抗旱救灾为高寿女老人送水活动。

4月28日，市人大重大动物疫病防控专题调研组到田坝镇进行调研。截止当时，全镇没有发生畜产品质量安全事故和重大动物疫情。

4月30日，田坝镇境内连续发生了两次特大冰雹灾害。灾害涉及田坝、石坝、新民、联盟、力行、中和等11个村，受灾面积大，给玉米、马铃薯、林果、蔬菜、烤烟等农作物造成了不同程度的损毁。

5月18日，田坝镇一中举行了"校园地震应急疏散演练活动"。不断加强师生的防震减灾知识教育，提高师生的防震减灾意识和震时应急反应能力、自救互救能力。

6月18日，镇卫生院启动公共卫生服务项目，为田坝镇居民集中进行健康体检，并建立包括个人基本信息、健康体检、重点人群健康管理记录和其他医疗卫生服务记录的健康档案。

6月19～22日，云南省银潮老龄服务中心摄影师一行11人进驻田坝，为16个村近万名60周岁以上老年人免费拍照。

6月29日，投资210余万元1 470平方米的宣威市田坝派出所警务楼工程在集镇举行动工仪式。

7月1日，适逢党的89周年诞辰，田坝镇召开了"宣威市老年书画诗词协会田坝分会成立大会"，46名爱好者参加会议并申请加入协会。

7月1日，在镇党委书记蒋绍华陪同下，副市长程培仁来到田坝村，看望了87岁老党员缪克亮和黄初孟，并仔细询问了老人们的生活和家庭情况。

7月22日，田坝镇妇联、文化站和林业站的技术人员一行5人来到土木村，对该村50多位村民进行核桃栽培和管理技术培训。

7月26日，镇党委召开创先争优活动推进会。

7月26日，在镇礼堂召开烤烟生产科技现场培训会。

8月5日，新民村委会举行畜牧养殖技能培训，该村50多名百头以上养猪、千只以上蛋鸡养殖专业户和畜牧兽医防疫员参加培训。

8月31日至9月1日，市民政局组织医疗队——云峰医院医师为田坝镇250名老复员军人、参战退伍军人和带病回乡退伍军人进行健康体检。

9月30，市残联组织白内障医疗服务队到田坝镇为71名疑似白内障患者免费检查，筛选出38名白内障患者到宣威人民医院治疗。

10月20日，市少年法庭、市关工委等几家联合组成的法制教育走进校园宣讲团一行6人分别到田坝镇一中、二中宣讲，给两校5 000多名师生上了一堂法制教育课。

11月9日，曲靖市教育局、宣威市关工委领导对田坝镇一中、镇二中两所中学的学校半军事化管理评估验收。

11月8～9日，派出所组织民警走上街头、深入学校，开展以"全民关注消防·生命安全至上"为主题的消防宣传教育活动。宣传活动共向群众散发宣传单1 500余份，3 000余人受到教育。

12月7日，代理市长保明顺到田坝镇调研农村农业工作。保明顺先后到田坝镇文化体育中心施工现场、镇一中、镇二中等地进行实地调研，并听取相关情况介绍。

**【领导名录】**

党委书记　蒋绍华
副 书 记　陈世锡　浦同雷　庄永林（8月任职）
纪委书记　赵　华
人大主席　严国贤
镇　　长　陈世锡

副 镇 长　范学东　包广旭　邓信芳
　　　　　庄永林（8月离职）
武装部长　严国爱

（撰稿　沈　华）

## 板桥镇

**【概述】** 板桥镇位于宣威市区南部，东与东山镇、羊场镇交错，南与沾益县炎方接壤，西与落水镇、热水镇毗邻，北与虹桥街道相连，镇政府驻地距市区17千米。国土面积252.48平方千米。辖板桥、西边、庄子、下村、龙津、鸭塘、耿屯、东屯、歌乐、永安、土城、木乃、石缸13个行政村、186个村民小组。年末有人口66 996人，其中男25 508、女31 488人；农业人口57 131人、非农业人口9 865人；少数民族人口4 490人。人口自然增长率6.69‰，人口密度每平方千米265人。耕地面积8 320公顷，其中水田134公顷、旱地8 186公顷，人均占有耕地1 474平方米，林地面积11 929公顷，森林覆盖率49%。

境内自然环境良好，水资源丰富，珠江水系的东河、西河贯穿全境，水库有羊过水水库、东屯水库、铜厂水库、钱屯水库、迤谷海子等。平均海拔2 130 米，属南温带高原季风气候，年平均气温 13.4 ℃，年降水量934.41 毫米。矿产资源丰富，石灰石、黄砂、粘土等建筑原料丰富。主要树种有云南松、华山松、滇杨。

全年粮食作物播种面积9 440公顷，比上年增11%，总产量3 880万千克，比上年增6.8%；种植烤烟面积2 100公顷，完成收购量457.67万千克，实现烤烟生产总值7 026.9万元；无公害蔬菜种植面积2 330公顷，比上年增16.7%，实现产值7 350万元，比上年增19.5%。年末生猪存栏达97 650头，比上年增33.7%；牛存栏10 502头，比上年增11%；山绵羊存栏11 326头，比上年增12%。肉猪出栏156 761头，比上年增10%；肉牛出栏5 713头，比上年增10.6%；肉羊出栏5 590头，比上年增11.5%。畜牧业总产值2.12亿元，比上年增10%。

全镇有企业730个，其中规模以上工业企业2个，私营企业37个，个体工商户691户，从业人员10 860人。

全年实现工农业总产值27.7亿元，比上年增18%，其中工业总产值23.7亿元、农业总产值4亿元，分别比上年增18.5%、18%；农村经济总收入4.5亿元，比上年增15%；农民人均纯收入4 931元，比上年增12%；财政一般收入2 682万元，比上年增13%；地方一般预算支出4 724万元，比上年减支0.4%；银行居民储蓄存款余额4.8亿元，贷款余额3.6亿元，社会商品零售总额10.86亿元，分别比上年增14%、15%、17%；完成固定资产投资7.31亿元，其中镇级投资完成1.86亿元，分别比上年增3 141.8万元、2 183.8万元，增4.5%、13.3%。

全镇有中学2所，完小14所，校点4个，教职工546人，在校学生9 693人，其中初中在校生3 862人、小学在校生5 831人。全镇适龄儿童5 859人，学龄儿童入学率99.52%。2010年全镇1 067名考生参加考试，上高中录取线556人，上线率52%。

有云峰医院1所（国家二级乙等医院），镇卫生院1所，共有医护人员310人，病床560张。全镇新型农村合作医疗参合人数52 074人，参合率98.92 %，全年累计减免门诊、住院费221.8万元。

有镇综合文化站1个，老年活动中心15个，农家书屋4个。完成广播电视“村村通”工程，有限电视覆盖率达63%，用户7 800余户。

**【大事纪要】** 1月15日，镇机关开展以“用心工作，快乐生活”为主题的系列文体活动。

2月21日，组织镇机关干部和民兵应急分队共220人，进行了为期7天的军事训练。

3月30日，云南省大春生产现场会在曲靖召开，省长秦光荣、省委副书记李纪恒、副省长孔垂柱等领导到板桥参观永安村马铃薯高垄双行高产示范样板、西边村间套种玉米抗旱育苗移栽现场。

6月28日，全国县级供销合作社工作经验现场会在曲靖召开，全国供销合作总社党组书记、理事会主任李成玉等领导在云南省副省长孔垂柱，曲靖市委书记赵立雄等省、市领导的陪同下到永安村供销购销店参观供销合作社建设情况。

7月10日，镇党委被云南省委表彰为“共产党员抗旱先锋行动”先进基层党组织。

年内，投资340余万元，完成耿屯村色格至东屯、鸭塘至云峰公司等6条14千米的村间道路硬化工程，启动建设永安至石缸水泥路硬化工程。

年内，引进总投资2.6亿元的宣拓火腿公司等一批企业建成投产。

年内，投资120万元，完成板桥、庄子、下村、西边、鸭塘、永安6个省级新农村重点建设村项目危房改造和基础设施建设工作。

年内，筹措建设资金2 000余万元，完善了老326国道板桥收费站至镇三中路改街扫尾工程和绿化、亮化工程，栽植香樟等绿化树种200余棵，安装太阳能街灯130盏，改造安装街灯220盏。

年内，投资560万元，完成歌乐水库除险加固主体工程、铜厂水库干支渠防渗工程。

年内，完成10千伏西部农村电网改造工程，项目覆盖1.1万户群众，新建和改造农村供电线路40余千米。

年内，投资294万元，完成石漠化治理工程。其中建拦砂坝5道，植树造林426.67公顷，封山育林1 242.67公顷，坡改梯面积66.67公顷。

年内，完成歌乐586.67公顷土地整理项目主体工程建设任务，启动实施总投资近2亿元的永安、土城、木乃片区2 000公顷和西边片区1 200公顷中低产田地改造项目。

年内，面对重大干旱，深入开展抗旱救灾活动，筹措资金1 000余万元，投入机动车0.3万辆次，运水7万余立方米、畜力运水1万余立方米，启用泵站33个、机电井3眼，实施管引工程4件，新建机井2个，水窖补水2.5万立方米，完成5个水源点建设任务，解决5.8万人、9.6万头大小牲畜的因旱饮水困难问题。

**【领导名录】**

党委书记　魏　辉

副 书 记　秦　韩　滕　韬　宁　寅

纪委书记　简成敏

人大主席　张正贤

镇　　长　秦　韩

副 镇 长　吕文佳　高兴平　张　懿（女）　缪云浩

武装部长　朱　斌

（撰稿　赵莎娜）

## 羊场镇

**【概述】** 羊场镇位于宣威市区南部，东与海岱镇交错，南与富源县后所接壤，西和沾益县播乐、宣威市板桥镇相连，北与东山镇毗邻，镇政府驻地距市区42千米。国土面积273.98平方千米，其中山区面积85.5%，坝区面积14.5%，边界线长67千米。东西最大跨距25.9千米，南北最大跨距19.4千米。辖多贝戛、镇兴、大松树、鸡场、兔场、茨营、陈湾、英角、普瓦、宗德、大田坝、清水、小箐13个行政村（其中清水属少数民族村）和1个居民委员会108个村民小组，居住着汉、彝、回3种民族，驻有企业羊场煤矿、云铸二厂、宣威磷电公司和中国人民解放军78326、78329部队。年末有人口19 994户59 683人，其中男31 994人、女27 689人；非农户口4 583户13 750人、农业户口15 411户45 933人。人口自然增长率4.4‰，人口密度每平方千米218人。

境内山脉属乌蒙山东列山系，多成东西走向，河流属珠江水系，茨营河源于富源县后所镇营上村，经陈湾、茨营两村落入山洞为伏流，汇于海岱文阁河，境内长约15千米；奴革河源于播乐乡，从大田坝进入羊场，流经大田坝、宗德、普瓦、鸡场、大松树等村，境内长20千米，有效灌溉面积600公顷。全镇最高海拔（大箐梁子）2 485米，最低海拔（大松树石料厂）1 790米，年平均气温13.6℃，年平均降水量920毫米，无霜期226～243天。林地面积144.6平方千米，森林覆盖率52.8%。自然资源以煤为主，探明地质储量1 383.2万千克，并有铁矿、铜矿、耐火材料、石灰石、黄砂等。

年末，全镇农村经济总收入2.37亿元，比上年增8%；农民人均纯收入2 937元，比上年增11%；全年实现财政一般预算收入995万元，比上年增14%；实现工业总产值9.63亿元，工业增加值3.65亿元，非公经济增加值3.25亿元，固定资产投资2.75亿元。

全镇有耕地面积5 897.87公顷，人均0.1公顷。农作物种植以玉米、马铃薯、烤烟为主。全年完成粮食播种面积7 346.67公顷，粮食总产量达2 952万千克。完成优质专用玉米播种面积2 408公顷；脱毒及加工型马铃薯推广2 400公顷；蔬菜种植466.67公顷；优质稻及新品种推广200公顷。种植烤烟646.5公顷，完成收购任务140.1万千克，实现总产值2 120万元，税收466万元。年内肥猪出栏140 345头、生猪存栏70 376头；肉牛出栏1 289头、存栏7 796头；肉羊出栏6 843只、存栏12 690只；家禽出栏49 416只、存栏55 692只。实现肉类总产1 459.1万千克，畜牧产值16 149万元。

全镇有教职工453人，其中教师424人。中学1所共有教学班36个，在校生2 681人；15所完小共有教学班170个，在校学生4 732人。有校舍面积6.2万平方米，其中危房面积1.4万平方米；有图书6.1万册，生均8.2册；小学校内外适龄儿童4 751人，在校4 732人，入学率99.6%。2010年全镇初中升考报名571人，上普高线264人，升学率46.2%。

有卫生院1所，占地面积4 000平方米，建筑面积3 420平方米，有病床40张，医护人员20人，其中中级职称4人，初级职称16人。有X光机、B超机、心电监护仪、全自动血球分析仪、半自动生化分析仪、全自动生化分析仪、救护车等医疗设备。有村卫生所13所，乡村医生37人，其中专科学历3人，中专学历24人，职高学历10人。全年，农村合作医疗累计门诊减免64 748人次，减免金额43.12万元，住院补助2 500人次，补助资金480万元，参加新型农村合作医疗41 651人，参合率95.65%。

有文化站1个，共有图书室17个，藏书3 500余册，阅览室2个，电脑室、乒乓球室、排练室各2间，棋牌室、画室各1间，农家书屋6个，村级文化活动场所8个，卡拉OK厅12个，篮球场37块，宽带用户750户。有广电站1个，有线电视用户4 325户，有线电视覆盖率34.25%，地面卫星接收器4 700台，电视覆盖率98%。

**【大事纪要】** 1月7日，市人大副主任、红石岩水库建设部指挥长杨怀党一行深入红石岩水库施工现场，专题研究水库建设相关项目问题。

1月10日，镇党委、政府召开全镇烤烟生产工作会，安排部署2010年烤烟生产工作。

1月14日，镇党委、政府组织党政班子成员、各站(所)长等46人召开羊场镇社会维稳及安全生产工作会议。

1月14日，云南省慈善基金总会秘书长李勇一行到羊场镇敬老院走访慰问10位老年人，并为他们赠送被子、枕头等物品。

1月25日，市武装部政委刘建贤、政协副主席周红芬在羊场镇相关负责人陪同下分别走访慰问了鸡场村残疾老年人、困难老党员。

1月，在市委四届六次全会上，羊场镇获得市委、市政府授予的“宣威市中小学危房整体改造暨标准化建设先进集体”的称号。

2月8日，市武装部政委刘建贤、部长罗文生等一行在羊场镇武装部长孙承佩的陪同下来到普瓦村，看望慰问5个低保户、残疾人等低收入困难群体。

2月27日，驻镇78326、78329部队组织出动2台消防车、8名消防官兵为小箐村饮水极度困难的夏家村和学校往返送去3万多千克水，临时解决小箐完小300多名学生及130户群众饮水困难。

2月，羊场镇党委、政府在茨营村投资450万元，启动大皮坡村39户170人异地扶贫搬迁工程。

3月1日，羊场镇举行抗旱救灾捐款仪式。镇党政班子领导和全体干部、各村委会书记及主任、28家民营企业、15家养殖大户、羊场煤矿、宣威磷电公司、六七四厂、云铸二厂参加捐款仪式，此次募捐共筹集爱心捐款48万元。

3月9日，羊场镇召开全镇各村党总支书记、副书记，主任、副主任，镇直各部门负责人、驻镇新农村指导员等130余人参加的村级换届选举工作会议。

3月12日，羊场镇安监办邀请市安监局安全生产专家对全镇采石厂、采沙厂等6个非煤矿山企业的60余名主要负责人和从业人进行安全教育培训。

3月23日晚，羊场镇举行共产党员抗旱救灾特别捐款活动，66名党员共捐款10 416元。

3月25日，市人武部政委刘建贤率领40多名官兵以及羊场镇党政领导干部组成的抗旱队深入羊场镇茨营村小春洋芋抗旱保苗一线，与农民群众一道引水浇灌小春洋芋133.33公顷。

4月13日，羊场镇全面完成第四届村委会换届选举工作，选举出总支书记13人，总支委员65人，主任13人，副主任12人，村委会委员38名，主任书记“一肩挑”7人，达53.85%，村“两委”交叉任职达35%。

4月26日，镇团委、妇联携手分别组成“青年烤烟移栽先锋队”、“巾帼烤烟移栽突击队”来到清水村大坪子帮助烟农移栽烤烟。

4月，投资580万元启动羊场客运站建设项目。

5月7日，市委书记许玉才率开发区、水务局、发展和改局、经济贸易委员会、电力部门、国土资源局、环保局等部门负责人到羊场调研磷电公司二期循环项目远东水泥厂推进情况。

5月8日，投资20万元的共青团希望水窖100个在小箐村启动建设。

5月9日，羊场镇召开烤烟生产技术协会成立大会。

5月11～12日，羊场镇召开第九届人民代表大会第三次会议。

5月12日，羊场初级中学在教学大楼广场前隆重举行新团员入团仪式暨表彰大会。

5月19日，羊场镇在3楼会议室召开广播电视“村村通”工作暨业务培训会。

5月，完成兔场村新街31户130人的异地搬迁项目。

6月1日，驻镇解放军78326部队官兵到宗德完小和300余名学生欢度“六一”儿童节。

6月20日，计生办举办出生缺陷目标人群培训会，全镇13个村的100余名待孕和现孕育龄妇女参加培训。

6月29日，昆明理工大学郑益生教授、云南省交通职业学校于芳教授受羊场镇妇联邀请，为100多名妇女干部带来《情商与素质》、《学会珍爱与享受生活》两场讲座。

6月，第一批1 760套广播电视“村村通”设备安装到户。

7月5日，羊场镇小箐村遭受冰雹袭击，受灾农作物240余公顷，造成直接经济损失约360万元。

7月29日，镇全体党政班子领导成员分别来到驻镇78329、78326部队开展拥军慰问活动，代表羊场镇广大人民群众，向驻地官兵表示亲切的问候和节日的祝福并送上慰问金。

8月5日，羊场镇召开2010年烤烟收购暨建党表彰会。

8月24日，羊场镇初级中学组织初一年级960名新生进行为期7天的军训。

8月27日，由云峰医院医务人员组成的巡回医疗小组来到羊场镇为130名重点优抚对象进行血检、尿检、心电图、胸片、B超、量血压等8项免费检查，并免费发放药品。

8月，团市委和镇党委、政府共资助小箐村特困残疾户高德珠经费1.5万余元及2万千克水泥、3万片砖、门窗等物资，圆了该户的新房梦。

8月，投资500万，启动建筑面积3 500平方米的政府机关廉租房建设项目。

9月4日，镇机关、中小学教师共56人参加献血活动。

9月25日，羊场镇利用街天群众赶集的集中优势，组织科协、团委、农技中心、兽医站、卫生院等单位，抽调相关工作人员8人组成科普宣传小组，在集镇中心开展创先争优科普知识进千家宣传活动。

10月，投资207.6万元，启动小箐、多贝戛、陈湾3个村的村级公益事业“一事一议”项目。

10月，投资120万元，启动茨营村17户60人异地扶贫搬迁项目。

11月1日，羊场镇第六次全国人口普查入户登记工作正式启动。

11月19日，羊场中心学校在宣威磷电礼堂举办“诵经典、赛红歌”比赛活动。

11月25日，羊场镇启动开展为期一个月的强制捕杀流浪犬、野犬统一行动。

11月28日，云南省滇东北宣威片区万亩核桃示范林在陈湾村举行开工仪式，其中羊场镇种植任务达566.67公顷。

11月，投资100万元，启动朝阳街南段延长线道路建设项目。

12月，启动小箐村水井沟村、清水村李家村省级重点扶持村建设项目。

12月，完成羊场初级中学6 500平方米廉租房建设项目。

年内，投资222.57万元，完成大松树、镇兴等村“一事一议”工程道路硬化18条，总长8.43千米，面积25 579平方米。

年内，投资180万元，建成鸡场大硐小学，投资90万元新建镇兴完小教学楼一栋。

年内，投资302万元，完善羊场中学校内基础设施建设。

年内，投资592万元，完成10件国债农村饮水安全项目。

年内，投资400万元，完成小冲小（二）型水库除险加固任务。

年内，投资115万元，在政府机关院内建成建筑面积968平方米的机关食堂一栋。

**【领导名录】**

党委书记　杨　波
副 书 记　方国营　杨光伟　李启相（6月任职）
　　　　　陈开双（4月任职，挂职）
纪委书记　宁美华（女）
人大主席　张尤忠（彝）
镇　　长　方国营（5月任职）
副 镇 长　孙应良　卯　飞（6月离职）
　　　　　王　敏（6月任职）　何雷昌
　　　　　方国营（5月离职，主持镇政府工作）
武装部长　孙成佩

（撰稿　何瑞雪）

## 格宜镇

**【概述】** 格宜镇地处宣威市区东北部，东北与宝山镇、文兴乡接壤，东南与田坝镇、东山镇隔革香河相望，西与龙场镇毗邻，北与乐丰乡、阿都乡相连，镇政府驻地距市区42千米。国土面积250.2平方千米。辖龙山、法戛、旱稻、得马、大坪、启文、白泥、大兴、石磨、陆村、翠华、龙泉、米茂、华泽14个行政村、141个村民小组、193个自然村。年末有人口18 557户62 157人，其中男32 859人、女29 298人；非农业人口3 459人、农业人口58 698人。人口自然增长率7‰，人口密度每平方千米249人。耕地面积6 266.67公顷，农业人口人均占有耕地1 067.61平方米。有森林面积13 106.67公顷，森林覆盖率48.51%。境内汉、彝、回、苗、壮、水6个民族混居。有新石器时代文化遗迹、石梁县城遗址、安官家故居、“六六起义”纪念地等历史文化遗址。

境内属典型的云贵高原喀斯特地貌，地形狭长，南北最大跨距33.3千米，东西最大跨距16千米。地形为封闭型盆地，中部多湖泊，有启文湖、石梁湖等。革香河、华泽河跨境而过。山脉为乌蒙山东列山系，一列从北向南由白泥井、五里坪、得马梁子组成，长20余千米，一列自北向东，由火药街、花红、跑马三梁子组成，长10千米。北部水汇入华泽河，南部水汇入革香河，中部水汇入冲门口水库。最高海拔（白泥井梁子）2 445.5米，最低海拔（华泽下寨）1 685米。年平均气温13.2℃，年平均降水量1 090毫米。霜期自每年10月至次年4月，平均无霜期209天。有煤炭、铁矿、硅矿、砂石等矿产资源分布境内。

年末，实现生产总值5.39亿元，比上年增11%。工农业总产值4.99亿元，其中工业总产值1.87亿元，比上年增12%；农业总产值3.12亿元，比上年增17.2%；第三产业产值4 000万元，比上年增14%。农村经济总收入2.72亿元，比上年增14.77%；农民人均纯收入3 771元，比上年增9.12%。财政一般预算收入810万元，比上年增7.3%；一般预算支出4 005万元，比上年增8%。固定资产投资7 000万元。社会消费品零售总额1.48亿元，比上年增25.4%。年末存贷款余额分别为1.29亿元和1.1亿元，分别比上年增20.3%和23.4%。完成劳务输出8 586人，新增转移农村富余劳动力1 900人。

有非公企业286家，从业人员6 812人，实现总产值1.87亿元，实现各行业增加值1.38亿元，实现营业收入2.29亿元，利润总额3 338万元，上交税金970万元。

全年农作物种植面积9 592.79公顷，其中种植玉米2 545.6.公顷、马铃薯2 533.33公顷、、蔬菜466.67公顷、水稻13.33公顷、大小麦420公顷、豆类153.33公顷、秋荞533.33公顷、萝卜1 300公顷、绿肥1 147.2公顷。实现粮食总产2 552.9万千克，比上年增4.1%。种植魔芋800公顷，比上年增加133.33公顷，实现产值7 000万元。烤烟种植面积345.4公顷，收购75万千克，实现产值1 150万元。

全年生猪饲养量20.5万头，年末生猪存栏7.6万头，肥猪出栏12.9万头；大牲畜存栏5 360头，出栏1 379头；羊存栏8 916只，出栏4 508只；家禽存栏8.72万只，出栏5.1万只。实现肉类总产1 380万千克；畜牧业总产值14 566万元。

全镇有初级中学2所，幼儿园1所，村完小15所，初级完小5所，教学点29个。在校生9 501人，其中初中生3 723

人、小学生5 778人。在园幼儿（含学前班）1 173人，特殊教育教学班16人。有教学班213个，其中初中42个，小学171个。有教职工455人。全镇有校舍建筑面积52 370平方米，其中初中20 963平方米、小学31407平方米。自2006年以来，全镇中考连续5年居宣威市第一名，教育教学综合考核连续5年获宣威市一等奖。

全镇有综合文化站1个，图书藏量9 807册，老年活动中心3个。移动网络覆盖率100%，有线电视用户2 598户，宽带网络用户700户，程控电话和移动电话分别达856部和1.87万部。

全镇有卫生院1所，医务人员21人，设有中医科、内儿科、外科、五官科、口腔科、妇产科、B超室、化验室、心电图室、X光室、防疫保健科，有病床25张。全年，有53 798人参加新型农村合作医疗，参合率95.21%。年度累计门诊减免32 511人次、减免金额30.52万元；住院补偿1 097人次、补偿金额131.25万元。落实一孩放环279例、二孩结扎212例，办理农业人口少生奖励9户，出生缺陷干预284例，育龄人群免费体检7 650人次。年内龙山、石磨、陆村、大兴、翠华、法戛、启文7个村进行了甲级村卫生所建设。

全年共发放“五保”供养经费26.4万元，城市居民最低生活保障金3 614元，农村低保金150.8万元，义务兵家属优待金6.16万元，优抚对象临时救济金3.6万元，实施农村大病救助8人29 700元，发放救济粮34 990千克。

**【大事纪要】** 1月25日，格宜镇召开第七届人民代表大会三次会议。

3月1日，格宜镇冲门口水库开工建设。

3月2日，曲靖市委书记赵立雄到格宜镇调研，要求各级领导干部树立抗大旱、抗久旱的思想，坚决打赢抗旱救灾的攻坚战。

3月9日，格宜镇召开村党组织和第四届村民委员会换届选举工作会。

3月26日，格宜镇召开森林防火暨烤烟抗旱移栽工作紧急会。

4月12日，格宜镇圆满完成村“两委”换届选举工作。

4月27日，中德财政合作云南农村贫困地区可持续发展项目开工典礼在格宜镇龙山村举行。

5月26日，政协主席肖坤全到格宜视察中低产田改造项目。

4月30日，宣威团市委到格宜镇开展抗旱救灾“希望工程、润苗行动”资助活动，100名贫困学生和20户受旱灾农户，分别收到500元的救助资金。

5月28日，格宜镇召开以“五抓五重五促创五好、五查五看五比五带头”的创先争优主题实践活动动员会。

6月23日，市委书记许玉才到格宜镇检查指导烤烟中耕管理工作，他指出，要坚定不移地推进农业产业化，不断推进农业产业结构调整，突出抓好玉米、马铃薯、烤烟、生猪、林果等优势产业，积极发展蔬菜、药材、花卉等特色产业，扶持建设一批优质农产品生产基地和农业产业化经营龙头企业，进一步巩固农业的基础地位。

7月2日，市人大副主任李正聪、市扶贫办主任舒仕奉、市农工办相关领导在格宜镇党政主要领导的陪同下到格宜镇米茂村调研“866”工程及“一事一议”财政奖补项目建设情况。

8月6日，格宜镇召开创先争优活动推进会暨烤烟收购工作会，推动争先创优活动全面深入开展，扎实做好烤烟收购工作。

8月23日，曲靖市审计局局长到格宜镇查看米茂村审计希望小学建设情况。

8月31日，曲靖市林业局局长王朝欢一行到格宜镇检查指导工作，并安排部署云南省高原石漠化生态修复示范工程在格宜镇启动。

10月10日，由市水务局农水科工作人员和全市各乡（镇）水务所长组成的考察组到格宜，考察农村饮水安全集中供水工程。

10月13日，代理市长保明顺、市纪委书记胡选坤、政府办主任马兴赞到格宜检查工作。

10月16日，格宜镇举行法马坡老年活动中心竣工典礼。

11月20日，格宜镇“两基”工作顺利通过检查验收。

12月16日，格宜镇人大组织曲靖、宣威、格宜三级人大部分代表共22名，采取“听、看、议”的方式分别对全镇当前重点工程建设和农业优势产业发展等情况进行视察。

12月20日，格宜镇冲门口水库竣工验收。

年内，投资1 847万元，实施国债人饮安全、落洞除险加固、水库除险加固、河道清淤治理、小水窖建设等工程，新增蓄水能力3万立方米，改善灌溉面积200公顷，排涝除涝面积26.67公顷，节水灌溉13.33公顷，解决1 600户、6 436人、10 016头大小牲畜饮水困难。

年内，投资1 160万元，新建教师廉租房2栋8 900平方米，新建教学楼815平方米，建厕所60平方米，食堂250平方米。

年内，完成普查登记人口19 080户67 377人，进行了户籍清理整顿。

**【领导名录】**

党委书记　孔　英（女，回）

副 书 记　顾光海（5月离职）

　　　　　王　雄（5月任职）　王智强

纪委书记　缪志远

人大主席　王定伟

镇　　长　顾光海（5月离职）　王　雄（5月任职）

副 镇 长　李　鸥　全丽坤（女）

柴正茂（5月离职） 周 瑞（5月任职）

武装部长 何家刚

（撰稿 王志远）

## 龙场镇

【概述】 龙场镇位于宣威市区东北部，东与格宜镇毗邻，南与东山镇相接，西与来宾镇接壤，北与乐丰乡相连，镇政府驻地距市区23.5千米。国土面积261.69平方千米。辖龙场、乐树、得所、龙林、联峰、阿直、罗营、黄村、勺姑、五里、旧营、志戛、隆庄13个行政村、109个村民小组。年末有人口16 039户54 682人，其中男27 997人、女26 685人；非农业人口1 686人；少数民族人口2 275人。人口自然增长率5.2‰，人口密度每平米千米209人。耕地面积6 752.78公顷，其中水田493.33公顷，旱地6 259.45公顷，人均占有耕地1 235平方米，有林地1.42万公顷，森林覆盖率61.7%。

境内山脉纵横起伏，属山区半山区。水资源丰富，有龙场河、拖乐河、黄村河、志戛河4条主要河流；有马房、五里、大箐沟3个主要水库；有白龙潭、勺姑、洗羊塘3个主要塘坝。最高海拔（旧营老虎大箐）2 607米，最低海拔（隆庄戴家小包包）1 664米，平均海拔1 900米。年平均气温13.8℃，年平均降水量962.2毫米。矿产资源丰富，有煤、石灰石、石英砂、粘土及少量铁、锰、钛等矿产资源，已探明煤储量1 700亿千克。

全年粮食作物播种面积7 148公顷，比上年增2.1%，粮食总产量2 697.3万千克，比上年增3.5%，人均占有粮食493.3千克，比上年增2.6%。烤烟种植面积161.6公顷，总产量35万千克，产值580万元，比上年减8.2%。年末生猪存栏69 000头，与上年持平，出栏132 395头，比上年增11.3%；牛存栏4 953头，比上年增0.7%，出栏793头，比上年增9.99%；山羊存栏10 094只，比上年增2.1%，出栏6 839只，比上年增11.6%。

自2009年7月开始，龙场镇实施“整乡推进”工程，项目覆盖11个行政村101个村民小组1.3万户5.1万人。共完成投资51 275万元，其中曲靖、宣威两级财政投资2 600万元，项目整合资金3 715万元，帮扶资金1 260万元。全镇综合完成率106%，其中户“八有”完成100%，自然村“六有”完成115%，行政村“六有”完成100%，镇“六有”完成100%。建设安居房4 396户，墙面刷白1 428户，翻瓦814户。建沼气池4 034口，改节能灶2 361眼，改卫生厕3 683个，改卫生厩9.1万平方米，改厨房1 062户。铺设管引190千米，建水池62个。完成中低产田改造866.67公顷，种植经济林果和经济作物4 000公顷。建养殖小区14个，发展养殖户3 768户，科技培训3.5万人次，转移输出劳动力5 391人。修村组公路107千米，硬化村内道路和庭院硬化31.8万平方米。建桥8座，涵洞58个，支砌挡墙2.45万立方米。架设输电线路16.2千米，电网改造523户。新建村委会综合楼1 498平方米，支部活动室700平方米，文化活动室570平方米，卫生室180平方米，老年活动中心12 280平方米。新建镇文体综合服务楼3 995平方米，中小学危改9 242平方米，建卫生院综合办公楼700平方米，维修兽医站350平方米，建计生综合服务楼1 000平方米，建客运站1个2 000平方米，建石材石艺园区2个。

年内，投资342.01万元，实施24件农村人饮安全工程，共解决6个行政村饮水安全问题；投入抗旱资金162.96万元，铺设管引33.6千米，解决龙场、乐树、得所、联峰、罗营、勺姑、志戛等部分自然村人畜饮水困难问题；投资20.1万元，对五里水库和勺姑塘坝进行抗旱应急修复。

年内，投资140万元硬化黄村丫口至黄村村委会、勺姑丫口至勺姑村委会两条进村道路；投资136万元，修建旧营至隆庄整齐块体弹石路；投资130万元，对五里坪至志戛村进行通达工程改造；投资979万元，新修、改扩建乡村道路50千米，硬化村间道路49.76千米。

年内，组建1支由镇干部、民兵应急分队组成的52人应急扑火分队，筹集防火经费37万元，签订《森林防火户主保证书》14 000份，全年全镇未发生重特大火灾。

年内，输出劳务人员1 682人，就地转移农村剩余劳动力9 161人，签订企业劳动合同2 600份。办理城镇居民医疗保险1 046人，老村干部养老保险32份。

年内，全镇生产总值完成62 818万元，比上年增16.44%。其中一产业完成23 428万元，比上年增18%；二产业完成28 180万元，比上年增15%；三产业完成11 210万元，比上年增10%。地方一般预算收入完成772万元，比上年增0.8%；财政总支出3 820万元，比上年减6.35%。完成固定资产投资25 710万元，比上年增203%。信用社各项存款余额1.5亿元，比上年增11%；贷款余额2.2亿元，比上年增53%。农民人均纯收入3 698.3元，比上年增14.85%。全年生产原煤6.1亿千克，实现产值1.6亿元，洗精煤2.5亿千克，实现产值7 000万元。全年生产销售毛石35万立方米，碎石8万立方米，石材3万立方米，实现产值3 500万元。

全镇有初级中学2所，42个教学班，在校学生3 450人；村完小13所，小学教学点33个，126个教学班，在校学生4 859人；有学前班35个，幼儿园2个。在职教职工440人，其中中学教师198人，小学教师242人。中职以上职称149人。适龄儿童入学率98.5%，巩固率98.5%，普及率99.1 %；初中入学率99.2%，巩固率98.2%，普及率99.1%。2010年中考上线人数576人，上线率74.5%，全市乡（镇）排名第二名。

全镇有卫生院1所，村卫生所13所，病床66张，其中卫生院33张；医护人员54人，其中卫生院41人，村卫生所

13人。卫生院配有X光机1台、黑白B超1台、心电监护仪1台、多功能治疗仪1台、半自动化分析仪1台。年内农村新型合作医疗参合率95%，全年门诊减免9.5万人次，减免金额110万元；各级医疗住院2 005人次，减免金额450万元。有计生服务所1所，技术人员4人，中职5人，病床12张。全年共放环263例，结扎220例，医学监护5 908人次，发放叶酸566人次，免费为育龄人群体检570人。

全年发放低保救济金147.27万元，五保供养金23.46万元，特困临时救助金8.1万元，救济粮食8.2万千克。帮助困难患者申请大病救助金20万元，完成志戛、五里地质灾害滑坡搬迁56户，兑现资金22.4万元。

**【大事纪要】** 1月7日，曲靖市交通局局长刘廷旺在宣威市副市长吴远长的陪同下，到龙场镇旧营村调研指导“整乡推进”工作。

1月14日，副市长李启信、新农村建设办公室主任徐万雄、原人大主任李龙苍，项目整合支持“整乡推进”的16个单位领导到龙场，组织召开“整乡推进”项目整合协调会。龙场镇党委书记侯晓汇报了“整乡推进”工作的进展情况、资金整合到位情况及下步工作措施。

1月22日，龙场镇召开“整乡推进”业务培训会，市扶贫办主任舒仕奉、副主任孙大鹏、市财政局农财科科长钱灿章到会指导。

1月26日，曲靖市煤炭局局长张勇带领局领导班子及科室负责人一行13人到龙场镇检查煤炭安全生产工作，宣威市政府调研员段开荣、市煤炭局领导陪同检查。

2月23日，《曲靖日报》报社总编王乔富在宣威市委组织部部长窦华平，副部长潘晓勇的陪同下，到龙场镇勺姑村、志戛村检查指导工作。

3月2日，曲靖市委书记赵立雄，在曲靖市委副书记范华平、市委秘书长朱德光、市委组织部长李云忠、市委副秘书长贺勇、市政协副主席夏传煊，宣威市市长夏新建、市委副书记申忠林、市委组织部长窦华平、市委办主任杨焜荣、副市长李启信的陪同下，到龙场检查指导“整乡推进”工作。

3月10日，云南省副省长孔垂柱，在省农业厅副厅长张泽军，曲靖市委副书记范华平、副市长饶卫，宣威市市长夏新建、常务副市长阳开府、市委办主任杨焜荣、副市长李启信的陪同下到龙场镇龙场村、乐树村检查指导工作。

3月10日至4月9日，龙场镇圆满完成13个行政村的村“两委”换届选举工作。

3月19日，宣威市春耕生产现场会在龙场镇举行。

3月22日，宣威市副市长程培仁率领宣威市经济局局长高忠勇、市烟草公司、财产保险公司宣威支公司、国电宣威发电有限公司等部门领导到龙场镇志戛村检查指导“整乡推进”工作。

4月16日，曲靖市扶贫办主任许云华一行在宣威市政府副市长李启信、市扶贫办主任舒仕奉的陪同下到龙场镇检查指导“整乡推进”工作。

4月21日，市委宣传部部长朱莉娥到龙场镇罗营村检查指导“整乡推进”和烤烟抗旱移栽工作。

4月27日，曲靖市政法委书记朱家美，在宣威市政法委书记王斌的陪同下，到龙场镇调研指导社会维稳工作。

4月30日，宣威市政协主席肖坤全到龙场镇乐树村查看“866”工程建设情况及龙场马房水库工程进展情况。

4月30日，龙场镇龙场、乐树、五里、得所、联峰、阿直6个村遭到冰雹灾害，6个村不同程度受灾，造成直接经济损失370余万元。

5月27～28 日，龙场镇组织召开“整乡推进”现场会，全镇党政班子成员，11个项目村的挂钩组长，各村的支书、主任，全镇干部共150余人参加现场会。

6月19日，龙场镇组织义务植树活动。全镇义务植树22.5万株，通道绿化242.5千米，河堤绿化34千米，厂区绿化2个，面山绿化21.33公顷，锌渣废区绿化10公顷。

6月23日，曲靖市副市长宁德刚，在曲靖林业局局长王朝欢、曲靖市扶贫办主任许云华、宣威市副市长李启信的陪同下到龙场镇检查指导“整乡推进”工作。

8月10日，市委书记许玉才在云南省下派宣威新农村建设工作队总队长杨家俊，市委办主任杨焜荣，市委组织部部长窦华平，市烟草公司经理解应乖的陪同下到龙场镇调研指导工作。

8月10日，龙场镇在龙场湾子村活动广场举行电影《村官普发兴》首映式，全镇班子成员、新农村指导员、机关党员干部和龙场村广大群众共300余人参加了首映式。

9月6～7日，龙场镇召开创先争优活动推进会暨“整乡推进”现场会，副市长李启信、市扶贫办主任舒仕奉等领导到会指导。

9月17～25日，龙场镇在13个村举行“农家讲坛”活动，共计2万余人参与活动。

10月13日，曲靖市人大常委会主任刘海芳，在曲靖市政府办、政研室、扶贫办、交通局和宣威市人大、市政府、市扶贫办等部门领导的陪同下，到龙场镇调研“整乡推进”工作。

10月15日，宣威市代理市长保明顺带领市委副书记申忠林，副市长李启信，市政府办主任马兴赞等领导到龙场镇调研工作。

11月8日，曲靖市交通局局长刘廷旺，在宣威市人大主任高连恒，宣威市委办主任杨焜荣等领导的陪同下，到龙场镇旧营村检查指导“866”工程建设情况。

11月9日，宣威市政协主席肖坤全,云南省下派宣威新农村建设总队长杨家俊一行，到龙场镇各村检查指导“整乡推进”扶贫开发工程。

11月20日，云南省老促会会长保永康带领省、曲靖、宣威老促会领导，在宣威市副市长李启信的陪同下到龙场镇调研革命老区扶贫开发工作。

12月7～14日，曲靖市检查组对龙场镇“整乡推进”工程进行检查验收，龙场镇11个项目村和镇“六有”项目全部被评为优秀等次。

**【领导名录】**

党委书记　侯　晓
副 书 记　李继华　　赵永克　　朱如俊（6月任职）
纪委书记　尹海将
人大主席　朱勋艾
镇　　长　李继华
副 镇 长　王正雄　赵思选（6月离职）
朱如俊（6月离职）
范开波（6月任职，彝）
沈立宪（4月任职）
刘　婕（11月任职，女）
邵兴凯（10月任职）
武装部长　张和平

（撰稿　李　恒）

## 海岱镇

**【概述】** 海岱镇位于宣威市区东南部，东与贵州省盘县接壤，南与富源县后所相连，西与羊场镇相接，西北与东山镇毗邻，北与田坝镇交错，镇政府驻地距市区59千米。国土面积225.68平方千米。辖乐所、密德、鼠场、箐头、月亮田、文阁、顾湾、羊场、磨戛、大栗树、水坪、代坪、岩上、鲁河、腊谷、德来16个行政村（月亮田、鲁河、岩上属彝族村）、131个村民小组、255个自然村。年末有人口19 309户63 273人，其中男33 493人、女29 780人；农业人口61 220人、非农业人口2 053人；少数民族人口7 131人。人口自然增长率6.9‰，人口密度每平方千米356人。耕地面积5 517公顷，其中水田700公顷、旱地4 817公顷，人均占有耕地870平方米，森林覆盖率36.7%。

境内河流属北盘江水系，水资源丰富，主要有文阁河、羊场河、德来河、三岔河，有月亮田和上河两个水力发电站。素有“宣威一洲，不如海岱冲一沟”之称，民族文化丰富，是宣威的歌舞之乡、民族之乡和民族工艺之乡。最高海拔2 450米，最低海拔1 680米，年平均气温14.4℃，年平均降水量1 050毫米，矿产资源有煤、铁、铜等。

全年农村经济总收入37 295万元，比上年增9.8%；农民人均纯收入3 978元，比上年增10.3%；财政收入816万元，比上年增1.6%，当年结余22万元，累计结余16万元；财政支出3 852万元。

全年粮食作物播种面积8 036.6公顷，总产量3 102万千克，比上年增1.1%，人均占有粮食490千克，比上年增0.14%。烤烟种植面积400公顷，产值1 197.14万元，比上年减19.41%。年末生猪出栏14.78万头、存栏87 432头；牛出栏1 196头、存栏6 731头；羊出栏6 019只、存栏9 755只；家禽出栏132 210羽、存栏89 377羽。

有镇办初级中学1所，教职工148人，在校学生3 007人。有小学36所，其中村完小16所，有教职工304人，在校学生5 966人，适龄儿童入学率99.4%。有卫生院1所，医护人员110人，病床206张。有村卫生所16所，有村医491人，病床120张。有文化站1个，图书4 000余册。有电影院1个，座位552个。有卡拉OK室4个、网吧2个、广电站1个。磨戛、顾湾、羊场、文阁、鼠场、密德、乐所、大栗树、箐头9个行政村开通了可收视41个频道的有线电视，有线电视用户2 565户，电视覆盖率99%。

**【大事纪要】** 1月3日，宣威市鑫宇畜牧科技有限公司在海岱成立。林泰养殖场，年生猪出栏4 800头、存栏4 000头。

1月23日，海岱镇召开第二届人民代表大会第三次会议，全镇77名人大代表和82名特邀、列席代表参会。

2月1日，海岱镇小猴场集贸市场在乐所新田村开市。

2月22日，海岱镇组织全体镇干部、镇直各单位负责人集中收看“曲靖市万名干部下基层抗旱救灾保民生、保春耕动员会”实况，并组织参会人员现场为抗旱救灾捐款1.6万多元。

2月23日，宣威电厂为海岱镇送来10台价值44 000元的抗旱救灾抽水泵。

2月27日，市委办主任杨焜荣到海岱镇检查指导抗旱救灾工作。

2月28号，农民日报、云南日报等媒体组成的采访团到海岱镇采访抗旱保春耕工作。

3月3日，曲靖市委书记赵立雄、曲靖市委副书记范华平、曲靖市委组织部长李云忠、曲靖市委秘书长朱德光、曲靖市政协副主席夏传瑄一行到海岱镇调研抗旱救灾以及镇卫生院、小集镇建设等工作，宣威市市长夏新建、市委副书记申忠林、市人大主任高连恒、市政协主席肖坤全等四班子领导陪同调研。

3月8日，海岱镇各煤矿、砂、石厂积极为抗旱救灾捐款23.24万元。

3月11日，副省长孔垂柱率省水利厅、省农业厅、省扶贫办等部门领导，在曲靖市委副书记范华平，曲靖市副市长饶卫，宣威市市长夏新建，副市长缪丽芳、李启信等曲靖、宣威两级有关部门领导的陪同下，深入海岱镇调研指导抗旱救灾工作。

3月10日，海岱镇召开村级换届选举工作培训会。

3月12日，常务副市长阳开府、市老促会会长李龙苍一行到海岱镇检查指导学校供水以及村级换届选举工作。

4月10日，市委组织部长窦华平、新华社记者浦超到海岱镇视查村级活动场所建设。

4月21日，海岱镇对全镇40户农业科技示范户进行培训。

4月23日，四川蓝天网架钢结构工程有限公司云南分公司和中国水利水电第十工程局六分局两个单位把1 600件爱心矿泉水送到水坪、代坪两所学校。

4月28日，市人大副主任杨怀党带领计生、市政府办等部门领导到海岱镇调研计划生育工作。

5月6日，市政协副主席周红芬带领市教育局、市妇联等部门领导到海岱镇调研学前教育工作。

5月17日，市矿产资源现状调查工作会议在海岱镇召开，海岱、东山、羊场、田坝4个镇分管矿产资源的领导、煤管所长、国土资源所所长以及51对煤矿业主、技术人员等参加会议。

5月17日，海岱镇为黄克飞烈士纪念碑举行揭幕仪式，市老促会会长李龙苍、市关工委、市教育局等部门领导、黄克飞烈士生前战友以及烈士家属、学生代表等参加揭幕仪式。

5月20日，海岱镇广播电视“村村通”工程正式启动，年内共完成92个自然村2 153户“村村通”工程建设。

5月26日，海岱镇银海佳园小区正式开盘，常务副市长阳开府参加开盘仪式。

5月28日，海岱镇政府廉租房建设顺利通过验收。

6月1日，海岱镇永信希望小学正式落成，市老促会会长李龙苍、市教育局局长沈立德一行参加落成典礼仪式。

6月3日，市政协主席肖坤全、副主席赵家任带领发改局、水务局、建设局等相关部门到海岱镇调研小集镇建设。

7月1日，副市长陈培仁到海岱镇检查指导烤烟中耕管理工作。

7月6日，曲靖市文明办副主任陈玉澎率曲靖市级文明小城镇考评验收组到海岱镇检查验收曲靖市级文明小城镇创建工作。

7月13日，曲靖市纪委检查组到海岱镇对抗旱救灾资金管理使用和政务服务体系建设运转情况进行检查。

7月22日，海岱镇召开创先争优活动推进会。

8月19日，曲靖市人大副主任、妇联主席李桂珍一行在宣威市妇联主席程国贞的陪同下，到海岱镇调研女致富能手赵桂梅的大花卉兰栽培情况。

8月23日，市人大副主任杨怀党、孙晓红带领环保、市政府督察科等负责人到海岱镇对市四届三次会议上海岱镇人大代表所提建议进行面对面答复。

8月26日，宣威市深入开展创先争优活动现场会在海岱镇召开。

9月10日，海岱镇合并镇内两所中学，成立了海岱镇初级中学，有效整合教学资源，确保基础设施教育健康发展。

10月28日，副市长吴远长到海岱镇检查2009年和2010年政府廉租房建设情况。

11月2日，副市长李启信带领农业局领导到海岱镇调研大花卉兰种植。

12月2日，代理市长保明顺在副市长程培仁的陪同下，到海岱调研。

12月24日，海岱镇特邀请曲靖市委党校副校长滕黎南为全体镇村干部、企业法人、中小学校长等200余人进行党的十七届五中全会精神学习宣讲。

年内，全镇遭受百年难遇的特大旱灾，造成直接经济损失4 800万元。累计投入抗旱资金600万余元，抗旱劳力1.5万人次。打井35口，铺设饮水管道0.8万余米，配送运水胶桶0.2万余只，发放水袋400余个。购置抽水机26台，解决了1.23万户4.3万余人和12万余头牲畜饮水困难。

年内，投资50万元，新建村级标准文化活动室5家，农家书屋10家，农村篮球场16块，配置乒乓桌32张。

年内，投资60万元，硬化鼠场迤白卡村道路5 000平方米，受益80户269人。

年内，协调煤矿出资320万元，实施代坪丫口滑坡搬迁项目，搬迁33户121人。“三通一平”和户型设计已完成。

年内，投资565.12万元。建成人饮安全、抗旱应急、槽子箐节水改造，山区五小水利等工程64件。建水窖30个、取水池57个、大小蓄水池52个、泵房5个，解决2 286户8 837人饮水问题和337.13公顷农田灌溉问题。

年内，投资60余万元，对镇村组公路进行维修和养护。争取“一事一议”财政奖补资金211.6万元，硬化乐所、密德、鼠场、德来村道路95 081平方米，受益6 201户21 263人。

年内，投资1 300余万元，新建廉租房2 000平方米、学生食堂1 560平方米、厕所600平方米；投资30余万元，购置课桌100余套；投资80余万元，对4个村完小和5个校点2 240平方米校舍进行排危。

年内，投资3 500万元的银海佳园小区建成；投资300万元的银海路建成。城镇规模扩大到1.3平方千米，常住人口达1.1万多人，城镇化率达到27.03%。

年内，圆满完成全国第六次人口普查工作和村级换届选举工作。

**【领导名录】**

党委书记　刘国文

副 书 记　白明高　夏显映　符　旭（6月任职）

纪委书记　符　旭

人大主席　孔维业

镇　　长　白明高

副 镇 长　丁现普　熊树彩（女）　张　林（彝）

徐尤苍　万里刚（10月任职，彝）

武装部长　缪建军

（撰稿　何如德）

## 落 水 镇

**【概述】** 落水镇位于宣威市区西南部，东与虹桥街道、宛水街道接壤，南与板桥镇相连，西与热水镇、西泽乡毗邻，北与西宁街道交界，镇政府驻地距市区16千米。国土面积230.66平方千米。辖落水、灰硐、三道、马图、滴水、瑞硐、火石（回族村）、多乐、黄路、海子10个行政村、82个自然村、107个村民小组。年末有人口12 225户43 813人，其中男22 668人、女21 145人；非农业人口1 783人、农业人口42 030人；少数民族人口1 403人；常住人口43 587人。人口自然增长率6‰，人口密度每平方千米198人。有耕地面积5 888公顷，森林覆盖率54%。

全境河流属北盘江水系，主要有落水河、三道河、海子河、多乐河4条时令河。最高海拔（赤峰顶）2 481.8米，最低海拔（大塘子）1 970米，属典型的山区半山区地貌。年平均气温15℃，无霜期231天，属南温带气候。

全年实现农村经济总收入2.23亿元，比上年增13%，实现农民人均纯收入3 941元，比上年增20%。完成财政一般预算收入1 315万元，比上年增3.9%；完成财政一般预算支出3 453万元，比上年增5.7%。

全镇全年农作物播种面积10 064公顷，粮食总产量2 665万千克，农业人口人均有粮627千克。种植玉米2 334公顷，总产量1 264万千克；种植马铃薯3 133公顷，总产量1 270万千克；种植烤烟1 342公顷，完成烤烟收购291.4万千克，实现产值4 540.2万元。年末生猪存栏79 460头、出栏127 000头；牛存栏5 382头、出栏2 271头；羊出栏2 589只。实现畜牧业总产值14 298万元，总收入10 898万元，人均畜牧业纯收入1 540元。

2010年面对百年难遇的特大旱情，镇党委、政府积极应对，集中人力、物力、财力，累计投入抗旱资金441.8万元，出动抗旱机动车2 406台次、畜力车1 919辆次，购置抗旱水泵153台，建党员爱心水窖、共青团希望水窖120口，修建河道检疫拦水坝33道，建成机械拦河闸1道，水窖补水42 275立方米，解决了1.56万人、1.75万头牲畜的饮水困难，抗旱浇灌2 666.67公顷。

年内，投资389.07万元，开挖土石方21 090立方米，新建大小水池31个21 050立方米，建加压泵1座，取水坝1道，安装各项管材86 770米，入户配套2 078套，解决了海子村、马图村、三道村、落水村和灰硐村7 982人饮水困难；投资455.54万元，钻200米深机井2眼（日供水240立方米），开挖人工井136眼，清理修复淤积沟渠18千米，清理淤积土方4.5万立方米。

年内，投资1 100万元，完成12千米虹（桥）热（水）线大修工程；投资60余万元，完成落水客运站建设；加大乡村道路建设力度，修通46.5千米的农村公路，其中硬化乡村道路5.1千米，确保通车率100%，好路率70%。

年内，不断加强林政管理，改造中低产林146.67公顷，四旁植树10万株，种植核桃133.33公顷。补偿省级公益林7 933.33公顷，兑付补偿资金30万元。治理小流域石漠化面积1 208.73公顷，其中封山育林695.4公顷、补植补造280公顷、人工造林233.33公顷。认真落实省级公益林补偿措施，补偿范围涉及10个村，补偿资金59.68万元。

全镇有初级中学2所，在校学生1 888人，升学率67.23%；有10所完小、20个校点，在校学生3 125人，升学率100%。全面落实义务教育补助政策，兑付补助资金191万元，受益学生5 229人。落实农村义务教育阶段贫困寄宿生补助90万元，受益学生1 248人。投资250万元，建成2 500平方米的教师廉租住房；投资1 046万元，完成镇一中、雷营小学、多乐完小、瑞硐完小、滴水完小、灰硐完小、三道段菁小学共9 420平方米的危房改造。

年内，完成“一放”201例，“二扎”172例，出生缺陷筛查445例，征收社会抚养费33万元。落实“奖优免补”政策，发放奖学金、保健费8.9万元。新型农村合作医疗门诊减免10.7万余人次、68.3万余元，住院减免2 696人次、467万余元。

年内，发放救济粮8.54万千克、救灾款13.6万元、低保金123.7万元、最低生活保障金5.96万元、五保资金20.2万元、优抚对象定补65万元、义务兵家属优待金6.7万元，妥善解决1 993户3 861人的生活困难问题。继续加大家电下乡和汽车下乡财政补贴的宣传力度，兑付家电下乡补贴资金8.4万元，补贴产品368台；兑付汽车、摩托车下乡补贴资金85.6万元，补贴产品572辆。

**【大事纪要】** 3月29日，落水镇第四届村民委员会换届选举工作启动。

4月2日，曲靖市煤炭局局长张勇一行到落水镇火石村捐资10万元用于抗旱救灾。

5月1日，镇村两级干部职工为抗旱救灾踊跃捐款，共筹集资金16 260元。

5月11日，落水镇成立第一届烤烟生产科技服务协会。

7月28日，落水镇多乐村遭受风灾袭击，80公顷玉米受灾，造成直接经济损失80余万元。

8月24日，57名志愿者无偿献血14 800毫升。

10月9日，落水镇第六次人口普查工作启动。

10月11日，曲靖工商学校宣威市落水镇灰硐办学点开办办学。

**【领导名录】**

党委书记　张友诚

副 书 记　王陆巧（女）　赵　雄
　　　　　桂俊体（7月任职，回）
纪委书记　李　明
人大主席　梁仕友
镇　　长　王陆巧（女）
副 镇 长　桂俊体（1月任职，6月离职，回）
　　　　　凡　照（3月离职）　陶荣计　徐天桥
　　　　　黄崇峰（11月任职）
武装部长　王定治

（撰稿　孙丽辉）

## 务德镇

**【概述】** 务德镇位于宣威市区西部，东与西泽乡、热水镇接壤，南与沾益县德泽隔江相望，西与会泽县上村、鲁纳等乡相邻，北接326国道线、与会泽县大井和德禄乡山水相连，地形狭长，属典型卡斯特地貌，镇政府驻地距市区54千米。国土面积448.62平方千米。辖务德、宏爱、嘎姑、小街、庆发、拖克、发图、岔路、火姑、太阳、新华、糯嘎、茨嘎、卜嘎、上坪、新店、庶乐17个行政村、187个村民小组、191个自然村，居住着汉、彝、回、苗、白、壮6种民族。年末有人口13 067户48 241人，其中男25 087人、女23 154人；少数民族人口2 031人。人口密度每平方千米106人，人口自然增长率4.7‰。耕地面积3 175公顷，人均占有耕地670平方米，林地面积3.5万公顷，森林覆盖率78.82%。

境内主要山脉有小竹箐、租嘎、打银厂、龙头树、一碗水、陆甲、岔路梁子。平均海拔2 080米，最高海拔（小竹箐梁子黑石头）2 503.2米，最低海拔（太阳村红果冲）1 614米。主要河流有牛栏江、小江、拖克河和铁厂河，均属长江水系。年平均气温13.6℃，年平均降水量1 000～1 650毫米。镇内有一定储量的无烟煤，有少量的铁、锌、铜矿和丰富的石灰石。

全年粮食播种面积7 700公顷，其中玉米2 800公顷、小春薯700公顷、大春薯2 300公顷、秋薯500公顷。粮食产量2 681.2万千克，比上年增6.9%。种植烤烟1 600公顷，收购烟叶340.5万千克，实现产值5 232万元。畜牧业总产值16 237万元，比上年增11%。肥猪出栏12.97万头，牛出栏0.26万头，羊出栏2.19万只，家禽出栏14.45万只。栽植核桃330公顷，补植补造570公顷。

全镇有中学2所，教学班42个，在校学生2 229人；村完小17所，教学点4个，教学班148个，在校学生3 529人。适龄儿童入学率99.97%，初中入学率98.32%，中考上线303人，升学率57.3%。有卫生院1所，医务人员15人，病床60张，有村级卫生所15所，村医46人。有文化站1个，图书阅览室21个，有藏书5 500余册。

全年，43 826人参加新型农村合作医疗，参合率95%，累计门诊减免6.2万人次43.6万元，住院补偿 805人次107.06万元。发放小额信贷资金176万元，扶持发展养殖户47户，发放粮食直补和综合补贴资金442.54万元。

全年完成固定资产投资3.67亿元，比上年增12.8%；实现农村经济总收入3.3亿元，比上年增15.3%；农民人均纯收入4 146元，比上年增17.95%；财政收入1 460万元，比上年增8.5%；财政支出3 290万元，比上年增7.3%；年末银行存款余额1.02亿元，比上年增54.5%。全年转移农村劳动力5 707人，劳务输出2 084人，实现打工经济收入8 100万元。

**【大事纪要】** 2月25日，副市长缪丽芳到务德镇检查指导抗旱救灾工作。

3月2日，曲靖市组织部长李云忠、宣威市组织部长窦华平到务德镇检查指导抗旱救灾工作。

3月8日，务德镇召开第四届村级组织换届选举工作动员会，4月12日换届选举工作全面结束。

3月9日，市委副书记、省新农村指导员工作队总队长杨家俊到务德镇检查指导新农村指导员工作情况。

3月12日，《经济日报》记者到务德镇卜嘎村采访群众抗旱救灾开展情况。

3月23日，曲靖林业局督察组到务德镇督导集体林权制度改革工作。

4月1日，中央电视台《新闻调查》栏目组到务德镇采访群众利用水窖开展抗旱救灾情况。

4月17日，河北《燕赵晚报》记者到务德镇茨嘎村采访抗旱救灾工作开展情况，并把募捐到的65 054元抗旱资金捐给茨嘎村修建水窖。

5月10日，卜嘎村发生3.7级地震，5月11日再次发生4.1级地震，两次地震给卜嘎村造成巨大的经济损失，灾情发生后，市委书记许玉才，市长夏新建，市纪委书记胡选坤，政法委书记王斌，副市长程培仁、李启信、吴远长等领导先后深入灾区看望慰问灾民，指导抗震救灾、恢复重建工作。

5月28日，务德镇党委、政府召开创先争优活动动员会，全面部署创先争优活动。

5月28日，副市长吴远长陪同曲靖市交通局局长刘廷旺一行到务德镇调研农村公路建设养护情况。

8月10日，市委书记许玉才到务德镇检查指导工作。

10月12日，务德镇召开第六次全国人口普查培训会。

11月8日，代理市长保明顺、副市长缪丽芳到务德镇检查指导工作。

11月30日，曲靖市组织部检查组到务德镇检查农村党员干部现代远程教育工程建设工作。

12月2日，在宣威市第五届体育运动会男篮决赛中，务德镇代表队获得亚军。

12月16日，务德镇人大主席团组织39名市、镇人大代表和政协委员视察全镇重点工程建设进展情况，为全镇的经济社会发展献计献策。

12月17日，宣威市红十字会三届三次理事会在务德镇召开，副市长缪丽芳、市红十字会会长缪多菊以及来自全市各行业的20名理事参加会议。

年内，镇财政投入抗旱资金202.88万元，发动群众自筹1 100万元，社会捐款捐物30余万元，全面取得抗旱救灾工作的胜利。

年内，投资1 400万元的卜嘎村“5・10”地震恢复重建工程开工建设。

年内，投资24万元完成166.67公顷中低产林改造；投资192万元启动实施卜嘎、新华、糯嘎等村石漠化治理工程。

年内，投资90万元完成会泽鲁纳郑家村至糯嘎三家村公路建设；投资30万元完成糯嘎吊桥维修加固工程建设；投资10万元维修新华至糯嘎公路3.5千米；投资60万元新建、改扩建和维修村组公路38千米。

年内，投资30万元修复完善茨嘎上大箐抽水站；投资130万元建设上坪、茨嘎、卜嘎山区水利项目；投资380万元启动9个村21件人畜饮水安全项目；投资108万元开展卜嘎小流域长治工程建设。

年内，投资1 000万元建盖128套7 284平方米的教师廉租房建设顺利实施；投资74万元建设602平方米的卜嘎完小综合楼竣工；投资94万元的务德爱民小学启动建设。

年内，6 815名中小学生免交学杂费和课本费62.2万元，2 933名中小学贫困寄宿生享受生活补助91.2万元。

年内，投资330万元的9个村级活动场所建设完工并全部投入使用；投资90万元的宏爱村老年活动中心全面竣工；投资110万元的何家村老年人活动中心正在启动建设之中。

年内，投资178万元实施茨嘎、庶乐、庆发、岔路、拖克“一事一议”项目；投资130万元实施卜嘎、务德、新店、嘎姑等6个扶贫重点村项目；昆钢集团帮扶宏爱新农村建设资金40万元，新修村组公路6.3千米；投资108万元完成270户农村危房加固工程；投资1 400万元，重建安居房200户2.4万平方米，危房改造56户6 700平方米。

年内，投资860万元，完成1 482户中西部电网改造和无电户电网改造工程；投资210万元，新建移动通信网络基站2座，完成2 967户广播电视“村村通”工程建设。

年内，实施新增农资综合补贴项目1件50万元；兑付国家公益林和省级公益林补助资金88.26万元；兑付家电、汽车、摩托车下乡财政补贴2 456台（件、辆）185.79万元；兑付农机具购置补贴700台51万元；争取“贷免扶补”创业贷款16户扶持资金80万元。

**【领导名录】**

党委书记　夏丽华（女）

副书记　王正力　徐荣轩　袁　勇（7月任职）

纪委书记　邱　娅（女）

人大主席　陈道彦

镇　长　王正力

副镇长　桑会甫　何　俊　单德勇
袁　勇（7月离职）　柳廷贵（9月任职）

武装部长　张炳铸

（撰稿　符宗俊）

## 龙潭镇

**【概述】** 龙潭镇位于宣威市区西北部，东南与倘塘镇、来宾镇接壤，南与西宁街道、西泽乡相邻，西连得禄乡，北接倘塘镇，镇政府驻地距市区32千米，326国道穿境而过。国土面积318平方千米。辖龙潭、新河、新启（民族村）、新茂、磨石、陆泉、大坡、放马坪、得基、茨德、新坪、业肥、营上、下格、上格、中岭子、打乌17个行政村、184个自然村、235个村民小组。年末有人口20 320户65 008人，其中男34 932人、女30 076人；汉族人口60 187人、少数民族人口4 821人；农业人口62 916人、非农业人口2 092人。人口自然增长率5.8‰，人口密度每平方千米209人。有耕地面积7 403.1公顷，其中水田624.1公顷，旱地6 779公顷，农业人口人均占有耕地面积0.12公顷。有林地面积1.54万公顷，森林覆盖率54.5%。

地处长江水系和珠江水系分水岭上。主要河流有龙潭河、渣格河、中岭子河、业肥河等。年平均气温12.5℃，年平均降水量1 000～1 500毫米。平均海拔1 980米，最高海拔（公鸡山将军峰）2 302米，最低海拔（新茂高枧槽）1 800米。有煤炭储量1 000亿千克，铁储量900亿千克。

年内，完成国内生产总值3.49亿元，比上年增12.1%；农村经济总收入2.5亿元，比上年增12.4%；地方财政一般预算支出4 145万元，比上年增12.1%；粮食总产量3 310万千克，比上年增5%；农民人均纯收入4 021元，比上年增16.3%；农村信用社存款余额1.3亿元，比上年增28.5%，贷款余额1.37亿元，比上年增45.5%；社会消费品零售总额1.15亿元，比上年增20%。

全年龙潭镇共投入抗旱资金246万，购买灭火器60个、喷雾器60个、防火服232套、抽水机207个、沙袋1.5万个、堵水专用薄膜4 600千克、油布500千克、抽水专用汽油2 000千克、10立方大型氨水袋30个、25千克水桶8 000个、背水袋1.6万个、拉水袋1.2万个。沿河修筑拦水坝168道，挖100立方米以上蓄水池428个，在交通便利的旱地边开挖能蓄水20立方米的临时简易水池294个。动员镇内煤矿企业组建31辆车的义务送水大队，开展抗旱义务送水“绿丝带”行动，全力支持群众抗旱救灾保民生、保春耕、保稳定。

年内各种建设项目总投资1.07亿元。以四大中心（行政中心、教育中心、文化中心、商贸物流中心）建设为龙头，完成了集镇“三横一纵”新街建设及农贸市场建设，党政办公楼、文体综合楼、职工宿舍周转房、派出所办公楼竣工并投入使用。在2009年D级危房改造的基础上，投入260万元，进一步完善新河完小、中岭子完小、得基完小、陆泉完小、白草坪小学的办学条件。投资200余万元，启动镇一中教师周转房建设项目。投资120万元，启动镇二中运动场及学生厕所建设项目。投资146.65万元，建公路桥6座：下格小河3座、中岭子小河1座、得基河2座。投资40余万元，新修村组公路4.5千米，维修镇村公路及运煤专线35千米，一般维护镇村、村组公路58千米，镇内道路通行条件进一步改善。实施国债人饮安全项目9件，总投资147.88万元，解决了790户2 794人2 910头牲畜饮水安全问题。投资5万元，支砌河堤86米，保护农田面积2公顷。完成抗旱水利工程81件，总投资136.46万元，解决8 244人3 910头牲畜的饮水问题。在茨德、大坡等村完成异地植被恢复造林66.7公顷，义务植树25.8万株。在打乌、得基、新河、新坪等村完成中低产田改造100公顷，巩固退耕还林成果工程300公顷，天保工程83.3公顷，封山育林66.7公顷，补植补造23.3公顷，新规划抚育间伐面积133.3公顷。新建沼气池190口，节能改灶200口。新建茨德、新河、中岭子3个村组织活动场所，总投资90万元，总建筑面积930 平方米。农村电网改造投入400万元完成10千伏31千米线路改造，投入318万元对龙潭艾茂、大坡、新河等910户农户进行网改。启动新茂那乐冲涉及65户305人的异地搬迁工程，总投资152.5万元，预计2011年5月完工。投资40万元，完成放马坪备开村、得基耿家村村间道路硬化3 600平方米。投资75万元，启动涉及茨德新房子村、朱家村、业肥高家村、得基赵家村、新茂高卷槽村的省级重点村建设项目，规划硬化村间道路5 500平方米，预计2011年5月完工。投资346.53万元，涉及龙潭、下格、打乌3个村的“一事一议”财政奖补建设项目全面完工，共硬化村间道路47条1.1万平方米，42个村民小组3 122户11 809人受益。完成总投资15.6万元的陆泉大地头村容村貌整治项目，硬化路面400平方米，铺垫沙石路4.5千米。完成总投资12.8万元的营上村壮大集体经济项目，硬化道路1 280平方米。

年内煤炭生产共投入技改资金6 912.3万元。全年生产原煤约9亿千克，实现产值2.6亿元，上缴政策性规费1 320万元，上缴各种税收1 012万元。

年内完成烤烟合同种植面积530.87公顷，指令性收购烟叶115万千克，实现产值1 750万元，完成税收375万元。完成优质玉米种植面积3 233.6公顷，推广玉米地膜覆盖3 000公顷（其中黑膜覆盖133.3公顷），推广玉米育苗移栽333.3公顷，完成市级玉米高产创建样板533.3公顷。完成薯类种植面积3 333.3公顷（其中大春薯2 333.3公顷、小春薯366.67公顷、秋薯633.3公顷），推广“双垄高墒”933.3公顷，脱毒薯及新品种推广2 166.67公顷，完成小春马铃薯市级样板66.67公顷。水稻种植566.67公顷，推广优质稻及新品种400公顷，举办扣种稀播样板6.67公顷，优质高产样板66.67公顷。大小麦种植666.67公顷，豌豆、蚕豆各种植133.3公顷，秋荞种植533.3公顷，其他豆类种植666.67公顷。完成春夏蔬菜种植面积366.67公顷，种植白术等中药材33.3公顷、人参果13.3公顷、百合13.3公顷、旱烟133.3公顷。

全镇年末生猪存栏7.83万头、出栏17.61万头；牛存栏0.81万头、出栏0.72万头；羊存栏0.77万只、出栏0.73万只；禽存栏10.46万只、出栏17.23万只。实现畜牧业总产值1.79亿元，比上年增36%。

有中小学53所，其中初级中学2所、完小22所（村完小17所）、教学点29所。有民办幼儿园2所。中小学占地面积193 814平方米，其中中学68 000平方米、小学125 814平方米。中小学校舍面积71 274平方米，其中中学27 246平方米、小学44 028平方米。有在校学生10 191人，其中中学3 262人、小学5 877人、学前教育938人、幼儿园114人。有在岗教职工531人，其中公办教职工480人、代课教职工和临时工51人。小学入学率99.86%，巩固率99.93%；初中入学率99.2%，巩固率98.87%；年内中考上线人数428人，升学率52.2%。

有卫生院1所，卫生所17所。有在职在编医务人员19人，聘用合同制医务人员28人。巩固和发展农村新型合作医疗，参合率95.67%。全年门诊减免8.36万人次，减免金额58.43万元；住院补偿1 314人次，补偿金额294.5万元。

全年发放粮食直补金44.2万元，种粮综合补贴金504.3万元。免费为52人完成白内障复明手术，免费为5名残疾人申请配发轮椅，为11名精神病人免费发药和服药，推荐8名肢体残疾人到曲靖、宣威进行技能培训。为51人办理大病救助上报审批手续，发放救助金23.15万元。“五保”供养258人，发放救助金24.77万元；农村“低保”2 686人，发放生活保障金193.4万元；为老复退军人建房4间，发放补助金4.8万元；发放复退军人、参战退役军人、伤残军人等补助金66.28万元；发放义务兵家庭优待金5.3万元。发放救济粮5.55万千克、衣服543件、棉被62床，发放临时救助金4.65万元。

**【大事纪要】** 1月7日，龙潭镇第二届人民代表大会第三次会议召开，选举田飞任龙潭镇镇长。

2月26日，曲靖市政协副主席夏传煊，宣威市市长夏新建、市委办主任杨焜荣、副市长李启信、政协副主席周红芬一行到龙潭镇检查指导抗旱工作。

3月1日，曲靖市委书记赵立雄，宣威市委书记许玉才、市长夏新建等领导到龙潭检查指导工作。

3月11日，云南省纪委书记李汉柏，曲靖市委书记赵立雄，宣威市委书记许玉才一行到龙潭镇检查指导抗旱工作。

3月22日，中央电视台新闻记者刘文杰一行到龙潭镇采访抗旱救灾工作。

3月29日，省长秦光荣一行到龙潭镇检查指导抗旱保春耕工作。

4月22日，龙潭镇村级组织换届选举，选举产生村党总支书记17人，村委会主任17人，村委会副主任17人。

5月10日，2009年4月动工建设的龙潭镇党政办公楼（2 917平方米）、文体综合楼（1 730平方米）、职工周转宿舍（1 446平方米）竣工验收。

6月30日，云南省交通厅厅长杨光成，宣威市委书记许玉才、市长夏新建一行到龙潭镇检查指导公路养护情况。

8月5日，市委书记许玉才到龙潭镇检查指导烤烟收购工作。

11月28日，代理市长保明顺到龙潭镇检查指导工作。

【领导名录】

党委书记　田春红

副书记　田　飞　徐天富　朱树参（6月任职）
李绍青（挂职，4月任职）

纪委书记　邓选才（5月离职）　赵　亮（5月任职）

人大主席　卯昌平

镇　长　田　飞

副镇长　宁伯波　柴海萍（女）　徐宏雷
朱树参（6月离职）
荣　俊（4月离职，挂职）

武装部长　邓开源

（撰稿　夏成涛）

## 宝山镇

【概述】　宝山镇位于宣威市区东北部，东沿清水河与贵州省水城县分界，南与田坝镇隔革香河相望，西与格宜镇相连，北与文兴乡、普立乡接壤，镇政府驻地距市区52千米。国土面积224.4平方千米。东西最大横距14千米，南北最大纵距18千米。辖宝山、海西、被古、厂房、塘子、戛立、得马田、虎场、包村、安益、乐红、白戛、太和、德积、摩布、摩戛16个行政村，其中被古、塘子属民族村。年末有人口18 917户68 593人，其中男35 590人、女33 003人；农业人口65 890人、非农业人口2 703人；少数民族人口4 259人，占总人口的6.2%。人口自然增长率3‰，人口密度每平方千米305人。全镇有耕地6 710.7公顷，农业人口人均占有耕地0.01公顷。森林覆盖率36.64%。

全镇属温带高原季风气候，年平均气温13.8℃，全年霜期150～180天，日照2 059小时，年平均降水量890～1 409毫米。最高海拔2 716米，最低海拔1 460米。境内2 000公顷草山得天独厚，可开发大型专业化畜牧养殖和草原旅游。历史悠久的宝山黄豆腐、豆腐干、“紫云宝”乌洋芋、干酸菜、“三酱风味”酱、火腿等农特产品远近闻名。煤炭资源埋藏丰富。有两座水库陶家坟水库和安益水库，1条河流革香河。宣（威）文（兴）、宝（山）普（立）、田（坝）宝（山）3条主要交通干线连接周边乡（镇）。

全年全镇粮食作物播种面积6 705.7公顷，粮食总产量2 808.1万千克，比上年增6.5%。全镇完成烤烟种植面积520.6公顷，产量115.6万千克，产值1 489.9万元，中上等烟比例92.3%，均价13.7元/千克。年末生猪出栏113.29万头、存栏4.71万头；牛出栏577头、存栏5 558头；羊出栏3 897只、存栏4 511只；家禽出栏14.79万只、存栏8.11万只。实现肉类总产量12 985.7万千克，禽蛋产量5 251万千克，畜牧业总产值15 164万元。

境内有煤矿企业10家，各型非煤矿山企业30余家。有两个农贸市场宝山街和虎场小街，是宣威东北片区最大的农村集市贸易中心，是宣威市三大重点集市之一。

年末，农村经济总收入4.11亿元，比上年增18%。农业生产总值2.45亿元；工业总产值3.12亿元；第三产业总产值1.92亿元。农民人均纯收入4 032元，比上年增26%。全年财政总收入4 095万元，比上年增12.2%；财政总支出3 247万元，比上年增10.4%。

全镇有初级中学校2所，44个教学班，在校学生3 751人；完全小学17所，15个教学点，全日制教学班181个，在校学生7 025人；学前班21个，在校儿童708人。有教职工479人，其中中学155人。年内中考上线人数692人，比上年增94人，其中曲一中分数上线32人，升学人数再创新高。适龄儿童入学率99.8%，巩固率99.6%。全镇有图书室17个，订有杂志23种，藏书1万余册，卡拉OK厅3个。有卫生院1所，医务人员22人，病床32张，有卫生所16所。

【大事纪要】　2月8日，投资1 200余万元的中德项目正式施工，涉及全镇8个村。

3月中旬，宝山镇启动第六次全国人口普查。

4月16日，宝山镇第一个住宅小区开工建设。

5月28日，宝山镇龙山新农村开始大面积施工。

6月18日，市委书记许玉才到宝山检查指导集镇建设工作。

9月21日，宝山镇新集镇全部街道完成填土工作。

年内，受百年难遇大旱影响，宝山镇小春农作物大部分绝收。

【领导名录】

党委书记　和建平（纳西）

副书记　许尚敏　张　毅　管庆义（11月任职）

纪委书纪　李　俊

人大主席　费德快

镇　　长　许尚敏

副 镇 长　钱光升　吴　杰　周　刚

管庆义（11月离职）

武装部长　吕庆泽

（撰稿　杨祖进）

## 东 山 镇

【概述】　东山镇位于宣威市区东部，东接田坝镇、海岱镇，南连羊场镇，西与板桥镇、虹桥街道、宛水街道、双龙街道相邻，北与格宜镇、龙场镇、来宾镇接壤，镇政府驻地距市区57千米。国土面积297.6平方千米。辖老营、坪子、赤那河、朝阳、歌可、瓦路、马场、八大河、协法、三乐、米乐、镇雄、格木、法着、卡基、李家村、朱家湾、芙蓉、安迪、火石盆、恰德、海那22个行政村（其中芙蓉、安迪、火石盆属少数民族村）、212个村民小组、311个自然村。年末有人口16 144户57 144人，其中男30 572人、女26 572人；农业人口54 985人、非农业人口2 159人；少数民族人口6 222人，占总人口的10.89%。人口自然增长率 4‰，人口密度每平方千米192人。有耕地面积2 888公顷，其中水田137.3公顷、旱地2 750.7公顷，农业人口人均占有耕地530平方米。森林管护面积2.2万公顷，集体商品林均山到户率达80%，全年兑现公益林补偿34.47万元。森林覆盖率68%。

全镇地势西高东低，形成“两山夹一谷”的地理特点。山脉属乌蒙山东列山系，东部为陷塘梁子，西部为东山梁子，最高海拔（滑石板）2 868米，最低海拔（柿花树）1 621米。河流属珠江水系北盘江支系，主要有法乐河、赤那河、马场河3条河流。境内立体气候明显：主要属南温带、中温带、北亚热带气候，年平均气温14℃，年平均降水量910毫米。有安迪、三湾（在建）和山林果水库（启动建设）3个水库。有东山顶、天宝洞、小石林、锅圈岩、芙蓉树、猴子洞、喷水洞、仙人洞、万亩人工林等自然景观。有煤、铁、铜等矿产资源，境内有16个煤矿，全年生产原煤13.2亿千克，实现产值3.3亿元。有粉沙、石灰石、马牙石、粘土等建筑材料。

全年实现生产总值6.56亿元，比上年增23.8%。其中农业生产总值2.4亿元，比上年增19.4%；工业生产总值为3.34亿元，比上年增27.9%；第三产业总产值0.82亿元，比上年增20.19%。农村经济总收入2.54亿元，比上年增8.1%；农民人均纯收入4 018.69元，比上年增13.8%。完成财政一般预算收入631万元，比上年增11%；完成一般预算支出4 255万元，比上年增5%。年末，农村信用社存款余额2.16亿元，比上年增27.1%；贷款余额1.45亿元，比上年增30.6%。固定资产投资8 819万元。

全年粮食播种面积6 723公顷，其中小春1 307公顷、大春5 416公顷。粮食总产2 562万千克，比上年增3.39%，农业人口人均有粮465.9千克。烤烟种植面积254公顷，产量55.03万千克，产值853.5万元。争取上级配套资金155万元，建成生猪养殖小区1个、标准化养殖场4个、规模养殖户69户、标准化养殖户3户。年末，生猪存栏6.38万头、出栏14.72万头；能繁母猪存栏4 073头，投保3 571头，投保率达87.7%；大牲畜存栏8 732头、出栏448头；羊存栏1.62万只、出栏4 531只；家禽存栏6.12万只、出栏5.2万只。畜牧业产值达到1.52亿元。发放小额信贷资金260万元，扶持规模养殖户80户，10头以上养殖户120户。

全镇有初级中学1所，教学班35个，在校学生2 553人；六年级学校1所，教学班28个，在校学生923人；完小22所，教学班146个，在校学生4 119人；34个教学点已建光盘播放点；幼儿园3所(私人办学)。全镇共有教职工464人，中职238人，高职45人。全年3至6周岁幼儿入园（班）人数892人，小学适龄儿童入学率99.94%，巩固率99.94%；初中入学率99.48%，巩固率100%。2010年有790人参加中考，上普高录取线398人，上线率50.38%。

全镇有卫生院1所，医务人员14人，病床40张，有X光机、B超、心电图、洁牙机等设备各1台，有化验室1个。有村级卫生所22所，医务人员55人，病床44张。有计划生育服务所1个，技术人员3人，病床20张。年内落实独生子女办证798户，一胎放环完成298例，二胎结扎完成229例，综合节育率达88%。新型农村合作医疗参合人数52 003人，参合率95.08%，全年累计门诊减免163 303人次，减免金额117.38万元，住院补偿1 225人次，补偿金额191.89万元。全年共转移农村劳动力250人，输出劳务人员3 621名，完成城镇居民基本医疗保险参保人数1 193人。有综合文化站1个，藏书2 200册，微机6台，演出服装220套，演出道具(锣、鼓、镲、二胡) 各2套，投影设备1套，音像设备1套。有移动通信基站6座，电信通基站1座，信号覆盖率95%。

【大事纪要】　1月28日，投资152.2万元建设的东山镇世博鑫源希望小学举行竣工典礼，市教育局局长沈立德、云南世博汽车市场有限公司董事、总经济师车银川、四川商会常务副会长郭品霄等参加仪式。

2月22日，市委书记许玉才率建设局、林业局、消防大队等主要领导到东山镇检查指导基础设施建设。

2月26日，曲靖市政协副主席夏传煊、宣威市市长夏新建率宣威市委办主任杨焜荣、副市长李启信、政协副主席周红芬等领导到东山镇检查指导抗旱防火工作。

3月3日，曲靖市市委书记赵立雄、副书记范华平等一行到东山镇检查指导抗旱防火工作。

4月18日，共青团宣威市委“绿丝带”志愿者到东山镇镇雄村举行抗旱救灾捐赠仪式，此次捐赠活动共向东山镇镇雄村捐赠价值1万元的矿泉水100件，大米100袋，并为80名贫困学生捐赠助学金4万元。

3～4月，完成村“两委”换届，选举产生总支书记22名，支委委员125名；主任22名，副主任22名，村委委员101名。

5月19日，曲靖市水务局副局长马社达一行到东山镇检查水利工程建设。

5月26日，东山镇在火石盆村举行板桥镇龙津生态园至东山镇海那丫口公路开工典礼。曲靖市交通局局长刘廷旺，宣威市市长夏新建、市政协主席肖坤全、市委办主任杨焜荣、副市长吴远长等领导参加开工典礼仪式。

6月6日，东山镇在三湾水库施工现场召开工程建设推进会，副市长李启信、水务局局长沈宗文、政府办副主任王玉梅等领导参加会议。

6月10日，东山镇召开煤炭暨安全生产工作会议，市政府调研员段开荣参加会议。

6月14日，宣威市东南片区首届轮桩杯老年文体展演比赛在东山镇召开。东山、羊场、海岱、田坝分别派出代表队进行参赛，宣威市老体协常务副主席符仕凯，副主席陈正启、余仕春等领导参加此次活动，东山代表队在门球、地掷球、乒乓球3个比赛项目中荣获冠军。

6月26日，东山镇组织镇机关、镇二中等8个党支部350余名党员，进行义务植树，在清（水）马（场）公路两旁栽种刺槐2 000棵，红叶石楠14 000棵，柳杉4 000棵。本次植树共投资34万元，义务投工投劳700余个。

6月28日，东山镇组织辖区16个煤矿的2 000余人进行职业病检查。

8月1日，投资700余万元建设的马场集镇道路、绿化、亮化等配套工程建设和集镇配套附属工程祥细规划全面完成。东山镇举行马场集镇中心大街开市仪式，从原来的“以路为市”搬迁到新建的东山镇农贸市场，标志着东山镇马场集市正式搬迁。

9月9日，曲靖市发改委、曲靖市煤监分局、曲靖市煤炭局组成联合工作组对东山镇大菁煤矿建设项目进行竣工验收，通过对安全设施设计及投产环境进行严格检查，认定东山镇大菁煤矿已经具备安全设备、设施和投产竣工验收条件。

9月15日，中国红十字基金会、中国铁建股份有限公司在东山镇初级中学举行救灾物资捐赠仪式。此次捐赠200袋大米、200瓶食用油，价值3万元。

10月9日，东山镇召开第六次全国人口普查动员暨培训会，对全镇22个村280余名人口普查业务人员进行工作动员和业务培训。

11月22～23日，宣威市食品医药安全专项整治工作检查小组到东山镇检查。此次检查涉及全镇辖区内行政村和集镇范围内食品、药品店，重点检查了学生食堂及周边食品、药品经营服务单位、超市及农村食品店、村卫生所。

12月1日，曲靖市国土资源局副局长王健在宣威市副市长吴涛、国土资源局副局长董显忠的陪同下，到东山镇检查“矿村共建”实施情况。

12月1日，东山镇开设“阳光政府”农村土地调解员培训班，对农村土地调解员进行规范系统的培训。此次培训由东山镇农技中心组织，为期7天，邀请市农业局、市农经站工作人员对东山镇100余名农村土地调解员进行集中授课。

12月17日，曲靖九州医院在东山镇芙蓉小学举行“九州希望医务室”捐赠仪式。捐赠会上，曲靖九州医院为东山镇芙蓉小学送去1万元的爱心励志基金，并亲手为100余名学生发放学习用品。

年内，投资125万元实施清（水）马（长）油路示范路建设；投资200余万元启动18.6千米东山海那至板桥龙津乡村公路通畅工程建设；投资180万元实施28.1千米东山寺至马场乡村公路中修工程；投资960万元实施岔河桥至瓦路村3千米油路建设；投资400余万元实施马场至老营4.5千米混泥土路面建设。

年内，投资100余万元启动“山林果水库”土地、林地占用征收等前期工作；投资300余万元完善三湾水库坝体扫尾工程；投资10余万元对沈家小河水库进行规划立项；投资250余万元实施安迪水库干支渠防渗工程；投资50余万元启动三湾水库供水管网渠系工程。结合抗旱救灾工作，投资576.11万元实施237件重点灾区农田水利工程建设；投资65.6万元实施格木、坪子等5个村人饮安全工程；投资68万元实施歌可、瓦路、恰德4件小农水项目建设。

年内，投资140万元实施上歪基线路维修；投资2 027.56万元实施3个基建矿井建设；投资520.9万元实施“一事一议”和重点村建设；投资82.8万元实施民居地震安居房建设；完成农村建房投资1 650万元。

年内，争取扶贫项目资金100万元，在恰德、八大河等12个村落实魔芋种植66.67公顷。

年内，通过财政专户管理，共发放补贴资金505.9万元，其中发放马铃薯原种补贴22万元、农资综合补贴396.3万元、粮食直补38.34万元、农作物良种补贴49.25万元。采用转帐方式兑付家电下乡和汽车下乡补贴资金153.86万元，其中办理家电下乡产品701台，兑付补贴资金13.28万元；办理汽车下乡补贴产品895辆，兑付补贴资金140.58万元。按照农机购置补贴政策全年兑付补贴资金10.11万元。

年内，共发放救济资金5.14万元，救济粮46 975千克，发放大病救助金7.93万元，发放五保孤儿生活补贴22.08万元。抗旱期间收到社会各界捐款31.1万元、矿泉水4 720件、大米3.4万千克。

**【领导名录】**

党委书记　苏元光（5月离职）　何　魁（5月任职）
副 书 记　黎　文（5月任职）
　　　　　周立均　李　斌（6月任职）
　　　　　栾亚红（5月任职，挂职）

何　魁（5月离职）

纪委书记　吕　旭

人大主席　李再东

镇　　长　黎　文（5月任职，代理镇长）

何　魁（5月离职）

副 镇 长　朱兴永　李　斌（6月离职）

刘　磊　张承进

武装部长　徐　健

（撰稿　吴丽芳）

# 热水镇

【概述】 热水镇位于宣威市区西南部，东与落水镇、板桥镇相连，南与沾益县棱角乡接壤，西与务德镇毗邻，北与西泽乡交错。镇政府驻地距市区56千米。国土面积598.6平方千米。辖乐迤、中村、述迤、柏木、窑上、响宗、陡沟、花鱼、色卡、吉科、格依、阿浪、黎山、海德、得德、岱海、干海、秧草、关营、热水、营沟、建新22个行政村、190个村民小组、154个自然村。年末有人口23 753户78 361人，其中男42 057人、女36 304人；少数民族人口1 733户6 324人；非农业人口3 060人。

全年，经济总收入4.63亿元，比上年增10%；农业总产值5.41亿元，比上年增9.06%；全年粮食总产量4 876.3万千克，受特大旱灾影响比上年减产52.7万千克，比上年降1.06%；农民人均纯收入4 942.6元，比上年增8%；地方财政一般预算收入3 971万元，比上年增6.12%；地方财政预算支出5 292万元（含上级专款923万元）；社会消费品零售总额3 887.1万元，比上年增19.97%；存款余额16 945.5万元，比上年增26%；贷款余额6 906.76万元，比上年增10.7%。畜牧业发展快速，全年累计出栏肥猪232 663头，产值1.82亿元，比上年增9.5%；

境内最高海拔（黎山顶峰）2 678.2米，最低海拔（小江岔河）1 500米。年平均气温15℃，年平均降水量1 000毫米～1 100毫米。主要自然灾害有霜冻、低温、干旱、冰雹、大风、洪涝等。

热水镇是典型的农业大镇，主要产业有烤烟、玉米、马铃薯、畜牧业。耕地面积6 346公顷。年内种植烤烟5 165.73公顷，完成烤烟收购1 122.83万千克，实现产值17 028.5万元。种植玉米5 785.6公顷，地膜覆盖4 000公顷，高产创建966.67公顷，水稻移栽180公顷，围绕万亩科技长廊组织举办地膜玉米及玉米间套样板4 000公顷、省市玉米高产样板966.67公顷，马铃薯市级样板433.33公顷。

境内有两条市乡公路，22个行政村均通公路，乡村公路约360千米。全镇有中学3所，完小22所，教职工568人，在校学生11 252人，年内1 050人参加中考，上线609人，上线率58%。有中心卫生院1所，分院2所，有村级卫生所21所，有医务人员51人，村医84人，病床207张，参合人数70 715人，参合率95%，参合资金303.24万元。有文化站1个，图书室4间，阅览室5间，藏书2.8余万册。年内投资120余万元建立政府办公系统，实现了村村可以开展互联网办公。

【大事纪要】 3月，投入抗旱资金358.88万元，出动机动车2 052辆（次），蓄力车12 638辆（次），临时解决28 189人和70 155头大小牲畜的饮水困难，确保春耕生产有序进行。

5月，完成投资150万元的得德上得小集市建设及投资60余万元陡沟村长格自然村村间道路建设。

6月，投资350万元实施陡沟26.67公顷蔬菜基地建设；引进资金500万元，建设冷库600平方米。

8月，完成工程造林（经济林）33.33公顷，封山育林完成20平方千米，实施森林管护32 374公顷，义务植树20万株。

10月，投资75万元启动实施窑上、响宗、干海、花鱼、营沟5个重点村建设；实施得德、关营、响宗、中村“一事一议”财政奖补项目，奖补资金204.6万元；投资44.7万元实施民居抗震安全及优抚对象危房改造项目160户。

11月，完成投资239万元的色卡村集贸市场建设。

11月，完成高标准农田一期建设733.33公顷，项目辐射陡沟、窑上、响宗3个村，总投资1 488万元。

12月1日，投资1 628万元，启动实施800公顷高标准农田二期建设。

年内，累计完成投资1 257.74万元实施镇二中、乐迤、响宗、得德等10个校点的15个中小学危改项目13 017.51平方米；投资370万元进行二中、三中西部农村中学学生宿舍改造项目3 265.3平方米；投资560万元实施镇三中、关营集镇及小寨河廉租住房建设，共80套、5 600平方米；投资37.9万元实施D级危房拆除12 644平方米；实施“两免一补”，发放生活寄宿制学生补助共计276万元。

年内，投资2 200万元完成重点工程小干河水库移民搬迁和征地补偿兑现工作；小干河水库建设年内完成投资1 560万元，累计完成投资8 790万元。

年内，投资152.38万元，实施国债人饮工程两期。一期解决1 856人1 764头牲畜的饮水安全；二期解决干海、花鱼、秧草、中村、阿浪、建新6所学校、2 390名师生的饮水问题。

年内，概算投资589.24万元实施农田水利重点县建设项目：花鱼小渔坝塘坝和吉科水库建设。

年内，转移劳动力1.5万人，以陡沟片区农业综合开发项目为重点的蔬菜基地建设直接带动周边农村剩余劳动力1 347人，全年劳务经济创1.6亿元大关。

年内，按照“引进来、走出去”的发展战略，引龙头、建基地、树品牌，成功引入宏斌公司、香港龙华公司、昆明亲和力蔬菜营销公司等龙头企业，在陡沟建成66.67公顷高标准现代农业（蔬菜）生产基地；采取“公司+协会+基地”的运作模式，发展订单农业，在营沟、热水、陡沟、海德等村种植特色蔬菜太子椒200公顷，实现产值600万元；在黎山、海德、得德、岱海种植万寿菊133.3公顷，实现产值300万元；以黎山为主种植药材66.67公顷，实现产值200万元。

年内，发放低保金197.78万元，农村五保户生活补助21.88万元，粮食1.3万千克，发放复员退伍军人补贴92.3万元。通过“一折通”发放马铃薯原种生产补贴40万元，粮食直补发放21 102户85.63万元，综合补贴发放860.41万元，良种补贴104.65万元。办理家电下乡补贴636台（件）134 842万元、汽车下乡补贴624辆130.41万元。

年内，投资117万元完成得德、岱海广电宽带网安装1 200余户；完成窑上、述迤、响宗、陡沟、花鱼、格依等16个行政村128个自然村电视网络信号接受“村村通”工程，受益农户2 810户。

【领导名录】

党委书记　何兴剑
副 书 记　浦　丽（女）　王之洲（回）
纪委书记　陶汝高
人大主席　赵庆国
镇　　长　浦　丽（女）
副 镇 长　陈昌瑜　殷照华　李培文　李跃荣
　　　　　詹　波（女）
武装部长　沈立兵

（撰稿　田姜丽）

## 得禄乡

【概述】　得禄乡位于宣威市区西北部，东与倘塘镇相邻，东南与龙潭镇接壤，西与会泽县大井相连，西南与务德镇、西泽乡毗邻，北与贵州省威宁县哲觉镇为界，东西最大跨距22.2千米，南北最大跨距16.8千米，乡政府驻地距市区52千米。国土面积214平方千米。辖大营、小营、河艾、得禄、肥谷、务乐、色空、迭那、志度、永乐10个行政村、117个村民小组、137个自然村。年末有人口10 850户40 635人，其中男20 992人、女19 643人；农业人口39 699人、非农业人口936人；少数民族人口1 253人。全年出生258人，人口出生率7.0‰，计划生育率100%，人口自然增长率3.2‰，人口密度每平方千米190人。有耕地面积3 845.93公顷，其中水田240公顷，农业人口人均占有耕地970平方米。有林地面积8 834.4公顷，森林覆盖率57.3%。

主要河流有得禄河，境内长约27千米，覆盖9个村，发源于西北部大梨树水库上游（北盘江源头）。有小（二）型水库1个（大梨树水库）。最高海拔2 574.5米，最低海拔1 750米。年平均气温13℃，年平均降水量800～1 100毫米，主要集中在6～8月。农民经济收入主要来源于种植业和养殖业，属典型的山区农业乡。

全年实现农村经济总收入19 012万元，比上年增8.2%；全年完成固定资产投资5 679万元，比上年增33.7%；完成财政收入821万元，比上年增12.5%；财政支出3 227万元，比上年增26.7%；农村信用社存款余额6 300万元，比上年增20.3%；贷款余额5 400万元，比上年增3.5%；农民人均纯收入3 511元，比上年增9%。

全年种植粮食5 560公顷，粮食总产1 890万千克，比上年增3.6%，实现总产值3 000万元（其中推广玉米营养袋育苗移栽333.33公顷）。种植烤烟804.7公顷，完成310万斤收购任务，实现产值2 396万元。种植小春马铃薯333.3公顷、秋洋芋333.3公顷。在肥谷发展白术、当归、半夏等30多个品种的中药材200公顷、百合100公顷。全乡发展蔬菜866.7公顷，完成低产果园改造53.3公顷。全年封山育林266.7公顷，义务植树及部门造林13.4万株，新植核桃333.3公顷。年末生猪存栏7.2万头、出栏12.23万头，能繁母猪存栏6 588头，培育仔猪10.7 万头；山羊存栏7 456只、出栏3 728只；牛存栏4 628头、出栏1 084头；家禽存栏7.89万只、出栏14.73万只。年末肉类总产量1 324.8万千克，实现产值10 519万元。

全乡有初级中学1所，24个教学班，在校学生1 630人，有专职教师98人，后勤工人12人；有中心小学（全乡五、六年级学生在此就读）1所，16个教学班，在校学生1 165人，有专职教师37人，后勤工人13人；有村级小学21所（其中校点11个），有79个教学班，在校学生2 433人，教师166人。全年有5 207名中小学生享受教科书免费，2 674名中小学生享受寄宿制贫困生补助。九年义务教育阶段的小学、初中巩固率分别为99.9%、97.7%，年内中考报名463人，上线考生231人，上线率49.9%。

全乡有卫生院1所，业务用房2 174平方米，医务人员30人（包括聘用人员）；有村级卫生所10所，业务用房900平方米，村医30人。卫生院有X光机、B超、心电图、半自动生化分析仪、尿十项分析仪、麻醉呼吸机、心电监护仪等医疗设备。全年农村合作医疗参合资金97.84万元，门诊减免金额92.37万元，住院补偿136.25万元。有乡文化活动中心1个，村级老年活动室6个，农家书屋覆盖全乡10个村，总藏书达1.6万册。有广电站1个，全乡有7个行政村开通有线电视，可视频道42个，全年广播电视“村村通”工程实施完成1 526户的入户安装。

全年在救灾救济、优抚优待、社会保障等方面累计投入资金318.85万元、救济粮1.75万千克、衣被1 658件套，解决了8 367户3.26万人贫困人口和优抚对象的生活困难。

全年共向农户兑付农资综合补贴资金262.36万元，兑付种粮农民直接补贴资金27.06万元，兑付水稻等农作物良种补贴资金38.8万元，兑付家电、汽车、摩托车下乡财政补贴资金97万元。推广新农机具234台，购机价格49.47万元，农户享受国家农机购置补贴14.84万元。

**【大事纪要】** 1月3日，得禄村村民孔祥德在自己的责任地里挖出一根长229厘米，最粗直径46厘米，最细直径22厘米，重达76千克的罕见大葛根。

1月14日，得禄乡启动80～99周岁高龄老人保健补助发放仪式，并向全乡428位高龄老人发放保健补助金5.62万元。

1月22日，得禄乡召开第八届人民代表大会第三次会议，与会102名代表听取、审议、通过政府、人大、财政工作报告并做出决议。

1月初至2月底，得禄乡大营村群众与毗邻的龙潭镇新茂村、倘塘镇背古村群众出资出力，合力凿开连通3村全长8.6千米的公路，彻底改变了3个乡（镇）7个自然村人背马驮的现状。

2009年11月至2010年2月，得禄乡境内持续干旱，导致全乡水源干枯、人畜饮水困难，农作物、工程造林以及核桃受灾较为严重，经济损失达611.5万元。

2月21日，曲靖市审计局局长宁伯浩带领局干部和宣威市审计局一行领导深入得禄乡志度村查看旱情灾情，并筹资建成志度小高田塘坝和小龙潭池塘。

2月24日，市发改局帮扶工作组成员在局长欧光彩的带领下深入得禄乡小营村了解旱灾情况，并筹资将小营罗家村池塘扩建成能蓄水1 000立方米的小塘坝。

2月25日，市人大常委会主任高连恒率领市人大办、人事局、林业局3部门负责人深入得禄乡指导开展抗旱救灾工作。

2月28日，曲靖市组织部长李云忠在宣威市组织部长窦华平的陪同下深入得禄乡志度村检查指导抗旱救灾工作。

3月1日，曲靖市委书记赵立雄到得禄乡检查指导抗旱救灾工作情况。曲靖市政协副主席夏传煊，宣威市委书记许玉才、市长夏新建、副书记申忠林、副市长李启信、政协副主席周红分等领导陪同检查指导。

3月5日，曲靖市委副书记范华平在宣威市副市长程培仁等领导的陪同下到得禄乡调研抗旱救灾和新农村建设等工作。

3月9日，得禄乡召开村级换届选举工作动员大会，安排部署全乡第四届村党组织和村民委员会换届选举工作，乡党政领导班子成员、村“两委”干部和机关全体干部职工共126人参加会议。

3月11日，云南省纪委书记李汉柏在曲靖市委书记赵立雄和宣威市委书记许玉才等领导的陪同下到得禄乡检查指导抗旱救灾工作。

3月16日，云南省抗旱督查组在市长夏新建和市委办主任杨焜荣等领导的陪同下，到得禄乡督查抗旱救灾专项工作。

3月17日，得禄中学团总支倡议全校师生积极为抗旱救灾踊跃捐款，103位教职工共捐款10 300元，1 546名学生共捐款5 779.3元，师生累计捐款16 079.3元。

3月26日，得禄中学组织学生团员投身“抗旱保教”行列，帮助铺设管引和管路土方回填，积极应对师生用水问题。

3月，得禄中学沿教学楼中轴线建设的243级石阶竣工并投入使用。

4月7日，得禄乡中学举行了一场突发情况下的紧急疏散演练。

4月8日，得禄乡村级“两委”换届选举工作全部结束。全乡10个村有6个村实行村党总支书记、村主任“一肩挑”。

5月21日，由国土资源部派出支援云南旱区的河北省地矿局第十一地质大队打井突击队7名专业技术人员，携带专业设备在得禄乡政府大院内钻出的110米深井成功出水，日出水量可达1 500余立方米，日供水量达500余立方米。

6月15日，得禄乡党委、政府组织全体机关干部职工在公路沿线开展义务植树活动。

8月1日下午至夜晚，得禄乡部分地区遭受冰雹和暴风雨袭击，其中大营、小营、得禄、永乐、肥谷5个村的烤烟、玉米受灾较为严重，造成直接经济损失340余万元。

8月11日，宣威市委书记许玉才在原市人大常委会主任缪多菊、市委办主任杨焜荣和烟草公司负责人的陪同下到得禄乡检查指导烤烟收购工作和农民服务站运行情况。

8月26日，省扶贫办政策法规处处长吴坚在曲靖市扶贫办副主任何少文和宣威市扶贫办主任舒仕奉等领导的陪同下到得禄乡检查易地扶贫工程及省级重点村实施情况。

8月27日，得禄乡民兵救援分队、安监站、派出所、国土所、卫生院、供电所、交通管理所、团委等部门联合开展非煤矿山应急演练。

9月9日，得禄乡永乐、迭那两个村级组织活动场所建设工程通过曲靖、宣威两级验收，并交付使用。

10月10日，得禄乡召开第六次全国人口普查工作动员暨业务培训会，乡村两级党政领导班子成员、乡人普办成员及各村普查员150余人参加会议。

10月21日，得禄乡冒水井交警中队、安监站、中心学校、团委等部门联合在得禄村小学开展道路交通安全宣传活动。

11月1日，得禄乡多部门联合到得禄中学开展法制教育专题讲座，该校113名教职工和1 630余名学生参加专题讲座。

11月9日，曲靖市总工会党组书记、常务副主席龚岳喜在宣威市工会党组书记朱贵学等领导的陪同下到得禄乡检查工会规范化建设工作进展情况。

11月28日，代理市长保明顺在常务副市长阳开府和政府办主任马兴赞等领导的陪同下深入得禄乡调研教育、集镇建设等工作。

12月29～31日，得禄乡工会、团委、妇联联合举办“迎元旦职工体育活动”，开展了篮球、乒乓球、中国象棋、拔河等群众性体育项目比赛。

年内，投资1 360万元启动建设160套廉租住房；抗旱期间投资140万元建大小水利工程26件；投资100万元完成色空深箐、得禄绿丛两个小塘坝的除险加固；投资20万元在色空村建成100口“共青团希望水窖”；投资10万元在河艾村建成50口“共产党员爱心水窖”；投资97万元新建色空完小教学楼；投资320.9万元实施小营、迭那、河艾、色空4个村的“一事一议”财政奖补项目，3 075户1.06万人受益；投资100万元完成色空肖家村、务乐新城、小营大冲3个村的省级重点村项目建设；投资46万元，启动建设乡客运站；投资135万元硬化小营村委会到上大冲的村组道路，911户3 601人受益；投资396.52万元全面实施二期集镇建设；投资240万元完成乡文化中心主体工程建设；投资102万元完成得禄、肥谷两村的人饮安全项目。

**【领导名录】**

党委书记　宁粉娥（女）
副 书 记　桂腾荣（回）　黎　文（5月离职）
　　　　　徐选章（6月任职）　沈美祥（6月任职）
纪委书记　徐选章（6月离职）
人大主席　宁正功
乡　　长　桂腾荣（回）
副 乡 长　代　顺　李文科　秦庆留
武装部长　王尔信

（撰稿　饶永耀）

## 普立乡

**【概述】** 普立乡位于宣威市区东北部，东南沿清水河与贵州省水城分界，南沿姬都大山、文家口子与宝山镇接壤，西沿涧水海梁子与宝山镇、文兴乡毗邻，北及东北沿泥猪河（可渡河下游）与贵州省水城分界，乡政府驻地距宣威市区70千米。国土面积170.2平方千米。辖普立、阿基卡、迤兴、鹤谷、腊龙、戈特、老厂、簸火、攀枝戛、官寨、更底、格学、卡乌13个行政村、84个村民小组、145个自然村。年末有人口10 961户43 312人，其中男23 394人、女19 918人；农业人口42 072人、非农业人口1 240人；少数民族人口2 377人。人口自然增长率6.15‰，人口密度每平方千米254人。耕地面积2 309公顷，其中水田53.3公顷、旱地2 255.7公顷，人均占有耕地530平方米。森林覆盖率51%。

全乡略似扇形，最高海拔（涧水海梁子）2 715.9米，最低海拔（腊龙村岔河）920米（宣威市最低海拔），海拔高差1 795.9米。境内山高谷深，立体气候明显，年平均气温20℃，年平均降水量1 000毫米。矿藏主要有锰矿，分布于格学村窄角大山一带，探明藏量44.1亿千克。

年内实现农村经济总收入1.23亿元，比上年增10.1%。其中农业产值8 296.07万元，比上年增6.7%；工业产值119.3万元，比上年增9.4%；建筑、运输、商饮、劳务等第三产业产值3 914.63万元，比上年增14.2%。完成财政总收入2 747万元（含上年结余16万元），比上年增18.4%，其中地方财政一般预算收入288万元，比上年增18.03%。农民人均纯收入1 332元。

全年完成农作物播种面积4 132公顷，比上年增1.9%，粮食总产量1 461.2万千克，比上年增5.4%，农民人均有粮355千克，比上年增2.6%。经济作物播种面积1 167公顷，其中种植烤烟162公顷，收购烟叶35万千克，实现产值549.8万元；种植生姜181公顷，产量272万千克，产值141.5万元；新栽植核桃540公顷，累计达1 006公顷。

全年生猪存栏7.6万头、出栏肥猪4.3万头；大牲畜存栏8 273头（匹）、出栏牛1 276头；山绵羊存栏8 200只、出栏4 500只。实现畜牧业产值11 248万元，比上年增23.5%。

全乡有初级中学1所，在校学生1 769人；有小学32所（含村小点），在校学生5 198人。学龄儿童入学率99.7%，全乡有教职工302人，其中公办教师286人，工人16人，专任教师学历合格率中学为94.9%，小学为99.7%。2010年全面落实义务教育经费保障机制，兑现政策性减免补助92.8万元；奖励优秀学生28人，救助贫困学生119人，兑现奖励救助资金20.9万元。年内初中升考上线264人，升学率56%，比上年提高9个百分点，创历史最高记录。有卫生院1所，下设2个门诊，有医务人员15人，其中中级职称2人，有病床21张；有合作医疗卫生所13所，医护人员37人。有文化站1个，卡拉OK厅1个，休闲茶室3个，图书阅览室2个，有图书1.3万余册。有广播电视站1个，有线电视用户1 360户，有线电视覆盖4个行政村；移动通讯覆盖率89%。改造10千伏电网18.6千米，农网改造548户，网改率70.4%。

**【大事纪要】** 1月1日，普立乡第三届助学会举行兑现大会，会上对148名受奖受助对象进行表彰兑现。

3月8日，召开普立乡第四届村“两委”换届工作会。

3月10日，副省长孔垂柱率农业厅、水利厅等领导到普立乡老厂村后寨自然村、簸火村进行扶贫和抗旱救灾调研。

2009年冬季至2010年上半年，普立乡遭受百年难遇的特大旱灾，造成水库、塘坝干涸，人畜饮水告急，小春作物大面积绝收，直接经济损失970万元。全乡共争取上级帮扶、社会捐赠等各类救灾资金224万元，本级投入资金25万元，群众投劳筹资320万元。解决了3.3万人2.8万头牲畜的饮水困难。

**【领导名录】**

党委书记　尹富敏

副书记　瞿绍俊　邓选才（3月任职）

纪委书记　张如勋

人大主席　董祥军

乡长　瞿绍俊（3月任职）

副乡长　宁德富　钱尚云　陶荣山　黄慧清

朱恩虎　瞿绍俊（3月离职）

武装部长　丁博臣

（撰稿　陶　哲）

## 西泽乡

**【概述】**　西泽乡位于宣威市区西部，东与西宁街道、落水镇相连，南与热水镇毗邻，西与务德镇交错，北与得禄乡、龙潭镇及会泽县大井镇接壤，乡政府驻地距市区31千米。国土面积378平方千米。辖西泽、戈平、石城、向阳、新建、睦乐、建设、马戛、迤必、迤那、和乐、和睦、瑞井、新房、糯着15个行政村、165个村民小组，255个自然村。年末有人口44 686 人，其中男 23 098 人、女21 588人；非农业人口3 002人、农业人口41 684人；少数民族人口5 202 人。人口自然增长率4.5‰，人口密度每平方千米119人。耕地面积4 721.76公顷，人均占有耕地1 056.7平方米。森林覆盖率74.9%。

境内5座山梁与4条河流纵横交错，呈“五梁夹四河”之势。形成山高、坡陡、谷深、溶洞多、石灰岩面积大的典型喀斯特地貌。有和乐、迤那和睦乐3个小型水库。地势北高南低，平均海拔2 100米，最高海拔（北部大竹箐黑石头）2 503.2米，最低海拔（小江边）1 770米。年平均气温15℃，年平均降水量1 100毫米。

全年全乡经济总收入18 153万元，比上年增10.5%；农民人均纯收入2 442元，比上年增8.7%；实现地方一般预算收入738万元，比上年增3%；完成固定资产投资9 460万元，比上年增21.3%；银行存款余额10 465万元，比上年增25%；贷款余额5 372万元，比上年增2.3%；社会消费品零售总额7 143万元，比上年增20.5%。

全年种植粮食作物6 520公顷（其中大春5 153.3公顷、小春1 366.7公顷），粮食总产量2 183.7万千克，人均有粮489千克。种植烤烟667公顷，实现产值2 139.7万元。肥猪出栏50 480头，菜牛出栏705头，肉羊出栏12 200只，家禽出栏88 796只。年末肉类总产1 483万千克，实现产值15 491万元，比上年增10%。

全乡有中学1所，在校学生1 751人，教职工136人；村完小15所，教学点44个，在校学生3 408人，教职工261人，适龄儿童入学率99.55%，巩固率99.6%。有乡卫生院1所，村卫生所15所，医务人员61人，有病床80张（其中卫生院50张），农村合作医疗参合率95%。有文化站1个、图书阅览室18个、藏书 4万册。有广播室3个，广电宽带网用户1 760户。

**【大事纪要】**　2月4日，西泽乡西部校舍整体工程结束。

3月30日，西泽乡为民服务中心成立。

4月15日，西泽乡村“两委”换届选举工作顺利完成。

4月21日，曲靖市副市长饶卫、曲靖市军分区参谋长刘长寅等在宣威市委副书记申忠林、市人武部政委刘建贤、市人大常委会副主任杨怀党等领导的陪同下到西泽看望慰问抗旱突击队。

4月，西泽乡和乐村700余户民房遭受粉蠹虫危害。

6月18日，西泽、热水、务德、龙潭、得禄西片区5个乡（镇）在童乐园举办老年文体活动。

8月18日，宣威市委书记许玉才，市长夏新建到西泽检查指导工作。

8月，投资1 809.56万元的马戛村土地整理项目完成。

9月，西泽初级中学一中、二中合并，实行集中办学。

11月1日，西泽乡进行第六次全国人口普查。

12月6日，宣威师范学校在西泽办学点正式成立。

12月，投资274万元的瑞井、迤必、和乐3个村“一事一议”项目完成。

**【领导名录】**

党委书记　马留卫（回）

副书记　赵应来　周剑昌

李晓东（2月任职，挂职）

郭希博（5月离职，挂职）

李亚林（5月离职，挂职）

纪委书记　李　准

人大主席　李匀学（彝）

乡长　赵应来

副乡长　钱　刚　陈　骄　包　云　苏丹（女）

武装部长　赵建立

（撰稿　杨万雄）

## 杨柳乡

**【概述】**　杨柳乡属云南省506个扶贫攻坚乡之一，位于宣威市区东北部，东沿抱树河与双河乡分界，南与倘塘镇、乐丰乡相连，北沿北盘江（可渡河）与贵州省威宁县隔河相望，乡政府驻地距市区67千米。国土面积163.9平方千米。辖可渡、杨柳、留田、海庆、围仗、水塘、碗厂、和平、克基、蒋箐10个行政村、97个村民小组、164个自然村。年末有人口户12 531户46 262人，其中男25 020人、女

21 242人；非农业人口1 085人；少数民族人口1 921人；常驻人口46 236人、暂住人口26人。人口自然增长率3.6‰，人口密度每平方千米282人。有耕地面积2 296公顷，人均占有耕地0.05公顷。有林地面积6 400公顷，其中经济林面积597公顷，森林覆盖率34.3%。

境内山高坡陡，最高海拔（海庆村三丛树）2 470米，最低海拔（留田村大叉河）1 470米，立体气候突出，大部分属温带气候，海拔1 700米以下的河谷区属亚热带气候，年平均气温16.7℃，年均无霜期232天，年平均降水量902.2毫米。境内矿藏有煤，探明储量3 000亿千克。还有比较分散的铁、铜等矿物，石灰岩分布广，储量多。

全年粮食种植面积6 253公顷，其中种植玉米2 529公顷，种植马铃薯1 267公顷。粮食产量1 917万千克，比上年增4%；人均有粮414.4千克，比上年增8.3%。种植烤烟714.6公顷，收购烟叶310万千克，实现产值2 349万元。全年生猪存栏48 066头、肥猪出栏81 704头；牛存栏2 745头、出栏1 796头；羊存栏3 825只、出栏1 796只；家禽存栏39 543只、出栏57 867只。肉类总产量726.6万千克，实现畜牧业产值7 903.8万元，比上年增3.6%。

年内完成工业总产值6 110万元，比上年增9.8%。农村经济总收入1.93亿元，比上年增8.5%；农民人均纯收入1 436元，比上年增8%。财政收入1 034万元，比上年增22.4%；财政支出3 082万元，比上年增12.9%。全年发放支农贷款5 746万元，比上年增38%；年末银行存款余额5 960万元，比上年增21%。全年发放中小学贫困生生活补助共2 177人97.06万元。全年转移农村劳动力1 021人，其中转移就业180人、输出就业80人。全年兑现农村合作医疗补助187.78万元。

全乡有企业186个，其中个体户180个、私营企业6个，从业人员525人。

有初级中学1所，教学班30个，在校学生2 534人；有完小12所，共43个校点，在校学生5 169人；有学前班24个，在班儿童727名；有幼儿班2个54人。有专任教师328人，在编工人13人，临时代课教师12人。小学入学率100%，初中入学率99.5%，初中升学率58.78%。有乡卫生院1所，医务人员14人，村级合作医疗卫生所10所，卫生员31人。有病床25张，有X光机、B超、血球分析仪等医疗设备。

全乡有文化中心1个、影剧院1个、图书室1个、农家书屋6个、网吧2家、歌舞厅4家、娱乐茶室5家、音像出租4家、摄影3家、广电站1个。有闭路电视用户1 670户，移动电话接收塔8座，全乡90%以上的地方可被网络覆盖。

**【大事纪要】** 1月22～23日，杨柳乡召开第八届人民代表大会第三次会议。

3月7日，副市长李启信、程培仁到杨柳乡检查指导清水沟小二型水库建设工作。

3月30日，省建设厅厅长罗应光在曲靖及宣威建设部门负责人的陪同下到杨柳乡调研小集镇建设情况。

6月24日，市委书记许玉才在政协副主席杨承根、人大副主任丁文宽的陪同下到杨柳乡调研农业农村工作、农民服务站和村级活动场所建设等工作。

10月13日，代理市长保明顺在市纪委书记胡选坤等领导的陪同下到杨柳乡调研农业农村工作。

年内，整合社会资金1 000余万元，开工建设花溪大街硬化工程1.5千米，扩修可渡至杨柳赶场坝公路7.98千米，新修杨柳赶场坝至留田大岔河公路。

年内，投资152.92万元实施第三期安全饮水项目，共建水源点14处，安装输水管道69 506米，安装水表967套，建拖把池967个、蓄水池13个，蓄水310立方米；投资292万元启动围仗等4个村的第四期人饮安全工程；投资28万元新建乡政府、烟站、杨柳完小、葫芦口机井工程；投资10万元实施乡一中引水工程，安装输水管道4 000米，建水源点2处，修复水池1个。

年内，投资150余万元实施水塘、围仗、可渡、海庆、留田5个村组织活动阵地建设，着力改善村级办公环境和条件。

年内村“两委”换届选举，配齐配强10个行政村“两委”成员，40%的村实现支书、主任“一肩挑”。

年内，投资206.7万元实施围仗村上围、留田村格乌、杨柳村口子3个省级重点村建设。

年内，投资335.9万元，实施杨柳、围仗村的“一事一议”财政奖补公益事业建设，硬化村间道路13条6 588米，新建活动场所两个，受益群众3 024户11 272人。

年内，整合项目资金500万元实施留田村徐家院子等114户群众异地搬迁工程。

年内，投资101万元实施可渡、围仗、水塘3个村101户危房改造工程。

**【领导名录】**

党委书记　朱家灿
副 书 记　周茂松　代兴宏　赵尔清（6月任职）
纪委书记　徐广忠
人大主席　金永佳
乡　　长　周茂松
副 乡 长　严胜肖　胡雪梅（女）　何　跃（彝）
　　　　　赵尔清（6月离职）
武装部长　尹德军

（撰稿　田淑静）

# 双河乡

**【概述】** 双河乡位于宣威市区东北部，东与阿都乡接壤，南与乐丰乡相连，西与杨柳乡以皂卫河为界，北与贵州省威宁县隔可渡河相望，乡政府驻地距市区73千米。国土面积111.3平方千米。辖葛菇、皂卫、尖山、新寨、云瑞、白所、梨树坪、豁嘎、杨家村、大桥10个行政村、66个村民小组、125个自然村。年末有人口8 739户34 398人，其中男17 903人 、女16 495人；农业人口21 045人、非农业人口13 353人。人口自然增长率6‰。耕地面积2 751.2公顷，人均占有耕地800平方米。

辖区内冷凉山区、半山区、低热河谷并存，立体气候明显。最高海拔（大水塘梁子平山顶）2 480.8米，最低海拔（豁嘎黄家门前河边）1 420米。年平均降水量800～1 200毫米，年平均气温13℃。主要矿产煤探明储量1 810亿千克。

全年，实现农村经济总收入1.32亿元，比上年增10%。实现工业总产值7 370万元，比上年增10%。第三产业产值264.5万元，比上年增15%。完成地方财政一般预算收入800万元，比上年增22%；地方财政一般预算支出2 379万元，比上年增13%。粮食产量1 700万千克，比上年增13%。农民人均纯收入2 894元，比上年增9%。粮食播种面积5 466公顷，其中玉米1 910公顷、马铃薯1 608公顷、水稻54公顷、大麦603公顷、豆类509公顷、荞麦536公顷。实现粮食产量1 579.3万千克，人均有粮460千克，农业产值12 011万元。全乡种植核桃180公顷。生猪存栏40 037头、出栏68 779头，畜牧业产值9 639万元，畜牧业收入6 265万元。全年生产原煤1.8亿千克，实现产值5 400万元。

全乡有初级中学1所，教学班25个，在校生1 973名。有完全小学10所，教学点17个，有教学班127个，在校生4 177名，学龄儿童入学率100%。全乡有教职工243人（不含退休28人），其中公办教师234人，工人9人。中学专任教师学率合格率98.6%。小学专任教师学历合格率100%。有乡卫生院1所，业务用房1 600平方米，病床30张，卫生技术人员15人，其中主治医师1人，主管护师1人，医师4人，护士2人，均为中专以上学历，开展内科、外科、中医科、妇产科、儿科等服务项目。有村级卫生所10所，卫生医务人员30人。有文化站1个，藏书3 700册，有“万村书库”10个。

**【大事纪要】** 2月22日上午9时，双河乡组织全体乡村干部收看曲靖电视台直播的《曲靖市万名干部下基层抗旱救灾动员大会》，针对当时旱情形势严峻且无缓解趋势，全乡乡村两级干部积极主动，踊跃捐款，共捐款 89 410元。

2月23日开始，双河乡80余名干部职工根据乡党委、政府的安排部署，奔赴全乡10个村抗旱救灾第一线，全力投人抗旱救灾工作，确保人民生命财产安全，切实把灾害造成的损失降到最低限度。

2月24日，市委副书记申忠林在农工办、经济局、招商局、烟草公司主要负责人的陪同下到双河乡指导督促抗旱救灾保民生、保春耕工作。

2月25日，曲靖市组织部部长李云忠在宣威市组织部部长窦华平的陪同下，到双河乡检查指导抗旱救灾工作。

3月9日，双河乡召开村级党组织及第四届村民委员会换届选举工作动员大会，班子成员及全体乡村干部、乡直单位负责人120人参加会议，全面启动了双河乡村“两委”换届工作。至4月13日村“两委”换届选举工作圆满完成。

3月21日，云南钰庭塑料制品有限公司总经理刘占金向宣威双河乡捐赠1 000米网管，价值7 000余元，用于解决干旱灾区群众饮水难题。

3月22日，梨坪村60余名外出农民工向家乡捐赠了价值22 500元的大米、水壶等物资。还捐6 400元帮助家乡维修村组道路3千米，解决沿线310户1 300余名群众行路难的问题。

4月23日，政协主席肖坤全一行到双河乡检查指导工作。实地查看了集镇建设情况、新寨村20公顷蔬菜连片种植情况。

4月30日17时30～38分和21时55分至22时，双河乡7个村不同程度遭受冰雹灾害袭击，其中新寨、葛菇2个村受灾严重，农作物受灾146.67公顷，经济损失120万元。

5月2日，双河乡葛菇村花鱼、茄子田两个自然村村民用上了自来水。

5月27日，双河乡召开“四强四比四创、四抓四带四促”为主题的创先争优活动动员部署大会，全乡11个党支部书记、乡直各单位负责人和全体机关干部参加会议。

6月4日，宣威市政协委员郭文海到双河捐款10万元修建双河至新寨石灰窑处的石拱桥。

7月27日，全乡39名干部职工积极参加无偿义务献血活动。

7月27日，市红十字会常务副会长李辉祥一行 4人在双河乡领导的陪同下到新寨村发放“春雨行动”爱心礼包。

8月6日，双河乡召开烤烟生产收购工作会，并于当天下午开秤收烟。

8月20日，双河乡为考取北京大学的袁富文奉献爱心。袁富文，出生于双河乡白所村家俄自然村，宣威市第五中学毕业，以654分的高考成绩被北京大学医学部学院录取。乡党委、政府得知袁富文被北京大学录取后，立即组织干部职工捐款1万元，祝福这位穷山沟里飞出的“金凤凰”。

9月1日，曲靖市政协副主席夏传煊，宣威市委书记许玉才、副市长程培仁、市委办主任杨焜荣、组织部长窦华平等领导到双河乡调研小集镇建设和烤烟收购工作。

9月13日，市残联组织白内障医疗服务队到双河乡为69名贫困疑似白内障患者免费筛查。

9月28日，由宣威市民政局组织的云峰医院巡回医疗队一行16人到双河乡，为当地优抚对象开展“关爱功臣”免费“送医送药”义诊活动。

11月1日零时，双河乡第六次全国人口普查工作启动，全乡124名普查员佩戴统一普查证，深入各村农户家中进行登记。

年内，双河乡收到曹德旺、曹晖扶贫善款140万元，对700户贫困户给予每户2 000元的慈善捐赠。

年内，申报创建曲靖市敬老先进村的双河皂卫村通过检查验收。

年内，全乡遭受百年难遇的旱灾，造成直接经济损失2 340万元。为解决近3万人、4万头牲畜饮水困难问题，全乡累计投入资金300多万元，实施自流管引、地窖等项目，干部群众战天斗地的抗旱救灾精神受到上级领导和广大人民群众的肯定，典型事迹在中央电视台、云南电视台等新闻媒体多次播出。

年内，投资197万元，实施抗旱应急人饮工程15件，解决皂卫上营、潘家院子、尖山大坪子、云瑞大坡、白所家俄、梨坪山背后、豁嘎水营、葛菇花月等1 123户4 472人5 300头大牲畜的饮水困难；投资162万元，实施国债人饮安全项目，解决葛菇白果树、瓦窑，皂卫大院子、黄泥地，杨村沙拉河、陆家村、上寨，大桥朱家村、桥边，豁嘎岩头、高家村等814户3 257人2 935头大牲畜饮水困难；投资77万元，对尖山青毛林塘坝进行除险加固，可蓄水2.34万立方米，解决旱地水浇80公顷。

年内，争取财政奖补资金60万元，带动群众出资60万元、投劳3万余个，完成尖山、云瑞2个村“一事一议”财政奖补项目，硬化村内道路40条29 445平方米。投资60万元，完成葛菇花月、尖山青毛林、梨坪大塘、云瑞白扯箐4个省级重点扶持村建设。

年内，投资57万元，建成文化站综合楼505平方米，书刊阅览室、培训教室等设施投入使用；投资4万元，购置数字电影机1台、桌椅48套；投资7.6万元，配备三门书柜9个、图书1 256种4 500册、电子出版物552本，建成大桥、白所、新寨3个农家书屋；实施电影放映“2131”工程，巡回放映167场次，服务群众2.97万人次，学生1.63万人次。投资4万元，配备电脑、办公桌椅等设备，建成配齐工会活动室。完成10个村100个自然村2 551户“村村通”工程建设任务。

**【领导名录】**

党委书记　朱家安
副 书 记　黄祖雄　邓廷昆　徐　浩（6月任职）
纪委书记　王　黎
人大主席　李早生（彝）
乡　　长　黄祖雄
副 乡 长　陈秀党　李　平　徐浩（6月离职）
武装部长　黄　伟（6月离职）　孟国顺（7月任职）

（撰稿　张思敏）

## 乐 丰 乡

**【概述】** 乐丰乡位于宣威市区北部，东沿大水塘梁子与阿都乡毗邻，南与龙场镇、来宾镇交错，西与倘塘镇、杨柳乡隔抱树河相望，北与双河乡分界，乡政府驻地距市区60千米。国土面积241.9平方千米。辖乐丰、店子、新月、前吉、三联、团结、姑着、邓村、新村、色关、水炉、新德、明德14个行政村（其中姑着、建文、新村属民族村）、186个自然村、73个村民小组。年末有人口12 813户53 715人，其中男2 911 4人、女24 601人；农业人口51 206人、非农业人口2 509人；少数民族人口5 478人，占全乡总人口的10.47%。人口自然增长率6.9‰，人口密度每平方千米221人。耕地面积8 000公顷，农业人口人均占有耕地1 514.1平方米。林地面积4 476.5公顷，森林覆盖率21.5%。

境内山脉属乌蒙山东列山系，由南端光山入境分为两支：一支从光山分出，向西北经井底梁子、葛耳箐、马鬃岭为葛菇河流截断，境内长10千米；一支向北经大水塘梁子、平山顶、哑巴山、白所到夸都为可渡河截断，境内长约25千米。河流皆属珠江水系，北盘江上游。主河有两条:一条发源于光山北麓，向北经店子、乐丰至木嘎称乐丰小河，在三岔河汇三联小河后，流入双河境内为萨拉河，境内长约10千米；一条是明德河，发源于南部邓家村喷水洞，向东北经水炉折西北经新德、明德至杜家营汇入倘塘河，境内长27千米。最高海拔（光山顶）2 558米，最低海拔（岩脚寨）1 660米。气候基本属温带气候，最高气温34℃，最低气温-8℃，年平均气温12℃。

年末，全乡实现社会总产值29 868万元，比上年增11%。农村经济总收入14 849万元，比上年增8.9%。社会消费品总额2 815万元，比上年增21%。工业产值10 683万元，比上年增17%。完成工业增加值3 840万元，比上年增16%。上缴税金1 027万元。地方一般预算收入748万元，比上年增16%。农民人均纯收入1 763元，比上年增9.9%。固定资产投资5 620万元。

年内，种植粮食8 227.9公顷，粮食产量2 510万千克，实现产值5 100万元。种植烤烟269.3公顷，圆满完成收购任务45万千克，收丰产烟5.8万千克，实现产值750万元，实现烟叶税159万元。连片种植核桃1 533.3公顷，零星种植234公顷。安全生产原煤6亿千克，实现工业总产值1.08亿元，销售原煤5.2亿千克，实现销售收入9 360万元，供应电煤3.7亿千克，完成规费收缴5亿千克，共收缴规费895万元，上缴各种税费1 976万元。年内生猪存栏75 538头、肉牛存栏6 780头、肉羊存栏9 235只；肥猪出栏12 9016头、肉牛出栏1 302头、肉羊出栏9 670只。禽类存栏69 541羽、出栏157 860羽。实现畜牧业产值12 018万元。启动7个生猪养殖小区（扩繁场）的二维码标识配戴录入工作，共扫描配戴二维码标识1 210个。

有乡镇企业148个，其中工业企业18个，从业人员3 143人，企业总产值29 945万元，利润总额1 180万元。

全乡有初级中学两所，在校学生3 213人，教职工120人

（公办教师106人），其中高级职称16人、中级职称48人、初级职称40人。2010年中考上线625人。有小学42所，在校学生5 596人，教师259人（公办教师246人），其中高级职称3人、中级职称106人、初级职称128人。小学入学率99.5%，15周岁人口初等教育完成率99.16%，青壮年非文盲率99.57%。

有乡卫生院1所，床位25个，在职职工13人，其中初级8人、员级5人，大专以上学历9人。有黑白B超2台、X光机1台、心电图机1台、洗胃机1台、生化检查设备1套。新型农村合作医疗村级卫生所14所，村医35人。

有文化站1个，图书11 536册。有广播站1个，电视差转机12台，电视覆盖率97%，有线电视用户726户。有固定电话2 060部，移动电话1 945部，宽带网用户133户。

**【大事纪要】** 1月30日，副市长吴远长到乐丰乡店子村、新月村慰问老党员、特困户。

2月25日，乐丰乡召开保民生、保春耕动员暨捐助大会，全体乡村干部、乐丰境内企业业主共143人参加会议，共捐助抗旱资金20 6050元。

3月1日，曲靖市组织部长李云忠到乐丰乡明德村指导抗旱救灾工作。

4月10日，中央电视台记者到旱灾较为严重的乐丰乡姑着村采访报道受灾情况。

4月11日，乐丰乡村“两委”换届选举工作顺利结束。

4月21日，曲靖市公安局局长胡祖俊在宣威市公安局局长尹大宝的陪同下到乐丰乡姑着村调研抗旱救灾工作。

4月22日，曲靖市妇联主席李桂珍在宣威市宣传部长朱丽娥的陪同下到乐丰乡明德村看望抗旱受灾比较严重的群众。

10月12日，代理市长保明顺、市纪委书记胡选坤到乐丰乡调研经济社会发展情况。

**【领导名录】**

党委书记　张正龙（彝）
副 书 记　付汝君　宁敏功（6月任职）
　　　　　魏成凯（6月任职）
纪委书记　宁敏功（7月离职）
人大主席　尹得虎
乡　　长　付汝君
副 乡 长　刘天才　高　燕（女，彝）　徐学坤
　　　　　朱永桢
武装部长　徐　韩

（撰稿　杨家云）

## 文兴乡

**【概述】** 文兴乡位于宣威市区东北部，东连普立乡，南邻宝山镇、格宜镇，西接阿都乡，北与贵州省隔木东河相望，乡政府驻地距市区78千米。国土面积135.29平方千米。辖文兴、着期、太平、马龙、支留、块塔、铜店、米科、火木、安乐、庆底、白药、瑞庆、半山、塌土15个行政村、107个村民小组、206个自然村。年末有人口15 827户60 336人，其中男31 930人、女28 406人；非农业人口1 343人；少数民族人口1 587人。人口自然增长率6.5‰，人口密度每平方千米445人。耕地面积2 286公顷，其中旱地2 084公顷、水田202公顷，农业人口人均占有耕地399平方米。森林覆盖率20.8%。

境内地形狭长，南高北低。主河为文兴大河，发源于宝山乐红村彭家大沟，自南向北从中部穿过，流经马龙、太平、着期、文兴、安乐、火木、瑞庆、白药、庆底9个行政村后入木东河，长46千米。主要支流有响水河、阿米河、米科小河、白药小河。流域面积132.5平方千米。有小水库3座，总容量为50.7万立方米。塘坝6个，蓄水700立方米。三面光沟渠4条，全长11.5千米。最高海拔（洞水海梁子）2 330米，最低海拔（文兴河与木东河汇合处）1 470米，平均海拔1 900米。年平均气温18℃，年平降水量1 249毫米。矿产资源主要有煤。

全乡工农业总产值3.31亿元，比上年增12.95%。农村经济收入1.67亿元，比上年增10.55%，其中第一产业10 973.39万元，比上年增10.14%；第二产业3 290.44万元，比上年增0.3%；第三产业2 468.48万元，比上年增0.4%。生产原煤4.5亿千克，实现产值8 400万元。人均纯收入2 268元，比上年增13.12%。完成财政收入3 469万元，比上年增16.49 %，其中完成乡级一般预算收入294万元；完成财政支出3 410万元，收支相抵，上年财政赤字10万元，年末累计结余17万元；银行存款余额8 057万元，比上年增37.12%，贷款余额6 656万元，比上年增27.31%。

全年粮食作物播种面积5 743公顷，粮食产量2 029.1万千克，比上年增3.48%，农业人口人均占有粮食376千克。农作物种植面积7 945公顷，总产值6 392万元，比上年增15.45%。畜牧业产值9 357万元，比上年增24.38%。生猪存栏8.2万头、肥猪出栏10.09万头；大牲畜存栏3 011头、出栏508头；羊存栏2 751只、出栏1 452只；鸡存栏14.45万只、出栏15.5万只。有乡镇企业333个，从业人员4 000人。其中工业企业19个，批零贸易企业314个，乡镇企业总收入2.1亿元，比上年增2%。

全乡有初级中学2所，在校学生3 058人，教职工142人。小学15所，29个教学点，在校学生6 519人，有教职工250人，学龄儿童入学率99.6%。年内，启动实施8 000平方米的廉租房和乡一中2 160平方米校舍安全工程建设；完成500平方米火木志和楼建设，投资38万元用于中小学校园建设。捐资助学会表彰、奖励56名优秀教师、15名捐资助学先进个人、100名优秀中小学生、21名在2010年高考上一本线并录取全国高校综合排名100校的文兴籍大学生和全乡中考前10名的优秀学生，资助乡一中、乡二中和全乡15所村

完小的206名孤儿和特困学生。

有乡卫生院1所，医务人员16人，病床20张。村卫生所15所，村医46人，病床45张。全乡4.88万人参加新型农村合作医疗，参合率86.5%。全年门诊减免补偿8.49万人次69.7万元，住院减免补偿1 080人次207.5万元。办理农村人口独生子女父母光荣证16户，完成各种节育手术502例。有文化站1个，图书室1个，藏书0.4万册。

**【大事纪要】** 1月7日，举行2010年文兴乡清洁工程启动仪式。

2月25日，市人大副主任李正聪带领市抗旱救灾挂钩工作组深入文兴乡检查指导抗旱救灾工作，并捐赠抗旱救灾资金7万元。

3月8日，召开全乡村"两委"换届选举动员大会，启动村级组织换届选举工作。

5月28日，召开全乡深入开展创先争优活动动员大会。

7月21日，中国红十字基金会、中国铁建股份有限公司等向宣威市捐赠抗旱救灾物资发放仪式在文兴乡马龙村举行。

9月13日，召开文兴乡2010年教育工作会议。

11月22日，市委书记许玉才、代理市长保明顺带领相关部门负责人深入文兴乡就小城镇建设等工作进行调研，并召开现场办公会议，专题研究部署文兴乡小城镇建设等相关工作。

12月21日，由市委宣传部和市委党校联合组成的十七届五中全会宣讲团到文兴乡宣讲。

12月31日，召开2010年年终工作总结及表彰大会，表彰、奖励11家"先进单位"、8家"安全生产先进企业"、5家"矿村和谐先进企业"和48名"先进工作者"。

年内，投资218万元，完成米茂沟小（Ⅱ）型水库除险加固工程，库容量增加到42万立方米，集镇供水管网改造全面完成，大力推动农村饮水工程建设，解决全乡99%的人饮问题。

年内，投资36万元，建成占地4 666.69平方米、可容纳20万立方米的垃圾填埋场1个，同时购买垃圾清运用车1辆，及时清运垃圾，保持环境卫生。

年内，投资60万元，完成集镇电网改造；投资400余万元，完成10千伏双回路建设；投资70余万元，完成太平村318户的农村电网改造；投资10万元，新增变压器1台，用于解决文兴村赵家村用电难问题，全乡农村电网改造率70%。

年内，争取31万元补助资金，新建1个生猪养殖小区。

年内，共发放救济款376万元、救济粮7.15万千克、棉被330床，投入抗旱救灾资金160余万元。

年内，投资1 076.9万元，启动实施白泥塘文兴至坪寨（集镇至火木后河丫口段）11千米农村公路改造工程。

**【领导名录】**

党委书记　杨应迪
副书记　王维普　张荣富（彝）
　　　　陈世蕊（7月任职）
纪委书记　解恒彦
人大主席　王兴春
乡长　王维普
副乡长　孙中阳　何汝洲　王玉康
　　　　王　敏（7月离职）
武装部长　李绍尚

（撰稿　周均虎）

# 阿都乡

**【概述】** 阿都乡位于宣威市区东北部，东与文兴乡接壤，南与格宜镇相连，西沿大水塘梁子与双河乡、乐丰乡毗邻，北与贵州省威宁县隔河相望，乡政府驻地距市区84千米。国土面积125.66平方千米。辖谷兴、阿都、姜棚、同兴、施都、合庆、梨树、增坪、银厂、发吉、大佐、荣胜12个行政村（其中发吉为彝族村）、60个村民小组、171个自然村。年末有人口10 248户39 633人，其中男20 875人、女18 758人；农业人口9 844户38 458人，占总人口的97.04%；少数民族人口2 595人，占总人口的6.54%；常住人口39 488人、暂住人口145人。人口自然增长率5.6‰，人口密度每平方千米315人。耕地面积2 350.41公顷，25度坡以上耕地913.06公顷，人均占有耕地593平方米。

阿都乡横卧乌蒙山脉之腹，属典型的云贵高原错层地貌，气候基本属南温带气候，部分高山属中温带气候，部分河谷属北亚热带气候。年平均降水量975毫米，年平均气温13.5℃。最高海拔2 480.8米，最低海拔1 300米。境内主要河流有嘎得河，发源于光山梁子的大水沟，可渡河是阿都乡与贵州省威宁县的界河。

年末全乡工农业总产值10 995万元，比上年增长14.91%。其中农业产值10 965万元，比上年增14.88%；工业产值30万元，比上年增30.43%。全乡经济总收入1.24亿元，比上年增9.73%，农民人均纯收入1 602元，比上年增9.18%。全年财政收入2 310万元，比上年增13.01%，其中地方收入260万元，比上年增30%。全乡财政支出1 454万元，比上年减32.28%。全年发放贷款4 580万元，其中支农贷款4 320万元，年末存款余额3 898万元，比上年增38.77%。

全年粮食作物种植面积4 360公顷，粮食总产1 600万千克，比上年增7.82%，人均有粮403千克，比上年增2.81%。其中玉米种植面积1 720公顷，产量916.5万千克；洋芋种植面积1 400公顷，产量435.5万千克；烤烟种植面积280公顷，产量45万千克，比上年减2.18%，产值698万元，比上年减2.35%。种植蚕桑475公顷，产蚕茧6.3万千克，总产值380万元；种植生姜80公顷，产量300万千克，总产值1 080

万元。年末生猪存栏4.05万头，肥猪出栏6.89万头，大牲畜存栏7 126头。

全乡有中学1所，24个教学班，在校学生2 227人，教职工87人。有小学32所，其中完小13所、村小19所，在校学生4 012人，教职工158人，学龄儿童入学率99.5%。有卫生院1所，医务人员15人，病床12张；村级卫生所12所，卫生员34人。有文化站1个，图书室1个，广播室1个，有电影放映机、放像机各1台。

**【大事纪要】** 2月25～26日,阿都乡九届人大三次会议召开，全乡65名乡人大代表及45名列席人员参加会议。

3月2日，曲靖市委书记赵立雄在阿都乡主持召开会议，专题研究阿都乡的发展问题。会议决定：2010年9月至2012年9月，曲靖市在阿都乡实施特困地区“整乡推进”试点，整合投入7 000万元资金，用2年时间在阿都乡实施“整乡推进”“8666”工程。

3月9日，宣威市红十字会会长缪多菊到阿都乡走访慰问困难群众，为10户特困农户家庭送去党和政府的关心和问候。

4月10日，阿都乡村级换届工作完成。

4月15日，曲靖市扶贫办主任许云华、曲靖市扶贫办项目科科长何永平、宣威市副市长李启信、宣威市扶贫办主任舒仕奉一行到阿都乡对“整乡推进”扶贫开发工程进行调研。

4月26日，共青团宣威市委书记张彩雄一行把共青团湖南省委、湖南省青少年发展基金会为贫困地区捐赠的10万元抗旱救灾“润苗行动”助学款送到宣威市阿都乡，家庭比较贫困的200名中小学生得到救助。

4月26日，宣威市人大副主任杨怀党率领计生局局长宁德才一行到宣威市阿都乡调研人口与计划生育工作。

6月23日，曲靖市副市长宁德刚、宣威市委书记许玉才及农业、林业、水利等部门主要负责人到阿都乡，对“整乡推进”“8666”工程作具体安排部署。

7月23日，云南省扶贫办副主任欧志明带领省扶贫办外资中心副主任吴建忠一行到阿都乡对“整乡推进”扶贫开发工程进行调研。

8月6日，阿都乡1 802户困难户喜获曹德旺、曹晖父子扶贫善款。

9月1日，省农业厅种植业处副调研员蒲国俊深入阿都乡检查指导蚕桑生产工作，并对蚕桑产业发展提出可行性意见及建议。

9月8日，阿都乡组织召开教育工作暨表彰大会， 350余人参会。

10月12日，代理市长保明顺、市纪委书记胡选坤、市政府办主任马兴赞到阿都乡调研农业农村工作。

11月19日，云南省退耕还林办公室主任杜勇在曲靖市、宣威市相关部门负责人的陪同下，深入阿都乡阿都村、同兴村查看退耕还林项目的实施情况。

12月14日上午，阿都乡格（宜）阿（都）公路（文兴阿都段）改造工程在阿都乡举行开工仪式，公路建设总里程19.3千米，宽7米，预计总投资1 200万元，计划工期10个月。

**【领导名录】**

党委书记　徐兴界
副 书 记　李　辉　朱嗣勋　王维军（6月任职）
纪委书记　余娥芬(女)
人大主席　浦绍俊
乡　　长　李　辉
副 乡 长　崔茂炳　代荣照　孙贵祥　张永康
武装部长　王维军(彝)

（撰稿　崔娅玲）

# 人物和先进集体

**责任编辑　余俊柏**

2010年6月22日，宣威市委书记许玉才（左三）到热水便民服务站调研。

（市委办　供稿）

# 先进工作者简介

**徐兴卫**　男，汉族，1967年4月出生，中共党员，大学本科学历，高级农艺师，1996年5月起任宣威市利用外资办公室副主任，分管项目工程技术业务工作。1994年被云南省农业厅表彰为省农业系统先进个人；1996年获宣威市政府科技进步特等奖表彰；1996年获曲靖地区行署星火一等奖表彰；1999年被中共曲靖市委表彰为农村基层组织建设优秀工作队员；2004年、2006年受到曲靖市农业利用外资办公室表彰。

2008年2月至2010年2月，他被抽调到宣威市乐丰乡挂职党委副书记。在挂职期间，他立足实际，在做好调查研究的基础上，向工作队提交《前吉村贫困状况调查报告》一份，组织完成“866”工程的建档立卡工作及“866”工程《实施方案》编制工作。独立完成《蔬菜引繁种基地建设项目可行性研究报告》、《加工型马铃薯基地建设项目可行性研究报告》、《外销型无公害蔬菜基地建设项目可行性研究报告》、《马铃薯淀粉加工及种薯扩繁项目可行性研究报告》的编写，积极争取了大量资金和项目，支持前吉村新农村建设。全村完成工程总投资1 169.86万元，共到位扶持资金340.3万元。其中，向上级有关部门共争取项目整合和挂钩帮扶资金140.3万元，有力推进“866”工程项目实施。2010年2月，徐兴卫被云南省委、省政府授予“云南省第三批新农村建设优秀指导员”荣誉称号。2010年3月，被曲靖市委、市政府授予“优秀挂职扶贫干部”荣誉称号。

（撰稿　宁琼华）

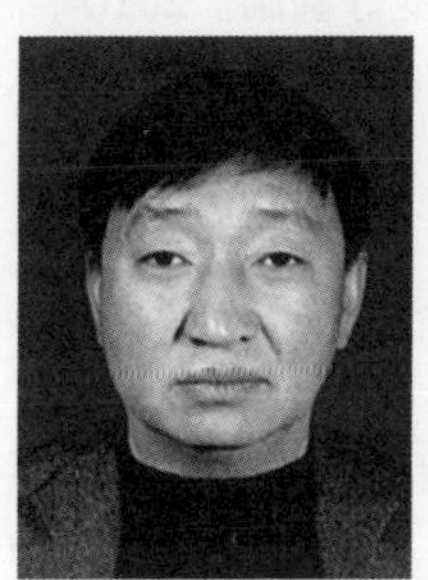

**龙金平**　男，1968年8月出生，汉族，初中文化，技师，中共党员，现在羊场煤矿杨家矿井工作。曾任采煤五队副队长、采煤班班长，2001年任采煤五队队长，2010年11月任该井副井长。

杨家矿井是羊场煤矿最主要的原煤生产单位，承担着全矿总量80%以上的原煤生产任务，其中采煤五队就是该井原煤生产的龙头。按质按量圆满完成各月安全生产任务，关系到整个矿井的生存问题，也是检验采煤五队队长素质和能力的关键。龙金平自2001年任该队队长以来，在加强学习、努力提高技术素质和操作能力的同时，不断总结管理经验，认真完善和执行好各项管理制度，提高管理水平。他严把工程质量关，实行工作量与工程质量、安全、产量挂钩考核，按劳取酬，有效调动职工积极性，每月矿质量检查组考评该队工程质量都是优良。他大胆探索，不断创新，认真总结瓦斯治理经验，采取锯末粉装袋砌墙封堵老塘瓦斯、工作面加设局部扇风机稀释上隅角瓦斯、回风巷铺设瓦斯抽放管路抽排瓦斯、增设瓦斯抽放专用巷道引流瓦斯等办法，有效杜绝回采工作面上隅角瓦斯事故。他注重职工安全技能培训，实行师带徒制度，新学徒与老师傅签订师徒协议，确保队伍技术素质。

为了降低材料消耗，他在加强顶板管理、严格支护质量的同时，采取各种激励机制改善放炮工艺和回柱工艺，提高坑木回收复用率，减少成本支出，提高经济效益，增加职工收入。在他的带领下，该队自2005年来连续保持大倾角薄煤层炮采工作面月产上亿千克和杜绝工作面冲矸垮顶事故发生的安全生产好成绩，职工收入保持每年按11.8%的比例逐年递增，有效保持职工队伍的团结稳定，2007年9月该队成绩突出被评为全国煤炭工业先进集体。

2007年被评为曲靖市兴曲技能人才，2008年被评为云南省第十九届劳动模范，2009年被评为曲靖市十大新闻人物并荣登榜首，2010年5月荣获全国劳动模范称号。

（撰稿　郭明通）

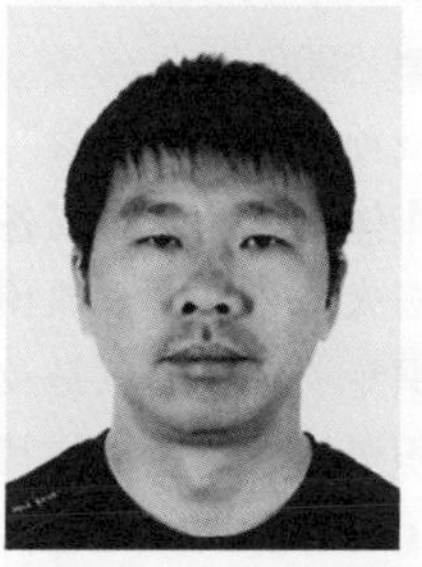

**田志德**　男，汉族，大学本科学历，1965年4月出生，1984年12月参加工作。先后任宣威市人民检察院副检察长、市委组织部副部长、热水镇党委书记、板桥镇党委书记，现任宣威市林业局党委委员、局长。

自启动林改工作以来，田志德作为此项工作的“总舵手”，兢兢业业、克难攻坚，为林改工作的顺利推进发挥了重要作用。2010年7月被省委、省政府评为2009年度云南省集体林权制度主体改革工作先进个人。

他将全市300余名林业干部职工和987个护林员纳入了林改的主力队伍予以培训使用，经过两年多的艰苦努力，圆满完成了林改主体改革任务。截至2010年5月底，共完成集体林确权29.87万公顷，确权率达99.5%。共确权26.74万宗林地，制发证23.4万本。共排查纠纷1 207起，调处1 200起，调处面积为2.93万公顷，起诉调处率为99.4%，面积调处率为99.3%。两年多以来，他累计组织开展政策法规、技术业务培训1 442场（次），培训4.2万人次。针对个别乡（镇）技术人员稀缺的实际，他从省林业调查规划院协调技术支撑，将林改外业勘测任务承包给省规划院，在龙场、普立等乡镇，他从林业院校协调聘请实习学生参加林改工作，有效地解决了全市技术力量不足的问题，使林改得以顺利推进。充分利用广播、电视、报纸等新闻媒体，采取印发宣传资料、制作简报、组织文艺汇演等方式进行林改工作宣传，使林改工作家喻户晓，为林改工作稳妥推进创造了良好条件。

（撰稿　尹富鸿）

**符世标**　男，汉族，1963年12月出生，1996年7月加入中国共产党，1997年12月到普立乡林业站参加工作，2008年至今任普立乡林业站站长。2010年7月被省委、省政府评为2009年度云南省集体林权制度主体改革工作先进个人。

为了确保山林权属稳定，维护林木、林地所有者的合法权益，他率全体职工在辖区范围内开展林改工作，要求各村严格制定改革方案，实行“阳光操作”，保护林农的参与权、知情权和决策权。林权证换发是一项惠及千家万户的工作，他以对历史负责的责任心，与其他人一起细致、扎实的做好每一户的林权证换发工作。全面完成全乡12个行政村8 660余公顷林地5 600余宗地块的改革任务，发放林权证1万余本。

根据普立乡部分森林林分质量差、单位面积产量低、效益不好等实际情况，以核桃产业为重点带动村组造林。全乡全年累计栽植500公顷，苗木成活率达90%以上。

符世标始终坚持“以人为本、积极预防、科学扑救”的原则，努力构建完备的森林防火工作体系。一是落实各项防火措施，开展宣传教育工作，严格火源管理，狠抓预防工作；二是加大督查力度，精心组织专项督查；三是及时扑救，做到一旦有火灾，及时出动积极扑救。通过与其他工作人员的共同努力，全年共发放《森林防火保证书》4 000余份，签订各种森林防火责任书100余份。

（撰稿　陶　哲）

**刘顺平**　男，彝族，中共党员，宣威市政协委员、龙潭镇新河村党总支书记、宣威市华平煤业公司经理。2010年3月，当特大旱灾出现后，刘顺平率先为全镇抗旱救灾捐款6.66万元，又在市委倡导的非公企业献爱心活动上捐款6万元，还通过自己的私人关系，联系到一家企业为龙潭抗旱定向捐款20万元，在他的带动下，全镇非公企业为抗旱捐款37万元。他免费出动挖机1台、装载机2台，通过10天加班加点的努力，在龙潭河沿途筑了50个拦水坝，在公路沿线挖了100个蓄水池，解决龙潭村等6个村群众生产生活用水问题。把6辆拉煤的私人货车按每天支付每辆车2 000元费用租用过来，为每辆车购置能容20方水的油桶将其改装成拉水车，组建龙潭华平煤业公司义务送水车队，自己亲任队长每天拉水帮助抗旱救灾。又从昆明请来120地质勘探队到旱灾最严重的放马坪村委会上竹箐3个自然村寻找地下水源，通过勘探和规划设计，用了70天时间打了一眼570米的深井，他承担了打井、建抽水站和安装饮水管路的全部资金120万元，解决了3个村620名群众和1 100头大牲畜饮水困难。刘顺平投入抗旱救灾资金超过200万元。在他的带动下，龙潭镇12个煤矿自发组建6个抗旱义务送水中队、31辆拉水车每天拉水解决群众饮水困难，帮助群众进行春耕生产。2010年7月24日，刘顺平被中共云南省委表彰为“共产党员抗旱先锋行动”优秀共产党员。

（撰稿　夏成涛）

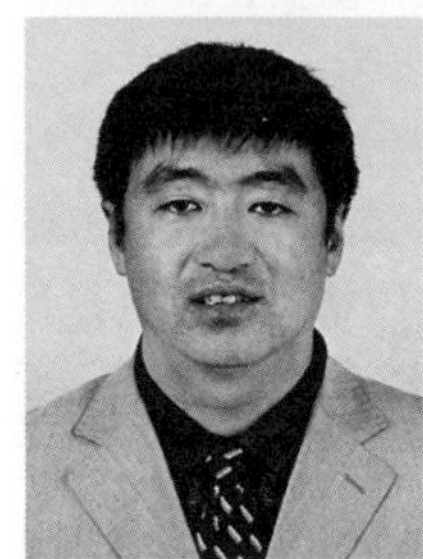

**申忠林**　男，汉族，1965年6月出生，中共党员，研究生学历，1986年7月参加工作，2008年10月起任中共宣威市委副书记。

申忠林作为市委主抓林改工作的领导，在集体林权制度改革中，加强领导，精心组织，确保林改政策执行到位。曾8次组织召开林改专题会议，研究和部署林改工作；17次下到林改第一线，专题调研和检查督促林改工作。在他的带领下，宣威建立健全了市乡村“三级书记”抓林改的目标责任管理、市乡领导挂钩联系、风险抵押金、“检查督促”等一系列林改工作制度，确保了“四有”：即林改工作有人协调有人抓，政策措施有人落实，技术业务有人把关，具体工作有人督促检查，使林改工作目标任务层层落实到位。在抓好主体改革工作的同时，他还注重后续产业发展，组织种植优质核桃55万亩，建立核桃采穗圃2个，圃内嫁接核桃优良品种10余个，改良母树1万多株，为壮大林业产业，巩固主体改革成果，培植核桃产业和促进经济社会快速发展奠定了良好基础。2010年7月，申忠林被中共云南省委、省政府表彰为云南省集体林权制度主体改革工作先进个人。

（撰稿　符德雷）

**张庆良**　男，汉族，大学学历，中共党员，1970年5月出生，1991年8月参加工作。先后任杨柳乡林场场长、林业站副站长、站长、宣威市水务局水政科科长、宣威市防汛抗旱指挥部办公室副主任和宣威市水务局灌区管理中心主任。2010年7月被云南省委、省政府评为云南省抗旱救灾工作先进个人。

在2010年抗旱救灾工作中，他负责收集防汛抗旱的有关讯息，提出工作意见，为领导决策提供依据，同时负责市直管水库和灌区的防汛抗旱和供水管理，适时掌握分析全市的降雨、蓄水形势，及时提出抗旱的对策措施，加强水库的调度和管理，忘我工作，确保了我市城市、重点工业供水安全，确保了灌区农业用水的需要，加强对集镇和山区供水的研究分析，组织编制抗旱供水保障措施，强化对基层抗旱的技术指导，结合工作实际积极向有关领导建言献策。加强蓄水管理，统一调度现有水量。及时加快蓄水进度，使宣威成为曲靖市蓄水任务完成最好的县（市），为抗旱工作打下了坚实的基础。

（撰稿　杨世春）

**张正国**　男，汉族，生于1964年12月，初中文化，2009年7月起任宣威市双河乡白所村党总支书记。张正国到任以来，牢记党的宗旨，深知自己肩上的使命，不辜负党委政府的信任，心系群众，工作兢兢业业，为群众把好事办实，把实事办好，用实际行动和业绩赢得群众的信任和支持，用汗水谱写了一名共产党人“为有牺牲多壮志，敢叫日月换新天”的时代赞歌。

面对百年不遇的特大干旱灾害，张正国团结村“两委”一班人，带领全村党员干部和群众不等、不靠，全力开展抗大旱、保民生、促春耕工作，特别是家俄自然村充分发扬“自力更生、艰苦奋斗、团结协作、无私奉献”的红旗渠精神，在村里众多青壮年外出打工、缺乏劳力的情况下，张正国带领党员干部和群众用铁锄、铁锹、铁锤，在乌蒙山深处，在连行走都很困难的山坡甚至悬崖峭壁上，硬生生地凿出一条长5.7千米的管引沟渠，把清泉水引到村里，在抗击旱魔的战斗前沿，树起了一面猎猎飘扬的旗帜。在以张正国为首的村“两委”一班人的带领下，白所村取得了抗旱救灾工作的全面胜利，全村没有发生人畜断水，没有发生重大森林火灾，没有因旱灾而发生安全事故，保持了正常的生活秩序。2010年7月中共云南省委授予他2010年云南省“共产党员抗旱先锋行动”优秀共产党员称号。

（撰稿　张思敏）

**杨承普**　男，汉族，1950年11月出生于宣威市热水镇，中共党员，现任热水镇营沟村党支部书记。2010年7月，被中共云南省委表彰为云南省“共产党员抗旱先锋行动”优秀共产党员。

在百年一遇的特大旱灾面前，杨承普以身作则，带领村民艰苦奋斗力抗旱魔。他和村两委班子认真贯彻落实镇党委政府“抗旱保民生促春耕”各项举措，组织党员与用水困难的五保户、老弱病残人员结成抗旱对子，义务拉水、送水；将该村已经建好尚未投入使用的400口沼气池改为临时水窖蓄水池，动员农户积极蓄水，动员群众及早翻犁土地，动用塑料水袋、水桶等一切可以利用的设施蓄水。春耕生产中，组织农用车、拖拉机13辆，每天送水至田间地头，确保全村213公顷烤烟、33.3公顷辣椒全部移栽结束，玉米、马铃薯等农作物在最佳节令播种结束。动员农户在全村开挖人工水井近百口，利用在全村建设“共产党员爱心水窖”60口的机遇，发动群众在村庄及田间地头广泛建设水窖，不断添置蓄水设施，为群众生产生活用水增添保障。

（撰稿　田姜丽）

**李龙苍**　男，彝族，大专文化，中共党员，1946年6月出生于宣威市海岱镇。云南省第五届、第六届、第八届人民代表大会代表，曲靖市第一届、第二届人民代表大会代表，宣威县第八届、第九届、第十届人民代表大会代表，宣威市第一届、第二届、第三届、第四届人民代表大会代表。

1969年7月，宣威一中高中毕业后即参加工作，在宣威海岱公社得来大队任文书。1970年1月至1972年5月在县整党工作队工作。1972年5月至1973年8月在热水公社工作，任团委副书记。1973年8月至1975年5月在宣威县委组织部工作。1975年5月至1978年7月在龙场公社工作，任党委书记、革委会主任。1978年7月至1980年7月在共青团宣威县委工作，任团委书记。1980年7月调入宣威县人大常委会工作，任人大常委会办公室主任；1984年6月至1986年6月在云南省民族学院中文大专班学习；1987年3月任人大常委会副主任；1997年5月任人大常委会主任。2006年7月退休。2007年8月至2010年12月在宣威市革命老区建设促进会任会长。2010年11月28日，李龙苍被中国老区建设促进会表彰为“全国优秀老区工作者”。

（撰稿　张庆培）

**段国郎**　男，汉族，大专学历，中共党员，1963年2月生，1983年11月参加工作，现任中共宣威市纪委副书记。2010年12月，被中共云南省纪委表彰为“信访举报工作先进个人”。

段国郎自1989年从事纪检监察工作以来，不断刻苦钻研业务，提高办案技能，成为宣威市“惩治腐败的先锋，挽救干部的能手”。在他的带领下，2009年，共接受群众来信来访、电话举报146件（次），初核线索52条，立案36件，结案36件，处分人员36人。其中科级干部8人，一般干部21人，其他人员7人，挽回经济损失180余万元。同时，积极打击诬告陷害行为，为16名受到失实举报的党员干部澄清了事实。办案中，他坚持原则、一身正气，不怕得罪人，不怕被威胁，严肃执纪，秉公办案，使违纪人员心服口服。

十几年来，他干一行爱一行，工作中始终心系群众，维护群众利益，认真对待每一件信访案件，坚持一把尺子衡量，做到纪律面前人人平等。凡是群众反映的问题，都认真分析研究解决，做到反映人、当事人、群众和组织满意，经他调查处理的违纪人员达上百人，没有一个是因为处理不公而申诉的。由于工作业绩突出，曾多次受到曲靖、宣威两级市委政府的表彰和奖励。

（撰稿　丁亚琼）

**吕文坚**　男，汉族，1969年4月出生于宣威市虹桥街道，中共党员，大专文化，1989年7月参加工作，历任宣威市渔业管理站副站长、站长、支部书记等职，现任宣威市渔业管理站站长。

工作以来，在池塘无公害养殖技术、稻田养鱼技术等方面结合宣威实际，因地制宜研究出一整套适用技术方案。累计引进锦鲤、鲟鱼、胭脂鱼、武昌鱼、青鱼等16个名特优新品种，养殖533.33公顷；推广池塘精养高产技术733.33公顷，年增收350万元；推广青鱼专池饲养60公顷，收益360万元。在《中国渔业报》、《云南农业》等省部级刊物上发表《宣威野生鱼类资源丰富、采取多种保护措施》、《宣威渔业发展的现状、思路及对策》等学术论文。2000年在农函大水产养殖技术教学工作中，成绩显著，被云南省农村致富技术函授大学授予优秀教师称号；2004年参与实施完成的“推广稻田养鱼0.67万公顷、实现产值3 490万元”项目，荣获省农业厅农业技术推广二等奖。2010年12月，被农业部授予全国农牧业渔业丰收奖农业技术推广贡献奖。

（撰稿　余仕飞）

**宁德才**　男，汉族，1965年7月出生于宣威落水，中共党员，现任宣威市人口和计划生育局支部书记、局长。

宁德才2008年1月到宣威市人口和计划生育局工作以来，团结带领计生局全体干部职工积极推动全市计划生育协会工作，使全市计划生育工作取得显著成绩。

2008年5月流动人口信息化建设工作受到国家人口计生委表彰；2009年1月宣威市计生局获“全国流动人口计划生育工作先进集体”称号；2009年组织领导创建省级优质服务县工作并达标；2010年以计划生育优质服务“春风行动”为载体，在全市26个民族村大力开展优质服务活动，用服务推动管理，宣传服务工作上了新台阶；扎实抓好“少生快富”工程，带领群众少生快富。在资金十分紧张的情况下，多方奔走呼吁，积极争取扶持资金，设立“少生快富”工程专项资金，全市2万多户独生子女办证户有8700户得到了不同程度的扶持；2009年启动计划生育家庭意外伤害保险工作，当年收缴保险金7.8万元；2010年协调有关部门，争取市委政府支持，扎实推动计划生育家庭意外伤害保险工作，收缴保险金90多万元，共理赔10例，理赔金额5万余元。

2010年12月，宁德才被中国计划生育协会表彰为全国计划生育协会先进个人。

（撰稿　陈友旭）

**张学韬**　男，汉族，1965年4月出生，宣威市田坝人，宣威市计划生育服务站站长。

张学韬自1988年从事计划生育工作后，亲自主刀为2万多育龄群众实施输卵（精）管结扎术，未出任何安全事故，在优生促进工作中身先士卒，带领本站医务工作人员下到基层、进村入户为广大育龄群众检查身体，抽取血样。他自觉把提高自身素质当成一项政治任务切实抓紧抓好，善于学习并将所学理论与工作实践相结合，创新思维，切实提高理论素养、政治业务素质和驾驭工作、解决现实问题的能力。任宣威市计划生育服务站站长后，带领全站职工努力争创一流工作水平，为全市计划生育技术服务工作作出积极贡献。在日常工作中，树立严格的组织观念，带头遵守组织纪律和本单位制定的各项规章制度，团结同志，虚心听取不同意见，提高自身修养，廉洁自律。多次被上级有关部门评为先进个人。2010年12月，被国家人口计生委表彰为全国计划生育科技大练兵先进个人。

（撰稿　陈友旭）

# 先进个人名录

| 姓　名 | 工作单位 | 授奖单位 | 奖励名称 | 授奖时间(月) |
|---|---|---|---|---|
| 李学友 | 宣威市务德镇交通管理站 | 曲靖市人民政府 | 交通工作先进个人 | 2 |
| 段国郎 | 宣威市纪委 | 曲靖市纪委 | 全市纪检监察机关查办案件先进个人 | 2 |
| 李万科 | 宣威市纪委 | 曲靖市纪委 | 全市纪检监察机关查办案件先进个人 | 2 |
| 朱勋献 | 宣威市人大 | 曲靖市人大 | 宣传人大制度与人大工作“优秀通讯员” | 2 |
| 晏廷鹏 | 宣威市人民法院 | 曲靖市中级人民法院 | 记个人三等功一次 | 3 |
| 朱　泽 | 宣威市人民法院 | 曲靖市集中清理执行积案活动领导小组 | 先进个人 | 3 |
| 杨　斌 | 宣威市人民法院 | 曲靖市集中清理执行积案活动领导小组 | 先进个人 | 3 |
| 晏祥斌 | 宣威市人民法院 | 曲靖市集中清理执行积案活动领导小组 | 先进个人 | 3 |
| 孙亚东 | 宣威市人民法院 | 曲靖市集中清理执行积案活动领导小组 | 先进个人 | 3 |
| 缪孔章 | 中共宣威市委办公室 | 曲靖市委、市政府 | 曲靖市第三批新农村建设工作队优秀指导员 | 3 |
| 龙明俊 | 宣威市移民开发局 | 曲靖市委、市政府 | 曲靖市第三批新农村建设优秀指导员 | 3 |
| 杜亚霖 | 宣威市供电有限责任公司 | 云南电网公司 | 增供扩销先进个人 | 3 |
| 余绍银 | 宣威市工商局 | 云南省总工会 | 和谐家庭 | 3 |
| 宁国昌 | 宣威市宇恒水泥厂 | 曲靖市委、市政府 | 捐资支持新农村建设先进个人 | 3 |
| 蒋宗江 | 宣威市龙场镇阿直村委会 | 曲靖市委、市政府 | 捐资支持新农村建设先进个人 | 3 |
| 杨泉林 | 宣威市龙场镇祥云石料厂 | 曲靖市委、市政府 | 捐资支持新农村建设先进个人 | 3 |
| 母其云 | 宣威市龙场镇宏来煤矿 | 曲靖市委、市政府 | 捐资支持新农村建设先进个人 | 3 |
| 叶远党 | 宣威市龙场镇沙松田煤矿 | 曲靖市委、市政府 | 捐资支持新农村建设先进个人 | 3 |
| 徐安朋 | 宣威市龙场镇联峰村委会 | 曲靖市委、市政府 | 捐资支持新农村建设先进个人 | 3 |
| 晏祥雄 | 宣威市龙场镇煤炭山煤矿 | 曲靖市委、市政府 | 捐资支持新农村建设先进个人 | 3 |
| 牛元周 | 宣威市龙场镇光雄煤矿 | 曲靖市委、市政府 | 捐资支持新农村建设先进个人 | 3 |
| 张天尤 | 宣威市龙场镇煤炭冲煤矿 | 曲靖市委、市政府 | 捐资支持新农村建设先进个人 | 3 |
| 罗登项 | 宣威市龙场镇阿直煤矿 | 曲靖市委、市政府 | 捐资支持新农村建设先进个人 | 3 |
| 徐安映 | 宣威市龙场镇得所煤矿 | 曲靖市委、市政府 | 捐资支持新农村建设先进个人 | 3 |
| 朱家方 | 宣威市龙场镇得所村委会 | 曲靖市委、市政府 | 捐资支持新农村建设先进个人 | 3 |
| 黄庭佐 | 宣威市龙场镇旧营村委会 | 曲靖市委、市政府 | 捐资支持新农村建设先进个人 | 3 |
| 孙德飞 | 宣威市龙场镇兴龙砂石料厂 | 曲靖市委、市政府 | 捐资支持新农村建设先进个人 | 3 |
| 朱兴传 | 宣威市龙场镇旧营村委会 | 曲靖市委、市政府 | 捐资支持新农村建设先进个人 | 3 |
| 朱恩健 | 宣威市龙场镇龙泉石料厂 | 曲靖市委、市政府 | 捐资支持新农村建设先进个人 | 3 |
| 林则轩 | 宣威市龙场镇龙口石料厂 | 曲靖市委、市政府 | 捐资支持新农村建设先进个人 | 3 |
| 申忠林 | 中共宣威市委 | 曲靖市委、市政府 | “千村扶贫、百村整体推进”先进个人 | 3 |
| 李启信 | 宣威市人民政府 | 曲靖市委、市政府 | “千村扶贫、百村整体推进”先进个人 | 3 |
| 吴封益 | 宣威市委农工办 | 曲靖市委、市政府 | “千村扶贫、百村整体推进”先进个人 | 3 |
| 舒仕奉 | 宣威市扶贫办 | 曲靖市委、市政府 | “千村扶贫、百村整体推进”先进个人 | 3 |
| 马留卫 | 宣威市西泽乡人民政府 | 曲靖市委、市政府 | “千村扶贫、百村整体推进”先进个人 | 3 |
| 浦仕新 | 宣威市来宾镇人民政府 | 曲靖市委、市政府 | “千村扶贫、百村整体推进”先进个人 | 3 |
| 侯　晓 | 宣威市龙场镇人民政府 | 曲靖市委、市政府 | “千村扶贫、百村整体推进”先进个人 | 3 |

续表

| 姓　名 | 工作单位 | 授奖单位 | 奖励名称 | 授奖时间(月) |
|---|---|---|---|---|
| 付汝君 | 宣威市乐丰乡人民政府 | 曲靖市委、市政府 | “千村扶贫、百村整体推进”先进个人 | 3 |
| 邱　娅 | 宣威市务德镇人民政府 | 曲靖市委、市政府 | “千村扶贫、百村整体推进”先进个人 | 3 |
| 孙忠阳 | 宣威市文兴乡人民政府 | 曲靖市委、市政府 | “千村扶贫、百村整体推进”先进个人 | 3 |
| 宁伯波 | 宣威市龙潭镇人民政府 | 曲靖市委、市政府 | “千村扶贫、百村整体推进”先进个人 | 3 |
| 王尔信 | 宣威市得禄乡人民政府 | 曲靖市委、市政府 | “千村扶贫、百村整体推进”先进个人 | 3 |
| 王会荣 | 宣威市扶贫办 | 曲靖市委、市政府 | “千村扶贫、百村整体推进”先进个人 | 3 |
| 沈立党 | 宣威市扶贫办 | 曲靖市委、市政府 | “千村扶贫、百村整体推进”先进个人 | 3 |
| 孙大鹏 | 宣威市扶贫办 | 曲靖市委、市政府 | “千村扶贫、百村整体推进”先进个人 | 3 |
| 刘　婕 | 宣威市扶贫办 | 曲靖市委、市政府 | “千村扶贫、百村整体推进”先进个人 | 3 |
| 邱学俊 | 宣威市扶贫办 | 曲靖市委、市政府 | “千村扶贫、百村整体推进”先进个人 | 3 |
| 韩　瑞 | 宣威市扶贫办 | 曲靖市委、市政府 | “千村扶贫、百村整体推进”先进个人 | 3 |
| 钱灿樟 | 宣威市财政局 | 曲靖市委、市政府 | “千村扶贫、百村整体推进”先进个人 | 3 |
| 杨光伟 | 宣威市龙场镇人民政府 | 曲靖市委、市政府 | “千村扶贫、百村整体推进”先进个人 | 3 |
| 李俊才 | 宣威市杨柳乡人民政府 | 曲靖市委、市政府 | “千村扶贫、百村整体推进”先进个人 | 3 |
| 陈兴俊 | 宣威市得禄乡人民政府 | 曲靖市委、市政府 | “千村扶贫、百村整体推进”先进个人 | 3 |
| 袁明涛 | 宣威市来宾镇人民政府 | 曲靖市委、市政府 | “千村扶贫、百村整体推进”先进个人 | 3 |
| 何超伟 | 宣威市宝山镇乐红村委会 | 曲靖市委、市政府 | “千村扶贫、百村整体推进”先进个人 | 3 |
| 秦本伦 | 宣威市倘塘镇东冲村委会 | 曲靖市委、市政府 | “千村扶贫、百村整体推进”先进个人 | 3 |
| 沈元祥 | 宣威市西泽乡建设村委会 | 曲靖市委、市政府 | “千村扶贫、百村整体推进”先进个人 | 3 |
| 张正国 | 宣威市双河乡白所村委会 | 曲靖市委、市政府 | “千村扶贫、百村整体推进”先进个人 | 3 |
| 杨德显 | 宣威市普立乡迤兴村委会 | 曲靖市委、市政府 | “千村扶贫、百村整体推进”先进个人 | 3 |
| 马兴赞 | 宣威市人民政府办公室 | 曲靖市委、市政府 | “千村扶贫、百村整体推进”优秀挂职扶贫干部 | 3 |
| 沈立德 | 宣威市教育局 | 曲靖市委、市政府 | “千村扶贫、百村整体推进”优秀挂职扶贫干部 | 3 |
| 包继朝 | 宣威市煤炭局 | 曲靖市委、市政府 | “千村扶贫、百村整体推进”优秀挂职扶贫干部 | 3 |
| 沈宗文 | 宣威市水务局 | 曲靖市委、市政府 | “千村扶贫、百村整体推进”优秀挂职扶贫干部 | 3 |
| 董选忠 | 宣威市国土资源局 | 曲靖市委、市政府 | “千村扶贫、百村整体推进”优秀挂职扶贫干部 | 3 |
| 孙德彦 | 宣威市水务局 | 曲靖市委、市政府 | “千村扶贫、百村整体推进”优秀挂职扶贫干部 | 3 |
| 李培光 | 宣威市建设局 | 曲靖市委、市政府 | “千村扶贫、百村整体推进”优秀挂职扶贫干部 | 3 |
| 徐兴卫 | 宣威市利用外资办公室 | 曲靖市委、市政府 | “千村扶贫、百村整体推进”优秀挂职扶贫干部 | 3 |
| 李德苍 | 宣威市人防办 | 曲靖市委、市政府 | “千村扶贫、百村整体推进”优秀挂职扶贫干部 | 3 |
| 窦文萍 | 宣威市文化局 | 曲靖市委、市政府 | “千村扶贫、百村整体推进”优秀挂职扶贫干部 | 3 |
| 张尤法 | 宣威市人大 | 曲靖市委、市政府 | “千村扶贫、百村整体推进”优秀挂职扶贫干部 | 3 |
| 陈永兴 | 建行宣威市支行 | 曲靖市委、市政府 | “千村扶贫、百村整体推进”优秀挂职扶贫干部 | 3 |
| 李宏忠 | 宣威市供电有限责任公司 | 云南电网公司<br>云南省劳动和社会保障厅 | 云南省配电线路运行检修工技术能手 | 4 |
| 孙素菊 | 宣威市第一人民医院 | 云南省卫生厅 | 护士工作三十年优秀管理者 | 4 |
| 何菊佐 | 宣威市中医院 | 云南省卫生厅 | 护士工作三十年优秀护士 | 4 |
| 周广多 | 宣威市档案局 | 曲靖市人民政府办公室 | 档案工作先进个人 | 4 |
| 严国忠 | 宣威市档案局 | 曲靖市人民政府办公室 | 档案工作先进个人 | 4 |
| 王廷林 | 宣威市档案局 | 曲靖市人民政府办公室 | 档案工作先进个人 | 4 |
| 马　蓉 | 宣威市民政局 | 曲靖市委、市政府 | 曲靖市村“两委”换届选举工作先进个人 | 5 |

续表

| 姓　名 | 工作单位 | 授奖单位 | 奖励名称 | 授奖时间(月) |
|---|---|---|---|---|
| 吴仕康 | 宣威一职校 | 中共曲靖市委 | 优秀共青团工作者 | 5 |
| 李家佐 | 宣威市文物管理所 | 云南省文化厅、云南省文物局 | 云南省第三次全国文物普查实地文物调查阶段突出贡献先进个人 | 5 |
| 彭庆荣 | 宣威市文物管理所 | 云南省文化厅、云南省文物局 | 云南省第三次全国文物普查实地文物调查阶段突出贡献先进个人 | 5 |
| 陆继强 | 宣威市公安局 | 曲靖市人民政府 | 二〇一〇年曲靖市村“两委”换届选举工作先进个人 | 5 |
| 徐应同 | 宣威市总工会 | 中共曲靖市委 | 曲靖市优秀工会工作者 | 5 |
| 程国贞 | 宣威市妇联 | 中共曲靖市委 | 曲靖市优秀工青妇工作者 | 5 |
| 申忠林 | 中共宣威市委 | 曲靖市委、市政府 | 曲靖市关心支持工青妇工作的优秀党政领导 | 5 |
| 吕云惠 | 宣威市土肥工作站 | 云南省农业厅 | “测土配方施肥技术402万亩，增效3.2亿元”科技推广一等奖 | 6 |
| 胡昌志 | 宣威市经济作物技术推广站 | 云南省农业厅 | “标准化繁育复壮百合种球1000亩，增效1400余万元”科技推广二等奖 | 6 |
| 管少林 | 宣威市经济作物技术推广站 | 云南省农业厅 | “标准化繁育复壮百合种球1000亩，增效1400余万元”科技推广二等奖 | 6 |
| 孙应康 | 宣威市经济作物技术推广站 | 云南省农业厅 | “标准化繁育复壮百合种球1000亩，增效1400余万元”科技推广二等奖 | 6 |
| 殷　辉 | 宣威市经济作物技术推广站 | 云南省农业厅 | “标准化繁育复壮百合种球1000亩，增效1400余万元”科技推广二等奖 | 6 |
| 郑刚宁 | 宣威市经济作物技术推广站 | 云南省农业厅 | “标准化繁育复壮百合种球1000亩，增效1400余万元”科技推广二等奖 | 6 |
| 龚兆国 | 宣威市经济作物技术推广站 | 云南省农业厅 | “标准化繁育复壮百合种球1000亩，增效1400余万元”科技推广二等奖 | 6 |
| 朱彩华 | 宣威市经济作物技术推广站 | 云南省农业厅 | “标准化繁育复壮百合种球1000亩，增效1400余万元”科技推广二等奖 | 6 |
| 吕睿仙 | 宣威市经济作物技术推广站 | 云南省农业厅 | “标准化繁育复壮百合种球1000亩，增效1400余万元”科技推广二等奖 | 6 |
| 张学云 | 宣威市经济作物技术推广站 | 云南省农业厅 | “标准化繁育复壮百合种球1000亩，增效1400余万元”科技推广二等奖 | 6 |
| 刘吉林 | 宣威市经济作物技术推广站 | 云南省农业厅 | “标准化繁育复壮百合种球1000亩，增效1400余万元”科技推广二等奖 | 6 |
| 朱贞顺 | 宣威市经济作物技术推广站 | 云南省农业厅 | “标准化繁育复壮百合种球1000亩，增效1400余万元”科技推广二等奖 | 6 |
| 张粉花 | 宣威市经济作物技术推广站 | 云南省农业厅 | “标准化繁育复壮百合种球1000亩，增效1400余万元”科技推广二等奖 | 6 |
| 袁明凤 | 宣威市经济作物技术推广站 | 云南省农业厅 | “标准化繁育复壮百合种球1000亩，增效1400余万元”科技推广二等奖 | 6 |
| 耿著云 | 宣威市经济作物技术推广站 | 云南省农业厅 | “标准化繁育复壮百合种球1000亩，增效1400余万元”科技推广二等奖 | 6 |
| 方琼菊 | 宣威市经济作物技术推广站 | 云南省农业厅 | “标准化繁育复壮百合种球1000亩，增效1400余万元”科技推广二等奖 | 6 |
| 李德昌 | 宣威市经济作物技术推广站 | 云南省农业厅 | “标准化繁育复壮百合种球1000亩，增效1400余万元”科技推广二等奖 | 6 |
| 沈　飞 | 宣威市经济作物技术推广站 | 云南省农业厅 | “标准化繁育复壮百合种球1000亩，增效1400余万元”科技推广二等奖 | 6 |
| 黄粉香 | 宣威市经济作物技术推广站 | 云南省农业厅 | “标准化繁育复壮百合种球1000亩，增效1400余万元”科技推广二等奖 | 6 |
| 秦仲虎 | 宣威市经济作物技术推广站 | 云南省农业厅 | “标准化繁育复壮百合种球1000亩，增效1400余万元”科技推广二等奖 | 6 |

续表

| 姓 名 | 工作单位 | 授奖单位 | 奖励名称 | 授奖时间(月) |
|---|---|---|---|---|
| 赵永华 | 宣威市经济作物技术推广站 | 云南省农业厅 | “标准化繁育复壮百合种球1000亩，增效1400余万元”科技推广二等奖 | 6 |
| 范美刚 | 宣威火腿产业办公室 | 云南省农业厅 | 云南省农业技术推广奖 | 6 |
| 邵廷吉 | 宣威火腿产业办公室 | 云南省农业厅 | 云南省农业技术推广奖 | 6 |
| 刘 瑜 | 宣威火腿产业办公室 | 云南省农业厅 | 云南省农业技术推广奖 | 6 |
| 邱臣云 | 宣威火腿产业办公室 | 云南省农业厅 | 云南省农业技术推广奖 | 6 |
| 宋德燕 | 宣威市气象局 | 云南省气象局 | 云南省气象部门抗旱救灾先进个人 | 7 |
| 吕素兰 | 宣威市气象局 | 云南省气象局 | 质量优秀测报员 | 7 |
| 杨文丽 | 宣威市国家税务局 | 云南省国家税务局 | 优秀共产党员 | 7 |
| 魏成飞 | 宣威市国家税务局 | 云南省国家税务局 | 优秀共产党员 | 7 |
| 申忠林 | 宣威市委 | 云南省委、省政府 | 云南省集体林权制度主体改革先进个人 | 7 |
| 田志德 | 宣威市林业局 | 云南省委、省政府 | 云南省集体林权制度主体改革先进个人 | 7 |
| 符世标 | 宣威市普立乡林业站 | 云南省委、省政府 | 云南省集体林权制度主体改革先进个人 | 7 |
| 魏 辉 | 宣威市板桥镇党委 | 曲靖市委、市政府 | 曲靖市村级换届选举工作先进个人 | 7 |
| 魏 辉 | 宣威市板桥镇党委 | 曲靖市委、市政府 | 曲靖市抗旱救灾工作先进个人 | 7 |
| 何兴剑 | 宣威市热水镇党委 | 中共曲靖市委 | 抗旱工作先进个人 | 7 |
| 杨承普 | 宣威市热水镇营沟村委会 | 中共云南省委 | 云南省“共产党员抗旱先锋行动”优秀共产党员 | 7 |
| 刘顺平 | 宣威市龙潭镇新河村 | 中共云南省委 | 云南省“共产党员抗旱先锋行动”优秀共产党员 | 7 |
| 申忠林 | 中共宣威市委 | 云南省委、省政府 | 云南省集体林权制度主体改革先进个人 | 7 |
| 张正国 | 宣威市双河乡白所村委会 | 中共云南省委 | 云南省“共产党员抗旱先锋行动”优秀共产党员 | 7 |
| 朱娥娟 | 宣威市格宜镇人大办公室 | 曲靖市委、市政府 | 2010年村“两委”换届选举先进个人 | 8 |
| 夏新建 | 中共宣威市委 | 曲靖市委、市政府 | 曲靖市抗旱救灾工作先进个人 | 8 |
| 马庆健 | 宣威市人民政府办公室 | 曲靖市委、市政府 | 抗旱救灾工作先进个人 | 8 |
| 杨宏灿 | 宣威市工商局 | 云南省工商局 | 红盾护农先进个人 | 8 |
| 余宗寿 | 宣威市畜牧局 | 中国农村致富大学 | 中国农函大优秀教师 | 8 |
| 张玉荣 | 宣威市农业环境保护监测站 | 云南省农业厅 | 云南省农村沼气国债项目建设先进个人 | 8 |
| 杨文丽 | 宣威市国家税务局 | 曲靖市委、市政府 | 优秀税务工作者 | 8 |
| 邓金红 | 宣威市国家税务局 | 曲靖市委、市政府 | 优秀税务工作者 | 8 |
| 符泽俊 | 宣威市国家税务局 | 曲靖市委、市政府 | 优秀税务工作者 | 8 |
| 朱家彬 | 宣威市国家税务局 | 曲靖市委、市政府 | 优秀税务工作者 | 8 |
| 丁恒荣 | 宣威市国家税务局 | 曲靖市委、市政府 | 优秀税务工作者 | 8 |
| 魏承慧 | 宣威市国家税务局 | 曲靖市委、市政府 | 优秀税务工作者 | 8 |
| 刘朝明 | 宣威市国家税务局 | 曲靖市委、市政府 | 优秀税务工作者 | 8 |
| 胡永兴 | 宣威市国家税务局 | 曲靖市委、市政府 | 优秀税务工作者 | 8 |
| 徐光福 | 宣威市国家税务局 | 曲靖市委、市政府 | 优秀税务工作者 | 8 |
| 沈聪芝 | 宣威市国家税务局 | 曲靖市委、市政府 | 优秀税务工作者 | 8 |
| 符佑玺 | 宣威市五中 | 云南省教育厅 | 云南省中小学名校长 | 9 |
| 徐安炳 | 宣威市农业局 | 云南省农业厅 | 农业农村信息工作先进个人 | 9 |
| 包广东 | 宣威市农业局 | 云南省农业厅 | 农业农村信息工作先进个人 | 9 |
| 夏体耀 | 宣威市农业局 | 云南省农业厅 | 农业农村信息工作先进个人 | 9 |

续表

| 姓　名 | 工作单位 | 授奖单位 | 奖励名称 | 授奖时间(月) |
|---|---|---|---|---|
| 徐发友 | 宣威市农业局 | 云南省农业厅 | 农业农村信息工作先进个人 | 9 |
| 陈家龙 | 宣威市农广校 | 云南省农业厅 | 农业农村信息工作先进个人 | 9 |
| 余仕飞 | 宣威市渔业管理站 | 云南省农业厅 | 农业农村信息工作先进个人 | 9 |
| 余惠萍 | 宣威市农村经济经营管理站 | 云南省农业厅 | 农业农村信息工作先进个人 | 9 |
| 何永健 | 宣威市农技推广中心 | 云南省农业厅 | 农业农村信息工作先进个人 | 9 |
| 张　波 | 宣威市广播电视局 | 曲靖市委宣传部 | 抗旱救灾宣传工作先进个人 | 10 |
| 杨万军 | 宣威市疾控中心 | 云南省卫生厅 | 全省扩大国家免疫规划工作先进个人 | 10 |
| 周均泽 | 宣威市疾控中心 | 云南省卫生厅 | 全省扩大国家免疫规划工作先进个人 | 10 |
| 何尔逵 | 宣威市疾控中心 | 云南省卫生厅 | 全省扩大国家免疫规划工作先进个人 | 10 |
| 王会菊 | 宣威市疾控中心 | 云南省卫生厅 | 全省扩大国家免疫规划工作先进个人 | 10 |
| 高光瑞 | 宣威市交通局 | 云南省交通运输厅 | 收费先进个人 | 10 |
| 秦　韩 | 宣威市板桥镇党委 | 曲靖市人民政府 | 曲靖市第二次全国经济普查工作先进个人 | 10 |
| 杨万军 | 宣威市疾控中心 | 云南省卫生厅 | 全省结核病防治工作先进个人 | 11 |
| 廖泽胜 | 宣威市疾控中心 | 云南省卫生厅 | 全省结核病防治工作先进个人 | 11 |
| 孙　谦 | 宣威市农业环境保护监测站 | 云南省环保厅 | 第一次农业污染源普查先进个人 | 11 |
| 张远惠 | 宣威市政法委 | 曲靖市委、市政府 | 曲靖市集体林权制度主体改革先进个人 | 11 |
| 杨俊峰 | 宣威市政府办 | 曲靖市委、市政府 | 曲靖市集体林权制度主体改革先进个人 | 11 |
| 包崇虎 | 宣威市档案局 | 曲靖市委、市政府 | 曲靖市集体林权制度主体改革先进个人 | 11 |
| 舒承勇 | 宣威市林业局 | 曲靖市委、市政府 | 曲靖市集体林权制度主体改革先进个人 | 11 |
| 浦绍磊 | 宣威市林业局 | 曲靖市委、市政府 | 曲靖市集体林权制度主体改革先进个人 | 11 |
| 朱恩俊 | 宣威市倘塘镇党委 | 曲靖市委、市政府 | 曲靖市集体林权制度主体改革先进个人 | 11 |
| 高　丹 | 宣威市林业局 | 曲靖市委、市政府 | 曲靖市集体林权制度主体改革先进个人 | 11 |
| 张金铃 | 宣威市林业局 | 曲靖市委、市政府 | 曲靖市集体林权制度主体改革先进个人 | 11 |
| 何天锐 | 宣威市西泽乡林业站 | 曲靖市委、市政府 | 曲靖市集体林权制度主体改革先进个人 | 11 |
| 周丽琼 | 宣威市林业局 | 曲靖市委、市政府 | 曲靖市集体林权制度主体改革先进个人 | 11 |
| 钱　峰 | 宣威市林业局 | 曲靖市委、市政府 | 曲靖市集体林权制度主体改革先进个人 | 11 |
| 戴普灿 | 宣威市林业局 | 曲靖市委、市政府 | 曲靖市集体林权制度主体改革先进个人 | 11 |
| 夏丽华 | 宣威市务德镇党委 | 曲靖市委、市政府 | 曲靖市集体林权制度主体改革先进个人 | 11 |
| 张应超 | 宣威市羊场镇林业站 | 曲靖市委、市政府 | 曲靖市集体林权制度主体改革先进个人 | 11 |
| 李　飞 | 宣威市西宁街道林业站 | 曲靖市委、市政府 | 曲靖市集体林权制度主体改革先进个人 | 11 |
| 何若飞 | 宣威市倘塘镇林业站 | 曲靖市委、市政府 | 曲靖市集体林权制度主体改革先进个人 | 11 |
| 朱吉宏 | 宣威市来宾镇林业站 | 曲靖市委、市政府 | 曲靖市集体林权制度主体改革先进个人 | 11 |
| 沈立孝 | 宣威市文兴乡林业站 | 曲靖市委、市政府 | 曲靖市集体林权制度主体改革先进个人 | 11 |
| 李志伟 | 宣威市落水镇林业站 | 曲靖市委、市政府 | 曲靖市集体林权制度主体改革先进个人 | 11 |
| 高　斌 | 宣威市格宜镇林业站 | 曲靖市委、市政府 | 曲靖市集体林权制度主体改革先进个人 | 11 |
| 张　彪 | 宣威市东山镇林业站 | 曲靖市委、市政府 | 曲靖市集体林权制度主体改革先进个人 | 11 |
| 蒋绍华 | 宣威市田坝镇党委 | 曲靖市委、市政府 | 曲靖市集体林权制度主体改革先进个人 | 11 |
| 李启信 | 宣威市人民政府 | 曲靖市人民政府 | 2006~2010年度曲靖市森林防火工作先进个人 | 11 |
| 沈立德 | 宣威市教育局 | 曲靖市人民政府 | 2006~2010年度曲靖市森林防火工作先进个人 | 11 |
| 朱俊祯 | 宣威市林业局 | 曲靖市人民政府 | 2006~2010年度曲靖市森林防火工作先进个人 | 11 |

续表

| 姓 名 | 工作单位 | 授奖单位 | 奖励名称 | 授奖时间(月) |
|---|---|---|---|---|
| 杨艳波 | 宣威市林业局 | 曲靖市人民政府 | 2006~2010年度曲靖市森林防火工作先进个人 | 11 |
| 杜粉白 | 宣威市林业局 | 曲靖市人民政府 | 2006~2010年度曲靖市森林防火工作先进个人 | 11 |
| 王陆巧 | 宣威市落水镇人民政府 | 曲靖市人民政府 | 2006~2010年度曲靖市森林防火工作先进个人 | 11 |
| 何天锐 | 宣威市西泽乡林业站 | 曲靖市人民政府 | 2006~2010年度曲靖市森林防火工作先进个人 | 11 |
| 蒋绍华 | 宣威市田坝镇党委 | 曲靖市委、市政府 | 曲靖市换届选举先进个人 | 11 |
| 魏 辉 | 宣威市板桥镇党委 | 曲靖市委、市政府 | 曲靖市防范和处理邪教工作先进个人 | 11 |
| 陈 勇 | 宣威市安监局 | 曲靖市人民政府 | 2010年度安全生产先进个人 | 12 |
| 杨苏琼 | 国家统计局宣威调查队 | 国家统计局云南调查总队 | 城住户大样本轮换调查工作先进个人 | 12 |
| 缪红玲 | 双龙街道统计站 | 国家统计局云南调查总队 | 城住户大样本轮换调查工作先进调查员 | 12 |
| 李应康 | 宣威市花灯剧团 | 曲靖市人民政府 | 音乐作品《大田栽秧》获曲靖市第二届文学艺术创作政府奖一等奖 | 12 |
| 周志强 | 宣威市花灯剧团 | 曲靖市人民政府 | 音乐作品《牵心的歌绳》获曲靖市第二届文学艺术创作政府奖二等奖 | 12 |
| 符 麟 | 宣威市花灯剧团 | 曲靖市人民政府 | 花灯剧《孟获出山》获曲靖市第二届文学艺术创作政府奖二等奖 | 12 |
| 金绍兵 | 宣威市花灯剧团 | 曲靖市人民政府 | 花灯剧《孟获出山》获曲靖市第二届文学艺术创作政府奖三等奖 | 12 |
| 蒋思锦 | 宣威市种子公司 | 曲靖市人民政府 | 曲靖市十大新闻人物 | 12 |
| 吕文坚 | 宣威市渔业管理站 | 中华人民共和国农业部 | 全国农牧渔业丰收奖农业技术推广贡献奖 | 12 |
| 钱国飞 | 宣威市渔业管理站 | 曲靖市人民政府 | 第一次农业污染源普查先进个人 | 12 |
| 王 斌 | 宣威市政法委 | 曲靖市政法委 | 曲靖市解决信访问题先进个人 | 12 |
| 张远惠 | 宣威市政法委 | 曲靖市政法委 | 曲靖市清理涉法涉诉信访积案先进个人 | 12 |
| 徐永帅 | 宣威市政法委 | 曲靖市政法委 | 曲靖市涉法涉诉联合接访工作先进个人 | 12 |
| 朱树雄 | 市委党史室、地方志办公室 | 曲靖市委、市政府 | 史志工作先进个人 | 12 |
| 陶广顺 | 市委党史室、地方志办公室 | 曲靖市委、市政府 | 史志工作先进个人 | 12 |
| 王 斌 | 市委党史室、地方志办公室 | 曲靖市委、市政府 | 史志工作先进个人 | 12 |
| 李继友 | 宣威市农机中心 | 云南省农业厅 | 全省农机工作优秀个人 | 12 |
| 吕朝德 | 宣威市人民法院 | 曲靖市中级人民法院 | 记个人三等功一次 | 12 |
| 包崇俭 | 宣威市人民法院 | 曲靖市中级人民法院 | 办案能手 | 12 |
| 余华芬 | 宣威市人民法院 | 曲靖市中级人民法院 | 办案能手 | 12 |
| 郭明利 | 宣威市人民法院 | 曲靖市中级人民法院 | 调解能手 | 12 |
| 徐祥彦 | 宣威市人民法院 | 曲靖市中级人民法院 | 调解能手 | 12 |
| 朱 泽 | 宣威市人民法院 | 曲靖市中级人民法院 | 调研能手 | 12 |
| 戴 映 | 宣威市人民法院 | 曲靖市中级人民法院 | 敬业标兵 | 12 |
| 王传甫 | 宣威市人民法院 | 曲靖市中级人民法院 | 敬业标兵 | 12 |
| 徐天富 | 宣威市人民法院 | 曲靖市中级人民法院 | 文明标兵 | 12 |
| 张世斌 | 宣威市人民法院 | 曲靖市中级人民法院 | 文明标兵 | 12 |
| 晏祥斌 | 宣威市人民法院 | 曲靖市中级人民法院 | 执行能手 | 12 |
| 孔令芬 | 宣威市人民法院 | 曲靖市妇女联合会 | 三八红旗手 | 12 |
| 李 玲 | 宣威市人民法院 | 曲靖市妇女联合会 | 三八红旗手 | 12 |
| 段国郎 | 宣威市纪委 | 云南省纪委 | 2009年全省信访举报工作先进个人 | 12 |
| 窦华平 | 中共宣威市委 | 曲靖市委、市政府 | 重视史志工作好领导 | 12 |

# 高级专业技术人员名录

| 姓 名 | 工作单位 | 技术职务名称 | 评定时间（月） |
|---|---|---|---|
| 李应康 | 宣威市花灯团 | 二级演员 | 6 |
| 崔同逵 | 宣威师范 | 高级讲师 | 6 |
| 邓道坤 | 宣威师范 | 高级讲师 | 6 |
| 耿琼仙 | 宣威师范 | 高级讲师 | 6 |
| 夏桂娥 | 宣威师范 | 高级讲师 | 6 |
| 田子远 | 曲靖宣威市阿都乡一中 | 中学高级教师 | 7 |
| 徐天云 | 曲靖宣威市阿都乡一中 | 中学高级教师 | 7 |
| 张天浩 | 曲靖宣威市阿都乡一中 | 中学高级教师 | 7 |
| 林明松 | 曲靖宣威市阿都乡一中 | 中学高级教师 | 7 |
| 徐梨果 | 曲靖宣威市阿都乡一中 | 中学高级教师 | 7 |
| 高菊彩 | 曲靖宣威市宝山镇二中 | 中学高级教师 | 7 |
| 陶汝斌 | 曲靖宣威市宝山镇二中 | 中学高级教师 | 7 |
| 余仕辉 | 曲靖宣威市宝山镇二中 | 中学高级教师 | 7 |
| 何陆祥 | 曲靖宣威市宝山镇一中 | 中学高级教师 | 7 |
| 王丽娟 | 曲靖宣威市长征中学 | 中学高级教师 | 7 |
| 邓俊成 | 曲靖宣威市长征中学 | 中学高级教师 | 7 |
| 陆大荣 | 曲靖宣威市得禄乡二中 | 中学高级教师 | 7 |
| 熊定云 | 曲靖宣威市得禄乡二中 | 中学高级教师 | 7 |
| 周琼芝 | 曲靖宣威市得禄乡二中 | 中学高级教师 | 7 |
| 熊朝明 | 曲靖宣威市得禄乡二中 | 中学高级教师 | 7 |
| 熊定好 | 曲靖宣威市得禄乡二中 | 中学高级教师 | 7 |
| 郭 杰 | 曲靖宣威市得禄乡二中 | 中学高级教师 | 7 |
| 缪应举 | 曲靖宣威市得禄乡一中 | 中学高级教师 | 7 |
| 朱树宽 | 曲靖宣威市得禄乡一中 | 中学高级教师 | 7 |
| 胡慧荣 | 曲靖宣威市第八中学 | 中学高级教师 | 7 |
| 白丽欢 | 曲靖宣威市第八中学 | 中学高级教师 | 7 |
| 朱贞聪 | 曲靖宣威市第八中学 | 中学高级教师 | 7 |
| 何世飞 | 曲靖宣威市第八中学 | 中学高级教师 | 7 |
| 陆继飞 | 曲靖宣威市第八中学 | 中学高级教师 | 7 |
| 秦庆富 | 曲靖宣威市第八中学 | 中学高级教师 | 7 |
| 王赛芬 | 曲靖宣威市第二中学 | 中学高级教师 | 7 |
| 李树花 | 曲靖宣威市第二中学 | 中学高级教师 | 7 |
| 徐永立 | 曲靖宣威市第二中学 | 中学高级教师 | 7 |
| 赵大军 | 曲靖宣威市第二中学 | 中学高级教师 | 7 |
| 孔令花 | 曲靖宣威市第六中学 | 中学高级教师 | 7 |
| 黄 拓 | 曲靖宣威市第六中学 | 中学高级教师 | 7 |
| 杨万坤 | 曲靖宣威市第六中学 | 中学高级教师 | 7 |
| 栾玉娥 | 曲靖宣威市第七中学 | 中学高级教师 | 7 |
| 孔琼波 | 曲靖宣威市第七中学 | 中学高级教师 | 7 |

续表

| 姓　名 | 工作单位 | 技术职务名称 | 评定时间（月） |
|---|---|---|---|
| 孙琼梅 | 曲靖宣威市第七中学 | 中学高级教师 | 7 |
| 张梅琼 | 曲靖宣威市第七中学 | 中学高级教师 | 7 |
| 吴仕燕 | 曲靖宣威市第七中学 | 中学高级教师 | 7 |
| 樊　高 | 曲靖宣威市第七中学 | 中学高级教师 | 7 |
| 夏群山 | 曲靖宣威市第七中学 | 中学高级教师 | 7 |
| 王贵权 | 曲靖宣威市第七中学 | 中学高级教师 | 7 |
| 邓　岳 | 曲靖宣威市第七中学 | 中学高级教师 | 7 |
| 邱秀芬 | 曲靖宣威市第三中学 | 中学高级教师 | 7 |
| 夏仁仓 | 曲靖宣威市第三中学 | 中学高级教师 | 7 |
| 赵庆跃 | 曲靖宣威市第三中学 | 中学高级教师 | 7 |
| 田金卫 | 曲靖宣威市第三中学 | 中学高级教师 | 7 |
| 黄初伟 | 曲靖宣威市第四中学 | 中学高级教师 | 7 |
| 符光贤 | 曲靖宣威市第五中学 | 中学高级教师 | 7 |
| 宁祥功 | 曲靖宣威市第五中学 | 中学高级教师 | 7 |
| 张天柱 | 曲靖宣威市第五中学 | 中学高级教师 | 7 |
| 龙润菊 | 曲靖宣威市第五中学 | 中学高级教师 | 7 |
| 彭　赟 | 曲靖宣威市第五中学 | 中学高级教师 | 7 |
| 樊　华 | 曲靖宣威市第五中学 | 中学高级教师 | 7 |
| 孔美华 | 曲靖宣威市第五中学 | 中学高级教师 | 7 |
| 范文蕾 | 曲靖宣威市第五中学 | 中学高级教师 | 7 |
| 浦绍华 | 曲靖宣威市第五中学 | 中学高级教师 | 7 |
| 浦绍基 | 曲靖宣威市第五中学 | 中学高级教师 | 7 |
| 徐学启 | 曲靖宣威市第五中学 | 中学高级教师 | 7 |
| 赵守敬 | 曲靖宣威市第五中学 | 中学高级教师 | 7 |
| 余慧仙 | 曲靖宣威市东山镇二中 | 中学高级教师 | 7 |
| 朱竹湘 | 曲靖宣威市东山镇二中 | 中学高级教师 | 7 |
| 邱菜娥 | 曲靖宣威市东山镇一中 | 中学高级教师 | 7 |
| 李慧华 | 曲靖宣威市东山镇一中 | 中学高级教师 | 7 |
| 刘　涛 | 曲靖宣威市格宜镇二中 | 中学高级教师 | 7 |
| 余彩琼 | 曲靖宣威市格宜镇一中 | 中学高级教师 | 7 |
| 晏祥军 | 曲靖宣威市海岱镇二中 | 中学高级教师 | 7 |
| 黄初党 | 曲靖宣威市海岱镇二中 | 中学高级教师 | 7 |
| 吴绍雄 | 曲靖宣威市海岱镇二中 | 中学高级教师 | 7 |
| 李　萍 | 曲靖宣威市海岱镇二中 | 中学高级教师 | 7 |
| 赵从江 | 曲靖宣威市海岱镇二中 | 中学高级教师 | 7 |
| 李启标 | 曲靖宣威市海岱镇一中 | 中学高级教师 | 7 |
| 沈立波 | 曲靖宣威市海岱镇一中 | 中学高级教师 | 7 |
| 赵映辉 | 曲靖宣威市虹桥中学 | 中学高级教师 | 7 |
| 吕俊英 | 曲靖宣威市虹桥中学 | 中学高级教师 | 7 |
| 宁　浩 | 曲靖宣威市虹桥中学 | 中学高级教师 | 7 |

续表

| 姓　名 | 工作单位 | 技术职务名称 | 评定时间（月） |
|---|---|---|---|
| 朱树逵 | 曲靖宣威市虹桥中学 | 中学高级教师 | 7 |
| 侯开琼 | 曲靖宣威市教科所 | 中学高级教师 | 7 |
| 刘丽芬 | 曲靖宣威市来宾镇二中 | 中学高级教师 | 7 |
| 官祥坤 | 曲靖宣威市来宾镇二中 | 中学高级教师 | 7 |
| 何家茂 | 曲靖宣威市来宾镇一中 | 中学高级教师 | 7 |
| 余国喜 | 曲靖宣威市来宾镇一中 | 中学高级教师 | 7 |
| 孔德芳 | 曲靖宣威市来宾镇一中 | 中学高级教师 | 7 |
| 朱家宣 | 曲靖宣威市乐丰乡二中 | 中学高级教师 | 7 |
| 时友坤 | 曲靖宣威市乐丰乡二中 | 中学高级教师 | 7 |
| 徐德章 | 曲靖宣威市乐丰乡二中 | 中学高级教师 | 7 |
| 朱勋刚 | 曲靖宣威市乐丰乡一中 | 中学高级教师 | 7 |
| 何树彪 | 曲靖宣威市乐丰乡一中 | 中学高级教师 | 7 |
| 杜光荣 | 曲靖宣威市乐丰乡一中 | 中学高级教师 | 7 |
| 吕庆兴 | 曲靖宣威市乐丰乡一中 | 中学高级教师 | 7 |
| 吴永松 | 曲靖宣威市龙场镇二中 | 中学高级教师 | 7 |
| 浦恩辉 | 曲靖宣威市龙场镇二中 | 中学高级教师 | 7 |
| 秦绍兴 | 曲靖宣威市龙场镇二中 | 中学高级教师 | 7 |
| 代兴会 | 曲靖宣威市龙场镇二中 | 中学高级教师 | 7 |
| 吕丽荣 | 曲靖宣威市龙场镇二中 | 中学高级教师 | 7 |
| 施梅华 | 曲靖宣威市龙潭二中 | 中学高级教师 | 7 |
| 范宗勤 | 曲靖宣威市龙潭二中 | 中学高级教师 | 7 |
| 朱祥宏 | 曲靖宣威市龙潭二中 | 中学高级教师 | 7 |
| 李兴武 | 曲靖宣威市龙潭二中 | 中学高级教师 | 7 |
| 金宪芮 | 曲靖宣威市龙潭二中 | 中学高级教师 | 7 |
| 朱坤琳 | 宣威市龙潭一中 | 中学高级教师 | 7 |
| 王兴能 | 宣威市龙潭一中 | 中学高级教师 | 7 |
| 杨汝贵 | 宣威市龙潭一中 | 中学高级教师 | 7 |
| 刘光迪 | 曲靖宣威市落水镇二中 | 中学高级教师 | 7 |
| 郭忠慧 | 曲靖宣威市落水镇一中 | 中学高级教师 | 7 |
| 赵树华 | 曲靖宣威市落水镇一中 | 中学高级教师 | 7 |
| 赵丽芬 | 曲靖宣威市落水镇一中 | 中学高级教师 | 7 |
| 赵永秋 | 曲靖宣威市落水镇一中 | 中学高级教师 | 7 |
| 李兴会 | 曲靖宣威市民族中学 | 中学高级教师 | 7 |
| 高　青 | 曲靖宣威市民族中学 | 中学高级教师 | 7 |
| 丁春吉 | 曲靖宣威市民族中学 | 中学高级教师 | 7 |
| 刘　琼 | 曲靖宣威市民族中学 | 中学高级教师 | 7 |
| 张慧娟 | 曲靖宣威市民族中学 | 中学高级教师 | 7 |
| 徐　东 | 曲靖宣威市民族中学 | 中学高级教师 | 7 |
| 杨兴怀 | 曲靖宣威市民族中学 | 中学高级教师 | 7 |
| 朱发启 | 曲靖宣威市民族中学 | 中学高级教师 | 7 |

续表

| 姓　名 | 工作单位 | 技术职务名称 | 评定时间（月） |
|---|---|---|---|
| 尹朝贵 | 曲靖宣威市民族中学 | 中学高级教师 | 7 |
| 徐安飞 | 曲靖宣威市民族中学 | 中学高级教师 | 7 |
| 袁明达 | 曲靖宣威市民族中学 | 中学高级教师 | 7 |
| 杨兴辉 | 曲靖宣威市普立乡一中 | 中学高级教师 | 7 |
| 陈首银 | 曲靖宣威市普立乡一中 | 中学高级教师 | 7 |
| 范　娥 | 曲靖宣威市普立乡一中 | 中学高级教师 | 7 |
| 顾绍明 | 曲靖宣威市普立乡一中 | 中学高级教师 | 7 |
| 吕翠华 | 曲靖宣威市热水镇三中 | 中学高级教师 | 7 |
| 桂师伟 | 曲靖宣威市热水镇一中 | 中学高级教师 | 7 |
| 龚德全 | 曲靖宣威市热水镇一中 | 中学高级教师 | 7 |
| 李加合 | 曲靖宣威市热水镇一中 | 中学高级教师 | 7 |
| 吴应普 | 曲靖宣威市热水镇一中 | 中学高级教师 | 7 |
| 黄美娥 | 曲靖宣威市热水镇一中 | 中学高级教师 | 7 |
| 包崇丽 | 曲靖宣威市榕城中学 | 中学高级教师 | 7 |
| 王　丽 | 曲靖宣威市榕城中学 | 中学高级教师 | 7 |
| 冯智祥 | 曲靖宣威市榕城中学 | 中学高级教师 | 7 |
| 李荣义 | 曲靖宣威市双河乡一中 | 中学高级教师 | 7 |
| 潘云平 | 曲靖宣威市双河乡一中 | 中学高级教师 | 7 |
| 李启辉 | 曲靖宣威市双河中心学校 | 中学高级教师 | 7 |
| 秦庆平 | 曲靖宣威市倘塘镇二中 | 中学高级教师 | 7 |
| 李锐和 | 曲靖宣威市倘塘镇二中 | 中学高级教师 | 7 |
| 张显琳 | 曲靖宣威市倘塘镇一中 | 中学高级教师 | 7 |
| 陆春梅 | 曲靖宣威市倘塘镇一中 | 中学高级教师 | 7 |
| 余仕彬 | 曲靖宣威市倘塘镇一中 | 中学高级教师 | 7 |
| 毕兴俊 | 曲靖宣威市倘塘中心学校 | 中学高级教师 | 7 |
| 陆家志 | 曲靖宣威市倘塘中心学校 | 中学高级教师 | 7 |
| 徐学毕 | 曲靖宣威市倘塘中心学校 | 中学高级教师 | 7 |
| 胡勤华 | 曲靖宣威市倘塘中心学校 | 中学高级教师 | 7 |
| 范彩兰 | 曲靖宣威市倘塘中心学校 | 中学高级教师 | 7 |
| 高广书 | 曲靖宣威市倘塘中心学校 | 中学高级教师 | 7 |
| 朱勋照 | 曲靖宣威市倘塘中心学校 | 中学高级教师 | 7 |
| 崔光贤 | 曲靖宣威市倘塘中心学校 | 中学高级教师 | 7 |
| 何良讯 | 曲靖宣威市倘塘中心学校 | 中学高级教师 | 7 |
| 龙林巧 | 曲靖宣威市体育中学 | 中学高级教师 | 7 |
| 包崇武 | 曲靖宣威市体育中学 | 中学高级教师 | 7 |
| 张德斌 | 曲靖宣威市体育中学 | 中学高级教师 | 7 |
| 王庆梅 | 曲靖宣威市田坝镇二中 | 中学高级教师 | 7 |
| 何家登 | 曲靖宣威市田坝镇二中 | 中学高级教师 | 7 |
| 符　韬 | 曲靖宣威市田坝镇二中 | 中学高级教师 | 7 |
| 包福荣 | 曲靖宣威市田坝镇三中 | 中学高级教师 | 7 |

续表

| 姓　名 | 工作单位 | 技术职务名称 | 评定时间（月） |
|---|---|---|---|
| 朱美荣 | 曲靖宣威市田坝镇三中 | 中学高级教师 | 7 |
| 张如波 | 曲靖宣威市田坝镇三中 | 中学高级教师 | 7 |
| 樊同平 | 曲靖宣威市田坝镇三中 | 中学高级教师 | 7 |
| 符仕护 | 曲靖宣威市田坝镇三中 | 中学高级教师 | 7 |
| 余绍伦 | 曲靖宣威市文兴乡二中 | 中学高级教师 | 7 |
| 何佳碧 | 曲靖宣威市文兴乡一中 | 中学高级教师 | 7 |
| 尹品宗 | 曲靖宣威市文兴乡一中 | 中学高级教师 | 7 |
| 王琼芬 | 曲靖宣威市文兴中心学校 | 中学高级教师 | 7 |
| 徐春梅 | 曲靖宣威市务德镇二中 | 中学高级教师 | 7 |
| 刘云学 | 曲靖宣威市务德镇二中 | 中学高级教师 | 7 |
| 钱应龙 | 曲靖宣威市务德镇二中 | 中学高级教师 | 7 |
| 王绍明 | 曲靖宣威市务德镇二中 | 中学高级教师 | 7 |
| 浦同宪 | 曲靖宣威市务德镇一中 | 中学高级教师 | 7 |
| 凡龙珍 | 曲靖宣威市务德镇一中 | 中学高级教师 | 7 |
| 杨光廷 | 曲靖宣威市务德镇一中 | 中学高级教师 | 7 |
| 蒋正平 | 曲靖宣威市务德镇一中 | 中学高级教师 | 7 |
| 王定文 | 曲靖宣威市西泽乡二中 | 中学高级教师 | 7 |
| 张怀慧 | 曲靖宣威市西泽乡二中 | 中学高级教师 | 7 |
| 王照稳 | 曲靖宣威市西泽乡二中 | 中学高级教师 | 7 |
| 戴映菊 | 曲靖宣威市西泽乡二中 | 中学高级教师 | 7 |
| 刘云志 | 曲靖宣威市西泽乡一中 | 中学高级教师 | 7 |
| 王　菲 | 曲靖宣威市西泽乡一中 | 中学高级教师 | 7 |
| 吴琼芬 | 曲靖宣威市西泽乡一中 | 中学高级教师 | 7 |
| 符庆斌 | 曲靖宣威市西泽中心学校 | 中学高级教师 | 7 |
| 张荣祥 | 曲靖宣威市西泽中心学校 | 中学高级教师 | 7 |
| 尹德智 | 曲靖宣威市羊场初级中学 | 中学高级教师 | 7 |
| 张泽珍 | 曲靖宣威市杨柳中心学校 | 中学高级教师 | 7 |
| 张兴江 | 曲靖宣威市杨柳中心学校 | 中学高级教师 | 7 |
| 顾绍松 | 曲靖宣威市杨柳中心学校 | 中学高级教师 | 7 |
| 郑　祥 | 曲靖宣威市一职校 | 中学高级教师 | 7 |
| 廖　菁 | 曲靖宣威市一职校 | 中学高级教师 | 7 |
| 秦秋梅 | 曲靖宣威市一职校 | 中学高级教师 | 7 |
| 李秀娥 | 曲靖宣威市一职校 | 中学高级教师 | 7 |
| 王文丽 | 曲靖宣威市一职校 | 中学高级教师 | 7 |
| 夏红梅 | 曲靖宣威市一职校 | 中学高级教师 | 7 |
| 朱菊珍 | 曲靖宣威市一职校 | 中学高级教师 | 7 |
| 范廷刚 | 曲靖宣威市一职校 | 中学高级教师 | 7 |
| 符宗德 | 曲靖宣威市一职校 | 中学高级教师 | 7 |
| 杨光平 | 曲靖宣威市一职校 | 中学高级教师 | 7 |
| 鲁次文 | 曲靖宣威市一职校 | 中学高级教师 | 7 |

续表

| 姓　名 | 工作单位 | 技术职务名称 | 评定时间（月） |
|---|---|---|---|
| 杨会仙 | 曲靖宣威市一职校 | 中学高级教师 | 7 |
| 刘泽宪 | 曲靖宣威市一职校 | 中学高级教师 | 7 |
| 曾加坤 | 曲靖宣威市一职校 | 中学高级教师 | 7 |
| 沈庆平 | 曲靖宣威市一职校 | 中学高级教师 | 7 |
| 范国廷 | 曲靖宣威市一职校 | 中学高级教师 | 7 |
| 包崇毅 | 曲靖宣威市一职校 | 中学高级教师 | 7 |
| 余仕表 | 曲靖宣威市一职校 | 中学高级教师 | 7 |
| 侯开后 | 曲靖宣威市一职校 | 中学高级教师 | 7 |
| 樊佳树 | 曲靖宣威市板桥镇三中 | 中学高级教师 | 7 |
| 吕桂芳 | 曲靖宣威市板桥镇三中 | 中学高级教师 | 7 |
| 周开菊 | 曲靖宣威市板桥镇三中 | 中学高级教师 | 7 |
| 余俊表 | 曲靖宣威市宝山镇二中 | 中学高级教师 | 7 |
| 王玉考 | 宣威市第二人民医院 | 主任医师 | 8 |
| 殷商民 | 宣威市水务局 | 高级工程师 | 8 |
| 王守稳 | 宣威市水务局 | 高级工程师 | 8 |
| 戴普席 | 宣威市第一人民医院 | 主任医师 | 8 |
| 周　泉 | 宣威市第一人民医院 | 主任医师 | 8 |
| 母群华 | 宣威市第一人民医院 | 副主任医师 | 8 |
| 单祖常 | 宣威市第一人民医院 | 副主任医师 | 8 |
| 吕玉梅 | 宣威市第一人民医院 | 副主任医师 | 8 |
| 黄和东 | 宣威市云峰医院 | 副主任医师 | 8 |
| 符剑玲 | 宣威市中医院 | 副主任医师 | 8 |
| 王慧玲 | 宣威市中医院 | 副主任医师 | 8 |
| 王定伦 | 宣威市中医院 | 副主任医师 | 8 |
| 陆家勇 | 宣威市中医院 | 副主任医师 | 8 |
| 徐美琼 | 宣威市第一人民医院 | 副主任护师 | 8 |
| 田美琼 | 宣威市第一人民医院 | 副主任护师 | 8 |
| 向爱琳 | 宣威市中医院 | 副主任护师 | 8 |
| 苏春华 | 宣威市中医院 | 副主任技师 | 8 |
| 薛武宪 | 宣威市第一人民医院 | 副主任技师 | 8 |
| 余仕良 | 云峰化学工业公司 | 化工工艺高级工程师 | 9 |
| 徐万德 | 羊场煤矿 | 高级工程师 | 9 |
| 杨万鹏 | 羊场煤矿 | 高级工程师 | 9 |
| 徐尤松 | 羊场煤矿 | 高级工程师 | 9 |
| 吕　峰 | 宣威市农村经济经营管理站 | 高级经济师 | 9 |
| 李祥能 | 宣威市农业环境保护监测站 | 高级农艺师 | 9 |
| 张玉荣 | 宣威市农业环境保护监测站 | 高级农艺师 | 9 |
| 邱　风 | 宣威市农业技术推广中心 | 高级农艺师 | 9 |
| 杨艳芬 | 宣威市农业技术推广中心 | 高级农艺师 | 9 |
| 郑刚宁 | 宣威市经济作物技术推广站 | 高级农艺师 | 9 |

续表

| 姓　名 | 工作单位 | 技术职务名称 | 评定时间（月） |
| --- | --- | --- | --- |
| 孙　红 | 宣威市建设局房地产管理所 | 高级经济师 | 9 |
| 薛桂琼 | 宣威市建设局房地产管理所 | 高级经济师 | 9 |
| 何美云 | 宣威市畜牧局 | 高级兽医师 | 10 |
| 赵泽华 | 宣威市畜牧局 | 高级兽医师 | 10 |
| 徐德昌 | 宣威市格宜镇畜牧兽医站 | 高级兽医师 | 10 |
| 陶兴坤 | 宣威市热水镇农技服务中心 | 高级农艺师 | 10 |
| 夏朝吉 | 宣威市委党校 | 高级讲师 | 10 |
| 孔维福 | 宣威市兽医防疫检疫工作站 | 农业推广研究员 | 12 |

## 宣威市2010年新增百岁老人统计表

| 姓　名 | 性别 | 出生年月 | 民族 | 家庭住址 |
| --- | --- | --- | --- | --- |
| 江洪昌 | 男 | 1910.09 | 汉 | 宛水街道新文社区 |
| 樊二双 | 女 | 1910.05 | 汉 | 板桥镇龙津1组 |
| 沈应山 | 男 | 1910.01 | 汉 | 田坝镇阿迤村委会4组 |
| 杨朝娣 | 女 | 1910.11 | 汉 | 田坝镇腊家村委会22组 |
| 黄树武 | 男 | 1909.09 | 汉 | 田坝镇田坝村委会15组 |
| 李俊东 | 男 | 1910.10 | 汉 | 龙场镇五里村委会李家村7组 |
| 高东兰 | 女 | 1910.11 | 彝 | 格宜镇翠华村14组 |
| 晏德勋 | 男 | 1910.12 | 汉 | 龙潭镇磨石村2组 |
| 宁二莲 | 女 | 1910.09 | 汉 | 落水镇多乐村 |
| 尹维兴 | 男 | 1910.02 | 汉 | 热水镇陡沟村3组 |
| 潘小兰 | 女 | 1910.03 | 汉 | 热水镇岱海村2组 |
| 徐粉菊 | 女 | 1910.09 | 汉 | 普立乡更底村 |

## 先进集体名录

| 单位名称 | 授奖单位 | 奖励名称 | 授奖时间(月) |
| --- | --- | --- | --- |
| 宣威市文物管理所 | 云南省人力资源和社会保障厅文化厅 | 云南省基层文化工作先进单位 | 1 |
| 宣威市人民法院倘塘法庭 | 最高人民法院　共青团中央 | 2008年度全国青年文明号 | 1 |
| 国家统计局宣威调查队 | 国家统计局云南调查总队 | 综合一等奖 | 2 |
| 宣威市教育局 | 教育部 | 全国第三届中小学生艺术展演活动优秀组织奖 | 2 |
| 宣威市纪委监察局 | 曲靖市纪委 | 全市纪检监察机关查办案件先进集体 | 2 |
| 宣威市纪委监察局 | 曲靖市纪委 | 全市纪检监察机关吸收群众代表参与查办信访案件先进集体 | 2 |
| 宣威市纪委监察局 | 曲靖市纪委 | 全市纪检监察机关先进调查组 | 2 |
| 宣威市纪委监察局 | 曲靖市纪委 | 2009年纪检监察业务工作目标量化考核信访举报工作第三名 | 2 |
| 宣威市纪委监察局 | 曲靖市纪委 | 2009年纪检监察业务工作目标量化考核案件检查工作第二名 | 2 |

续表

| 单位名称 | 授奖单位 | 奖励名称 | 授奖时间(月) |
|---|---|---|---|
| 宣威市纪委监察局 | 曲靖市纪委 | 2009年纪检监察业务工作目标量化考核纠风工作第二名 | 2 |
| 宣威市纪委监察局 | 曲靖市纪委 | 2009年纪检监察业务工作目标量化考核执法监察工作第三名 | 2 |
| 宣威市纪委监察局 | 曲靖市纪委 | 2009年纪检监察业务工作目标量化考核宣传教育工作第二名 | 2 |
| 宣威市纪委监察局 | 曲靖市纪委 | 2009年纪检监察业务工作目标量化考核调研工作第一名 | 2 |
| 宣威市纪委监察局 | 曲靖市纪委 | 2009年纪检监察业务工作目标量化考核督查和监察综合工作第三名 | 2 |
| 宣威市纪委监察局 | 曲靖市纪委 | 2009年纪检监察业务工作目标量化考核案件管理工作第二名 | 2 |
| 宣威市发展和改革局 | 国家发改委 | 2008-2009年度全国农产品调查工作优秀集体 | 3 |
| 宣威市广播电视局 | 云南省委、省政府 | 云南省第十二批文明单位 | 3 |
| 宣威市 | 云南省人民政府 | 云南省2007—2009年水利建设先进单位 | 3 |
| 宣威市人民法院 | 曲靖市社会治安综合治理委员会 | 曲靖市先进“平安单位” | 3 |
| 宣威市人民法院 | 曲靖市中级人民法院 | 记三等功一次 | 3 |
| 德权煤矿 | 曲靖市委、市政府 | 捐资支持新农村建设先进集体 | 3 |
| 中共宣威市委、市人民政府 | 曲靖市委、市政府 | “千村扶贫、百村整体推进”先进集体 | 3 |
| 中共宣威市委组织部 | 曲靖市委、市政府 | “千村扶贫、百村整体推进”先进集体 | 3 |
| 宣威市财政局 | 曲靖市委、市政府 | “千村扶贫、百村整体推进”先进集体 | 3 |
| 宣威市扶贫办 | 曲靖市委、市政府 | “千村扶贫、百村整体推进”先进集体 | 3 |
| 宣威市西泽乡党委、政府 | 曲靖市委、市政府 | “千村扶贫、百村整体推进”先进集体 | 3 |
| 宣威市得禄乡党委、政府 | 曲靖市委、市政府 | “千村扶贫、百村整体推进”先进集体 | 3 |
| 宣威市格宜镇党委、政府 | 曲靖市委、市政府 | “千村扶贫、百村整体推进”先进集体 | 3 |
| 宣威市务德镇党委、政府 | 曲靖市委、市政府 | “千村扶贫、百村整体推进”先进集体 | 3 |
| 宣威市来宾镇党委、政府 | 曲靖市委、市政府 | “千村扶贫、百村整体推进”先进集体 | 3 |
| 宣威市西泽乡扶贫办 | 曲靖市委、市政府 | “千村扶贫、百村整体推进”先进集体 | 3 |
| 宣威市宝山镇乐红村委会 | 曲靖市委、市政府 | “千村扶贫、百村整体推进”先进集体 | 3 |
| 宣威市来宾镇新田村委会 | 曲靖市委、市政府 | “千村扶贫、百村整体推进”先进集体 | 3 |
| 宣威市得禄乡永乐村委会 | 曲靖市委、市政府 | “千村扶贫、百村整体推进”先进集体 | 3 |
| 宣威市西泽乡建设村委会 | 曲靖市委、市政府 | “千村扶贫、百村整体推进”先进集体 | 3 |
| 宣威市务德镇糯嘎村委会 | 曲靖市委、市政府 | “千村扶贫、百村整体推进”先进集体 | 3 |
| 宣威市教育局 | 曲靖市委、市政府 | “千村扶贫、百村整体推进”先进集体 | 3 |
| 宣威市煤炭局 | 曲靖市委、市政府 | “千村扶贫、百村整体推进”先进集体 | 3 |
| 宣威市水务局 | 曲靖市委、市政府 | “千村扶贫、百村整体推进”先进集体 | 3 |
| 宣威市环保局 | 曲靖市委、市政府 | “千村扶贫、百村整体推进”先进集体 | 3 |
| 宣威市人防办 | 曲靖市委、市政府 | “千村扶贫、百村整体推进”先进集体 | 3 |
| 宣威市国土资源局 | 曲靖市委、市政府 | “千村扶贫、百村整体推进”先进集体 | 3 |
| 中共宣威市委办公室 | 中共云南省委办公厅 | 2009年度全省党委信息工作先进单位 | 3 |
| 宣威市人民政府办公室 | 云南省人民政府办公厅 | 政务信息工作先进集体一等奖 | 3 |
| 宣威市委党史室地方志办公室 | 云南省地方志编纂委员会办公室 | 全省二轮地方志编修工作先进集体 | 4 |

续表

| 单位名称 | 授奖单位 | 奖励名称 | 授奖时间(月) |
|---|---|---|---|
| 宣威市地方税务局团支部 | 共青团云南省委 | 云南省五四红旗团支部 | 4 |
| 宣威市交通局 | 曲靖市人民政府 | 曲靖市“十五”交通工作先进集体 | 4 |
| 宣威市第五中学 | 中共曲靖市委 | 共青团工作先进集体 | 5 |
| 宣威市总工会 | 中共曲靖市委 | 曲靖市工会工作先进集体 | 5 |
| 宣威市妇联 | 中共曲靖市委 | 曲靖市工青妇工作先进集体 | 5 |
| 宣威市得禄乡党委、政府 | 曲靖市委、市政府 | “村‘两委’换届选举工作”先进集体 | 5 |
| 宣威市田坝镇团委 | 中共曲靖市委 | 曲靖市共青团先进集体 | 5 |
| 中共宣威市委督查室 | 中共云南省委督查室 | 2009年度督查工作先进单位一等奖 | 5 |
| 宣威市畜牧局 | 云南省农业厅 | 云南省农业厅农业科技推广三等奖 | 6 |
| 宣威市农村劳务产业办公室 | 云南省人民政府 | 云南省农村劳动力转移及劳务输出工作先进奖 | 6 |
| 宣威市土肥工作站 | 云南省农业厅 | “测土配方施肥技术26.8万公顷，增效3.2亿元”科技推广一等奖 | 6 |
| 宣威市经济作物技术推广站 | 云南省农业厅 | “标准化繁育复壮百合种球66.67公顷，增效1 400余万元”科技推广二等奖 | 6 |
| 宣威市火腿产业办公室 | 云南省农业厅 | 云南省农业技术推广奖 | 6 |
| 宣威市倘塘镇果树协会 | 中国科协、财政部 | 全国科普惠农兴村先进集体 | 6 |
| 宣威市 | 云南省委、省政府、省军区 | 云南省第八届双拥模范城 | 6 |
| 宣威市气象局 | 云南省气象局 | 全省气象部门抗旱救灾先进集体 | 7 |
| 宣威市委党史室地方志办公室 | 云南省地方志办公室 | 2008-2009年度云南省地方志工作先进集体 | 7 |
| 宣威市林业局 | 云南省委、省政府 | 云南省集体林权制度主体改革先进集体 | 7 |
| 宣威市倘塘镇党委 | 云南省委、省政府 | 云南省集体林权制度主体改革先进集体 | 7 |
| 宣威市国家税务局第一党支部 | 云南省国家税务局 | 先进基层党支部 | 7 |
| 中共宣威市板桥镇党委 | 中共云南省委 | “共产党员抗旱先锋行动”先进基层党组织 | 7 |
| 宣威市板桥镇工会联合会 | 曲靖市委、市政府 | 曲靖市工会工作先进集体 | 7 |
| 中共宣威市板桥镇党委 | 中共云南省委 | 云南省“共产党员抗旱先锋行动”先进基层党组织 | 7 |
| 中共宣威市龙潭镇党委 | 中共云南省委 | 云南省“共产党员抗旱先锋行动”先进基层党组织 | 7 |
| 中共宣威市委 | 中共云南省委、省人民政府 | 云南省抗旱救灾先进集体 | 7 |
| 宣威市广播电视局 | 曲靖市委、市政府 | 曲靖市抗旱救灾工作先进集体 | 8 |
| 宣威市气象局 | 曲靖市委、市政府 | 曲靖市抗旱救灾工作先进集体 | 8 |
| 宣威市委党史室地方志办公室 | 曲靖市委、市政府 | 史志工作先进集体一等奖 | 8 |
| 宣威市公安局车辆管理所 | 公安部 | 全国优秀县级车辆管理所 | 8 |
| 宣威市国家税务局开发区分局 | 曲靖市委、市政府 | 先进集体 | 8 |
| 宣威市国家税务局羊场分局 | 曲靖市委、市政府 | 先进集体 | 8 |
| 宣威市国家税务局格宜分局 | 曲靖市委、市政府 | 先进集体 | 8 |
| 宣威市国家税务局办税服务厅 | 曲靖市委、市政府 | 先进集体 | 8 |
| 宣威市国家税务局所得税科 | 曲靖市委、市政府 | 先进集体 | 8 |
| 宣威市审计局 | 云南省委、省政府 | 文明行业 | 9 |
| 宣威市人民法院 | 云南省政法委 云南省高级人民法院 | 全省集中清理执行积案活动先进集体 | 9 |

续表

| 单位名称 | 授奖单位 | 奖励名称 | 授奖时间(月) |
|---|---|---|---|
| 宣威市教育局 | 教育部体育总局　共青团中央 | 第三届全国亿万学生阳光体育冬季长跑活动优秀组织单位 | 10 |
| 宣威市第一中学 | 教育部 | 全国艺术教育先进集体 | 10 |
| 中共宣威市委 | 曲靖市委、市政府 | 曲靖市集体林权制度主体改革先进集体 | 11 |
| 中共宣威市田坝镇党委 | 曲靖市委、市政府 | 曲靖市集体林权制度主体改革先进集体 | 11 |
| 宣威市西宁街道党工委办事处 | 曲靖市委、市政府 | 曲靖市集体林权制度主体改革先进集体 | 11 |
| 中共宣威市西泽乡党委 | 曲靖市委、市政府 | 曲靖市集体林权制度主体改革先进集体 | 11 |
| 宣威市西泽乡糯着村委会 | 曲靖市委、市政府 | 曲靖市集体林权制度主体改革先进集体 | 11 |
| 宣威市普立乡林业站 | 曲靖市委、市政府 | 曲靖市集体林权制度主体改革先进集体 | 11 |
| 宣威市倘塘镇林业站 | 曲靖市委、市政府 | 曲靖市集体林权制度主体改革先进集体 | 11 |
| 宣威市林业局 | 曲靖市人民政府 | 2006年－2010年度曲靖市森林防火工作先进个人 | 11 |
| 宣威市地方税务局 | 云南省总工会 | 为云南省地税机关代收工会经费和建会筹备金工作先进集体 | 11 |
| 宣威市田坝镇 | 曲靖市委、市政府 | 曲靖市林改工作先进集体 | 11 |
| 宣威市海岱镇 | 曲靖市委、市政府 | 文明小城镇 | 11 |
| 宣威市西宁街道花椒社区 | 曲靖市委、市政府 | 文明社区 | 11 |
| 宣威市虹桥街道虹桥社区 | 曲靖市委、市政府 | 文明社区 | 11 |
| 宣威市供电有限责任公司 | 曲靖市委、市政府 | 文明单位 | 11 |
| 宣威市公路管理段 | 曲靖市委、市政府 | 文明单位 | 11 |
| 宣威市第五中学 | 曲靖市委、市政府 | 文明单位 | 11 |
| 国电宣威发电有限责任公司 | 曲靖市委、市政府 | 文明单位 | 11 |
| 中国工商银行宣威支行 | 曲靖市委、市政府 | 文明单位 | 11 |
| 宣威市工商行政管理局龙场分局 | 曲靖市委、市政府 | 文明单位 | 11 |
| 宣威市工商行政管理局城南分局 | 曲靖市委、市政府 | 文明单位 | 11 |
| 宣威市热水镇第三中学 | 曲靖市委、市政府 | 文明单位 | 11 |
| 宣威市气象局 | 曲靖市委、市政府 | 文明单位 | 11 |
| 宣威市杨柳乡旧城完小 | 曲靖市委、市政府 | 文明单位 | 11 |
| 宣威市地方税务局一分局 | 曲靖市委、市政府 | 文明单位 | 11 |
| 宣威市地方税务局三分局 | 曲靖市委、市政府 | 文明单位 | 11 |
| 宣威市羊场财政所 | 曲靖市委、市政府 | 文明单位 | 11 |
| 宣威市来宾镇林业工作站 | 曲靖市委、市政府 | 文明单位 | 11 |
| 中国工商银行宣威钱屯支行 | 曲靖市委、市政府 | 文明单位 | 11 |
| 宣威市东山镇党委政府机关 | 曲靖市委、市政府 | 文明单位 | 11 |
| 宣威市田坝镇计划生育办公室 | 曲靖市委、市政府 | 文明单位 | 11 |
| 宣威市龙场镇黄村 | 曲靖市委、市政府 | 文明村 | 11 |
| 宣威市板桥镇板桥村 | 曲靖市委、市政府 | 文明村 | 11 |
| 宣威市东山镇八大河村 | 曲靖市委、市政府 | 文明村 | 11 |
| 宣威市得禄乡色空村委会坪子村 | 曲靖市委、市政府 | 文明村 | 11 |
| 宣威市格宜镇启文村委会四川塘村 | 曲靖市委、市政府 | 文明村 | 11 |
| 宣威市中低产田地改造办公室 | 云南省人民政府 | 云南省中低产田地改造二等奖 | 12 |

续表

| 单位名称 | 授奖单位 | 奖励名称 | 授奖时间(月) |
|---|---|---|---|
| 宣威市政法委 | 曲靖市政法委 | 曲靖市清理涉法涉诉信访积案先进单位 | 12 |
| 宣威市人民法院格宜法庭 | 曲靖市中级人民法院 | 优秀法庭 | 12 |
| 宣威市得禄乡党委、政府 | 曲靖市委、市政府 | "烤烟生产抗大旱保增收工作"先进乡（镇） | 12 |
| 宣威市务德镇人民政府 | 曲靖市人民政府 | 国土资源工作先进集体 | 12 |
| 宣威市热水镇人民政府 | 曲靖市人民政府 | 烤烟生产抗大灾保增收工作"先进乡镇" | 12 |
| 宣威市 | 曲靖市委、市政府 | 曲靖市9个县（市）区集体林权制度主体改革目标考核一等奖 | 12 |
| 中共宣威市委 | 曲靖市委、市政府 | 曲靖市集体林权制度主体改革先进集体 | 12 |
| 宣威市 | 国家中医药管理局 | 全国农村中医药工作先进单位 | 12 |
| 宣威市 | 云南省人民政府 | 二〇一〇年烟叶生产抗大灾保增收突出贡献奖 | 12 |
| 宣威市 | 曲靖市人民政府 | 二〇一〇年烟叶生产抗大灾保增收先进单位 | 12 |

# 索　　引

## 说　　明

一、本索引采用主题分析法编制。索引条目按汉语拼音音序排列，同音字按声调排列，第一字相同，按第二字排列，依次类推。

二、篇目和类目用黑体字，条目用宋体字。索引名称后的数字表示页码。

## D



## E



## F

## G

## H



## J

## K



## L

## M



## N

## P



## Q



## R



## S

## T



## W



## X

## Y

## Z

## 非音序